作者简介

　　赵伯陶，1948年生，北京市人。编审。1964～1978年，北京市第六建筑工程公司机械处工人；1982年毕业于北京大学中文系，先后供职于中华书局、文化艺术出版社、《文艺研究》编辑部，任图书编辑16年，学术期刊编辑15年；业余从事中国文史研究，累计发表论文、书评等180多篇，计130余万字。代表作有《明文选》《七史选举志校注》《王士禛诗选》《聊斋志异详注新评》《徐霞客游记》（选注）《三国志选注译》《市井文化与市民心态》《明清小品：个性天趣的显现》《〈聊斋志异〉新证》等。

远岫集

赵伯陶文史论丛

赵伯陶 著

人民日报出版社

北京

图书在版编目（CIP）数据

远岫集：赵伯陶文史论丛 / 赵伯陶著 . —北京：人民日报出版社，
2021. 12

ISBN 978－7－5115－7187－8

Ⅰ . ①远… Ⅱ . ①赵… Ⅲ . ①文史—中国—文集 Ⅳ . ①K207-53

中国版本图书馆 CIP 数据核字（2021）第 236111 号

书　　名：远岫集：赵伯陶文史论丛
　　　　　YUANXIU JI：ZHAO BOTAO WENSHI LUNCONG
著　　者：赵伯陶

出 版 人：刘华新
责任编辑：谢广灼
封面设计：中联华文

出版发行：人民日报出版社
社　　址：北京金台西路 2 号
邮政编码：100733
发行热线：（010）65369509　65369846　65363528　65369512
邮购热线：（010）65369530　65363527
编辑热线：（010）65369521
网　　址：www. peopledailypress. com
经　　销：新华书店
印　　刷：三河市华东印刷有限公司
法律顾问：北京科宇律师事务所　　（010）83622312

开　　本：710mm×1000mm　1/16
字　　数：567 千字
印　　张：41
版次印次：2022 年 1 月第 1 版　　2022 年 1 月第 1 次印刷

书　　号：ISBN 978－7－5115－7187－8
定　　价：168. 00 元

自 序

我祖籍山西文水，但生于北平，长于北京，且从未回过原籍，因而就常以"北京人"自居了。父亲原为北京政法学院（今中国政法大学）语文教师；母亲在该校医务室工作。过去填表，家庭出身一栏就写"职员"。幼时口吃，性格内向又易冲动，有些不合群，也不知"他人有心，予忖度之"的重要性，似乎患有轻微的"阿斯伯格综合征"。1955 年 7 岁时报考住家附近的大佛寺小学，因复述一段故事有几处结巴而被拒之门外。家父情急之下联系了位于王府井以北的私立培元小学，每学期学杂费 15 元，远高于当时公立小学只需 2.5 元的费用。所幸第二年公私合营，培元小学转为公立，校名改称王府大街小学，称老师为"先生"的规矩也就此革除。培元小学前身是贝满小学，只招收女生，与著名的贝满女中（今 166 中学）同系。

这所小学的老师敬业乐群，校风严整，学生"国骂"一类的口头语绝不能出口，否则被同学"告老师"就大为不妙，甚至要"请家长"。校长李荣德先生沉稳儒雅，一次代课给我们讲苏秦、张仪的故事，至今记忆犹新；至于在全国"除四害"的热潮中，李校长面对全校师生宣讲"轰打毒掏"以"围剿"麻雀的四字方针，曾引来部分同学的极大兴趣。打弹弓、搬梯子上房，一时间百无忌惮，淘气的男生大可一显身手。教高年级语文的北京市特级教师武育真先生终身未嫁，据说她讲课活泼生动，但课下却态度严肃，不苟言笑。一次我在校内滚铁环，大汗淋漓中迎风解开

1

上衣纽扣稍事休息，正巧遇到武老师路过，她叫住我狠狠地批评了一顿，声色俱厉。一、二年级的班主任秦美元老师，三年级班主任黄孝伦老师全为女先生，对学生态度就较为和蔼了。一次作文课，须用诗歌赞美公社食堂，我写了七言四句，只记得第三句是"山珍海味一满桌"，被黄老师改为"可口的饭菜一满桌"，打破了我"严整"的七字句，当时颇不以为然，现在想起来真是可笑至极。

小学四年级时因家庭变故，搬家至护国寺附近的百花深处胡同1号，转学至八道湾小学，学校在胡同内一所四合院中。班主任王老师（恕我不恭，忘记了她的名字）教学认真负责，关心同学细致入微。我那时不知何故经常在早9时左右患右侧偏头痛，需要服用正痛片或索密痛方可缓解，有时剧痛难忍，即使用右手紧按太阳穴也难以止痛，只好请假休息。王老师为此曾两次家访，至今印象深刻。五年级时又因搬家，转学至赵登禹路小学，班主任廉慧云老师讲课生动，行事干练，指名我当班长。说来奇怪，如小说中曹阿瞒的头风顽疾竟然不治而愈，至今60年，我无论罹患何疾，再没有头痛过。

我所就读的上述三所小学，至今都已消失于历史的长河中。王府大街小学上世纪70年代前后撤销。八道湾小学所处的八道湾胡同，原位于新街口一带的前公用胡同北侧，11号曾是鲁迅及其兄弟周作人的故居。前些年拆迁，整条胡同已经消失得无影无踪。赵登禹路小学原位于赵登禹路南段的辘轳把胡同，隔街与十八半截胡同相对，后改称太平桥小学。随着城市的发展，这所小学早已随辘轳把胡同一起化为乌有。三所小学中，留有深刻印象的仍是"培元"，也许这所小学承载了我幼时太多的记忆。

培元小学的北侧有一座基督教（新教）社会活动组织"救世军"的灰楼，其钟楼之下的南墙上面写有一段黄底黑字的话，在校园中抬头即见，当时读不成句，只记得"独生子""灭亡""永生"等词，每个字有两尺多见方，其字体大有颜真卿《多宝塔碑》的风味，几十年后方知那是《新约·约翰福音》第三章中的一段文字。20世纪60年代中再到王府井，发现这段文字已被清除，钟楼也不见了。我上一年级时一次路过这所灰楼，听到里面传来悦耳的乐声，好奇心的驱使，从大门溜进去，发现前面有一位"长"着翅膀的白衣人，吓得我急忙夺路而逃。回家一问，家父告诉我那是西方的"天使"，并警告我以后不可再去。至于那音乐声当源于管风琴，因而低音显著，这也是在以后的追忆中分析而得。

灰楼再向北，隔一条胡同就是大名鼎鼎的首都剧场，下学路过常驻足其橱窗前，还记得有《带枪的人》《名优之死》《伊索》《潘金莲》等人艺话剧系列剧照，其两侧的大广告牌，剧目经常更换，吴祖光先生编剧的《风雪夜归人》广告，因与幼时曾背诵过的唐诗"柴门闻犬吠，风雪夜归人"有联系，所以至今难忘。我曾在首都剧场看过一场电影《徐秋影案件》，因当时已过热映期，记得门票仅 5 分钱，且观者寥寥。

1956 年以后，文联大楼在培元小学的南侧落成，其三四层之间装点有若干鲜艳的团花图饰，引人瞩目，现在想来大约是"百花齐放"的寓意。20 世纪 70 年代后，这里成为商务印书馆与中华书局的社址。1982 年我分配至中华书局任编辑，昔日的培元小学已改为景山学校印刷厂。时隔四分之一世纪，居然又重回王府井大街，也算是一种缘分吧。

1955 年的培元小学，上学、放学时，门口常停有带篷的三轮车，各自等候其所接送的同学，有时甚至排成队。那是住家较远且家境富裕同学家所雇用的包车，1956 年以后，这种现象就逐渐消失了。穿戴之外，同学家境状况也反映在美术课上，家境富裕的同学用十二色彩笔或高级水彩色，且有纸壳支架；家境一般如我等，只能选用 1 角钱一包 10 支的彩色蜡笔，这都令我莫名地萌生了自卑心理。

赵登禹路小学毕业后，我考入位于按院胡同的男八中，曾获"优良奖章"。然而堪称我"优胜记略"者，却是一次西城区多校联合举行的查字典比赛，45 分钟一节课的时间，须查出 100 个难读的字，所用字典不限，但须用汉语拼音或注音字母注出每个字的读音，并标示所用字典的页码。作为语文课代表的我，所用者为《四角号码新词典》，只花费 22 分钟即交卷，拔得头筹，引来语文教研室部分老师的啧啧称赞，并得到几张印制有当时著名书法家所写诗词的书签的奖励。初一教本班语文的刘齐瑜老师与初二教过本班历史的高自谦老师，至今印象深刻。

1964年北京中考，按规定，考生可以按层次选报18个志愿，即高中、中专、技工学校各6个志愿。全班41位同学，有包括我在内的3位同学落榜，我们三人连垫底的技工学校都无缘录取。在当时北京，男八中是仅次于男四中的名校，一个班的中考失利率竟然达到百分之七强，的确出乎一般人的预料。当时只怪自己不争气，从小学一年级即滋生的自卑心理，从此又得到了加强。近来互联网上传言60年代中的高考乃至中考实行"先政审，后阅卷"的程序，政审不合格（父辈的事）者，即无考分，当然也就无从录取了。从积极方面看，这自然可以减省一部分资源的浪费。当时号召高考、中考生"一颗红心，两种准备"，我只能选择后一种"准备"即服从分配，到北京市第六建筑工程公司机械队先当混凝土搅拌机的学徒工，一干就是14年。

当机械工人期间，我不甘人后，自学机械制图、电工学、钳工技术、金属加工热处理等，其实并无大志，不过想在需要的时候派上一些用场而已。在建筑工地中，机械坏了又无备件可换的情况下，我就可以画出零件草图送交队部加工，及时修复机械，因而颇受一位技术员的青睐。可以写入"续优胜记略"的是，1965年中，大约受部队"大比武"的影响，北京建工局组团到各建筑工地检查机械，兼考察工人的专业知识。当天，文化无多的老师傅们早已借故躲开，我们几个青工自然须首当其冲。一位被同行人尊称为"牛处长"的人连续问了我几个专业问题，见我问一答十，竟然问起齿轮模数、渐开线齿轮与摆线齿轮的不同乃至异步电机与同步电机的区别等更为专业的问题。他得到满意的答复后，拍拍我的肩膀说："小伙子，有前途！"这让我着实高兴了三两天。

然而自卑心理如影随形，并不因有"优胜记略"而消除。上世纪70年代初，我与因病提前退休的母亲，居住在当时已被撤销的北京政法学院大操场北侧的简易宿舍内，母亲的退休工资划归街道发放，恰与某停业的艺术团同。母亲经常将一些人的退休金一同携归，以照顾腿脚不灵便者就近领取，有"北笛"之誉的冯子存先生就来过我家几次。而我自学梆笛多年，虽然已能转换两三个调子吹奏，却"自惭形秽"，不敢向冯先生请教一二乃至拜师学艺，丧失了他人看来求之不得的宝贵机会——自卑真害人！

多年辗转建筑工地，常随身携带当时不难寻觅到的王力先生所编《古代汉语》四册以及言文对照版《古文观止》、《古代散文选》（上）、《唐诗三百首》等书，作为工馀读物。书荒年代，甚至连《演员的自我修养》《和声对位》《摄影原理与实用》《中国古代天文学简史》，魏格纳有关大陆漂移学说的书，也要从头到尾认真阅读，并看得津津有味。至于读懂与否，则完全没有功利性的计较，打发时间而已。同工棚的师傅有一本家传的《辞海》，大约是上世纪30年代的产物，厚厚的像一块城砖。平时放在通铺上，大家都可以随时翻阅，而我是主要的"看客"，学到各类知识的同时，也算解闷儿一法，并因此有了"博士"的绰号。1977年全国恢复高考，我并非"老三届"，似乎与我无关。事过半年，大学准备再次招生，周围人起哄，怂恿我以同等学力报考。无意之间的"博览群书"是我1978年偶然凭借机遇考入北京大学中文系的基础。当然，如此"弃工学文"并非一帆风顺，也经历过一番折腾，比其他同学晚报到一个来月，早已没有了京剧《红鬃烈马》中"薛平贵也有今日天"的喜悦。

对于我而言，大学四年以至分配到中华书局文学编辑室工作，自卑心理仍然相随。作为一名编辑，完成本职工作以外，也想有自己的"名山事业"，所谓："人闻长安乐，则出门西向而笑；知肉味美，则对屠门而大嚼。"古人已先言之。以后幸得几位贵人相助，我得到许多实践的机会，在学术刊物发表论文逐渐增多，古籍整理图书乃至专著也相继出版，自信心从而大增，且日益增强，这终于令我走出了人生自卑的阴影。

《远岫集》是继我《义理与考据》《聊斋志异新证》两部论文集之后

的第三部论文集，也可能是我论文、书评、序跋最后的一次结集了。篇幅所限，平生撰写的文章不能全收，书后附录"论文书评杂纂目录"，见意而已。取名"远岫"，语出南朝齐谢朓《郡内高斋闲坐答吕法曹》："窗中列远岫，庭际俯乔林。"我的书房并无诗中所描述的那样处地高远，视野开阔，却不妨于想象中构筑自己的精神家园。如果失去想象，文学也就没有了生命，文学研究也是如此。

北京天桥过去的习武练家子，为招徕看客，开练之前总要说一些垫场子的废话，以拖延时间，如"内练一口气，外练筋骨皮"一类的自炫之语，其后通常还要缀以一个有趣的自我判断："光说不练，那是假把式；只练不说，那是傻把式；能说会练，那才是真把式。"言下之意，他就是天下少有的"真把式"。我没有硕博的头衔，学无显赫或正式的师承关系，不免"野狐禅"之讥；更不是名校中的博导，在曾经盛行一时的名片上也从来无缘添加"享受"某种特殊待遇的荣耀。我以编辑身份从事学术工作，没有评职称的焦虑，也没有年复一年科研课题的压力，这反而令我的业余治学有了"仰手接飞猱，俯身散马蹄"的迅捷与快慰。如果勉强算作"学者"的话，我既非"真把式"，也不是"假把式"，充其量不过是"傻把式"一类，无论著述、论文，也大多"卑之无甚高论"。我于偶然中踏进北大的门槛，本是时代的阴差阳错造成的；至于编辑之余从事明清文学研究更是偶然中的偶然——毕业后分配至中华书局，文学编辑室正缺明清一段的编辑，如此而已！然而聊以自慰的是，北大中文系的四年寒窗，总算没有白读；编学相济，令我的人生终于从自卑走向了自信。不过尔尔，岂有他哉！

出于自信，敝帚自珍。我要说：傻把式的功夫不值得炫耀，却也值得一看。

目 录
CONTENTS

上编 论 文

中编 书 评

下编　序　跋

上编 论 文

文廷式及其《云起轩词》刍议

　　文廷式是中国近代词坛中个性特征极其鲜明的一位词人，他的词作时而奔突狂纵，时而低回要渺，这铸就了他豪放与婉约并存的词风。胡先骕评文廷式《云起轩词》有云："意气飙发，笔力横恣，诚可上拟苏、辛，俯视龙洲。其令词浓丽婉约，则直入《花间》之室。"① 胡先骕语堪称概括勾画出文廷式词艺术风格的一般特征。叶恭绰、王瀣、龙榆生诸学人对文廷式词都做过评点以及整理工作，对于研究文氏词作大有裨益。然而对于这样一位重要的晚清词人，并没有引起学界的广泛瞩目，钱基博先生《现代中国文学史》论晚清词家，于朱祖谋、王鹏运、况周颐诸家皆有评议，而于文廷式独付阙如。近年以来，随着对文廷式生平研究的展开，对于其词作也开始有论者探讨，这是一个可喜的现象。本文拟结合文氏生平，讨论其词的文学成就，以就正于专家学者。

（一）

　　文廷式（1856~1904），字道希（或作道羲、道溪），号芸阁（又作云阁），此外还有芗德、罗霄山人、纯常子等别号。他祖籍萍乡（今江西萍乡市），生于广东潮州，自幼生长于岭南，曾入广东学海堂与菊坡精舍

---

① 胡先骕：《评文芸阁云起轩词抄王幼遐半塘定稿剩稿》，载《学衡》第27期。

学习深造，成绩优异。文廷式曾不无深情地说："他日谁修舆地志，岭南即是吾乡。"（《临江仙·壬午广州旧作》）"壬午"为1882年，文廷式时年二十七岁，供事于两广总督张树声幕中。这一年秋，文廷式北上，以附监生考中顺天乡试第三名举人，从此名闻都下，结识了许多朋友。

光绪十二年（1886），文廷式应礼部试落第；光绪十六年（1890），三十五岁的文廷式终于考中一甲第二名进士（榜眼）。据说光绪帝审阅是科前十名进士试卷，拆封至第二本，见是文廷式，就说了"此人有名，作得好"一语①，可见其文名之大。考中进士以后，文廷式入翰林院任编修，旋充国史馆协修、会典馆纂修。光绪十九年（1893），文廷式充任江南乡试副考官，翌年清廷考试翰詹，光绪帝亲擢文廷式为一等第一名，升授翰林院侍读学士，兼日讲起居注官，署大理寺正卿。文廷式受知于光绪帝，与光绪帝所宠爱的珍妃、瑾妃家又是旧交世谊，因而在清廷帝、后两党的斗争中，选边站位于光绪帝党的一边也就顺理成章了。然而这不过是表面现象，如果从内因加以考察，文廷式成为帝党的中坚人物也有其必然性的一面。

文廷式早年即喜读西学群书，留心洋务，倾向于通过变法维新富强中华。他曾写有题为《夜坐向晓》的五绝组诗四首，其二有云："遥夜苦难明，他洲日方午。一闻翰音啼，吾岂愁风雨。"这组诗写作于一个阴云密布的冬夜，作者感慨世事，愁肠百结，坐以待晓中思绪万千。面对灾难深重、愁云密布的中华大地，作者所憧憬的正是西方列强的工业文明与政治制度，所谓"他洲日方午"就是对当时美国社会的赞誉。然而作者并没有对自己祖国的前途失望，一闻雄鸡啼晓，"风雨如晦"又何所惧哉？末两句诗取义于《诗经·郑风·风雨》，传达出"既见君子，云胡不喜"②的欣悦心情，这无疑是对未来的一种积极期待。钱仲联先生《近百年诗

---

① （清）翁同龢撰《翁文恭公日记》光绪庚寅四月二十日日记，民国十四年上海商务印书馆影印本。
② 高亨注《诗经今注》，上海古籍出版社1980年版，第122页。

坛点将录》以"天暗星青面兽杨志"比况文廷式,评《夜坐向晓》这首诗有云:"借地球昼夜向背之理,兴九域沦胥之忧与风雨鸡鸣之怀,可谓黑暗中之明星,二十字抵人千百矣。"① 这一番话是从艺术角度加以批评的,如果从思想上分析,文廷式内心显然蕴藏着效法列强、维新变法的强烈愿望。

自道光二十年(1840)的鸦片战争以后,大一统的中国封建社会已然百孔千疮,沦为半殖民地半封建社会,从此走向更加苦难的深渊。如何使中国脱离苦海,走上富国强兵之路,是当时中国所有正直读书人的共同心声。光绪帝四岁登极,由慈禧太后垂帘听政,至其十九岁时,慈禧太后不得已归政于光绪帝,但退居幕后的她仍然时刻操纵着政局。光绪帝深受其老师翁同龢以及康有为等主张变法人士的影响,亟思有所作为,锐意更张,希图通过维新以挽救每况愈下的清廷政局,于是在光绪帝的周围就逐渐形成了一个帝党团体,与以那拉氏为中心的后党形成对抗局面,矛盾日益突出。文廷式跻入仕途以后,本身就与光绪帝的思想同调,同时他又受到光绪帝及翁同龢等人的赏识汲引,自然就成了帝党中人。加之他在朝中遇事敢言,积极支持光绪亲政。在中日甲午战争中,他积极主战,反对后党与李鸿章等大僚的妥协投降路线。在京师,他与康有为、陈炽等维新派人士曾倡立强学会。文廷式诸如此类的举动,自然为后党势力所难容,必欲除之而后快。

光绪二十二年(1896),李鸿章授意御史杨崇伊参劾文廷式,最终以"遇事生风""议论时政""与内监往来"等罪名将文廷式革职,且"永不叙用,并驱除回籍"②。不久戊戌变法失败,文廷式又一次被通电拿解,迫使他西走潇湘避难。光绪二十六年(1900)初,文廷式东游日本③,是

---

① 钱仲联著《近百年诗坛点将录》,载《三百年来诗坛人物评点小传汇录》,中州古籍出版社 1986 年版,第 155 页。
② 钱仲联:《文廷式年谱》,载《中华文史论丛》1982 年第 4 辑。
③ 此从汪叔子先生说,见范义、潘振平主编《清代人物传稿》下编第四卷《文廷式》,辽宁人民出版社 1888 年版。

年暮春返国抵沪，从此息影江湖，寄情文酒，四十九岁病逝于萍乡。

文廷式著述宏富，除有《纯常子枝语》《闻尘偶记》等诸多杂著外，《纯常子文稿》《知过轩诗抄》是其文集与诗集，其词集名《云起轩词抄》，又名《云起轩词》。

《云起轩词》有《怀豳杂俎》刊本，卷首题"光绪三十三年（1907）春二月南陵徐乃昌校刻"。徐乃昌为文廷式的得意门生，该本即校刻于文氏殁后四年，卷首载录文廷式写于光绪壬寅（1902）十二月自序，收词153首（不包括与他人联句词3首），另附他人和作的词数首。1937年开明书店汇刻《清名家词》，其中文廷式词集即用《怀豳杂俎》本，改题《云起轩词》，并删除了其他词人的和作。此外，尚有《云起轩词》手稿一册，是文廷式生前所写定者。癸酉（1933）十月，溧水王瀣有跋语云：

> 右文道希先生《云起轩词》手稿一册，光绪甲辰春，余假以录副，是秋先生殁于湘中，此册遂留藏木斋（即王德楷）家。今春木斋之子伯举，持来商付影印。余按此稿较徐刻缺四十二首，然如《点绛唇》（布被新霜）一首，《单调风流子》一首，《望江南》（秋色好）二首，刻本亦未载……仅两本叙次全异，此稿影出，即可参校字句，尤与先生身世出处，所关非细。

据此可知，该手稿本于文廷式生前即已然流传，文氏谢世后，此手稿本就藏于王德楷家中，后遂由其子王伯举商诸王瀣影印。王德楷（1866~1927），号木斋，又有"娱生轩"的室名，上元（今江苏南京）人，光绪二十三年（1897）副贡生，与黄遵宪、文廷式等人为友。文廷式《木兰花慢·寄上元王木斋》词有序云："木斋，余故交也，才气横溢，风期隽上。"可见二人交谊，故手稿能够藏于其家中。龙榆生先生有《重校集评云起轩词》之作，其识语有云："江宁王氏德楷娱生轩，曾出其家藏先生手稿摄影上石，于是世乃获见芸阁先生词之别本。乱后，影印手稿本散落市间，徐刊本亦少流布。爰以客居之暇，取两本细加参校，互有出入，虽并不能据以编年，而手稿胜处为多。"① 龙先生的整理工作对于今天的研究者也大有助益。此外，长沙振华印书局尚有《云起轩词抄》铅印本，无印刷年月，收词与徐刊本同，其"自序"后之年月亦失去，但显然是据徐刻本排印的。

《云起轩词》的专集外，《纯常子枝语》录有其词三首，即《浣溪沙》（十里杨花接谢桥）、《浣溪沙》（银汉西流月色新）、《清平乐》（江流渺渺），前两首为题扇词，后一首则是题画词。夏敬观《映庵词话》载录文廷式《卜算子》（午枕怯轻寒）一词，郭则沄《清词玉屑》载录文廷式《金缕曲》（生小瑶台住）一词，加上手稿本多出的四首词，目前其传世之词总共就有 162 首了，可能还有不少散佚，有待于研究者发现②。

（二）

《云起轩词》手稿本载录《望江南》小令二首，前有小序云："庚子初学词，凡数十阕，今仅记此二阕，虽不佳，姑存之以志年月。""庚午"即 1870 年，文廷式时年 15 岁。其《云起轩词自序》有云："余于斯道，无能为役，而志之所在，不尚苟同。三十年来，涉猎百家，榷较利病，论其得失，亦非扪籥而谈矣。"所谓"三十年"盖举成数，但文廷式学词较早，则是事实。

作者少年之作，诚如其自言"不佳"，但通过其《望江南》词仍可以

---

① 龙榆生：《重校集评云起轩词》，载《同声月刊》1943 年 1 月 15 日第二卷第十二号。

② 据程华庚《关于文廷式词存世数量的商榷》（载《萍乡高等专科学校学报》2007 年第一期）认为文廷式词存世之作可能是 173 首。另据陆有富《云起轩词稿本考述》（载《文献》2014 年第一期）统计，1993 年中华书局出版王叔子编《文廷式集》辑得文氏佚词 4 首，陆有富又在此基础上辑得佚词 12 首，除去重复者，令文氏词的数量上升为 176 首。可参考。

窥见他在填词方面的天分不低："秋色好，骑马出平原。一片寒沙衰草白，半林残照晚枫丹，薄醉倚吟鞍。"词作的第三句、第四句写景洗练流畅，点出一片秋色，但全词意境不深，仍然是一片少年心态，属于应景之作，透露出初学的痕迹。《桂殿秋》属于作者成年之作，描写暮春景象："吹玉笛，过江干。十分春色已阑珊。晓风残月无多地，便作天涯柳絮看。"全词不着意写景，却能化景为情，融情入景，物我合一，伤春之情与自身飘零的感慨一泄而出。"晓风残月"用宋柳永《雨霖铃》词意，扩充了词境，绝非"为赋新词强说愁"者所能道出。全词二十七个字，寄托着一种淡淡的哀愁，《云起轩词》如此寄托遥深又往往蒙有一层时代的阴影。

在清人词派中，嘉庆以后以张惠言（字皋文）为领袖的常州词派讲求比兴寄托，主张词的"意内言外"之旨。张惠言《词选序》有云："传曰：'意内而言外谓之词。'其缘情造耑，兴于微言，以相感动。极命风谣里巷男女哀乐，以道贤人君子幽约怨诽不能自言之情，低回要眇以喻其致。"① 文廷式与其同时代的几位著名词人如王鹏运、朱祖谋、况周颐等一样，填词亦标举比兴寄托，而且追求更为强烈。文氏《云起轩词》自序虽认为"张皋文具子瞻之心，而才思未逮"，却又称赏张惠言等"斐然有作者之意"，并且对常州派有"百年词派属常州"②的赞誉，其推尊词体的文类追求与常州派并无二致。郭则沄《清词玉屑》卷六录有文廷式《金缕曲·咏盆荷》一词，不见其词集，转录如下：

生小瑶宫住，是何人、移来江上，画栏低护。水佩风裳映空碧，只恐夜凉难舞。但愁依、湘帘无语。太液朝霞和梦远，更微波、隔断鸳鸯语。抱幽恨，恨难诉。　　湖山几点伤心处，看微微残照，萧萧

---

① （清）张惠言撰《茗柯文编》二编卷上，上海古籍出版社1984年版，第58页。
② （清）文廷式：《缪小山前辈张季直修撰郑苏龛同年招饮吴园别后却寄》诗之三。

秋雨。忍教重认前身影，负了一汀鸥鹭。休提起、洛川湘浦。十里晓
风香不断，正月明、寒泻金盘舞。问甚日，凌波去。

从表面上看，这首词只是咏荷花，并染有一层忧怨的色彩。郭则沄评此词
有云："盖痛潜龙之困，兼哀椒掖也。"光绪二十四年（1898）戊戌变法
失败，光绪帝被慈禧太后囚于中南海瀛台，断绝了他与珍妃等亲人的联
系，文氏这首词就是抒发他对光绪帝的同情与不平之情，同时，文氏与珍
妃、瑾妃一家也有很亲密的关系，因而对珍妃的遭遇也深表同情与不安。
所谓"太液朝霞和梦远，更微波、隔断鸳鸯语"数语，就明显道出了这
一层意思。这正如其《云起轩词自序》所言"词者，远继风骚，近沿乐
府"，比兴与象征手法的运用，寄托着作者的无限悲愤与思念。然而若不
明作者生平与相关的时代背景，这种兴寄手法的运用，对于读者而言就稍
显晦涩了。

况周颐《蕙风词话》卷五有论寄托的一段话："词贵有寄托。所贵者
流露于不自知，触发于弗克自已。身世之感，通于性灵。即性灵，即寄
托，非二物相比附也。"① 这番议论极有见地。文廷式借男女之情发抒对
国事感慨忧虑的词作就没有简单地使用比附手段，而是意在营造一种情
境，并以之打动读者，感染读者。

文氏《蝶恋花》（九十韶光）一词，据其日记抄本自注，此词作于光
绪十二年（1886），这一年作者应礼部试落第，心情黯然地离京南下。作
者在感叹"九十韶光如梦里"的荏苒光阴后，以"寸寸关河，寸寸销魂
地"承接，似乎是追怀远方的恋人，实则是对祖国山河破碎的悲叹。此
两句原稿作"一寸山河，一寸伤心地"，后为避词锋太露，才修改成如此
模样。章士钊《论近代诗家绝句》有云："云起轩中寸寸愁，山河破碎不
堪休。未知那处伤心地，夜半惊风起髑髅。"程千帆先生有按语云："据

---

① 王幼安校注《蕙风词话》卷五，人民文学出版社 1960 年版，第 127 页。

文集，二语改为'寸寸关河，寸寸销魂地'，盖用晦也。芸阁于甲午战役后，与先公遇于沪上，叹曰：'时事不可为，还是词章为我辈安身立命之地。'又叹息曰：'生人之祸患，实词章之幸福。'又曾举此以题欧阳笠侪丈《浩山集》，此伤心人语也。"①《蝶恋花》一词的寄托，已经多位学者指出。这首词的下片又有"蕙些兰骚，未是伤心事，重叠泪痕缄锦字，人生只有情难死"的感叹，前二句化用战国楚屈原《离骚》中"兰芷变而不芳兮，荃蕙化而为茅"句意，宣泄出对国事日非的忧伤。所谓"未是伤心事"，乃"正是伤心事"的反语，属于欲擒故纵手法的运用。后二句又以男女情怀阑入，仿佛亟欲于超脱生死的风月情怀中了此残生，实则正反衬出词人忧国忧民的深情。古代爱国诗人屈原的"美人芳草"之思，被文廷式用来填词，委婉曲折，如泣如诉，读来感人至深。词人科场失利，难以自我实现的幽怨与对时事的忧心忡忡纠合在一起，谱写出细腻动人的词句，寄托着难以言表的忧思。龙榆生评价这首词云："缠绵悱恻，骚楚之遗。"② 道出了其中三昧。

甲午战争以后，文廷式旅居上海，在风雨飘摇的时势下，词人遂萌生于词章中寻觅避世净土的向往，然而这并不能令作者失衡的心理获得新的平衡，在某种程度上反而加重了他的忧患意识。《贺新郎》（辽东归来鹤）写于光绪二十一年（1895）四月间，文氏在南京与黄遵宪等人饮集吴船，各填一词以志悲欢。国家政局动荡不安，令词人不堪回首；清廷内部帝、后两党复杂纷纭的争斗更令他万念俱灰。"平生尽有青松约，好布被、横担椰栗，万山行脚"，已飘然有归栖林下之志，然而却又难于果断了却尘缘；"抚剑脊，苔花漠漠"，不死的雄心催唤他重新燃起即将熄灭的心灵火花。这首《贺新郎》词与宋代辛弃疾《水龙吟》（登建康赏心亭）的

① 汪国垣著、程千帆整理《光宣诗坛点将录》，载《三百年来诗坛人物评点小传汇录》，中州古籍出版社1986年版，第107~108页。
② 龙榆生：《云起轩词评校补编》，载《同声月刊》1943年3月15日第三卷第一号。

意绪近似,辛词中"把吴钩看了,栏杆拍遍,无人会,登临意"的怅惘心情在文廷式词中重现。结句"歌慷慨,南飞鹊",正是词人陷于"何枝可依"的彷徨中的反映。《春光好·新年》一词有"休忆壶瀛旧事,且将诗酒随缘。家计无多生愿足,五湖船"的吟哦,出仕与归隐、主观与客观的矛盾始终煎熬着词人,寄托着他在两难抉择中的犹豫悲伤的情绪。

这种两难的抉择,其实在文廷式出仕之前就已然露出端倪,《贺新郎》(别拟西洲曲)原稿有注云:"此为戊子年(1888)正月出都赴津道中作。"全词以一位高楼远望女子的神态描写宣泄作者的内心苦闷,你看她"靓妆幽独",于游目凝思中"欲解明珰聊寄远,将解又还重束",美人的犹疑不决反映了词人"出"与"处"的思想矛盾。"怨君王已失苕华玉,为此意,更踯躅",有的选本注谓"苕华玉"喻珍、瑾二妃事。按珍、瑾二妃入清宫被册立为嫔在下一年,可谓毫不相干。细味这首《贺新郎》词意,作者是因清廷的腐败而陷于出、处的两难境地的,这反映了他孤芳自赏、顾影自怜中欲求自我实现,却对现实又无能为力的伤感。龙榆生有云:"先生极自喜此词,谓颇得东坡之神,盖由'乳燕飞华屋'脱胎也。"[①] 苏轼《贺新郎》(乳燕飞华屋)托意高远,也是以一女子孤独、抑郁的心绪寄托自己的忧怀。两首词异代同悲,全属于精神压抑下的唱叹,反映了封建读书人怀才不遇的失落感与悲剧情怀。《贺新郎》一词表明了文廷式有意学苏与善于学苏的价值取向。

比兴寄托在文廷式的词作中被赋予了普遍的意义,身世之悲与家国之恨,都可以通过词的比兴手法含蓄而出。"几番芳讯问天涯,不道明朝,已是隔墙花"(《虞美人》),三句寄托了词人对甲午战争以后台湾即将沦陷于日本的慨叹。光绪二十三年(1897)十一月,德国借口巨野教案,出兵强占胶州湾,文廷式在上海闻讯"百忧如捣,感时抚己",写下了

---

① 龙榆生:《云起轩词评校补编》,载《同声月刊》1943年3月15日第三卷第一号。

《翠楼吟》（石马沉烟）一词，其中有"便冷眼丹霄，难忘青琐"二句，寄托了词人对于国家兴亡难以忘怀之情。"纵行遍天涯，梦魂惯处，犹恋旧亭榭"（《迈陂塘·惜春》），也寄托了词人对君主的一片缠绵情意。

应当指出的是，作者的爱国情怀往往与其忠君（光绪帝）思想交织在一起，如《忆旧游·秋雁》作于庚子（1900）八月间，借咏秋雁而抒怀，"怅霜飞榆塞，月冷枫江，万里凄清"，三句明显流露出对被那拉氏裹挟狼狈出逃至山西的光绪皇帝的眷恋同情。知遇之恩与封建主义的忠君传统混杂在一起，令文廷式深陷其中，几乎无力自拔。龙榆生评其《清平乐》（春入婀娜）一词有云："此词据先生哲嗣公达云，作于辛亥、壬寅间（1901~1902），是时密谋革命已久，先生多与相识而不欲参加，故云尔。"① 其词有云："林间百种莺啼，玉阶撩乱花飞。生怕袜罗尘涴，黄昏深下犀帷。"面对清末风起云涌的革命浪潮，他不愿当时代的弄潮儿，甚至连观潮也退避三舍，只求将自身藏起，于忧伤中聊度残生，这就注定了他悲剧的一生。

（三）

比兴寄托的广泛运用是文廷式填词的一抹亮色，但对于宋儒解经式的穿凿附会，他并不同意，从而认为："凡读古人文字，心通比兴足矣，不必字字主张道学也。"② 在《云起轩词》中，比兴寄托绝非意味着其字字句句皆有微言大义，作者所追求的是整首词在意境上的创造开拓，而构成意境的诸多意象又是独立的，艺术手法也有所不同。或以凄清写意，哀婉欲绝；或以豪放遣怀，波澜壮阔。

---

① 龙榆生：《云起轩词评校补编》，载《同声月刊》1943 年 3 月 15 日第三卷第一号。

② （清）文廷式撰《纯常子枝语》卷六，江苏广陵古籍刻印社 1990 年版。

寂寞空草太玄经，别有苍茫千古意，独坐观星。——《浪淘沙》（寒气袭重衾）

卷书抛短枕，江楼迥，依栏看疏星。——《风流子·江楼夜眺》

清辉堕，望穷烟浦，数星渔火。——《翠楼吟》（石马沉烟）

上揭三组词句运用了相近的艺术手法，都浮现出词人于寂寞中跳动着一颗不堪寥落的心。孤独的沉思外溢出心中的无限激情，沉默中蕴含有一股无形的力量，封建读书人的忧患意识通过有限的词句得到了淋漓尽致的体现。静中写动的心理刻画与清中叶诗人黄景仁"俏立市桥人不识，一星如月看多时"① 的诗句有相近的内涵。

《云起轩词》也有一些作品意象鲜明，直抒胸臆，如"一片闲愁无处著，空里游丝，直任风漂泊"（《蝶恋花》），"蓦地闲愁千万叠，似絮如丝，尽向心头结"（《蝶恋花》），"背人无语敛双眉，别离情怀，缭乱万千丝"（《临江仙》）。宋代女词人李清照《一剪梅》："此情无计可消除，才下眉头，却上心头。"也是咏闲愁，纯用白描；文廷式词则使用了比喻，但两曲同工，皆可称佳作。文廷式《减字木兰花·郴江舟中》"若待无愁，除是湘江更不流"，反用南唐后主李煜《虞美人》中"问君能有几多愁，恰似一江春水向东流"词意，更觉伤神。灵活地借鉴前人词作的艺术手法，极大增强了《云起轩词》的表现力。

文廷式的咏物词善于用具象的事物巧妙地表达某种抽象的意念或难以言传的情绪，颇具有象征的味道。《齐天乐·秋荷》"护惜馀香，月明深夜语"；《卜算子·新柳》"一样眉痕两样描，月影初三瘦"；《南歌子·咏蝶》"夕阳影里自成双，却省是谁春梦，绕回廊"；《高阳台·尘》"洛神赋后清才减，久低徊罗袜，想象明珰"。上揭咏物词皆浑脱自然，

---

① （清）黄景仁撰《两当轩集》卷九《癸巳除夕偶成》其一，上海古籍出版社1983年版，第236页。

明显带有词人的自我形象在内。清沈祥龙《论词随笔·词中咏物》有云："咏物之作，在借物以寓性情，凡身世之感，君国之忧，隐然蕴于其内，斯寄托遥深，非沾沾焉咏一物矣。"① 文廷式的咏物词不但有所寄托，而且在追求所咏之物的神似中获得表现的自由，自有一种超脱的韵致。《凭栏人·咏水仙花》一词就曾引来论者的几多猜测，其词有云："秣驷芝田经几时，袖里明珰光未已。华灯写，淡姿绰，娇饶知似谁。"龙榆生就此评道："清慈禧太后别号芝田，此不知系有所指否？"② 然而细味词意，所谓"秣驷芝田"，语出三国魏曹植《洛神赋》"尔乃税驾乎蘅皋，秣驷乎芝田"，作者似借题发挥，用《洛神赋》表达对一位心仪已久的女子的向往之情，并非影射何人。

《云起轩词》中的作品对于人物的刻画也有其独到之处，如"道是不曾消瘦，但频拈罗带"（《好事近》）。写景如"云影波光相射，荡楼台春绿"，着一"荡"字，将云光水色写活，不同凡响。

以议论入词，体现于《云起轩词》的豪放之作中。"早避渔阳鼙鼓，后人休笑开天"（《广谪仙怨》），议论率直，属于意主光绪帝迁都之作。"古今来、那许商高算，问长夜，几时旦"（《贺新郎》），追怀千古，是略带伤感的议论。"还堪慰，男儿四十，不算华颠"（《八声甘州》），以壮语送别，是聊以相慰的议论。"男儿何不请长缨，挥剑荆龙庭。只麻衣入试，金门献赋，那算功名"（《木兰花慢》），安慰王德楷乡试落第，属于聊以解嘲的议论。"汗马功名今贱，惊心是、南山射虎，岁华易晚"（《永遇乐》），凄凉慷慨，是无可奈何的议论。《望江南》五首，全以"游侠好"起句，神采飞扬，就属于词人早年纵横捭阖的议论了。

《浪淘沙·赤壁怀古》一词有意模仿宋词人苏轼《念奴娇·赤壁怀古》的词风，属于作者豪放风格词中较为突出的一首作品。"未锁二乔铜

---

① 唐圭璋编《词话丛编》，中华书局 1985 年版，第 4058 页。
② 龙榆生：《云起轩词评校补编》，载《同声月刊》1943 年 3 月 15 日第三卷第一号。

雀上，那算英雄"，于怀古中嘲笑曹操的赤壁之败，借以发抒"长剑几时天外倚"的豪情，然而其直露中总含有一丝悲凉的底蕴。《卜算子·水仙花》这样吟道："唱彻大江东，此意无人晓，若见湘皋解佩时，我自伴花恼。"壮志难酬，终令词人沉迷于游仙的想象中了。

觉谛山人（朱孝臧）《清词坛点将录》将文廷式比作《水浒传》中的李逵①，汪国垣《光宣诗坛点将录》将文廷式比作《水浒传》中的阮小七②，钱仲联《近百年诗坛点将录》将文廷式比作《水浒传》中的杨志③，他们似乎都将文廷式视为纵横清末词坛的骁将了。然而就其词作而论，文廷式的豪放词仅占《云起轩词》的五分之一左右，艺术成就也远逊于其婉约之作，然而正是由于这位末世词人善于多方面吸收苏、辛两家豪放词的艺术手法，终于能在晚清词坛中独树一帜，有一定的认识价值。朱孝臧《彊村语业》卷三有调寄《望江南》组词，其二十二评价文廷式词有云："闲金粉，曹邺不成邦。拔戟异军成特起，非关词派有西江，兀傲故难双。"洵非溢美之论。

（原载《江淮论坛》1989 年第 1 期。本次编入已加修订）

---

① 觉谛山人：《清词坛点将录》，载《同声月刊》1941 年 8 月 20 日第一卷第九号。
② 汪国垣著、程千帆整理《光宣诗坛点将录》，载《三百年来诗坛人物评点小传汇录》，中州古籍出版社 1986 年版，第 107 页。
③ 钱仲联：《近百年诗坛点将录》，载《三百年来诗坛人物评点小传汇录》，中州古籍出版社 1986 年版，第 155 页。

马致远散曲意境构成初探

　　意境是王国维美学思想的核心，这位大学者每以此说批评文学作品，影响深远。对于元曲，王国维认为："其文章之妙，亦一言以蔽之，曰有意境而已矣。"① 此段文字虽主要针对元杂剧而言，然而就实质而论，也可以视为对元代散曲创作的概括。马致远的散曲创作在元代作家中名列前茅，明人朱权将马致远位列于"群英之上"，并以"朝阳鸣凤"加以赞扬："其词典雅清丽，可与《灵光》《景福》而相颉颃。有振鬣长鸣，万马皆喑之意。又若神凤飞鸣于九霄，岂可与凡鸟共语哉？"② 可谓推崇备至。这一评价虽非溢美之词，却稍嫌空泛，终觉不够系统科学。然而若用王国维的意境说对马致远的散曲艺术加以阐释，也许我们就会发现一个宽广且色彩斑斓的天地。

　　何为有意境？王国维曾以三种特征加以总结："写情则沁人心脾，写景则在人耳目，述事则如其口出是也。"③ 今天研究马致远散曲的意境构成问题，恰好也可以寻觅到曲家的三种创作途径，与王国维之论大体一致。当然，这些艺术手法既非马致远所独擅，也不是元散曲创作手法的

---

① 王国维著、黄仕忠讲评《宋元戏曲史·元剧之文章》，凤凰出版社 2010 年版，第 117 页。
② （明）朱权著《太和正音谱》卷上《古今群英乐府格势》，中国戏曲研究所编《中国古典戏曲论著集成》第三册，中国戏剧出版社 1959 年版，第 16 页。
③ 王国维著、黄仕忠讲评《宋元戏曲史·元剧之文章》，凤凰出版社 2010 年版，第 117 页。

"专利"，但通过对这一问题的探讨，我们正可以透视窥见马致远散曲创作的别出心裁的巧妙处。马致远的散曲并非如唐诗、宋词那样多以委婉含蓄为特征，而是以明快豪放赢得古今众多读者的青睐，这的确是一个有趣并耐人寻味的问题。

一、以多重意象组合构成意境

曾被元代曲家周德清奉为"秋思之祖"的马致远《天净沙·秋思》一曲，一向为后人津津乐道，王国维称赞这首小令说："寥寥数语，深得唐人绝句妙境。有元一代词家，皆不能办此也。"[①] 即从意境着眼谈艺，有事半功倍之效。那么。马致远在短短二十八字的经营中，是如何遣词造句的呢？这一小令中仅有一个动词"下"与勉强具有动作性的介词"在"，其馀则完全以名词组合，构成一幅色彩鲜明、活泼生动的客子行吟图卷："枯藤老树昏鸦，小桥流水人家，古道西风瘦马。夕阳西下，断肠人在天涯。"[②] 首句用三重意象组合为一组，带给读者的心理感受是暗淡斑驳与衰败寥落的；第二句也由三重意象组成一组，然而带给读者的心理感受却是明快旖旎与富有生机的。两组意象的组合重叠，相反相成，扩充了已然显示出的六重意象的蕴含，从而折射出天涯游客矛盾、焦灼、萧索、凄清、无奈但仍有所期待的心态。第三句继续用三重意象组合而成，比第一组更具萧疏颓败的意味，特别是在"夕阳西下"第四句的背景衬托下，产生了与前两组意象组合远离的心理效果，从而令读者的想象空间无限延展，生发出辽阔苍茫的纵深感与迟缓乏力的挪动感。最后一句"断肠人在天涯"是点睛之笔，串联起前四句所呈现出的十种意象，使本来松散的意象联系紧密化，形成浑然一气并可包蕴人类复杂情感的意境。

---

① 王国维著《人间词话》，人民文学出版社 1960 年版，第 221 页。
② 隋树森编《全元散曲》，中华书局 1964 年版，第 242 页。以下引用马致远散曲，仅随文括注是编页码。

　　曲作者巧妙地将内心一种失落孤寂的乡愁转化为诸多意象的组合，并使这一情感获得了与景交融的艺术表现，馀味无穷。这一艺术表现如果经读者介入参与，就会程度不同地在各自的头脑中还原再现原曲的各重意象，当诸多意象弥漫并浸润读者的经验世界时，就会将想象中的景物再转化为相应的情感，其色彩之浓淡、程度之强弱或有所不同，但只要不是精神异常者，总会在一定的意义范围内上下波动，不会产生迥然不同的感受。此曲前三组意象组合，我们找不到逻辑思维中表示语法关系的主谓结构或动宾结构，景物相互之间不确定的联系是读者心理空间产生的基础，这一空间所容纳的就是多重意象组合所构成的某种意境，它可以以其无限的丰富性引领读者，从而激发出自由联想的审美趣味。

　　在马致远的散曲创作中，由并列密集的多重意象构成某种意境的艺术手法并不多见，常见的是化景为情、情由境生的几重意象的有序组合。由这一手法所营造出的意境也自有其无限的趣味。如《双调寿阳曲》中的《远浦帆归》一曲："夕阳下，酒旆闲，两三航未曾着岸。落花水香茅舍晚，断桥头卖鱼人散。"（第 245 页）前两个三字句以两重意象依靠远近结合的视觉效果，先构成一种散淡闲适的情境；第三句由于进行了空间的拓展，那未曾出现于曲句中的水势就通过未靠岸的三两船只传达出来，扩充了日暮时苍茫辽远的意境。"落花水香茅舍晚"由三种相关的意象组合于一处，其中"晚"与上述"夕阳"呼应，体现出时间的进程。这一句又有将读者从远景拉回近处的功能，它与"酒旆"的意象由于有第三句的间阻，增加了读者的空间距离感，从而令意境立体化，可以融入读者更多的联想。末句"断桥头卖鱼人散"富于动感，有令画面活动起来的功效。

　　整曲完全是写景，并无抒情语，但那富于神韵的景物描写，正可透视出作者的情怀无限。读者根据自己的经验世界重现这一动态的画面时，或萌生闲逸之情，或产生迟暮之感；或掠过一丝人去景空的怅惘，或招来几许莫可名状的期待。这些并不确定的情感表达是全曲富有意境的基础，清人王夫之所谓"作者用一致之思，读者各以其情而自得"①，即是此意。在《双调寿阳曲》中，化情为景，意象组合较为纯熟自然者还有"四围山一竿残照里"（第244页《山市晴岚》），"顺西风晚钟三四声"（第246页《烟寺晚钟》）等等，皆景中寓情，耐人寻味，都为意境的进一步生成创造了条件。

《双调夜行船·百岁光阴》套曲，也有《秋思》的别名，长期以来脍炙人口，其中一些曲子的意象生成虽然司空见惯，不足为奇，但却因交叠组合的巧妙与空间遮掩的运用，就能产生一种独特的情韵。在全套曲的意向指引下，如此独特的情韵会激发读者更为丰富的联想。如《拨不断》一曲："绿树偏宜屋角遮，青山正补墙头缺，更那堪竹篱茅舍。"（第269页）三句中共计六重意象，前两句的四重意象本极平常，但一经动词"遮"与"补"的串联，就会产生出非同一般的审美意境。宋曾季狸《艇斋诗话》有云："欧公词云'杏花红处青山缺'，本乐天诗'花枝缺处青楼开'。"② 看来这一艺术手法的运用由来有自，是马致远善于向前人借鉴的见证。应当指出的是，这四重意象的营造远离了尘世车马的喧嚣，使下一句"竹篱茅舍"的隐居风光得到强调，并与本曲前三句"利名竭，是非绝，红尘不向门前惹"的情绪指向合拍，从而为读者提供了驰骋自由想象的审美空间。明王世贞《曲藻》盛赞马致远这一套曲"放逸宏丽，而不离本色，押韵尤妙"，并认为"绿树偏宜屋角遮，青山正补墙头缺"等语属于"景中雅语"③，就是对这种意象组合方式的肯定。

在马致远的散曲创作中，有时也运用意象作为抽象概念的形象化借代，如《双调寿阳曲》中一曲："蔷薇露，荷叶雨，菊花霜冷香庭户。眉梢月斜人影孤，恨薄情四时辜负。"（第249页）曲中"蔷薇""荷叶"

---

① （清）王夫之著，戴鸿森笺注《姜斋诗话·诗绎》，人民文学出版社1981年版，第4页。

② 丁福保辑《历代诗话续编》，中华书局1983年版，第314页。

③ （明）王世贞撰《曲藻》，中国戏曲研究所编《中国古典戏曲论著集成》第四册，中国戏剧出版社1959年版，第28~29页。

"菊花""眉"四重意象，显然是作为春、夏、秋、冬四季的形象化借代而出现的，当这四重具有象征性的意象与"露""雨""霜""月"四重意象分别组合成定中结构时，除反映出一年四季不同的风物特征外，还染有风月相思、无可奈何的凄凉意绪。表示四季转换的四重意象之间是可以容纳进读者尽可能多的想象的"空白"，这些"空白"也是充实"恨薄情四时辜负"抒情句的空间。

　　集中使用意向群落或相关的意象组合以传达出某种意境，这在马致远的散曲创作中并非俯拾皆是的艺术表现手法，作者往往于句中插进情语或议论语，意在于直抒胸臆中，令意象的指向更加明确。如《仙吕青哥儿·十二月·二月》："前村梅花开尽，看东风桃李争春。宝马香车陌上尘，两两三三见游人，清明近。"（第231页）首句化用唐人齐己《早梅》"前村深雪里，昨夜一枝开"诗意，意谓春深，这里姑且不谈。作者将带有情感的动词"开尽""争""见"等置于有意象显现的句中，令生活形象的客观与作者情感理想的主观统一起来。从而浮现某种意境。这虽在某种程度上限制了读者的想象空间，却能令曲句的意向明确。这也是马致远散曲创作意象组合构成意境的方式之一。

二、化用前人诗词或有关典故构成意境

　　如前揭"前村梅花开尽"句有意化用齐己《早梅》诗意，元人散曲创作常喜化用前人诗词作品，或意存典雅，或借以扩充全曲的意境。马致远的散曲创作也常以这种方法构成某种只可意会、难以言传的意境，在元曲创作中具有典型的意义。如《仙吕青哥儿·十二月·正月》云："春城春宵无价，照星桥火树银花。妙舞清歌最是他，翡翠坡前那人家，鳌山下。"（第230页）首句化用宋苏轼《春夜》诗："春宵一刻值千金，花有

清香月有阴。"① 第二句化用唐苏味道《正月十五夜》诗"火树银花合，星桥铁锁开"② 句意。然而这只是在一般语词范畴的借用，读者即使不明其出处何在，也不会有碍于鉴赏。此曲的后三句则有其意境上的追求，宋辛弃疾《青玉案》词："众里寻他千百度。蓦然回首，那人却在，灯火阑珊处。"③ 这是对于某种美好事物的执着追求中猛然如愿以偿后的满足，属于心理久郁后的解放。不同的是，马致远《青哥儿》曲比辛弃疾《青玉案》词带有更多的冷静成分，虽也有一种难以名状的满足，却没有猛然发现后的惊喜，而是经过比较后的理性判断。在素昧平生的人群中寻觅自己的理想所在，这是马曲与辛词的可比性因子，若就审美意境而论，两者都能引来读者的无限联想，从中可见马致远善于借鉴前人，师其意不师其词的成功之处。

宋周邦彦《西河·金陵怀古》词全阕隰栝唐刘禹锡《石头城》《乌衣巷》二诗，描写金陵风物浑然天成，典雅而又凝重。宋史达祖《绮罗香·咏春雨》一词，全篇无一"雨"字，却令读者处处联想到雨意浓浓。史词如"记当日、门掩梨花，剪灯深夜语"两句，即分别化用李重元《忆王孙》词"雨打梨花深闭门"与唐李商隐《夜雨寄北》诗"何当共剪西窗烛，却话巴山夜雨时"的句意，富于意境之美。借鉴前人诗词作品富于意象性的语词，用来扩充自己创作的意境，有事半功倍之效。马致远在他的散曲创作中也多用此法，用来获取典雅玲珑的艺术效果。其《越调小桃红·四公子宅》中《秋》之曲，并没有将"秋"字透露，却因善于运用前人有关诗词的意境，而将官宦人家的秋日闲适景象淋漓尽致地表现出来：

> 碧纱人歇翠纨闲，觉后微生汗。乞巧楼空夜筵散，袜生寒，青苔砌上观银汉。流萤几点，井梧一叶，新月曲阑干。（第 241 页）

---

① （清）冯应榴辑注《苏轼诗集》卷四八，中华书局 1982 年版，第 2592 页。
② 《全唐诗》卷六五，中华书局 1965 年版，第 763 页。
③ 唐圭璋编《全宋词》，中华书局 1965 年版，第 1884 页。

这里仅从第四句说起。所谓"袜生寒，青苔砌上观银汉"，系化用唐李白《玉阶怨》诗意："玉阶生白露，夜久侵罗袜。却下水精帘，玲珑望秋月。"① 所谓"流萤几点"，当是对唐杜牧《秋夕》诗中"轻罗小扇扑流萤"② 一句的简化；所谓"井梧一叶"，则是对唐王昌龄《长信秋词五首》其一"金井梧桐秋叶黄"③ 一句的化用。借用古人有关"秋"的诗歌意境丰富自己作品的内涵，除可营造一种宁静、闲适乃至百无聊赖、若有所思的气氛外，还可令读者在鉴赏时顾及其句间意义联系上的空白。当读者意图填补这种具有召唤功能的意义空白时，前人有关诗句与自己的经验世界就会产生联系并交融，具有共同填补空白的可能，新的意境便可能生成，从而获取极大的审美愉悦。

《般涉调哨遍·张玉嵒草书》套曲"半世逢场作戏"中有"对榻青山，绕门绿水"二句（第262页），除其曲句本身可以构成优美画图并营造出某种意境外，若明晓这两句与宋王安石《书湖阴先生壁二首》其一诗中"一水护田将绿绕，两山排闼送青来"④ 两句的联系，就会有趣味横生的感悟。《仙吕青哥儿·十二月·七月》有句"梧桐初凋金井""独对青娥翠画屏"（第232页），与前揭唐王昌龄《长信秋词》、杜牧《秋夕》诗意的联系显而易见，在重构此曲的意境上作用巨大。另外《九月》一曲首二句："前年维舟寒濑，对篷窗丛菊花开。"（第232页）由于两句间意象的跳跃性较大，一旦识别不出这两句实际化用唐杜甫《秋兴八首》其一中"丛菊两开他日泪，孤舟一系故园心"⑤ 诗意，鉴赏就比较困难了。这也是马致远的少量散曲创作由于用语过于典雅，追求词化，从而丧失散曲文体特征之一例。

---

① 《全唐诗》卷一六四，中华书局1965年版，第1701页。
② 《全唐诗》卷五二四，中华书局1965年版，第6002页。
③ 《全唐诗》卷一四三，中华书局1965年版，第1445页。
④ 北京大学古文献研究所编《全宋诗》，北京大学出版社1998年版，第10册第6700页。
⑤ 《全唐诗》卷二三〇，中华书局1965年版，第2509页。

马致远还有一些散曲创作不仅化用前人诗词意境，而且将有关故事囊括于其中，如《双调寿阳曲·江天暮雪》："天将暮，雪乱舞，半梅花半飘柳絮。江上晚来堪画处，钓鱼人一蓑归去。"（第246页）据《唐诗纪事》卷七〇"郑谷"一则记述，郑谷曾有《咏雪》诗云："乱飘僧舍茶烟湿，密洒高楼酒力微。江上晚来堪画处，渔翁披得一蓑归。"有一位名叫段赞善的画师"因采其诗意，写之成图，曲尽潇洒之意"①。马致远创作《江天暮雪》显然借鉴了唐郑谷的掌故，特别是其第四句径录原诗句。由于作者没有明确这一承袭关系，其曲之意又甚为明了，因而容易为读者所忽视，从而丧失掉全曲的部分情韵。惟有洞晓郑谷《咏雪》诗故事者，方能从中体味到一种特殊的意境。当然，此曲本身也具有中国传统山水画的特征，散点透视构图中的"留白"艺术手法，正是容纳读者自由联想的空间，当读者试图对诸多"留白"处进行完形加工时，浮现于脑海中的景物就会远远超出原曲中的几重意象组合，而构成一幅内容无限丰富的画卷，作品的审美效果也由此得以体现。

耐人寻味的是，《梨园乐府》记录此曲完全变了样："彤云布，瑞雪飘，爱垂钓老翁堪笑。子猷冻将回去了，寒江怎生独钓。"（第246页）这可以视为是作者的另一稿，从中极易窥见马致远希图借用古人掌故以扩充其作品审美意境的用心。曲中第四句用王子猷（即王羲之第五子王徽之）雪夜走访戴逵，乘兴而行，兴尽而返的故事，见南朝宋刘义庆《世说新语·任诞》。曲中着一"冻"字，诙谐幽默，将元人散曲的文体特征表现得淋漓尽致。第五句则化用唐柳宗元《江雪》中"孤舟蓑笠翁，独钓寒江雪"②诗意，与第四句形成因果问答关系，天生韵致，有不可凑泊之妙。如果仅从意境的构成与散曲的趣味性而言，两种版本当以后者较优。

---

① （宋）计有功撰《唐诗纪事》卷七〇，上海古籍出版社1965年版，第1041页。
② 《全唐诗》卷三五二，中华书局1965年版，第3948页。

将有关典故巧妙融入散曲之中，正是马致远使其散曲创作富有意境的重要手段。《双调新水令·题西湖》套中的《一锭银》曲有"自赛了儿婚女嫁，却归来林下"（第266页）二句，暗用汉代向平愿了的故事。据《后汉书·逸民传》："向长字子平，河内朝歌人也。隐居不仕，性尚中和，好通《老》《易》……建武中，男女娶嫁既毕，敕断家事勿相关，当如我死也。于是遂肆意，与同好北海禽庆俱游五岳名山，竟不知所终。"① 套中《胡十八》一曲"宜阆苑泛浮槎"（第266页）一句，典出晋张华《博物志》，其卷三记述汉代曾有人从海渚乘槎到天河，遇见牛郎织女。套中《阿纳忽》一曲："山上栽桑麻，湖内寻生涯，枕头上鼓吹鸣蛙，江上听甚琵琶。"（第266页）这四句属于看破红尘、归隐山林的宣言。前两句暗用晋葛洪《神仙传·王远》中沧海桑田的传说，寄寓着啸歌世外的理想；第三句则用《南齐书·孔稚珪传》中故事："稚珪风韵清疏，好文咏，饮酒七八斗……门庭之内，草莱不剪，中有蛙鸣，或问之曰：'欲为陈蕃乎？'稚珪笑曰：'我以此当两部鼓吹，何必期效仲举。'"② 后世遂以"两部鼓吹"指蛙鸣。第四句又借用唐白居易《琵琶行》歌行的意境，且以反诘口气出之，在嘲笑古人的患得患失中，营构此曲啸傲江湖又有些玩世不恭的意境。

马致远擅长运用典故扩充散曲的意境，如此可减省笔墨，在情感逻辑的跳跃中构成容纳读者联想的巨大空间。《双调行香子·无也闲愁》套中有"对东篱，思北海，忆南楼"九字三句，将忧愁的化解巧妙地与三位古人的事迹联系起来，言简意赅，富于情趣。晋陶渊明《饮酒二十首》其五"采菊东篱下，悠然见南山"③，所谓"对东篱"即用陶诗句，营造出淡泊闲远的意境。《后汉书·孔融传》记述孔融（曾官北海相）常叹息

---

① （南朝宋）范晔撰《后汉书》卷八三，中华书局1965年版，第2758~2759页。
② （南朝梁）萧子显撰《南齐书》卷四八，岳麓书社1998年版，第442页。
③ 逯钦立校注《陶渊明集》卷三，中华书局1979年版，第89页。

说："坐上客恒满，尊中酒不空，吾无忧矣。"① 所谓"思北海"即用此典，构成交接友朋、乐以忘忧的意境。《世说新语·容止》："庾太尉在武昌，秋夜气佳景清，使吏殷浩、王胡之之徒登南楼理咏，音调始遒，闻函道中有屐声甚厉，定是庾公。俄而率左右十许人步来，诸贤欲起避之，公徐云：'诸君少住，老子于此处兴复不浅。'因便据胡床，与诸人咏谑，竟坐甚得任乐。"② 所谓"忆南楼"，仅用三个字即概括了庾亮在南楼与下僚咏谑逐欢的故事，从而营造出不拘礼法、游戏人生的意境。三句九字运用三个不同的动词，共同组合为一个完整的意境，令读者回味无穷，这是作者的艺术处理的成功之处。

散曲创作向典雅靠拢，并非元代散曲创作的特色，但却是马致远散曲的一大特色，论者将他划入"文采派"，当与此有关。马致远在其散曲创作中运用有关典故，化用前人诗词技巧纯熟，挥令诸多现成意象奔来笔底，交叠重映，构成新的意境，回旋于叹世、玩世、归隐的旋律中。他这种词化的散曲创作是以丧失其部分文体特征为代价的，这在当时可能不入时人之耳，但随着散曲与音乐的分道扬镳，这种典雅化的散曲创作就有了与早已脱离音乐的诗词创作一样，有了阅读的审美价值了。

马致远还有一些散曲创作属于咏史、咏事一类的题材，如《双调拨不断》十首分咏古人逸事，《双调庆东原·叹世》六首分咏几位古人，《南吕四块玉》十首皆以杂剧故事为题材，就不属于化用古人诗词或典故营造意境的方法了。

三、用庄谐雅俗的对比构成意境

亦庄亦谐，既雅又俗的表现手法，在元散曲创作中占有相当的比重。

---

① （南朝宋）范晔撰《后汉书》卷七〇，中华书局 1965 年版，第 2277 页。
② 余嘉锡撰《世说新语笺注·容止第十四》，中华书局 1983 年版，第 618 页。

这种风格，有论者名之曰"趣"，有论者称之为"谑"，有论者总结为"俏"。总而言之，在元曲的意境获取方式中，这种对立统一的风格特征具有一定的普遍性。元周德清《中原音韵·作词十法》总结散曲创作曾谓："造语必俊，用字必熟，太文则迂，不文则俗；文而不文，俗而不俗，要耸观，又耸听格调高，音律好，衬字无，平仄稳。"[1] 这概括了元散曲创作的一般特点。作为元散曲文采派代表的马致远，遣词造句极重典雅，但有时他又故意冲淡这一艺术倾向，在散曲非词化的尝试中偶露身手。在其一些散曲创作中，马致远有意将雅句俗语交错杂出，或在一番典雅的描绘之后忽出俗语，或于热情宣叙之后忽出冷语，犹如"瘸腿诗"或现代"三句半"的写作一样，产生令人忍俊不禁的艺术效果。

《南吕四块玉》十首之一的《天台路》：

采药童，乘鸾客，怨感刘郎下天台。春风再到人何在？桃花又不见开，命薄的穷秀才，谁教你回去来！（第 234 页）

前四句的语意较雅，属于客观铺叙性质；后三句则用一种冷眼旁观的调侃态度宣泄一己心中的积郁。这前后两部分情感与表达方式的对立，恰可以造成其间的情感空白，容纳进读者丰富的经验世界，这就是我们常说的发人深思的地方，全曲意境也由此获得极大的扩充。换言之，读者期待视野的被阻断或与原有方向的背离，正可使读者在原有的思维定式无法展开之际，突然领略到滑稽与诙谐的嘲讽意味，从而获得审美趣味。这十支曲中的《紫芝路》一曲专咏汉代和番的王昭君："青草畔有收酪牛，黑河边有扇尾羊，他只是思故乡。"（第 234 页）《马嵬坡》则专咏唐朝的杨贵妃："霓裳便是中原患。不因这玉环，引起那禄山，怎知蜀道难。"（第 235

---

① （元）周德清著《中原音韵·作词十法》，中国戏曲研究所编《中国古典戏曲论著集成》第一册，中国戏剧出版社 1959 年版，第 232 页。

页）这些小令中的末句皆以俗语入曲，或遽下断语，或突发反诘，机趣盎然、超脱倜傥，令人于突兀中感受到回味无穷的魅力。

古人曾用所谓"凤头""猪肚""豹尾"三段，概括散曲的文体结构："乔孟符吉，博学多能，以乐府称。尝云：'作乐府亦有法，曰凤头、猪肚、豹尾六字是也。大概起要美丽，中要浩荡，结要响亮。尤贵在首尾贯穿，意思清新。苟能若是，斯可以言乐府矣。'"① 元散曲结句的重要性可见一斑。《南吕四块玉·叹世》九首，有五首以"倒大来闲快活"收束，皆与各曲此前较为雅致的曲句形成修辞上的对比，成为引发联想的基础。如其一"种春风二顷田，远红尘千丈波，倒大来闲快活"（第237页）三句，"种"与"远"两个动词表明了作者的人生追求，然而末句又是玩世不恭、游戏人生的宣言，在对比强烈中所构成的情感空白，须由读者自行填补，从而产生无限的意境。

《双调庆东原·叹世》六首，全以"不如醉还醒，醒而醉"二句为结语，所浮现的是一种俯瞰人生又百无聊赖的意境。在作者的笔下，无论英雄、奸雄、贤相、能臣，还是财富、才智等，无非全如一场春梦。如果抛弃其中消极悲观的情绪不谈，其艺术表现对于读者具有很强的感染力。作者所得意处是雅中带俗的谐谑，所着力处是咏史叹世的超脱感。如嘲咏秦末的英雄项羽一曲："拔山力，举鼎威，暗鸣叱咤千人废。阴陵道北，乌江岸西，休了衣锦东归，不如醉还醒，醒而醉。"西楚霸王项羽叱咤风云的英雄本色与最终乌江自刎的悲剧，在马致远笔下仅以"休了衣锦东归"一句调侃语一笔带过，无形中提高了读者观照这位悲剧英雄的位置，而俯察的角度更便于读者对作者叹世情怀的准确把握。

著名的《双调夜行船·百岁光阴》套曲，雅俗语词穿插运用，气氛轻松自如，意境潇洒。如《乔木查》："想秦汉宫阙，都做了衰草牛羊野，

---

① （明）陶宗仪撰《南村辍耕录》卷八《作今乐府法》，中华书局1959年版，第103页。

不恁么渔樵没话说。"（第269页）《风入松》："不争镜里添白雪，上床与鞋履相别。休笑窠鸠计拙，葫芦提一向装呆。"（第269页）《离亭宴煞》："人问我顽童记者，便北海探吾来，道东篱醉了也。"（第269～270页）皆冷眼观世，语言风趣，馀味无穷。套曲的意境也正体现于这无穷的味道当中，耐人咀嚼。曲中没有意义不确定的未定点，也没有容易引起歧义的用语，仅是因为心中积郁与愤懑化为"高级牢骚"，从而产生了直率豪放、淋漓痛快的谐趣。谐趣的产生是学识与机智的体现，其中庄谐雅俗的对比手法的运用，正是构成这种类型散曲意境的基础。

讨论马致远的散曲创作，就不能不顾及他那套著名的《般涉调耍孩儿·借马》套曲，此曲毫无典雅之气，与马氏的其他散曲创作风格迥异，全用口语俗话写就，自然浑成。如果说填词以白描手法能令人体味到人类情感的真实的话，那么曲中俗语的大量运用，也可以复现一些真实的场景并引导读者从形象或景象的如实描绘中看到一些自身的影像。在鉴赏这组套曲时，读者与作者的位置同一，皆高高在上向下俯瞰，即使能发出会心的微笑，也并不认为是在笑自己，而是嘲弄他人。如果读者从未产生过丝毫自私或敝帚自珍的心理，这组套曲也就失去了它可以被鉴赏并引来笑声的基础。从曲中可以隐约感到一种似曾相识的情感或行为，而又能轻易地跨越它。这一鉴赏过程也就是这套散曲意境生成的过程。

马致远的散曲，小令有115首，套数（包括残套）在20套以上，风格的多样化令他的散曲创作有了说不尽的魅力。这里我们探讨的仅是其散曲的意境构成问题，属于其散曲艺术问题的一个侧面，但在讨论中由于兼及读者的能动作用，所以当我们仔细思考其散曲创作的意境的三种构成方法时，我们或许可以悟出前人誉称之为"曲状元"的原因了。

（原载《河北师院学报》1991年第4期。本次编入时对正文与注释皆有修订）

张问陶七绝诗刍议

与袁枚相同，张问陶作为清代性灵派诗人，不仅有丰富的创作实践，也有相当的理论建树，从而能以一代诗人享誉后世。研究清代诗歌发展史，张问陶的历史地位是显著的。有清一代诗坛，从清初至乾隆时期，神韵、格调、肌理、性灵四说各领风骚，而以性灵一派最具活力，流韵绵长。

研讨性灵一派，向以袁枚、赵翼、蒋士铨三家并称，而以船山张问陶为从属，此论既出，学者相沿而不察，几成定论。嘉、道间广东诗人黄培芳已经看出蒋氏诗论与袁枚有异，他说："蒋心馀亦与子才齐名，声气相孚，而其持论有与子才不同者。"① 钱锺书就此进一步论述说：

> 袁、蒋、赵三家齐称，蒋与袁、赵议论风格大不相类，未许如刘士章之贴宅开门也。宜以张船山代之。故当时已有谓船山诗学随园者，惜乎年辈稍后，地域不接耳。②

其中所谓"刘士章之贴宅开门"，语出《南齐书·刘绘传》："永明末，京邑人士盛为文章谈义，皆凑竟陵王西邸。绘为后进领袖，机悟多能。时张

---

① （清）黄培芳撰《黄培芳诗话三种·香石诗话卷之二》，广东高等教出版社 1995 年版，第 38 页。
② 钱锺书著《谈艺录》，中华书局 1984 年版，第 137 页。

融、周颙并有言工，融音旨缓韵，颙辞致绮捷，绘之言吐，又顿挫有风气。时人为之语曰：'刘绘贴宅，别开一门。'言在二家之中也。"① 钱先生巧用南朝齐张融、周颙、刘绘（字士章）三人讲论文章事，形象地摈蒋于袁、赵之外，而以张问陶补之，为当今研究清诗者所称允。

（一）

张问陶传世诗作约三千馀首，见于《船山诗草》二十卷与《补遗》六卷。前者编年，古风、近体皆备。其诗古体有意学习李白，但由于缺乏盛唐时期恢弘的时代因素，张问陶的古体诗就未免隔膜于社会。张维屏《听松庐诗话》有云："船山诗生气涌出，生趣飞来，古体中时有叫嚣剽滑之病。当时随园名盛，以游戏为诗，船山亦未免染其习气。"② 然而张问陶的近体诗写作却极有特色，清通之中富于韵致，张维屏有评云："至近体则极空灵，亦极沉郁，能刻入，亦能清超。大含名理，细阐物情。或论古激昂，或言情婉曲，或声大如钟镛，或味爽如菘韭，几欲与从前诸名家外又辟一境。"③ 在张问陶的近体诗中，七言绝句一体又最能代表其性灵诗的本色，结体空灵而无浮滑之气，因而值得研究者瞩目。

张问陶的七绝诗传世约有 768 首，以数量而论，占其全部诗作的四分之一强。在近体诗中，律诗中间两联须对仗工整，诗人为牵合文字取偶的需要，往往要牺牲诗意的准确性表达，不如绝句诗那样自由度较大，挥洒性情所受到的束缚也小于律诗。在绝句中，五绝言少，又远不如七绝言长意广，因而在抒发性灵上，七绝就有了得天独厚的优势。在张问陶的诸体诗中，七绝又是负载其诗论的诗体，这无疑更增加了研究者对其七绝的关

---

① （南朝梁）萧子显撰《南齐书》卷四八，岳麓书社 1998 年版，第 442~443 页。
② 转引自钱仲联主编《清诗纪事》第十册，江苏古籍出版社 1986 年版，第 6751 页。
③ 转引自钱仲联主编《清诗纪事》第十册，江苏古籍出版社 1986 年版，第 6751 页。

注与兴趣。

论诗诗而外，张问陶七绝所涉及的内容广泛，题画、应酬、咏物、纪游、言志、怀古、怀乡、咏史、读书，几乎无所不有，较为真实地反映了其性灵诗的内蕴与特色。如《荒洲夜泊》是诗人创作较早的一首七绝，写于乾隆甲辰（1784），诗人时年二十一岁。诗云："风急滩高夜水浑，角声吹月欲黄昏。不知何处歌杨柳，年少青衫有泪痕。"① 从这首诗的取义而论，显然受到中唐诗人李益的影响。李益《夜上受降城闻笛》一诗云："回乐峰前沙似雪，受降城外月如霜。不知何处吹芦管，一夜征人尽望乡。"② 此外，李益《从军北征》诗："天山雪后海风寒，横笛偏吹行路难。碛里征人三十万，一时回向月明看。"③ 比较三诗，船山之作的后二句显然模仿李益前诗的后二句；船山前二句又与李益后诗前两句似有关联。

《渭南遇雨》："买得征车日日晴，炎风酷暑送行旌。朝来一雨清人肺，卧看垂杨过渭城。"（第 56 页）诗写于乾隆己酉（1789），船山时年二十六岁。这首七绝从取意与诗境而言，都化用了唐王维《送元二使安西》一诗的意境，因而隽永俊爽，耐人寻味。

值得一提的是，七绝而外，船山早年的诸体诗也有一个"转益多师"的过程。如古诗《寒夜吟》云："月色堕烟秋不晓，勾阑吊月啼蛄老。秦筝弦柱十三行，钿蝉金雁弹伊凉。一夜冻痕生绿井，窥帘漠漠花枝冷。"（第 18 页）此诗写于乾隆壬寅（1782），船山时年十九岁。如果将此诗与唐李贺的《秋来》诗做一比较，不难发现李贺诗"衰灯络纬啼寒素"与"雨冷香魂吊书客"④ 的萧杀阴森鬼气在船山诗中的荡漾。船山作于同一年的五律《鸭兰矶》的颔联"叶稀秋在树，江冷月亲人"（第 21 页），显

---

① （清）张问陶撰《船山诗草》，中华书局 1986 年版，第 28 页。以下引用张问陶诗作，仅随文注页码，不再出注。
② 《全唐诗》卷二八三，中华书局 1965 年版，第 3229 页。
③ 《全唐诗》卷二八三，中华书局 1965 年版，第 3226 页。
④ 《全唐诗》卷三九○，中华书局 1965 年版，第 4400 页。

然化用唐孟浩然《宿建德江》诗中"野旷天低树，江清月近人"① 二句。

一般而言，唐诗主情韵，宋诗尚理趣。在船山的七绝诗中，具有宋诗议论倾向者也有一些。如《观弈丙辰十一月作》一诗："散漫空闻落子声，看他庸手较输赢。无聊一著犹堪笑，黑白模糊死尚争。"（第 359 页）又如《画鹰自题》末二句："草间狐兔纵横极，正是苍鹰侧目时。"《吴耘庵乘风破浪图》末二句："看惯江湖风浪影，始知安稳是收帆。"这些以议论入诗的诗句，皆明显带有宋诗的色彩。船山《论诗十二绝句》其十有云："模宋规唐徒自苦，古人已死不须争。"（第 262 页）正是这种没有家数的吟诗态度造就了一代性灵诗人，而性灵诗最为显著的特点就是"空灵"。所谓"人能脱略交方古，诗到空灵艺始成"（第 152 页），就是船山诗的追求。他甚至说："一片神光动魂魄，空灵不是小聪明。"（第 543 页）又说："想到空灵笔有神，每从游戏得天真。"（第 262 页）

何谓"空灵"？清初李渔将空灵与超脱对举，具有凤根、天授的内涵："予又谓填词种子，要在性中带来，性中无此，做杀不佳。人问：性之有无，何从辨识？予曰：不难，观其说话行文，即知之矣。说话不迂腐，十句之中，定有一二句超脱，行文不板实，一篇之内，但有一二段空灵，此即可以填词之人也。"② 写诗清新灵活而不凝重质实，即为空灵。空灵与天分相关，空灵的诗属于才人之诗而非学人之诗，性灵说与格调说、肌理说的分殊也正在于此。

因为性灵诗人强调天分，所以船山论诗又特别注重灵感的问题，其《论诗十二绝句》其四云："凭空何处造情文，还仗灵光助几分。奇句忽来魂魄动，真如天上落将军。"（第 262 页）其五又说："跃跃诗情在眼前，聚如风雨散如烟。"灵感的光顾突如其来，可遇而不可求，但诗人获得灵感也需要一定的素质，不是任何人皆可猝遇的。《论诗十二绝句》其

---

① 《全唐诗》卷一六〇，中华书局 1965 年版，第 1668 页。
② （清）李渔撰《闲情偶寄·词曲部·词采第二》，作家出版社 1995 年版，第 29 页。

十有云："文章体制本天成，只让通才有性情。"将诗人之才置于重要的位置。换言之，灵感只光顾才人；然而才人若无一定学识积累为基础，灵感也就谈不上了。所以《论诗十二绝句》其五又说："敢为常语谈何易，百炼功纯始自然。"这正如钱锺书评论袁枚所言"初学读《随园诗话》者，莫不以为任心可扬，探喉而满，将作诗看成方便事。只知随园所谓'天机凑合'，忘却随园所谓'学力成熟'；粗浮浅率，自信能诗。"① 船山论诗深得随园神髓，因而论船山诗，亦当作如是观。

船山七绝《画山水自题》云："要知天下奇山水，都自无心结撰来。"（第384页）又《自题所画》云："莫笑丹青太潦草，最无心处是工夫。"（第684页）论山水，论画，也是论诗。"无心"之说看似轻易，其实是以内蕴充盈为基础的。但内蕴充盈却不能以考订训诂为能事，才可以令作品达到空灵的境界，其《论文八首》其八云："文场酸涩可怜伤，训诂艰难考订忙。别有诗人闲肺腑，空灵不属转轮王。"（第230页）

古人吟诗与今人是有所区别的，士子为应科举考试，乾隆二十三年（1758）以后，八股文而外，另加试五言八韵的试帖诗，似乎那时的读书人都成了诗人，其实并非如此。船山的性灵说在某种意义上而论，就是意在划清与所谓"饤饾古人书"的学问诗以及为功令而增设的试帖诗的界限，突出了作为文学的诗歌的特性。就此而论，性灵说在文学史上的进步性不言而喻。

（二）

在船山的各体诗中，常常出现"性灵"两字。如《题子靖长河修禊图》其二有云："仗他才子玲珑笔，浓抹山川写性灵。"（第235页）《题法时帆前辈诗龛向往图》有云："吁嗟乎不写性灵斗机巧，从此诗人贱于

---

① 钱锺书著《谈艺录》，中华书局1984年版，第205页。

草。"（第 239 页）《梅花》其八："照影别开清净相，传神难得性灵诗。"（第 255 页）《秋日》其二："剩此手中诗数卷，墨光都借性灵传。"（第 248 页）这些不限于七绝的诗作，全都写于乾隆癸丑（1793），船山年已而立，若与写于同一年的《论文八首》、写于翌年的《论诗十二绝句》相互参看，可知这一阶段正是船山性灵说确立的时期，这与他的人生经历也是一致的。

张问陶二十七岁考中进士，改翰林院庶吉士，三年散馆授检讨，入仕不仅是他生活的一个转折点，也是他师宗性灵的创作开始成熟的转折点。这一阶段，船山的七绝诗最能体现他卷舒自如、挥洒情性的特色。《题邵屿春诗后》有云："我爱君诗无管束，忽然儿女忽风云。"（第 237 页）《题武连听雨图王椒畦作》有云："输我三人齐下笔，性情图画性情诗。"（第 237 页）随意点染，即成佳句。

船山于人生得意之际，没有"忘形"，始终保持着一种恬淡的心怀，其《三十生日》一诗云："乡山竟隔五千里，人世俄来三十年。未了一身诗酒债，匆匆无暇作神仙。"（第 238 页）与此诗写于同一年的《黄粱梦镇戏作》其二亦云："乍着朝衫瘦不支，枕头休笑客来迟。十年走熟邯郸道，才到黄粱入梦时。"（第 230 页）类似于这种笑对人生的潇洒心态，正是船山诗趋向性灵的基础，也是其诗风空灵的保证。船山四十六岁时写有《题复园画册》七绝有云："高车驷马惊乡里，只觉相如是俗人。"（第 503 页）第二年所写《宦情》有云："笑倚闺人课娇女，宦情销向百花间。"（第 511 页）可以说，不慕荣华与较为达观的性格因素成就了性灵诗人。

性格有与生俱来的因素，船山十五岁时所写五古《壮志》即云："三十立功名，四十退山谷。"（第 11 页）儒家所倡导的"出处行藏"之说，张问陶似乎早有成算。船山二十六岁时写过《题张苕塘诗卷》一组七绝，其八云："升沉无据是名场，胸有奇诗道自昌。他日长风腾健羽，莫将功业让词章。"（第 108 页）这并非自家言志，而是对友人的勉励之语。从本质上论，船山并非热衷仕途之辈，这一点与其前辈诗人袁枚（1716～1798）有近似之处。袁枚二十三岁考中进士，三十六岁即辞官寄身江宁，隐居于随园，优游林下，赋诗作文，稳坐寓公。张问陶的生活不像袁枚那样优裕，他早年即南船北马，随父游宦；成年以后常年奔波于京师与四川家乡之间，居无定所；即使仕宦以后，其经济情况也未曾宽裕。然而船山淡泊官宦的心态与袁枚近似，这或许是两人声气相通的重要原因。

张问陶二十六岁时所写七律《月夜书怀》尾联云："记取南邻田父语，团栾真乐胜公卿。"（第99页）青年时代就已萌生归隐的价值取向。做官以后，船山也没有忘却自家的本来面目，《元夜月下作僧装访沧湄》二首其一云："儒衣不著著僧衣，今昔何曾有是非。觅我本来真面目，袈裟也化白云飞。"（第616页）即使在京师的仕宦生涯中，船山所向往的并非飞黄腾达的青云之路，而是常常有逍遥自在的天外之思，其《车中口号》云："宦情销向马蹄间，九陌黄尘倦往还。城市忽生天外想，车厢高枕看西山。"（第661页）

宋代的苏轼仕途坎坷，屡遭贬谪，但其性情达观自如，其《洗儿戏作》一诗云："人皆养子望聪明，我被聪明误一生。惟愿孩儿愚且鲁，无灾无难到公卿。"[①]自我调侃中也流露出对社会不公平的几许无奈。船山的认识似乎更为透彻，其《感事为坡诗下一转语》云："无灾无难不公卿，才算平安过一生。细领痴聋真妙处，始知愚鲁即聪明。"（第533页）船山是蜀中才子，自然并非愚鲁之辈，他之所以如此"下一转语"，隐然有不满社会的思想倾向。然而他对社会的不满绝非否定，而是封建读书人站在传统儒家立场上怀抱"修齐治平"之术而难以实践的悲凉，一种孤独感即因此而生。其《自题诗草》云："奇情敢道破天悭，为纪穷愁不忍删。秋卷装成谁可读，独吟荒水夜云间。"（第591页）

张问陶的情感孤独带有传统文人的士林文化品格，这也是清中叶性灵

---

① （清）冯应榴辑注《苏轼诗集》卷四七，中华书局1982年版，第2535页。

派诗人的共有品格。性灵诗人的主将袁枚在其《遣兴》其四云："独来独往一枝藤，上下千年力不胜。若问随园诗学某，三唐两宋有谁应？"① 张问陶《颇有谓予诗学随园者笑而赋此》其一云："诗成何必问渊源，放笔刚如所欲言。汉魏晋唐犹不学，谁能有意学随园。"（第 278 页）这一番独往独来的"愧我性灵终是我"（第 278 页）的自我表白，正是深得随园论诗神髓之语，两人都具有文人士大夫洁身自好的自律心态，却又都不无对精神自由的热切向往。

张问陶有《寄答鲍明府》六首七绝，其六有云："各保书生真面目，是非休论别人家。"（第 545 页）其诗士林文化品格的鲜明性可见一斑，然而这并不妨碍诗人时而生出"理学传应无我辈，香奁诗好继风人"（《斑竹塘车中》，第 220 页）的放荡之想，也不能限制诗人"幽期毕竟从吾好，一卷《南华》寄此身"（《绿隐书巢写怀》，第 31 页）的放旷之思，更不能打消他"修仙礼佛翻多事，只养春云自在心"（《暮春即事》，第 477 页）的出尘之念。至于船山对于闲适的追求，如其《自题小游仙馆》其一有云："书生清净三间屋，不比黄金浪筑台。"（第 433 页）其《题画》有云："我亦长安车马客，几生修到跨驴人。"（第 682 页）诸如此类寻求精神家园的渴望，与袁枚并无二致；不同的是，张问陶更偏重于精神的解脱，他不像袁枚那样兼顾美食华屋的物质享受。其《心光》七绝云："妻孥队里乞闲身，容我修成自在人。忽露心光无一字，始知经藏亦根尘。"（第 502 页）其《偶从厂市得小镜二面背铸清闲二字题绝句志之》云："灵光无故堕人间，何日丹成许大还。小镜分明相对语，炼虚真诀是清闲。"（第 502 页）这两首绝句皆写于嘉庆十四年（1809），船山时年四十六岁，正在监察御史任上，能有如此出尘之想，正是性灵诗人本色的体现。

---

① （清）袁枚撰《小仓山房诗文集》卷三三，上海古籍出版社 1988 年版，第 932 页。

船山《画马》七绝有云："玉柱银镮特矜宠，性奇终有不羁心。"（第397页）这是一首题画诗，也是一首言志诗，传达出船山性情有异于随园的另一面。张问陶所处时代晚于袁枚半个世纪左右，其时正是清朝从鼎盛走向衰弱的转折时期，社会腐败与动荡日益加剧，这使得船山诗对于现实更加关注。《戊午二月九日出栈宿宝鸡县题壁十八首》是一组"一时盛传天下"的七言律诗，李元度《张船山先生事略》称誉云："指陈军事，得老杜《诸将》之遗，传诵殆遍。"① 此不赘言。

船山《己未正月十八日纪事》："金穴铜山意惘然，痴羊入肆尚流连。九原添个寻常鬼，可惜黄扉十五年。"（第401页）方濬师《蕉轩随录》卷二"和相"一则云："和致斋公相本文生员，袭三等轻车都尉。乾隆四十九年，由吏部尚书协办大学士。嘉庆四年仁宗亲政，以罪赐自尽。张船山太守（问陶）有《己未正月纪事》诗云云，盖指和而作也。"② 所谓"和相"即乾隆朝炙手可热的权臣和珅，他是一位特大贪污犯，张问陶在其被赐死之际写诗纪事，表现出性情诗人的分明爱憎。《安国寺饭厂》两首七绝，传达出诗人对千万受灾饥民的深刻同情；《南城判事吟示吏民》两首七绝，发出"叹息蒲鞭终是辱，无情何苦到阶前"（第485页）的吟哦，临民宽厚的用心显然。

明末"公安三袁"论诗文也标举性灵，但其性灵说是在晚明启蒙思潮影响下的产物，一本于李贽的"童心说"，又受到王阳明心学与那一时代禅悦思潮的深刻影响，主张"率性而行，是谓真人"③。同时"三袁"中的袁宏道特别强调向民间歌谣学习诗法的重要性，其致大哥《伯修》一函有云："近来诗学大进，诗集大饶，诗肠大宽，诗眼大阔。世人以诗

---

① （清）张问陶撰《船山诗草》附录《张问陶研究资料》，中华书局1986年版，第719页。

② （清）方濬师撰《蕉轩随录》卷二，中华书局1995年版，第55页。

③ （明）袁宏道撰《识张幼于箴铭后》，见钱伯城《袁宏道集笺校》卷四，上海古籍出版社1981年版，第193页。

为诗，未免为诗苦，弟以《打草竿》《劈破玉》为诗，故足乐也。"① 以此可见，明末三袁倡导的性灵说具有士林文化与市井文化交融的双重文化品格，这是个性解放潮流中必然的趋势。清中叶以袁枚为主将的性灵说的倡导，虽也有个性解放的因子，但其文化品格则是单一的士林文化品格，不具备晚明性灵文学双重文化品格的丰富性。这是清代初期、中期文人思想较受压抑的结果，也是时代风气使然。

袁宏道有《湖上迟陶石篑戏题》二首，其二云："歌舞丛中可度身，六桥随处嗅香尘。西家有个如花女，可得将来侑远人？"② 如此接近于俚俗的七绝诗，在船山的七绝中就难以寻觅。然而清代的性灵诗人也讲寻常语入诗，袁枚就说："口头话，说得出便是天籁。"③ 张问陶《论诗十二绝句》其五则提出"敢为常语谈何易，百炼功纯始自然"（第262页）的呼吁。不过清人所讲的"口头话""常语"，属于"雅中之俗"，多以狂放的文字表达，如船山《醉后口占》有云："十二万年无此乐，大呼前辈李青莲。"（第125页）又如《代启答毕秋帆先生并上近诗一卷》三首其三有云："莫讶上书狂欲死，东山李白是乡人。"（第241页）这些诗句虽为直白语，却也俗中见雅，很有味道。

晚明人喜禅思，参公案，希图从中悟解人生妙谛；船山亦讲禅悦，意在寻觅情感的寄托，在外部的收敛中求取内心的自由与宁静。其《禅悦》二首其二有云："只要心光如满月，在家还比出家闲。"（第497页）这一禅境是主客体交融下的产物。又如《月夜即景》有云："手拓南窗清不寐，一方明月印床头。"（第425页）此情此趣可遇而不可求，与晚明人所标榜的"真"与"趣"还是有所区别的，其根本原因就在于其间较少受到市井文化的影响。

---

① 钱伯城笺校《袁宏道集笺校》卷一一，上海古籍出版社1981年版，第492页。
② 钱伯城笺校《袁宏道集笺校》卷八，上海古籍出版社1981年版，第352页。
③ （清）袁枚撰《随园诗话·补遗》卷二，人民文学出版社1982年版，第618页。

（三）

张问陶七绝诗较为单纯的士林文化品格，决定了其诗特别是七绝的雅趣盎然，有些作品至今读来仍觉回味无穷。如《邯郸对雪同内子作》有云："记否去年花绕屋，夜深烹雪不开门。"（第229页）此闺中之乐，绝非党尉家风可比。又如《梦中二绝》其二有云："已近楼前还负手，看君看我看君来。"（第377页）诗人以己之心度对方之行动，又再加观照，顿觉妙趣横生，比较宋人范成大《育王望海亭》诗中"想见蓬莱西望眼，也应知我立长风"① 二句，更有魅力。

船山七绝之趣味，还表现在其幽默诙谐的诗句中，反映了诗人热爱生活的闲适情怀。如《二月四日行次涿州》四首其三设想其内兄一家返蜀后之景况云："谢家裙屐艳词场，归去闲庭春正长。料得围炉咏飞絮，定从天壤话王郎。"（第95页）首句用晋才女谢道韫的咏雪事比喻自己妻子林韵徵之慧；末句亦用典，语本南朝宋刘义庆《世说新语·贤媛》中谢道韫嘲骂其夫王凝之语："不意天壤之中，乃有王郎！"② 写入诗中，寓幽默于自嘲，船山平日风采可以想见。船山曾为友人张子白戏画骆驼一幅，翌年张子白调任凉州，仿佛是"图谶"使然。船山因此即题《去年为子白戏画骆驼一幅……》一绝云："丹赭奇情亦偶然，那知游戏露机先。从今点笔成图谶，画外兼收卖卜钱。"（第419页）这首七绝写得极有风趣，正是其《题屠琴坞论诗图》十首其六中"下笔先嫌趣不真，诗人原是有情人"（第543页）诗论的实践。

清陈其元《庸闲斋笔记》卷五有云："船山先生与洪稚存太史亮吉为大兴朱文正相国门下士。相国好佛，尝于生朝诸弟子称觞之际，太史袖出

① 北京大学古文献研究所编《全宋诗》第41册，北京大学出版社1998年版，第25958页。
② 余嘉锡撰《世说新语笺疏》，中华书局1983年版，第697页。

一文上寿，相国故喜其文，亟命读之。太史抗声朗诵，洋洋千言，多讥佞佛事。诸人大惊，先生独大喜叫绝，相国大怒。坐是沦踬有年，先生不悔也。"① 这段记述或有夸张不实文字，但也可见张问陶不拘形迹的豪放洒脱的性格，正是这一性格孕育了船山诗的个性天趣。

《秋日小园即事》八首其六云："逐队游蜂散午衙，数行蜗壳自成家。一蛙深坐怒何事，笑倒墙阴红蓼花。"（第 474 页）拟人化的小动物描写，极富于生活情趣，属于"写出此身真阅历"（《论诗十二绝句》其三，第 262 页）之作。曾有一贼潜入船山住室，盗窃走他所钟爱的歙砚、玉印、汉瓦当等物，诗人痛心之馀，不忘用四首七绝志感，仍用幽默文字渲染，《七月廿七日为贼窃去……》四首其二云："偷到图书愧我贫，须知盗贼亦穷人。绿林他日传佳话，应比青毡更斩新。"（第 639 页）末句"青毡"，暗用《晋书·王献之传》的掌故："夜卧斋中而有偷人入其室，盗物都尽。献之徐曰：'偷儿，青毡我家旧物，可特置之。'群偷惊走。"② 船山将晋人不无幽默感的典故用于诗中，更增添了其七绝的诙谐风调。

船山虽反对"钉饾古人诗"，但其七绝写作也并非直言无隐而拒用典故。其诗用典正如其性格，也多生动之趣。七绝《重阳京兆榜发志喜》写于他二十五岁考中顺天乡试第十三名举人那一年，诗云："重阳风雨竟无声，秋榜传来乍有情。自笑登科逢故实，和凝衣钵十三名。"（第 44 页）末句系用五代时和凝与范质的故事。据宋邵伯温《邵氏闻见录》卷七："范鲁公质举进士，和凝为主文，爱其文赋。凝自以第十三登第，谓鲁公曰：'君之文宜冠多士，屈居第十三者，欲君传老夫衣钵耳。'鲁公以为荣至。"③《送简州州判张水屋之任》四首其一云："驴背逢人笑不休，到无蟹处作监州。凭君画尽奇山水，莫负天教剑外游。"（第 285 页）诗第二句巧用宋人掌故，据《宋稗类钞》卷六云："宋初惩五代藩镇之

---

① （清）陈其元撰《庸闲斋笔记》卷五，中华书局 1989 年版，第 113 页。
② （唐）房玄龄等撰《晋书》卷八〇，中华书局 1974 年版，第 2105 页。
③ （宋）邵伯温撰《邵氏闻见录》卷七，中华书局 1983 年版，第 62 页。

弊，置通判以分知州之权，谓之监州。有钱昆少卿者，馀杭人，嗜蟹。尝求补郡，人问其所欲，昆曰：'但得有螃蟹无通判处则可。'此语风味似晋人。东坡云：'欲问君王乞符竹，但忧无蟹有监州。'即用其事。"① 船山以此典入诗，虽无甚意义，但却于调侃中增添了七绝的活泼气息。

上揭两例用典属于明用，可增加七绝诗的情感容量。至于暗用典故于诗中，于典雅清新中，更令人回味无穷。船山《过黄州》云："蜻蛉一叶独归舟，寒侵春衣夜水幽。我似横江西去鹤，月明如梦过黄州。"（第39页）这首七绝写于诗人二十三岁时，全诗化用宋苏轼《后赤壁赋》意境："时夜将半，四顾寂寥。适有孤鹤，横江东来，翅如车轮，玄裳缟衣，戛然长鸣，掠予舟而西也。"② 巧用苏赋烘托孤寂清冷落寞的气氛，很有表现力。又如七绝《八月二十一日雨中自题山水小幅》云："秋山红树古时苔，瓜蔓无心上老槐。隐隐断桥西去路，高人何处抱琴来。"（第288页）这是一首题画诗，末句显然化用唐李白《听蜀僧濬弹琴》诗意："蜀僧抱绿绮，西下峨眉峰。为我一挥手，如听万壑松。客心洗流水，馀响入霜钟。不觉碧山暮，秋云暗几重。"③ 用李白诗意扩充原画的意境，令静止的小幅山水具有了动感，的确属神来之笔。

船山七绝《夏日家居即事》二首其一有云："诗兴渐随愁共去，始知奇句在他乡。"（第164页）张问陶经常往来于祖国南北，正是那一山一水陶冶了诗人的胸怀，而漂泊无定的生活也锤炼了作者的无限诗情。这是船山的七绝纪游之作能够融情入景、别开生面的重要原因。如《出栈》二首其一以"飞舞"写出群山起伏的奔腾气势："送险亭边一回首，万峰飞舞下陈仓。"（第74页）又如《夏末枕上听雨戏占》以"神龙十万"描写电闪雷鸣，富于想象力："神龙十万开鳞甲，送遍人间夜雨声。"（第102页）又如《博望驿》二首其一描绘祖国疆域之辽阔，用"让步"法

---

① （清）潘永因编《宋稗类钞》卷六，清康熙八年（1669）刊本。
② （宋）苏轼著《苏轼文集》卷一，中华书局1986年版，第8页。
③ 《全唐诗》卷一八三，中华书局1960年版，第1868页。

出之："使者近从西极返，昆仑还在水东头。"（第 222 页）《由大宁铺至柏乡看远山》则以画图书写风景之美："配出画图深浅色，一层峦气一层山。"（第 231 页）这些纪游诗的风格清新俊爽，的确脍炙人口！

船山对于自己的纪游之作也曾自谦地说："吟情缭绕似春蚕，花外牙樯柳外骖。重检纪游诗几帙，尚嫌此笔负江南。"（《江南》，第 237 页）然而平心而论，船山的纪游诗诗中有画，卷舒自如，取得了极高的成就。《黄牛峡》三首其一有云："千里惊魂招未得，鹧鸪声里赛黄陵。"（第 210 页）从听觉中感受行舟过峡之险；其三有云："看到黄牛三峡尽，可怜丘壑满胸中。"又从视觉效果回味山川的壮美，堪称情景双绘。《泊荆州沙市》则以意写景，渲染出长江万里的浩渺气势："荆南舣棹翻惆怅，未送长江入海门。"（第 215 页）传达出诗人对祖国壮丽山河的观赏不尽之情怀。

船山能书、擅画、工诗，蔡相永《桐阴论画》卷下谓船山："山水虽非专门，秀逸之趣能脱尽习气，写生亦思致潇洒，机趣翩然。"① 正是由于诗人工于绘事，因而其诗作的审美取向往往从绘画的角度写出。如《嘉定舟中》二首描绘四川乐山美景，因画情如见而传名天下。其一云："凌云西岸古嘉州，江水潺潺抱郭流。绿影一堆漂不去，推船三面看乌尤。"其二云："平羌江水绿迢遥，梦冷峨眉雪未消。爱看汉嘉山万叠，一山奇处一停桡。"（第 191 页）又如《瞿唐峡》描画长江两岸烟雨蒙蒙之美，更令人神往："峡雨濛濛竟日闲，扁舟真落画图间。便将万管玲珑笔，难写瞿唐两岸山。"（第 201 页）《巫峡同亥百兄作》二首其一云："云点巫山洞壑重，参天乱插碧芙蓉。可怜十二奇峰外，更有零星百万峰。"（第 206 页）以画家之眼观赏山水，别出心裁，启人遐思。

在画家的眼中，祖国的一山一水、一草一木皆可入画。《由三分水至

---

① （清）张问陶撰《船山诗草》附录《张问陶研究资料》，中华书局 1986 年版，第 726 页。

楠木围出巫峡》是五首七绝的组诗，诗人用乱麻皴、斧劈皴、屋漏痕等绘画、书法术语描摹真山真水，融景入画，于是就有"竟日青山画里看""变他三峡成图画"（第207页）的吟哦，趣味十足。诸如此类的诗句，船山七绝还有许多，如《泸州》三首其二有云："小李将军金碧画，零星摹出古江阳。"（第193页）又如《空舲峡》有云："山头晴雪玉玲珑，金翠迷离好画屏。"（第210页）《零口》有云："一曲黄流浓入画，绿杨阴里见零河。"（第618页）可以说美不胜收！

在船山的题画诗中，诗人又不妨通过想象，将意中之风景写入诗中，《作画自题》有云："五岳儿孙都看尽，凭空自写意中山。"（第655页）《索椒畦画大通秋泛图》有云："好向有情无迹处，空明千里画秋光。"（第104页）《四月十日雨夜被酒为董孝廉题画》有云："诗书滋味山林趣，惭愧今宵画里看。"（第347页）船山笔下的诗情画意相互交融，祖国的壮丽山川被诗人立体地勾画出来。在色彩的渲染中，船山也有其独到之处。《峡中寄王椒畦王子卿》二首其一有云："安得王郎才子笔，浓磨五色画夔巫。"（第204页）表现了诗人的艺术追求。《泸州》三首其三有云："滩平山远人潇洒，酒绿灯红水蔚蓝。"（第194页）《出峡泊宜昌府》四首其三有云："只爱红阑双艓子，一枝青竹酒旗斜。"（第211页）《绿岸》有云："岸草沿流绿无缝，遥村点染露红楼。"（第536页）《阳湖道中》有云："百分桃花千分柳，冶红妖翠画江南。"（第557页）《雪夜》有云："诗情合在疲驴背，青笠红衫忆灞桥。"（第584页）《甘泉道中》二首其一有云："白堡红桥黄篾舫，沿流五色照清淮。"（第702页）上揭各首七绝全属于浓墨重彩的书写，在《船山诗草》中组成一道亮丽的风景线。

七绝诗四句二十八字，须以有限的字句包容下较多的诗意方属上乘之作，四句之中如何起承转合，诗人的确要花费一些心思。即使送行的应酬之作，也须经营得法才能凸显独特的风貌，而将点睛之笔置于句末，自能精神百倍。《癸丑二月二十日入都……》云："梦绕江南旧酒楼，临歧还为故人留。愿君别后书千纸，只写青山莫写愁。"（第 234 页）怀乡之思婉转于结句点明，也见诗人巧思。《丁巳春夜枕上作》云："五年花雪改朱颜，欲谢尘劳苦未闲。忽忽西风吹梦去，月明何处益州山。"（第 373 页）即使怀古之七绝，也要于笔致空灵中显示对历史的高度概括力。《金陵》云："扬子天寒万柳丝，推篷吊古去帆迟。南朝多少伤心史，流水青山总不知。"（第 596 页）这首七绝的末句，或脱胎于清初龚鼎孳《上巳将过金陵》七绝"兴怀何限兰亭感，流水青山送六朝"[①] 句意，令人读后伤怀无限。

张问陶的性灵诗作，特别是其七绝诗，能于似不经意的平易中生发出丰富的意境，隽永有味道，无疑是清人留给我们的一笔重要的文学遗产。

（原载中国三峡出版社 2002 年 6 月出版的《张船山全国学术研讨会论文集》。本次编入时有修订）

---

① 徐世昌编《晚晴簃诗汇》卷二○，中华书局 1990 年版，第 604 页。

制度文化 · 用人机制 · 《选举志》

作为制度文化，科举取士在中国历代选举制度中处于封建社会后期，而作为选官方式，科举取士又是中国古代社会有效地组织其统治机构、进行政权建设最后的也是最佳的一种选择。古代正史二十四史如果再加上《清史稿》，从《新唐书》算起，有《选举志》者凡七史，适与科举取士人才选拔制度相始终。七史《选举志》于人才问题研究承先启后，重要性不言而喻。

（一）

在文化研究中，一般都将文化区分为物质文化与精神文化两大类。历史文化学者冯天瑜先生从文化形态学的角度出发将文化分为四个层次，即物态文化层、制度文化层、行为文化层与心态文化层。他认为："由人类加工自然创制的各种器物，即'物化的知识力量'构成的物态文化层，它是人的物质生产活动方式和产品的总和。"制度文化层"由人类在社会实践中组建的各种社会规范构成"，行为文化层"由人类在社会实践，尤其是人际交往中约定俗成的习惯性定势构成"，心态文化层则"由人类在社会实践和意识活动中长期姻蕴化育出来的价值观念、审美情趣、思维方式等主体因素构成"①。中国历代选举制度，即人才的选拔机制或社会规范，自当属于制度文化层面。和一切制度文化一样，也有一个不断发展变化的历史过程。如果不计儒家心目中上古先民"选贤与能"的理想化任贤制度，以及所谓"禅让"的政权转移方式，中国自进入阶级社会以后，人才选举与任官方式大致可分为以下五个明显不同的阶段：

第一阶段，商周时代的"世卿世禄"制。这是一个世袭的时代，"任人惟亲"构成这一历史阶段的时代特征，并有所谓"立嫡以长不以贤，立子以贵不以长"的"游戏规则"②。

第二阶段，战国时期至秦王朝建立后的"尚贤"制。这一时期的人做官有客卿制、以吏入仕制、举荐制以及军功等多重渠道，在一定程度上为人才脱颖创造了机会。古代史中难以复见的"百家争鸣"的壮观局面，即产生于战国时期，绝非偶然！这一任人惟贤的孕育及实践过程，体现着平民对抗贵族把持统治权并进而要求发言权的斗争过程。但在阶级分化日益加剧的情势下，终难持久，"任人惟贤"于是逐步沦为"任人惟亲"的漂亮外衣。

第三阶段，两汉的"察举征辟"制。这一时期的封建统治者为了自身的长远利益，意欲将任人惟贤的选举理想充分制度化，其主观愿望也许是真诚的，但客观效果却难以经受住时间的考验，终于在阶级不断分化的现实中走入了"举秀才，不知书；举孝廉，父别居"的死胡同③。

第四阶段，魏晋南北朝时期的"九品官人法"，或曰"九品中正制"。这一任官制度尽管打出的仍是"惟才是举"的旗号，中正官以九品论人，

---

① 冯天瑜著《中国文化史断想》，华中理工大学出版社 1998 年版，第 23~24 页。
② （战国齐）公羊高撰《春秋公羊传·隐公元年》，中华书局《十三经注疏》本 1980 年版，第 2197 页。
③ 逯钦立编《先秦汉魏晋南北朝诗》卷八《时人为贡举语》，中华书局 1983 年版，第 242 页。

貌似公正；私下里开启的却是"上品无寒门，下品无势族"的后门①。这可以视为当时封建专制统治者对世族豪门势力的让步，因而理所当然地遭到中低层庶族平民的强烈反对，社会动乱也因之此起彼伏，难以平定。

第五阶段，隋唐直至明清的科举取士制度。这一制度在中国实行了一千三百馀年，时间之长超过了第二至第四阶段延续时间的总和，并且始终在不断系统化、严密化、精致化的过程中演进，至有清一代达到极致。关于科举制度是否肇始于隋，史学界对此尚有争议，莫衷一是。杨齐福先生对此有简明的概述②，此不赘言。

（二）

科举制度是中国大一统的封建社会的特有产物，因为只有统一的、集权的封建王朝才具备长期、稳定地实施这一选才制度的基础。同时，"学而优则仕"，封建文人根深蒂固的儒家传统思想与依附性的心理祈向，也时刻巩固着这一基础。五代王定保《唐摭言·述进士上篇》："文皇帝（指唐太宗——笔者）修文偃武，天赞神授，尝私幸端门，见新进士缀行而出，喜曰：'天下英雄入我彀中矣！'"③所谓"彀中"即指弓箭的射程范围。唐太宗一语道出统治者以科举笼络网罗天下人才为其政权服务的深切用心。作为一种文化形态，科举取士属于建立在中国封建社会生产关系基础之上的一种制度文化；而作为选官方式，科举取士又是中国古代社会有效地组织其统治机构、进行政权建设最后的也是最佳的一种选择。

科举制的实行因使庶族地主与平民有了进入仕途的可能，扩大了社会的人才垂直流动，所以受到广大下层文人的支持。在这些人的面前，统治

---

① （晋）刘毅：《上疏请罢中正除九品》，见严可均《全上古三代秦汉三国六朝文·全晋文》卷三五，中华书局1958年版，第1663页。

② 杨齐福著《科举制度与近代文化》，人民出版社2003年版，第1~2页。

③ （五代）王定保撰《唐摭言》卷一，古典文学出版社1957年版，第3页。

者毕竟为他们修造了一条荣身之路，尽管这条路充满坎坷，艰难困苦，并非坦途。历代科举由于弥封糊名、誊录考卷等一系列防弊措施的不断完善，以及考试组织的逐渐严密，使科举竞争有了较为公平的保障。以清代为例，社会学者潘光旦、费孝通曾统计过 915 本从康熙至宣统年间的朱墨试卷，在这些贡生、举人、进士中，五代之内皆无功名者 122 人，占统计总数的 13.33%①。这一百分比表明了清代平民入仕的机会，尽管不大，却足以令有清一代读书人"三更灯火五更鸡"般地焚膏继晷，为一第之荣而孜孜以求了。在天下太平的时候，社会中下层读书人若想出人头地，恐怕也只有科举一途最具吸引力。

唐代属于中国科举制度的生长期，宋代是中国科举制度的成熟期，明清两代，堪称中国科举制度完善化时期。在明清，读书人欲走科举一途，先要进学（俗称考取秀才），未进学的应试者，无论老幼，皆称童生。童生试三年两考，须经县试、府试，再由各省学政主持的院试取中，方可进学成为生员。明清两代，学校是科举的必由之路，地方有府学、州学、县学之分，中央则有国子监的设立。大多数进学生员属于地方学校管辖，因学额所限，各校录取人数随地方文风高下与钱粮多寡而定，从七、八名至二十馀名不等。因而读书人进学成为诸生也非轻而易举，《儒林外史》中的那个周进，六十多岁尚为童生，即是明证。再以清代为例，考察一下童生进学的比例，王德昭先生统计说：

> 乾隆八年（公元 1743）曾一度规定，府考时每额中一名，送应试童生五十名；而早在康熙时，潘耒《应诏陈言》也已说："南方大县，挟册操觚之士，少者不下千人。"此约略可见应试者与录取入学者人数的比例。②

---

① 潘光旦、费孝通：《科举与社会流动》，载 1947 年 10 月《社会科学》四卷一期。
② 王德昭著《清代科举制度研究》，中华书局 1984 年版，第 34 页。

明清代各时期的全国生员分别有多少？尚未发现有人作过系统的统计。郭培贵先生认为："府、州、县学为明代学校之主体，按在外府、州、县学廪、增生员合计分别为八十、六十、四十的数额，再乘以上引《明史》卷四〇《地理一》所载全国府、州、县数，则全国府、州、县学有廪、增生员至少在六万八千人以上。故《见闻杂记》卷一言正德年间全国'廪膳生员三万五千人'，则廪、增生员合计应为七万人，应是符合实际的。正统后，各学又增附学生员，数量往往在廪、增生员的数倍之上。据《孝宗实录》卷一五二，弘治十二年七月丁丑，巡按贵州御史奏贵州有'学校至二十四处，生徒至四千馀人'，即平均每学有生员一百六十馀人。考虑到贵州是明代十三省中文化发展最为落后的省份，则全国府、州、县学平均拥有生员当在二百人以上，依此计，则弘治时，全国生员当在三十万人左右。顾炎武则估计明末全国生员'不下五十万'（《顾亭林诗文集》卷一《生员论》）。"① 李铁先生说："清代参加院试的生员数量，中期以前约为 53 万员，后期增至 64 万员。"② 可惜作者未注明资料来源，不知何所据而云然。

全国生员已如此众多，则童生之数若以十二比一计算，亦当在 630 万至 770 万人之间。费正清、刘广京编，中国社会科学院历史研究所编译室译《剑桥中国晚清史》一书引何炳棣《1368—1953 中国人口的研究》一书的有关统计说："从十七世纪末起到十八世纪末白莲教叛乱时为止这一长时期的国内和平阶段中，中国人口翻了一番多，从一亿五千万增加到三亿多。仅在 1779 至 1850 年时期人口就增长了百分之五十六，所以在十九世纪中叶大叛乱爆发的前夕人口已达四亿三千万左右。"③ 如果按人口比例加以统计，清代晚期的生员与童生的数量更会有较大幅度的增加。

---

① 郭培贵著《明史选举志考论》，中华书局 2006 年版，第 106 页。
② 李铁著《中国文官制度》，中国政法大学出版社 1989 年版，第 148 页。
③ 费正清、刘广京著《剑桥中国晚清史》，中国社会科学出版社 1985 年版，第 115 页。

进学的比例如此，乡试中举与应试生员的比例也很悬殊。这一比例各省不同，依文风高下、人口多寡、丁赋轻重而定，且多有变化。据《钦定大清会典事例》所记乾隆十三年（1748）谕："科举定额，每举人一名，大省录取八十名，中省六十名，小省五十名。"① 如果取中而计，应考生员与中举者之比，大约为六十比一，其艰难程度可想而知。清初，各省乡试中式额从宽，用以缓和民族矛盾。以顺治十七年（1660）十五闱（两京十三省）统计，全国三年一次的乡试约取中举人1300名左右②；第二年在京师举行的会试、殿试共取中进士名额383名③，进士与应试举人的比例在三比一与四比一之间，较比生员与中举者的比例大多了。可见在科举考试的各环节中，以乡试的竞争最为激烈。

文人走上科举之路，欲想获隽，可谓荆棘满途。然而他们仍坚持不懈、努力奋争者，除科举可以入仕荣身而外，还因为政府对已进学的生员即视为人才储备，有许多优待政策。如可免丁粮、徭役，资深或优秀者还可以领到禄米，并可与地方官分庭抗礼等。清顺治九年（1652）曾有颁直省学宫卧碑文之举："（顺治）九年，颁卧碑文于直省儒学明伦堂。文曰：'朝廷建立学校，选取生员，免其丁粮，厚以廪膳。设学院、学道、学官以教之，各衙门官以礼相待，全要养成贤才，以供朝廷之用。诸生皆当上报国恩，下立人品，所有条教开列于后……'"④ 对于封建统治者而言，众多的生员就是国家的人才仓库，可备而不用；而对于广大读书人来讲，生员的社会地位高于一般的庶民百姓，也不失为人生价值的一种实现方式，尽管这一实现是低层次的。

---

① （清）昆冈等辑《钦定大清会典事例》卷三三七，商务印书馆清光绪三十四年（1908）石印本。

② 商衍鎏著《清代科举考试述略》，三联书店1958年版，第76页。

③ 朱保烔、谢沛霖编《明清进士题名碑录》，上海古籍出版社1980年版，第2649~2652页。

④ 《皇朝文献通考》卷六九，影印文渊阁《四库全书》本，台北商务印书馆1986年版，史部第633册第645页。

从本质上讲，科举制实行的社会基础与以自然经济为主流的社会中不断增长的商品经济因素有一定的内在联系。科举取士就是商品买卖关系在君臣两者之间的反映。早在先秦时代，较为活跃的商品经济因素就影响了封建政治，从而发生过有关"义利"问题的大辩论，并延续过较长的时间。儒家中的孟子学说是以仁义为中心的，孟子曾对梁惠王说："上下交征利而国危矣。"① 然而他也曾对齐宣王说："君之视臣如手足，则臣视君如腹心；君之视臣如犬马，则臣视君如国人；君之视臣如土芥，则臣视君如寇仇。"② 这显然已有了商品等价交换的味道，君与臣之间的关系成了卖者与买者的交易。在法家韩非那里，这一关系被表述得更为直露："臣尽死力以与君市，君垂爵禄以与臣市，君臣之际，非父子之亲也，计数之所出也。"③ 他甚至毫不掩饰地表示："主卖官爵，臣卖智力。"④ 科举制度正是将商品等价交换原则运用于封建社会的一种选才实践，它既有利于社会的稳定，又保存了专制帝王的尊严与特权；而从事举业的文人，也愿意将这种考试当成商贾交易，所用术语也很相同。唐代的韩愈曾经说过这样的话："往在贞元，俱从宾荐，习我明试，时维邦彦，各以文售。"⑤ "售"与"不售"本为商品交易的术语，却成为士子科举成功与否的用词。众多文人士子愿将自身当成待价而沽的商品，这从孔子时代已然如此。后世所谓"学成文武艺，货与帝王家"，就是这一心态的世俗表述。在以帝王为绝对权威的买方市场中，读书人只可以小心翼翼地求得出卖自身的权利，尽管这很难达成"交易"。然而如果考官公开以科举场屋为商贾交易之所，就有可能削弱皇权，引来最高统治者的关注与惩办。清代科场案的多次爆发，也无非是清统治者企图维持科举公平性的一种努力。

在官本位的封建专制社会中，科举取士作为联系庶族地主阶层与封建

① 杨伯峻译注《孟子译注》，中华书局 1960 年版，第 1 页。
② 杨伯峻译注《孟子译注》，中华书局 1960 年版，第 186 页。
③ 陈奇猷校注《韩非子集释》，上海人民出版社 1974 年版，第 800 页。
④ 陈奇猷校注《韩非子集释》，上海人民出版社 1974 年版，第 772 页。
⑤ 余冠英等主编《唐宋八大家全集》，国际文化出版公司 1997 年版，第 207 页。

官僚的纽带与桥梁，集经济、官僚、知识三位于一体，巩固着封建社会的基础，将商品经济因素所必然导致的对封建专制制度的冲击效应，降至最弱，从而也消解了知识阶层内部所蕴积的反抗力量。就此而论，中国封建社会的长期性与科举取士的实行不无关系。

（三）

中国历代正史，若以"二十四史"计，则《新唐书》《旧五代史》《宋史》《金史》《元史》《明史》皆有《选举志》；以"二十五史"计，1919 年被北洋政府列入正史的柯劭忞所撰《新元史》也有《选举志》；以"二十六史"计，并非正式史书却又与旧史书体例相同的《清史稿》就赫然在列了，是书也有《选举志》，并且卷帙最多。这样就总共有八部史书有《选举志》了，但《元史》与《新元史》所述朝代重复，且后者之《选举志》多与前者雷同，取材亦未见优越之处，简而言之，仍为"七史"。唐、五代、宋、金、元、明、清，朝代相沿或并峙，基本与科举制度的兴亡相始终。

历代之《选举志》并非只瞩目有关科举（科目）的内容，学校教育、官吏铨选、文武考课以及封荫、保任，皆属于"选举"的范畴。各代随情况不同，又有繁简取舍之异，难以一概而论。如元代属于吏制社会，科举并不受统治者重视，仅开科十六次，取中进士不过一千二百人左右，故《元史·选举志》于"科目"语焉不详，而特详于吏员"铨法"。清中叶以后，捐例大开，《清史稿·选举志》特以一卷篇幅述及"捐纳"；又因中外交困，社会面临变革，故特设"新选举"一卷。这是《清史稿》有别于其前六史的地方。就本质而论，所谓捐纳，又称"赀选"，无非是卖官鬻爵的替代语，但大量出现于清代，又有其复杂的社会原因。在人口遽增的背景下，读书人的数量也水涨船高，科举一途更显得粥少僧多，捐纳则为一些家有馀资的士人提供了或军界、或政界一试身手的机会。谢俊美先生就此论道："清代捐纳制度在推行的二百多年中，除了为清政府增加了大笔财政收入外，还为那些怀抱经世之志、屡试不中的士人提供了从政机会。在这些捐员中，不乏'怀理繁治剧之才''抱御侮折冲之器'的人。就蔡冠洛所辑《清代七百名人传》一书所载人物的粗略统计，有清一代由捐纳起家，以后迁至督、抚、提镇以上的军政大员有岳钟祺、徐用仪、盛宣怀、端方等20馀人。至于迁其下官职的则不知其数。"①《清史稿·选举七》所云："清制，入官重正途。自捐例开，官吏乃以资进。其始固以蒐罗异途人才，补科目所不及，中叶而后，名器不尊，登进乃滥，仕途因之殽杂矣。"② 大约也属实情。就七部史书中《选举志》而言，"科目"所占之中心地位显而易见。《旧五代史》之修撰早于《新唐书》，但前者原书早佚，今传世之《永乐大典》重辑本所录《选举志》内容无多，且甚杂乱，当非旧貌。而《新唐书》之《选举志》简要明晰，若不讨论短暂的隋代，唐代为科举制之权舆的重要性，更显示了此史书《选举志》的不可或缺。以下分别加以说明。

《新唐书》修撰于北宋仁宗时期，主要修撰人为欧阳修与宋祁，凡二百四十八卷。较之前此五代后期所修之《旧唐书》，《新唐书》的《地理志》《选举志》《兵志》《食货志》《艺文志》以及《宰相表》《方镇表》等，皆保存了众多重要史料，其中《选举志》《兵志》与表等，皆系《旧唐书》所无，而这些部分正是欧阳修所修撰者。清王鸣盛称："《新书》最佳者志、表，列传次之，本纪最下；《旧书》则纪、志、传美恶适等。"③ 可谓的评。《新唐书·选举志》在是书第四四、四五两卷，分上、下，包括学校、科目、铨选、用荫等内容。与以后各史之《选举志》相较，简括是其特点。应当明确的是，纯以史书而论，唐杜佑之《通典》

---

① 谢俊美：《晚清卖官鬻爵新探——兼论捐纳制度与清朝灭亡》，载《华东师范大学学报》2001年9月第33卷第5期。

② 赵尔巽等撰《清史稿》，中华书局1976年版，第3233页。

③ （清）王鸣盛撰《十七史商榷》卷六九，上海书店出版社2005年版，第596页。

二百卷，列《选举》一门为最早，凡六卷，显示了作者对选举制度的高度重视。中华书局1975年出版《新唐书》点校整理本。

《旧五代史》修撰于北宋太祖时期，早于《新唐书》之成书将近九十年，监修者署名薛居正，同修者则卢多逊、扈蒙、张澹、李穆、李昉等，名《五代史》，又名《五代书》，凡一百五十卷。梁、唐、晋、汉、周五代各自为书，与《三国志》之修撰方法略同。此后，欧阳修私撰之《五代史记》（即后世所称之《新五代史》）行世，薛史至南宋以后渐失流传，终致散佚，今传本为清邵晋涵等从《永乐大典》所辑，重订为一百五十卷，虽非复旧貌，但大致不差。薛史有包括《选举志》在内的十志，乃正史中最早立《选举志》者，而欧史仅有《司天》《职方》两考，这是薛史至今难以缺位的主要原因。《旧五代史·选举志》在是书第一四八卷，仅一卷，内容包括科目、铨选，皆较简单。中华书局1976年出版《旧五代史》点校整理本。此外，复旦大学出版社2005年出版陈尚君先生辑纂《旧五代史新辑会证》，补充史料甚多，以《选举志》为例，补充史料多辑自《册府元龟》与《五代会要》，对于研究科举甚有助益。

《宋史》修撰于元顺帝至正间，以脱脱为都总裁官，实际参与修撰者为欧阳玄、揭傒斯、张起岩等。《宋史》凡四百九十六卷，卷帙浩繁，加之成书仓促，未免芜杂，颇获后世讥评。但其十五志，史料丰富，可为后人取资者多。《选举志》从《宋史》第一五五卷至第一六〇卷，凡六卷，内容包括科目、学校、铨法、补荫、保任、考课等。由于宋代历北、南两朝，其间官制又经变革，故所记述多杂乱不清。中华书局1977年出版《宋史》点校整理本。浙江古籍出版社1992年出版今人何忠礼先生著《宋史选举志补正》，是书利用《宋会要辑稿》与《续资治通鉴长编》等文献典籍，对《宋史·选举志》分段加以校勘、补正，廓清之功，驰誉史林。

《金史》之修撰，亦在元顺帝至正间，脱脱仍作为都总裁官署名于前，实际参与修撰者仍是欧阳玄等人。《金史》凡一百三十五卷，《四库全书总目》称其"首尾完密，条例整齐，约而不疏，赡而不芜"①，特多好语。《金史》有志十四篇，《选举志》从第五一卷至五四卷，凡四卷，内容包括科目、铨选、廉察、荐举、功酬亏永等。中华书局 1975 年出版《金史》点校整理本。《辽史》与《宋史》《金史》一同修撰，有志十篇，却无《选举志》，清厉鹗撰《辽史拾遗》二十四卷，方补《选举志》一卷。

《元史》修撰于明代初年，以宋濂、王祎为总裁，曾经两次开局纂修，时间总共不足一年，成书仓促，内容重复杂乱，人名不统一，是其书之大缺憾。《元史》凡二百一十卷，有志十三篇，《选举志》从第八一卷至八四卷，凡四卷，内容包括科目、学校、铨法、考课等。由于《元史》中的《选举志》《百官志》《食货志》《兵志》《刑法志》皆取材于虞集、赵世延等主编之《经世大典》，故较有价值。中华书局 1976 年出版《元史》点校整理本。清汪辉祖撰有《元史本证》五十卷，可资参考。至于民国间柯劭忞之《新元史》二百五十七卷，已见前述。柴德赓先生谓"《新元史》问世后，对《元史》的改造并无过多出色之处"②；王树民先生亦称其"所用资料，一般的原书均可见，其史料价值反不如旧《元史》多为原材料"③。这些论述是有道理的。

《明史》的修撰经历了三个阶段共六十年的岁月，开始于康熙十八年（1679），藏事于乾隆四年（1739），张廷玉以总裁署名奏上，而其撰述之功则应归于前此已故之万斯同等著名学者。在官修史书中，《明史》的成就居前，清赵翼《廿二史劄记》卷三一论《明史》有云："近代诸史，自欧阳公《五代史》外，《辽史》简略，《宋史》繁芜，《元史》草率，惟《金史》行文雅洁，叙事简明，稍为可观，然未有如《明史》之完善

---

① （清）永瑢等撰《四库全书总目》，中华书局 1965 年版，第 414 页。
② 柴德赓著《史籍举要》，北京出版社 1982 年版，第 152 页。
③ 王树民著《史部要籍解题》，中华书局 1981 年版，第 130 页。

者。"①《明史》凡三百三十二卷，其中志十五篇，《选举志》从第六九卷至七一卷，凡三卷，内容包括学校、科目、荐举、铨选等。中华书局1974年出版《明史》点校整理本。黄云眉先生著《明史考证》，其中第二册包括《选举志》考证三卷，中华书局1980年出版。郭培贵先生著《明史选举志笺正》，内蒙古大学出版社1997年出版；此后，郭培贵先生又著《明史选举志考论》，考订又较《笺正》为详，中华书局2006年出版。黄、郭两位先生的学术考证成果，有功于明代科举研究。

《清史稿》修撰于1914年至1927年间，先由修史时所立清史馆馆长赵尔巽主其事，赵以后，又由柯劭忞代理。先后参与撰述的学者包括王树枏、吴廷燮、缪荃孙、夏孙桐、吴士鉴、张尔田、朱孔彰、朱师辙等百馀人，阵容可谓强大。由于国内形势的发展，《清史稿》的出版发行也同其修撰一样，仓促中不免混乱，致有关内本、关外一次本、关外二次本之别，文字内容也略有不同。《清史稿》初版于1927年底，由于未得到当时政府的承认，未被列入正史，只得仿照王鸿绪《明史稿》例，名之曰《清史稿》。今通行者凡五百二十九卷，有志十六篇，其中《邦交志》《交通志》为此前各史所无者。《选举志》从第一〇六卷至一一三卷，凡八卷，内容包括学校、文武科目、制科荐擢、封荫推选、考绩、捐纳、新选举等。中华书局1977年出版齐《清史稿》点校整理本，所用底本为关外二次本。上世纪80年代中至90年代初，台湾省以"国史馆"之编著者名义出版了《清史稿校注》一书，其编纂原则为"不动原文，以稿校稿，以卷校卷"，所用底本当为关外一次本，故全书为五百三十六卷，征引典籍文献八百馀种。名曰"校注"，实则重在"校勘"而略于"注释"。张玉兴先生评云："1986—1991年，台湾省以国史馆名义出版了16巨册的《清史稿校注》一书，以数十位学者的努力，对七十多年来一直牵动海内外人心而争议颇多的史书《清史稿》进行了一次全面清理。其工程浩大，

---

① 王树民校正《廿二史劄记校正》，中华书局1984年版，第721页。

共出校数万条注文，涉及方方面面的问题。这是一件很有意义的工作，其经验教训足资借鉴，值得人们高度重视。"① 可见其大概。

研究中国历代用人机制，七史《选举志》无疑是值得我们重视的文献。

（原载《武汉大学学报》2010 年第 4 期。本次编入时为统一体例，已修订注释体例）

① 张玉兴：《评〈清史稿校注〉》，载《清史研究》2003 年第 1 期。

市井文化与大众文化

市井文化是孕育并成长于封建时代且与市民阶层紧密联系的一种文化形态，有论者称之为"市民文化"，有论者又径呼为"大众文化"，但都有所偏颇。前者于无意中夸大了中国封建社会中势力相对弱小的市民力量，后者则模糊了古代与现代的界限。然而作为商业原则的支配物，市井文化的丰富性又与市民阶层的不断壮大密不可分，与现代热闹喧哗的大众文化也有似断若联的前后相承关系。

市井文化是伴随封建社会商品经济的萌生与发展而不断成长丰富的。它先于市民阶层的形成而存在，春秋战国时期商品经济的迅速发展是市井文化发生的温床。记录于先秦诸子典籍中的有关"义利之辨"的言论，表明这一文化形态的影响极其深远；而汉初司马迁所撰《史记》为"货殖"、刺客立传，提出所谓"市道之交"的问题，更是这一文化的价值观已经确立于社会的证明。唐代坊郭户的出现为市民阶层的形成创造了条件，而宋代坊郭户范围的扩大与分等，标志着这一阶层的最终形成。宋代城市建置中坊市制的崩溃，又为市民阶层的壮大与市井文化的发展提供了良好的生态环境。

包括话本小说在内的讲唱文学的繁荣以及"词"这种文学体裁的兴盛，无不与宋代已经具有市井文化发展的自由空间——瓦子相关联。宋代是市井文化发展的重要历史时期。明代中叶以后，江南繁华市镇相继勃兴，为市井文化的繁荣提供了更为广阔的生态空间。在哲学上，以王阳明

弟子王艮为代表的泰州学派鼓吹"百姓日用即道";被视为"异端"的李
贽宣扬"童心说",大声疾呼"穿衣吃饭便是人伦物理"(《答邓石
阳》)。这都可以被视为是市民阶层向近代迈进的哲学呐喊。反抗封建礼
教,标举自然人性,也是明中叶以后文学发展的主流。汤显祖《牡丹亭》
的问世,"三言""二拍"等拟话本小说的大量涌现,袁宏道"独抒性灵,
不拘格套"的性灵说的提出,无不具有市民阶层迈向觉醒的底蕴,同时
也是市井文化不断向旧制度、旧秩序进行挑战的宣示。总的来说,市井文
化作为产生于封建社会内部的一股异己势力,一直不断冲击、侵蚀着封建
专制统治的基础,它是一种蓬勃发展又不免夹杂有一些污泥浊水的文化。

本属于俗文化范畴的市井文化,由于活力无限,就有了充当雅、俗两
种文化沟通影响的中介资格。如词、小说、戏曲等文学艺术的载体,正是
通过市井文化的媒介,才堂而皇之地跨进雅文化的艺术殿堂。宫廷皇室或
文人士大夫作为一种享乐,或聆听,或观赏这些艺术,只是其媒介表层作
用的显现;深层的一面则是这些文学艺术样式逐渐为文人士大夫所掌握,
从而被吸纳于雅文化之中。话本小说本是以娱乐市民为主的讲唱文学形
式,当它为封建文人所模仿,并有大量的拟话本小说问世以后,这一文学
形式就自然而然地注入了士林文化因素。同时这一模仿又反作用于市井文
化,令正统的儒家思想也不知不觉地融入市井之中。鲁迅曾有精辟之论谈
到这种双向影响的深刻:"我们国民的学问,大多数却实在靠着小说,甚
至还靠着小说编出来的戏文。"(《华盖集·马上支日记》)市井文化中的
物质内容也时刻对雅文化发生影响,翻开宋孟元老的《东京梦华录》与
吴自牧的《梦粱录》等笔记稗乘,我们不难体味到这一影响的深刻性。

明末清初是一个天崩地解的时代,清人入主中原,乃是以武力征服了
生产力相对先进的民族,于是明中叶以后蓬勃发展起来的商品经济又一次
受到暂时的遏抑(与元人统一中国的状况类似)。而政治的高压、民族的
歧视,也一度中断了市民队伍的成长及其登上政治舞台的途径;虽然在此
后的"康乾盛世"的落日馀晖下,市井文化又获得了再度辉煌的生机,

然而道光以后帝国列强对中国的侵略，最终阻绝了市民阶层大量演化为资产者，从而独立走上政治舞台的道路。以 1840 年爆发的鸦片战争为界，讨论中国封建时代的市井文化即可告一段落。

大众文化是一个现代的概念，它比市井文化所受商业原则的支配程度更高，效果也更为显著。随着大众传播媒介的日益先进与迅捷（如电视的普及、信息高速公路的开通、电脑联网的普遍化以及智能手机的广泛应用等），大众文化联系社会与个体的纽带作用将愈来愈强，以至于它的对立面——高雅文化或精英文化也不得不千方百计地去设法搭上大众文化的"班车"，才有可能在社会的大背景下一显身手。

比较属于古典文化范畴的市井文化与属于现代文化范畴的大众文化，我们就会发现两者在本质上有一定的相似性，尽管后者在范围、规模、程度以及影响力诸方面都远远大于前者。明代中后期，正是文人发现属于市井文化的宋元话本大受欢迎，才有了拟话本的问世。凌濛初就是因为"三言"以后"行世颇捷"，才萌发了"二拍"的写作动机（见其《拍案惊奇序》）。这一文学作品商品化的展示在大众文化中更为显著。其次，通俗化也是不同时代的两种文化所同具的，因为只有通俗，才会赢得广大受众，才能凸显其商品价值。再次，不断地更新也是两种文化的共同特征。清代蒲松龄已经发出过"世事儿若循环，如今人不似前，新曲一年一遭换"（《增补幸云曲·耍孩儿》）的慨叹；而在今天，"红歌星"们"各领风骚三五月"也早已司空见惯，不足为奇了。

市井文化与大众文化都受到商品经济的杠杆作用，从这一角度考察，如果认为后者是对前者的承流接响，就不难理解了。不过大众文化对于市场的依赖性更为强烈，传播范围及速度更广更快，非阶层性更为鲜明而已。应当指出的是，两种文化虽一前一后，但却不一定能够找到两者自然接轨的痕迹或时间。一个时代的文化不仅要受经济发展的支配，也受到政治因素的深刻影响。如我国 20 世纪 50、60 年代推行，至"文革"十年发展到极致的"工农兵文艺"，虽也有通俗的特点，却很难归属于大众文化的范畴。

具体到某一文学艺术门类或一部作品，原属于市井文化者，却未必能够在大众文化中寻觅到它们的踪影。如《三国演义》《水浒传》《西游记》等古代通俗小说，本从属于市井文化；然而对于今天的读者而言，它们早已成为古代文学的经典之作而纳入高雅文化的范畴了。然而形式的改换门庭又有可能令它们被大众文化所容纳，如根据这些名著所改编的电视连续剧，普遍大受欢迎，即为明证。

京剧产生于清代中叶以后，至今仅有两百多年的历史，它曾在清代宫廷文化中占有一席之地，但更多的机会却是搬演于会馆戏院之内，接受城市市民阶层的喝彩，当属于市井文化的一个艺术门类无疑。然而曾几何时，今天的京剧却早已转化为大众文化的对立面，成为高雅艺术的代表，而常需要"国粹"的捍卫者们为之不断奔走呼号才得以顽强地绵延不断。这一"转化"的历程对我们不无提示作用：今天被视为通俗的属于大众文化的某些文学艺术作品，若干年以后，未尝没有纳入未来时代高雅文化的可能。

我们今天已受到日益强盛的大众文化的包围，因身在其中而难以识得庐山真面，当我们有了属于历史范畴的市井文化这一参照系时，我们对属于今天的大众文化的认识就有可能清醒一些，而不至于茫茫然手足无措了。

（原载 1999 年 3 月 4 日《文艺报》，《新华文摘》1999 年第 6 辑转载。本次编入时略有修订）

偷句、偷意与借境

——王士禛诗创作神韵举隅

王士禛论诗倡导神韵，并没有一套系统完整、缜密详尽的理论作后盾，其有关表述或只言片语，略事诠解；或借评诗篇，稍作引申。本文拟结合王士禛的相关论述，从考察其诗歌创作实践出发，阐明其神韵诗的某些特点。指出王士禛有意化用前人名篇佳句乃至捋扯古人，"偷句""偷意"是营构其诗歌神韵的重要手段；至于巧借前人诗歌的相关意象、意境为我所用，则属于其神韵诗创作更上层楼的追求，可名之曰"借境"。因本文并非全面考察神韵说，故以"举隅"为题。

王士禛论诗以"神韵说"驰名后世，作为清初诗歌创作的一种内在追求，无论是唐司空图所标榜的"不著一字，尽得风流"①，还是宋严羽所倡导的"诗有别材、别趣"或"羚羊挂角，无迹可求"的"兴趣"②，似乎都难以完美诠释"神韵说"的内涵。王士禛自己也没有一套系统完整的理论对其主张的"神韵说"加以阐述或总结，后人欲寻觅其诗说的理论线索，多从其有关诗话或笔记中梳理脉络。

21世纪以来，有关王士禛及其诗学的研究取得了引人瞩目的成绩，

---

① （唐）司空图撰《二十四诗品·含蓄》，（清）何文焕《历代诗话》，中华书局1981年版，第40页。

② （宋）严羽撰《沧浪诗话·诗辩》，（清）何文焕《历代诗话》，中华书局1981年版，第688页。

如蒋寅《王渔洋与康熙诗坛》（中国社会科学出版社 2001 年 9 月出版）、王小舒《神韵诗学论稿》（广西师范大学出版社 2001 年 9 月出版）、王利民《王士禛诗歌研究》（中华书局 2007 年 4 月出版）、孙纪文《王士禛诗学研究》（宁夏人民出版社 2009 年 1 月出版）等等，皆属于专题著述，代表了学界对王士禛及其神韵说研究的重视。相关著者分别从不同视角观照王士禛的神韵说及其诗创作，春兰秋菊，各有千秋。古代诗人的理论主张与其诗歌创作实践虽未必若合符契，但若从其诗歌创作实践反推其理论主张之要义，也未始不是一种卓有成效的方法。笔者曾就这一问题撰文探讨①，然而笼而统之，未免顾此失彼，挂一漏万。本文拟专就王士禛诗作的神韵追求之一隅分为三个方面加以探讨，以就正于专家学者。

（一）

王士禛一生创作古今体诗三千馀首，最能体现神韵说内蕴的是其近体诗，而近体诗中又以五七言绝句的体裁最能凸显其诗歌主张，在《渔洋诗话》或其相关笔记中，对于前人乃至时人诗歌佳句的评赏赞誉多集中于律诗与绝句这两种体裁，即为明证。对于自家诗歌中的得意之作，王士禛也大有游刃有馀、顾盼自雄之感，而瞩目这些经作者自我标榜的名篇佳句，或许对于我们探讨其"神韵"真义大有助益。

《渔洋诗话》卷上："余谓陆鲁望'无情有恨何人见，月白风清欲堕时'二语，恰是咏白莲诗，移用不得；而俗人议之，以为咏白牡丹、白芍药亦可，此真盲人道黑白。在广陵有《题露筋祠》绝句云：'翠羽明珰尚俨然，湖云祠树碧于烟。行人系缆月初堕，门外野风开白莲。'正拟其意。一后辈好雌黄，亦驳之云：'安知此女非嬷母，而辄云翠羽明珰邪？'

---

① 参见拙作《王士禛的神韵说与创作实践》，载《厦门教育学院学报》2006 年第 4 期。

余闻之一笑而已。"① 《题露筋祠》即七绝《再过露筋祠》一诗，见于《渔洋山人精华录》卷一，诗题小有异同。所谓"露筋女"即古代一位在夜晚宁处野外被蚊虫吸血而死也不冒"失节"之险借宿人家的女子，唐以后文人对之多有吟咏，反映了这一传说的定型。此诗用笔轻盈，夜间露筋祠外之白莲花映衬欲堕之凄凉月色，凸显"贞洁"女子的凄清落寞与孤标自傲，巧借唐人陆龟蒙《白莲》诗中高洁淡雅的白莲花意象，为露筋女传神写照，情韵十足，自有一种风流自赏的意味。化古人诗歌中的相关意境为我所用，正是王士禛酝酿诗歌神韵的利器之一。

《渔洋诗话》卷中："律句有神韵天然不可凑泊者，如高季迪'白下有山皆绕郭，清明无客不思家'，曹能始'春光白下无多日，夜月黄河第几湾'，李太虚'节过白露犹馀热，秋到黄州始解凉'，程孟阳'瓜步江空微有树，秣陵天远不宜秋'是也。余昔登燕子矶有句云：'吴楚青苍分极浦，江山平远入新秋。'或庶几尔。"② 王士禛所谓"登燕子矶"诗，即七律《晓雨复登燕子矶绝顶》一诗，全诗："岷涛万里望中收，振策危矶最上头。吴楚青苍分极浦，江山平远入新秋。永嘉南渡人皆尽，建业西风水自流。洒洒重悲天堑险，浴凫飞鹭满汀洲。"③ 作者登高望远，万里纵目，即景抒情，感叹江山寥廓中思绪万千：斯时南朝旧事，早已融进历史的长河，而南明覆亡，仿佛仍是昨日的梦呓。作者自誉为"神韵天然不可凑泊"的律句处于诗中颔联位置，出句化用《楚辞·九歌·湘君》："望涔阳兮极浦，横大江兮扬灵。"④ 极浦谓遥远的水滨，时空的穿越令眼前景具有了历史的深沉感。对句则熔空间与时序为一炉，富于动感的吟咏为颈联的历史追忆做好了铺垫。作者所举高启、曹学佺、李明睿、程嘉燧

① 丁福保辑《清诗话》，上海古籍出版社1978年版，第173~174页。
② 丁福保辑《清诗话》，上海古籍出版社1978年版，第186~187页。
③ 李毓芙等整理《渔洋精华录集释》卷一，上海古籍出版社1999年版，第147页。
④ （宋）朱熹撰《楚辞集注》卷二，上海古籍出版社1979年版，第33页。

四人的律句皆为空间与时间的巧妙融合，不经意中，神韵即可由此而生。此外，这首诗尾联对句"浴凫飞鹭"，语本唐杜甫《涪城县香积寺官阁》诗："小院回廊春寂寂，浴凫飞鹭晚悠悠。"① 转言当下太平景象，也透露出其"伫兴而就"的神韵追求，这属于捋扯式"偷句"的艺术手法，详见本文"二"，此不赘言。

王士禛《香祖笔记》卷八云："白乐天诗：'吴娘暮雨潇潇曲，自别江南久不闻。'极是佳句。虞山钱牧翁宗伯诗：'东风谁唱《吴娘曲》，暮雨潇潇闇禁城。'予亦有二绝句云：'波绕雷塘一带流，至今《水调》怨扬州。年来惯听《吴娘曲》，暮雨潇潇水阁头。''七载离筵唤奈何，玉壶红泪敛青蛾。潇潇暮雨南阳驿。重听吴娘一曲歌。'"② 文中所举"二绝句"，诗题即名《绝句》，《渔洋山人精华录》卷二选录其第一首。王士禛何以对"吴娘""暮雨潇潇"情有独钟，并引其前辈诗人钱谦益为同调？根本原因就在于吴娘的唐代名妓身份与其词作中"暮雨潇潇郎不归"的哀怨意象。明杨慎《升庵诗话》补遗《吴二娘》："吴二娘，杭州名妓也，有《长相思》一词云：'深花枝，浅花枝，深浅花枝相间时，花枝难似伊。巫山高，巫山低，暮雨潇潇郎不归，空房独守时。'白乐天诗：'吴娘暮雨潇潇曲，自别江南久不闻。'又：'夜舞吴娘袖，春歌蛮子词。'自注：'吴二娘歌词有"暮雨潇潇郎不归"之句。'《绝妙词选》以此为白乐天词，误矣。吴二娘亦杜公之黄四娘也。聊表出之。"③ 将"吴娘"与"暮雨潇潇"的哀怨意象化用于诗中，当有"言尽意不尽"之妙，并与其神韵说染有时代色彩的感伤意绪暗合。王士禛《古夫于亭杂录》卷二云："庄周云：'送君者皆自厓而返，君自此远矣。'令人萧寥有遗世意。愚谓《秦风·蒹葭》之诗亦然。姜白石所云'言尽意不尽'也。"④《蒹葭》一

---

① （清）仇兆鳌注《杜诗详注》卷一二，中华书局1979年版，第986页。
② （清）王士禛《香祖笔记》卷八，上海古籍出版社1982年版，第160页。
③ 王仲镛笺证《升庵诗话笺证》，上海古籍出版社1987年版，第497~498页。
④ （清）王士禛撰《古夫于亭杂录》卷二，中华书局1988年版，第31页。

诗有"所谓伊人，在水一方"的疏离怅惘感，其中又不乏企盼之心，正可引发读者的纷纭联想，无穷的馀味也油然而生。从中可见，意在言外的感伤意象也是建构王士禛神韵说的重要基石之一。

《渔洋诗话》卷中："二乔宅在潜山县，近三祖山，故山谷诗云：'松竹二乔宅，雪云三祖山。'今遗址为彰法寺，余甲子过之，有诗云：'修眉细细写春山，疏竹泠泠响佩环。霸气江东久销歇，空留初地在人间。'"① 上引文所举诗人自家得意之作题为《二乔宅》，《渔洋山人精华录》卷一〇入选，不过第二句"疏竹泠泠"四字已经改作"松竹萧萧"②，所改动四字，语本唐戎昱《题宋玉亭》诗："应缘此处人多别，松竹萧萧也带愁。"③ 作者为追求诗歌的所谓"神韵"，不惜牺牲文学即景言情的写实手法，而特意将染有愁怨意绪的前人诗句捋扯入己诗。雕琢如此，除反映诗人凸显神韵之"意在言外""味外之味"的"偷句"手法外，也可见其创作的艰辛过程非同寻常。清田同之《西圃诗说》曾论王士禛诗云："诗中篇无累句，句无累字，即古人亦不多觏。惟阮亭先生刻苦于此，每为诗，辄闭门障窗，备极修饰，无一隙可指，然后出以示人。宜称诗家谓其语妙天下也。"④ 钱锺书先生对此亦有精辟之论："渔洋楼阁乃在无人见时暗中筑就，而复掩其土木营造之迹，使有烟云蔽亏之观，一若化城顿现。其迂缓实有倍于愚山者。"⑤ 将王士禛与施闰章两人的创作状态加以比较，洞见症结。

结合王士禛有关诗话或笔记来探讨其诗歌创作神韵追求之一隅，对于我们今天认识其神韵说的本质特征不无小补。

---

① 丁福保辑《清诗话》，上海古籍出版社 1978 年版，第 189 页。
② 李毓芙等整理《渔洋精华录集释》卷一〇，上海古籍出版社 1999 年版，第 1619 页。
③ 《全唐诗》卷二七〇，中华书局 1960 年版，第 3018 页。
④ 郭绍虞编选《清诗话续编》，上海古籍出版社 1983 年版，第 765 页。
⑤ 钱锺书著《谈艺录》订补本，中华书局 1984 年版，第 98 页。

（二）

王士禛诗创作为追求神韵的内在风格，挦扯古人的"偷句"策略实为其重要手段之一。《池北偶谈》卷一一："陈（维崧）有《乌丝词》三卷，多瑰奇，闺房游侠之词尤妙。如'春阴帘外天如墨'，又'玉梅花下交三九'，虽秦、李不能过也。"①　"玉梅"句出自陈维崧《蝶恋花·围炉》一词，王士禛《题陈其年填词图》直接将此词句写入自己诗中："玉梅花下交三九，红杏尚书枉擅名。"②　对于时人词中妙句的由衷喜爱，也同诗人对前人诗句的喜好一样，"偷句"就构成其经营神韵诗的一个有效方法。

《秋柳四首》是王士禛早年的得意之作③，四首七律用典轻巧，取义隐晦，意象朦胧，感慨良多，流露出一种无奈的悲凉意绪。王士禛《菜根堂诗集序》有云："顺治丁酉秋，予客济南。时正秋赋，诸名士云集明湖。一日，会饮水面亭，亭下杨柳十馀株，披拂水际，绰约近人。叶始微黄，乍染秋色，若有摇落之态。予怅然有感，赋诗四章，一时和者数十人。又三年，予至广陵，则四诗流传已久，大江南北和者益众，于是秋柳社诗为艺苑口实矣。"④　四诗甫问世即轰动一时，前后约有数百人唱和，传布大江南北，这恐怕连作者也始料未及。那种欲说还休的诗歌语言、含蓄模糊的意象组合，都造成一种半吞半吐的朦胧感，尽管这种表现手法并不特别体现诗歌艺术的闪光点，却因与那一时代士人阶层极力向内心世界逃避人生的趋向合拍而大受追捧。在如此语境下，王士禛自觉加速向神韵

---

① （清）王士禛撰《池北偶谈》卷一一，中华书局 1983 年版，第 263 页。
② 李毓芙等整理《渔洋精华录集释》卷八，上海古籍出版社 1999 年版，第1279 页。
③ 李毓芙等整理《渔洋精华录集释》卷一，上海古籍出版社 1999 年版，第 67～71 页。
④ 袁世硕主编《王士禛全集》，齐鲁书社 2007 年版，第 2004～2005 页。

说迈进的步伐，诚属顺理成章之举。如其一颔联："他日差池春燕影，只今憔悴晚烟痕。"出句"差池春燕"，将秋柳与春燕联系起来，是巧妙通过古人诗句加以凑泊融通的。差池，谓参差不齐的样子。《诗经·邶风·燕燕》："燕燕于飞，差池其羽。"① 又南朝梁沈约《江南弄四首·阳春曲》："烟柳垂地燕差池，缄情忍思落容仪。"② 对句"憔悴晚烟痕"，语本唐李商隐《离亭赋得折杨柳二首》："含烟惹雾每依依，万绪千条拂落晖。为报行人休尽折，半留相送半迎归。"③ 再如其二尾联："若过洛阳风景地，含情重问永丰坊。"永丰坊为唐代洛阳坊巷名，两句完全化用唐白居易《杨柳词》诗意及其本事，抒发怀古幽思。白居易《杨柳枝词》："一树春风千万枝，嫩于金色软于丝。永丰西角荒园里，尽日无人属阿谁。"题下注云："《云溪友议》：居易有妓樊素善歌，小蛮善舞。尝为诗曰：'樱桃樊素口，杨柳小蛮腰。'年既高迈，而小蛮方丰艳，因《杨柳词》以托意云。"④ 又如其四尾联："记否青门珠络鼓，松枝相映夕阳边。"二句将秋柳与松枝联系在一起，并非眼前之景，而是化用前人诗句以抒情达意的结果。宋郭茂倩《乐府诗集》卷四九《杨叛儿》八首之四："七宝珠络鼓，教郎拍复拍。黄牛细犊儿，杨柳映松柏。"⑤ 这显然是作者写作《秋柳》其四尾联的出处。王小舒曾就《秋柳》的写作论道："诗人并不把眼光放在具体的历史事件上，并没有从中去追寻那些得失与是非，而是将曾经发生的沧桑巨变作为一个整体来感受，即让自己与体验的对象保持了一定的距离。这才是神韵诗最重要的一个特点。"⑥ 这一论述言简意赅，也许可以令笔者对《秋柳》部分诗句的微观分析得到较为宏观的支撑。

上述仅是对《秋柳》四诗极小一部分诗句的解读，如若面面俱到、

---

① （宋）朱熹撰《诗集传》卷二，上海古籍出版社 1980 年版，第 16 页。
② 逯钦立辑校《先秦汉魏晋南北朝诗》，中华书局 1983 年版，第 1625 页。
③ 《全唐诗》卷五三九，中华书局 1960 年版，第 6180 页。
④ 《全唐诗》卷四六〇，中华书局 1960 年版，第 5239 页。
⑤ （宋）郭茂倩辑《乐府诗集》卷四九，中华书局 1979 年版，第 721 页。
⑥ 王小舒著《神韵诗学论稿》，广西师范大学出版社 2001 年版，第 49 页。

句句诠释,一篇论文的容量实在难以葳事。看来王士禛"怅然有感,赋诗四章"并非一蹴而就的产物,而是深思熟虑、千锤百炼下酝酿拟就。为令四诗意象朦胧、欲说还休,作者的确煞费苦心。

作者在乡里作于顺治十六年(1659)三月间的《雪后怀家兄西樵》,是作者怀念时在山东莱州教授任上之兄长王士禄的作品,情真意切,遣词用语看似平易,实则寓意深刻,且皆出于自然,因而神韵十足。诗云:"竹林上斜照,陌巷无车辙。千里暮相思,独对空庭雪。"① 五言绝句仅二十字,容量有限,但如若善于化用前人诗意,扩充诗歌意象,自可言有尽而意无穷,获得耐人寻味的隽永魅力。如这首五绝的"竹林"句,语本唐钱起《天门谷题孙逸人石壁》诗:"崖石乱流处,竹深斜照归。"② 巧妙化用唐人诗意,歇后暗寓一"归"字,是为弟弟思念兄长的真情流露。斜照,夕阳之馀晖,与下"暮相思"照应。"陌巷"句,语本晋陶渊明《归园田居》其二:"野外罕人事,穷巷寡轮鞅。"③ 陌巷,简陋的巷子,正与陶诗中"穷巷"义通。"轮鞅"即车轮与马颈套,乃以部分指代全体,谓车马,王诗中的"车辙"与之用法略同,承上句仍然暗寓盼兄早归之意。"千里"句,语本唐杨炯《送并州旻上人诗序》:"千里相思,空有关山之望。"④ 莱州与新城绝无千里之遥,"千里暮相思"显然是诗歌夸张手法的运用。至于将相思与天暮绾合在一起,也是古人诗词中所常见的,如唐孟浩然《秋登兰山寄张五》:"愁因薄暮起,兴是清秋发。"⑤作者涵泳于古人诗文中,或信手拈来,妙手偶得;或刻意雕琢,伫兴而就。经过一番会通推敲的努力,一首表面看似平易浅显的五绝终于涵盖了意在言外的诸多内容,神韵也从而浮现。阅读鉴赏诸如此类的作品,"合格"

---

① 李毓芙等整理《渔洋精华录集释》卷一,上海古籍出版社 1999 年版,第 110 页。
② 《全唐诗》卷二三六,中华书局 1960 年版,第 2612 页。
③ 逯钦立校注《陶渊明集》卷二,中华书局 1979 年版,第 41 页。
④ (清)董诰等编《全唐文》卷一九一,山西教育出版社 2002 年版,第 1153 页。
⑤ 《全唐诗》卷一五九,中华书局 1960 年版,第 1618 页。

的读者自然不易寻觅，因为这需要有深厚的文学修养或烦琐的查考功夫方能奏效。就某种程度而论，王士禛倡导诗之神韵，低回唱叹的自娱成分要远远大于寻求知音解者的娱人成分。

七绝《江上》："吴头楚尾路如何？烟雨秋深暗白波。晚趁寒潮渡江去，满林黄叶雁声多。"① 这首诗作于顺治十七年（1660）八月间。作者于暮色苍茫中舟行江上，又值秋日烟雨迷蒙，天地一片萧疏。黄叶与雁声之意象，更增添了几分凄凉意绪。惜春与悲秋本是古代文人之常情，欲翻出新意，笔生波澜，又谈何容易！这首诗以问语起句，富于禅意；接下写景平铺直叙，平淡中自有无限情怀，透出一股神韵。"吴头楚尾"，古人指豫章（今江西）一带，以其地位于春秋吴的上游、楚的下游，故称。后也泛指长江中下游一带地方。这一年秋，王士禛由扬州赴江宁，并不经过江西，诗中言"吴头楚尾"当别有用意。宋普济《五灯会元》卷一五《鹿苑圭禅师》："潭州鹿苑圭禅师，桂州人也。僧问：'如何是道？'师曰：'吴头楚尾。'"② 所谓"路"即是"道"，本诗首句即以"路如何"问语出之，的确耐人寻味。末句"满林黄叶"，与元释善住《秋江待渡图》诗有联系："客路悠悠思渺然，满林黄叶满村烟。秋江正晚人争渡，莫把闲心待渡船。"③ "雁声多"，又与元仇远《雁多》诗有所关联："雁声多处水弥茫，西溆东湖足稻粱。"④ 对于秋日的"黄叶"意象，王士禛似乎情有独钟，在其笔记中常有述及，如《香祖笔记》卷一〇："太仓崔华，字不雕，予门人也，工诗画。尝有句云：'丹枫江冷人初去，黄叶声多酒不辞。'予极爱之，呼为崔黄叶。历城族子苹，字秋史，壬午举人。

① 李毓芙等整理《渔洋精华录集释》卷一，上海古籍出版社1999年版，第140页。
② （宋）普济撰《五灯会元》卷一五，中华书局1984年版，第1002页。
③ （元）释善住撰《谷响集》卷三，影印文渊阁《四库全书》本，台北商务印书馆1986年版，第1195册第723~724页。
④ （元）仇远著《金渊集》卷六，影印文渊阁《四库全书》本，台北商务印书馆1986年版，第1198册第57页。

有句云：'乱泉声里才通屣，黄叶林间自著书。'予亦呼为王黄叶。"① 王士禛潜心历代典籍，视野开阔，举凡先秦、汉魏六朝、隋唐、宋元明诗文皆有涉猎，其吟诗作文化用古人创作，腹笥深厚自不待言，却未必仅仅凭借记忆一挥而就，临时翻览或特意搜寻类书、笔记当也是不可或缺的功夫。可以说，没有涵泳融通前人作品的一番艰苦卓绝的努力追求，就不会有自家创作"俯拾即是"的从容不迫。归根结底，王士禛倡导的神韵诗看似飘逸灵动，乃"须其自来"下的产物，实则书囊无底，没有旁搜远绍的艰苦努力，就难以"得来全不费功夫"。诗歌之神韵追求是以创作主体文化积累的丰厚扎实为基础的。

将前人作品中一些灵动活泼的词组或诗句随时加以记录，以备不时之需，是王士禛诗歌创作行之有效的方法之一。《复雨》是一首七古诗，作者本无意求其神韵的效果，但积习难改，其首二句仍然露出"偷句"古人的痕迹："花枝濛濛日将暮，飒飒凉飙起庭树。"② "花枝濛濛"，语本唐顾况《萧郸草书歌》："上林花开春露湿，花枝濛濛向水泣。"③ 濛濛，迷茫的样子。"凉飙起庭树"五字，显然化用自唐任希古《和李公七夕》诗首二句："落日照高牖，凉风起庭树。"④ 飙，即暴风，王士禛以"凉飙"置换"凉风"，凸显了顺治十三年（1656）夏，直隶顺天府与山东一带多雨伤稼的悲惨景象，堪称对古人诗意的灵活嫁接。

五绝《即目》，全诗二十字，远景、近景交错而出，景中寓情，别有风味。全诗："苍苍远烟起，槭槭疏林响。落日隐西山，人耕古原上。"⑤最后一句，"古原"所承载的信息不仅因为它属于历时性一个历久弥新的客观存在，其语有所本的主观人文色彩更是吸引作者化用翻新的重要原

---

① （清）王士禛撰《香祖笔记》卷一〇，上海古籍出版社 1982 年版，第 198 页。
② 李毓芙等整理《渔洋精华录集释》卷一，上海古籍出版社 1999 年版，第 28 页。
③ 《全唐诗》卷二六五，中华书局 1960 年版，第 2945 页。
④ 《全唐诗》卷四四，中华书局 1960 年版，第 544 页。
⑤ 李毓芙等整理《渔洋精华录集释》卷一，上海古籍出版社 1999 年版，第 113 页。

因。唐崔涂《夕次洛阳道中》："高树鸟已息，古原人尚耕。"① 诗人化用崔诗并非意欲标榜自家写诗"字字皆有来历"的高妙，而是在一唱三叹的吟诵中获取一种审美的愉悦与极大的满足感，也许诗人认为这就是诗歌的神韵所在！

七律《虎丘》缅怀春秋时吴王阖庐霸业，历史风云、岁月沧桑皆融会于诗中，往事成空之感与宋苏轼《前赤壁赋》中对曹操一生霸业成空的感慨，同一机杼。这首诗尾联："惟有生公台畔石，年年白月照禅心。"② 其对句，语本唐李颀《题璿公山池》诗："片石孤峰窥色相，清池白月照禅心。"③ 白月，即白分，古印度历法称阴历每月的上半月为白分，下半月为黑分。王士禛如此"偷句"并非生吞活剥，而是以"年年"替换"清池"，融入时光岁月的纵深感，扩充了原诗的意境。

将前人诗句另加变换或重新组合，不是"偷句"，而是"偷意"，也是王士禛诗歌创作神韵追求的手段之一。五古《毘陵归舟》作于顺治十七年（1660）冬十一月，全诗云："泊船西蠡河，解缆东城路。凉月淡孤舟，遥村隐红树。杳杳暮归人，悠悠渡江去。"④ 其中第三句化用自宋苏轼《太白山下早行至横渠镇书崇寿院壁》诗："乱山横翠幛，落月淡孤灯。"⑤ 以"凉月"置换"落月"，尚属定语变化，无关宏旨；以"孤舟"替换"孤灯"，则苏诗比较事物光感的取意完全丧失，仅是一种组词结构近似的模拟了。然而作者以为"淡"字灵动，就照搬无误了，似乎以为不如此就不能浮现诗的神韵。

"偷意"而非"偷句"，在王士禛诗歌创作中并不罕见。七律《登金山二首》其二颔联："绝顶高秋盘鹳鹤，大江白日踏鼋鼍。"⑥ 出句化用元

---

① 《全唐诗》卷六七九，中华书局 1960 年版，第 7770 页。
② 李毓芙等整理《渔洋精华录集释》卷二，上海古籍出版社 1999 年版，第 189 页。
③ 《全唐诗》卷一三四，中华书局 1960 年版，第 1363 页。
④ 李毓芙等整理《渔洋精华录集释》卷一，上海古籍出版社 1999 年版，第 160 页。
⑤ （清）王文诰辑注《苏轼诗集》卷三，中华书局 1982 年版，第 129 页。
⑥ 李毓芙等整理《渔洋精华录集释》卷一，上海古籍出版社 1999 年版，第 154 页。

成廷珪《再游金山寺》诗："通宵月色鱼龙喜，绝顶秋声鹳鹤悲。"① 鹳鹤，这里泛指鹤类。关于对句，清惠栋注引《九曜斋笔记》云："宋苏绅《题润州金山寺》诗云：'僧依玉鉴光中住，人踏金鳌背上行。'渔洋山人《登金山寺》诗云：'绝顶高秋盘鹳鹤，大江白日踏鼋鼍。'次句意本苏诗，一经炉锤，分外沉雄。"又补注引《金山新志》云："金山滩濑下多鼋鼍窟宅，每沵洄顺流，噞喁浮沉，或近或远，出没浪花间，颇类驯抚可玩。故苏舜卿诗有'扣舷见鼋鼍，扬首意自得'。"② 按所引诗句见宋苏舜卿《苏学士集》卷四《金山寺》诗。又宋吴处厚《青箱杂记》卷七："本朝翰林苏公绅，尝题润州金山寺一联云：'僧依玉鉴光中住，人踏金鳌背上行。'时公方举大科，识者以'人踏金鳌背上行'乃荣入玉堂之兆。已而果然。公位止于内相，岂亦诗之谶耶?"③ 王士禛吟诵金山寺，当着意参考了与金山寺相关的文献，"偷意"于前人作品也就不足为奇了。

变换地名融入自己喜爱的前人诗句中，也属于王士禛"偷意"的艺术手法。《樊圻画》为顺治十八年（1661）所作的题画七绝："芦荻无花秋水长，澹云微雨似潇湘。雁声摇落孤舟远，何处青山是岳阳。"④ 末句语本唐孟浩然《渡浙江问舟中人》诗："时时引领望天末，何处青山是越中。"⑤ 唐代诗人王维与孟浩然清旷淡远的山水田园诗风与王士禛的诗歌神韵主张暗合，从而受到后者的追慕与效法乃至"偷意"，实乃势所必至。王士禛《题乘风破浪图四首》其一首二句："海外真看大九州，青天

① （清）顾嗣立编《元诗选二集》载录成廷珪《居竹轩集》，中华书局 1987 年版，第 708 页。
② 李毓芙等整理《渔洋精华录集释》卷一，上海古籍出版社 1999 年版，第 154～155 页。
③ （宋）吴处厚撰《青箱杂记》卷七，中华书局 1985 年版，第 74 页。
④ 李毓芙等整理《渔洋精华录集释》卷二，上海古籍出版社 1999 年版，第 256 页。
⑤ 《全唐诗》卷一六〇，中华书局 1960 年版，第 1669 页。

一发是琉球。"① 末句地名置换自宋苏轼《澄迈驿通潮阁二首》之二：
"杳杳天低鹘没处，青山一发是中原。"②前人脍炙人口的警句为后世人所
喜爱，也理所当然。七绝《嘉陵江上忆家》末二句："嘉陵驿路三千里，
处处春山叫画眉。"③ 元钱惟善七律《送王举之入京就简樵谷》颈联：
"黄尘驿路三千里，白玉京城十二楼。"④ 王士禛以"嘉陵"置换"黄
尘"，虽与上述两例有所区别，并非纯粹的两个地名互易，却也自然流
畅，不觉生搬硬套。

王士禛诗歌创作中对于前人佳作实行"偷句"与"偷意"之法，并
不是偶一为之的个别现象，也不仅限于对唐代诗人名篇佳句的捃扯或效
法，只要他认可的富于韵味的诗句，无论出自何人之口，皆可以入我
"锦囊"之中，以备不时之需。俗语所谓"捡到篮中就是菜"，最足以形
容王士禛这种集思广益的诗歌创作方法。

七律《清明后三日邹平西郭赋诗》写于顺治十三年（1656）游览山
东邹平之际，颔联："青山环县郭，白鸟破溪烟。"⑤ 两句袭用唐吴融《湖
州溪楼书献郑员外》颔联："青林上雨色，白鸟破溪光。"⑥ 其中对句属偷
句，以"溪烟"置换"溪光"，乃全诗韵脚的需要，并无特别的用心；而
"青山"与"白鸟"为偶，则是偷意于吴融"青林"与"白鸟"的对仗，
模拟痕迹宛然可见。

七律《南园》二首是王士禛追怀祖父王象晋别业旧园之作，意绪散

① 李毓芙等整理《渔洋精华录集释》卷一〇，上海古籍出版社 1999 年版，第
1578 页。
② （清）王文诰辑注《苏轼诗集》卷四三，中华书局 1982 年版，第 2365 页。
③ 李毓芙等整理《渔洋精华录集释》卷一二，上海古籍出版社 1999 年版，第
1904 页。
④ （清）顾嗣立编《元诗选初集》辛集载录钱惟善《江月松风集》，中华书局 1987
年版，第 2279 页。
⑤ 李毓芙等整理《渔洋精华录集释》卷一，上海古籍出版社 1999 年版，第 13 页。
⑥ 《全唐诗》卷六八四，中华书局 1960 年版，第 7855 页。

淡中透露出静寂悠然之思。其一尾联："庭户寂无人，慨然念终古。"① 出句语本唐王维《辋川集·辛夷坞》诗："涧户寂无人，纷纷开且落。"② 以"庭户"置换"涧户"是写实的需要，其间不无逃心禅悦之想，则与王维状写自家辋川别业的思致如出一辙。《南园》其二首联："夜雨杂花落，衡门绿苔生。"明显偷意于唐朱庆馀七律《闲居即事》颔联："满庭秋雨过，连夜绿苔生。"③ 王士禛笔下的南园实为颂扬祖父的高人雅致而书写，其诗主旨与朱诗尾联"超然尘事外，不似绊浮名"的吟诵正同，读者若明确王士禛诗句的这一承续关联，意在言外的神韵自然浮现而出，而这正是作者的用心所在。

五、七言绝句诗的结句写作往往为王士禛神韵追求的重心所在，海外学者高友工、梅祖麟对王士禛七绝的结句问题曾加以特别注意，他们合撰的《王士禛七绝结句：清诗之通变》一文曾分析王士禛的著名诗篇《真州绝句》五首其四的末两句"好是日斜风定后，半江红树卖鲈鱼"，认为："异于传统结尾以徐徐进行的方式叙明主题，本诗戛然而止；其结束并非一个全止符总结全诗，而是一种不和谐音，一个意象凭空虚悬。这种不和谐音，如果设计成功，则会引发读者探究其中隐含的意义。"④ 这一洞见也适合本文前举王士禛《再过露筋祠》《嘉陵江上忆家》等七绝结句的分析，对于王氏五绝结句的写作也有一定认识价值。如五绝《真州北郭即目》："同云压江城，晓出真州郭。郭外斑竹林，风吹残雪落。"乾隆间刊版《渔洋山人精华录会心偶笔》的伊应鼎有评云："此只因偶得'风吹残雪落'一佳句而足成之耳。足成之法在于时节因缘，上三句即时节因缘也。何地无诗，何时无诗？但恐粗心人当面错过耳。"⑤ 伊应鼎是王

---

① 李毓芙等整理《渔洋精华录集释》卷一，上海古籍出版社 1999 年版，第 116 页。

② 《全唐诗》卷一二八，中华书局 1960 年版，第 1302 页。

③ 《全唐诗》卷五一五，中华书局 1960 年版，第 5890 页。

④ 高友工著《美典：中国文学研究论集·附录》，生活·读书·新知三联书店 2008 年版，第 384 页。

⑤ 李毓芙等整理《渔洋精华录集释》卷三，上海古籍出版社 1999 年版，第 457 页。

士禛乡邦后学，乾隆元年（1736）进士，体味王诗作法及其取径当属"此中人语"，绝非隔靴搔痒之谈，这对于我们今天理解王诗"偷句""偷意"以凸显诗歌神韵的创作技巧大有助益。

（三）

"借境"法是比"偷句""偷意"更上一层楼的艺术手法，在王士禛的神韵诗创作中多数属"上驷"之选。七绝《三月晦日公戬招同曰缉玉虬苕文周量玉随湘北子端集河楼得绝句五首》其一："下直经旬发不梳，河楼高会剪春蔬。已喜绿蒲藏睡鸭，更烧红烛射游鱼。"[1] 唐张籍七绝《寒塘曲》："寒塘沉沉柳叶疏，水暗人语惊栖凫。舟中少年醉不起，持烛照水射游鱼。"[2] 王诗末句"射游鱼"三字全袭用张诗末句，但这里不能仅用"偷句"为解，王诗第三句"藏睡鸭"与张诗第二句"惊栖凫"意境亦略同，显然，用"借境"说加以诠解更恰如其分。王士禛这组七绝其四："济南山水天下无，剩水残山还自殊。仕宦几人为令仆，十年冷落鹊山湖。"唐戴叔伦七律《暮春感怀》其一颔联："落花飞絮成春梦，剩水残山异昔游。"[3] 王诗第二句"剩水残山"云云，明显有借境于戴诗的用心。读者也只有寻绎至戴诗，才能真正体味"还自殊"三字下语的依据，戴诗"异昔游"正可为释。清金荣注"剩水残山"云："杜甫《陪郑广文游何将军山林十首》诗：'剩水沧江破，残山碣石开。'惠洪诗：'剩水残山惨淡间。'"金荣仅瞩目于三者字词之间的关联，而未从"借境"角度寻觅其出处，因而仍令读者难得要领。值得一提的是，王诗首句"济南山水天下无"本属偷句，王士禛《居易录》卷三四云："元遗山济南赋咏尤多而工，如'济南山水天下无''鹊山寒食泰和年'等句，古今

---

① 李毓芙等整理《渔洋精华录集释》卷四，上海古籍出版社1999年版，第602页。

② 《全唐诗》卷三八二，中华书局1960年版，第4290页。

③ 《全唐诗》卷二七三，中华书局1960年版，第3095页。

脍炙。具载《遗山集》。"① 考金元好问诗集，并无"济南山水天下无"的诗句，唯其《题解飞卿山水卷》一诗有"羡杀济南山水好，几时真作卷中人"两句②，当系王士禛误记所致。另考元于钦《齐乘》卷一："历山南属泰山，东连琅邪，崇冈叠嶂，脊脉不断。钦尝有诗云：'济南山水天下无，晴云晓日开画图。群山尾岱东走海，鹊华落星青照湖。'此济南山势也。"③ 王士禛将于钦诗句误记在元好问名下，姑且不论，但他日常博极群书，勤于记诵，以供吟诗的不时之需，则可以肯定。诗歌神韵之求，绝非仅凭一时灵感闪现即可奏效。

七绝《过丁香院访张杞园不遇题壁》末两句"蜂声满院日卓午，花气扑帘春昼晴"④，当借境于元周权《张氏新居》七律颔联："茶香入座午烟歇，花影压帘春昼闲。"⑤ 无论"花影压帘"，还是"花气扑帘"，渲染的都是人在春日午晴天气中的闲适之情，不过后者变前者之视觉效应为嗅觉感触，更富于动感。又如七绝《为朱悔人题王叔楚画竹卷》末两句"一夜春雷动崖谷，四山风雨箨龙惊"⑥，当借境于元郭天锡七古《下隍朱氏竹山图》三四两句："乾坤清气不可遏，一夜春雷起箨龙。"⑦ 王诗将郭诗"一夜春雷起箨龙"七字拆开化作两句，巧妙嵌入"动""惊"两字，令春雨过后竹笋抽芽竞生的景象具有了鲜活生动性，全诗神韵即从而浮现。上述王士禛两诗编排一处，当系一时之作，可以想见作者为求得诗之神韵，努力翻检元人诗作以寻觅诗材的状况。清杨际昌《国朝诗话》卷

---

① 袁世硕主编《王士禛全集》，齐鲁书社 2007 年版，第 4395 页。
② （清）施国祁注《元遗山诗集笺注》卷一二，人民文学出版社 1958 年版，第 575 页。
③ （元）于钦撰《齐乘》卷一，影印文渊阁《四库全书》本，台北商务印书馆 1986 年版，第 491 册第 705 页。
④ 李毓芙等整理《渔洋精华录集释》卷一，上海古籍出版社 1999 年版，第 1576 页。
⑤ （清）顾嗣立编《元诗选初集》己集载录周权《此山集》，中华书局 1987 年版，第 1600 页。
⑥ 李毓芙等整理《渔洋精华录集释》卷一，上海古籍出版社 1999 年版，第 1577 页。
⑦ （清）顾嗣立编《元诗选二集》丙集载录郭天锡《快雪斋集》，中华书局 1987 年版，第 342 页。

一："王阮亭七言绝句，以梦得、义山、牧之为宗，间启秀于宋、元，艺林竞赏，大约在使事设色。予意宫词、怀古、题画、《竹枝》诸体，点染生新，自是作手，终以眼前情景，天然有兴会有情寄者，为最上乘。"① 对前人诗作中的佳句妙语有所兴会感发而非生吞活剥，再经锤炼推敲，正是其"借境"手法的体现。

王士禛诗歌创作借境唐、宋、元人佳什，明人作品也有涉及，只要有符合神韵标准的佳句，也不难入其法眼，为所融通笑纳于自家诗中。康熙十一年（1672）王士禛主试四川乡试，途经汉中府故明瑞王宫，写有七绝《故宫曲二首》，对于被农民军张献忠所杀害的明神宗第五子朱常浩充满同情。其一有云："金床玉几不归来，空唱人间可哀曲。"② 明袁宏道《古荆篇》有云："青娥皓齿嫁何人，金床玉几为谁作?"③ 作者十七岁赴荆州府试，有感于权相张居正卒后家被查抄而作。张居正府第系占据被废的辽王府而建。陈田《明诗纪事》庚签卷五："此诗不徒刺江陵，兼为辽王作也。"④ 这里的辽王，即指明太祖朱元璋第十五子朱植的六世孙朱宪㸂，隆庆二年（1568）被明穆宗废为庶人，国除。王士禛写《故宫曲》当有意借境于《古荆篇》的诗句，同为感叹故明诸王遭际，自有相通之处。此外，"金床玉几"最先见于后魏《咸阳王歌》："可怜咸阳王，奈何作事误? 金床玉几不能眠，夜起踏霜露。洛水湛湛弥岸长，行人那得度。"前有小序云："《北史》曰：'后魏咸阳王禧谋逆伏诛，后宫人为之歌，其歌遂流于江表。'"⑤尽管如此，《荆州篇》的中介作用不当忽视。

对于同时代前辈时贤的诗歌，王士禛也转益多师，常有所借鉴。七绝《题尤展成新乐府三首》系王士禛为尤侗杂剧《黑白卫》而作，该杂剧取材于唐传奇《聂隐娘》，颂扬聂隐娘剑术神奇，除恶扬善。其三云："千

---

① 郭绍虞编选《清诗话续编》，上海古籍出版社 1983 年版，第 1666 页。
② 李毓芙等整理《渔洋精华录集释》卷五，上海古籍出版社 1999 年版，第 803 页。
③ 钱伯城笺校《袁宏道集笺校》卷一，上海古籍出版社 1981 年版，第 3 页。
④ 陈田辑撰《明诗纪事》庚签卷五，上海古籍出版社 1993 年版，第 2304 页。
⑤ （宋）郭茂倩著《乐府诗集》卷八六，中华书局 1979 年版，第 1211 页。

金匕首土花斑，儿女恩仇事等闲。他日与君论剑术，要离冢畔买青山。"①
后两句即借境于钱谦益七律《春日过易水》尾联："老大不堪论剑术，要
离坟畔有青山。"② 钱诗根据《史记·刺客列传》的有关记述，嘲讽了行
刺秦王失败的壮士荆轲，对于行刺公子庆忌终获成功的瘦小独臂击剑能手
要离则褒扬有加。王士禛借境于钱诗，较好地抒发了千古文人侠客梦的内
心澎湃之情。

无论"偷句""偷意"或"借境"，王士禛有时并不隐瞒其出处，反
而特意拈出，昭示世人。七绝《筹笔驿》："当年神笔走群灵，千载风云
护驿亭。今日重过吊陈迹，只馀愁外旧山青。""只馀"句下作者自注：
"'意中流水远，愁外旧山青'，石曼卿题句。"③ 历代诗人题写筹笔驿者
不乏名作，如唐代李商隐、杜牧、罗隐，宋代石延年等人的《筹笔驿》
诗，皆千百年来脍炙人口。王士禛这首诗借境前人名句为己所用，除自家
指出者外，如第二句亦借境于唐李商隐《筹笔驿》诗："鱼鸟犹疑畏简
书，风云长为护储胥。"④ 储胥即栅栏或藩篱的意思，改"储胥"为"驿
亭"，似更通晓；其间不露斧凿之迹，读来明白晓畅，浑然一体。

吟诗若与古人所处时、地略同或情境相关，也可为王士禛运用"借
境"的艺术手法创造机会。如七绝《雨中度故关》作于康熙十一年
（1672）七月初九日。这一年六月，作者奉命为四川乡试主考官，七月离
家南下，初九日冒雨过井陉关写下此诗："危栈飞流万仞山，戍楼遥指暮
云间。西风忽送潇潇雨，满路槐花出故关。"⑤ 故关，谓井陉关，又名土
门关，在今河北井陉县西北井陉山上，地当太行山区进入华北平原的要
隘。诗之神韵即集中浮现于末一句，作者显然借境于唐杨凝《送客入蜀》

---

① 李毓芙等整理《渔洋精华录集释》卷四，上海古籍出版社 1999 年版，第 636 页。
② （清）钱谦益撰《初学集》卷二，上海古籍出版社 1985 年版，第 71 页。
③ 李毓芙等整理《渔洋精华录集释》卷一二，上海古籍出版社 1999 年版，第 1906 页。
④ 《全唐诗》卷一九〇，中华书局 1960 年版，第 1951 页。
⑤ 李毓芙等整理《渔洋精华录集释》卷五，上海古籍出版社 1999 年版，第 710 页。

诗："剑阁迢迢梦想间，行人归路绕梁山。明朝骑马摇鞭去，秋雨槐花子午关。"①王士禛化用唐人诗句，造语堪称浑然天成。农历七月间正是槐花呈黄季节，然而"满路槐花"或非井陉关当地实景，但因有前人在子午关有关槐花的写实性描写，王诗就可化实为虚，通过借境令作品生发出别一种韵味，所谓"神韵"亦由此产生。

古人题画诗即景言情，最易抒发诗人胸怀，如果能够巧妙借用前人有关诗歌意境，就可以极大扩充自家诗的容量。七绝《叶欣画》是为当时金陵八家之一的无锡人叶欣所画山水的题诗："偶来独立碧溪头，石涧茅亭白日幽。风雨欲来山欲暝，万松阴里飒寒流。"②从二十八字描写可知，其画取材山间小景：松林森森，石涧掩映；溪水潺潺，茅亭清幽；远山迷茫，人立溪头。画卷孤寂静穆的意境被诗准确地传达出来，所谓"俯拾即是，不取诸邻"，此之谓也。然而如果我们再读唐贯休《山居诗二十四首》其二，两者的可能联系就呼之欲出了。贯休诗前半首有云："难是言休即便休，清吟孤坐碧溪头。三间茅屋无人到，十里松阴独自游。"③不言而喻，王士禛创作《叶欣画》一诗时，当受过贯休诗境的启发。

无可讳言，王士禛以"偷句""偷意""借境"的艺术手法写诗，读者如果不明其所本，往往很难体味到其间妙处，甚至感到其诗句不知所云。如七绝《秦邮杂诗六首》其三："露筋祠前水拍村，平湖水暖生兰荪。灵风斜日画旗卷，时有神鸦归庙门。"④所谓"灵风"即春风，第三句无疑借境于唐李商隐七律《重过圣女祠》颈联"一春梦雨常飘瓦，尽日灵风不满旗"之对句⑤。如果说阅读这首《秦邮杂诗》若不明第三句之出处，尚无碍于理解全诗意旨；那么试读下例五绝《万竹亭》，就会感觉

---

① 《全唐诗》卷二九〇，中华书局 1960 年版，第 3302 页。
② 李毓芙等整理《渔洋精华录集释》卷二，上海古籍出版社 1999 年版，第 257 页。
③ 《全唐诗》卷八三七，中华书局 1960 年版，第 9425 页。
④ 李毓芙等整理《渔洋精华录集释》卷二，上海古籍出版社 1999 年版，第 257 页。
⑤ 《全唐诗》卷五三九，中华书局 1960 年版，第 6145 页。

通晓其相关书证的必要性了。

《万竹亭》诗云："大竹如盆盎，森梢覆古岩。试尝甜苦笋，亭上脱春衫。"[1] 诗第三句与第四句有何逻辑关系？作者意旨何在？令人莫名其妙。其实若明白此诗与宋苏轼、黄庭坚有关诗作的联系，就不难体会王士禛思欲弃官归里的心境了。苏轼《春菜》有云："久抛松菊犹细事，苦笋江豚那忍说。明年投劾径须归，莫待齿摇并发脱。"[2] 黄庭坚唱和诗题为《次韵子瞻春菜》，内有云："公如端为苦笋归，明日青衫诚可脱。"[3] 王诗中"苦笋"与"春衫"的逻辑关系至此已豁然明朗。王士禛另有七绝《鹿》诗一首："抱郭涪江碧玉流，一川丰草鹿呦呦。倦游忽忆杨岐语，只有渠侬得自由。"[4] 王士禛《古夫于亭杂录》卷二："余再使蜀，于绵州山中见群鹿，赋诗云：'远游忽忆杨岐语，只有渠侬得自由。'用宗门杨岐方会禅师语，盖自言行役万里，不及鹿之饮食、止息得自由也。"[5] 有如此厌官心理，不过旧时士大夫一时之想，读者自不必当真；然而通过借境之法，含蓄道出内心隐曲，却是诗人诗歌神韵追求的体现。

五律《忆山居示儿子》作于康熙二十二年（1683）冬月，时作者在京师国子监祭酒任上。身居繁华京城，本已是富贵中人，却能不忘昔日乡间之乐，而示子以山居之趣，非胸中有书万卷，常涵泳于道德之域，绝难以道其万一。全诗云："堂静看归燕，村深报午鸡。松花开细雨，笋竹并春泥。涧道水兼石，山田高复低。休惭令狐子，黾勉把钮犁。"[6] 全诗字

---

[1] 李毓芙等整理《渔洋精华录集释》卷一一，上海古籍出版社 1999 年版，第1741 页。

[2] 北京大学古文献研究所编《全宋诗》第 14 册，北京大学出版社 1998 年版，第9248 页。

[3] 北京大学古文献研究所编《全宋诗》第 17 册，北京大学出版社 1998 年版，第11462 页。

[4] 李毓芙等整理《渔洋精华录集释》卷一〇，上海古籍出版社 1999 年版，第1572 页。

[5] （清）王士禛撰《古夫于亭杂录》卷二，中华书局 1988 年版，第 29 页。

[6] 李毓芙等整理《渔洋精华录集释》卷一二，上海古籍出版社 1999 年版，第1913 页。

句朴素无华，却几乎句句借境前人诗意，娓娓道来，语重心长；尾联用典，以田居农耕为乐，更是作者儒家本色之语，读来引人深思，回味无穷。首联出句"看归燕"，袭用宋李处权《偶书》诗意："栖迟无与言，袖手看归燕。"① 对句"村深"，完全脱胎于明陆深《山庄》诗："林旷传乾鹊，村深报午鸡。"② 颈联出句"开细雨"，语本宋孔平仲《寄题萧文照阁》诗："红蕖开细雨，白鸟下残阳。"③ 颔联出句"水兼石"，则借鉴于宋翁卷《赠张韩伯》诗颈联："一路水兼石，万重山隔云。"④ 对句"山田"，化用宋方逢辰《田父吟》诗："一亩之地高复低，节节级级如横梯。"⑤ 尾联两句谓人生当不慕荣华，典出《后汉书·列女传》所述太原王霸妻与夫甘于贫贱事："太原王霸妻者，不知何氏之女也。霸少立高节，光武时连征不仕。霸已见《逸人传》。妻亦美志行。初霸与同郡令狐子伯为友，后子伯为楚相，而其子为郡功曹，子伯乃令子奉书于霸，车马服从，雍容如也。霸子时方耕于野，闻宾至，投耒而归，见令狐子，沮怍不能仰视。霸目之，有愧容。客去，而久卧不起，妻怪问其故，始不肯告，妻请罪，而后言曰：'吾与子伯素不相若，向见其子容服甚光，举措有适，而我儿曹蓬发历齿，未知礼则，见客而有惭色，父子恩深，不觉自失耳。'妻曰：'君少修清节，不顾荣禄，今子伯之贵，孰与君之高？奈何忘宿志而惭儿女子乎？'霸屈，起而笑曰：'有是哉！'遂共终身隐遁。"⑥

---

① 北京大学古文献研究所编《全宋诗》第 32 册，北京大学出版社 1998 年版，第 20367 页。

② （明）陆深撰《俨山集》卷八，影印文渊阁《四库全书》本，台北商务印书馆 1986 年版，第 1268 册第 52 页。

③ 北京大学古文献研究所编《全宋诗》第 16 册，北京大学出版社 1998 年版，第 10891 页。

④ 北京大学古文献研究所编《全宋诗》第 50 册，北京大学出版社 1998 年版，第 31422 页。

⑤ 北京大学古文献研究所编《全宋诗》第 66 册，北京大学出版社 1998 年版，第 41198 页。

⑥ （南朝宋）范晔撰《后汉书》卷八四，中华书局 1965 年版，第 2782~2783 页。

《忆山居示儿子》一诗，不计尾联用典，全诗除颔联对句未明书证外，其馀五句皆有据依，且有四句出自宋人诗，但清人惠栋与金荣等皆未能注出，不无遗憾。看来王士禛写作构思中为获取灵感，着意集中参考了部分宋人并兼及明人的诗作，"偷句""偷意"或"借境"兼而有之。此诗虽属"中驷"以上之作，但也凸显其某些诗作"自铸伟词"的功力稍觉欠缺。这或许也是后世性灵派诗人袁枚对王士禛的"神韵说"敬而远之的重要原因，袁枚《仿元遗山论诗绝句》其一："不相菲薄不相师，公道持论我最知。一代正宗才力薄，望溪文集阮亭诗。"①《随园诗话》卷三亦云："阮亭先生非女郎，立言当使人敬，使人感且兴，不必使人消魂也。然即以消魂论，阮亭之色，亦并非天仙化人，使人心惊者也。不过一良家女，五官端正，吐属清雅；又能加宫中之膏沐，熏海外之名香，倾动一时，原不为过。其修词琢句，大概捃摭于大历十子、宋元名家，取彼碎金，成我风格，恰不沾沾于盛唐，蹈七子习气，在本朝自当算一家数。"②袁枚所谓"才力薄"之论，当是就王士禛部分诗创作而言，绝非其全部，或有以偏概全之嫌。而这一部分"取彼碎金，成我风格"的诗作，恰与本文所"举隅"讨论者略同，正可展示王士禛神韵诗创作一个重要技法的实践。

意味深长而不露"借境"的斧凿锤炼之迹，当属王士禛神韵诗创作的最高风格追求。其《香祖笔记》卷二有云："唐人五言绝句往往入禅，有得意忘言之妙……予少时在扬州亦有数作，如……'萧条秋雨夕，苍茫楚江晦。时见一舟行，濛濛水云外。'（《江上》）……皆一时伫兴之言，知味外味者当自得之。"③所示例之诗题又名《即目》，清伊应鼎评这首五绝云："景无好丑，工于诗者流目成趣，无非佳景，信口道来，即是佳句。如此诗所言，不过晦冥阴雨之时遥见孤舟而已，而写来偏觉可爱，

---

① （清）袁枚著《小仓山房诗文集》卷二七，上海古籍出版社1988年版，第688页。
② （清）袁枚撰《随园诗话》卷三，人民文学出版社1960年版，第80~81页。
③ （清）王士禛撰《香祖笔记》卷二，上海古籍出版社1982年版，第24页。

味之偏觉弥旨，则神韵之存乎其间，溢于其外耳。"① 如何获取此二十字的"味外味"？读者须有一定的文学与佛学知识储备，这也就是现代接受美学所标榜的"合格的读者"，否则一切皆无从谈起。这首五绝文字毫无艰深之处，却禅意盎然，馀味悠长。《诗经·卫风·河广》："谁谓河广？一苇杭之。谁谓宋远？跂予望之。"② 唐贾岛五律《送独孤马二秀才居明月山读书》尾联："寂寥窗户外，时见一舟还。"③ 宋王珪七绝《渔父》："急景易如流水去，浮名终与白云空。何如几曲秋溪上，醉泛一舟烟雨中。"④ 宋苏轼七古《次韵答刘泾》："安得一舟如叶轻，卧闻邮签报水程。"⑤ 没有以上诸多书证罗列，作为此诗可能的借境对象，确实难以窥见其神韵所在。至于王诗中"一舟行"所蕴含的禅思，或与禅宗初祖菩提达摩于金陵一苇渡江至嵩山少林寺面壁静修九年的民间传说相应。总之，作者未必然，读者何必不然，诗之神韵需要凭借读者的丰富想象方能最终体现，这或许就是王士禛"知味外味者当自得之"说的真谛。

王士禛倡导诗歌神韵并非束书不观、白手起家建立起来的空中楼阁，而是得益于其日积月累的文化积淀与宅心典籍的丰厚学养，这一点我们丝毫不可低估古人即使官身羁绊也能沉潜学海、涵泳诗文的定力。唯腹笥深厚且又能苦心推敲，个中人才有可能提出神龙见首不见尾的神韵说并且风靡一时。然而无论"偷句""偷意"还是"借境"，都不是诗歌神韵说倡导者的专利，而是宋元以后诸多诗人带有某种共同性质的写作手段，它往往又与使事用典难舍难分，只不过王士禛为写近体诗凸显神韵特加刻意追

---

① 李毓芙等整理《渔洋精华录集释》卷一，上海古籍出版社1999年版，第141页。
② （宋）朱熹集注《诗集传》卷三，上海古籍出版社1980年版，第39页。
③ 《全唐诗》卷五七三，中华书局1960年版，第6658页。
④ 北京大学古文献研究所编《全宋诗》第9册，北京大学出版社1998年版，第6004页。
⑤ 北京大学古文献研究所编《全宋诗》第14册，北京大学出版社1998年版，第9254页。

求而已。如清中叶的性灵诗人张问陶虽主张"不抄古人书，我自用我法"①，又提出"何苦颟顸书数语，不加笺注不分明"②，但其写诗对于"偷意"或"借境"技巧的运用，与王士禛相较毫不逊色，这只能说两者是手段技法略同而目标有别而已③。

（原载《文学遗产》2016 年第 1 期）

---

① （清）张问陶撰《船山诗草》卷八《壬子除夕与亥白兄神女庙祭诗作》，中华书局 1986 年版，第 205 页。
② （清）张问陶撰《船山诗草》卷一一《论诗十二绝句》其八，中华书局 1986 年版，第 262 页。
③ 参见赵伯陶《性灵与学识——〈船山诗草全注〉问题举隅》，载《文艺研究》2015 年第 5 期。

《徐霞客游记》的文学书写

  《徐霞客游记》是一部自然地理学与人文地理学相交融的科学著作，其文学书写表达方式的巨大成功，三百年来，令这部科学著作一直以文学名著享誉后世，这反而于无意间湮没了其科学精神的光辉。今天进一步审视这部游记文学书写的相关问题，并非有意忽略徐霞客所具有的科学精神的严谨性，而是在承认这部游记科学精神与文学书写两者相辅相成的基础上，结合晚明的文学发展态势，进一步探讨文学书写对于科学著述成功的保障作用。晚明散文性灵小品精神的高扬，诸多积极修辞手法的妙用，对相关典籍与前人诗文意象的借鉴以及对喀斯特岩溶地貌的准确描绘，皆堪称《徐霞客游记》文学书写成功的显著标志。

  南朝梁刘勰《文心雕龙·神思》："登山则情满于山，观海则意溢于海，我才之多少，将与风云而并驱矣。"① 情景交融，托兴抒怀，理趣与情趣并重，使客观景物对象化，从而令客观世界带有浓厚的主观色彩，这是中国历代游记文学的共同特点。《徐霞客游记》撰写于晚明时代，受时代风会影响，其游记的散文小品精神，即张扬个性、凸显自我、追求天趣、不拘一格的文学书写占据了其日记的一定篇幅，仔细梳理其与晚明小品精神相通的文字，并就此探讨其对祖国山水传神写照的相关特点，对于我们正确解析《徐霞客游记》的人文地理学特色大有助益。

---

  ① 陆侃如、牟世金译注《文心雕龙译注》，齐鲁书社 1995 年版，第 359~360 页。

（一）

明代公安派文学家袁宏道（1568～1610）在致友人书信中曾说："借山水之奇观，发耳目之昏瞆；假河海之渺论，驱肠胃之尘土。咄咄，袁生不复人间事，亦不复人世间人矣。"① 晚明小品精神源于公安派的性灵说，而公安三袁的文学倡导又与阳明心学在中晚明社会的广泛传播密不可分，更与李贽"童心说"思维有直接的关系。同时，道家的"无为"说与佛家的禅悦之思也滋润着晚明小品精神的内涵丰富性②。归根结蒂，明代市井文化的繁荣促进了代表文人士大夫思想的士林文化自我意识的觉醒，进而开辟了中国传统文人在专制主义统治下一条思想解放的途径。徐霞客出生于南直隶常州府的江阴③，在明代邻近长江出海口，其南有运河，交通便利，商贾云集，经济与文化皆可得天下风气之先。徐霞客年始弱冠即能够毅然放弃科举，我行我素地壮游天下，未始不与其家乡当时的相对开放性密切相关，其《游记》文字具有晚明小品精神的确不足为奇。

正是对于自然景物的人文化书写以及晚明散文小品精神的张扬，《徐霞客游记》的写作方能摆脱"记里鼓"式或"流水账"式刻板的记述，而具有了灵动活泼的文学书写特点。叙事与议论相结合，且繁简有致，体现了其《游记》的科学精神；刻画地理地貌辅之以艺术渲染，使《游记》犹如一轴青绿山水画卷展现于读者面前；将科学考察与文学描写成功嫁接，作者培育出辉映千秋的智慧之树；粗线勾勒与精雕细琢相结合，白描手法与彩笔铺写相间，《游记》所浮现出的绘画美、意境美，壮丽秀美兼而有之。在徐霞客笔下，山有气魄，水有情怀，审美与求知的融合，理性

---

① 钱伯城笺校《袁宏道集笺校》卷六《锦帆集之四——尺牍·陶石篑》，上海古籍出版社1981年版，第286页。
② 参见拙作《17世纪：小品精神的末路》，载《武汉大学学报》2003年第5期。
③ 徐霞客（1587～1641），名弘祖，字振之，别号霞客，明南直隶江阴（今江苏江阴）人。本文为与《游记》书名统一起见，仅用其别号，不称其名。

与感性的交会，远古与当代的穿越，一些段落至今读来，仍令人有回肠荡气之感。

人与自然景物的相对运动之美，在徐霞客笔下活泼泼地，饶有趣味。《游黄山日记》万历四十四年（1616）二月初七日日记写黄山胜状："群峰或上或下，或巨或纤，或直或欹，与身穿绕而过。俯窥辗顾，步步生奇，但壑深雪厚，一步一悚。"① 随观察角度不同，写山态变幻之美，又见于《游九鲤湖日记》万历四十八年（1620）五月二十三日日记："其南一峰特耸，摩云插天，势欲飞动。问之，即江郎山也。望而趋，二十里，过石门街。渐趋渐近，忽裂而为二，转而为三；已复半岐其首，根直剖下；迫之，则又上锐下敛，若断而复连者，移步换形，与云同幻矣！"（第17页）这两段景物描写皆文笔超脱，天趣横生，只有在袁宏道、王思任等性灵派作家的作品如《雨后游六桥记》《游敬亭山记》中，方可感受到如此轻灵的笔触。

山中景色的动态之美在其《游太华山日记》中也有所体现，天启三年（1623）三月十四日日记："复上三里馀，直造蜡烛峰坳中。峰参差廉利，人影中度，兀兀欲动。既度，循崖婉转，连越数重。峰头土石，往往随地异色。"（第26页）这种在阴阳光影中穿行的动态体验，没有对大自然的由衷之爱是无论如何写不出来的。与大自然的亲近感是作者产生愉悦感的根源，如《江右游日记》崇祯九年（1636）十月二十二日日记："时朔风舞泉，游漾乘空，声影俱异。霁色忽开，日采丽崖光水，徘徊不能去。"（第59页）诸如此类流连光景之描写，辅之以文学抒情，就更能令读者融身于其中，感同身受。《楚游日记》崇祯十年（1637）四月十二日日记："又北五里，泊于柳州滩，借邻舟拖楼以宿。是晚素魄独莹，为三月所无，而江流山色，树影墟灯，远近映合，苏东坡承天寺夜景，不是过

---

① （明）徐弘祖著《徐霞客游记》卷一上，上海古籍出版社 2016 年版，第 8 页。以下引用《游记》文本，仅于正文后括注本文本之页码，以省篇幅。

也。"（第 130 页）旅途劳顿能为如洗的一天月色消融，其喜悦心理正与五百多年前的苏轼相通。

作为一位杰出的旅行家，徐霞客能于解读山水中自得其趣，常可获得可遇而不可求的高峰体验。《粤西游日记一》崇祯十年（1637）闰四月二十七日日记："东望白面，可与平揖；南揽巾子，如为对谈。"（第 144页）四句之中所谓"白面""巾子"，俱为山名。如果说这种因与大自然亲近而产生的愉悦感尚较浅近的话，那么《粤西游日记四》崇祯十一年（1638）二月十三日日记记述青狮南洞的主观体验就非一般旅游者所能轻易获取了："由其门出，欲缘石觅磴而下，其下皆削立之壁，悬突之崖，无从着足。乃复从洞中故道，降出至悬台下瞰处。诸君自下呼噪，人人以为仙，即余亦自以为仙也。倏明倏暗，倏隔倏通，倏上倏下，倏凡倏仙，此洞之灵，抑人之灵也？"（第 282 页）又如《粤西游日记二》崇祯十年（1637）八月初一日日记记述宝圭洞："东岐之南，顶侧忽倒垂一叶，平庋半空，外与当门之柱相对，上下凭虚，各数十丈，卷舒悬缀，薄齐蝉翅，叶间复有圆窍曲窦，透漏异常。由左崖攀级而上，抵平庋处，盘旋其间，踞叶而坐，真云轿霞驭，不复人间也。"（第 215 页）另如《游太华山日记》天启三年（1623）三月初九日日记："其地北去武关四十里，盖商州南境矣。时浮云已尽，丽日乘空，山岚重叠竞秀。怒流送舟，两岸秾桃艳李，泛光欲舞，出坐船头，不觉欲仙也。"（第 25 页）作者主动拥抱自然，融入其中，自我感觉如遇仙境，从而身心俱化！

明代小品作家的山水游记极其重视创作主体主观感受的抒发，晚明小品作家王思任《游唤·石门》有云："夫游之情在高旷，而游之理在自然，山川与性情一见而洽，斯彼我之趣通。"① 徐霞客在其《游记》中，对山川主观感受的书写逼真，绝非矫情之笔。如《粤西游日记四》崇祯

---

① （明）王思任撰《游唤·石门》，《明代论著丛刊》第三辑下《王季重杂著》，台北伟文图书出版社 1977 年版，第 749 页。

十一年（1638）三月初九日日记：“余晚停杖雪花洞，有书生鲍姓者引至横突石上，俯瞰旁瞩，心目俱动。忽幽风度隙，兰气袭人，奚啻两翅欲飞，更觉通体换骨矣，安得百丈青丝悬辘轳而垂之下也!”（第301页）又如《滇游日记三》崇祯十一年（1638）九月初七日日记记述亦左（今云南富源县南境）大龟山胜境：“由此历级西下一里，有壑回环，中洼四合，复有中悬之台，平瞰其中，夹坑之冈，横亘其外，石痕木荫，映彩流霞，令人神骨俱醒。”（第369页）如此山川之趣，非身临其境者不能道其万一!《滇游日记四》崇祯十一年（1638）十一月初八日日记：“游禾木亭。亭当坡间，林峦环映，东对峡隙，滇池一杯，浮白于前，境甚疏窅，有云林笔意。亭以茅覆，窗棂洁净。”（第402页）以元代画家倪瓒（号云林子，1301~1374）的山水画卷为喻，又随意点厾，涉笔成趣，如此描绘滇池及其周围景象，令读者印象深刻。

徐霞客描述风景的灵动之笔，也体现于他对山中浓雾的描写。如《游黄山日记后》万历四十六年（1618）九月初四日日记：“时浓雾半作半止，每一阵至，则对面不见。眺莲花诸峰，多在雾中。独上天都，予至其前，则雾徙于后；予越其右，则雾出于左。”（第16页）又如《江右游日记》崇祯十年（1637）正月初四日日记：“然雾犹时时笼罩，及身至其侧，雾复倏开，若先之笼，故为掩袖之避，而后之开，又巧为献笑之迎者。”（第82页）写雾与游人巧为周旋，变幻莫测，特别是后者拟人化的描写，三言两语即衬托出作者登山的欣喜情怀。雾中观山川景色，朦胧缥缈，别有一番情趣，庐山雾中的石门就是如此美不胜收。《游庐山日记》万历四十六年（1618）八月十九日日记：“仰见浓雾中双石屼立，即石门也。一路由石隙而入，复有二石峰对峙。路婉转峰罅，下瞰绝涧诸峰，在铁船峰旁，俱从涧底矗耸直上，离立咫尺，争雄竞秀，而层烟叠翠，澄映四外。其下喷雪奔雷，腾空震荡，耳目为之狂喜。”（第13页）游兴浓烈以至于忘我，在狂喜中身心俱化。晚明文人的山水之癖具有普遍性，绝非个别人的嗜好。稍早于徐霞客生活时代的文人宋懋澄（1569~1620）即有云："平生雅好游，兴之所至，辄竟千里，虽于陆风雨，于水波涛，靡间昼夜。"① 与宋懋澄大约同时的袁宏道在致其弟袁中道的书信中说："想贤弟明春亦欲南游，登山临水，终是我辈行径，红尘真不堪也。"② 徐霞客与性灵派文人在思想上堪称一脉相承，其《游记》虽为长制，但相关文字的精神气象却颇同性灵派文学的山水小品，即以自然景物为审美对象，所反映的却是主观情志，从而达到物我同一的美妙境界。

《浙游日记》崇祯九年（1636）十月初九日日记："甫至峰头（指金星峰），适当落日沉渊，其下恰有水光一片承之，滉漾不定，想即衢江西来一曲，正当其处也。夕阳已坠，皓魄继辉，万籁尽收，一碧如洗，真是濯骨玉壶，觉我两人形影俱异，回念下界碌碌，谁复知此清光！即有登楼舒啸，酾酒临江，其视余辈独蹑万山之颠，径穷路绝，迥然尘界之表，不啻霄壤矣。虽山精怪兽群而狎我，亦不足为惧，而况寂然不动，与太虚同游也耶！"（第51页）《粤西游日记二》崇祯十年（1637）六月二十九日日记游真仙后洞："始由洞口溯流，仰瞩洞顶，益觉穹峻，两崖石壁劈翠夹琼，渐进渐异，前望洞内天光遥遥，层门复窦，交映左右。从澄澜回涌中破空濛而入，诵谪仙'流水杳然，别有天地'句，若为余此日而亲道之也。既入重门，崆峒上涵，渊黛下潴，两旁俱有层窦盘空上嵌，荡映幌漾，回睇身之所入，与前之所向，明光皎然，彼此照耀，人耶仙耶，何以至此耶，俱不自知之矣！"（第196页）所谓"流水杳然，别有天地"，系引用李白《山中问答》诗："问余何意栖碧山，笑而不答心自闲。桃花流水窅然去，别有天地非人间。"③ 作者登临欣喜之情，自然浮现而出。

以上所揭两段文字皆堪称情景双绘，超凡入圣，其山水审美之雅趣，与晚明士大夫的群体趋尚毫无二致。稍前于徐霞客的王士性（1547～

---

① （明）宋懋澄撰《九籥集》卷二《积雪馆手录序》，中国社会科学出版社1984年版，第49页。

② 钱伯城笺校《袁宏道集笺校》卷五五《未编稿之三——诗尺牍·答小修》，上海古籍出版社1981年版，第1617页。

③ （清）王琦注《李太白全集》卷一九，中华书局1977年版，第874页。

1598）也是一位著名的旅行家，著有《五岳游草》《广游志》《广志绎》，皆属地理学著述。其《五岳游草自序》有云："吾视天地间一切造化之变，人情物理，悲喜顺逆之遭，无不于吾游寄焉。当其意得，形骸可忘，吾我尽丧，吾亦不知何者为玩物，吾亦不知何者为采真。"①徐霞客旅游探险，也正是怀有类似心理，就此而论，其《游记》抒发自我情性的文学书写，深具晚明小品精神就容易理解了。

《徐霞客游记》中有一些幽默风趣的文字，也与晚明小品精神相应共振。文字幽默是一定文化素养的体现，若辅之以性格因素，就更能相映生辉。晚明陈继儒、袁宏道、张岱等人的散文小品皆不乏幽默因子，他们都能于各自的散文中透露出人生的几许机智与诙谐。徐霞客在其《游记》中也偶尔露峥嵘，显示出其风趣幽默的另面人生。

《江右游日记》崇祯九年（1636）十月二十一日日记："循狮子峰之北，逾岭南转，所谓轿顶、象牙诸峰，从其外西向视之，又俱夹叠而起。中悬一峰，恍若卓笔，有咄咄书空之状，名之曰卓笔峰，不虚也，不经此不见也。"（第58页）何谓"咄咄书空"？语出《晋书·殷浩传》："（殷）浩虽被黜放，口无怨言，夷神委命，谈咏不辍，虽家人不见其有流放之戚。但终日书空，作'咄咄怪事'四字而已。"②后以"咄咄书空"形容失志、懊恨之态。书空，即用手指在空中虚画字形。徐霞客以之比况卓笔峰，显示了其幽默的文风，后世注家若不注明则徐文之文学意趣尽失。至于有译者将"咄咄书空"译之为"咄咄逼人"，则有望文生义之嫌了。

徐霞客终生未曾进学（秀才），却熟稔经书，《游记》中时而点缀《四书》语，不乏幽默感。《滇游日记十》崇祯十二年（1639）六月二十五日日记记述寄居刘北有书馆："北邻花红正熟，枝压墙南，红艳可爱。摘而食之，以当井李。"（第527页）所谓"井李"，语本《孟子·滕文公

---

① （明）王士性撰《五岳游草·自序》，中华书局2006年版，第24~25页。
② （唐）房玄龄等撰《晋书》卷七七，中华书局1974年版，第2047页。

下》：“陈仲子岂不诚廉士哉？居于陵，三日不食，耳无闻，目无见也。井上有李，螬食实者过半矣，匍匐往，将食之，三咽，然后耳有闻，目有见。”① 又如《滇游日记十一》崇祯十二年（1639）七月初六日日记记述玛瑙山马家庄待客：“元康即为投辖，割鸡为黍，见其二子。深山杳蔼之中，疑无人迹，而有此知己，如遇仙矣！”（第530页）所谓“割鸡”二句，语本《论语·微子》：“止子路宿，杀鸡为黍而食之，见其二子焉。”② 上揭二例皆利用经书语，前者自我调侃，后者触景生情，全属于文学的幽默书写。

徐霞客甚至还用观音菩萨等佛家人物自况，尽显其幽默性格。《滇游日记三》崇祯十一年（1638）九月初七日日记：“亡何，已下见西坞南流之江，知去桥头不远，可免虎口，乃倚石隙少憩，竟作青莲瓣中人矣。”（第370页）所谓“青莲瓣中人”，即喻指观音菩萨，元揭傒斯《题辛澄莲花观音像应制》诗：“至人不可测，宴坐青莲花。珠缨被玉体，白豪贯彤霞。从何得此相，来置玉皇家？”③ 此外，《粤西游日记一》崇祯十年（1637）闰四月十七日日记：“从定心桥下过脊处，觅莲瓣隙痕，削崖密附，旁无馀径。”（第140页）《粤西游日记一》崇祯十年（1637）闰四月二十三日日记：“傍裂穴如圭，梯崖入其中，不甚敞，空合如莲瓣。”（第143页）《粤西游日记四》崇祯十一年（1638）三月初十日日记：“盖自堡北望之，则南峰回环如玦，人至堡后，又如莲瓣自裂，可披而入也。”（第303页）有意将岩石裂隙以“莲瓣”为喻，晚明小品的个性天趣尽皆显现。

---

① 杨伯峻译注《孟子译注》，中华书局1960年版，第158页。
② 杨伯峻译注《论语译注》，中华书局1980年版，第196页。
③ （元）揭傒斯撰《揭傒斯全集·诗集》卷八，上海古籍出版社1985年版，第231页。

（二）

从积极修辞角度考察《徐霞客游记》的文学书写，作者的艺术匠心也随处可见，指不胜屈。现存《游记》的开篇之作《游天台山日记》万历四十一年（1613）三月三十日日记第一段："云散日朗，人意山光，俱有喜态。"（第1页）可视为拟人手法，也是移情效应的显现，即把自己的情感移到客观事物"山光"，仿佛外物也染有作者欣喜的情感。《粤西游日记一》崇祯十年（1637）闰四月二十八日日记："北山之东垂，有石峰分岐而起，尖峭如削，其岐峰尤亭亭作搔首态，土人呼为妇女娘峰。"（第146页）以女子搔首弄姿拟写石峰形态，栩栩如生。《闽游日记前》崇祯元年（1628）三月十四日日记："乔松艳草，幽袭人裾。"（第27页）"兀兀中悬，四山环拱，重流带之，风烟欲暝，步步惜别！"（第28页）诸如此类的文学书写深深染有作者的主观色彩，故而生动活泼。《楚游日记》崇祯十年（1637）四月初一日日记："二里上地宝坪坳，于是四旁皆奇峰婉转，穿瑶房而披锦幛，转一隙复攒一峒，透一窍更露一奇，至狮象龙蛇，夹路而起，与人争道，恍惚梦中曾从三岛经行，非复人世所遭也。"（第121页）所谓"三岛"，指传说中的蓬莱、方丈、瀛洲三座海上仙山，这里用来比喻仙境。"狮象龙蛇"将山岩状貌形象化，属于拟物的修辞方法，读来情趣盎然。《粤西游日记一》崇祯十年（1637）六月初十日日记记述琴潭岩附近丛石崖："其上回狮舞象，骞凤腾龙，分形萃怪，排列缤纷。"（第181页）也以模拟动物的运动形态形容岩崖起伏之状，极为传神。

《徐霞客游记》对于山川林木的色彩美描写如同一位技法高妙的画师，笔下五彩斑斓，极尽刻画渲染之能事，显示出其修辞的卓越效果。如《浙游日记》崇祯九年（1636）十月初四日日记："其地东为三九，西为洞山，环坞一区，东西皆石峰嶙峋，黑如点漆，丹枫黄杏，翠竹青松，间错如绣，水之透壁而下者，洗石如雪，今虽久旱无溜，而黑崖白峡，处处如悬匹练，心甚异之。"（第 48 页）又："水流沙岸中，四山俱远，丹枫疏密，斗锦裁霞，映叠尤异。"（第 50 页）作者有意将山水云林的不同色彩通过对比，错落安排又不露斧凿之迹，文字一气呵成，流畅自然。《粤西游日记二》崇祯十年（1637）八月初十日日记记述晓行浔州府（桂平）南之郁江："未明发舟，晓霞映江，从篷底窥之，如行紫丝步帐中，彩色缤纷，又是江行一异景也。"（第 223 页）在"晓霞映江"的衬托下，以"紫丝步帐"形容晓江之景色，色彩之美，令读者叹为观止。《滇游日记三》崇祯十一年（1638）九月二十三日日记："崖南峡中，箐木森郁，微霜乍染，标黄叠紫，错翠铺丹，令人恍然置身丹碧中。"（第 376 页）作者特意向读者展示的，就是一幅白、黄、紫、翠、丹五色炫目的山水画卷。至于通过掩映迂回巧写大自然色彩斑斓的鬼斧神工，徐霞客也不遗馀力。如《滇游日记六》崇祯十二年（1639）正月初三日日记："有石崖傍峡而起，高数十丈，其下嵌壁而入，水自崖外飞悬，垂空洒壁，历乱纵横，皆如明珠贯索。余因排帘入嵌壁中，外望兰宗诸人，如隔雾牵绡，其前树影花枝，俱飞魂濯魄，极罨映之妙。崖之西畔，有绿苔上翳，若绚彩铺绒，翠色欲滴，此又化工之点染，非石非岚，另成幻相者也。"（第 427 页）这一段文字热情奔放，挥洒自如，读后令人神往！

对比作为一种修辞手法，在描绘山川色彩的绚丽多姿时，徐霞客也常喜应用。《粤西游日记一》崇祯十年（1637）五月二十六日日记："西北三里，为横埠堡，又北二里为画山。其山横列江南岸，江自北来，至是西折，山受啮，半剖为削崖；有纹层络，绿树沿映，石质黄、红、青、白，杂彩交错成章，上有九头，山之名'画'，以色非以形也。"（第 172 页）画山，位于今广西阳朔县东北，是漓江中的名山，海拔 536.3 米，相对高度 416.3 米，长 550 米。其西面为一巨大平直的峭壁，高宽各百馀米，面向江水，其上布满青、黄、紫、白颜色不一的花纹，浓淡相间，斑驳有致，绚烂多彩，似有形态不一的骏马或驰骋奔驰，或昂首长嘶，栩栩如生，向有"九马画山"之称。《粤西游日记三》崇祯十年（1637）十月初二日日记记述左江江畔银山景象："又北一里，东岸临江，焕然障空者为银山，劈崖截山之半，青、黄、赤、白，斑烂缀色，与天光水影互相飞动，阳朔画山，犹为类犬者耳。"（第236页）①银山，这里当指广西左江两岸花山壁画二十八处之一的银山崖壁画，可参见覃圣敏著《广西左江流域崖壁画考察与研究》第二编第四章《崇左县的崖壁画》："银山位于左江东岸，海拔270米，相对高程180米，北与驮柏山相接，隔以马鞍形山凹。"又云："崖壁画分布在山的临江一面陡峭的崖壁上，下临江水，与驮柏山第7组相隔约250米，共有三处。"②画面大都涂于灰黄色崖壁上，上绘赭红色的诸多人像，或正身，或侧身，形态各异。据有关研究表明，与画山色彩纹理完全是自然形成不同，包括银山在内的花山壁画是战国早期至东汉的人工涂绘岩画，这或许是徐霞客判断画山与银山相比"竟逊一筹"或"类犬"的原因，不过因舟行仰观，未遑详考，故只能笼统言之。

通过对比描写山川壮丽，《徐霞客游记》常有出色的文学书写。《粤西游日记一》崇祯十年（1637）五月二十一日日记："横山、碧崖二岩夹江、右左立，其势相等，俱不若削崖之崇扩也。碧崖之南，隔江石峰排列而起，横障南天，上分危岫，几埒巫山，下突轰崖，数逾匡老。于是扼江而东之，江流啮其北麓，怒涛翻壁，层岚倒影，赤壁、采矶，失其壮丽矣。"（第167页）《粤西游日记二》崇祯十年（1637）六月二十日日记用文学性语言比较漓江、洛青江、柳江之不同："此处余所历者，其江有

① 犹为类犬者耳："类犬"，原文作"类大"，朱惠荣、李兴和译注《徐霞客游记》出注云："乾隆本、'四库'本作'竟逊一筹'。'大'疑为'犬'字。取'画虎不成反类犬'意，谓画山逊于银山。"（中华书局2015年版，第1159页）甚是，故据以径改。
② 覃圣敏著《广西左江流域崖壁画考察与研究》，广西民族出版社1987年版，第85~86页。

三，俱不若建溪之险。阳朔之漓水，虽流有多滩，而中无一石，两旁时时轰崖缀壁，扼掣江流，而群峰逶迤夹之，此江行之最胜者；洛容之洛青，滩悬波涌，岸无凌波之石，山皆连茅之坡，此江行之最下者；柳城之柳江，滩既平流，涯多森石，危峦倒岫，时与土山相为出没，此界于阳朔、洛容之间，而为江行之中者也。"（第 190 页）漓江为石灰岩岩溶地貌发展的完善区域，柳江属"时与土山相为出没"的石灰岩与非石灰岩间杂区域，洛青江流域则为砂岩与页岩为主的碎屑岩地层构成，故景观较前两者为逊，是"江行之最下者"。石山与土山的不同，就是喀斯特地貌与其他类型地貌的比较。《滇游日记二》崇祯十一年（1638）八月二十八日日记："粤西之山，有纯石者，有间石者，各自分行独挺，不相混杂。滇南之山，皆土峰缭绕，间有缀石，亦十不一二，故环洼为多。黔南之山，则界于二者之间，独以逼耸见奇，滇山惟多土，故多壅流成海，而流多浑浊。惟抚仙湖最清。粤山惟石，故多穿穴之流，而水悉澄清。而黔流亦界于二者之间。"（第 362 页）此外，《滇游日记九》崇祯十二年（1639）四月十六日日记将云南腾冲跌水河（叠水河）瀑布与安庄白水河（今黄果树瀑布）的比较也很精彩，篇幅所限，恕不赘言。这些文学书写与科学探索精神交融在一起，是《游记》人文地理学与自然地理学相结合的产物。

通过对比描写河床水流缓急，更能体现《游记》文学书写所深蕴的科学精神。《闽游日记前》崇祯元年（1628）四月初一日日记："宁洋之溪，悬溜迅急，十倍建溪。盖浦城至闽安入海，八百馀里，宁洋至海澄入海，止三百馀里，程愈迫则流愈急。况梨岭下至延平，不及五百里，而延平上至马岭，不及四百里而峻，是二岭之高伯仲也。其高既均，而入海则减，雷轰入地之险，宜咏于此。"（第 29~30 页）《游太华山日记》天启三年（1623）三月初八日日记："雨后，怒溪如奔马，两山夹之，曲折萦回，轰雷入地之险，与建溪无异。"（第 24~25 页）这两段文字皆以"建溪"为标的，分别用之与宁洋之溪（九龙江）、丹水（今丹江，为汉江最大支流）相比较，联系上揭《粤西游日记二》所谓“建溪之险”说，何以如此？建溪为闽江北源，位于今福建省北部，由南浦溪、崇阳溪、松溪合流而成，南流至南平市和富屯溪、沙溪汇合为闽江。长296千米，亦名剑溪，又称延平津。据《晋书·张华传》，雷焕在豫章丰城掘地得双剑，即龙泉与太阿。雷焕赠张华一剑，自留一剑。后张华被诛杀，其剑丢失；雷焕死后，其子“持剑行经延平津，剑忽于腰间跃出堕水，使人没水取之，不见剑，但见两龙各长数丈，蟠萦有文章，没者惧而反。须臾光彩照水，波浪惊沸，于是失剑。”[①] 建溪水流湍急，早见诸正史。在发源地高度相等的情况下，宁洋之溪与建溪比较，前者流程短，流水的落差和流速就大；落差和流速大，侵蚀力就大。徐霞客这一解释符合现代地学的“河床比降”原理，很有科学认识价值。

以写景，特别是以描绘夜间月景或拂晓月色衬托旅途劳顿中达观自处的心态，在《徐霞客游记》中也多有表现。《粤西游日记一》崇祯十年（1637）五月十五日日记记述桂林东的寨山周围夜色：“余先是中夜为蚊所驱，时出坐其上。月色当空，见平畴绕麓，稻畔溢水，致甚幽旷。”（第164页）这是书写月色下的山野平畴。《粤西游日记一》崇祯十年（1637）五月二十二日日记记述桂林至阳朔之漓江拂晓月色：“二十二日鸡鸣，恭城客登陆去，即棹舟南行。晓月漾波，奇峰环棹，觉夜来幽奇之景，又翻出一段空明色相矣。”（第167页）这是书写月色下客舟江上晓行景况。《粤西游日记二》崇祯十年（1637）八月十五日日记记述夜宿横州宝华寺：“既而日落西陲，风吼不息，浮云开合无定。顷之而云痕忽破，皓魄当空。参一出所储酝醉客，佐以黄蕉丹柚。空山寂静，玉宇无尘，一客一僧，漫然相对，洵可称群玉山头，无负我一筇秋色矣。”（第227页），这是书写中秋夜色下山中对饮的景象。所谓“群玉山头”，乃隰

① （唐）房玄龄等撰《晋书》卷三六，中华书局1974年版，第1076页。

栉唐李白《清平词三首》其一："若非群玉山头见，会向瑶台月下逢。"①
原诗比喻唐玄宗的杨贵妃美貌如花，这里借以咏月色皎洁。李白的这一诗
意常出现于《徐霞客游记》的文学书写中，可见作者偏爱之情。如《浙
游日记》崇祯九年（1636）十月初一日日记谓飞来峰下山洞："洞顶灵石
攒空，怪树搏影，跨坐其上，不减群玉山头也。"（第47页）《粤西游日
记一》崇祯十年（1637）六月初十日日记记述平塘街借宿之夜："迨晚餐
后，出坐当衢明月下，而清风徐来，洒然众峰间，听诸村妇蛮歌谑浪，亦
是群玉峰头一异境也。"（第181页）作者有时甚至巧用其意，自我调侃
中用来书写失意心态，《黔游日记一》崇祯十一年（1638）四月十五日日
记："是日自晨至暮，清朗映彻，无片翳之滓；至晚阴云四合，不能于群
玉峰头逢瑶池夜月，为之怅然。"（第324页）

徐霞客在其游记散文中一般不用对偶的修辞手法，偶一为之，也令人
有耳目一新之感。《楚游日记》崇祯十年（1637）二月二十二日日记：
"望隔溪坞内，桃花竹色，相为映带，其中有阁临流，其巅有亭新构，阁
乃前游所未入，亭乃昔时所未有缀。急循级而入，感花事之芳菲，叹沧桑
之倏忽。登山踞巅亭，南瞰湘流，西瞻落日，为之怃然……两过此地，皆
当落日，风景不殊，人事多错，能不兴怀！"（第104页）写景与兴怀并
举，"其中""其巅"，"阁乃""亭乃"，"感花事""叹沧桑"，"南瞰"
"西瞻"等皆以对偶句出之，道出无限沧桑之感。《楚游日记》崇祯十年
（1637）三月二十四日日记写宁远以南九疑山一带景观："由此西北入山，
多乱峰环岫。盖掩口之东峰，如排衙列戟，而此处之诸岫，如攒队合围，
俱石峰森罗。中环成洞，穿一隙入，如另辟城垣。山不甚高，而窈窕回
合，真所谓别有天地也。途中婉转之洞，卓立之峰，玲珑之石，喷雪惊涛
之初涨，漾烟沐雨之新绿，如是十里，而至圣殿。"（第115页）散句之
中穿插三四对句，又间用排比手法，精雕细琢的文学书写，增加了散文的

---

① （清）王琦注《李太白全集》卷五，中华书局1977年版，第304页。

生动性。

《粤西游日记一》崇祯十年（1637）五月二十六日日记："舟人带雨夜行，又五里，泊于斗米、寸金二滩之间。中夜仰视，萤阵烛山，远近交映。以至微而成极异，合众小而现大观，余不意山之能自绘，更无物不能绘也。"（第173页）用文学语言形容众多萤火虫光亮汇为"极异"之中夜山景，如此壮观只有在古代照明条件简陋、阴雨中夜空背景漆黑的条件下方能实现，自属于作者直观感性审美的文学书写。《粤西游日记四》崇祯十一年（1638）二月二十七日日记记述三门岩洞："入五六丈，当洞之中，遥望西南锐竖尖峰正列其前，洞两旁裂峡分瓣，皆廉利沓合。洞后透石门而入，其内三辟三合，中连下透，皆若浮桥驾空，飞梁骈影。"（第290页）接下来又综合概括说："前眺尖峰，后瞩飞梁，此洞之胜，内外两绝。"（第291页）文字前后呼应，属于作者整体理性山川审美的文学书写。

（三）

在古今文学写作中，比喻的巧妙运用从来就是修辞的重要手段。《徐霞客游记》中善用比喻书写山川风物，有令读者身临其境的感觉。

《闽游日记前》崇祯元年（1628）三月十五日日记："风雨彻旦，溪喧如雷。"（第28页）同上崇祯元年（1628）三月十九日日记："又十五里，为高滩铺。阴霾尽舒，碧空如濯，旭日耀芒，群峰积雪，有如环玉。闽中以雪为奇，得之春末为尤奇。"（第28页）上揭两段文字的比喻修辞，因有"如"字出现，所以无论刻画溪声喧闹，还是形容雪色洁白，皆意义显豁，容易理解。类似比喻手法，徐霞客在其《游记》中堪称运用之妙，存乎一心。《楚游日记》崇祯十年（1637）三月十五日日记记述湖南永州出水崖一带景物："其上石皆如卧龙矗凤，出水青莲，萼丛瓣裂。转至出水崖后，觉茹吐一区，包裹丛沓，而窈窕无竟。盖其处西亘七十二雷大山，丛岭南列，惟东北下临官道，又出水崖障其东，北复屏和尚岭，四面外同错绮，其中怪石层朋，采艳夺眺。予乃透数峡进，东北屏崖之巅，有石高碧，若天门上开，不可愿即。碧石西南，即出水崖内壑，一潭澄石隙中，三面削壁下嵌，不见其底，若爬梳沙蔓，令石与水接，武陵渔当为移棹。予历选山栖佳胜，此为第一，而九疑尤溪村口稍次云。"（第110页）这一段文字写景生动传神，比喻修辞手法的运用杂处其间，起到了烘云托月的效果。以"卧龙矗凤""出水青莲，萼丛瓣裂"比喻怪石形态，以"天门"比喻高耸的弧形石孔洞碧，皆不难理解，因为作者悉用"明喻"，即比喻的本体、喻体与比喻词皆在句中出现，读者可不假思索，一望即知。《滇游日记七》崇祯十二年（1639）二月十三日日记记述鹤庆府以西山岩："其峡乃坠水枯涧，巨石磊磊，而叠磴因之，中无滴沥，东西两崖，壁夹骈凑，石骨棱棱，密翳蒙蔽，路缘其中，白日为冷。二里馀，有巨石突涧道中，若鹢首之浮空，又若蹲狮之当户。"（第453页）用明喻手法形容巨石高耸翘立于枯涧之中，所谓"鹢首"，即船头，古代画鹢鸟于船头，故称。

若多方设喻，再辅以排比修辞手法，山川奇境的文学书写就有一气呵成的磅礴气势。《滇游日记八》崇祯十二年（1639）三月初九日日记记述浪穹（洱源）城南普陀崆（葡萄江）景象："又南，江流捣崆中愈骤，崆中石耸突而激湍，或为横槛以扼之，或为夹门以束之，或为龃龉，或为剑戟，或为犀象，或为鸷鸟，百态以极其抟截之势；而水终不为所阻，或跨而出之，或穿而过之，或挟而漾之，百状以尽超越之观。时沸流倾足下，大雨注头上，两崖夹身，一线透腋，转觉神王。"（第467页）整段文字情景交融，比喻词"为"替代了"如""像""若"等，属于暗喻。《粤西游日记三》崇祯十年（1637）九月二十六日日记记述南宁石埠墟一带景色："于是舟行石峰中，或曲而左，或曲而右，旋背一崖，复漾一嶂，既环乎此，转鹜乎彼，虽不成连云之峡，而如梭之度纬，如蝶之穿丛，应接不暇，无过乎此。且江抵新宁，不特石山最胜，而石岸尤奇。盖江流击山，山削成壁，流回沙转，云根迸出，或错立波心，或飞嵌水面，皆洞壑层开，肤痕縠绉，江既善折，岸石与山辅之恐后，益使江山两擅其奇。"（第232页）这一段文学书写，形容舟行江中"如梭""如蝶"云云是明喻，形容江岸岩石质感"肤痕縠绉"则是借喻，以喻体即丝织品的皱纹形容岸间岩石被流水常年冲刷所形成的纹路，但本体江岸岩石与比喻词皆未出现。

《游雁宕山日记》万历四十一年（1613）四月十一日日记："望雁山诸峰，芙蓉插天，片片扑人眉宇。"（第3页）《游雁宕山日记后》崇祯五年（1632）四月二十八日日记："上盘山岭。西南云雾中，隐隐露芙蓉一簇，雁山也。"（第37页）芙蓉，一般喻指荷花（或称莲花），也转喻美女。但荷花如何插天？显然此喻体亦非用其本义，而是再以利剑转喻。所谓"芙蓉插天""芙蓉一簇"，皆用暗喻手法形容雁荡山诸峰群岭如同把把利剑一样高耸插入云天。芙蓉，即芙蓉剑，语本汉袁康《越绝书·外传记宝剑》载，越王句践有宝剑名"纯钧"，相剑者薛烛以"手振拂，扬其华，捽如芙蓉始出"[①]。后世即常以芙蓉喻指利剑。唐卢照邻《长安古意》诗："俱邀侠客芙蓉剑，共宿娼家桃李蹊。"[②]《游庐山日记》万历四十六年（1618）八月二十二日日记："惟双剑崭崭众峰间，有芙蓉插天之态。"（第15页）所谓"双剑"，即双剑峰，位于庐山鹤鸣峰西南、开先寺西北。清同治《德化县志》卷七《地理·古迹》："双剑峰，在府治城南龙门西，形势插天，宛如双剑，与县治正对。"此当可以为证。《滇游日记八》崇祯十二年（1639）三月二十一日日记："因矫首东望，忽云气迸坼，露出青芙蓉两片，插天拔地，骈立对峙，其内崇峦叠映，云影出没，令人神跃。"（第476页）显然，这里的芙蓉也是宝剑的转喻。

应当指出的是，以芙蓉比喻山峰，更多仍是以荷花为喻体。如雁荡山

---

① 俞纪东译注《越绝书全译》卷一一，贵州人民出版社1996年版，第220页。
② 《全唐诗》卷四一，中华书局1960年版，第519页。

有芙蓉峰，位于雁荡山西内谷与西外谷的交界处的东岭北端，一巨石浑圆如将要开放的荷苞，高耸于山脊之上。明袁宏道《嵩游第一》也以荷花怒放比喻少室山之秀丽："少室奇秀，迫视不可见，远乃行修武道者，望若古钟，仰出诸山上。从汝来者，唯见千叶芙蓉，与天俱翠，摇曳云表而已。山四匝皆壁，群山翳其外，迫之乃不见巅而见翳，游人多不惬。"① 在《徐霞客游记》中，以芙蓉喻山，也不乏以荷花为喻体者。《游太华山日记》天启三年（1623）二月三十日日记："行二十里，忽仰见芙蓉片片，已直造其下，不特三峰秀绝，而东西拥攒诸峰，俱片削层悬。"（第23页）这里即以芙蓉形容华山西峰即莲花峰或称芙蓉峰的山峰形状。明袁宏道《华山后记》也可为证："西峰最幽奥，石态生动，有石叶如莲瓣，覆崖巅，其下有龟却立，昂首如欲行，盖叶上物也，是即所谓莲花峰矣。"② 再看《徐霞客游记》中《粤西游日记二》崇祯十年（1637）七月二十三日日记："桂、朔、柳、融诸峰非不亭亭如碧簪斑笋，然石质青幻，片片如芙蓉攒合，窍受蹑，痕受攀，无难直跻；而此则赤肤赭影，一劈万仞，纵覆钟列柱，连轰骈峙，非披隙导窾，随其腠理，不能排空插翅也。"（第208页）《滇游日记八》崇祯十二年（1639）三月二十九日日记："透峡西出，则其内平洼一围，下坠如城，四山回合于其上，底圆整如镜，得良畴数千亩，村庐错落，鸡犬桑麻，但有灵气。不意危崖绝蹬之上，芙蓉蒂里，又现此世界也，是为水寨。"（第487页）《滇游日记十一》崇祯十二年（1639）七月初九日日记："盖右坡自四寨崖颏颃西来，至此下坠，而崖石遂出，有若芙蓉，簇萼空中，有若绣屏，叠锦崖畔，不一其态。"（第532页）上揭三例，显然也是使用芙蓉为荷花的意象。

《徐霞客游记》的文学书写，许多是在使事用典中实现的，若不明其

---

① 钱伯城笺校《袁宏道集笺校》卷五一《华嵩游草之二——游记序跋·嵩游第一》，上海古籍出版社1981年版，第1475页。
② 钱伯城笺校《袁宏道集笺校》卷五一《华嵩游草之二——游记序跋·华山后记》，上海古籍出版社1981年版，第1471~1472页。

出处，对于诸如上揭"芙蓉"一类的山峰比喻，诠释就会盲人摸象乃至郢书燕说或难以索解。《浙游日记》崇祯九年（1636）十月十四日日记："江清月皎，水天一空，觉此时万虑俱净，一身与村树人烟俱熔，彻成水晶一块，直是肤里无间，渣滓不留，满前皆飞跃也。"（第54页）"飞跃"一词，看似平常无奇，实则乃是"鸢飞鱼跃"的略语，语出《诗经·大雅·旱麓》："鸢飞戾天，鱼跃于渊。"唐孔颖达疏："其上则鸢鸟得飞至于天以游翔，其下则鱼皆跳跃于渊中而喜乐，是道被飞潜，万物得所，化之明察故也。"① 后以"鸢飞鱼跃"谓万物各得其所，这里形容天地自由。明王阳明《次栾子仁韵送别四首》其一："从来尼父欲无言，须信无言已跃然。悟到鸢鱼飞跃处，工夫原不在陈编。"② 有明于此，则徐霞客化用《诗经》中句以宣泄物我两忘的畅快心理就昭然若揭了。

《楚游日记》崇祯十年（1637）四月初一日日记记述今湖南宁远下灌（下观）一带山势："南望下观之后，千峰耸翠，亭亭若竹竿玉立，其中有最高而锐者，名吴尖山。山下有岩，窈窕如斜岩云。其内有尤村洞，其外有东角潭，皆此中绝胜处。盖峰尽干羽之遗，石俱率舞之兽，游九疑而不经此，几失其真形矣。"（第121页）所谓"干羽"，乃古代舞者所执的舞具，文舞执羽，武舞执干。语出《书经·虞书·大禹谟》："帝乃诞敷文德，舞干羽于两阶。"③ 所谓"率舞"，即相率而舞。语出《书经·虞书·舜典》："夔曰：於，予击石拊石，百兽率舞。"孔传："乐感百兽，使相率而舞，则神人和可知。"④ 徐霞客巧妙运用《诗经》《尚书》中文字形容山势的动态之美，可见他对儒家经典的熟谙程度并不亚于当时有科举功名的读书人。

---

① （清）阮元校刻《十三经注疏·毛诗正义》卷一六，中华书局1960年版，第516页。
② （明）王守仁撰《王阳明全集·静心录八·外集二》，红旗出版社1996年版，第665页。
③ （清）阮元校刻《十三经注疏·尚书正义》卷四，中华书局1960年版，第137页。
④ （清）阮元校刻《十三经注疏·尚书正义》卷三，中华书局1960年版，第131页。

化用前人诗句以抒发感慨，在《徐霞客游记》中也不乏其例。《江右游日记》崇祯九年（1636）十月十八日日记："又二十里，过旁罗，南望鹅峰，峭削天际，此昔余假道分水关而趋幔亭之处，转盼已二十年矣。人寿几何，江山如昨，能不令人有秉烛之思耶！"（第56页）所谓"秉烛之思"，体现了古人对于时间匆促而逝的恐惧感，语出汉《古诗十九首》："生年不满百，常怀千岁忧。昼短苦夜长，何不秉烛游?"① 《楚游日记》崇祯十年（1637）四月二十九日日记记述舟行湖南祁阳浯溪："昧爽放舟。晓色蒸霞，层岚开藻……所称'媳妇石'者，江边一崖，从山半削出，下插江底，其上一石特立而起，昂首西瞻，岂其良人犹玉门未返耶?"（第135页）所谓"玉门未返"，当化用唐李白《子夜吴歌·秋歌》："长安一片月，万户捣衣声。秋风吹不尽，总是玉关情。何日平胡虏，良人罢远征。"② 又唐卢照邻《关山月》乐府："塞垣通碣石，虏障抵祁连。相思在万里，明月正孤悬。影移金岫北，光断玉门前。寄言闺中妇，时看鸿雁天。"③ 只有明晓徐霞客笔下对前人有关诗作的化用，才能理会其文学书写的雅人深致。《滇游日记九》崇祯十二年（1639）四月十二日日记记述潞江安抚司分水关一带："两岸高木蟠空，根纠垂崖外，其上竹树茸密，覆阴排幕，从其上行，不复知在万山之顶，但如唐人所咏：'两边山木合，终日子规啼'，情与境合也。"（第491页）所谓"唐人所咏"，即杜甫《子规》诗："峡里云安县，江楼翼瓦齐。两边山木合，终日子规啼。"④ 这是明引而非化用。《黔游日记一》崇祯十一年（1638）戊寅三月二十七日日记："而北亘之脊，石齿如锯，横锋坚锷，莫可投足。时已昏暮，跃马而下，此骑真堪托死生也。"谓跨下之马"真堪托死生"，语本唐杜甫《房兵曹胡马诗》诗："所向无空阔，真堪托死生。骁腾有如

---

① 逯钦立辑校《先秦汉魏晋南北朝诗·汉诗》卷一二，中华书局1983年版，第333页。
② 《全唐诗》卷一六五，中华书局1960年版，第1711页。
③ 《全唐诗》卷四一，中华书局1960年版，第512页。
④ 《全唐诗》卷二二九，中华书局1960年版，第2493页。

此，万里可横行。"①《滇游日记六》崇祯十二年（1639）正月初三日日记："寺前桃亦缤纷，前之杏色愈浅而繁，后之桃靥更新而艳，五日之间，芳菲乃尔。睹春色之来天地，益感浮云之变古今也。"末两句语本唐杜甫《登楼》诗："锦江春色来天地，玉垒浮云变古今。"上揭两例对杜诗化用堪称信手拈来，徐霞客文学修养之高可见一斑。

今天的读者阅读《游记》，往往容易忽略徐霞客化用前人诗句的狡黠之笔，从而难以体味蕴藏其间的妙趣。《滇游日记六》崇祯十二年（1639）正月初九日日记记："有垣围一区，浚山为池，畜金鱼于中，结茅龛于上者，亦传衣之裔僧也。云影山光，以一泓印之，不觉潭影空心。"（第431页）《滇游日记八》崇祯十二年（1639）三月十二日日记："踞石坐潭上，不特影空人心，觉一毫一孔，无不莹澈。"（第472页）所谓"潭影空心""影空人心"，意谓潭水令人心旷神怡，悉语出唐常建《题破山寺后禅院》诗："山光悦鸟性，潭影空人心。"②《滇游日记十一》崇祯十二年（1639）七月初十日日记："昔玉麓构殿三楹在顶，塑佛未竟，止有'空梁落燕泥'也。"（第533页）末一句用一个历史上的悲剧故事道出佛殿初创的规模，带有作者行文的某种幽默趣味。所谓"空梁落燕泥"，语出隋薛道衡《昔昔盐》："暗牖悬蛛网，空梁落燕泥。"③《资治通鉴》卷一八二："（隋炀）帝善属文，不欲人出其右。薛道衡死，帝曰：'更能作"空梁落燕泥"否！'"④《滇游日记十三》崇祯十二年（1639）九月十三日日记："复吾知吾辈喜粥，为炊粥以供。久不得此，且当行陟之后，吸之明月之中，不啻仙掌金茎矣。"（第569页）所谓"仙掌金茎"，即比喻天降仙露，语出《文选·班固〈西都赋〉》："抗仙

① 《全唐诗》卷二二四，中华书局1960年版，第2393页。
② 《全唐诗》卷一四四，中华书局1960年版，第1461页。
③ 逯钦立辑校《先秦汉魏晋南北朝诗·隋诗》卷四，中华书局1983年版，第2681页。
④ （宋）司马光编著《资治通鉴》卷一八二，中华书局1956年版，第5684页。

掌以承露，擢双立之金茎。"① 汉武帝为求仙，在建章宫神明台上造铜仙人，舒掌捧铜盘玉杯，以承接天上的仙露，后世遂称所造承露金人为仙掌；金茎，即用以擎承露盘的铜柱。读者乃至注家若不明其出典，就不知"仙掌金茎"何指，也就很难准确理解作者饮粥时的喜悦欢畅之情了。

《粤西游日记四》崇祯十一年（1638）二月十三日日记记述南丹卫（三里城）外白崖堡南岩："此洞甚高，呼吸可通帝座，其前夹崖下陷，以木横架而补其阙，即堪憩托，然止可凭揽诸峰，非久栖地也。"（第280页）《粤西游日记四》崇祯十一年（1638）三月初九日日记："夜宿洞侧台上，三面陡临绝壑，觉灏气上通帝座。"（第300页）《黔游日记一》崇祯十一年（1638）四月十六日日记："此室旷而不杂，幽而不闷，峻而不逼，呼吸通帝座，寤寐绝人寰，洵栖真之胜处也。"（第325页）《徐霞客游记》中屡次用"通帝座"，可见作者对这一典故的偏爱。帝座，亦作"帝坐"，并非帝王的宝座或借指天庭，而是古星名，属天市垣，战国甘德、石申《星经》著录，即今所称武仙座α星。所谓"呼吸通帝座"云云，意谓寄身高远，呼吸之间皆可与天或自然相接近。此用典出旧题后唐冯贽所撰《云仙杂记》卷一引《搔首集》："李白登华山落雁峰，曰：'此山最高，呼吸之气想通天帝座矣，恨不携谢朓惊人诗来，搔首问青天耳。'"②

正确通晓徐霞客文中用典使事，甚至可以纠正其《游记》的抄写之讹。《滇游日记三》崇祯十一年（1638）九月二十七日日记："二倅皆南都人，余故以书为庚癸呼，乃张之扚戾乃尔，始悔弹铗、操竽之拙也。"（第381页）大意是徐霞客行至云南嵩明州，旅资困窘，告贷（即"庚癸呼"，《左传·哀公十三年》所述军中告贷粮食的隐语）于有同乡背景的两位州副，一遭冷遇，一遭拒绝，因而作者于失望之馀，深悔求人不当。

---

① （南朝梁）萧统编《文选》卷一，中华书局1977年版，第27页。
② 周勋初主编《唐人逸事汇编》卷一四，上海古籍出版社1995年版，第700页。

所谓"弹铗"，为古人常用典故，语本《战国策·齐策四》，用冯谖客孟尝君事，谓处境窘困而又欲有所干求。所谓"操竽"，则似当为"操瑟"之讹误，语本唐韩愈《答陈商书》："齐王好竽，有求仕于齐者操瑟而往，立王之门三年不得入。叱曰：'吾瑟鼓之能使鬼神上下，吾鼓瑟合轩辕氏之律吕。'客骂之曰：'王好竽而子鼓瑟，虽工，如王不好何？'是所谓工于瑟而不工于求齐也。"[1] 此当属僻典，可见徐霞客记诵之博，只有明其所以，方能体味霞客当时自我调侃中极其失意的无奈心情。

徐霞客形容山峰层叠连续，常用"排闼"一词。据初步统计，在《徐霞客游记》中竟有二十馀处之多。如《江右游日记》崇祯九年（1636）十一月十三日日记："循水北下，两山排闼，水泻其中，无甚悬突飞洄之态。"（第68页）《滇游日记十一》崇祯十二年（1639）七月三十日日记："遥望北崖山冈排闼东出，大道之东陟者因之。"（第542页）所谓"排闼"，意谓推门或撞开门，语本宋王安石《书湖阴先生壁二首》诗其一："一水护田将绿绕，两山排闼送青来。"[2] 徐霞客特意拈用宋人诗中"排闼"二字形容山势富于动态的文学书写，也可窥见其积极修辞的努力。

（四）

作为中国地貌学研究的先行者，徐霞客在其《游记》中也用文学手法准确描述了山岳地貌、流水地貌、火山地貌、冰缘地貌、丹霞地貌与喀斯特岩溶地貌的不同特点，特别是对于岩溶地貌的描述，更是穷形尽相、淋漓尽致，一般认为比欧洲学者有关喀斯特研究的系统论述早约两百年。《滇游日记五》崇祯十一年（1638）十二月初六日日记记述云南元谋西山

---

[1] （清）董诰等编《全唐文》卷五五三，山西教育出版社2002年版，第3311页。
[2] 余冠英等主编《唐宋八大家文集》，国际文化出版公司1997年版，第2256页。

一带土林："半里，涉枯涧，乃蹑坡上。其坡突石，皆金沙烨烨，如云母堆叠，而黄映有光。时日色渐开，蹑其上，如身在祥云金粟中也……有枯涧自西来，其中皆流沙没足，两傍俱回崖亘壁，夹持而来，底无滴水，而沙间白质皑皑，如严霜结沫，非盐而从地出，疑雪而非天降，则硝之类也。"（第410页）元谋盆地属于燥热河谷地区，有论者认为这是徐霞客用文学笔调所描述的属于在我国西北地区习见的主要以风蚀为特征的雅丹地貌，因南方不易见到，故其记述尤为珍贵。

丹霞地貌的山峰系由红色砂岩或砾岩构成，这与雅丹地貌的构成并无二致，但形成发育的过程有异，一般在降水充沛的东南、西南地区多见，常年的流水冲蚀与风化作用，形成丹霞地貌碧水丹崖、洞穴清幽的瑰丽景观，以中国广东韶关附近之丹霞山最为典型，故称。《游武彝山日记》万历四十四年（1616）二月二十一日日记："望落日半规，远近峰峦，青紫万状。"（第10页）这是用文学手法对武夷山丹霞地貌色彩绚丽的准确描述。杨载田先生曾撰文分析说："福建省的丹霞地貌由上白垩纪赤石群的紫红色陆相岩系构成，岩石的色泽以紫红色为其本色，但由于各部位富集红色氧化铁含量的差别而产生色彩的变化。在温和湿润的亚热带季风气候环境下，有些岩石表面覆盖有深浅不一的苔藓、地衣而呈青色、黑色和黑褐色等颜色，更加丰富了岩石的色彩。"① 江郎山俗呼三爿石，位于今浙江衢州市江山市东南25千米的石门镇。山形主体为三个高耸入云的巨石，三座石峰呈川字形排列，形成江郎山"三峰列汉"的奇景。亿万年的沧桑巨变，砂砾岩层因河流深切作用，可形成顶部平齐、四壁陡峭的方山，或被切割成各种各样的奇峰，有直立的、堡垒状的、宝塔状的等，这是丹霞地貌壮观而奇特山峰发育的晚期阶段。《游九鲤湖日记》万历四十八年（1620）五月二十三日日记："悬望东支尽处，其南一峰特耸，摩云插天，

---

① 杨载田：《徐霞客闽游与福建丹霞风景名胜及其开发》，载《热带地理》2001年第21卷第1期。

势欲飞动。问之，即江郎山也。望而趋，二十里，过石门街。渐趋渐近，忽裂而为二，转而为三；已复半岐其首，根直剖下；迫之，则又上锐下敛，若断而复连者，移步换形，与云同幻矣。"（第17页）这一文学书写将丹霞地貌的山势与形貌生动传神地表达了出来。

徐霞客对于岩溶地貌的记述如石笋、钟乳、仙人田、落水洞、干谷、石芽、溶沟、眢井、坎泉、盲谷、天窗、盘洼、穿山等，其中大多数名称，现代地貌学仍然沿用，可见徐霞客在这方面的贡献特别巨大。特别是他对喀斯特溶洞的考察不畏艰难，有时甚至置生死于度外，为后世留下了宝贵的科考资料。徐霞客一生探索过多少洞穴，论者说法不同："有人曾作过统计，《游记》中记载的溶洞和非溶洞共357个，溶洞中，亲自入洞考察的达306个，占86%。由此可见徐霞客在云南喀斯特风景地貌区的考察足迹之广。"[1] 另有论者统计："《游记》中记载的石灰岩溶洞有288个，他亲自入洞考察的就有250个。他对洞穴的形状、大小、深浅和洞的朝向都有详略不同的记载。"[2]《徐霞客游记》对溶洞的文学书写异常精彩，却又准确细致，在科学史上功绩卓著。

《闽游日记前》崇祯元年（1628）三月二十日日记："东折入山，登滕岭。南三里，为玉华洞道……初入，历级而下者数尺，即流所从出也。溯流屈曲，度木板者数四，倏隘倏穷，倏上倏下，石色或白或黄，石骨或悬或竖，惟'荔枝柱''风泪烛''幔天帐''达摩渡江''仙人田''葡萄伞''仙钟''仙鼓'最肖。沿流既穷，悬级而上，是称'九重楼'。遥望空濛，忽曙色欲来，所谓'五更天'也。"（第28页）徐霞客对玉华洞洞中碳酸钙各种化学堆积的记述生动形象，琳琅满目，在今天仍有极高的认识价值。即以所谓"仙人田"而论，它又称仙田、石田、石田坝、

---

[1] 陶犁：《徐霞客与云南喀斯特旅游资源》，载《云南教育学院学报》1995年4月第11卷第2期。

[2] 陈计兵：《徐霞客——世界喀斯特地貌研究之父》，载《地理教学》2013年第2期。

边石坝，系岩溶洞洞穴堆积的形态之一。所谓"洞穴堆积"，是指洞穴中堆积的各种不同成因的堆积物，包括碎屑堆积、化学沉积、河流冲积物、有机充填物以及混合充填物等。其中化学沉积物又分滴水形态、水下形态和流水形态三种。滴水形态是指各种形态的石钟乳以及石柱、石笋等，水下形态包括各种石果、石珠等。仙人田属于流水形态的化学沉积，类似的形态沉积，徐霞客或称之为石榻、石棋盘、珠盘、石盆、石床、荔枝盆等等，皆因物象形，各臻其妙。仙人田的成因为溶洞底部凸凹不平，形成一块块浅小积水区，由于含有碳酸钙的水在积水区边缘蒸发较快，遂沿其曲折的边缘析出结晶，长年积累，形成稍高于积水小区的沉淀，其规模大小有异：或一块一块，犹如畦垄纵横的水田；或高下错落，如同梯田的模型。《浙游日记》崇祯九年（1636）十月初四日日记记述位于今富阳市西北万市镇与桐庐县交界处洞山："南者为水洞，一转即仙田成畦，塍界层层，水满其中，不流不涸。"（第49页）《粤西游日记四》崇祯十一年（1638）二月二十六日日记记述在庆远府（今广西宜州市）九龙洞之仙田地貌："直进十馀丈，转而东，下虽平，而石级涌起，屈曲分环，中有停潦，遂成仙田。东二丈，忽下陷为深坑。由坑上南崖伛偻而出坑之东，其下亦平，而仙田每每与西同。"（第289页）上揭两例对于仙人田的文学书写穷形尽相，其中"仙田每每"，则从《左传·僖公二十八年》："听舆人之诵曰：'原田每每，舍其旧而新是谋。'"① 三句脱化而来，这无疑显示出作者"腹有诗书气自华"的文学修养。

若大自然之天工机缘巧合，仙人田也可以形成一串蜿蜒龙蛇般的形态，若随岁月流逝再沉潜于流水中，则宛然一条龙身在水了。《楚游日记》崇祯十年（1637）四月初四日日记记述今湖南临武石门村后龙山龙洞中的左支洞："乃北逾石限穿隘而入，即下石池中。其水澄澈不流，两崖俱穿壁列柱，而石脚汇水不漏，池中水深三四尺。中有石埂中卧水底，

---

① 杨伯峻编著《春秋左传注·僖公二十八年》，中华书局1981年版，第458页。

水浮其上仅尺许，践埂而行，褰裳可涉。十步之外，卧埂又横若限，限外池益大，水益深，水底白石龙一条，首顶横脊而尾拖池之中，鳞甲宛然。挨崖侧又前两三步，有圆石大如斗，蒂插水中，不出水者亦尺许，是为宝珠，紧傍龙侧，真睡龙颔下物也。珠之旁，又有一圆石，大倍于珠，而中凹如臼，面与水平，色与珠共，是为珠盘。然与珠并列，未尝盛珠也。"（第 123 页）央视《地理·中国》2018 年 3 月 21 日"探秘地下空间'神龙'谜影"节目对此支洞中石龙有介绍：水潭中石龙长约十多米，粗约半米，龙身即边石坝，盘旋在几个边石坝（梯田状）的最上层，水位的升降变化引起石龙的巧妙形成。不过徐霞客笔下的白石龙已经变化为黄色，这或许是三百年以来氧化的作用。至于身侧龙鳞，当由石幔形成，龙珠即石笋，珠盘即"莲花盆"，皆属于溶洞化学沉积中的滴水形态或流水形态。显然，《徐霞客游记》的文学书写是在其细致耐心的科学考察下实现的，并非随意发挥想象的产物。

《粤西游日记三》崇祯十年（1637）十一月十八日日记记述广西向武州（今天等县）百感岩之西崖洞："其中悬柱亦多，不及百感之林林总总。而下有丸石如珠，洁白圆整，散布满坡坂间。坡坂之上，其纹皆粼粼如绉簇，如鳞次，纤细匀密，边绕中洼，圆珠多堆嵌纹中，不可计量。余选其晶圆者得数握，为薏苡，为明珠，不能顾人疑也。"（第 258 页）文中所谓"圆珠"，当属于溶洞化学沉积中水下形态的沉积物，其成因为溶洞水中碳酸钙析出时，黏附在泥粒、沙粒或腐殖质上的灰华球沉积，如同滚雪球似的越滚越大，成为同心圆灰华球沉积物，形似石果或石珠。这些球状沉积物随着流水经常滚动，所以不和水底面黏结，往往成群地积聚在流水缓慢的地方。《徐霞客游记》对这类溶洞沉积物多有记述，如《楚游日记》崇祯十年（1637）三月二十四日日记记述湖南宁远九疑山杨梅洞中石果："洞中产石，圆如弹丸，而凹面有猬纹，'杨梅'之名以此。然其色本黄白，说者谓自洞中水底视，皆殷紫，此附会也。"（第 117 页）又如《粤西游日记一》崇祯十年（1637）六月初十日日记记述广西桂林荔枝洞中石果："水窍之侧，有小石块如弹丸，而痕多磊落，其色玄黄，形如荔枝，洞名以此，正似九疑之杨梅，不足异也。"（第180页）《粤西游日记四》崇祯十一年（1638）三月初九日日记记述九龙洞石山："岩之西下又有一峡门，南入甚深而隘，秉炬入，十馀丈而止。底多丸石如丹，第其色黄，不若向武者莹白耳。"（第300页）可见，"圆珠""杨梅""荔枝"或"丸丹"全属溶洞中化学沉积物，只不过其大小形态有所不同而已。应当指出的是，上揭所谓"为薏苡，为明珠，不能顾人疑也"三句系用典，语出《后汉书·马援传》：

> 初，援在交阯，常饵薏苡实，用能轻身省欲，以胜瘴气。南方薏苡实大，援欲以为种，军还，载之一车。时人以为南土珍怪，权贵皆望之。援时方有宠，故莫以闻。及卒后，有上书谮之者，以为前所载还，皆明珠文犀。

东汉伏波将军马援因南征载还不值钱的薏苡而遭诬陷，后世因称蒙冤被谤为"薏苡之谤"或"薏苡明珠"。徐霞客以此自我调侃，反映了其《游记》浓厚的文学色彩。以笔者所见诸注本、译本对此三句皆付阙如，未免辜负了作者的幽默用心。

岩溶溶洞因其发育形成的年代有异，以亿万年计的地质条件变迁也各不相同，因而洞洞不同，千变万化，各有千秋。《粤西游日记一》崇祯十年（1637）五月初二日日记记述桂林东郊之七星岩洞："仍由隘口东门，过凤凰戏水，抵红、白二毡，始由岐北向行。其中有弄球之狮，卷鼻之象，长颈盎背之骆驼；有土冢之祭，则猪鬣鹅掌罗列于前；有罗汉之燕（宴），则金盏银台排列于下。其高处有山神，长尺许，飞坐悬崖；其深处有佛像，仅七寸，端居半壁；菩萨之侧，禅榻一龛，正可趺跏而坐；观音座之前，法藏一轮，若欲圆转而行。深处复有渊黑，当桥涧上流。"（第149页）《粤西游日记二》崇祯十年（1637）六月二十五日日记记融县真仙洞："峰转溪回，始见真仙洞门，穹然东北高悬，溪流从中北出，前有大石梁二道，骈圈溪上。越梁而西，乃南向入洞焉。洞门圆回如半月高穹，中剡一山之半。其内水陆平分，北半高崖平敞，南半回流中贯。由北畔陆崖入数丈，崖叠而起，中壁横拓，复分二道。壁之西有窍南入，而僧栖倚之；壁之东南，溯溪岸入其奥扃，则巨柱中悬，上缀珠旒宝络，下环白象、青牛，稍后则老君危然，须眉皓洁，晏坐而对之，皆玉乳之所融结，而洞之所以得名也。其后则堂皇忽闶，曲户旋分，千门万牖，乳态愈极缤纷，以无炬未及入。"（第192页）《粤西游日记三》崇祯十年（1637）十一月十八日日记记述广西向武州（今天等县）百感岩洞："西壁上有奥室围环中拓，若悬琉璃灯一盏，乃禅室之最闶者。出由其东，又北过一隘，下悬梯三十级，其底甚平旷，石纹粼粼，俱作荔枝盆。其西悬萋蕤，攀隙而入，如穿云叶。稍北转而西上，望见微光前透甚遥，蹑沙坂从之，透隘门西出，则赫然大观，如龙宫峨阙；又南北高穹，光景陆离，耳目闪烁矣。此乃洞之由暗而明处也。其洞内抵西南通偏门，外抵东北通后门，长四十丈，阔十馀丈，高二十馀丈。其上倒垂之柱，千条万缕，纷纭莫有纪极；其两旁飞驾之悬台，剡空之卷室，列柱穿崖之榭，排云透夹之门，上下层叠，割其一隅，即可当他山之全鼎。"（第256页）又云："此洞外险中闶，既穿历窅渺，忽仰透崇宏，兼一山之前后以通奇，汇众流于堑底而不觉，幽明两涵，水陆济美，通之则翻出烟云，塞之则别成天地。西来第一，无以易此。"（第257页）

比较徐霞客对上揭七星岩洞、真仙洞、百感岩洞这三个喀斯特溶洞的文学书写，可见作者笔触灵动，明喻、暗喻、借喻兼而有之，内外纤巨，无不了了。《游记》向读者所展现的是一个个光怪陆离、万象缤纷的奇妙世界，读后令人如亲临其境，驰情运想，神往形留。应当指出的是，三百年前游历考察的溶洞，多属于未经开发者，几无路径可寻，且照明全凭火炬，光亮飘忽不定；远不如今天参观溶洞有修整的栈道，照明则角度多方、五彩绚烂。徐霞客在极其简陋的物质条件下，能够写下如此旖旎美妙的文字，且不失严谨的科学精神，的确非同凡响！更难能可贵的是，徐霞客并非孤立地记述溶洞之奇，而是具有横向比较的整体观，并借以抒发感慨。《滇游日记四》崇祯十一年（1638）十一月初十日日记记富民附近东洞："余虽未穷其奥，已觉幽奇莫过，次第滇中诸洞，当与清华、清溪二洞相为伯仲。而惜乎远既莫闻，近复荒翳，桃花流水，不出人间，云影苔痕，自成岁月而已！"（第407页）

徐霞客对溶洞内部堆积物的细致观察，体现了他将文学与科学嫁接的成功。《粤西游日记三》崇祯十年（1637）十月二十五日日记记述广西飘岩山洞："由中窦入，其门甚隘，已而渐高，其中悬石拱把，翠碧如玉柱树之，其声铿然。旁又有两柱，上垂下挺，中断不接，而相对如天平之针焉。"（第245页）这一段描写将石钟乳与石笋即将对接形成乳柱的形态言简意赅地表现了出来。"如天平之针"对于乳柱的发育过程的比喻，与今天人们所津津乐道溶洞中"千年之吻"的比喻略同，不过"天平之针"更为形象传神而已。

对于溶洞以外的岩溶奇景，徐霞客亦自有其诠解，显示了他丰富的地貌学知识。《滇游日记十一》崇祯十二年（1639）七月初九日日记记述永昌府（今云南保山）水帘洞外景象："崖间有悬干虬枝，为水所淋滴者，其外皆结肤为石。盖石膏日久凝胎而成，即片叶丝柯，皆随形逐影，如雪之凝，如冰之裹，小大成象，中边不欹，此又凝雪裹冰，不能若是之匀且肖者。"（第532页）这似乎是在探索石灰岩一类碳酸钙堆积的另一种成因。《楚游日记》崇祯十年（1637）闰四月初二日日记记述再过湘水关，追忆从祁阳至此岩溶地貌石峰景观的渐次变化："自冷水湾来，山开天旷，目界大豁，而江两岸，啖水之石，时出时没，但有所遇，无不赏心悦目。盖入祁阳界，石质即奇，石色即润；过祁阳，突兀之势，以次渐露，至此而随地涌出矣。及入湘口，则耸突盘亘者，变为峭竖回翔矣。"（第135页）徐霞客对于岩溶地貌并非孤立地加以考察认识，而是常用文学书写方式联系对比描述其所见，颇可为今天的地貌学研究提供参考。

《徐霞客游记》对于岩溶地貌"穿山"景观的文学书写也值得一提。所谓"穿山"，又称穿洞、月亮山、空明岩或月岩，属于古地下河道的残留部分，因新生代喜马拉雅运动一类的地壳变化而抬升。那些地理位置较高的穿洞在近山顶处，人们从下往上看，犹如一轮明月高挂，因此有月亮山之名。《粤西游日记一》崇祯十年（1637）五月初九日日记："乃南行一里，渡漓江东岸，又二里，抵穿山下。其山西与斗鸡山相对。斗鸡在刘仙岩南，崖头山北，漓江西岸濒江之山也。东西夹漓，怒冠鼓距，两山当合名斗鸡，特东山透明如圆镜，故更以穿山名之。"（第157页）在本月二十一日日记中，作者形象地描述了另一座穿山："过龙门塘，江流浩然，南有山嵯峨骈立，其中峰最高处，透明如月挂峰头，南北相透。"（第166页）《粤西游日记四》崇祯十一年（1638）三月二十六日日记记述黔粤交界处六寨一带的穿山更富于文学书写的魅力："东望一峰，尖迥而起，中空如合掌，悬架于众峰之间，空明下透，其上合处仅徒杠之凑，千尺白云，东映危峰腋间，正如吴门匹练，香炉瀑雪，不复辨其为山为云也。自桂林来，所见穿山甚多，虽高下不一，内外交透，若此剜空环翠者，得未曾有。此地极粤西第一穷徼，亦得此第一奇胜，不负数日走磨牙吮血之区也。"（第315页）

徐霞客笔下的喀斯特岩溶地貌，由于其文学书写的成功，形象而又不失科学的严谨性，因而至今仍有极高的认识价值，值得我们进一步探讨。

（原载《清华大学学报》2019年第5期）

游圣的笔误

在中国游记文学中,《徐霞客游记》的历史地位无与伦比,其科学性、纪实性、精准性、文学性乃至有关历史书写,都是这位千古一人的"游圣"给我们留下的一笔宝贵的文化遗产。徐霞客是江阴(今属江苏)人,在旅游大半个中国的历程中,各地方言的相互影响与旅程中相关典籍的难以寻觅,致令一些地名、人名错讹甚至记述错位,不妨称之为"游圣的笔误",说来不无趣味。

《游太华山日记》天启三年(1623)三月初十日日记:"出蜀西楼,山峡少开,已入南阳淅川境,为秦、豫界。"所谓"蜀西楼",当即"梳洗楼"的音讹,这一景观位于今陕西商南县东南隅,附近有梳洗楼村,地处今陕西、河南省界。乾隆《商南县志》卷二《山川》列"高楼梳洗"为其县八景之一,形容此"高楼":"如怪石垒成,层层高耸,下列二石,形肖狮犀。"原来"梳洗"并非梳妆打扮之意,而是当地人对"狮犀"两字的音讹,徐霞客又对"梳洗"再生音讹,于是《游记》就留下了"蜀西楼"的记述。

最有意思的是"青山苗"三字,见于《游天台山日记后》崇祯五年(1632)三月二十日日记:"复南入小径,隙行十里,路左一峰,兀立若天柱,问知为青山苗。"所谓"青山苗",实为"青山桌"之音讹,又名青山岊,位于今天台县西南平镇下曹村以东,为一粗硕巨石兀然蹲坐于一小山上。当地又有西张岊,与青山岊隔天台盆地相望,被当地人称为天台县入口的两张"桌子"。

诸如此类的音讹现象，《游记》中的确不罕见，如果细读文本并查考相关方志稗乘、清顾祖禹《读史方舆纪要》乃至参阅当代地图，就会发现一些耐人寻味的问题。如《游黄山日记》中"猪坑"，当作"珠坑"；"虎岭"，当作"阜岭"。《游太华山日记》中"草树沟"，当作"栲树沟"；"坞底岔"，当作"糊涂岔"；"胡村"，当作"吴村"。《游天台山日记后》中"江司陈氏"，当作"张思陈氏"。《游五台山日记》中"黄葵"，当作"王快"，即王快镇；"太子铺"，当作"塔子铺"。《游恒山日记》中"北路口"，当作"北娄口"，又作"北楼口"，位于小石口、大石口东北，全属明长城关口；"箭筜岭"，当作"箭杆梁"，位于今山西浑源县官儿乡土岭村以北偏西。《粤西游日记一》中有"榕村"或"熔村"两个前后不一致的称谓，其实都是"雄村"的音讹；"水绿村"，当作"水洛村"；"佛力司"，当即广西阳朔福利古镇，位于今阳朔县漓江下流东岸，古代因此地多荔枝树，村舍隐伏其间，故名伏荔村，后改今名。古代这里是漓江水运码头，明代建有巡检司。所谓"佛力"即是"福利"的音讹，以有巡检司，故讹称"佛力司"。

《游记》中最难诠释者为《楚游日记》崇祯十年（1637）正月二十八日日记："盖自马迹南五里孟公坳分衡阳、衡山界处，其水北下者，即由白高下一殂江。"殂，《康熙字典》与今《中华大字典》《汉语大字典》皆未收录此字。所谓"一殂江"，当因音讹兼形讹致误。即因衡阳、湘潭方言关系先音讹"易俗江"为"一锁江"，后又因日记转抄，行书偏旁"金"形讹为"歹"，生造出一个怪字。若然，则当指涓水。涓水，位于今湖南湘潭县西，一名易俗水。《读史方舆纪要》卷八〇《湖广六·湘潭县·湘江》对"涓水一名易俗水"有著录。当下坊间《徐霞客游记》的几种校注本皆未注意到此问题。

《游记》中地名还有原为三字因音讹而变为两字者。《浙游日记》崇祯九年（1636）十月初十日日记："玲珑岩之西，又环而为钮坑，则兰溪之东界矣。"所谓"钮坑",即"鸟窠岩",或名"鸥窠岩"之音讹。嘉庆《兰溪县志》卷二《山川》:"鸥窠岩,玲珑岩下,岩如鸥窠,广十馀丈,深五六丈,可容二三百人。""窠岩"与"坑"即因音讹变两字而为一字。《游记》中地名还有两字衍为三字者,就出于音讹以外的原因了。《游太华山日记》:"初六日……又二十五里,上仓龙岭。"或谓所指即苍龙岭,或谓即今之蟒岭,似皆非是。今陕西丹凤县北境有仓岭,属于留仙坪乡,位于20世纪70年代中所新修之鱼岭水库北端,与《游记》中之"仓龙岭"当同一。若然,则所谓"仓龙岭"衍一"龙"字。

　　《游记》中地名字因同音而讹,如"鹦"与"莺":《江右游日记》崇祯十年(1637)正月初三日日记:"白云鼎建禅庐,有白鹦之异,故名白法佛殿。"据说白法庵选址即因"白莺入池"之异而定。康熙《安福县志》卷五《人物·仙释》:"白云和尚……乃历秦晋、吴越,遍参诸尊宿。复归武功,见白莺入池,即其处创刹,徒侣盈千。"又如"青"与"清":《游九鲤湖日记》《闽游日记前》《闽游日记后》都数次提及今浙江江郎山附近的"青湖",实则为"清湖",即清湖渡,《读史方舆纪要》卷九三《浙江五·江山县·清湖渡》对此有明确的记述。清湖渡在明代为浙闽之要津,据说"闽行者自此舍舟而陆,浙行者自此舍陆而舟"。江郎山,俗呼三爿石,位于今浙江衢州市江山市东南25千米的石门镇。山形主体为三个高耸入云的巨石,三巨石呈川字形排列,形成江郎山最具丹霞地貌特色的"三峰列汉"的奇景。

　　《游记》中地名另有倒文致讹者:《游恒山日记》首段:"去北台七十里,山始豁然,曰东底山。"所谓"东底山",当作"东山底",为当时村名,道光《繁峙县志》卷二《村庄·南乡》著录"东山底",当即今东山村,位于今繁峙县野子场以北的302省道大石线侧。这篇日记其后又两次提及"东底山",皆为"东山底"之倒文。《游记》中也有人名因倒文致讹者:《游嵩山日记》天启三年(1623)二月二十二日日记:"有旧殿石柱一,大半没于土,上多宋人题名,可辨者为范阳祖无择、上谷寇武仲及苏才翁数人而已。"其中"寇武仲"，当作"寇仲武"，见清叶封《嵩阳石刻集记》卷下。霞客时代，书写或记录工具远不如现代便利，因延时而误记也在所难免。该日记所述《大唐嵩阳观纪圣德感应之颂》碑，谓"裴迥撰文"，当作"裴迥篆额"，撰文者乃李林甫，史书称其"口蜜腹剑"，名列唐玄宗时代的"奸相"中。《滇游日记一·随笔二则》第一则："遂诉于直指金公"，据《云南通志》，"金"当作"余"；"下黔督张鸣鹤勘"，据《明史》本传，"张鸣鹤"当作"张鹤鸣"。第二则："疏上，严旨逮伉及按臣赵世龙。"据《明史·云南土司传一》，按臣当作"赵洪范"。

书写误记在《游记》中并非个别。《游天台山日记后》崇祯五年（1632）三月十七日日记："左转得大悲寺，寺旁有石，为智者拜经台……余与仲昭兄以轻装东下高明寺。寺为无量讲师复建。"这一段文字有两处误记：所谓"大悲寺"，当作"大慈寺"，陈太建七年（575）为智者所建，系其第二宴坐处。后因国清寺建成，遂改寺为道场。所谓"无量讲师"，当作"无尽讲师"，即释传灯（1554~1628），衢州（今属浙江）人，俗姓叶，字无尽，号有门。为天台宗一代宗师，著有《楞严经圆通疏》《性善恶论》《天台传佛心印记注》《天台山方外志》《幽溪别志》等二十四种一百馀卷，影响巨大。《楚游日记》崇祯十年（1637）正月二十一日日记："崖北石上大书'朱陵大沥洞天'，并'水帘洞''高山流水'诸字，皆宋元人所书，不辨其款。"所谓"朱陵大沥洞天"，当作"朱陵太虚洞天"，为宋代著名词人张孝祥所书。湖南省地方志编纂委员会编《南岳志》第三篇《石刻·宋代石刻》著录甚详。"水帘洞"三字为宋潘畤所书，"高山流水"四字则为明人所书。《游记》"宋元人所书"的记述亦有微误。

景观记述错位，《游记》中也有发现。《游五台山日记》崇祯六年（1633）八月初六日日记："十二里，抵马跑泉。泉在路隅山窝间，石隙仅容半蹄，水从中溢出，窝亦平敞可寺，而马跑寺反在泉侧一里外。"据明释镇澄《清凉山志》，明代五台山台怀镇内及其附近计有佛刹六十八处，并无马跑寺及马跑泉之著录，亦无龙泉寺之著录，是书卷二所著录之龙泉寺则另有其处，位于东台外与阜平交界的旧路岭。根据文中所记方位与里程，所谓"马跑泉"当即今所称之"龙泉"，位于今龙泉寺（明代为杨家将家庙）东侧，寺即因此泉而得名，此是后话。本游记下文另有"望东台、南台，俱在五六十里外，而南台外之龙泉，反若更近"数语，所述"南台外之龙泉"，当即此"马跑泉"，若然，则当时九龙岗麓已有"龙泉"之名。"马跑泉"又作"马刨泉"，在马刨寺（马跑寺）外，位于长城岭东侧的阜平县西境，龙泉关恰在其附近，徐霞客游览五台山路线涵盖龙泉关与长城岭，而事后于无意中又张冠李戴，即将马跑寺与马跑泉一同位移至五台山九龙岗，造成景观的错位。龙泉寺是清代以后逐渐知名的，特别是民国间精雕石牌楼的建筑，更令这座寺庙驰名海内外。或许明代此处的杨氏家庙尚无正式寺名，故令徐霞客的记述出现模糊不清的混淆乃至讹误。

细读《徐霞客游记》并非为正误，而是有利于加深对这部书的理解。旅行家也需要一定天赋，否则就难以在短时间理清山水走向并准确记录下来，而徐霞客就真正做到了！

（原载《文史知识》2021年第3期）

《聊斋志异》与《晋书》

魏晋风流或称魏晋风度，每为后世读书人所心向往之。蒲松龄创作《聊斋志异》转益多师，对魏晋风流也情有独钟，除向《世说新语》多所借鉴以外，《晋书》也是《聊斋志异》多方取资的对象，无论模拟《晋书》句式或情境，还是化用《晋书》典故、袭用《晋书》语词，其借鉴《晋书》皆不无独到之处，体现了蒲松龄小说创作泛滥百氏、广采博收的积极态度。有目的地找出《聊斋志异》文字与《晋书》相关词语典故的有机联系，爬梳剔抉，略加整理，对于今人探讨蒲松龄小说创作方法与构思过程皆大有助益。

作为官修史书的《晋书》一百三十卷，由唐初房玄龄（房乔）等二十人左右的集体修撰而成，其时距离东晋覆亡已有二百馀年。《四库全书总目》著录《晋书》不无讥评："其所载者大抵弘奖风流，以资谈柄。取刘义庆《世说新语》与刘孝标所注一一互勘，几于全部收入。是直稗官之体，安得目曰史传乎？"① 所谓"全部收入"《世说新语》，未免过甚其词，然而在保存相关史料方面，《晋书》自有其优长之处，不能一叶障目，不见泰山。蒲松龄对于魏晋风流在精神上心向往之，《世说新语》与《晋书》都是他时常翻阅的典籍，这在《聊斋志异》中有迹可寻。关于前

---

① （清）永瑢等撰《四库全书总目》卷四五《正史类一》，中华书局 1961 年版，第 405 页。

者，笔者已写有《〈聊斋志异〉借鉴〈世说新语〉四题》；关于后者，正
是本文所要探讨的论题。

一、取资《世说》抑或《晋书》与句式情境借鉴

在用典与语词方面，《聊斋志异》究竟取资《世说新语》抑或《晋
书》，有些易于辨识，有些则难分彼此，这与《晋书》材料来源问题密切
相关。

卷一《陆判》："朱因竟日饮，遂不觉玉山倾颓，伏几醺睡。"① 所谓
"玉山倾颓"，即对醉酒者的文学书写；"玉山"，或称"玉人"，晋人常
用来比喻人物俊美的仪容。《晋书》卷三五《裴楷传》："楷风神高迈，容
仪俊爽，博涉群书，特精理义，时人谓之'玉人'，又称'见裴叔则如近
玉山，映照人也'。"② 又《晋书》卷三六《卫玠传》："总角乘羊车入市，
见者皆以为玉人，观之者倾都。"（晋书第 1067 页）《世说新语·容止》：
"嵇叔夜之为人也，岩岩若孤松之独立；其醉也，傀俄若玉山之将崩。"③
此外《世说新语·容止》一则又与《晋书》略同："裴令公有俊容仪，脱
冠冕，粗服乱头皆好，时人以为'玉人'。见者曰：'见裴叔则，如玉山
上行，光映照人。'"④ 比较《晋书》与《世说》，显然《陆判》形容朱
尔旦醉态之语取资于《世说》无可置疑。《聊斋》中使用"玉人"一词
的频次颇高，如卷二《鲁公女》："睹卿半面，长系梦魂，不图玉人，奄
然物化。"（第 429 页）卷五《阿英》："如此三日，居然玉人。"（第 1373
页）卷八《寄生》："娘子若配王郎，真是玉人成双也"（第 2363 页）上

---

① 任笃行辑校《全校会注集评聊斋志异》，齐鲁书社 2000 年版，第 206 页。以下
引用《聊斋志异》本文，皆以此本为据，随文括注"第×页"，不再出注。
② （唐）房玄龄等撰《晋书》，中华书局 1974 年版，第 1048 页。以下引用《晋
书》，皆以此本为据，随文括注"晋书第×页"，不再出注。
③ 余嘉锡撰《世说新语笺疏》，中华书局 1983 年版，第 609 页。
④ 余嘉锡撰《世说新语笺疏》，中华书局 1983 年版，第 612 页。

揭"玉人"之取资，谓由《世说》可，谓由《晋书》亦可，实无必要加以厘清。

"何物"作为疑问词，当是六朝习用语，即"什么"或"哪一个"的意思。《世说新语》中《言语》《方正》《雅量》《贤媛》《排调》《轻诋》凡九处出现"何物"一词，除《言语》中一例用为主语："北方何物可贵？"① 馀者多以此疑问词用为宾语，如《言语》另一例："是卿何物？"《雅量》："牛屋下是何物？"② 《聊斋》借鉴"何物"两字，则多用为定语。卷一《聂小倩》："何物老魅，直尔大胆，致坏箧子。"（第 241页）卷二《宫梦弼》："何物村姬，敢引身与娘子接坐！宜撮鬓毛令尽！"（第 574 页）卷三《土地夫人》："不知何物淫昏，遂使千古下，谓此村有污贱不谨之神。"（第 867 页）卷七《仇大娘》："何物逃东，遂诈吾儿！"（第 2024 页）卷八《王十》："何物商人，敢公堂抗礼乎？"（第 2256 页）这些有强烈反诘意味的用法与《晋书》卷四三《王衍传》的语气略同："何物老妪，生宁馨儿！然误天下苍生者，未必非此人也。"（晋书第 1235页）显然，《聊斋》中"何物"的用法直接承袭《晋书》而来。

卷二《阿宝》："转念阿宝未必美如天人，何遂高自位置如此？由是曩念顿冷。"（第 342~343 页）卷八《陈云栖》："良佳。但其人高自位置，不然，胡蹉跎至今也。"（第 2168 页）所谓"高自位置"，同"高自标置"，意谓自我推许甚高。语出《晋书》卷七五《刘惔传》："桓温尝问惔：'会稽王谈更进邪？'惔曰：'极进，然故第二流耳。'温曰：'第一复谁？'曰：'故在我辈。'其高自标置如此。"（晋书第 1991 页）《世说新语·德行》作"高自标持"："李元礼风格秀整，高自标持，欲以天下名教是非为己任。后进之士，有升其堂者，皆以为登龙门。"③ 比较《晋书》与《世说》，可见"高自位置"，蒲松龄直接承袭了《晋书》。

---

① 余嘉锡撰《世说新语笺疏》，中华书局 1983 年版，第 147 页。
② 余嘉锡撰《世说新语笺疏》，中华书局 1983 年版，第 124 页，第 359 页。
③ 余嘉锡撰《世说新语笺疏》，中华书局 1983 年版，第 6 页。

卷二《酒友》："君贫士,杖头钱大不易,当为君少谋酒赀。"(第319~320页)卷六《丐仙》："且君杖头空虚,亦不敢烦作东道主。"(第1744页)所谓"杖头钱",即买酒的钱,语出《世说新语·任诞》:"阮宣子常步行,以百钱挂杖头,至酒店,便独酣畅。虽当世贵盛,不肯诣也。"[1]《晋书》卷四九《阮修传》:"常步行,以百钱挂杖头,至酒店,便独酣畅。"(晋书第1366页)《晋书》所录基本与《世说》相同,可见《世说》当为"杖头钱"的最早出典。

诸如此类互见于《世说》与《晋书》的用语承袭,如"青盼""白眼""入幕之宾""禁脔""石椫""倒其接䍦"等,不一而足,篇幅所限,不再赘言。值得论者关注的是,《聊斋志异》对于《晋书》有关句式或情境的借鉴,则有超出于《世说新语》之外者,读来不无兴味。

卷一《王六郎》中许姓渔夫与少年王六郎鬼魂的互助与友谊超脱生死,不避形迹,属于作者理想化的一种人际关系,以两人友谊建筑于"仁心"的基础之上,因而历久弥新,深刻感人。篇后"异史氏曰"另举一事为反衬,说明交友"无忘贫贱"的重要性。其家乡某贫者不远千里投奔居官收入丰厚的"童稚交",期望获得资助,结果大失所望,落魄而归。贫者族弟模仿《礼记·月令》文体嘲之:"是月也,哥哥至,貂帽解,伞盖不张,马化为驴,靴始收声。"(第42页)其中"靴始收声",意谓停止外出干求的脚步。脱胎于《月令》的仲秋之月令:"是月也,日夜分,雷始收声。"[2]所谓"马化为驴",意谓回家盘缠不足,卖掉坐骑马,骑驴而归。脱胎于《月令》的仲春之月令:"始雨水,桃始华,仓庚鸣,鹰化为鸠。"[3]另外,作者也有意套用晋朝童谣,《晋书》卷二八《五行中》:"太安中,童谣曰:'五马游渡江,一马化为龙。'后中原大乱,宗藩多绝。"(晋书第845页)蒲松龄撰写《聊斋》,一字一句,看似

---

① 余嘉锡撰《世说新语笺疏》,中华书局1983年版,第737页。

② (清)阮元校刻《十三经注疏》,中华书局1980年版,第1374页。

③ (清)阮元校刻《十三经注疏》,中华书局1980年版,第1361页。

平易，实则精雕细琢，多有出处可寻。

卷一《叶生》中的主人公叶生屡困场屋，抑郁而终，却以鬼魂辅佐县令丁乘鹤之子考中举人。丁乘鹤感激之馀，对叶生说出以下一番话："君出馀绪，遂使孺子成名。然黄钟长弃，奈何！"（第121页）所谓"遂使孺子成名"，显系套用《晋书》卷四九《阮籍传》的相关句式："（阮籍）尝登广武，观楚、汉战处，叹曰：'时无英雄，使竖子成名！'"（晋书第1361页）孺子，与"竖子"皆有意指儿童的义项，可以通用，但《阮籍传》用之含有轻蔑意，出自小说中人物丁乘鹤之口则含有自谦意。

卷三《公孙九娘》："后五日，果见朱来，整履摇箑，意甚忻适。才至户庭，望尘即拜。"（第711页）所谓"望尘即拜"，义同"望尘而拜"，原指迎候显贵，望见车尘即行叩拜，形容卑躬屈膝或敬畏的神态，此处乃形容阴间朱生对莱阳生毕恭毕敬的态度。卷三《续黄粱》："因而公卿将士，尽奔走于门下，估计贪缘，俨如负贩，仰息望尘，不可算数。"（第778页）所谓"仰息"，即"仰人鼻息"的略语，谓依靠别人而求得生存。语出《后汉书》卷七四上《袁绍传》，这里不加详论。"望尘"即"望尘而拜"的略语，与前揭者皆语出《晋书》卷五五《潘岳传》："岳性轻躁，趋世利，与石崇等谄事贾谧，每候其出，与崇辄望尘而拜。"（晋书第1504页）这里描写曾生梦中满朝文武对他的逢迎阿谀之态。两篇小说同用《晋书》一事，意旨却有区别，可见蒲松龄在有关情境借鉴上的灵活态度。

卷三《赌符》篇后"异史氏曰"有云："夫商农之人，具有本业；诗书之士，尤惜分阴。"（第621页）所谓"分阴"，意指比一般常说的"寸阴"更为短暂的时间。语出《晋书》卷六六《陶侃传》："大禹圣者，乃惜寸阴，至于众人，当惜分阴，岂可逸游荒醉，生无益于时，死无闻于后，是自弃也。"（晋书第1774页）陶侃的这一番语重心长之言是对其属下所说的，对于当时盛行的赌博（樗蒲）之风，陶侃又说："樗蒲者，牧猪奴戏耳！《老》《庄》浮华，非先王之法言，不可行也。"宋朱熹《观洪遵双陆谱有感》诗："只恐分阴闲过了，更教人诮牧猪奴。"① 这一段话在《晋书》中接于上揭其一番肺腑之言以后，可见蒲松龄借鉴有关典籍带有强烈的目的性，并非随意摭取。陶侃的后一番话被蒲松龄用于另两篇小说中，卷一《成仙》："黄家牧猪奴何敢尔！其先世为大父服役，促得志，乃无人耶！"（第 130 页）卷四《荷花三娘子》："野田草露中，乃山村牧猪奴所为，我不习惯。"（第 1028 页）两处皆以"牧猪奴"为詈语，就是嘲骂对方为赌徒一类的无良之人。

卷四《酒虫》："负郭田三百亩，辄半种黍，而家豪富，不以饮为累也。"（第 916 页）卷四《细侯》："四十亩聊足自给，十亩可以种黍，织五匹绢，纳太平之税有馀矣。闭户相对，君读妾织，暇则诗酒可遣，千户侯何足贵。"（第 1184~1185 页）所谓"种黍"，即种植可以酿酒的黍子。语出《晋书》卷九四《陶潜传》："执事者闻之，以为彭泽令。在县公田悉令种秫谷，曰：'令吾常醉于酒足矣。'妻子固请种粳。乃使一顷五十亩种秫，五十亩种粳。"（晋书第 2461 页）黍，即黍子，通称黄米。明李时珍《本草纲目》卷二三《谷二·稷》："稷与黍，一类二种也。黏者为黍，不黏者为稷。稷可作饭，黍可酿酒。犹稻之有粳与糯也……今俗通呼为黍子，不复呼稷矣。"② 秫，粱米、粟米之黏者，古人多用以酿酒。蒲松龄借用《晋书》中相关句式，烘托富户或小康之家的生活状态，顿觉馀韵悠长，典雅之神韵便由此生发，这与其同时代的大诗人王士禛的诗歌文字追求有异曲同工之妙。今天细心的读者阅读《聊斋》，从字里行间的品味中当会浮现出作者那种笔酣墨畅、扬扬自得的神态。

卷四《马介甫》："已，乃唤万石跪受巾帼，操鞭逐出。"（第 1082 页）所谓"巾帼"，即古代妇女的头巾和发饰。《晋书》卷一《宣帝纪》：

---

① 北京大学古文献研究所编《全宋诗》，北京大学出版社 1998 年版，第 44 册第 27580 页。
② （明）李时珍撰《本草纲目》卷二三《谷二·稷》，中国书店 1988 年版，第 70 页。

"亮（诸葛亮）数挑战，帝（司马懿）不出，因遗帝巾帼妇人之饰。"
（晋书第8页）古代授男子巾帼是一种羞辱，意谓其少阳刚之气。蒲松龄
特以史书中情境施于闺中，以嘲讽杨万石阘茸不堪，正是借意相发。小说
篇后"异史氏曰"附录《妙音经》之续言有云："愿此几章贝叶文，洒为
一滴杨枝水。"（第1092页）这两句意谓愿以上述弘扬佛法的文字，能够
如同可令万物复苏的甘露一样救苦救难。贝叶，贝多罗叶的简称，此叶经
冬不凋，古代印度人多拿来书写经文。这里即喻指佛经。杨枝水，佛教喻
称能使万物复苏的甘露。《晋书》卷九五《佛图澄传》："（石）勒爱子斌
暴病死……乃令告澄。澄取杨枝沾水，洒而咒之，就执斌手曰：'可起
矣！'因此遂苏，有顷，平复。"（晋书第2487页）蒲松龄很可能受《晋
书》此情境影响而生发出"洒为一滴杨枝水"救苦救难的呼吁。

卷四《白莲教》："迨鸿儒既诛，捉贼党械问之，始知刃乃木刀，骑
乃木凳也。假兵马死真将军，亦奇矣。"（第1147页）所谓"假兵马死真
将军"，其句式模仿借鉴"死诸葛走生仲达"。语出《晋书》卷一《高祖
宣帝》："会亮病卒，诸将烧营遁走，百姓奔告，帝出兵追之。亮长史杨
仪反旗鸣鼓，若将距帝者。帝以穷寇不之逼，于是杨仪结阵而去……乃知
亮死审问。时百姓为之谚曰：'死诸葛走生仲达。'"（晋书第8~9页）
晋习凿齿《汉晋春秋》卷二亦载此事，《晋书》所云或源于《汉晋春
秋》，蒲松龄当直接从《晋书》取资。

卷六《盗户》："秀才且置高阁，待争地后，再作之不晚也。"（第
1603页）这三句意谓秀才的名分不如争田产重要。高阁，即置放书籍、
器物的高架子。语仿《晋书》卷七三《庾翼传》："翼字稚恭。风仪秀伟，
少有经纶大略。京兆杜乂、陈郡殷浩并才名冠世，而翼弗之重也，每语人
曰：'此辈宜束之高阁，俟天下太平，然后议其任耳。'"（晋书第1931
页）《盗户》巧用《晋书》中相关句式，以明利益大于名分的重要，令人
解颐。

卷七《仇大娘》："知有母而不知有父者，惟禽兽如此耳，岂以人而

效之?"（第 2027 页）卷八《曾友于》篇后"异史氏曰"有云："天下惟禽兽止知母而不知父，奈何诗书之家，往往而蹈之也!"（第 2289 页）所谓"知有母而不知有父"或"知母而不知父"，意谓只知有母不知有父，就如同禽兽一般。语出《晋书》卷四九《阮籍传》："有司言有子杀母者，（阮）籍曰：'嘻! 杀父乃可，至杀母乎!'坐者怪其失言。帝曰：'杀父，天下之极恶，而以为可乎?'籍曰：'禽兽知母而不知父。杀父，禽兽之类也；杀母，禽兽之不若。'众乃悦服。"（晋书第 1360 页）如此借鉴《晋书》，属于情境的活用，已超出一般的使事用典范畴。

二、借鉴于《晋书》的典故运用

探讨《聊斋志异》与《晋书》的关系，典故借鉴较句式或情境借鉴更为多见。在小说的"异史氏曰"中运用《晋书》中的相关故事，以增强议论的趣味性或说服力，以延展小说意犹未尽的意旨。

卷一《犬奸》篇后"异史氏"的判词有云："云雨台前，乱摇续貂之尾。"（第 74 页）所谓"续貂之尾"，暗喻狗尾，戏用"狗尾续貂"之典。晋代近侍官员以貂尾为冠饰，任官太滥，貂尾不足，就用狗尾代之。《晋书》卷五九《赵王伦传》："奴卒厮役亦加以爵位。每朝会，貂蝉盈坐，时人为之谚曰：'貂不足，狗尾续。'"（晋书第 1602 页）

卷二《张诚》篇后"异史氏曰"有云："十馀岁童子，斧薪助兄，慨然曰：'王览固再见乎!'"（第 367 页）王览，东汉末至晋初人，中国历史上著名孝子王祥的异母弟，为防止异母兄遭受自己生母的陷害，千方百计，终使王祥得以保全。《晋书》卷三三《王祥传》："祥性至孝。早丧亲，继母朱氏不慈，数谮之，由是失爱于父……览字玄通。母朱，遇祥无道。览年数岁，见祥被楚挞，辄涕泣抱持。至于成童，每谏其母，其母少止凶虐。朱屡以非理使祥，览辄与祥俱。又虐使祥妻，览妻亦趋而共之。朱患之，乃止。祥丧父之后，渐有时誉。朱深疾之，密使鸩祥。览知之，径起取酒。祥疑其有毒，争而不与，朱遽夺反之。自后朱赐祥馔，览辄先尝。朱惧览致毙，遂止。"（晋书第 987~990 页）宋吴曾《能改斋漫录》卷一〇《议论》引汪彦章语："昔王祥、王览当东汉之末，兄弟隐居者三十馀年，以孝友著名于世。"① 这里即以王览之孝友比喻张诚对其异母兄张讷的情分，甚至这篇小说的构思主旨即受到《晋书》的影响，亦未可知。

卷五《八大王》篇后"异史氏曰"有云："若夫落帽之孟嘉，荷锸之伯伦。"（第 1303 页）两句分别出自《晋书》的两个典故。所谓"落帽之孟嘉"，用晋征西将军孟嘉九日登高龙山落帽的典故，后世常用以形容才子名士的风雅洒脱、才思敏捷。语本《晋书》卷九八《孟嘉传》："九月九日，（桓）温燕龙山，僚佐毕集。时佐吏并着戎服，有风至，吹嘉帽堕落，嘉不之觉。温使左右勿言，欲观其举止。嘉良久如厕，温令取还之，命孙盛作文嘲嘉，着嘉坐处。嘉还见，即答之，其文甚美，四坐嗟叹。"（晋书第 2581 页）所谓"荷锸之伯伦"，用刘伶纵酒不惧怕死亡事凸显酒人的放诞。语本《晋书》卷四九《刘伶传》："初不以家产有无介意。常乘鹿车，携一壶酒，使人荷锸而随之，谓曰：'死便埋我。'其遗形骸如此。"（晋书第 1376 页）《八大王》的"异史氏曰"还有多处运用《晋书》典故，如"槽边缚珥玉之臣"（第 1303 页），此用晋吏部郎毕卓盗饮邻近官署酒之趣闻，描绘嗜酒者放浪形骸之外的行为。语出《晋书》卷四九《毕卓传》："太兴末，（毕卓）为吏部郎，常饮酒废职。比舍郎酿熟，卓因醉夜至其瓮间盗饮之，为掌酒者所缚，明旦视之，乃毕吏部也，遽释其缚。卓遂引主人宴于瓮侧，致醉而去。"（晋书第 1381 页）槽，即"酒槽"，榨酒时用来承酒的容器；珥玉，谓冠以玉为饰，借代为官者。又如"履舄交错，兰麝香沉"（第 1303 页）后一句意谓酒席间侑酒的妓

---

① （宋）吴曾撰《能改斋漫录》卷一〇《议论》，上海古籍出版社 1979 年版，第 291 页。

者衣衫香气浓郁。兰麝，兰与麝香，谓女子所用的名贵香料。语出《晋书》卷三三《石崇传》："崇尽出其婢妾数十人以示之，皆蕴兰麝，被罗縠。"（晋书第 1008 页）小说所用诸多典故，始终围绕一个"酒"字，其取资《晋书》大有讲究。

卷六《崔猛》篇后"异史氏曰"有云："快牛必能破车，崔之谓哉！"（第 1663 页）所谓"快牛"，即负重善行的健牛。意谓孔武盛气者或喜打抱不平的壮士在成长过程中也易招来祸患。语出《晋书》卷一〇六《石季龙载记上》："（石季龙）性残忍，好驰猎，游荡无度，尤善弹，数弹人，军人以为毒患。勒白王，将杀之，王曰：'快牛为犊子时，多能破车，汝当小忍之。'"（晋书第 2761 页）

卷六《于去恶》篇后"异史氏曰"有云："世以将军好武，遂置与绛、灌伍。"（第 1716 页）意谓世人认为三国的张飞好武，视为与西汉周勃、灌婴等一介武夫同类的人。绛灌，绛侯周勃与颍阴侯灌婴的并称，二人均起自布衣，佐汉高祖定天下，建功封侯，但为人鄙朴无文，曾谗嫉陈平、贾谊等，为后世所讥。《史记》卷九二《淮阴侯列传》："信由此日夜怨望，居常鞅鞅，羞与绛、灌等列。"① 又《晋书》卷一〇一《刘元海载记》："吾每观书传，常鄙随（随何）、陆（陆贾）无武，绛、灌无文，道由人弘，一物之不知者，固君子人所耻也。"（晋书第 2645 页）

卷七《长亭》篇后"异史氏曰"有云："天下有冰玉之不相能者，类如此。"（第 1947 页）上句意谓翁婿关系不融洽。所谓"冰玉"，即"冰清玉润"的缩略语，为旧时岳父和女婿的代称。语出《晋书》卷三六《卫玠传》："（卫）玠字叔宝，年五岁，风神秀异。祖父瓘曰：'此儿有异于众，顾吾年老，不见其成长耳！'总角乘羊车入市，见者皆以为玉人……玠妻父乐广，有海内重名，议者以为'妇公冰清，女婿玉润。'"

---

① （汉）司马迁撰《史记》卷九二《淮阴侯列传》，中华书局 1959 年版，第 2628 页。

（晋书第1067页）蒲松龄以"冰玉"代翁婿，有典雅之趣。

"异史氏曰"而外，《聊斋》中的诗歌与骈文的用典，也可见到《晋书》的影响。卷二《连城》："当年织锦非长技，幸把回文感圣明。"（第528页）意谓晋朝苏蕙织锦绣回文诗的技艺，不过侥幸受到后世唐武则天的赏识罢了，与连城之刺绣相比，算不得如何精美。织锦，即"织锦回文"，用五色丝织成的回文诗图。《晋书》卷九六《窦滔妻传》："窦滔妻苏氏，始平人也，名蕙，字若兰，善属文。滔，苻坚时为秦州刺史，被徙流沙，苏氏思之，织锦为回文旋图诗以赠滔。婉转循环以读之，词甚凄惋，凡八百四十字。"（晋书第2523页）唐武则天撰《织锦回文记》云："初，滔有宠姬赵阳台，歌舞之妙，无出其右，滔置之别所。苏氏知之，求而获焉，苦加捶辱，滔深以为憾。阳台又专伺苏氏之短，谗毁交至，滔益忿焉。苏氏时年二十一，及滔将镇襄阳，邀其同往，苏氏忿之，不与偕行。滔遂携阳台之任，断其音问。苏氏悔恨自伤，因织锦回文，五彩相宜，莹心耀目。其锦纵横八寸，题诗二百馀首，计八百馀言，纵横反复，皆成章句。其文点画无缺，才情之妙，超今迈古，名曰《璇玑图》。然读者不能尽通。苏氏笑而谓人曰：徘徊婉转，自成文章，非我佳人，莫之能解。遂发苍头赍致襄阳焉。滔省览锦字，感其妙绝，因送阳台之关中，而具车徒盛礼，邀迎苏氏归于汉南，恩好愈重。"①

卷四《绛妃》中讨封氏檄文有云："凡属同气，群兴草木之兵。"（第1113页）所谓"草木之兵"，巧用"草木皆兵"的典故以形容用花草为兵士，《晋书》卷一一四《苻坚载记下》："（苻）坚与苻融登城而望王师，见部阵齐整，将士精锐，又北望八公山上草木，皆类人形，顾谓融曰：'此亦勍敌也，何谓少乎！'怃然有惧色。"（晋书第2918页）卷六《王子安》篇后"异史氏曰"有云："迨望报也，草木皆惊，梦想亦幻。"（第1812页）也用《晋书》上揭典故。

---

① （清）董诰等编《全唐文》卷九七，山西教育出版社2002年版，第605页。

卷七《胭脂》中判词有云："被邻女之投梭，淫心不死。"（第1993页）所谓"投梭"，即"投梭折齿"，谓女子拒绝调戏，语本《晋书》卷四九《谢鲲传》："邻家高氏女有美色，鲲尝挑之，女投梭，折其两齿。"（晋书第1377页）判词又云："遂其掷果之心，亦风流之雅事。"（第1994页）意谓应当成全胭脂相思鄂生之初衷，这也属于一段风流雅事。所谓"掷果之心"旧时谓女子对美男子表示爱慕的心情。语出《晋书》卷五五《潘岳传》："岳美姿仪，辞藻绝丽，尤善为哀诔之文。少时常挟弹出洛阳道，妇人遇之者，皆连手萦绕，投之以果，遂满车而归。"（晋书第1507页）

《聊斋》中叙述文字用典，可简省头绪，收事半功倍之效。卷四《堪舆》："经月馀，各得牛眠地，此言封侯，彼云拜相。"（第1068页）所谓"牛眠地"，即指卜葬的吉地。语出《晋书》卷五八《周访传》："初，陶侃微时，丁艰，将葬，家中忽失牛而不知所在。遇一老父，谓曰：'前岗见一牛眠山污中，其地若葬，位极人臣矣。'又指一山云：'此亦其次，当世出二千石。'言讫不见。侃寻牛得之，因葬其处，以所指别山与访。访父死，葬焉，果为刺史，著称宁益，自访以下，三世为益州四十一年，如其所言云。"（晋书第1586页）

然而更多的情况是《聊斋》将《晋书》典用于人物对话中，可令文字简洁生动，言简意赅。卷七《天宫》："此贾后之故智也。仙人乌得如此？"（第1870页）所谓"贾后之故智"，即晋朝贾皇后秽乱宫禁曾经用过的计谋。贾后，即贾南风（256~300），为晋惠帝皇后，性酷虐荒淫，曾与洛南某小吏私通。据《晋书》卷三一《惠贾皇后》："（贾）后遂荒淫放恣，与太医令程据等乱彰内外。洛南有盗尉部小吏，端丽美容止，既给厮役，忽有非常衣服，众咸疑其窃盗，尉嫌而辩之。贾后疏亲欲求盗物，往听对辞。小吏云：'先行逢一老妪，说家有疾病，师卜云宜得城南少年厌之，欲暂相烦，必有重报。于是随去，上车下帷，内箧箱中，行可十馀里，过六七门限，开箧箱，忽见楼阙好屋。问此是何处，云是天上，即以香汤见浴，好衣美食将入。见一妇人，年可三十五六，短形青黑色，眉后有疵。见留数夕，共寝欢宴。临出赠此众物。'听者闻其形状，知是贾后，惭笑而去，尉亦解意。时他人入者多死，惟此小吏，以后爱之，得全而出。"（晋书第 964~965 页）

卷七《刘夫人》："薄藏数金，欲倩公子持泛江湖，分其赢馀，亦胜案头萤枯死也。"（第 1882 页）所谓"案头萤枯死"，意谓因只知刻苦读书而清贫致死。语本唐杜甫《题郑十八著作丈故居》诗："穷巷悄然车马绝，案头干死读书萤。"① "案头萤"则用晋车胤"囊萤"苦读事，语本《晋书》卷八三《车胤传》："胤恭勤不倦，博学多通。家贫不常得油，夏月则练囊盛数十萤火以照书，以夜继日焉。"（晋书第 2177 页）

卷八《织成》："昔《三都赋》十稔而成，以是知文贵工不贵速也。"（第 2185 页）据说晋左思作《三都赋》，构思十年始成，豪贵之家竞相传抄，洛阳为之纸贵。《晋书》卷九二《左思传》："复欲赋三都，会妹芬入宫，移家京师，乃诣著作郎张载，访岷邛之事。遂构思十年，门庭藩溷，皆著笔纸，遇得一句，即便疏之。"（晋书第 2376 页）

卷八《田子成》："我视月斜何度矣"（第 2348 页）所谓"月斜何度"，意即夜深几许。度，即"月度"，指月亮在天空运行的度数、位次。古人将周天分为三百六十度，划分若干区域，辨别日月星辰的方位。《晋书》卷一八《律历下》："推月度术曰：以月周乘朔积日，满周天去之，馀以纪法除之，所得为度，不尽为分，命如上法，则天正十一月朔夜半月所在度及分也。"（晋书第 544 页）小说中一句无关紧要的话，蒲松龄也言必有据，可见其精雕细琢的苦心。

三、《晋书》的语词借鉴

不注重《晋书》中的故事情节，仅瞩目其用词，直接点缀于《聊斋》

---

① （清）仇兆鳌注《杜诗详注》卷六，中华书局 1979 年版，第 471 页。

的写作中，是为语词借鉴。这又分一般性借鉴与特殊性借鉴。

所谓一般性借鉴，即非《聊斋》所独有，而于古人文字中经常出现。列举如下。

卷二《胡氏》："既坐，自达，始知为胡氏作冰。"（第441页）卷三《青梅》："冰人往，我两人祖焉，计合允遂。"（第659页）卷三《辛十四娘》："我为汝作冰，有何舛谬？"（第804页）卷四《鸦头》："君倘垂意，当作冰斧。"（第905页）卷四《封三娘》："十一娘愿缔永好，请倩冰也。"（第923页）卷四《菱角》："母止此儿，常恐拂之，即浼崔作冰。"（第1222页）卷六《凤仙》："婢子今贵，不怨冰人矣。"（第1728页）卷七《素秋》："不数日，冰媒相属，卒无所可。"（第1965页）卷七《胭脂》："娘子如有意，当寄语使委冰焉。"（第1986页）卷八《王桂庵》："君姑退，倩冰委禽。"（第2354页）卷八《寄生》："父遣冰于郑，郑性方谨，以中表为嫌"（第2361页）所谓"作冰""冰""冰人"等，皆谓作媒，后世遂称媒人为冰人，在古代文学作品中常见。语出《晋书》卷九五《索纮传》："孝廉令狐策梦立冰上，与冰下人语。纮曰：'冰上为阳，冰下为阴，阴阳事也。士如归妻，迨冰未泮，婚姻事也。君在冰上与冰下人语，为阳语阴，媒介事也。君当为人作媒，冰泮而婚成。'"（晋书第2494页）

卷二《连琐》："所吟，乃妾自作以寄幽恨者，思久不属，蒙君代续，欢生泉壤。"（第483页）所谓"泉壤"，犹言泉下、地下，这里即谓墓穴。《晋书》卷五六《孙绰传》："虽没泉壤，尸且不朽。"（晋书第1547页）

卷三《阿霞》："从人闻呼主妇，欲奋老拳。"（第627页）所谓"老拳"，即结实有力的拳头。《晋书》卷一〇五《石勒载记下》："初，勒与李阳邻居，岁常争沤麻池，迭相驱击。至是，谓父老曰：'李阳，壮士也，何以不来？沤麻是布衣之恨，孤方崇信于天下，宁雠匹夫乎！'乃使召阳。既至，勒与酣谑，引阳臂笑曰：'孤往日厌卿老拳，卿亦饱孤毒手。'"

（晋书第 2739 页）

卷五《青娥》："汝夫妇少不更事，明日大哥来，吾无虑矣。"（第 1391 页）所谓"少不更事"，即年轻，阅历世事不多。语本《晋书》卷六九《周颛传》："君少年未更事。"（晋书第 1852 页）

《聊斋》借鉴《晋书》语词，有一些并不经见，可称特殊性借鉴。列举如下。

卷一《凤阳士人》："女独坐，块然无侣，中心愤恚，颇难自堪。"（第 273 页）所谓"自堪"，即自己能胜任，能忍受。语出《晋书》卷九四《谯秀传》："吾气力犹足自堪，岂以垂朽之年累诸君也。"（晋书第 2444 页）

卷二《红玉》："既葬而归，悲怛欲死，辗转空床，竟无生路。"（第 409 页）所谓"悲怛"，即哀痛之极。《晋书》卷九八《王敦传》："近承大将军困笃绵绵，或云已有不讳，悲怛之情，不能自胜。"（晋书第 2563 页）

卷二《胡氏》："主人延入，词语开爽，遂相知悦。"（第 441 页）所谓"开爽"，即豁达爽朗。《晋书》卷六二《祖逖传》："逖少孤，兄弟六人。兄该纳等并开爽有才干。"（晋书第 1693 页）

卷二《于江》篇后"异史氏曰"有云："农家者流，乃有此英物耶！"（第 550 页）所谓"英物"，即杰出的人物。《晋书》卷九八《桓温传》："桓温，字符子，宣城太守彝之子也。生未期而太原温峤见之，曰：'此儿有奇骨，可试使啼。'及闻声，曰：'真英物也。'"（晋书第 2568 页）

卷三《余德》："向暮，有两昆仑捉马挑灯，迎导以去。"（第 652 页）所谓"昆仑"，指代奴仆，晋人谓身长色黑者为昆仑。《晋书》卷三二《孝武文李太后传》："时后为宫人，在织坊中，形长而色黑，宫人皆谓之昆仑。"（晋书第 981 页）我国古代泛称今中印半岛南部及南洋诸岛以至东非之人为昆仑，多身长色黑，古代豪门富家以南海国人为奴，即称

"昆仑奴"。张友鹤《唐宋传奇选》注裴铏《传奇·昆仑奴》云:"唐时昆仑族,流亡到中国,卖身为人奴仆,叫做'昆仑奴'。"①

卷三《罗刹海市》:"欲烦椽笔赋'海市',幸无吝珠玉。"(第677页)所谓"椽笔",称誉他人文笔出众之语。语本《晋书》卷六五《王珣传》:"珣梦人以大笔如椽与之,既觉,语人云:'此当有大手笔事。'俄而帝崩,哀册谥议,皆珣所草。"(晋书第1756页)后因以"椽笔"指大手笔。所谓"珠玉",比喻美好的诗文。《晋书》卷五五《夏侯湛传》:"咳唾成珠玉,挥袂出风云。"(晋书第1494页)

卷三《雨钱》:"秀才故旷达,亦不为怪。"(第753页)所谓"旷达",形容人的心胸、性格开朗、豁达。《晋书》卷三五《裴颜传》:"处官不亲所司,谓之雅远;奉身散其廉操,谓之旷达。"(晋书第1045页)

卷三《辛十四娘》:"生悲怛欲绝,即以婢赐金,为营斋葬。"(第810页)所谓"悲怛",即哀痛。《晋书》卷九八《王敦传》:"近承大将军困笃绵绵,或云已有不讳,悲怛之情,不能自胜。"(晋书第2563页)

卷四《黎氏》:"请毋疑阻。我自不言,人何干与?"(第1026页)所谓"疑阻",即疑惑隔阂。《晋书》卷二《文帝纪》:"孙壹构隙,自相疑阻。"(晋书第39页)

卷四《乱离二则》:"陕西某公,任盐秩,家累不从。"(第1214页)所谓"家累",即家眷。《晋书》卷九五《戴洋传》:"初,混欲迎其家累,洋曰:'此地当败,得腊不得正,岂可移家于贼中乎!'混便止。"(晋书第2470页)

卷五《八大王》:"甚有狂药下,客气粗;努石棱,磔髯须。"(第1304页)所谓"狂药",即酒的别称。《晋书》卷三五《裴楷传》:"石崇以功臣子有才气,与楷志趣各异,不与之交。长水校尉孙季舒尝与崇酣燕,慢傲过度,崇欲表免之。楷闻之,谓崇曰:'足下饮人狂药,责人正

---

① 张友鹤选注《唐宋传奇选》,人民文学出版社1964年版,第153页。

礼，不亦乖乎！'崇乃止。"（晋书第 1048 页）

卷五《仙人岛》："然故人偶至，必延接盘桓，扢抑过于平时。"（第 1413 页）卷六《司文郎》："生居然上座，更不扢挹"（第 1619 页）所谓"扢抑"，亦作"扢挹"，意谓谦让。《晋书》卷七四《桓彝传》："彝上疏深自扢挹，内外之任并非所堪。"（晋书第 1940 页）

卷五《梦狼》："邑宰杨公，性刚鲠，撄其怒者必死。"（第 1555 页）卷六《爱奴》："章丘朱生，素刚鲠。"（第 1753 页）卷七《齐天大圣》："本宜送拔舌狱，念汝一生刚鲠，姑置宥赦。"（第 2112 页）所谓"刚鲠"，亦作"刚骾"，即刚强正直。《晋书》卷七九《谢邈传》："邈性刚骾，无所屈挠，颇有理识。"（晋书第 2089 页）

卷六《周克昌》篇后"异史氏曰"有云："庸之所在，桂籍可以不入闱而通。"（第 1577 页）所谓"桂籍"，即科举登第人员的名籍；桂，谓桂林一枝。原为自谦之词，谓自己只是群才之一，后用以比喻科举考试中出类拔萃的人。语出《晋书》卷五二《郤诜传》："（诜）累迁雍州刺史。武帝于东堂会送，问诜曰：'卿自以为何如？'诜对曰：'臣举贤良对策，为天下第一，犹桂林之一枝，昆山之片玉。'"（晋书第 1443 页）

卷六《吕无病》："世家论昏，皆勿许，殆有终焉之志。"（第 1635 页）所谓"终焉之志"，即以吕无病为配偶安身终老的想法。语出《晋书》卷八〇《王羲之传》："羲之雅好服食养性，不乐在京师，初渡浙江，便有终焉之志。"（晋书第 2098 页）

卷六《崔猛》："会恤刑官赵部郎，案临阅囚。"（第 1660 页）所谓"阅囚"，义同"录囚"，即检阅查看囚犯。卷六《诗谳》："周元亮先生分守是道，录囚至吴。"（第 1668 页）《晋书》卷九九《桓玄传》："玄临听讼观阅囚徒，罪无轻重，多被原放。"（晋书第 2596 页）又《晋书》卷一〇五《石勒载记》："时大旱，勒亲临廷尉录囚徒，五岁刑已下皆轻决遣之。"（晋书第 2751 页）

卷六《崔猛》："会闯贼犯顺，其事遂寝。"（第 1661 页）卷七《素秋》："三年后，闯寇犯顺。"（第 1969 页）所谓"闯贼""闯寇"，即旧时所称明末高迎祥、李自成的农民军。所谓"犯顺"，旧时称叛乱。《晋书》卷七〇"史臣曰"："甘卓伐暴宁乱，庸绩克宣，作镇扞城，威略具举。及凶渠犯顺，志在勤王。"（晋书第 1878 页）

卷六《凤仙》："刘赤水，平乐人，少颖秀。"（第 1723 页）所谓"颖秀"，即聪明秀异。《晋书》卷七九《谢尚传》："（谢尚）开率颖秀，辨悟绝伦，脱略细行，不为流俗之事。"（晋书第 2069 页）

卷六《折狱二则》："及诘之，又云无旧，词貌诡变，是以确知其真情也。"（第 1824 页）所谓"诡变"，即诡诈善变。《晋书》卷二《景帝纪》："且俭等欺诳将士，诡变万端，小与持久，诈情自露，此不战而克之也。"（晋书第 30 页）

卷七《云萝公主》："吾欲为狼子治一深圈，竟不可得，当令倾败六七年，亦数也。"（第 1855 页）所谓"倾败"，即失败，大败。《晋书》卷三四《杜预传》："陛下宿议，分命臣等随界分进……万安之举，未有倾败之虑。"（晋书第 1029 页）

卷七《胭脂》："邑邑徘徊，萦念颇苦；渐废饮食，寝疾惙顿。"（第 1986~1987 页）所谓"寝疾惙顿"，即卧病委顿的意思；寝疾，谓卧病。语出《晋书》卷一〇二《刘聪载记》："吾寝疾惙顿，怪异特甚。"（晋书第 2677 页）

卷七《青蛙神》："自婚于神，门堂藩溷皆蛙，人无敢诟蹴之。"（第 2119 页）所谓"藩溷"，即篱笆与厕所。《晋书》卷九二《左思传》："复欲赋三都……遂构思十年，门庭藩溷皆著笔纸，遇得一句，即便疏之。"（晋书第 2376 页）

卷八《陈云栖》："画中人不能作家，亦复何为。"（第 2171 页）所谓"作家"，即治家，理家。《晋书》卷二六《食货志》："桓帝不能作家，曾无私蓄。"（晋书第 781 页）

卷八《褚遂良》："积年馀，造诣者益烦，女颇厌之，被拒者辄罪赵。"（第 2375 页）所谓"造诣"，即拜访。《晋书》卷九四《陶潜传》："未尝有所造诣，所之唯至田舍及庐山游观而已。"（晋书第 2462 页）

《聊斋志异》借鉴《晋书》，句式与情境而外，典故及语词的借鉴大多属于修辞上的追求，是作者蒲松龄为讲好故事所做的不懈努力。其中语词借鉴，尤其是特殊性借鉴，如"悲怛""终焉之志""寝疾惙顿"等，承袭痕迹明显，体现了蒲松龄小说创作有意识"集思广益"的过程。《聊斋志异》在历代文言小说中之所以能够获得空前绝后的地位，绝非偶然！

（原载《蒲松龄研究》2019 年第 2 期）

《聊斋志异》借鉴《世说新语》四题

蒲松龄创作《聊斋志异》转益多师，作者善于从古代典籍乃至前人诗文中取资，借鉴有关语词、句式、典故并有意点缀于情节展开或人物对话乃至"异史氏曰"的相关评论中，这对于烘托小说情韵，营造某种意境不可或缺，并增加了小说文言修辞、叙事的典雅之趣。南朝宋刘义庆的志人小说《世说新语》，凸显魏晋风流诸多韵致，其文学书写为蒲松龄所喜好并效法，无论略貌取神、借意相发，还是使事用典、炼字取词，都体现了《聊斋志异》借鉴《世说新语》的独到之处。将之略加分类并条分缕析，对于今人探讨蒲松龄小说创作方法与构思过程皆大有助益。

蒲松龄《聊斋志异》的创作并非一蹴而就，而是有一个从容不迫、不断充实修订的时间历程，这为其小说多方取资、精益求精创造了条件。笔者在为人民文学出版社做《聊斋志异详注新评》的过程中，曾陆续写有一组《聊斋志异》与重要文献典籍关联的论文，分别发表于诸多学术刊物，探讨了这部文言小说集与《尚书》《周易》《仪礼》《周礼》《礼记》《诗经》《左传》《论语》《孟子》《大学》《中庸》，乃至《史记》《汉书》《后汉书》《三国志》《太平广记》等典籍、史书或相关总集的关系问题。2017年底，文化艺术出版社出版拙著《〈聊斋志异〉新证》，即包括了上述七篇论文。由于时间匆促，尚有《聊斋志异》与《世说新语》《晋书》《隋书》，以及两《唐书》的关系问题无暇顾及，留下些许遗憾。本文即先就《聊斋志异》与《世说新语》的关系问题略做梳理，分为四个方面，以求正于方家。

一、略貌取神

魏晋风流或称魏晋风度，能够成为后世读书人的理想国，与南朝宋刘义庆所撰《世说新语》（包括南朝梁刘孝标为之所作注）在赵宋及其以后时代的广泛传播分不开。《世说新语》三卷凡列"德行""言语""任诞"等三十六门，生动记述了魏晋时代士人的方方面面，其中有些行径真能令后人瞠目结舌。政治生态的险恶与社会风气的相对开放反而造就了魏晋士人挥洒艺术人生的氛围，率性任情与张扬个性遂成为那一时代的士人风尚，魏晋风流几乎成为后世诗意栖居具有楷模形态的样板。

言约旨远，个性解放，读书人能够突破两汉以来的礼法束缚，完全是魏晋时期特定的时代因素所酝酿而成，时移事迁，魏晋风流的风光难再，后世人再想亦步亦趋，已然失去了历史的依托，只能于我心有戚戚，精神向往而已。所谓"越名教而任自然"[①]"情之所钟，正在我辈"[②]，无论对于人生失意的代偿，还是对于政治黑暗的反拨，所谓"魏晋风流"无非是苦闷人生的一种外在表现，多属于病态社会中士人的应激反应，而道家玄学思想的弥漫，更令纵情享乐与放浪形骸之外仿佛有了理论的支撑。《广陵散》的绝响，华亭鹤唳的追忆，无不记述着那一时代的荒诞。后人读《世说新语》却往往忽略了其间人命危浅的残酷社会生态环境，仅仅热衷于对个中士人飘逸潇洒一面的钦羡，王羲之"矫若惊龙"的风神，阮籍"玉山将崩"的醉态，皆成为后世人津津乐道与虽不能至而心向往之的对象。

蒲松龄身处明清易代之后，专制统治的日益加强与文字狱阴影的逐渐

---

① （唐）房玄龄等撰《晋书》卷四九《嵇康传》，中华书局1974年版，第1369页。
② 余嘉锡撰《世说新语笺疏》，中华书局1983年版，第638页。以下引用《世说新语》本文或刘孝标注，皆以此本为据，随文括注"世说第×页"，不再出注。

扩大，令那一时代的读书人更愿意在想象中而非于实践上完成对魏晋风流的追怀与艳羡。古代文人创作小说，往往具有强烈的自娱倾向，属于聚焦于精神层面的产物，《聊斋志异》中的一些篇章深受《世说新语》的影响不言而喻。近些年来，有关两者的关系问题已逐渐引起学者的瞩目，如署名"子矜"的《〈聊斋志异〉与〈世说新语〉》（载《蒲松龄研究》1996年第 3 期）、齐慧源《论〈聊斋志异〉对〈世说新语〉的继承》（载《淮阴师范学院学报》2000 年第 6 期，内容文字与上一篇略同，似是一人笔墨）；又如李剑锋《蒲松龄与魏晋风流》（载《文史哲》2003 年第 5 期）、郑子运《从"深情"说看〈聊斋志异〉》（载《蒲松龄研究》2016 年第3 期），言及魏晋风流也都涉及《聊斋》与《世说》两者的关系问题。

《聊斋志异》本是作者书写孤愤之作，正是现实中的困顿令这位内心世界异常丰富的读书人不得不到虚幻世界去寻觅理想的净土。承载魏晋风流的志人小说《世说新语》中人物风范受到蒲松龄的青睐实在是顺理成章，魏晋风流与现实的隔膜适以造成小说作者瑰丽想象的无限空间！以文化品格而论，《聊斋志异》具有士林文化辅以乡村文化的双重文化品格，而以前者最为凸显，因而儒家思想植根深厚。耐得住常年苜蓿生涯者往往属于性格内向的人，蒲松龄无疑具有这样的性格特征，他常用儒家理念约束自己的实际人生，却又不妨在精神畅想中完成在虚幻世界中的自我重构，魏晋风流的多彩多姿恰可以满足或激发他这方面的创作构思。仅从《聊斋志异》与诸多古人文献典籍的关系而论，据不完全统计，蒲松龄对于《世说新语》的借鉴频次当居于首位。在历代史书中，《晋书》中有关魏晋风流的生动书写也引人瞩目，可补《世说新语》之阙，笔者已经另文探讨（见前选）。

卷八《苗生》一篇主旨似非专意刻画苗生性格，而在于对文人酸腐乃至无行的鞭挞，并带有一定的自我解嘲意味。但小说所展示苗生人虎合一的形象，豪爽朴野中竟然也带有几分魏晋风流："苗不可复忍，遽效作龙吟，山谷响应；又起，俯仰为狮子舞。"① 所谓"龙吟"，当指魏晋人所喜之"啸"，类似于今天用手指协助口腔吹出起伏响亮的口哨。《世说新语·栖逸》："阮步兵啸，闻数百步。"（世说第648页）正是这一因素构成苗生与诸多书生华山宴饮联句的基础："首座靳生曰：'绝巘凭临眼界空。'苗信口而续之曰：'唾壶击缺剑光红。'下座沉吟既久，苗遂引壶自倾。"（第2307页）苗生所续句，浮现出心情愤懑又不乏慷慨激昂之态，语出《世说新语·豪爽》："王处仲（王敦）每酒后辄咏'老骥伏枥，志在千里。烈士暮年，壮心不已'。以如意打唾壶，壶口尽缺。"（世说第598页）作者将魏晋风流的这一外在表现赋予苗生，是有意拉近苗生与众书生距离的细节构思，不可或缺，绝非等闲之笔。

卷七《黄英》中的菊精陶三郎嗜酒如命，小说描写曾生与三郎两位"相得恨晚"的酒友"各尽百壶"后皆大醉："陶起归寝，出门践菊畦，玉山倾倒，委衣于侧，即地化为菊。"（第2098页）这一段传神描写，显然有意借鉴《世说新语》形容嵇康的文字："嵇叔夜之为人也，岩岩若孤松之独立；其醉也，傀俄若玉山之将崩。"（世说第609页）以"玉山倾"形容酣醉之态，卷一《陆判》也有运用："朱因竟日饮，遂不觉玉山倾颓。"（第206页）性喜豪饮在蒲松龄笔下常成为人物性格豪爽的标记。卷五《八大王》也以嗜酒如命之鳖妖为主人公，其狂而不失酒德的形象更带有魏晋风流的痕迹，"异史氏曰"所附《酒人赋》用典取材于《晋书》或《世说新语》者，竟达十例之多。"酣眠乎美人之侧也，或察其无心"（第1303页）两句，语出《世说新语·任诞》："阮公（籍）邻家妇有美色，当垆酤酒。阮与王安丰常从妇饮酒。阮醉，便眠其妇侧。夫始殊疑之，伺察，终无他意。"（世说第731页）"甚至效鳖囚而玩世，亦犹非害物而不仁"（第1303页）两句，后句所谓"害物而不仁"，意谓祸国殃

---

① 任笃行辑校《全校会注集评聊斋志异》卷七，齐鲁书社2000年版，第2307页。以下引用《聊斋志异》本文或清人旧评，皆以此本为据，随文括注"第×页"，不再出注。

民，无仁厚之德。语出《世说新语·政事》："殷仲堪当之荆州，王东亭问曰：'德以居全为称，仁以不害物为名。方今宰牧华夏，处杀戮之职，与本操将不乖乎？'殷答曰：'皋陶造刑辟之制，不为不贤；孔丘居司寇之任，未为不仁。'"（世说第 187 页）上举各例，蒲松龄或径从《世说》取事，或转从《世说》取义，借鉴前人典籍自有运用之妙、存乎一心的游刃有馀。

酒在魏晋风流中占有举足轻重的地位，酒作为一种刺激性的饮料，饮酒在客观上可以起到麻痹神经的作用；就主观而言，饮酒又未尝不是特意寻求物我两忘的一个过程。《世说新语·任诞》："王光禄云：'酒，正使人人自远。'"（世说第 749 页）光禄大夫王蕴认为饮酒可以达到"忘我"（自远）的境界。《聊斋》卷二《酒友》中的车生以酒为媒介结识狐友，甚至忘为异类，并引为知己，其豁达豪放的性格，所渲染的正是一种忘我的人生境界。《世说新语·任诞》："刘公容与人饮酒，杂秽非类。人或讥之，答曰：'胜公容者，不可不与饮；不如公容者，亦不可不与饮；是公容辈者，又不可不与饮。'故终日共饮而醉。"（世说第 730 页）《酒友》的创作明显受到《世说》所记刘昶（字公容）"与人饮酒，杂秽非类"事的启发。

古代专制社会，大家庭中的叔嫂关系是一个颇难处理的问题。《礼记·曲礼上》："男女不杂坐，不同椸枷，不同巾栉。不亲授。嫂叔不通问。"①《孟子·离娄上》："曰：'嫂溺，则援之以手乎？'曰：'嫂溺不援，是豺狼也。男女授受不亲，礼也。嫂溺，援之以手者，权也。'"②《聊斋志异》中有多篇小说涉及叔嫂关系问题，卷四《阎王》："小郎若个好男儿，又房中娘子贤似孟姑姑，任郎君东家眠，西家宿，不敢一作声。自当是小郎大好乾纲，到不得代哥子降伏老媪。"（第 992 页）这一段夹杂

---

① （清）阮元校刻《十三经注疏》，中华书局 1980 年版，第 1240 页。
② 杨伯峻译注《孟子译注》，中华书局 1960 年版，第 177 页。

民间俗语的话语，泼辣尖刻，淋漓尽致地刻画出主人公李久常之嫂悍妒骄横的性格。嫂当面称叔为小郎，是晋人以来的家庭称谓，未必能沿袭至清初的山东一带，蒲松龄这一段绘声绘色的描写当借鉴于《世说》的相关文字。《世说新语·规箴》："王平子年十四五，见王夷甫妻郭氏贪欲，令婢路上儋粪。平子谏之，并言不可。郭大怒，谓平子曰：'昔夫人临终，以小郎嘱新妇，不以新妇嘱小郎。'急捉衣裾，将与杖。平子饶力，争得脱，逾窗而走。"（世说第 559 页）李家嫂氏伶牙俐齿、针锋相对的自我表白，脱胎于《世说》中王衍（字夷甫）妻郭氏的声口，虽非依样葫芦，却得其神似，色厉内荏如出一辙！

卷四《马介甫》也是蒲松龄书写悍妇的著名篇章，篇后"异史氏曰"开首即云："惧内，天下之通病也。然不意天壤之间，乃有杨郎！"（第1089 页）这段议论完全脱化于《世说新语·贤媛》："王凝之谢夫人既往王氏，大薄凝之。既还谢家，意大不说。太傅慰释之曰：'王郎，逸少之子，人材亦不恶，汝何以恨乃尔？'答曰：'一门叔父，则有阿大、中郎；群从兄弟，则有封、胡、遏、末。不意天壤之中，乃有王郎！'"（世说第 697 页）有"咏絮"美誉的才女谢道韫嫁与王羲之的次子王凝之为妻，自悲遇人不淑，回娘家诉苦，尽管有叔父谢安劝慰，仍难释怀，于是发出"不意天壤之中，乃有王郎"的人生感慨。蒲松龄略加变化，用于调侃猥琐男子"惧内"的书写中，意味深长。至于"异史氏曰"以下使事用典，用骈语续写《妙音经》诉说怨偶之情，虽属游戏笔墨，却也洞见症结，不乏精警内涵，其中自然少不了对《世说》的借鉴。如"俯首帖耳，而受无妄之刑，李阳亦谓不可"（第 1091 页）三句，意谓男子对妻子百依百顺却无故横遭虐待，则世人皆以为不可。李阳，字景祖，晋武帝时任幽州刺史，性格侠义。《世说新语·规箴》："王夷甫妇，郭泰宁女，才拙而性刚，聚敛无厌，干豫人事。夷甫患之而不能禁。时其乡人幽州刺史李阳，京都大侠，犹汉之楼护，郭氏惮之。夷甫骤谏之，乃曰：'非但我言卿不可，李阳亦谓卿不可。'郭氏为之小损。"（世说第 556 页）王衍之妻郭氏与晋惠帝皇后贾氏为表姐妹，未免依仗娘家势力欺负丈夫，王衍抬出当时有社会威望的官员李阳吓阻郭氏，无奈中亦不乏闺中谐趣。蒲松龄信手拈来用于小说创作，可见他对《世说》的熟稔。

《世说新语·贤媛》："许允妇是阮卫尉女，德如妹，奇丑。交礼竟，允无复入理，家人深以为忧。会允有客至，妇令婢视之，还答曰：'是桓郎。'桓郎者，桓范也。妇云：'无忧，桓必劝入。'桓果语许云：'阮家既嫁丑女与卿，故当有意，卿宜察之。'许便回入内，既见妇，即欲出。妇料其此出，无复入理，便捉裾停之。许因谓曰：'妇有四德，卿有其几？'妇曰：'新妇所乏唯容尔。然士有百行，君有几？'许云：'皆备。'妇曰：'夫百行以德为首。君好色不好德，何谓皆备？'允有惭色，遂相敬重。"（世说第 671~672 页）尽管"贤贤易色"[1] 一类的儒家说教千百年前即牢固地植根于读书人心中，而"娶妻以德不以色"一类的俗语也在社会上下颇有市场，然而女方"颜值"高低在古今婚姻中绝非微不足道的小事一桩。

《聊斋志异》卷七有《乔女》一篇，似乎就是有意对《世说》阮家女遭际再加正面的推衍："平原乔生有女黑丑，壑一鼻，跛一足。年二十五六，无问名者。"（第 1875 页）乔女黑丑且有两项生理缺陷，又有嫁人后守寡的遭际，人生悲惨已极。在信息相对封闭的古代社会，新丧偶的孟生不可能对这位乔女有道德层面上的任何了解，只是"忽见"之后而"大悦之"，显然属于性取向上的某种歧变心态，即对丑陋残疾的异性有一种特殊的偏嗜，这在性心理学上可称之变态反应。然而出身于读书人家庭的乔女在不清楚孟生这种择偶心理的条件下，反而认为他有"娶妻以德不以貌"的胸怀，因而在感动之馀也增强了其道德的自我认定。乔女对于自己容貌完全失去自信是与生俱来的，孟生的心仪则令其产生"知己"遐想的同时，又重新确立了她道德高岸的自信，并具有对自己其貌

---

① 杨伯峻译注《论语译注》，中华书局 1980 年版，第 5 页。

不扬的强烈代偿作用。乔女从拒绝再婚到"心许"孟生，正是其企盼道德自我更加完善的体现；乔女为已故孟生的遗孤伸张正义到抚孤成立，在这一较为漫长的过程中，当时社会对乔女行为的认同与赞许也无疑有令其"义举"日臻完善的催化作用，并最终使之功德圆满，皆大欢喜。小说作者从"知己"的角度阐释乔女难能可贵的行为，则又与自己大半生蹭蹬科场、潦倒不遇并亟需"知己"光顾的心态暗合，平居企盼获得知己的青睐，无疑也有代偿自己科场失意的作用。这篇小说写作或许有一定的生活依据，但作者有意从人情事理上借鉴《世说》相关内容也不能忽视。

蒲松龄借鉴《世说》最为传神者，当属卷五《颠道人》篇后"异史氏曰"中所附作者家乡生员殷文屏矫情抗俗的奇事，讽喻意味堪称浓墨重彩：

> 予乡殷生文屏，毕司农之妹夫也，为人玩世不恭。章丘有周生者，以寒贱起家，出必驾肩而行。亦与司农有瓜葛之旧。值太夫人寿，殷料其必来，先候于道，着猪皮靴，公服，持手本。俟周舆至，鞠躬道左，唱曰："淄川生员，接章丘生员！"周惭，下舆，略致数语而别。少间，同聚于司农之堂，冠裳满座，视其服色，无不窃笑；殷傲睨自若。既而筵终出门，各命舆马。殷亦大声呼："殷老爷独龙车何在？"有二健仆，横扁杖于前，腾身跨之。致声拜谢，飞驰而去。（第 1425 页）

殷生玩世不恭中具有强烈的反抗社会黑暗内容。清但明伦对章丘周生有评云："偏是寒贱起家者，多妄自尊大，殆恐人轻之也，不知适以此致人之侮。"（第 1425 页）其实这位清代人只看到了问题的一个方面。孟森《心史丛刊》三集有《跋〈聊斋志异·颠道人〉》一文，文章首先揭示出殷生怪异装束的符号意义，功不可没："殷生着猪皮靴，骑扁杖，少时读之，不辨是何舆服。后始知明代功令，教坊妓者之夫所服所乘，定制如此。《聊斋》去明未远，当时言此，必人人知为妓夫仪式，故绝不复加诠释。"孟文又引述明刘辰之《国初事迹》云："太祖立富乐院于乾道桥，男子令戴绿巾，腰系红搭膊，足穿带毛皮靴，不容街中走，止于道旁左右行。或令作匠穿甲，妓妇戴皂冠，身穿皂褙子，出入不许穿华丽衣服，专令礼房王迪管令。此人熟知音律，能作乐府，禁文武官及舍人不许入院，止容商贾出入。"① 这一段引文恰可与明沈德符《万历野获编》卷一四《教坊官》内容相对照："按祖制，乐工俱戴青卍字巾，系红绿搭膊，常服则绿头巾，以别于士庶，此《会典》所载也。又有穿带毛猪皮靴之制。"② 可见所谓"猪皮靴"必须带毛，或许类似于今天的翻毛皮鞋，否则外人何以分辨之？

"独龙车"何谓？清倪鸿《桐阴清话》卷七《秦淮旧院教坊规条碑拓本》云："秦淮旧院教坊规条碑，余尝见其拓本。略云：'入教坊者，准为官妓，另报丁口赋税。凡报明脱籍过三代者，准其捐考。官妓之夫，绿巾绿带，着猪皮靴，出行路侧，至路心被挞勿论。老病不准乘舆马，跨一木，令二人肩之。'"③ 殷生穿用带毛猪皮靴与乘"独龙车"，竟然自居于明代社会最低贱者乐户或妓女之夫（乌龟）的地位，属于故意的反传统行为，带有嵇康、阮籍一流人物的性格特征，这也是对魏晋风流的一种仿效。鲁迅曾论及嵇康、阮籍的反礼教言行说："魏晋时代，崇奉礼教的看来似乎很不错，而实在是毁坏礼教，不信礼教的。表面上毁坏礼教者，实则倒是承认礼教，太相信礼教。"④ 明末是江河日下、天崩地解的时代，一切皆已陷入混乱不堪的状态，殷生叹息礼崩乐坏，看不惯社会的虚假浮

---

① 孟森著《心史丛刊》三集，中华书局 2006 年版，第 196 页。

② （明）沈德符撰《万历野获编》卷一四《教坊官》，中华书局 1959 年版，第 367 页。

③ （清）倪鸿撰《桐阴清话》卷七《秦淮旧院教坊规条碑拓本》，民国十三年（1924）扫叶山房石印本。

④ 鲁迅：《魏晋风度及文章与药及酒之关系》，《而已集》，人民文学出版社 1973 年版，第 93~94 页。

躁，又不必担心学校革除其生员资格，这是导致殷生行为怪异的基础。殷生以佯狂戏弄周生的初衷，也许不仅只是针对周生个人的极端行为，在某种意义上说，他或许还是等级社会的忠诚卫道者。蒲松龄于魏晋风流心有灵犀，因而听说殷生怪诞事迹，略加修饰夸张，记入《聊斋》，实在也有从文字的神似角度借鉴《世说新语》的用心。

二、借意相发

《聊斋》借鉴《世说》又有借意相发的妙趣，若寻其踪迹，溯流而上，对于我们破解蒲松龄创作构思过程大有裨益。卷一《三生》谓刘举人能记其前身数世，曾一世为马："甚畏挞楚，见鞭则惧而逸。主人骑，必覆障泥，缓辔徐徐，犹不甚苦；惟奴仆圉人，不加鞯装以行，两踝夹击，痛彻心腑。"以后转世为人，考中举人，"每劝人：乘马必厚其障泥；股夹之刑，胜于鞭楚也。"（第108~109页）所谓"障泥"，即垂于马腹两侧，用来遮挡泥水的织物。《世说新语·术解》："王武子善解马性。尝乘一马，箸连钱障泥，前有水，终日不肯渡。王云：'此必是惜障泥。'使人解去，便径渡。"（世说第705页）马与障泥这一微妙的关联，被蒲松龄敏锐地捕捉到，写入小说，对于串联刘举人的"转世"书写有颊上三毫之妙。

卷二《巧娘》："听松声谡谡，宵虫哀奏，中心忐忑，悔至如烧。"（第376页）所谓"松声"，即松涛声。"谡谡"，形容强劲的风声，晋陆机《感时赋》："寒冽冽而寖兴，风谡谡而屡作。"① 然而将谡谡风声与松相联系，则始于刘义庆，《世说新语·赏誉》："世目李元礼：'谡谡如劲松下风。'"（世说第415页）这里的"谡谡"已经转化为形容人物风貌

---

① （清）严可均校辑《全上古三代秦汉三国六朝文》，中华书局1958年版，第2008页。

的赞语，蒲松龄再加转化，又回归至对南方夜晚旷野萧森景象的渲染，显然得益于对《世说》用语的联想，再借意相发。从中可见蒲松龄小说创作认真细腻，一句乃至一词都斟酌取舍，煞费苦心，绝非苟作。

类似的巧托情境，借意相发，又见于卷二《黄九郎》。这篇小说描写何子萧与黄九郎两人同性相恋的执着情感，这与古代社会文人士大夫盛行一时的蓄优狎伶风气相关，反映了当时病态社会的部分现实，因而尚具有一定的认识价值。小说后附骈文《笑判》本属作者炫才之作，不免旁征博引，思绪万千，如其中有句云："分明王家朱李，索钻报于来生。"（第466页）这两句巧用晋朝王戎生性吝啬的故事，以虐谑之语调侃同性相恋必然丧失孕育后代的可能性。所谓"王家朱李"，语本《世说新语·俭啬》："王戎有好李，卖之，恐人得其种，恒钻其核。"（世说第874页）朱李，谓红色李子；钻报，暗示李子被钻核以后的绝种后果。读者若不明这一借鉴关系，其文字诙谐挖苦的意向就被完全湮没了。

卷四《绛妃》的故事性并不强，也当属于作者借用骈文以炫才的力作。古代骈文之作，三国时陈琳、唐人陆贽、骆宾王的相关作品，或檄文，或奏疏，具有一定的实用性；北朝庾信的《哀江南赋》、唐朝王勃的《滕王阁序》，以文学性强，千百年来脍炙人口。古人一般的骈文之作则形式往往大于内容，即以诸多典故为资粮，巧办佳肴，串联古人的有关情事传达出自己内心中之所思所想。作者融通古今、借鉴化用的巧思固不可或缺，如何纵横捭阖、花样翻新也是必不可少的功课。《绛妃》中讨伐风神的檄文，也是蒲松龄的一篇骈文力作，收录于其文集，即《为花神讨封夷檄》一文，与《绛妃》所录者小有异同。作者苦心孤诣、精心结撰，的确非一蹴而就之笔。如其中有"莫言蒲柳无能，但须藩篱有志"两句（第1113页），意谓不要认为花木体质衰弱无能为力，只须立志，编为篱笆也能抵抗风的肆虐。语本《世说新语·言语》："顾悦与简文同年，而发早白。简文曰：'卿何以先白？'对曰：'蒲柳之姿，望秋而落；松柏之质，经霜弥茂。'"（世说第117页）所谓"蒲柳"，即"水杨"，一种入秋就凋零的树木。后因以比喻人未老先衰或体质衰弱。藩篱，即用竹木编成的篱笆或栅栏，这里是保卫自家疆界的意思。上引《为花神讨封夷檄》两句，蒲松龄并非纯粹地使事用典，而是化用《世说》中文字，借意相发，另造情境，因而兴味无穷。

卷六《陆押官》一篇中有关于仙凡两界兰花进行"比拼"的情节，若对照《世说新语·汰侈》，其借鉴痕迹宛然："石崇与王恺争豪，并穷绮丽，以饰舆服。武帝，恺之甥也，每助恺。尝以一珊瑚树高二尺许赐恺。枝柯扶疏，世罕其比。恺以示崇；崇视讫，以铁如意击之，应手而碎。恺既惋惜，又以为疾己之宝，声色甚厉。崇曰：'不足恨，今还卿。'乃命左右悉取珊瑚树，有三尺、四尺，条干绝世，光彩溢目者六七枚，如恺许比甚众。恺惘然自失。"（世说第882~883页）毋庸讳言，蒲松龄撰写此篇，其构思或有疏漏。陆押官其家"舍宇华耀，迥异人间，随处皆设花石，精盆佳卉，流光散馥；即兰花一种，约有数十馀盆，无不茂美。"（第1685页），如此华美之家宅，则非神仙洞府难以办到。陆押官即有此家境，又何必为仆为役跟随已然致仕的赵宫詹十馀年不离不弃？难道有夙世因缘求报于今生？或许蒲松龄读《世说》有感于石、王两人争豪的故事，借事相发中忘记了小说的逻辑自洽。任何优秀的文学家也难保证其作品篇篇优秀，中外古今，概莫能外。

在人物对话中，《聊斋》借鉴《世说》，拐弯抹角，借意相发，有时也不乏令人解颐之趣。卷四《颜氏》虚构"顺天某生"屡试不售，妻子伪为丈夫之弟参加科举考试，竟然一路顺风考中进士，官至监察御史方辞职退休。蒲松龄将故事背景置于天崩地解的明清易代之际，至少在一定程度上避免了真相大白后的无限尴尬；至于为顺天某生设计出流落他乡再回归故里应试的情节，为颜氏设计出不能生育的人生缺陷，也都是为小说"圆谎"而设计，绝非等闲之笔。全篇故事紧凑而滴水不漏，极见巧思。妻子女扮男装前曾与丈夫斗口，争论科举中式的难易问题，丈夫针对妻子轻视自己之语反唇相讥："闺中人身不到场屋，便以功名富贵似汝在厨下汲水炊白粥；若冠加于顶，恐亦犹人耳。"（第 1150 页）何谓"炊白粥"？即形容世间极易做到的事情。语出《世说新语·汰侈》："石崇为客作豆粥，咄嗟便办……（王恺）乃密货崇帐下都督及御车人，问所以。都督曰：'豆至难煮，唯豫作熟末，客至，作白粥以投之。'"（世说第 880 页）读者若不明"炊白粥"的出典，也不难理解整段话的意思，一旦通晓作者有意借用石崇待客化难为易的小伎俩用以渲染丈夫对妻子漠然轻视的态度，则其间无限情韵跃然纸上且耐人寻味。

类似上述精雕细琢并且耐人寻味的措辞用语，在《聊斋志异》中俯拾皆是，其中借鉴《世说》故事者并不罕见。如卷三《寒月芙蕖》："是日，客饮而甘之，固索倾酿，公坚以既尽为辞。"（第 870 页）所谓"倾酿"，意谓将其家酿美酒悉数供客。又如卷七《湘裙》："入而谋酒，则家酿已竭。"（第 1925 页）无论"倾酿"还是"家酿"，皆语出《世说新语·赏誉》："刘尹云：'见何次道饮酒，使人欲倾家酿。'"（世说第 486 页）其字面义并不难理解，然而若不明作者巧借《世说》掌故以增加小说内在情韵的用心，就会丧失一部分小说阅读的趣味，特别是前者"倾酿"两字，有一定内蕴，草草读过，未免辜负作者的良苦用心。至于后者，作者手稿本文字固如以上所揭者，铸雪斋抄本则作："入谋酒，又告竭。"（第 1932 页）两相比较，铸本文字则味同嚼蜡了，远不如手稿本文字灵动有韵致。

《聊斋》借鉴《世说》有时用旁敲侧击之法，读者若明其间借意相发的关联，也自有兴味无穷之趣味。卷五《巩仙》中明藩鲁王曾戏问巩道人："闻仙人亦不能忘情，果否？"巩道人从容作答："或仙人然耳；臣非仙人，故心如枯木矣。"（第 1335 页）所谓"忘情"，意谓无喜怒哀乐之情，语出《世说新语·伤逝》："圣人忘情，最下不及情，情之所钟，正在我辈。"（世说第 638 页）仙人属神话传说中长生不老并有种种神通的人，为道家的追求目标；圣人多指品德最高尚且智慧最高超的人，为儒家的理想中人。蒲松龄有意插入这一段有趣的对话，灵活套用《世说》掌故，变换称谓，借意相发，增加了小说情趣。卷五《沂水秀才》中将"秀才装名士"作为社会中诸多"不可耐事"的一种（第1352页）加以讽刺。所谓"名士"，一般多指以诗文等著称的知名读书人。《世说新语·任诞》："王孝伯言'名士不必须奇才。但使常得无事，痛饮酒，熟读《离骚》，便可称名士。'"（世说第764页）王孝伯即王恭，是一位不学无术却又附庸风雅的人。显然，《沂水秀才》中的所谓"名士"，并非褒义词，只有依托《世说》掌故加以诠释，方能凸显蒲松龄讽刺锋芒的尖锐。

《聊斋》用语依托《世说》，有时通过"借意"而作为隐藏自家尴尬身份的含蓄之语，用来搪塞敷衍对方的问话，同时还可以令小说语言增加典雅之趣。卷七《天宫》讲述权贵家女眷为解决性饥渴而引诱"仪容修美"的郭生在黑暗中幽会的故事，郭生心生疑虑，女子则以模棱语为答："为尔俗中人，多言喜泄，故不欲以形色相见。且暗中摸索，妍媸亦当有别，何必灯烛！"（第1868页）所谓"俗中人"，即有别于方外人或出家人的世俗中人，小说中女子答言显然有以方外仙人自居的含义，却又不明说。蒲松龄特意用"俗中人"，而不用"俗人"称谓，语出《世说新语·任诞》："阮步兵丧母，裴令公往吊之。阮方醉，散发坐床，箕踞不哭。裴至，下席于地，哭吊喑毕，便去。或问裴：'凡吊，主人哭，客乃为礼。阮既不哭，君何为哭？'裴曰：'阮方外之人，故不崇礼制。我辈俗中人，故以仪轨自居。'时人叹为两得其中。"（世说第734页）所谓"方外人"与"俗中人"是作为对语出现的，有明于此，《天宫》中权贵家女眷自喻"方外人"以掩形迹的用心昭然，"俗中人"三字正可收言简意赅之效。

《聊斋》借鉴《世说》，也时而顾及南朝梁刘孝标注文。卷五《甄后》为蒲松龄受唐裴铏《传奇》中"太和处士萧旷"故事影响而撰写，不过其中又受到宋代以后愈演愈烈贬曹风潮的影响，这一点与小说《三国志演义》的思想倾向同一。曹阿瞒转世为黄犬的情节以及"异史氏曰"

的评论，将本来属于描写男女情爱的笔墨嫁接融会到维护封建正统与女子从一而终的守旧观念中，不免令这篇小说的意旨复杂化了。小说中的甄后以美女的形象穿越历史长河，并与刘桢的转世后身再圆昔日"目成"之好，其根源于甄氏的"不贞"，而正是这种"不贞"才导致了旧时文人企盼分羹一杯的"精神染指"。小说中魏文帝曹丕的甄皇后化为美女穿越历史与建安七子之一刘桢转世后身刘仲堪重续旧情，美女对茫然无识的后者有如下反诘："相别几何，遂尔惿惿! 危坐磨砖者，非子也耶?"（第1454页）所谓"危坐磨砖"，即再现东汉末刘桢曾因失敬于甄氏而被曹操惩罚事。《世说新语·言语》"刘公幹以失敬罹罪"下刘孝标注引《典略》曰："刘桢，字公幹，东平宁阳人。建安十六年，世子为五官中郎将，妙选文学，使桢随侍太子。酒酣坐欢，乃使夫人甄氏出拜，坐上客多伏，而桢独平视。他日公闻，乃收桢，减死输作部。"又引《文士传》曰："桢性辩捷，所问应声而答。坐平视甄夫人，配输作部，使磨石。武帝至尚方观作者，见桢匡坐正色磨石。武帝问曰：'石何如?'桢因得喻己自理，跪而对曰：'石出荆山悬岩之巅，外有五色之章，内含卞氏之珍。磨之不加莹，雕之不增文，禀气坚贞，受之自然。顾其理枉屈纡绕而不得申。'帝顾左右大笑，即日赦之。"（世说第70页）危坐，古人以两膝着地，耸起上身为"危坐"，即表示严肃恭敬的正身而跪。后泛指正身而坐。磨砖，即"磨石"，谓研磨石头，或为磬，或为建材。小说《甄后》正是通过《世说》借《典略》与《文士传》所言者踵事增华，这与其说是借历史因缘以圆昔日刘桢之梦，毋宁说是作者借古人之穿越完成自家旖旎的情感神游。

卷五《柳生》在人世婚姻的命定论中巧妙融会人谋于其中，前呼后应，是蒲松龄构思巧妙之处。作者于其后"异史氏曰"则笔锋一转，将"英雄不问出身"以及"王侯将相宁有种乎"的见识暗中融入："乃盗也而有是女耶? 培塿无松柏，此鄙人之论耳。"（第1442页）所谓"培塿无松柏"，意谓小土丘长不出松柏，最早见于《左传·襄公二十四年》："部娄无松柏。"杨伯峻注："部娄，《说文》引作附娄，云'小土山也'。《文选·魏都赋》李善注又引作培塿。小土山不生大树仍言小国不可与大国平行。"①《世说新语·方正》引用《左传》典用来比喻门第不相称的婚姻："王丞相初在江左，欲结援吴人，请婚陆太尉。对曰：'培塿无松柏，薰莸不同器。玩虽不才，义不为乱伦之始。"（世说第305~306页）《春秋左传》为"五经"之一，蒲松龄对之熟悉自不必言②，然而其"鄙人之论"当径用《世说》而非《左传》，这从小说讲述非门当户对的婚姻故事可知，甚至《柳生》的构思就是受《世说》这一故事的影响，从而借事生发也未可知。

卷五《小翠》是《聊斋志异》中优秀的篇目之一，狐仙小翠为报答王元丰之父（王太常）无意中救护母亲的恩德，以身相酬其痴子外，还要未卜先知，防患于未然，巧设机关，于游戏三昧中解脱王家于水火，并令元丰脱胎换骨，由痴变慧，最终又逐渐变丑自家形貌，以便为人作嫁。小说中官场生态环境的险恶与王太常因小事而忘恩负义，无不凸显作者对于世道人心的悲观心态，诚如篇后"异史氏曰"所论："而身受再造之福者，顾失声于破甑，何其鄙哉！"（第1488页）所谓"失声于破甑"，意谓王太常只看重财物而不顾情分。失声，谓不自主地发出声音，这里形容王太常顾惜与吝啬之情；破甑，比喻不值一顾的事物。语出《后汉书·郭太传》："孟敏字叔达，巨鹿杨氏人也。客居太原，荷甑堕地，不顾而去。林宗见而问其意。对曰：'甑以破矣，视之何益？'"③然而"失声于破甑"亦当径用《世说新语·黜免》而借意相发："邓竟陵免官后赴山陵，过见大司马桓公。公问之曰：'卿何以更瘦？'邓曰：'有愧于叔达，不能不恨于破甑。'"（世说第868~869页）"失声"与"恨"，两字用来

① 杨伯峻编著《春秋左传注》，中华书局1981年版，第1091~1092页。
② 参见拙著《〈聊斋志异〉新证》第三编《〈聊斋志异〉与重要典籍关系新证·〈聊斋志异〉与〈左传〉》，文化艺术出版社2017年版，第254~271页。
③ （南朝宋）范晔撰《后汉书》卷六八《郭太传》，中华书局1965年版，第2229页。

异曲同工。

三、使事用典

《聊斋志异》擅长使事用典，因而文字典雅清新，一向受到论者的称誉，其中从《世说新语》中取资者占有相当比重，可见蒲松龄对这部志人小说的喜爱。作为一种修辞手段，"使事用典"与上述"借事相发"的概念有相互重合的地方，介入程度或有深浅之别，一间而已，笔者分别考论，意在使论文眉目更为清晰。

卷一《叶生》抒发作者对科举取士不公平的愤懑，其篇后"异史氏曰"有云："叹面目之酸涩，来鬼物之揶揄。"（第 122 页）卷六《王子安》也是对科举不公的"夫子自道"式的心理演绎："昔人为鬼揶揄，吾今为狐奚落矣。"（第 1812 页）揶揄，谓嘲笑、戏弄。所谓"来鬼物之揶揄"或"鬼揶揄"，意谓难以进入仕途，因而被鬼嘲笑。事本《世说新语·任诞》"襄阳罗友有大韵，少时多谓之痴"一段，刘孝标注引《晋阳秋》，罗友为桓温幕僚，不得志。桓温一次设宴送人为郡长官，罗友故意迟到，桓温问故，罗友回答："民性饮道嗜味，昨奉教旨，乃是首旦出门，于中路逢一鬼，大见揶揄，云：'我只见汝送人作郡，何以不见人送汝作郡？'民始怖终惭，回还以解，不觉成淹缓之罪。"（世说第 754 页）

卷二《莲香》："袅娜如此，妾见犹怜，何况男子！"（第 329 页）卷二《巧娘》："此即吾家小主妇耶？我见犹怜，何怪公子魂思而梦绕之。"（第 381 页）所谓"妾见犹怜"或"我见犹怜"，皆用侧写法形容女子极其美丽温柔。事本《世说新语·贤媛》"桓宣武平蜀，以李势妹为妾"，刘孝标注引南朝宋虞通之《妒记》："温平蜀，以李势女为妾。郡主凶妒，不即知之，后知，乃拔刃往李所，因欲斫之。见李在窗梳头，姿貌端丽，徐徐结发，敛手向主，神色闲正，辞甚凄惋。主于是掷刀前抱之曰：'阿子，我见汝亦怜，何况老奴。'遂善之。"（世说第 693~694 页）

卷二《鲁公女》中男主人公张于旦祭祝已故鲁公女之词："睹卿半面，长系梦魂，不图玉人，奄然物化。今近在咫尺，而邈若河山，恨如何也！"（第 429 页）所谓"玉人"，古人常指容貌美丽的女子，语出《世说新语·容止》："裴令公有俊容仪，脱冠冕，粗服乱头皆好，时人以为'玉人'。见者曰：'见裴叔则，如玉山上行，光映照人。'"（世说第 612 页）此外《晋书·卫玠传》："玠字叔宝。年五岁，风神秀异……总角乘羊车入市，见者皆以为玉人，观之者倾都。"[①] 所谓"今近在咫尺，而邈若河山"，意谓生与死之间遥远得如隔山河。邈，遥远，这里并非指男女两者空间距离大，而是对人天永隔的浩叹。语出《世说新语·伤逝》："自嵇生夭、阮公亡以来，便为时所羁绁，今日视此虽近，邈若山河。"（世说第 637 页）小说中的几句祝词竟然两用《世说》中文字，可见作者对刘义庆文学才能的心仪。

卷二《庚娘》是一篇讲述奇女子复仇的故事，其篇后"异史氏曰"有评："谁谓女子遂不可比踪彦云也！"（第 566 页）所谓"比踪彦云"，意谓女子也可与英杰之士相提并论。语出《世说新语·贤媛》："王公渊娶诸葛诞女，入室，言语始交，王谓妇曰：'新妇神色卑下，殊不似公休。'妇曰：'大丈夫不能仿佛彦云，而令妇人比踪英杰！'"（世说第 677 页）按新妇之父诸葛诞，字公休，三国魏司空，曾养死士数千，甚得人心，后因造反被杀。《三国志》卷二八有传。王公渊之父王凌，字彦云，三国魏太尉，因反抗司马懿专权，为司马氏所逼，饮药自杀死。《三国志》卷二八有传。新婚夫妇各以对方英名卓著的父亲为楷模要求对方能绍其家声，或为闺中戏语，蒲松龄用为典故，凸显了庚娘巾帼英雄的气概。

卷二《胡氏》："在门墙之幼子，年十五矣，愿得坦腹床下。不知有相若者否？"（第 443 页）卷六《陈锡九》篇后"异史氏曰"有云："某

---

① （唐）房玄龄等撰《晋书》卷三六《卫玠传》，中华书局 1974 年版，第 1067 页。

贵官，吾东床也。"（第 1703 页）所谓"坦腹"或"东床"，为"当女婿"或"女婿"之代称，皆用晋代王羲之东床坦腹的故事，语出《世说新语·雅量》："郗太傅在京口，遣门生与王丞相书，求女婿。丞相语郗信：'君往东厢，任意选之。'门生归，白郗曰：'王家诸郎，亦皆可嘉，闻来觅婿，咸自矜持。唯有一郎在床上坦腹卧，如不闻。'郗公云：'正此好！'访之，乃是逸少（王羲之），因嫁女与焉。"（世说第 362 页）与上举"比踪彦云"例相较，这一典故更为古人诗文中所常用。

卷三《辛十四娘》中冯生对辛叟有言曰："窃不自揣，愿以镜台自献。"（第 801 页）所谓"镜台自献"，意谓为自己做媒求婚。镜台，即上面装有镜子的梳妆台。两句语出《世说新语·假谲》："温公丧妇。从姑刘氏，家值乱离散，唯有一女，甚有姿慧，姑以属公觅婚。公密有自婚意，答云：'佳婿难得，但如峤比云何？'姑云：'丧败之余，乞粗存活，便足慰吾余年，何敢希汝比？'却后少日，公报姑云：'已觅得婚处，门地粗可，婿身名宦，尽不减峤。'因下玉镜台一枚。姑大喜。既婚，交礼，女以手披纱扇，抚掌大笑曰：'我固疑是老奴，果如所卜！'"（世说第 857 页）这一典故虽不常用，但并不生僻。

卷四《绛妃》："寻帷下榻，反同入幕之宾；排闼登堂，竟作翻书之客。"（第 1112 页）所谓"入幕之宾"，即能参与机密的幕僚，这里形容狂风毫无拘束地擅自闯入主人的内室。语出《世说新语·雅量》："桓宣武与郗超议芟夷朝臣，条牒既定，其夜同宿。明晨起，呼谢安、王坦之入，掷疏示之。郗犹在帐内。谢都无言，王直掷还，云：'多！'宣武取笔欲除，郗不觉窃从帐中与宣武言。谢含笑曰：'郗生可谓入幕宾也。'"（世说第 368 页）此事又见《晋书·郗超传》，但远不如《世说》记述生动。"入幕"两字看似平易，实则双关，蒲松龄径用为典，增添了行文的妙趣。

卷五《八大王》："山公之倒其接䍦，彭泽之漉以葛巾。"（第 1303 页），前句所谓"倒其接䍦"，用晋人山简事以凸显仕宦者饮酒后的旷达。

山公，即山简（253～312），字季伦，晋河内怀县（今河南武陟西南）人，以征南将军镇守襄阳，好酒，喜游山水。《世说新语·任诞》："山季伦为荆州，时出酣畅。人为之歌曰：'山公时一醉，径造高阳池。日莫倒载归，茗艼无所知。复能乘骏马，倒箸白接篱。举手问葛彊，何如并州儿？'高阳池在襄阳。彊是其爱将，并州人也。"（世说第 738 页）《晋书·山简传》亦载此事，文字小有出入。白接篱，或作"白接䍦"，当时谓以白鹭羽为饰的帽子。

卷六《吕无病》叙述山中女子吕无病向洛阳孙公子自荐之语："慕公子世家名士，愿为康成文婢。"（第 1634 页）所谓"康成文婢"，即郑玄家婢，古人常谓知书的婢仆。康成，东汉郑玄字。事见《世说新语·文学》："郑玄家奴婢皆读书。尝使一婢，不称旨，将挞之。方自陈说，玄怒，使人曳箸泥中。须臾，复有一婢来，问曰：'胡为乎泥中？'答曰：'薄言往愬，逢彼之怒。'"（世说第 193 页）按"胡为乎泥中"，语本《诗经·邶风·式微》："微君之躬，胡为乎泥中。"① "薄言往愬，逢彼之怒"，语本《诗经·邶风·柏舟》："亦有兄弟，不可以据。薄言往愬，逢彼之怒。"② 汉代经学家郑玄家的两位婢女日常对话全用《诗经》中成句，且切合当时情境，可见风雅。小说中吕无病以"康成文婢"自喻，仅用四字即显示了这位其貌不扬女子谈吐风雅的聪慧，蒲松龄在人物对话中使事用典的巧妙可见一斑。

卷六《凤仙》："但南阳三葛，君得其龙，区区者又何足道！"（第 1725 页）所谓"南阳三葛，君得其龙"，意谓皮氏八仙、水仙、凤仙三姊妹中，刘赤水娶了最美丽的凤仙。南阳三葛，即三国时南阳诸葛瑾、诸葛亮、诸葛诞兄弟三人，皆有名于时。事见《世说新语·品藻》："诸葛瑾弟亮，及从弟诞，并有盛名，各在一国。于时以为'蜀得其龙，吴得其

---

① （宋）朱熹集注《诗集传》卷二，上海古籍出版社 1980 年版，第 22 页。
② （宋）朱熹集注《诗集传》卷二，上海古籍出版社 1980 年版，第 15 页。

虎，魏得其狗。'诞在魏与夏侯玄齐名；瑾在吴，吴朝服其弘量。"（世说第503~504页）至于诸葛亮，属于古今妇孺皆知的三国著名人物，小说从侧面渲染凤仙之美并为三姊妹之冠，正可收事半功倍之效。

卷六《折狱二则》篇后"异史氏曰"有云："方宰淄时，松裁弱冠，过蒙器许，而驽钝不才，竟以不舞之鹤为羊公辱。"（第1828页）后一句意谓因为自己无能，未能科举得意，致使曾经称赏自己的前县令费祎祉名声受损。这番自我调侃之语，体现了作者一种怀才不遇的无奈。所谓"不舞之鹤"云云，事见《世说新语·排调》："刘遵祖少为殷中军所知，称之于庾公。庾公甚忻然，便取为佐。既见，坐之独榻上与语。刘尔日殊不称，庾小失望，遂名之为'羊公鹤'。昔羊叔子有鹤善舞，尝向客称之。客试使驱来，氄毣而不肯舞，故称比之。"（世说第812页）蒲松龄用此故事为自己场屋不得志解嘲，文字灵动又不失身份。

卷六《杨大洪》篇后"异史氏曰"云："公生为河岳，没为日星，何必长生乃为不死哉！或以未能免俗，不作天仙，因而为公悼惜。余谓天上多一仙人，不如世上多一圣贤，解者必不议予说之俱也。"（第1835页）所谓"未能免俗"，意谓未能免于俗例或常情，这里专指小说中有关明代杨涟乡试得中之前汲汲于功名的描写。《世说新语·任诞》："阮仲容步兵居道南，诸阮居道北；北阮皆富，南阮贫。七月七日，北阮盛晒衣，皆纱罗锦绮。仲容以竿挂大布犊鼻裈于中庭。人或怪之，答曰：'未能免俗，聊复尔耳。'"（世说第732~733页）蒲松龄反用这一典故，愈加凸显人物性情之真，表彰了杨涟为人臣的一腔忠义之情。

卷七《胭脂》中的判词有云："求浆值酒，妄思偷韩掾之香。"（第1993页）意谓毛大本欲挑逗王氏，却因之进一步萌生骗奸胭脂的妄想。所谓"求浆值酒"，即"乞浆得酒"，比喻所得超过愿望，语出唐刘知几《史通·书志》，这里不作辨析。所谓"偷韩掾之香"，意谓冒充他人以求私通于女。事见《世说新语·惑溺》："韩寿美姿容，贾充辟以为掾。充每聚会，贾女于青琐中看，见寿，说之，恒怀存想，发于吟咏。后婢往寿家，具述如此，并言女光丽。寿闻之心动，遂请婢潜修音问。及期往宿。寿跷捷绝人，逾墙而入，家中莫知。自是充觉女盛自拂拭，说畅有异于常。后会诸吏，闻寿有奇香之气，是外国所贡，一箸人，则历月不歇。充计武帝唯赐己及陈骞，馀家无此香，疑寿与女通，而垣墙重密，门阁急峻，何由得尔？乃托言有盗，令人修墙。使反，曰：'其馀无异，唯东北角如有人迹，而墙高，非人所逾。'充乃取女左右婢考问。即以状对。充秘之，以女妻寿。"（世说第 921 页）古代官场判词多用骈文书写，讲究用典，作者在此反用韩寿偷香的故事，有调侃意味，读来令人捧腹。

卷七《青蛙神》："薛昆生，吾婿也，何得近禁脔。"（第 2118 页）所谓"禁脔"，比喻珍美的、独自占有而不容别人分享、染指的东西，常用以称帝王女婿。语出《世说新语·排调》："孝武属王珣求女婿，曰：'王敦、桓温，磊砢之流，既不可复得，且小如意，亦好豫人家事，酷非所须。正如真长、子敬比，最佳。'珣举谢混。后袁山松欲拟谢婚，王曰：'卿莫近禁脔。'余嘉锡笺疏引李详云："详案：《晋书·谢安传》附谢混载此语云：'元帝始镇建业，公私窘罄，每得一豚，以为珍膳。项上一脔尤美，辄以荐帝。群下未尝敢食，于时呼为禁脔。故珣因以为戏。'"（世说第 820 页）"禁脔"两字出自小说中妄自尊大的蛙神之口，极为传神。

卷八《李象先》篇后"异史氏曰"有云："象先学问渊博，海岱之清士。"（第 2436 页）海岱，古人称今山东省渤海至泰山之间的地带。所谓"海岱之清士"，即山东青州一带的高洁之士。《世说新语·赏誉》："庾公为护军，属桓廷尉觅一佳吏，乃经年。桓后遇见徐宁而知之，遂致于庾公曰：'人所应有，其不必有；人所应无，己不必无，真海岱清士。'"（世说第 459 页）李焕章（1614~1692?），字象先，幼颖悟，博极群书。明诸生，入清，不应科举，是明末清初一位具有遗民心态的读书人。蒲松龄用典，以"海岱之清士"比喻李焕章，堪称选择有方，恰如其分。

四、炼字取词

《聊斋》借鉴《世说》，使事用典必须依托相关故事方能完成对小说
文本的解读；炼字取词则主要表现于蒲松龄在小说修辞技巧上所下的功
夫，而修辞是以追求小说文字的清新灵动为目的的。

卷一《偷桃》描写作剧艺人假意劝导其子援绳登天偷桃，有"父又
强鸣拍之"的描写（第 48 页）。所谓"鸣拍"，即形容哄劝小儿的声音与
动作。鸣，口中发声以抚慰孩子。卷二《口技》："鸣之不睡，定要从娘
子来。"（第 392 页）所谓"鸣之"，即口中发声以抚慰孩子，或谓亲吻孩
子。上举两例皆语出《世说新语·惑溺》："乳母抱儿在中庭，儿见（贾）
充喜踊，充就乳母手中鸣之。"余嘉锡笺疏附周祖谟曰："'鸣之'者，亲
之也。"（世说第 918～919 页）"鸣拍"或"鸣之"并非蒲松龄所独创，
仅是取资《世说》而已，信手拈来居然也妙趣横生。

卷一《画皮》："我固怜之，鬼子乃敢尔。"（第 178 页）卷三《捉鬼
射狐》："公起，叱曰：'何物鬼魅敢尔！'裸裼下榻，欲就捉之。"（第
827 页）卷四《小谢》："生骤起，叱曰：'鬼物敢尔！'二女骇奔而散。"
（第 1159 页）无论"鬼子乃敢尔""鬼魅敢尔"还是"鬼物敢尔"，皆为
带有威胁性的反诘之语，意谓哪个鬼东西敢如此欺负或作弄人。语出
《世说新语·方正》："士衡（陆机）正色曰：'我父祖名播海内，宁有不
知，鬼子敢尔！'"（世说第 299 页）蒲松龄对《世说》的这一反诘句式
情有独钟，因而屡次借鉴于小说人物对话中，用来增加文字的情感色彩。
所谓"鬼子"，属詈词，犹言鬼东西，是六朝人表示憎恶的口语，蒲松龄
将这一口语单独借鉴于小说，也有画龙点睛的妙趣。如卷三《赌符》篇
后"异史氏曰"有云："左觑人而右顾己，望穿鬼子之睛。"（第 621 页）
对农村赌徒以"鬼子"相称，憎恶之情溢于言表。《聊斋》中称"鬼
子"，有时还意在双关，如卷七《席方平》："鬼子胡为者！我性耐刀锯，

不耐挞楚。"（第 1954 页）既点明地狱鬼卒的身份，又属人间詈语，愤激之情灼然可见。此外"何物"，即问语"什么"或"哪一个"，也属六朝人常用语。《世说新语·雅量》："潮水至，沈令起彷徨，问：'牛屋下是何物人？'"（世说第 359 页）"何物"两字，《聊斋》也常用在人物对话中，如卷二《汪士秀》："何物生人，败我清兴！"（第 542 页）

与上述"何物"性质近似的"可儿"一词，蒲松龄也屡次用于小说中。如卷二《巧娘》："惜可儿此处阙然"（第 380 页）卷五《沂水秀才》："狐子可儿，雅态可想。"（第 1352 页）卷八《嘉平公子》篇后"异史氏曰"有云："温姬可儿！翩翩公子，何乃苟其中之所有哉！"（第 2297 页）所谓"可儿"，即对可爱的人的昵称，晋人语与"可人"相通。语出《世说新语·赏誉》："桓温行经王敦墓边过，望之云：'可儿！可儿！'"（世说第 466 页）

卷二《白于玉》："冷如鬼手馨，强来捉人臂。"（第 498 页）所谓"冷如鬼手馨"，意谓手凉似鬼，硬来抓人胳膊。这也是六朝人常用语，《世说新语·忿狷》："王司州（王胡之）尝乘雪往王螭（王恬）许。司州言气少有牾逆于螭，便作色不夷。司州觉恶，便舆床就之，持其臂曰：'汝讵复足与老兄计？'螭拨其手曰：'冷如鬼手馨，强来捉人臂。'"（世说第 887 页）馨，语助词，犹今"般"或"样"。"鬼手馨"作为六朝人语，蒲松龄特意用于小说人物对话中，以求生动的效果。

《世说》中一些较为独特的用语，常成为蒲松龄有意效法的对象。如卷三《翩翩》："花城既去，惧贻诮责，女卒晤对如平时。"（第 644 页）卷七《阿纤》："父兄辄相诮责，不得已，以重金买妾，然思阿纤不衰。"（第 2007 页）所谓"诮责"，即责备的意思。《世说新语·轻诋》"王丞相轻蔡公"一则，刘孝标注引南朝宋虞通之《妒记》："时有妍妙，皆加诮责。"（世说第 829 页）再如卷三《田七郎》："一李应，最拗拙，每因细事与公子裂眼争，武恒怒之。"（第 694 页）所谓"裂眼争"，谓极其愤怒状态下的相争；裂眼，犹裂眦，谓因发怒而眼睛睁得极大，眼眶似要裂开，形容极其愤怒的神态。语出《世说新语·品藻》："王右军问许玄度：'卿自言何如安石？'许未答，王因曰：'安石故相为雄，阿万当裂眼争邪？'"（世说第 529～530 页）又如卷五《邵女》："但女奉侍谨，无可蹈瑕，或薄施呵谴，女惟顺受。"（第 1322 页）卷七《云萝公主》："后成进士，夫人犹呵谴之。"（第 1859 页）所谓"呵谴"，即斥责之意，语出《世说新语·尤悔》："小人引船，或迟或速……撞人触岸。公初不呵谴。人谓公常无嗔喜。"（世说第 904 页）诸如此类的修辞手法，以下再列举数例，以明《世说新语》在蒲松龄小说创作中炼字取词的作用不可小觑。

卷四《狐梦》："毕为人坦直，胸无宿物，微泄之。"（第 935 页）所谓"胸无宿物"，比喻人性格坦直，无城府。宿物，存留之物。语出《世说新语·赏誉》："谢仁祖云：'庾赤玉胸中无宿物。'"（世说第 471 页）

卷四《跳神》："室中诸女子，凛然愕顾曰……"（第 1135 页）所谓"凛然"，表示敬重或惊恐的神态。语出《世说新语·轻诋》："济先略无子侄之敬，既闻其言，不觉凛然，心形俱肃。"（世说第 428 页）

卷五《八大王》篇后"异史氏曰"有云："甚有狂药下，客气粗；努石棱，磔髭须。"（第 1304 页）所谓"努石棱"，形容醉酒者怒目瞪眼。石棱，石头的棱角，这里比喻眼眶。语出《世说新语·容止》："刘尹道桓公：鬓如反猬皮，眉如紫石棱，自是孙仲谋、司马宣王一流人。"（世说第 620 页）

卷五《宦娘》："君之业，妾思过半矣，但未尽其神理，请为妾再鼓之。"（第 1464 页）所谓"神理"，即精神理致。《世说新语·言语》"晋武帝每饷山涛"，刘孝标注引《谢车骑家传》："（谢）玄字幼度，镇西奕第三子也，神理明俊，善微言。"（世说第 137 页）

卷五《钟生》："则母病绵惙，下丹药，渐就痊可。"（第 1535 页）所谓"绵惙"，即病情沉重，气息仅存。语出《世说新语·德行》："刘尹在郡，临终绵惙，闻阁下祠神鼓舞，正色曰：'莫得淫祀！'"（世说第 35 页）

卷六《崔猛》：“妻惊挽之，绝裾而去，自首于庭。”（第1659页）卷七《申氏》：“绝裾而去。”（第2069页）所谓“绝裾”，言断去衣襟，表示去意坚决。裾，衣服的前后襟。亦泛指衣服的前后部分。语出《世说新语·尤悔》：“温公初受刘司空使劝进，母崔氏固驻之，峤绝裾而去。”（世说第902页）

卷六《丐仙》：“居人恐其死，日一饴之。”（第1743页）所谓“饴”，同“饲”，即拿食物给人吃。语出《世说新语·德行》：“郗公值永嘉丧乱，在乡里甚穷馁，乡人以公名德，传共饴之。”（世说第24页）

卷六《丐仙》：“见有高门，口圆如井，入则光明似昼，阶路皆苍石砌成，滑洁无纤翳。”（第1746页）所谓“纤翳”，即微小的障蔽，这里指尘土。语出《世说新语·言语》：“司马太傅斋中夜坐，于时天月明净，都无纤翳。”（世说第150页）

卷六《爱奴》：“未几，设筵，备极丰美，而行酒下食，皆以婢媪。”（第1749页）所谓“行酒”，即依次斟酒；所谓“下食”，即准备食物。语出《世说新语·德行》：“陈太丘诣荀朗陵……既至，荀使叔慈应门，慈明行酒，馀六龙下食。”（世说第7页）

卷六《绩女》：“使作丈夫，当为情死。”（第1790页）所谓“情死”，即伤心而死。这里谓因情爱而死。语出《世说新语·任诞》：“王长史登茅山，大恸哭曰：‘琅邪王伯舆，终当为情死！’”（世说第764页）

卷八《寄生》：“积数日，鸡骨支床，较前尤甚。”（第2363页）所谓“鸡骨支床”，比喻身体瘦弱。语出《世说新语·德行》：“王戎、和峤同时遭大丧，具以孝称。王鸡骨支床，和哭泣备礼。”（世说第19页）

《聊斋》借鉴《世说》语词，其来源或有更早的出处，而《世说》仅起到“摆渡”的作用。如卷三《毛狐》篇后“异史氏曰”有云：“信因果者，必不以我言为河汉也。”（第639页）所谓“河汉”，即银河，常用来比喻言论迂阔荒诞、不切实际。语出《庄子·逍遥游》：“肩问于连叔曰：‘吾闻言于接舆，大而无当，往而不返，吾惊怖其言，犹河汉而无极也．'"唐成玄英疏："犹如上天河汉，迢递清高，寻其源流，略无穷极也。"[1] 意谓不相信或忽视（某人的话）。又《世说新语·言语》："谢公云：'贤圣去人，其间亦迩。'子侄未之许。公叹曰：'若郗超闻此语，必不至河汉。'"（世说第 135～136 页）蒲松龄熟悉《庄子》，曾有《庄列选略》之作，然而《毛狐》的"河汉"取义，当径取自《世说》无疑。

《聊斋》中虚构人物的取名，甚至也得到《世说》的启发。如卷三《狐谐》："龙王下诏求直谏，鳖也'得言'，龟也'得言'。"（第 747 页）所谓"得言"，即获得讲话的机会；"孙得言"则是小说的虚构人名。语本《世说新语·方正》"文帝兄弟每造其门"，刘孝标注引《楚国先贤传》："魏武弱冠，屡造其门，值宾客猥积，不能得言。"（世说第 279～280 页）这里以"得言"谐音孙名，笑骂其为"鳖"与"龟"，以见狐女之诙谐幽默。

《聊斋》中的名物或也与《世说》有关联。如卷七《仇大娘》："禄解复衣，分数金，嘱令归。"（第 2024 页）所谓"复衣"，即有衣里，内可装入绵絮的衣服。《世说新语·夙惠》："晋孝武年十二，时冬天，昼日不箸复衣，但箸单练衫五六重，夜则累茵褥。"（世说第 593 页）

《聊斋》中某些动词的使用有意模仿六朝人，也可以在《世说》等文献中找到例证。卷四《小谢》："山荆陋劣，何足以方君妹？"（第 1165 页）所谓"方"，即对比的意思。《世说新语·企羡》："王右军得人以《兰亭集序》方《金谷诗序》，又以己敌石崇，甚有欣色。"（世说第 631 页）又《晋书·王湛传》："时人谓湛上方山涛不足，下比魏舒有馀。"[2] 卷五《细柳》："一日，请诸母，将从诸贾入洛。""福立刻而发，比入洛，则弟被逮已三日矣。"（第 1512～1514 页）所谓"入洛"，小说中前后凡

---

① （清）郭庆藩辑《庄子集释》卷一《逍遥游》，中华书局 1961 年版，第 26～27 页。
② （唐）房玄龄等撰《晋书》卷七五《王湛传》，中华书局 1974 年版，第 1960 页。

两见，不用"至洛"或"之洛"，原因即在于"入洛"并不成词的特殊情韵义。《世说新语·言语》："嵇中散既被诛，向子期举郡计入洛。"（世说第 79 页）《世说新语·品藻》："刘令言始入洛，见诸名士而叹曰……"（世说第 508 页）《世说新语·任诞》："贺司空入洛赴命，为太孙舍人，经吴阊门，在船中弹琴。张季鹰本不相识，先在金阊亭，闻弦甚清，下船就贺，因共语，便大相知说。问贺：'卿欲何之？'贺曰：'入洛赴命，正尔进路。'张曰：'吾亦有事北京，因路寄载。'便与贺同发。初不告家，家追问，乃知。"（世说第 740～741 页）《世说新语·简傲》："陆士衡初入洛，咨张公所宜诣。"（世说第 770 页）《世说新语·轻诋》："桓公入洛，过淮、泗，践北境。"（世说第 834 页）《世说新语·汰侈》："极晚发，争入洛城。"（世说第 880 页）在《世说》中，"入洛"两字凡七见。此外，"入洛"一词在《文选》乃至《全唐诗》中屡见，并与西晋文学家陆机、陆云兄弟发生关联，《晋书·张载传》后"史臣曰"有云："洎乎二陆入洛，三张减价。考核遗文，非徒语也。"① 从上述可知，蒲松龄对小说语言的加意锤炼，堪称细致入微，这正是《聊斋志异》在文言小说中戛戛独造的重要因素之一。

《世说新语》中的一些语词，在后世流传中或保持原貌，或稍有变异，已然成为常用语，甚而至现代不废。如"君家尊""杖头钱""高自标持""青盼"（或"青睐"）"手谈""阿堵物""自惭形秽""管中窥豹，时见一斑""捉刀""卿卿"等，也时时见于《聊斋志异》中，不胜枚举，本文因篇幅所限，恕不赘言。

总之，《聊斋志异》的创作借鉴《世说新语》所在多有，这是一个值得今天的小说研究者瞩目并进一步深入探讨的问题。

（原载《石油大学学报》2020 年第 4 期）

---

① （唐）房玄龄等撰《晋书》卷五五《张载传》，中华书局 1974 年版，第 1525 页。

《聊斋志异》与《隋书》及两《唐书》

《聊斋志异》创作构思每喜借鉴史书笔法,《左传》《史记》《汉书》《后汉书》《三国志》《晋书》中有关话语、典故常奔来笔底,为小说平添不少史家色彩。《隋书》与《旧唐书》《新唐书》中的某些情境、典故、语词在《聊斋志异》中也常出现,增加了小说叙事的生动性,丰富了小说语言的表现力。将《聊斋》借鉴上述三部史书之处择要指出并略加分析,也是《聊斋》研究与鉴赏不可或缺的一环。

一、情境借鉴

小说创作中,情境的渲染往往是情节展开的必要条件,向前人典籍借鉴有关情境,不同于典故的运用,浑然无迹中自有显示小说构思的妙用。今人研究《聊斋志异》,通晓作者蒲松龄在这方面别出心裁的独创性,对于解析《聊斋》创作意旨,提高读者鉴赏水平不可或缺。

卷一《狐嫁女》以民间传说为基础,并以狐仙摄取金杯而终不敢据为己有为贯串前后的线索,构思出完整的情节,首尾照应,趣味横生。小说主人公殷士儋是明朝山东显宦,史有其人;金杯事则子虚乌有,主人公戏对丢失金杯者说:“金杯羽化矣,然世守之珍不可失。仆有一具,颇近似之，当以奉赠。"① 所谓"羽化"，即道家飞升成仙之说，这里戏谓金杯丢失。这一情节构思源自《旧唐书》卷一六五《柳公权传》："公权志耽书学，不能治生；为勋戚家碑板，问遗岁时巨万，多为主藏竖海鸥、龙安所窃。别贮酒器杯盂一笥，缄縢如故，其器皆亡。讯海鸥，乃曰：'不测其亡。'公权哂曰：'银杯羽化耳。'不复更言。"②

卷一《陆判》："抽刀视之，制极精工，镌字一行，曰：'胆欲大而心欲小，智欲圆而行欲方。'玮后官至司马。"（第211页）所谓"胆欲大"云云，意即敢于任事但思虑要周全，智谋圆通但行为要端方。《淮南子》卷九《主术训》："凡人之论，心欲小而志欲大，智欲员而行欲方，能欲多而事欲鲜。"③ 又《旧唐书》卷一九一《孙思邈传》："又曰：'胆欲大而心欲小，智欲圆而行欲方。'《诗》曰：'如临深渊，如履薄冰'，谓小心也；'纠纠武夫，公侯干城'，谓大胆也。'不为利回，不为义疚'，行之方也；'见机而作，不俟终日'，智之圆也。"（旧唐第5096页）显然，蒲松龄阅览《旧唐书》，非常欣赏唐代神医的这段话，就特意挪用其情境于《陆判》中，丰富了小说内涵。

卷二《林四娘》塑造了一位哀怨、有故国之思的女鬼形象："乃俯首击节，唱'伊凉'之调，其声哀婉。"（第419页）所谓"伊凉"，即《伊州》《凉州》二曲调名。《伊州》，商调大曲；《凉州》，属宫调曲。《新唐书》卷二二《礼乐志》："天宝乐曲，皆以边地名，若《凉州》《伊州》《甘州》之类。后又诏道调、法曲与胡部新声合作。明年，安禄山反，凉州、伊州、甘州皆陷吐蕃。"④ 于是"伊凉"常被后世用为悲凉哀

---

① 任笃行辑校《全校会注集评聊斋志异》，齐鲁书社2000年版，第81页。以下引用《聊斋志异》本文，皆以此本为据，随文括注"第×页"，不再出注。
② （后晋）刘昫等撰《旧唐书》，中华书局1975年版，第4312页。以下引用《旧唐书》，皆以此本为据，随文括注"旧唐第×页"，不再出注。
③ 刘文典著《刘文典全集·淮南鸿烈集解》卷九，安徽大学出版社、云南大学出版社1999年版，第309页。
④ （宋）欧阳修、宋祁撰《新唐书》，中华书局1975年版，第476~477页。以下引用《新唐书》，皆以此本为据，随文括注"新唐第×页"，不再出注。

怨曲调的代称，如唐欧阳詹《闻邻舍唱凉州有所思》诗："有善伊凉曲，离别在天涯……因之增远怀，惆怅菖蒲花。"① 宋苏轼《浣溪沙》词："霜鬓真堪插拒霜。哀弦危柱作伊凉。"② 可见情境渲染在小说《林四娘》中的重要作用。

卷三《谕鬼》是一篇颂扬明尚书石茂华以文章驱鬼怪的小说，有"公以垩灰题壁，示云"（第594页）的描写。通过妙手著文章，宣谕于恶兽或厉鬼，令其遵命远遁或就此销声匿迹，唐代韩愈早开先河。唐宪宗元和十四年（819）的春天，刑部侍郎韩愈因谏迎佛骨，被"夕贬潮阳路八千"，远徙至岭南做潮州刺史。据《新唐书》卷一七六《韩愈传》："初，愈至潮，问民疾苦，皆曰：'恶溪有鳄鱼，食民畜产且尽，民以是穷。'数日，愈自往视之，令其属秦济以一羊一豚投溪水而祝之……"（新唐第5262页）这就是其《鳄鱼文》名篇的由来。据《韩愈传》记述："祝之夕，暴风震电起溪中，数日水尽涸，西徙六十里。自是潮无鳄鱼患。"（新唐第5263页）正史即如是说，令人有真假莫辨的疑惑，但以文章驱物，如送穷神一类的佳作却不绝于史，可见这一作法在文人思维中的根深蒂固。这篇《谕鬼》就是这样一篇文字，虽然不长，但作者巧借韩愈驱除鳄鱼情境用四六骈文精心结撰，对仗工稳，文采焕然，用典工巧，一气呵成，的确非同凡响！

卷四《孝子》篇后"异史氏曰"有云："刲股为伤生之事，君子不贵。然愚夫妇何知伤生之为不孝哉？亦行其心之所不自已者而已"（第988页）所谓"刲股"，即儿子割大腿肉用来疗亲，古人或以之为孝行。但唐韩愈《鄠人对》认为："母疾，则止于烹粉药石以为是，未闻毁伤支体以为养，在教未闻有如此者。苟不伤于义，则圣贤当先众而为之也。是不幸因而致死，则毁伤灭绝之罪有归矣。其为不孝，得无甚乎！"③ 这是

① 《全唐诗》，中华书局1960年版，第3905页。
② 唐圭璋编《全宋词》，中华书局1965年版，第315页。
③ （清）董诰等编《全唐文》卷五五九，山西教育出版社2002年版，第3342页。

有针对性的议论，据《新唐书》卷一九五《孝友传序》："唐时陈藏器著《本草拾遗》，谓人肉治羸疾，自是民间以父母疾，多割股肉而进。"《新唐书》的撰写者欧阳修等还是同意韩愈所持否定之论的，尽管如此，但笔锋一转仍接下写道："虽然，委巷之陋，非有学术礼义之资，能忘身以及其亲，出于诚心，亦足称者。"（新唐第5577~5578页）可见古人对于"割股"一事的矛盾态度。蒲松龄对于"割股疗亲"的态度也是矛盾的，其"异史氏曰"的一番言语，与《新唐书》之论略同，是否受其启发或有意借鉴，耐人寻味。

卷六《夏雪》篇后"异史氏曰"有云："唐时上欲加张说'大学士'，说辞曰：'学士从无大名，臣不敢称。'"（第1564页）这几句话，语出《新唐书》卷一二五《张说传》："始，帝欲授说大学士，辞曰：'学士本无大称，中宗崇宠大臣，乃有之，臣不敢以为称。'固辞乃免。"（新唐第4410页）蒲松龄巧借唐张说辞"大学士"名号的情境暗讽浮夸不实、虚荣荒诞的社会风气，发人深省。

卷七《席方平》描述阴间各种酷刑，实则为阳世的投影，其中有锯解活人："既下，鬼乃以二板夹席，缚木上。锯方下，觉顶脑渐辟，痛不可禁，顾亦忍而不号。"（第1953页）所谓"二板夹席"，即锯人须先用板夹。事见《新唐书》卷一九三《孙揆传》："（孙）揆大骂不诎，（李）克用怒，使以锯解之，锯齿不行，揆谓曰：'死狗奴，解人当束之以板，汝辈安知？'行刑者如其所言，骂声不辍至死。"（新唐第5562页）蒲松龄显然借鉴了《新唐书》的这一情节，否则实难凭空虚构如此酷刑。

卷七《恒娘》篇后"异史氏曰"有云："古佞臣事君，勿令见人，勿使窥书。乃知容身固宠，皆有心传也。"（第2079页）所谓"佞臣"，即奸邪诣上之臣。这一番议论源于唐武宗时辞位之宦官仇士良教训宫中内监之语，言其所传蒙蔽帝王以揽权固宠之方法。事本《新唐书》卷二〇七《宦者传上·仇士良》："士良之老，中人举送还第，谢曰：'诸君善事天子，能听老夫语乎？'众唯唯。士良曰：'天子不可令闲暇，暇必观书，见儒臣，则又纳谏，智深虑远，减玩好，省游幸，吾属恩且薄而权轻矣。为诸君计，莫若殖财货，盛鹰马，日以球猎声色蛊其心，极侈靡，使悦不知息，则必斥经术，闇外事，万机在我，恩泽权力欲焉往哉？'众再拜。士良杀二王、一妃、四宰相，贪酷二十馀年，亦有术自将，恩礼不衰云。"（新唐第5874～5875页）这篇小说并不仅纠缠于妻妾争风吃醋的琐议，而在于直探人心之隐，对专制社会中的佞臣"容身固宠"从而以行其奸的人类心理因素的阐发，具有制度性的批判意识。

卷七《葛巾》："生返，不能徙步。意女郎归告父兄，必有诟辱之来。"（第2082页）所谓"不能徙步"，即不能移步，意在形容羞愧惊慌貌。语出《新唐书》卷一〇三《张玄素传》："始，玄素与孙伏伽在隋皆为令史，太宗尝问玄素宦立所来，深自羞汗。褚遂良见帝曰：'……陛下昨问玄素在隋任何官，对曰："县尉。"又问未为尉时，曰："流外。"又问何曹司，玄素出不能徙步，颜若死灰，精爽顿尽，见者咸共惊怪。'"（新唐第4002页）"不能徙步"四字，若不知有唐人张玄素事的情境渲染，则常大用之窘态难以尽皆显现。可见今天的读者若能真正体味蒲松龄写作的苦心孤诣实非易事。

卷七《黄英》篇后"异史氏曰"有云："青山白云人，遂以醉死，世尽惜之，而未必不自以为快也。"（第2099页）所谓"青山白云人"，用唐傅奕事，后世常用以比喻放浪形骸于青山白云间的旷达之士。《旧唐书》卷七九《傅奕传》："奕生平遇患，未尝请医服药，虽究阴阳数术之书，而并不之信。又尝醉卧，蹶然起曰：'吾其死矣！'因自为墓志曰：'傅奕，青山白云人也。因酒醉死，呜呼哀哉！'其纵达皆此类。"（旧唐第2717页）蒲松龄用傅奕之语借事相发，读来饶有兴味。

卷八《锦瑟》："自郡中归，妇适不在室，釜中烹羊胛熟，就啖之。"（第2420页）所谓"羊胛熟"，即羊腿骨已烧熟，这里有感叹时光匆促的意思，暗示主人公王生经常受妻子一家歧视，或有拨云见日的转机发生。此当借鉴于《新唐书》卷二一七下《回鹘传下·骨利干》："骨利干，处瀚海北……又北度海，则昼长夜短。日入烹羊胛，熟，东方已明，盖近日出处也。"（新唐第6144页）微言大义，蒲松龄创作小说真得史家之妙传。

二、典故妙用

蒲松龄的小说创作，遣词造句皆精雕细琢，一丝不苟，看似寻常之语或有其来历，不明出处也无妨理解文意，但若知晓其用典，就会平添些许别有会心的趣味性。

卷一《董生》："二人初闻甚骇，既以为模棱语，置不为意。"（第195页）所谓"模棱语"，即比喻遇事不置可否、态度含糊的言语。模棱，又作"摸棱"，语出《新唐书》卷一一四《苏味道传》："（苏味道）常谓人曰：'决事不欲明白，误则有悔，摸棱持两端可也。'故世号'摸棱手'。"（新唐第4203页）这是《聊斋》修辞力求典雅的明证。

卷二《酒友》："屡叨良酝，何以报德？"（第319页）卷三《寒月芙蕖》："公故有家传良酝，每以一斗为率，不肯供浪饮。"（第870页）卷四《酒虫》："但令于日中俯卧，絷手足，去首半尺许，置良酝一器。"（第916页）卷四《上仙》："上仙亦出良酝酬诸客，赋诗欢笑。"（第1041页）卷八《三仙》："主人进良酝，巨杯促釂，不觉醺醉。"（第2248页）所谓"良酝"，犹言美酒、佳酿，作者于小说中两次三番使用之，必属得意之笔。其典出自《新唐书》卷一九六《王绩传》："故事，官给酒日三升。或问：'待诏何乐邪？'答曰：'良酝可恋耳！'"（新唐第5595页）"良酝"自有其情韵义，读者不可漠然视之。

《聊斋》写妖写鬼，不免天马行空，超脱于现实，但所涉及名物，却多非凭空虚构，若明其出处，也饶有趣味。卷二《汪士秀》："此夕风景，大似广利王宴梨花岛时。"（第541页）所谓"广利王"，即南海海神祝融的封号，始见《旧唐书》卷二四《礼仪四》："（天宝）十载正月，四海并封为王。遣……太子中允李随祭东海广德王，义王府长史张九章祭南海广利王，太子中允柳奕祭西海广润王，太子洗马李齐荣祭北海广泽王。"（旧唐第934页）至于"梨花岛"何在，在没有找到确切出处的情况下，姑且认为系作者杜撰。卷六《司文郎》："梓潼府中缺一司文郎，暂令聋僮署篆，文运所以颠倒。万一倖得此秩，当使圣教昌明。"（第1624页）所谓"司文郎"，系唐代职官名，为司文局的副职。《新唐书》卷四七《百官二》："武德四年，改著作曹曰局。龙朔二年，曰司文局；郎曰郎中，佐郎曰司文郎。"（新唐第1215页）这里系借用之为阴间主管文运之官吏名，确非杜撰。

卷三《罗刹海市》："先生文学士，必能衙官屈、宋。欲烦椽笔赋'海市'，幸无吝珠玉。"（第677页）所谓"衙官屈、宋"，即将屈原、宋玉这样的文学家视为自己的衙官，原为自我矜夸文才出众之语，后亦用以称美别人的文才。语出《旧唐书》卷一九〇上《杜审言传》："（杜审言）又尝谓人曰：'吾之文章，合得屈、宋作衙官；吾之书迹，合得王羲之北面。'其矜诞如此。"（旧唐第4999页）小说中的龙君位居九五之尊，吐属风雅，用此典故称颂马骥文才，切合其帝王身份。

卷三《续黄粱》："又逾年，朝士窃窃，似有腹非之者；然各为立仗马，曾亦高情盛气，不以置怀。"（第778页）何谓"立仗马"？乃比喻朝臣坐享俸禄而不敢言事进谏。语本《新唐书》卷二二三上《李林甫传》："林甫居相位凡十九年，固宠市权，蔽欺天子耳目，谏官皆持禄养资，无敢正言者。补阙杜琎再上书言政事，斥为下邽令。因以语动其馀曰：'明主在上，群臣将顺不暇，亦何所论？君等独不见立仗马乎？终日无声，而饫三品刍豆；一鸣，则黜之矣。后虽欲不鸣，得乎？'由是谏争路绝。"（新唐第6347~6348页）小说以"立仗马"形容专制政权中臣子在奸佞淫威下的寒蝉效应，恰如其分。

卷五《医术》中所言张、韩两位医生，皆以无意中的因缘巧合出奇制胜，医好病人，带有浓厚的传奇色彩。其中张氏曾自我表白："我仅识

175

'之无'耳，乌能是。"（第1547页）所谓"仅识之无"，即"略识之无"，意谓认得不多几个字或只读过几天书。《新唐书》卷一一九《白居易传》："其始生七月，能展书，姆指'之''无'两字，虽试百数不差；九岁暗识声律。其笃于才章，盖天禀然。"（新唐第4304页）后世反其意而用之，谓人识字无多或文化程度不高。张氏在小说中属于半文盲，能口出如此典雅之语，是反讽，也是调侃，不无趣味。

卷六《嫦娥》："众方大哗，近抚之，而妃子已作马嵬蘹矣。"（第1586页）所谓"马嵬蘹"，这里谓因跌致死，大有调侃意味。马嵬，即马嵬坡，在今陕西省兴平县西，有唐杨贵妃墓。唐玄宗天宝十五载（756），安禄山攻破潼关，玄宗携杨贵妃等仓皇逃蜀。据《新唐书》卷七六《杨贵妃传》："及西幸至马嵬，陈玄礼等以天下计诛国忠，已死，军不解。帝遣力士问故，曰：'祸本尚在！'帝不得已，与妃诀，引而去，缢路祠下，裹尸以紫茵，瘗道侧，年三十八。"（新唐第3495页）小说巧妙用典，有意将一场悲剧轻描淡写，剪裁枝节以突出主干，可谓用心良苦。

卷七《白秋练》："翁登其舟，窥见秋练，心窃喜，而审诘邦族，则浮家泛宅而已。"（第2146页）所谓"浮家泛宅"，即以船为家，浪迹江湖。语出《新唐书》卷一九六《隐逸传·张志和》："颜真卿为湖州刺史，志和来谒，真卿以舟敝漏，请更之。志和曰：'愿为浮家泛宅，往来苕、霅间。'"（新唐第5609页）小说如此用典，有颊上三毫之妙。

卷八《嘉平公子》附则有云："崔卢之子孙如此甚众，何独'花菽生江'哉！"（第2297页）何谓"崔卢"？意即豪门大姓。自魏晋至唐，山东士族大姓有崔氏、卢氏，长期居高显之位。《旧唐书》卷六一《窦威传》："高祖笑曰：'比见关东人与崔卢为婚，犹自矜伐，公代为帝戚，不亦贵乎！'"（旧唐第2364~2365页）小说用崔卢两字，以个别概括一般，骂尽天下纨绔子弟。

卷八《田子成》："二加双幺点相同，吕向两手抱老翁：父子喜相逢。"（第2349页）所谓"父子喜相逢"云云，用唐代主客郎中吕向与客游远方之父亲吕岌意外相逢事，凸显父子情深。《新唐书》卷二〇二《吕向传》："吕向，字子回，亡其世贯，或曰泾州人。少孤，托外祖母隐陆浑山……始，向之生，父岌客远方不还。少丧母，失墓所在，将葬，巫者求得之。不知父在亡，招魂合诸墓。后有传父犹在者，访索累年不获。它日自朝还，道见一老人，物色问之，果父也。下马抱父足号恸，行人为流涕。"（新唐第 5758 页）蒲松龄熟读史书并将有关典故巧妙用于小说书写中，增添了故事的生动性。

　　值得一提的是，蒲松龄喜写骈文以炫才，《聊斋》小说中也每见骈文踪影，皆属精心之作。骈文讲究使事用典，修辞若能恰到好处，可极大地增加语言的感染穿透力。卷四《马介甫》篇后"异史氏曰"即用骈文写就，其中有云："麻姑之爪能搔，轻拭莲花之面。"（第 1090 页）所谓"莲花之面"，本形容男子面貌俊美，这里指代为丈夫者的面孔，调侃意味甚浓。语本《旧唐书》卷九〇《杨再思传》："易之弟昌宗以姿貌见宠幸，再思又谀之曰：'人言六郎面似莲花；再思以为莲花似六郎，非六郎似莲花也。'其倾巧取媚也如此。"（旧唐第 2919 页）又云："故饮酒阳城，一堂中惟有兄弟。"（第 1091 页）所谓"阳城"，系人名，字亢宗（736~805），唐定州北平（今河北顺平县）人。历官谏议大夫、国子司业、道州刺史。《新唐书》卷一九四《卓行传》："（阳城）及进士第，乃去隐中条山，与弟堦、域常易衣出。年长，不肯娶，谓弟曰：'吾与若孤茕相育，既娶则间外姓，虽共处而益疏，我不忍。'弟义之，亦不娶，遂终身。"（新唐第 5569 页）至于"饮酒"，也有出典。阳城既官谏议大夫，知皇帝厌烦言官谏事琐碎，即以饮酒为乐："与二弟延宾客，日夜剧饮。客欲谏止者，城揣知其情，强饮客，客辞，即自引满，客不得已。与酬酢，或醉，仆席上，城或先醉卧客怀中，不能听客语，无得关言。"（新唐第 5570 页）又有云："娘子军肆其横暴，苦疗妒之无方。"（第 1092 页）所谓"娘子军"，为历史上唐高祖之女平阳公主所组织的军队，这里妙喻悍妇成群结队肆虐人世。据《旧唐书》卷五八《柴绍传》，唐高祖第三女平阳公主嫁柴绍，并在长安。高祖将起义兵，遣使密召之。绍间行赴太原。公主乃归鄠县庄所，散家资，招引山中亡命，起兵以应高祖。营中号曰"娘子军"（旧唐第 2315 页）。小说仅用其"娘子"之字面义，以"军"称之，戏谓悍妇绝非个别现象。

卷四《绛妃》讨伐封氏檄草也以骈文写成，有句云："济恶以才，妒同醉骨。"（第 1111 页）这两句意谓狂风以有才而相助作恶，嫉妒之性如同唐朝的武则天。所谓"醉骨"，即用唐武则天妒杀高宗后妃事。事见《旧唐书》卷五一《后妃传上》："武后知之，令人杖庶人及萧氏各一百，截去手足，投于酒瓮中，曰：'令此二妪骨醉！'数日而卒。"（旧唐第 2170 页）

卷五《八大王》篇后"异史氏曰"也有骈文《酒人赋》，内有云："齐臣遂能一石，学士亦称五斗。"（第 1303 页）所谓"齐臣"，用《史记·滑稽列传》中淳于髡事，这里不论；所谓"学士"，即指唐王绩，字无功，别号五斗学士，性嗜饮。《新唐书》卷一九六《王绩传》称其"以嗜酒不任事"，有"斗酒学士"之号，又云："著《醉乡记》以次刘伶《酒德颂》。其饮至五斗不乱，人有以酒邀者，无贵贱辄往，著《五斗先生传》。"（新唐第 5595 页）小说巧用史书中典故，对仗工稳，信非苟作。

三、炼字取义

《聊斋》从史书中取词，或无涉相关典故，只是丰富叙事技巧或增添文字华丽的一种手段而已。这种炼字取义的情况较多，反映了作者转益多师的积极修辞态度。

卷二《潍水狐》："又数日，李设筵邀翁，款洽甚欢。"（第 401 页）卷四《荷花三娘子》："而款洽间，若不胜任，屡乞休止。"（第 1031 页）卷四《细侯》："托故假贷同人，敛金如干，携以赴女，款洽臻至。"（第 1184 页）卷五《局诈》："其人自言：'王姓，贵主家之内使也。'语渐款洽。"（第 1521 页）卷七《湘裙》："一夕，夫妻款洽。"（第 1929 页）卷七《长亭》："石乃大慰，而病久，急切不能起。女乃请石外兄款洽吊客。"（第 1944 页）卷七《素秋》："把臂入斋，款洽臻至。"（第 1967 页）卷八《香玉》："两人同寝，款洽一如当年。"（第 2240 页）卷八《三仙》："沽酒相欢，款洽间各表姓字。"（第 2248 页）所谓"款洽"，即亲切或亲密的意思，在蒲松龄笔下可用于邻里间、萍水相逢的男女间、友朋间、夫妇间，言简意赅，两字可省却许多笔墨。语出《隋书》卷四六《长孙平传》："高祖龙潜时，与平情好款洽，及为丞相，恩礼弥厚。"①

《聊斋》中的一些用词并不经见，当特意借鉴于有关典籍或史书。卷一《劳山道士》："一道士坐蒲团上，素发垂领，而神观爽迈。"（第 56 页）所谓"神观爽迈"，即形容精神容态爽朗超逸。语出《新唐书》卷一七三《裴度传》："度退然才中人，而神观迈爽，操守坚正，善占对。"（新唐第 5219 页）又《晋书》卷一一三《苻坚载记下》："（苻朗）性宏达，神气爽迈。"②《晋书》与《新唐书》取词用义略同，但有一字之差，蒲松龄显然取资于后者。

卷一《长清僧》："河南有故绅子，率十馀骑，按鹰猎兔，马逸，堕毙。"（第 63 页）所谓"按鹰"，即纵鹰行猎，并非生活习常用语。语出《新唐书》卷二〇七《仇士良传》："元和、大和间，数任内外五坊使，秋按鹰内畿，所至邀吏供饷，暴甚寇盗。"（新唐第 5872 页）

卷一《青凤》："叟致敬曰：'久仰山斗！'乃揖生入，便呼家人易馔，生止之。"（第 167 页）卷八《二班》："是良医殷先生耶？仰山斗久矣。"（第 2301 页）所谓"久仰山斗"或"仰山斗久矣"云云，属于旧时初次见面时的一般客套话。山斗，即泰山与北斗的合称，比喻为世人所钦仰的人。《新唐书》卷一七六《韩愈传》："自愈没，其言不行，学者仰之如泰

---

① （唐）魏徵、令狐德棻撰《隋书》，中华书局 1973 年版，第 1254 页。以下引用《隋书》，皆以此本为据，随文括注"隋书第×页"，不再出注。

② （唐）房玄龄等撰《晋书》，中华书局 1974 年版，第 2936 页。

山、北斗云。"（新唐第 5269 页）又："妾少孤，依叔成立。昔虽获罪，乃家范应尔。"（第 171 页）所谓"家范"，即治家的规范、法度、风教。语出《旧唐书》卷一七七《崔珙传》："礼乐二事，以为身文；仁义五常，自成家范。"（旧唐第 4588 页）

卷二《侠女》："一日，偶自外入，见女郎自母房中出，年约十八九，秀曼都雅，世罕其匹。"（第 308 页）所谓"秀曼都雅"，即温柔秀丽，美好闲雅。语出《新唐书》卷一七一《李光颜传》："（光颜）大合将校置酒，引使者以侍姝至，秀曼都雅，一军皆惊。"（新唐第 5185 页）

卷二《九山王》："借大王威福，加臣三寸舌，诸山莫不愿执鞭靮，从戏下。"（第 353 页）所谓"愿执鞭靮"，古人常借指随从效力于某人。鞭靮，即鞭子和马缰绳。《新唐书》卷一三五《封常清传》："我慕公义，愿事鞭靮，故无媒自前，公何见拒深乎？"（新唐第 4579 页）

卷二《张诚》："值大风雨，避身岩下，雨止而日已暮。腹中大馁，遂负薪归。"（第 362 页）所谓"大馁"，即异常饥饿。《新唐书》卷八七《朱粲传》："于是人大馁，死者系路。"（新唐第 3728 页）

卷二《巧娘》："生意其鬼魅，毛发森竖，不敢少息。"（第 377 页）卷三《双灯》："魏大愕怪。转知为狐，发毛森竖。"（第 824 页）所谓"毛发森竖"，即因恐怖而毛发耸立。《新唐书》卷一八〇《李德裕传》："宣宗即位，德裕奉册太极殿。帝退，谓左右曰：'向行事近我者，非太尉邪？每顾我，毛发为森竖。'"（新唐第 5341 页）

卷二《林四娘》："夫人窥见其容，疑人世无此妖丽，非鬼必狐，惧为厌蛊。"（第 420 页）所谓"厌蛊"，即以巫术致灾祸于人。语见《隋书》卷六二《赵绰传》："刑部侍郎辛亶，尝衣绯裈，俗云利于官，上以为厌蛊，将斩之。"（隋书第 1485 页）

卷三《狐妾》："妾，前官之女，蛊于狐，奄忽以死，窆园内，众狐以术生我，遂飘然若狐。"（第 605 页）卷三《田七郎》："浃旬，妻奄忽以死，为营斋葬。"（第 692 页）卷四《萧七》："既而加臂于身，奄忽就麻。"（第 1206 页）所谓"奄忽"，犹言疾速。《旧唐书》卷八四《刘仁轨传》："奄忽长逝，衔恨九泉。"（旧唐第 2794 页）

卷三《赌符》篇后"异史氏曰"有云："尔乃狎比淫朋，缠绵永夜。"（第 621 页）所谓"狎比"，犹言亲近。《新唐书》卷一八〇《李德裕传》："时帝昏荒，数游幸，狎比群小，听朝简忽。"（新唐第 5329 页）

卷三《罗刹海市》："生知母寿不永，周身物悉为预具，墓中植松槚百馀。"（第 681 页）所谓"松槚"，即松树与槚树，槚，即落叶乔木楸树。两种树常被栽植墓前，亦作墓地的代称。《隋书》卷二《高祖下》："坟土未干，子孙继踵为戮；松槚才列，天下已非隋有。"（隋书第 55 页）

卷三《辛十四娘》："君卓荦士，倾风已久，但有私衷，所不敢言耳。"（第 802 页）所谓"私衷"，犹言内心。《旧唐书》卷五《高宗纪下》："上谓霍王元轨曰：'男轮最小，特所留爱，比来与选新妇，多不称情；近纳刘延景女，观其极有孝行，复是私衷一喜。'"（旧唐第 103 页）

卷三《寒月芙蕖》："至期，各于案头得道人速客函，亦不知所由至。"（第 869 页）所谓"速客"，犹言请客。《新唐书》卷一六三《柳玭传》："余旧府高公先君兄弟三人，俱居清列，非速客不二羹胾，夕食龁卜瓠而已，皆保重名于世。"（新唐第 5027~5028 页）

卷四《封三娘》："时值重九，十一娘羸顿无聊。"（第 921 页）卷七《白秋练》："此中况味，要不可不使君知。然羸顿如此，急切何能便瘳。"（第 2147 页）所谓"羸顿"，即瘦弱困顿。语出《隋书》卷四五《杨俊传》："俊薨，勺饮不入口者数日，羸顿骨立。"（隋书第 1241 页）

卷四《云翠仙》："又有优婆夷、塞，率众男子以百十，杂跪神座下。"（第 1125 页）所谓"优婆夷、塞"，乃梵语，即优婆夷与优婆塞，指在家中奉佛的女子与男子，或称居士。《隋书》卷三五《经籍四》："俗人信凭佛法者，男曰优婆塞，女曰优婆夷，皆去杀、盗、淫、妄言、饮酒，是为五诫。"（隋书第 1096 页）

卷五《冤狱》篇后"异史氏曰"有云："摄牒者入手未盈，不令消见

官之票；承刑者润笔不饱，不肯悬听审之牌。"（第1447页）四句意谓办
理诉讼的衙役与书吏等皆须收受贿赂后，方可令涉案者见官听审。所谓
"润笔"，这里谓办案书吏下笔的报酬。所谓"牌"，即牌文，明清时代一
种上行下的公文名称。《隋书》卷三八《郑译传》："上令内史令李德林立
作诏书，高颎戏谓译曰：'笔干。'译答曰：'出为方岳，杖策言归，不得
一钱，何以润笔。'"（隋书第1137页）又云："其馀皆无辜之赤子，妄
被罗织者也。"（第1448页）卷五《梦狼》附则："尝有富民为人罗织。"
（第1554页）所谓"罗织"，即无中生有地多方构陷。语出《旧唐书》卷
一八六上《酷吏传上·来俊臣》："招集无赖数百人，令其告事，共为罗
织，千里响应。欲诬陷一人，即数处别告，皆是事状不异，以惑上下。"
（旧唐第4837页）

卷五《局诈》（又）："由是月夕花晨，未尝不相共也。"（第1524
页）所谓"月夕花晨"，亦作"花朝月夕"，犹言良辰美景。《旧唐书》
卷一八一《罗威传》："每花朝月夕，与宾佐赋咏，甚有情致。"（旧唐第
4693页）

卷五《钟生》："次日侦听，则已行牒讥察，收藏者弃市。"（第1536
页）所谓"讥察"，即稽察盘查。《旧唐书》卷四三《职官二》："善状之
外，有二十七最……其二十四曰讥察有方，行旅无壅，为关津之最。"
（旧唐第1823页）

卷六《陆押官》："往来笺奏，辄任意裁答，无不工妙。"（第1683
页）所谓"裁答"，即作书答复。《新唐书》卷一二二《韦陟传》："（陟）
常以五采笺为书记，使侍妾主之，其裁答受意而已，皆有楷法，陟唯署
名。"（新唐第4353页）

卷六《爱奴》："式微之族，门户零落，先生泽及枯骨，真无计可以
偿之。"（第1751页）所谓"泽及枯骨"，即恩泽施及死去的人，这里指
男主人公徐生"封堆植树"一事。《隋书》卷四《炀帝纪下》："恩加泉
壤，庶弭穷魂之冤；泽及枯骨，用弘仁者之惠。"（隋书第86页）又其后

"异史氏曰"有云："夫人教子，无异人世；而所以待师者何厚也！岂不亦贤乎！"（第1753页）所谓"不亦贤乎"，犹言难道不是很贤明吗。不亦，常用于表肯定的反问句，句末多有"乎"字。《旧唐书》卷一六六《白居易传》："就文观行，居易为优，放心于自得之场，置器于必安之地，优游卒岁，不亦贤乎。"（旧唐第4360页）

卷六《抽肠》："妇黄肿，腰粗欲仰，意象愁苦。"（第1795页）所谓"仰"，犹言仰面而倒下。《旧唐书》卷二〇〇上《史思明传》："时周贽、许叔冀统后军在福昌，朝义令许季常往告之。贽闻，惊欲仰倒。"（旧唐第5382页）

卷七《云萝公主》："既归，益自韬晦，读书不出，一跛妪执炊而已。"（第1852页）所谓"韬晦"，即才能行迹隐藏不露。《旧唐书》卷一八下《宣宗纪》："常梦乘龙升天，言之于郑后，乃曰：'此不宜人知者，幸勿复言。'历大和、会昌朝，愈事韬晦。群居游处，未尝有言。"（旧唐第613页）又："父兄共絷之，楚掠惨棘，几于绝气。"（第1856页）所谓"楚掠惨棘"，犹言拷打严刻峻急。棘，通"亟"。语出《新唐书》卷一四五《严郢传》："逮捕河中观察使赵惠伯下狱，楚掠惨棘，锻成其罪。"（新唐第4729页）

卷七《刘夫人》："生辞以少年书痴，恐负重托。"（第1882页）所谓"书痴"，即专注于书籍的书呆子。《旧唐书》卷六一《窦威传》："威家世勋贵，诸昆弟并尚武艺，而威耽玩文史……诸兄哂之，谓为'书痴'。"（旧唐第2364页）

卷七《长亭》："虔奉此书，衣食佳丽皆有之。"（第1940页）所谓"虔奉"，即恭谨地承受。《旧唐书》卷一九〇下《文苑传下·刘蕡》："虔奉典谟，克承不构，终任贤之效，无旰食之忧。"（旧唐第5070页）

卷七《龙飞相公》："安庆戴生，少薄行，无检幅。"（第2037页）卷七《任秀》："而人终以其荡无检幅。"（第2131页）所谓"检幅"，即修整边幅，犹言注意细节。《新唐书》卷九一《温庭筠传》："彦博裔孙庭

笃，少敏悟，工为辞章，与李商隐皆有名，号'温李'。然薄于行，无检幅。"（新唐第3787页）

卷七《珊瑚》："二成妻臧姑，骄悍戾沓，尤倍于母。"（第2045页）所谓"骄悍戾沓"，即骄横凶悍，乖戾多言。语出《新唐书》卷一四五《元载传》："王氏，河西节度使忠嗣女，悍骄戾沓。"（新唐第4714页）

卷七《五通》（又）："久当自知，保不败君行止，勿忧也。"（第2062页）所谓"行止"，即品行。《旧唐书》卷一五八《韦贯之传》："同列以张仲素、段文昌进名为学士，贯之阻之，以行止未正，不宜在内庭。"（旧唐第4174页）

卷七《葛巾》："感卿情好，抚臆誓肌，不足论报；而又贪鄙，以耗卿财，何以为人矣。"（第2085页）所谓"论报"，犹言报答恩情。《新唐书》卷九八《马周传》："窃自惟念无以论报，辄竭区区，惟陛下所择。"（新唐第3895页）

卷七《黄英》："陶由此日富，一年增舍，二年起夏屋。兴作从心，更不谋诸主人。"（第2096页）所谓"兴作从心"，即兴造制作可随心所欲。《旧唐书》卷一七上《敬宗纪》："帝性好土木，自春至冬兴作相继。"（旧唐第520页）

卷七《齐天大圣》："至则殿阁连蔓，穷极弘丽。"（第2111页）所谓"连蔓"，即藤蔓绵延，引申指连延，连续不断。《新唐书》卷二〇六《外戚传·杨国忠》："帝常岁十月幸华清宫，春乃还，而诸杨汤沐馆在宫东垣，连蔓相照，帝临幸，必遍五家。"（新唐第5849页）

卷七《晚霞》："明日，龙窝君按部，诸部毕集。"（第2137页）所谓"按部"，即巡视部属。《新唐书》卷一〇二《令狐峘传》："齐映为江西观察使，按部及州。"（新唐第3987页）

卷八《香玉》："于是至不聊时，女辄一至。至则宴饮酬倡，有时不寝遂去，生亦听之。"（第2237页）所谓"不聊"，犹言不乐。《新唐书》卷一〇二《邓世隆传》："世隆内负罪，居不聊。太宗遣房玄龄谕曰：'尔

为太（王太）作书，各忠其主耳。我为天子，尚甘心匹夫邪？毋有后疑！'"（新唐第3984~3985页）

上述各例，如果说"款洽""久仰山斗""大饻""韬晦""书痴""兴作""连蔓"等用词常见于古人笔下，蒲松龄用之未必特意取资于史书；那么"神观爽迈""秀曼都雅""愿执鞭靮""楚掠惨棘""虔奉""骄悍戾沓""不聊"等用语分别借鉴于三种史书之痕迹则极为明显，绝非凭空结撰可得。探讨《聊斋志异》与《隋书》及两《唐书》的关系问题，可以发现蒲松龄创作小说借鉴前人典籍无微不至的积极认真态度，对于今天的读者鉴赏《聊斋志异》也大有助益！

（原载《蒲松龄研究》2021年第4期）

儒家经典与古代小说关系窥管

——以《聊斋志异》为中心

中国古代小说与儒家经典关系密切，四大名著自不必言，"三言""二拍"与清人李渔《十二楼》、吴敬梓《儒林外史》等，皆脱不开与儒家思想的干系。鲁迅《中国小说史略》中专列"清之以小说见才学者"一篇，所著录夏敬渠《野叟曝言》与李汝珍《镜花缘》等更与孔孟之道有千丝万缕的联系。白话小说而外，文言小说如六朝志怪、志人小说，唐宋传奇乃至清中叶纪昀的《阅微草堂笔记》等，也都与儒家经典有或多或少的关联，但若论与"四书""五经"水乳交融，则非蒲松龄的文言短篇小说集《聊斋志异》莫属。

《聊斋志异》一书承载了作者蒲松龄的平生理想，也宣泄出其一腔幽怨，其写作并非只是一般意义上的小说创作，而是用自己的全部热情谱写出生命之歌。把原本以自娱为目的的小说写作逐渐当作一己之事业去完成，是蒲松龄区别于古代文言小说作家的显著特征，这也奠定了《聊斋志异》之所以能够彪炳后世的文学地位。代表儒家思想的士林文化与以自然经济为基础的乡村文化有着天然的亲和力，"四书"与"五经"作为儒家的基本经典，既是明清科举考试的内容，又是旧时代士林文化引领乡村文化的思想基础。《聊斋志异》的文化品格以士林文化为主而辅以乡村文化，其根基即在于儒家经典对于当时读书人的耳濡目染。探讨这部空前绝后的文言小说与儒家经典的关系问题，堪称是当代解析《聊斋志异》

真义的关键所在。

作为中国儒家的传统经典，"四书"是封建时代读书人的人生教科书，它包括《大学》《中庸》《论语》《孟子》，明清科举考试的八股文写作，从命题到内容皆与"四书"须臾难离，"四书文"的写作是科举中式与否的主要依据。八股文考试"四书义"而外又有"五经义"。"五经"作为中国儒家的传统经典，与"四书"同为封建时代读书人的人生教科书，《诗经》《尚书》《周易》《礼记》与《春秋》（主要体现于《左传》）皆名列于"五经"中。凝结蒲松龄大半生心血的《聊斋志异》写作受到"四书""五经"的影响不言而喻。"四书义"对于考生是必考项，"五经义"对于考生则是选考项，所谓士子"各占一经"（即"本经"）就是此意。《明史·选举二》云："科目者，沿唐、宋之旧，而稍变其试士之法，专取《四子书》及《易》《书》《诗》《春秋》《礼记》五经命题试士。盖太祖与刘基所定，其文略仿宋经义，然代古人语气为之，体用排偶，谓之八股，通谓之制义。"① 《清史稿·选举一》："而明则专取《四子书》及《易》《书》《诗》《春秋》《礼记》五经命题试士，谓之制义。有清一沿明制，二百餘年，虽有以他途进者，终不得与科第出身者相比。"② 又《清史稿·选举三》谓顺治二年（1645）所颁科场条例云："首场'四书'三题，'五经'各四题，士子各占一经。"③ 蒲松龄传世的制义八股文有二十三篇，其中取题自《论语》者十二篇，取题自《孟子》者六篇，取题自《大学》者三篇，取题自《中庸》者二篇，全属于"四书"题。蒲松龄在场屋中所"占经"即其"本经"为哪一部，今天已难于考见。实则《聊斋志异》的写作与"四书""五经"皆有所关联，实难分主次，这显然与明清科举考试内容密切相关。

---

① （清）张廷玉等撰《明史》卷七〇《选举二》，中华书局 1974 年版，第 1693 页。

② 赵尔巽等撰《清史稿》卷一〇六《选举一》，中华书局 1976 年版，第 3099 页。

③ 赵尔巽等撰《清史稿》卷一〇八《选举三》，中华书局 1976 年版，第 3148 页。

一、从小说的文化品格说起

讨论《聊斋志异》的创作主旨，一向有孤愤说、劝惩说、游戏说、自娱娱人说等等说法，各有道理，一时未易轩轾；然而若从其小说的文化品格入手加以研究，探讨其真义则可收事半功倍之效。中国古代社会的传统文化，若按其阶层粗略划分，可有宫廷文化、士林文化、乡村文化、市井文化的分殊。历史上的文言小说如南朝宋刘义庆《世说新语》、唐宋传奇乃至清中叶纪昀《阅微草堂笔记》等，大都以士林文化品格为主；《聊斋志异》则具有士林文化辅以乡村文化的双重品格。

士林文化以儒家文化为主流，本属小农自然经济背景下的产物。儒家文化的价值取向以仁义为中心，强调伦理规范，在社会实践中关心人际关系的调整，而较少关注人与自然的矛盾，更不愿意设想"彼岸世界"的景况。"子不语怪力乱神"[1]，"务民之义，敬鬼神而远之"[2]，"未能事人，焉能事鬼"[3]，孔子的一系列言行就是明证。然而《聊斋志异》却是一部"料应厌作人间语，爱听秋坟鬼唱时"[4] 的"鬼狐史"，与儒家传统似乎格格不入，其实这只是表面现象。《聊斋》本是一部孤愤之书，其《聊斋自志》夫子自道有云："寄托如此，亦足悲矣。"[5] 正是现实中的困顿令这位内心世界异常丰富的读书人不得不到虚幻世界去寻觅理想的净土。清刘壎有题诗《蒲柳泉聊斋志异》云："此书虽然涉荒怪，亦有寄托非妄云。

---

[1] 杨伯峻译注《论语译注》，中华书局 1980 年版，第 72 页。
[2] 杨伯峻译注《论语译注》，中华书局 1980 年版，第 61 页。
[3] 杨伯峻译注《论语译注》，中华书局 1980 年版，第 113 页。
[4] （清）王士禛：《戏书蒲生〈聊斋志异〉卷后》，袁世硕主编《王士禛全集》，齐鲁书社 2007 年版，第 1072 页。
[5] 任笃行辑校《全校会注集评聊斋志异》，人民文学出版社 2016 年版，第 8 页。以下引用该书文字（包括分卷、正文、旧评等），仅随文括注该书页码，不再出注，以省篇幅。

奇思无穷笔力遒，未必无助于斯文。"① 清刘玉书《常谈》卷四云："或言蒲松龄胸中应具无数鬼狐，余谓惟松龄胸中无一鬼狐，莫被留仙瞒过。"②

清人所论皆注意到了《聊斋志异》的真义所在，眼光敏锐。卷六《杨大洪》为表彰明末与魏忠贤阉党斗争不屈而死的忠正之士杨涟而作，篇后"异史氏曰"有云："余谓天上多一仙人，不如世上多一圣贤，解者必不议予说之偬也。"（第 1755 页）作者坚定的儒家立场昭然若揭。清王之春《椒生笔记》卷二就此评云："此等议论，前人未道，有功于儒不小。"③ 可称的论。

儒、道、释三教合一之论自唐以后逐渐为社会所普遍认同，蒲松龄《〈问心集〉跋》："佛曰'虚无'，老曰'清净'，儒曰'克复'，至于教忠教孝，则殊途而同归。"④ 此跋语系蒲松龄为友人王观正号如水（1649～1702）所撰《问心集》而作，其于"三教"中所肯定者一意在儒，因而接下又有"恶之大者在淫""善之尤者为孝"等论。值得注意的是，《聊斋》以小说劝善，不仅体现于对人际关系的美好憧憬，还有泽及草木禽兽的美好愿望。卷四《花姑子》《西湖主》，卷五《八大王》《小翠》，卷七《白秋练》等篇，题旨或许各有千秋，但劝人为善则一以贯之。卷三《酒狂》，卷八《王大》等篇则对乡村中存在的嗜赌、酗酒恶习痛下针砭，表现出作者儒家立场的不可移易。

"百行孝为先"，蒲松龄既对儒家的纲常伦理奉行唯谨，自然，呼吁强调孝行就成为《聊斋》的一大主旨。卷二《侠女》中的男女主人公皆为孝母的典范；卷三《青梅》中的书生张介受因"性纯孝"而感动了狐

---

① （清）刘墫撰《挹秀山房诗集》卷二，道光十六年（1836）刘氏味经书屋刊本。
② 朱一玄编《聊斋志异资料汇编·评论编》，南开大学出版社 2002 年版，第 505 页。
③ 朱一玄编《聊斋志异资料汇编·评论编》，南开大学出版社 2002 年版，第 506 页。
④ 盛伟编《蒲松龄全集·聊斋文集》，学林出版社 1998 年版，第 1115 页。

女青梅，才推动了故事情节的进展；卷八《乐仲》就是一篇孝子的颂歌。卷五《青娥》的"异史氏曰"甚至说："钻穴眠榻，其意则痴；凿壁骂翁，其行则狂。仙人之撮合之者，惟欲以长生报其孝耳。"（第1323页）

据《晋书》记述，魏晋时代的阮籍曾有答复司马昭的一段妙语：

> 有司言有子杀母者，籍曰："嘻！杀父乃可，至杀母乎！"坐者怪其失言。帝曰："杀父，天下之极恶，而以为可乎？"籍曰："禽兽知母而不知父，杀父，禽兽之类也。杀母，禽兽之不若。"众乃悦服。①

蒲松龄对于《晋书》的这一段记述心存默契，《聊斋》中两用其意。卷七《仇大娘》："或问大娘：'异母兄弟，何遽关切如此？'大娘曰：'知有母而不知有父者，惟禽兽如此耳，岂以人而效之？'福、禄闻之皆流涕，使工人治其第，皆与己等。"（第1936页）卷八《曾友于》篇末"异史氏曰"有云："天下惟禽兽止知母而不知父，奈何诗书之家，往往而蹈之也！"（第2185页）蒲松龄对这一典故的反复运用，皆体现了作者对儒家伦理纲常的重视。

鼓吹善行仁孝是《聊斋》士林文化品格的一个方面，而向往政治清明，歌颂清官，憎恶贪官污吏，则为蒲松龄儒家仁政理念的流露，也属于士林文化品格的表征。卷六《诗谳》《于中丞》《折狱》，卷七《胭脂》，卷八《公孙夏》《太原狱》《新郑狱》等篇为颂扬清官之作；卷一《成仙》，卷四《潞令》，卷五《梦狼》《梅女》，卷八《王者》等篇批评贪官污吏则不遗余力。卷八《王大》之"异史氏曰"有"世事之不平，皆由为官者矫枉过正也"（第2118页）之论，而卷四《伍秋月》之"异史氏曰"，甚至发出"凡杀公役者，罪减平人三等"（第957页）的呼吁。在

----

① （唐）房玄龄等撰《晋书》卷四九，中华书局1974年版，第1360页。

小说中，蒲松龄淋漓尽致地表达出为民请命的正义感；在现实中，这位书生也正直敢言，不畏权贵。因丈量土地事，蒲松龄有《上高司寇念东先生》的呈辞，仗义执言；为反抗污吏康利贞鱼肉乡里，蒲松龄又有《与王司寇》一函，向曾居刑部尚书高位的王士禛慷慨陈词。蒲松龄《与韩刺史樾依书寄定州》曾云："仕途黑暗，公道不彰，非袖金输璧，不能自达于圣明。真令人愤气填膺，欲望望然哭向南山而去。"① 然而无论于小说中还是在现实里，蒲松龄对于社会的批判始终局限于唐人杜甫"致君尧舜上，再使风俗淳"（《奉赠韦左丞丈二十二韵》）的理念上，并没有超越时代对于封建专制制度本身提出质疑。不同于其同时代的思想家黄宗羲等学者，蒲松龄保守性的小农意识较为强烈，我们在《聊斋》中常可以发见作者对于男读女织社会理想的无限向往。如卷四《细侯》中对小农社会的憧憬灼然可见："闭户相对，君读妾织，暇则诗酒可遣，千户侯何足贵！"清但明伦就此评道："室有美人，闭户相对，书声机声，衔杯拈韵，千户侯真不足贵也。"（第1122页）同属封建文人，自然心有灵犀一点通，最能体会《聊斋》作者的心态。

以儒家思想为根基的士林文化与以自然经济为基础的乡村文化具有天然的亲和力，《聊斋志异》具有双重文化品格顺理成章。不过就整体而言，《聊斋》仍以士林文化品格为主，这不仅取决于其典雅文言的纯熟运用，偏重于精神层面的审美愉悦也是其士林文化品格鲜明的标志。至于蒲松龄所撰写的大量俚曲、杂著等，就是以乡村文化品格为主的作品了，其中也渗透有士林文化品格，不过两者的主次地位恰与《聊斋》相反而已。《聊斋》中涉及商人或以商贾为主人公的小说约有七十馀篇，占其全部作品的七分之一左右。有论者因此认为蒲松龄受到明中叶以来新思潮的影响，作品中染有浓厚的商人精神与市民意识，同"三言""二拍"一样具有市井文化品格。如卷三《罗刹海市》"数卷书，饥不可煮，寒不可衣，

---

① 盛伟编《蒲松龄全集·聊斋文集》，学林出版社1998年版，第1129页。

吾儿可仍继父贾"（第651页）之语，卷七《刘夫人》"读书之计，先于谋生"（第1796页）的经商论，卷八《房文淑》"我思先生设帐，必无富有之期，今学负贩，庶有归时"之劝（第2331页），如果联系明末清初淄川一带采煤、丝绸、制陶业乃至集市贸易的发达，联系蒲松龄父亲弃儒经商的事实，似乎作者已摆脱了传统文人对商人的偏见，而有了顺应时代潮流的新思维。其实，小说中的人物语言有时纯粹出于故事情节发展的需要，并不代表作者的真实思想，意即我们不能认为小说中的人物语言反映了客观实情就一定表达出作者的写作倾向。同理，卷四《细侯》"满生虽贫，其骨清也；守龌龊商，诚非所愿"（第1123页）之语，卷七《白秋练》"凡商贾志在利耳"（第2048页）之评，卷八《纫针》"我虽贫，故簪缨之胄，彼以执鞭发迹，何敢遂媵吾女"（第2291页）之言，我们也不能当成作者从心底鄙夷商贾的例证。蒲松龄《题吴木欣〈班马论〉》一文有云："余少时，最爱《游侠传》，五夜挑灯，恒以一斗酒佐读；至《货殖》一则，一涉猎辄弃去。即至'戒得'之年，未之有改也。"① 这应当是《聊斋》作者心态的真实写照。有论者喜以卷七《黄英》中陶家兄妹"以东篱为市井"（第1999页）之行为证明作者商人意识的流露，然而若从小说的主要倾向加以进一步分析，就会发现作者企图用陪衬法来突出马子才安贫守道的儒家风范的执着可爱，况且令菊花之精灵艺菊贩菊，纯属自家神通，与社会中汲汲逐利的行商坐贾毕竟不可同日而语。

蒲松龄一生有强烈的文人自恋心理，常高自位置，满足于"精神贵族"的自身想象。卷七《白秋练》中商人之子慕蟾宫"聪慧喜读"（第2045页），他与"渔家女"相恋，竟能以吟诗疗疾，显然闪烁着文人自恋中想象的辉光。卷七《刘夫人》中的廉生经商后仍"嗜读，操筹不忘书卷，所与游，皆文学士"（第1798页），也可见作者理想之所在。蒲松龄意识到业儒的艰难，其《王村街公贺孙子游泮序》有云："盖铅椠之业，

---

① 盛伟编《蒲松龄全集·聊斋文集》，学林出版社1998年版，第1119页。

其效甚缓，其术近迂，不如以身障簏者日有赢馀，可以挑灯数齿而乐之也。"① 即使艰难如此，他却在《示儿》诗中又坚定地训导儿子："读书元不求温饱，但使能文便可嘉。"② 其原因就在于他自己能于苦读与写作中找到自我陶醉的安身立命之所。

蒲松龄曾经写有《荒园小构落成有丛柏当门颜曰绿屏斋》七律十首，其五颈联："须知膏火寒窗下，也有羲皇好梦来。"③ 蒲松龄七十四岁时写有排律《老乐》，有句云："架上书堆方是富，尊中酒满不为贫。"④ 蹉跎一生却老而无悔，这与其对儒家理念的终生奉守不无关系。他参加科举本为进入仕途，屡屡败北又导致其目的性本身的模糊，而令中式与否只成为其学力优劣的验证，这在《聊斋》有关科举的篇章中，读者可以明显感觉到。如卷一《叶生》中屡试不售的主人公"借福泽为文章吐气，使天下知半生沦落，非战之罪也"（第119页）的无奈呐喊，卷七《三生》阎王对于糊涂考官"某既衡文，何得黜佳士而进凡庸"（第1848页）的叱问，皆非作者对科举取士制度的彻底否定。对于以八股文衡量天下士，蒲松龄也并非全持否定态度，卷八《新郑狱》"谁谓文章仅华国之具哉"（第2326页）一语可证。在封建社会相对安定的时期，科举是中下层文人跻身仕途的唯一可能通道，渴望龙门一跃的蒲松龄没有理由对于科举进行制度性的否定，他所希冀或企盼者，公平而已。

耐得住常年首糜生涯者往往属于性格内向的人，蒲松龄无疑具有这样的性格。他用儒家理念约束自己的实际人生，却又不妨在内心畅想中完成虚幻世界中的自我重构。尽管有时他也不免于词或俚曲中有一些"放浪形骸之外"的言语，但总的说来其为人处世却是以为人师表的自我约束为外在形象的。这种内在充盈的人生境界是导致他孜孜于科举却又安于贫

① 盛伟编《蒲松龄全集·聊斋文集》，学林出版社1998年版，第1090页。
② 盛伟编《蒲松龄全集·聊斋诗集》，学林出版社1998年版，第1761页。
③ 盛伟编《蒲松龄全集·聊斋诗集》，学林出版社1998年版，第1718页。
④ 盛伟编《蒲松龄全集·聊斋诗集》，学林出版社1998年版，第1931页。

贱的重要原因。卷一《王六郎》体现了儒家仁义思想，小说中尚"善"并辅以富贵不忘贫贱的价值取向，正是处于下位者的文人自尊、自强、自恋的道德依归。其他如卷二《张诚》，卷五《二商》，卷七《湘裙》，卷八《曾友于》等篇也都从不同角度反映出属于作者的、以儒家思想为主的士林文化品格。卷三《阿霞》《青梅》，卷四《封三娘》，卷七《素秋》等篇，都有对女子慧眼识寒士于穷厄中的向往，对于命运，作者并不乏等待的勇气。卷二《连城》，卷七《乔女》《瑞云》等篇透过男女之情反映知己的宝贵，折射出传统文人的落寞心态。卷五《胡四娘》刻画女主人公的隐忍大度栩栩如生，又何尝不是作者企盼日后奋志青云的潜意识流露呢！至于卷五《邵女》篇对"以命自安，以分自守"的赞赏，卷七《珊瑚》篇对人生逆来顺受的肯定，卷三《妾击贼》篇对甘于卑贱者的颂扬，固然与旧时代文人心目中对理想女性的心理期待相关，反映了士林文化中的男子中心主义；然而如果细绎小说内涵，又何尝不是蒲松龄对命运无奈的体现呢！相信命运却又不甘心于无所作为的平庸，于是就有了对"痴心"的张扬。卷二《阿宝》，卷五《青娥》，卷七《书痴》，卷八《香玉》《王桂庵》《寄生》等篇，都不同程度地表达了"痴"的力量，其中《阿宝》之"异史氏曰"如此立论："性痴则其志凝，故书痴者文必工，艺痴者技必良，世之落拓而无成者，皆自谓不痴者也。"（第338页）性有所癖，情有独钟，正是士林文化的重要品格，惟其如此，才造就了旧时代文人沉迷于书城学海并自得其乐的兴趣和勇气。

二、以儒家经典解析小说真义

卷三《青梅》是旧时文人在极度自恋中描述"天生佳丽，固将以报名贤"的白日梦幻想，但其间又辅以正直士人的道德自律："卿爱我，谓我贤也。昏夜之行，自好者不为，而谓贤者为之乎？"（第639页）所谓"自好者"二句，意谓贤良士人绝不会发生男女苟且之事，语本《孟子·

万章上》："乡党自好者不为，而谓贤者为之乎？"宋朱熹集注："自好，自爱其身之人也。"① 《青梅》中的这一段对话属于直接抄录《孟子》成句，除表明小说男主人公为儒家坚定信徒的身份外，也言简意赅地传达出作者的人生价值取向。类似的儒家理念在《聊斋志异》中并不罕见，如卷二《红玉》中冯翁责骂其子冯相如之语："如此落寞，尚不刻苦，乃学浮荡耶？人知之，丧汝德，人不知，促汝寿！"（第 394 页）这正是《孟子·尽心上》所谓"古之人，得志，泽加于民；不得志，修身见于世。穷则独善其身，达则兼善天下"② 的翻版。

蒲松龄儒家立场的坚定还体现于他对清官政治的憧憬以及对贪官污吏横行不法的憎恶，卷五《梦狼》的有关书写就体现了一位正直读书人深沉的忧患意识。这是一篇带有浓厚政治寓言色彩的小说，清胡泉（者岛）有评云："《梦狼》一则，写官虎吏狼，固足以警觉贪墨，此二附录，居官者尤不可不知也。字字金丹，能勿宝诸！且绘吏役狡诈之情，笔笔飞舞变幻。"（第 1484 页）贪污腐败在漫长的封建时代，属于制度性的难题，难以破解。在乌烟瘴气的官场中，往往是贪官才能获得升迁的机会，而廉洁的官员反而受到百般压抑，潦倒以终。"三年清知府，十万雪花银"③，官不贪则难以攫取大量财富用以夤缘上司、贿赂当道者，也就有可能丧失了进身的机会。权力导致腐败，这是专制社会上下贪腐难以遏制的根本原因。"黜陟之权，在上台不在百姓。上台喜，便是好官；爱百姓，何术复令上台喜也。"（第 1481 页）这是小说中出自贪官的肺腑之言，却又洞见症结，从官吏升迁的层面指出了官民对立的根本原因。作为对照映衬，小说也提供了一位廉洁为官的白翁外甥，因"有政声"，也照样可以"行取为御史"，从而为宣扬因果报应说提供了支撑。

《梦狼》中"异史氏曰"有云："窃叹天下之官虎而吏狼者，比比也。

---

① （宋）朱熹撰《四书章句集注》，齐鲁书社 1992 年版，第 140 页。
② （宋）朱熹撰《四书章句集注》，齐鲁书社 1992 年版，第 189 页。
③ （清）吴敬梓著《儒林外史》第八回，人民文学出版社 1977 年版，第 104 页。

即官不为虎，而吏且将为狼，况有猛于虎者耶！"（第1483页）所谓"猛于虎者"，当指封建专制统治下繁重的赋税、严酷的法令等苛政，典出《礼记·檀弓下》："孔子过泰山侧，有妇人哭于墓者而哀，夫子式而听之。使子路问之曰：'子之哭也，一似重有忧者。'而曰：'然，昔者吾舅死于虎，吾夫又死焉，今吾子又死焉。'夫子曰：'何为不去也？'曰：'无苛政。'夫子曰：'小子识之，苛政猛于虎也。'"①坊间通行的注本诠释或白话翻译"况有猛于虎者耶"一句，往往误解为"那些当官的比老虎还凶猛"，实则《梦狼》中所谓"猛于虎者"当属于藏词修辞中的"藏头"法，意在暴露封建最高统治者的"苛政"，与或官或吏的身份认证，实无牵涉。

卷四《潞令》一篇与《梦狼》同一宗旨，皆属于讽刺封建官场中残民以逞的大小官吏的名篇，极有认识价值。古代称滥用刑法残害百姓的官吏为酷吏，汉司马迁《史记》专设《酷吏列传》，《汉书》承之，也有《酷吏传》，《后汉书》则同《史记》，亦称《酷吏列传》，可见酷吏问题在古代专制社会的严重程度。这篇《潞令》中主人公"宋国英"，史有其人，并非虚构，"卒于任"也见于《潞城县志》，绝非杜撰。宋国英，当作"宋国锳"（生卒年不详），贡生，康熙间任潞城县（今山西省长治市潞城区）知县。光绪《东平州志》卷一一《选举志·贡生》著录"宋国锳"，下注"潞城知县"。康熙《潞城县志》卷五《官政志·职官·知县》："以下康熙年任……宋国锳，山东东平州人，贡生，卒于任。"至于小说中宋国英为官草菅人命的恶行，有作者乡人徐白山之见证，当非捕风捉影、道听途说之谈。

值得瞩目的是，这篇小说所揭示者不仅是宋国英这位酷吏"贪暴不仁"的为官之道，而是他将杀人如麻的劣迹笼罩上顺从民心、为民除害的光环，从而令其残暴无道披上了"正义"的外衣，并有可能得到"卓

---

① （清）阮元校刻《十三经注疏》，中华书局1980年版，第1313页。

异"上考的希望。这涉及如何理解小说中"不然，颠越货多，则'卓异'声起矣"（第1047页）三句。所谓"颠越货多"，清吕湛恩注："《书·康诰》：'杀越人于货，暋不畏死。'传：'越，颠越也。《书·盘庚》：颠越不恭。"清何垠注："谓颠越其人而取其货，盗也。"（第1048页）所谓"颠越货多"四字之主语为何人？清人并未明确注出，似乎令读者觉得是指责官府即盗。于是皆以宋国英为"颠越货多"的主语，即两者属于因果关系。这实在是一种郢书燕说。其实，"颠越货多"在这里是虚拟清廷"大计"的考语，其主语当是无辜被杀者，属于为官者栽赃诬陷的百姓。作者巧用经书中语将宋国英"冠冕堂皇"的杀人理由和盘托出，即那些被杀之人属于无人不切齿痛恨的作奸犯科者，可"不待教而诛"，于是其"莅任百日，诛五十八人矣"，就有了"造福一方"的正义说辞，因而才有可能得到"卓异"的上考。否则，仅凭明目张胆地杀人掠财为官，在任何正常运行的社会都是不会得到上司嘉奖的。

"颠越货多，则'卓异'声起矣"二句，意谓宋国英严厉惩处那些所谓"杀远人取财货"令人痛恨的"罪犯"，"卓异"的政声就会四处传扬。在这里，作者虽用语隐晦，却带有强烈的厌恶与讽刺意味。颠越货多，语本《书·康诰》："凡民自得罪，寇攘奸宄，杀越人于货，暋不畏死，罔弗憝。"汉孔安国注："凡民用得罪，为寇盗攘窃奸宄，杀人颠越人，于是以取货利。"又："暋，强也。自强为恶而不畏死，人无不恶之者，言当消绝之。"① 原文大意：百姓凡因偷窃、抢劫、内外作乱、杀死远人取其财货犯罪，又刁顽不怕死，就无人不切齿痛恨。又《孟子·万章下》："《康诰》曰：'杀越人于货，闵不畏死，凡民罔不憝。'是不待教而诛者也。"其大意是："《康诰》说，'杀死别人，抢夺财物，横强不怕死，这种人，是没有人不痛恨的。'这是不必先去教育他就可以诛杀

---

① （清）阮元校刻《十三经注疏》，中华书局1980年版，第204页。

的。"① 蒲松龄用"颠越货多"四字概括经书中的复杂含义,言简意赅,意在指称那些被诬陷冤枉的平民百姓,曲折地勾画出宋国英巧借以顺从民心的名义滥杀无辜的丑恶嘴脸。卓异,清代吏部定期考核官吏,针对中央各部官员者称"京察",针对地方官员者称"大计",文官三年,武官五年,政绩突出、才能优异者称为"卓异",为最上等。《清史稿》卷一一一《选举六》:"凡京察一等、大计卓异有定额,京官七而一,笔帖式八而一,道、府、厅、州、县十五而一,佐杂、教官百三十而一,以是为率。非历俸满者,未及年限者,革职留任或钱粮未完者,满官不射布靶、不谙清语者,均不得膺上考。"② 可见,如果注家未弄清楚"颠越货多"的主语为何人,就会误读原著又误导读者,有可能减弱蒲松龄在小说中对封建酷吏义愤填膺、切齿痛恨的程度,并辜负了作者行文意在言外的艺术匠心。

《聊斋》真义只有通过对相关儒家经典的正确解析方能获取。卷八《桓侯》通过三国、南宋历史人物的"穿越"相聚,暗中表明《易·复卦》中"不远复"三字符的重要性,属于《聊斋志异》中志怪与劝善两相结合的小说。小说以儒家传统道德观为依归,道出了作者人生自我完善的价值取向。

此篇可与卷六《于去恶》一篇相参阅,后者借主人公于去恶之口盛赞三国张飞云:"桓侯翼德,三十年一巡阴曹,三十五年一巡阳世,两间之不平,待此老而一消也。"(第1636页)类似有关张飞或称张桓侯之传说,反映了旧时文人对这位古人的景仰之情。三国时蜀国的张飞,后世的名声远不如其二哥关羽,但古代读书人对这位叱咤风云武夫的评价却并不低,原因就在于他刚勇之馀不乏礼贤下士之风。《三国志》卷三六《张飞传》有云:"羽善待卒武而骄于士大夫,飞爱敬君子而不恤小人。"③ 史书

---

① 杨伯峻译注《孟子译注》,中华书局1960年版,第240~241页。
② 赵尔巽等撰《清史稿》卷一一一《选举六》,中华书局1976年版,第3222页。
③ (晋)陈寿撰《三国志》卷三六《张飞传》,中华书局1982年版,第944页。

这一涉及两位异姓兄弟作风的比较，彰显了张飞在后世士大夫心目中某种优势所在的原因。所谓"士大夫"与"君子"互文见义，都有读书人的影子。清龚炜《巢林笔谈》卷三："张桓侯礼服孟起，义释严颜，俱是大有学问人作用。其书法铭于刁斗，文集传于艺林，风雅又如此。此关、张之所以并称也。不然，明经好学如解州，肯与兄兄而弟弟耶？俗但知其瞋目横矛，写一时勇态，失却大贤本色矣。"①

降至清代，文人士大夫对于张飞尤有好感，甚至认为其神灵在一定范围内能够阻遏张献忠农民军的屠川行径，清彭遵泗《蜀碧》卷二："保宁有张桓侯庙，千年矣；初献攻城，夜出巡垒，见一黑大人踞城上，手持蛇矛，足浸江中，惊怖失声。如是者三夜。献询知为侯神，望空遥祭而去。一城获全。保宁数被兵，而城中人不至澌尽者，侯之庇也。"②阆中为明清县名，属保宁府，治所在今四川省阆中市。阆中县有汉桓侯祠，俗称张飞庙，明代又称雄威庙，包括张飞的陵墓和祭祠。原祠于历代虽屡经兵火，但累毁累建，今存祠庙为清代建筑，位于古城保宁镇西街西端，属于国家级文物保护单位。《桓侯》中"仆窃妄有干求，如少存爱恋，即亦不强"（第 2301 页）数语，将张飞不恃强凌弱的可爱武夫性格刻画而出，很有感染力。

张飞既然是勇冠三军的赳赳武夫，就必有与众不同之处；小说主人公彭好士当是一介儒生，遇事讲究揖让之礼节。作者据此生发，在对比映衬中刻画张飞不事虚文、行事果断的武人本质：

> 俄，主人出，气象刚猛，巾服都异人世。拱手向客，曰："今日客莫远于彭君。"因揖彭，请先行。彭谦谢，不肯遽先。主人捉臂行之。彭觉捉处如被械梏，痛欲折，不敢复争，遂行。下此者，犹相推

---

① （清）龚炜撰《巢林笔谈》卷三，中华书局 1981 年版，第 79 页。
② （清）彭遵泗撰《蜀碧》卷二，清嘉庆写刻本。

让，主人或推之，或挽之，客皆呻吟倾跌，似不能堪，一依主命而行。（第2300页）

蒲松龄对于日常文人间相处的虚伪客套之风的厌恶，堪称由来已久，卷五《沂水秀才》一篇其后附志"不可耐"十七事："对酸俗客。市井人作文语。富贵态状。秀才装名士。信口谎言不掩。揖坐苦让上下。旁观诌态。财奴哭穷。歪诗文强人观听。醉人歪缠。汉人作满洲调。任憨儿登筵抓肴果。市井恶谑。体气苦逼人语。歪科甲谈时文。语次频称贵戚。假人馀威装模样。"（第1285页）其中第六事"揖坐苦让上下"，则可与《桓侯》附则记述吴木欣所言者对读：

> 吴木欣言："有李生者，唇不掩其门齿，露于外者盈指。一日，于某所宴集，二客逊上下，其争甚苦。一力挽使前，一力却向后。力猛肘脱，李适立其后，肘过触喙，双齿并堕，血下如涌。众愕然，其争乃息。"此与桓侯之握臂折肱，同一笑也。（第2302页）

吴木欣，即吴长荣（1656~1705），字木欣，一字仁居，号青立，又号茧斋，长山人，贡监生。著有《班马阙疑论》《宝诚堂随笔录》《茧斋诗集》等。吴长荣为蒲松龄忘年小友朱绷的从姊丈，蒲松龄有《题吴木欣〈班马论〉》《题吴木欣〈戒谑论〉》二文，可见两人交谊。蒲松龄以友人的"段子"为《桓侯》的结束之语，似乎小说的主旨已明，即无非以读书人之间的虚文假套反衬张飞勇猛刚毅性格的可爱并留有无穷的馀味。读者如果仅仅止步于此，则小说真义完全被湮没无存，如若欲知其详就要从小说中留宿招待彭好士的居停主人刘子翚的人物设置谈起。此居停主人并非作者虚构，而是史有其人且大名鼎鼎，他曾经做过南宋理学大儒朱熹（1130~1200）的老师。然而《聊斋》注家从清人到现代，几乎无人论及这位生活于南宋时代并被蒲松龄特意选作小说《桓侯》中配角的重大作用。

刘子翚（1101~1147），字彦冲，号屏山，南宋建州崇安（今属福建）人。以父荫补承务郎，通判兴化军，后辞归，居武夷山讲学，精《易》，朱熹曾从之学。著有《屏山集》。《宋史》卷四三四有传，内云："（刘子翚）与籍溪胡宪、白水刘勉之交相得，每见，讲学外无杂言。它所与游，皆海内知名士，而期以任重致远者，惟新安朱熹而已。初，熹父松且死，以熹托子翚。及熹请益，子翚告以《易》之'不远复'三言，俾佩之终身，熹后卒为儒宗。子翚少喜佛氏说，归而读《易》，即涣然有得。其说以为学《易》当先《复》，故以是告熹焉。"① 《四库全书总目》卷一五七著录刘子翚《屏山集》二十卷，内有云："集中谈理之文，辨析明快，曲折尽意，无南宋人语录之习。论事之文，洞悉时势，亦无迂阔之见。如《圣传论》《维民论》及《论时事劄子》诸篇，皆明体达用之作，非坐谈三代，惟骛虚名者比。"② 评价不低且极中肯。

关注小说中刘子翚的出现，以及对其所谓"不远复"三字符的发覆，可为揭示《桓侯》一篇之宗旨所在以及理清作者的创作思路，起到关键性的作用。朱熹《屏山先生刘公墓表》记述刘子翚临终前两日对"以童子侍疾"的朱熹说："吾于《易》得入德之门焉，所谓'不远复'者，则吾之三字符也。佩服周旋，罔敢失坠。于是尝作《复斋铭》《圣传论》，以见吾志。然吾忘吾言久矣，今乃相为言之。汝尚勉哉。"③ 朱熹时虚龄十八岁，故自称童子，且"顿首受教"而退。

所谓"不远复"三字符，语本《易·复》："初九：不远复，无祗悔，元吉。《象》曰：'不远'之'复'，以修身也。"④ 大意即走得不远就回归，以自身能力欠缺，故用以修身养性。这与小说中彭好士骑乘偶食仙草

---

① （元）脱脱等撰《宋史》卷四三四，中华书局 1977 年版，第 12872 页。

② （清）永瑢等撰《四库全书总目》卷一五七，中华书局 1965 年版，第 1355 页。

③ 曾枣庄、刘琳主编《全宋文》卷五六七七，上海辞书出版社、安徽教育出版社 2006 年版，第 253 册第 55 页。

④ （清）阮元校刻《十三经注疏》，中华书局 1980 年影印版，第 39 页。

之马而瞬息千里、远游迷失的情境正同。《复》卦是《易经》六十四卦的第二十四卦，为上坤下震两卦相叠，震为雷、为动；坤为地、为顺。动则顺，顺其自然，动在顺中，进退自如，利于前行。在《复》卦六爻中，唯其下第一爻为阳爻（初九），其他五爻皆为阴爻。周振甫《周易译注》翻译上引《易·复》之文云："倒数第一阳爻：走得不远就回来，没有大问题，大吉。《象传》说：'不远'之'复'，用来修身。"又另加"说明"云："再看爻辞，有'不远复'，有'休复'，都是好的。有'频复'，皱着眉头回来，有问题，但也不严重。有半路回来，敦促回来，说明有些问题。有迷路，才是凶的。"①徐志锐《周易大传新注》解释上引《易·复》之文云："复为阳复，有失才有复。无失则无复。剥的上九一阳被剥落，阳消失而成坤，然后一变而一阳生于下而成复，是失去不远就回复，故言'不远'之'复'。阴阳作为对立面是一正一反，阳为刚、为'君子'，阴为柔，为'小人'。初九阳刚失之不远就回复，它也可以象征'君子'有过失，知过就改很快就回复到正道上来。所以《系辞传》说：'颜氏之子，其殆庶几乎。有不善未尝不知，知之未尝复行也……'此是以修身之道释'不远复'。"②高亨《周易古经今注》诠解《易·复》之文云："不远复者，行未远而返也……往而不返，去而不归，则不知所届止，将失其故居，故《周易》以复为吉，不远而复虽悔不大，且为大吉，故曰不远复，无祗悔，元吉。"③

通过现代人对于《复》卦的有关阐释，再来看刘子翚对"不远复"三字的发挥，问题可能就迎刃而解了。其《圣传论十首·颜子》有云："学《易》者必有门户，《复》卦，《易》之门户也；入室者必自户始，学《易》者必自《复》始。得是者其惟颜子乎！不远而复，称为庶几，盖本夫子尝以复礼为仁之说告之矣。颜子躬行允蹈，遂臻其极，一己即

---

① 周振甫译注《周易译注》，中华书局 1991 年版，第 88~89 页。
② 徐志锐著《周易大传新注》，齐鲁书社 1986 年版，第 161 页。
③ 高亨著《周易古经今注》，中华书局 1984 年版，第 230 页。

克，天下归仁，复之之功至矣。固有之仁，本无彼此，迷而不复，妄自分隔。且吾身在天地中一物耳，学者晓此，方是想像说得仁礼，意隔情碍，如何天下归仁？"① 刘子翚将"不远复"提升至孔子所谓"克己复礼"的自我修养的高度来认识，体现了儒家"修己以敬"的人生价值取向。《论语·颜渊》："克己复礼为仁。一日克己复礼，天下归仁焉。为仁由己，而由人乎哉？"② 依刘子翚所见，"不远复"就是个人修为的极致，因而《复》卦就是《易》之门户。至于刘子翚所写《复斋铭》，并未独立成篇，而是包蕴于上揭《圣传论十首·颜子》中：

> 余尝作《复斋铭》曰："大《易》之旨，微妙难诠。善学《易》者，以《复》为先。惟人之生，咸具是性。喜怒忧乐，或失其正。视而知复，不蚀其明。听而知复，不流于声。言而知复，匪易匪轻。动而知复，悔吝不生。惟是四知，本焉则一。孰觉而存，孰迷而失。勿谓本有，劳思内驰。亦勿谓无，悠悠弗思。廓尔贯通，心冥取舍。既复其初，无复之者。荡荡坦坦，周流六虚。昔非不足，今非有馀。伊颜氏子，口不言《易》。庶几之功，默臻其极。今我仰止，以名斯斋。念兹在兹，其敢殆哉！"③

这篇《复斋铭》从所谓"四知"即视、听、言、行四个方面的"复其初"，重申"不远复"难以取代的重要性。人孰无过？惟其过失尚未发展到严重之际，就能及时反省改善，必有转机；否则积重难返，就可能一败涂地。刘子翚写有《寄魏元履》五古诗一首，其中亦云："尝闻不远复，

---

① 曾枣庄、刘琳主编《全宋文》卷四二五七，上海辞书出版社、安徽教育出版社2006年版，第193册第169页。
② 杨伯峻译注《论语译注》，中华书局1980年版，第123页。
③ 曾枣庄、刘琳主编《全宋文》卷四二五七，上海辞书出版社、安徽教育出版社2006年版，第193册第169~170页。

佩作三字符。"① 朱熹《游昼寒以茂林修竹清流激湍分韵赋诗得竹字》诗也有"十年落尘土，尚幸不远复"的吟哦②。可见南宋两位理学家对于"不远复"三字符一脉相承的执着情怀，即观心自照，时常不忘自我检束。至今武夷山五夫里朱熹故居紫阳楼仍悬挂有"不远复"的匾额，亦可为一证。值得一提的是，唐代韩愈五古《招杨之罘》一诗已经注意到"不远复"三字的重要性："先王遗文章，缀缉实在余。《礼》称独学陋，《易》贵不远复。"③

　　明清科举考试中的八股制义以"四书文"最为重要，"五经文"次之，前者往往是场屋中式与否的关键因素。以"四书文"为例，须用八股文体外，其内容也自有一定之规。行文自"起讲"开始，就须"入口气"，即代圣人孔子或贤者孟子、朱熹等人的口吻说话，谓之"代圣贤立言"。至于代言的内容，也不能凭空捏造或搞乱了时代，只能依照"朱注"的文字加以构思，若自由发挥必遭黜落。蒲松龄大半辈子从事科举考试，对于朱熹的《四书章句集注》必然背诵得滚瓜烂熟，对于朱熹的平生仕履与思想渊源也须顾及，否则就难以在考试中胜出。蒲松龄对于朱熹曾经的老师刘子翚并不陌生，钻研过他的文章亦在情理之中。据《宋史》本传，朱熹于宋孝宗淳熙二年（1175）曾主管武夷山冲佑观（清人称冲佑万年宫，俗称武夷宫），冲佑观位于武夷山大王峰下，大王峰北侧即幔亭峰，两峰山麓相连，后者峰顶地势平坦，有一巨石状如香鼎，称宴仙坛。据传先秦的仙人武夷君曾在此设幔亭宴会乡人，"幔亭"之峰名即由此而来。所谓"幔亭"，即用帐幕围成的亭子。宋张君房《云笈七签》卷九六："太子文学陆鸿渐撰《武夷山记》云：武夷君，地官也，相传每

---

① 北京大学古文献研究所编《全宋诗》，北京大学出版社1998年版，第34册第21386页。

② 北京大学古文献研究所编《全宋诗》，北京大学出版社1998年版，第44册第27576页。

③ 《全唐诗》卷三四〇，中华书局1960年版，第3808页。

于八月十五日大会村人于武夷山上，置幔亭，化虹桥通山下。"① 蒲松龄平生并未到过福建，但因系朱熹故乡而爱屋及乌，对武夷山的关注更不在话下。他有《题石》七绝："遥望此石惊怪之，插青挺秀最离奇。不知何处曾相见，涧壑群言似武夷。"② 此诗后两句或本于明章潢《图书编》卷六四《一都山》："旁有独峰，一名玉柱峰，高三百丈，三面临水，周一百六十丈。朱文公至此，爱其山水清绝似武夷，有'碧涧修筠似故山'之句。"③ 经考，宋朱熹之原诗也是七绝，即《追和李士举徐氏山居韵》："山岫孤云意自闲，不妨王事死连环。解鞍磅礴忘归去，碧涧修筠似故山。"④ 蒲松龄《题石》诗即暗用玉柱峰典与朱熹诗意，体现吟诗用典的巧思而外，也可见其对武夷山的向往之情。

《桓侯》篇后"异史氏曰"有云："观桓侯燕宾，而后信武夷幔亭非诞也。"（第 2302 页）两句话暗中透露出这篇小说的构思过程。蒲松龄因对朱熹生平的关注，从而对有关武夷山的掌故也兴趣浓厚，于是根据武夷幔亭的传说虚构了桓侯在四川阆中燕宾的情节，既顺应当时读书人仰慕张飞公正无私的心理祈向，又通过小说陪衬人物刘子翚的设置，结合主人公彭好士迷途未远而即回归的情节，暗中烘托出小说强调读书人个人修养的哲学思考，可谓一举数得。无论张飞从三国的时间"穿越"，还是刘子翚从南宋的时间"穿越"，蒲松龄撰写《桓侯》的所有悬想虚构皆围绕"不远复"之三字符展开，只不过不是明写，而是暗表，唯有会心的读者或曰"合格的读者"，方能体味到其中妙处。

《桓侯》在《聊斋志异》中并非名篇，然而如果不通过对儒家经典的

---

① （宋）张君房撰《云笈七签》卷九六，影印文渊阁《四库全书》，台北商务印书馆 1986 年版，第 1061 册第 127 页。
② 赵蔚芝笺注《聊斋诗集笺注》卷四，山东大学出版社 1996 年版，第 552 页。
③ （明）章潢撰《图书编》卷六四，影印文渊阁《四库全书》，台北商务印书馆 1986 年版，第 723 册第 970 页。
④ 北京大学古文献研究所编《全宋诗》，北京大学出版社 1998 年版，第 44 册第 27659 页。

综合解读，就难以明其真义所在。

三、儒家经典书证的津梁作用

蒲松龄的小说创作转益多师，用典使事取资多方，《史记》《汉书》《后汉书》《三国志》（前四史）《晋书》以及新、旧《唐书》乃至《世说新语》《太平广记》等，无论掌故、语词、句式皆有《聊斋志异》借鉴的明证。儒家经典"四书""五经"更是《聊斋志异》采铜铸钱的宝山，注家若不明其书证，就有可能不求甚解，令理解的这一津梁作用难以发挥。

（一）先说有关"四书"的书证

卷七《胭脂》："少年俯其首，趋而去。"（第1897页）所谓"趋"属于古代的一种礼节，即以碎步疾行表示敬意。《论语·子罕》："子见齐衰者、冕衣裳者与瞽者，见之，虽少，必作；过之，必趋。"[1]蒲松龄用"趋而去"形容鄂生瞥见胭脂一刹那的情态，显然是着意借鉴《论语》语词刻画鄂生循规蹈矩、尊重他人的儒生面貌，并非闲笔，明此书证十分必要。以笔者所见各种当今注本于"趋"皆未出注，诚属缺憾。

卷二《连城》中连城与乔生的生死之恋是建筑于"但得真知我，不谐何害"的基础之上的，爱的精神性因素超越于寻常男欢女爱的肌肤之亲，执着之中明显带有作者自身的情感体验，否则就写不出如此真切感人的文字。这对恋人在阴间相遇，乔生对连城说"卿死，仆何敢生！"（第517页）意谓你死了，我怎能还活在世上。这是借镜并反用《论语·先进》中的一段文字："子畏于匡，颜渊后。子曰：'吾以女为死矣！'曰：'子在，回何敢死！'"[2]注家不注，乔生这段话的儒者韵味就丧失殆

---

[1] 杨伯峻译注《论语译注》，中华书局1980年版，第89页。
[2] 杨伯峻译注《论语译注》，中华书局1980年版，第117页。

尽了。

卷六《吕无病》虽非《聊斋志异》中的名篇，读来却情义缠绵，催人泪下，特别是吕无病奔波京师向孙生报告其子阿坚遭难的描写，失声而言，话仅半句即倒地消逝："久之久之，方失声而言曰：'妾历千辛万苦，与儿逃于杨……'句未终，纵声大哭，倒地而灭。"清但明伦有评云："鞠躬尽瘁，死而后已。缠绵悱恻，绝妙文心，从左氏得来。读至此，为之泣数行下。"（第1563页）所谓"逃于杨"，仅半句话，却有意暗用《孟子·尽心下》中语："逃墨必归于杨，逃杨必归于儒。"① 蒲松龄七律《嘲雪灰禅师破戒》其三："纵使离经非叛道，喜看逃墨渐归杨。"② 小说以"逃于杨"暗示其子阿坚落脚处，制造悬念而外，也为下文"或言五十里外有杨谷，遣骑诣讯，果得之"伏线；然而更为重要的是，三字出于有一定文化素养并"愿为康成文婢"的吕无病之口，照应了篇首孙生测试吕无病并获肯定的描写，极端危难之中的话语仍洋溢浓厚的书卷气，正是作者塑造吕无病形象的不可或缺之笔。这种顺手牵羊般对于"四书"的借鉴，极易为注家与读者所忽略，从而湮没了作者刻画人物的一片苦心。

不明《聊斋》所借鉴于"四书"之书证，有时还极易引来误读。卷八《太原狱》"附记"一则最具代表性："孙公才非所短，然如得其情，则喜而不暇哀矜矣。"（第2323页）所谓"然如得其情"二句，意谓如果侦得案件真情，就自鸣得意而顾不上行怜悯之心了。这一番话化用《论语·子张》两句话："如得其情，则哀矜而勿喜。"③ 意即你假如能够审出罪犯的真情，就应该同情怜悯他，不应自鸣得意。这与古代"慎刑"的法律思想相辅相成。哀矜，即怜悯。《尚书·吕刑》："皇帝哀矜庶戮之不

---

① 杨伯峻译注《孟子译注》，中华书局1960年版，第335页。
② 赵蔚芝笺注《聊斋诗集笺注》续录，山东大学出版社1996年版，第674页。
③ 杨伯峻译注《论语译注》，中华书局1980年版，第203页。

辜。"① 晋傅玄《傅子·法刑》："司寇行刑，君为之不举乐，哀矜之心至也。"② 对"如得"二句，有《聊斋》白话译本译作："而是要等到查明了实际情况以后，才会对犯法之徒毫不怜悯同情。"③ 或译为："如果了解其中原委，倒是要赞同他的做法，而不会去想到哀怜受刑者的。"④ 可见今天读者通晓儒学经典有关书证是非常必要的，否则即生误解。

卷六《司文郎》中王平子以"殷有三仁焉"为八股文题，令宋生与馀杭生当场角艺。所谓"殷有三仁焉"，语出《论语·微子》："微子去之，箕子为之奴，比干谏而死。孔子曰：'殷有三仁焉。'"⑤ 宋生顺口即将八股文的"破题"与"承题"念出："三子者不同道，其趋一也。夫一者何也？曰：仁也。君子亦仁而已矣，何必同？"（第1546页）作者用心之巧妙处在于，宋生偷换概念以《孟子》中语狡黠机智地"破承"孔子之言，熟悉"四书"者顿觉妙趣横生。《孟子·告子下》："居下位，不以贤事不肖者，伯夷也。五就汤，五就桀者，伊尹也。不恶污君，不辞小官者，柳下惠也。三子者不同道，其趋一也。一者何也？曰，仁也。君子亦仁而已矣，何必同？"杨伯峻《孟子译注》翻译此数句云："处在卑贱的职位，不拿自己贤人的身份去服事不肖的人的，这是伯夷；五次往汤那里去，又五次往桀那里去的，这是伊尹；不讨厌恶浊的君主，不拒绝微贱的职位的，这是柳下惠。三个人的行为不相同，但总方向是一样的。这一样的是什么呢？应该说，就是仁。君子只要仁就行了，为什么一定要相同呢？"⑥ 宋生所谓"三子"，即以伯夷、伊尹、柳下惠三贤巧换微子、箕子、比干三者，又双关宋生、王平子、馀杭生三位在场者，调侃玩笑中意

① （清）阮元校刻《十三经注疏》，中华书局1979年版，第247页。
② （清）严可均校辑《全上古三代秦汉三国六朝文》，中华书局1958年版，第1731页。
③ 孙通海等译《文白对照聊斋志异》，中华书局2010年版，第2065页。
④ 丁如明等译《聊斋志异全译》，上海古籍出版社2012年版，第768页。
⑤ 杨伯峻译注《论语译注》，中华书局1980年版，第192页。
⑥ 杨伯峻译注《孟子译注》，中华书局1980年版，第284页。

在缓和僵局，可谓用心良苦。蒲松龄行文得意之处，尽在于此，注家若不注出出典，不仅令读者丈二金刚摸不着头脑，也辜负了作者构思这一段妙文的苦心！

在与宋生的角艺中，馀杭生虽始终处于下风，却又不甘示弱，最后以"其为人也小有才"一句悻悻而去，似乎大败亏输，实则绝地反击，亦非寻常。所谓"其为人也小有才"，语本《孟子·尽心下》："盆成括仕于齐，孟子曰：'死矣盆成括！'盆成括见杀，门人问曰：'夫子何以知其将见杀？'曰：'其为人也小有才，未闻君子之大道也，则足以杀其躯而已矣。'"杨伯峻《孟子译注》："盆成括在齐国做官，孟子说：'盆成括要死了！'盆成括被杀，学生问道：'老师怎么知道他会被杀？'答道：'他这个人有点小聪明，但是不曾知道君子的大道，那只足以杀害自己的身体罢了。'"① 这里馀杭生巧借孟子之语暗示出宋生的鬼魂身份，也是作者的狡黠之笔。注家若不注出，不熟悉"四书"的读者似乎也能明其字面义，但其间妙不可言的细微情韵就全部丧失了，馀杭生的学识也将被低估。

清代文人多自幼从事八股举业，于"四书"早已烂熟于心，《聊斋志异》的有关文字与"四书"语词或情境水乳交融实为顺理成章。所以清人吕湛恩、何垠注释《聊斋》，遇有《四书》语，以为尽人皆知，多不加注，若注出反成蛇足。今天的读者欲真正读懂《聊斋》，亟须明晓其中有关"四书"的书证，否则就有可能丧失对相当一部分篇目的鉴赏之趣味乃至发生误读。

（二）再说有关"五经"的书证

卷七《胭脂》一篇写作的主要目的在于蒲松龄抒发对赏识他的山东学政施闰章的感激之情，其所述案件或许有一定的现实依据，并非完全捕风捉影，但事情的诸多巧合与施闰章明察秋毫的破案技巧则完全是作者虚

---

① 杨伯峻译注《孟子译注》，中华书局 1980 年版，第 336 页。

构加工的结果，显示了其炉火纯青的艺术功力。篇末"异史氏曰"有云："人皆服哲人之折狱明，而不知良工之用心苦矣。"（第 1905 页）何谓"哲人"？这里并非指智慧卓越的人，而是特指制裁犯罪者。哲，通"折"，语出《尚书·吕刑》："哲人惟刑，无疆之辞属于五极。"① 清王引之《经义述闻》卷四《尚书下·哲人惟刑》："'哲'当读为'折'。'折'之言制也。折人惟刑，言制民人者惟刑也。"② 今天注家于"哲人"多不出注，或注为"贤明而有智慧的人"，可见明确蒲松龄借鉴"五经"中语词的书证并加以客观而非臆断的解读，对于校注这部文言短篇小说集，实属必要，绝非蛇足。

卷六《钱卜巫》中的主人公夏商在预知自己将连续遭受五十八年的厄运后，安贫自守中也并非毫无作为，而是把握时机，试搏人生，"从翁贷赀，小权子母"即是一种对自身命运的测试。如果说这篇小说带有寓言性质，其守时待命的主旨无非是作者寄希望于等待之中的科举心态的折射。小说篇末"异史氏曰"有评云："幸而鸟死鸣哀，子能幹蛊，穷败七十年，卒以中兴；不然，父孽累子，子复累孙，不至乞丐相传不止矣。"（第 1573 页）所谓"幹蛊"，即"幹父之蛊"的省文，谓儿子能继承父志，完成父亲未竟之业。这与"不然"以下一段适成对文。"幹蛊"两字语出《易·蛊》："幹父之蛊，有子考无咎，厉终吉。象曰：'幹父之蛊，意承考也。'"③ 周振甫《周易译注》："继承父亲的事业，有子孝，无害。即使有危险，终于是吉的。《象传》说'幹父之蛊'，意思是继承父的事业。"④ 今人注本或注"幹蛊"云："谓父母有过恶而子贤德以掩盖之。《易·蛊》：'初六，幹父之蛊，有子，考无咎。'"⑤ 此注虽通晓"幹蛊"

① （清）阮元校刻《十三经注疏》，中华书局 1980 年版，第 251 页。
② （清）王引之撰《经义述闻》，《续修四库全书》，上海古籍出版社 2001 年版，第 174 册第 354 页。
③ （清）阮元校刻《十三经注疏》，中华书局 1980 年版，第 35 页。
④ 周振甫译注《周易译注》，中华书局 1991 年版，第 71~72 页。
⑤ 朱其铠主编《全本新注聊斋志异》，人民文学出版社 1989 年版，第 1122 页。

相关《易》之书证，却未能正确加以释义，显然受到小说开篇所言夏商之父因"豪富侈汰"而家败的预设情节影响，从而忘记了"异史氏曰"于"子能幹蛊"之前尚有"幸而鸟死鸣哀"一语。看来准确理解儒家经典及其相关注疏，也不是一件一蹴而就的事情。20 世纪 90 年代以后，有关《聊斋志异》的白话译本出版了不少，关于这段译文大都与小说原意南辕北辙，未能联系上下文内容并仔细考察《易》中相关文字的释义是主要原因。如有译本翻译"子能幹蛊"四字云："他儿子又能够矫正、弥补父亲的过错……"① 显然完全误解了作者原意。

卷五《仙人岛》是旧时文人在科场失利、青云无路中，想入非非于仙界的产物。佛家的"彼岸"憧憬，远不如中国土生土长的道教"此岸"享受的畅想更吸引红尘中人。目空一切的小说主人公王勉未能大展宏图于人世，却可以栖迟于地仙境界且享尽艳福。书生王勉携仙女芳云从仙人岛归家，见只有"衰老堪怜"的老父与好赌博的儿子尚在，于是功名之念顷刻淡然，芳云则对公公尽其儿媳之侍奉："芳云朝拜已，燂汤请浴，进以锦裳，寝以香舍。"（第 1344 页）所谓"燂汤"，即烧热水，典出《礼记·内则》所规范的子妇在父母舅姑之所应尽的奉养之劳："五日则燂汤请浴，三日具沐。"汉郑玄注："燂，温也。"② 其大意是：儿媳每五天要烧一次温水请公婆洗浴，三天洗一次头发。蒲松龄专门用《礼记》之语词刻画地仙芳云孝敬公公的行为，意在表明仙女下嫁凡人并无特殊之处，从而替凡世间不得志的书生扬眉吐气，同时也是自家久郁心底的人生腾达愿望的达成。今天注家注释《聊斋》，为体味作者遣词用心之深，就不能忽略或漠视"燂汤请浴"四字的书证及其诠释。

《聊斋志异》有时整句借鉴有关儒家经典，明其书证就更为必要了。卷二《张诚》这篇小说构思巧妙，叙事简洁而饱含感情。描写张父与原

---

① 马振方主编《聊斋志异评赏大成》，漓江出版社 1992 年版，第 1778 页。
② （清）阮元校刻《十三经注疏》，中华书局 1980 年版，第 1462 页。

配妻子及三子团聚一节，情景与人物形态刻画皆有颊上三毫之妙，令读者回味无穷，极其感人。小说有如下一段描写："别驾得两弟，甚欢，与同卧处，尽悉离散端由，将作归计。太夫人恐不见容。别驾曰：'能容，则共之；否则析之。天下岂有无父之国？'"（第357页）最后一句意谓父亲的地位最为崇高，借鉴于《礼记·檀弓上》："不可，君谓我欲弑君也，天下岂有无父之国哉！吾何行如之。"汉郑玄注："言人有父则皆恶欲弑父者。"① 春秋时晋献公听信其宠妃骊姬谗言，欲杀其世子申生，申生弟重耳劝哥哥逃亡，申生纯孝，就用上引一段话作答，认为"天下哪里会有没有父亲的国家呢？我能逃到哪里去！"于是自尽而死。当代有两部全注本对于这八个字皆未出注，反而是清吕湛恩注出《礼记·檀弓上》的有关书证，这对于今天读者阅读《聊斋》，的确功德无量。

卷五《金和尚》言及金和尚死后的吊丧活动："邑贡监及簿史，以手据地，叩即行，不敢劳公子、劳诸师叔也。"（第1426页）所谓"不敢"云云，意即吊丧时叩完头后随即退下，以免去丧家叩头回礼之劳，属于敬畏心理的体现。古代吊丧仪式，视吊丧人与死者相互社会地位的高低而繁简不一，吊丧人地位低于死者，吊丧仪礼烦琐而丧家回礼则轻；反之，吊丧仪礼轻而丧家回礼重。此可参见《仪礼·士丧礼》。旧时民间吊丧，丧主在家中第一次见到吊丧人时，无论对方年纪、辈分大小，皆要行跪拜礼以示迎接与感谢。这一丧俗源于《仪礼》的相关规定，今天的读者若不明古代这一风习，就难以搞清楚"不敢"云云的内蕴了。读者对此须联系《仪礼·士丧礼》有关内容仔细体味，方可见作者皮里阳秋的贬斥之意。

卷八《公孙夏》一篇是作者对朝廷公开卖官鬻爵行径的嘲讽，同时，对于饶有家财却不学无术、气焰嚣张的腾达者又具有一种不屑一顾的心理优势，于是作者嬉笑怒骂皆成文章，借机吐露出满腔激愤的不平之气。小

---

① （清）阮元校刻《十三经注疏》，中华书局1980年版，第1276页。

人得志，飞扬跋扈之态令人齿冷；遭遇正人，令速成者希望成空也是大快人心之事。小说开篇："保定有国学生某，将入都纳赀，谋得县尹。方趣装而病，月馀不起。忽有僮入白：'客至。'某亦自忘其疾，趋出迎客。客华服，类贵者。三揖入舍，叩所自来。"（第2283页）所谓"三揖"，即"三揖三让"，古人谓以隆重礼节迎宾。《周礼·秋官·司仪》："宾三揖三让，登，再拜授币。"汉郑玄注："三揖者，相去九十步揖之使前也。至而三让，让入门也。"① 今人注本若于"三揖"不出注并明其书证，读者就有可能不明就里，作者生动刻画国学生某趋炎附势丑态的意图很可能被湮没。"三礼"中《周礼》书证的重要性于此也可见一斑。

卷七《云萝公主》在仙凡婚姻的外壳下所反映的并非超凡入圣的理想婚姻憧憬，而完全是世俗生活的掠影。小说有描写安大业的次子可弃夫妇婚姻的一段话："侯虽小家女，然固慧丽，可弃雅畏爱之，所言无敢违。"（第1771页）所谓"畏爱"，即敬佩爱戴，与人的惧怕心理无关。两字语本《礼记·曲礼上》："贤者狎而敬之，畏而爱之。"汉郑玄注："心服曰畏。"② 对于"畏爱"一词，今人注本或以为此两字通俗易懂而不必出注，但若加翻译则难回避，如果译为"可弃对她又怕又爱"，显然是对"畏"的阐释因未顾及相关书证而望文生义。

卷三《余德》是一篇想象离奇的小说。余德何许人？是仙人，是狐精，还是异方神圣？小说并没有交代；其踪迹来去倏忽，有神龙见首不见尾之妙。若论小说主旨何在，却又瞻之在前，忽焉在后，实在难以捉摸。小说的精彩之处在于对情景的渲染与设计出击鼓催花为令的奇特想象，摇人心旌，引人入胜。而最为耐人寻味的地方，则是小白石缸的"曲终奏雅"，"缸之魂"之说匪夷所思，其虚中有实、似有还无的特征，犹如现代三维全息摄影般的奇幻神妙。小说有对余德设宴款待所租屋主人的描

---

① （清）阮元校刻《十三经注疏》，中华书局1980年版，第897页。
② （清）阮元校刻《十三经注疏》，中华书局1980年版，第1230页。

写："筵间不过八簋，而丰美异常。"（第631页）所谓"八簋"，即八样菜肴，取意于《诗经·小雅·伐木》："於粲洒埽，陈馈八簋。"毛传："粲，鲜明貌。圆曰簋，天子八簋。"①簋，古代祭祀宴享时盛黍稷或食品用的圆口圈足器皿。周制，天子八簋。小说特意用周代天子的宴享气派"八簋"来假设余德的宴席，用略带调侃的语气以转折复句的形式强调了其宴席非同寻常的丰盛与精致，堪称神来之笔。今人注本如若不明确"八簋"的《诗经》书证，就有可能令读者体味不到蒲松龄小说文字的轻松幽默感。值得一提的是，用"簋"的数量来表明饮食的丰俭并进而渲染小说中人物之间微妙的关系，《聊斋》中还有类似描写。如卷二《宫梦弼》："妇入，以酒一盛、馔二簋，出置黄前。"（第558页）在此处，蒲松龄以婿家用极为简单的饭菜招待嫌贫爱富的岳父，其怠慢之情不言而喻。"二簋"，典出《易·损》，常用以比喻祭品不多。若不明此书证，就很难体会蒲松龄小说文字的精妙之处。

赌博对于社会正常运行的作用皆是负面的，卷三《赌符》以作者之菩萨心肠劝人戒赌，语重心长。其"异史氏曰"用骈文写就，淋漓酣畅，发人深省："及遭败后我方思，已作下流之物；试问赌中谁最善，群指无裤之公。"（第602页）所谓"方思"，是乘筏渡水的意思，语本《诗经·周南·汉广》："江之永矣，不可方思。"宋朱熹集注："方，桴也。"②所谓"方"即竹木编的筏子；思，语末助词，无意义。所谓"下流"语本《论语·子张》："纣之不善，不如是之甚也。是以君子恶居下流，天下之恶皆归焉。"③即以河流的下游比喻众恶所归的地位。所引前两句若串讲，意即：赌博失利后再乘筏渡水（比喻脱离灾难），早已处于下流。这里的"下流"一语双关，备见作者巧思，但前提是必须晓得"方思"的《诗经》书证，否则一切无从谈起。今人注本或注释此二句云："及至全盘失

① （清）阮元校刻《十三经注疏》，中华书局1980年版，第411页。
② （宋）朱熹集注《诗集传》，上海古籍出版社1958年版，第6页。
③ 杨伯峻译注《论语译注》，中华书局1980年版，第203页。

败，方思悔恨，但已被目为众恶所归之人。"① 有白话译本则译此二句为：
"直到遭到这样惨重的失败之后才开始反思，可是他已经堕落下去了。"②
可见无论今人注本还是译本，全将"思"作为动词理解，如此，则"思"
与"下流之物"的逻辑关系就模糊不清了。看来不明《诗经》书证，就
难免误解《聊斋》语词。

卷六《霍女》是一篇寓意与言情兼而有之的小说作品，但后者明显
弱于前者，霍女作为抽象美色的符号意义远大于其人物形象的鲜活性。朱
大兴、世胄何某、巨商子与黄生四个人物围绕"美"的诱惑，因身份不
同而表现各异，或因恋色而破产，几无葬身之地；或听友人劝说而大悟，
悬崖勒马；或见色起意，枉掷千金。作者笔下所中意者黄生，明显带有其
自身的理想与强烈的自我融入意识。黄生之所以作为霍女的最终选择，贫
困而诚实的书生本色当是霍女所最看重的，这也是此女终于改弦更张、相
夫有道的原因。小说中有霍女在第二段姻缘中与何某的一段对话："女谓
何曰：'妾在朱家，亦非采礼媒定者，胡畏之?'何喜，将与质成。"（第
1535 页）何谓"质成"？即请人判断是非而求得公正解决，语本《诗
经·大雅·绵》："虞芮质厥成，文王蹶厥生。"宋朱熹集注："虞、芮，
二国名。质，正；成，平也。传曰：虞、芮之君，相与争田，久而不平，
乃相与朝周。"③今人注本或注"质成"为"争讼，在公堂对质"，因未
顾及《诗经》的相关书证，释义显然不够确切。

《左传》作为儒家十三经之一，相传是春秋末年鲁国史官左丘明根据
鲁国国史《春秋》编成，其史学地位毋庸置疑，其文学成就也辉映千秋，
特别是其叙事艺术的炉火纯青，更为历代文人所推崇。《左传》成熟的叙
事艺术与精湛的古文笔法对于后世史传文学乃至文言小说皆有深刻影响，
蒲松龄的《聊斋志异》写作也深受《左传》影响。至于《聊斋》部分篇

---

① 朱其铠主编《全本新注聊斋志异》，人民文学出版社 1989 年版，第 427 页。
② 孙通海等译《文白对照聊斋志异》，中华书局 2010 年版，第 535 页。
③ （宋）朱熹集注《诗集传》，上海古籍出版社 1958 年版，第 181 页。

章中设置"异史氏曰"的评论，更是模仿《左传》中的"君子曰"、《史记》中的"太史公曰"等史评形式并加以发扬光大，凸显了小说家的睿智，具有无可替代的评论或警示作用。

明确《左传》书证对于《聊斋志异》释义的津梁作用，可以帮助我们正确诠释蒲松龄笔下事涉所谓"微言大义"的词语。如卷三《促织》中主人公成名本是一位未曾进学的读书人，因帝王向民间征索蟋蟀之举，几至于家败人亡，后因机缘以呈献善斗之蟋蟀而富过世家。"异史氏曰"就此评论道："故天子一跬步皆关民命，不可忽也。独是成氏子以蠹贫，以促织富，裘马扬扬。"（第 698 页）何谓"以蠹贫"？清何垠注云："为胥吏所蠹而贫。"（第 700 页）今人注本大多沿袭何注，或注"蠹"云："蛀虫。这里指敲诈勒索的里胥像为害的蛀虫。"① 或别解"以蠹贫"云"因读书谋取功名未遂而贫穷。蠹。这里是蠹虫、书鱼之意。"② 这未免削弱了小说的批判锋芒，且与上一句"天子一跬步皆关民命"之论也无逻辑关系。

"以蠹贫"三字，语本《左传·襄公二十二年》："二十二年春，臧武仲如晋，雨，过御叔。御叔在其邑，将饮酒，曰："焉用圣人！我将饮酒，而已雨行，何以圣为？"穆叔闻之，曰：'不可使也，而傲使人，国之蠹也。'令倍其赋。"③ 大意是：鲁襄公二十二年的春天，鲁国大夫臧武仲出使晋国，天下雨，就去探望鲁国御邑大夫御叔。御叔在他的封邑里，打算饮酒，就说："哪里用得着圣人（指臧武仲）！我要喝酒了，而他却冒雨出行，还要那些聪明做什么？"鲁国大夫穆叔闻听这一番话后，就说："御叔他不配出使，反而对使者臧武仲傲慢，是国家的蛀虫。"于是下令将御叔封邑的赋税增加一倍。蒲松龄故意将"不可使也，而傲使人，国之蠹也"三句话郢书燕说，用其字面义"飞白"一笔，令"使"从

---

① 张友鹤选注《聊斋志异选》，人民文学出版社 1956 年版，第 138 页。
② 王树功：《"蠹贫"别解》，载《四川师范大学学报》1983 年第 2 期。
③ 杨伯峻编著《春秋左传注·襄公二十二年》，中华书局 1981 年版，第 1065 页。

"使者"转换为"驱使"之义，从而语带讥讽地批评了明廷祸国殃民的岁征蟋蟀之弊政，并且与上一句"故天子一跬步皆关民命，不可忽也"发生逻辑关联。"蠹"即指皇宫"岁征"蟋蟀的弊政。如此诠释，则《促织》直斥帝王滥用民力的批判锋芒就显而易见了。

《聊斋志异》对于《左传》有关句式的借鉴与模仿，也有耐人寻味的魅力。卷四《小谢》中书生陶望三有对两女鬼的一番表白："相对丽质，宁独无情；但阴冥之气，中人必死。不乐与居者行可耳，乐与居者安可耳。如不见爱，何必玷两佳人？如果见爱，何必死一狂生？"（第1099~1100页）所谓"不乐与居"二句，当脱胎于《左传·定公元年》："若从君者，则貌而出者，入可也；寇而出者，行可也。"① 所谓"如不见爱"后四句，当脱胎于《左传·哀公六年》："吾子奉义而行者也。若我可，不必亡一大夫。若我不可，不必亡一公子。义则进，否则退，敢不唯子是从？"② 陶生一席话竟然两次套用《左传》中的句式，可见蒲松龄对经典的熟悉，这对于我们探讨《聊斋志异》与儒家经典的关系问题无疑具有示范意义。

《聊斋志异》中有些看似平常的用语，其取境竟也与《左传》有联系，注家若能注出，可见作者信非苟作的奥妙之处。卷七《云萝公主》："又生一子。女举之曰：'豺狼也！'立命弃之。"（第1770页）所谓"豺狼"，即豺与狼，皆凶兽，常用来比喻凶残的恶人。云萝公主何以将亲生子比作豺狼，事当有本。《左传·宣公四年》："初，楚司马子良生子越椒，子文曰：'必杀之。是子也，熊虎之状而豺狼之声，弗杀，必灭若敖氏矣。谚曰："狼子野心。"是乃狼也，其可畜乎？'"③ 今人注本若不注出典，就难以令读者深入体味蒲松龄小说文字运用的精当与隽永。

篇幅所限，以上所揭仅仅属于略见一斑的举例性质，但书证无论语本

---

① 杨伯峻编著《春秋左传注·定公元年》，中华书局1981年版，第1526页。
② 杨伯峻编著《春秋左传注·哀公六年》，中华书局1981年版，第1638页。
③ 杨伯峻编著《春秋左传注·宣公四年》，中华书局1981年版，第679页。

"四书"还是"五经"，皆显示了蒲松龄对于儒家经典五体投地的崇拜心理与惟妙惟肖的模仿艺术。在中国文学史上，《聊斋志异》文言小说高峰地位的确立与不可动摇，绝非偶然！

探讨《聊斋志异》与儒学经典的关系问题，对于我们细读小说文本不可或缺！

（原载《国际儒学》2021 年第 1 期创刊号）

心理与病理：《聊斋志异》别解

　　《聊斋志异》内容丰富，包罗万象，具有社会百科全书的性质。从心理层面研究作者蒲松龄的小说创作心态，并非本文目的；一切从作品出发，挖掘其中所蕴含的、也许作者都不自觉的人类心理因素或病理问题，将展示《聊斋》的虚构殿堂中所具有的写实性一面。如《书痴》中主人公可能是阿斯伯格综合征患者，《乔女》反映了心理学所谓"皮格马利翁效应""霍桑效应"，《产龙》则是"巨型脐膨出"婴儿出生的实录等；至于与性心理相关的因素以及对精神分裂患者的有关记述，也为本文所关注。命题为"别解"，意义也正在于此。取证《聊斋》文字以人民文学出版社 2016 年出版任笃行辑校《全校会注集评聊斋志异》八卷修订本为准。

　　自从鲁迅《中国小说史略》以"用传奇法，而以志怪"概括《聊斋志异》的创作方法以后，蒲学研究者也多从这两个方面切入探讨这部文言短篇小说的思想艺术特色。上世纪 80 年代以后，通过心理学层面研究《聊斋》逐渐为学界所接受。如有学者比较《珊瑚》与汉乐府《焦仲卿妻》、现代张爱玲《金锁记》中三位恶婆婆的形象说："对儿子的畸形的爱，是婚姻之蜜中的鹤顶红与孔雀胆。而这畸形的爱，来源于自身的得不到爱——主要是性爱——或说自身的爱无处释放。焦母、沈氏、曹七巧概莫能外。"① 从性心理层面诠释《珊瑚》中沈氏之虐媳行径，有认识价值。本文拟将《聊斋》略作梳理，从心理乃至病理层面探索其相关篇章之真义，企盼为有关《聊斋》研究开启另外一扇大门。

（一）

　　卷一《画壁》可与卷三《续黄粱》一篇参看，也许"尘世无常，色即是空"是两篇小说的共同意旨，但《画壁》由于描写细致，人物形象刻画栩栩如生，反而令作者有关价值取向的书写模糊化，而凸显了"幻由人作"② 的文学意义。"幻由人作"与西方精神分析学派所谓"白日梦"的理论异曲同工，惟一不同的是，白日梦是除梦幻者外其他任何人都不能闯入的个人世界，朱孝廉的白日梦，导与随喜的老和尚则心知肚明，甚至是这场有声有色白日梦的设计导演者。如果说一切文学创作皆与作者的白日梦相关，那么蒲松龄的文学白日梦更具个性化特征而已。《聊斋》在表现男女情爱的篇章中，作者白日梦的旖旎瑰丽尤为突出，从心理层面加以剖析，可收事半功倍之效。卷三《小猎犬》将社会上贵族的一次山林围猎行动微观化，演变为屋室内一次掠杀蚊蝇虱蚤的举动，给人以玲珑剔透的感觉，仿佛进入了英国作家乔纳森·斯威夫特小说《格列佛游记》中的小人国。这或许就是小说主人公卫中堂一次白日梦的巡礼，又经自家不断添油加醋，宣泄于他人，终于逐渐从庙堂传布流播于山林市井。

　　卷四《狐梦》系作者专为友人毕怡庵的白日梦加工润色而成，其间也融进了作者自己的奇思妙想，乃至梦中说梦，环环相扣，令读者于眼花

---

① 王光福、梁绪敏：《性张力下的恶之花——焦母、沈氏、曹七巧比较研究》，载《蒲松龄研究》2001 年第 3 期。

② 任笃行辑校《全校会注集评聊斋志异》，人民文学出版社 2016 年版，第 23 页。以下引用该书文字（包括分卷、正文、旧评等），仅随文括注该书页码，不再出注，以省篇幅。

缭乱的阅览中也遐想无限。白日梦往往以自我为中心，唯我独尊，天马行空、独往独来是其特点，本属于私密的范畴，无足为外人道，但若要进入小说，公之于世，就需要摆脱人类社会的伦理干预与道德规范。向往《聊斋·青凤》中的狐仙世界，就可以不负社会中人的任何义务与责任，这无疑是尽写温柔乡中情事的一种最佳选择，或许也是小说男主人公"心辄向往，恨不一遇"（第888页）的心理基础。《狐梦》虽全属虚构，但描写的写实性却是引人入胜不可或缺的重要因素。俗话说"三个女人一台戏"，更何况四姊妹恩怨尔汝，斗口劝酒，无一不绘声绘色、栩栩如生。作者用加工过的日常话语巧妙融入典雅庄重的文言话语体系，雅俗对比中更呈现出作者展闪腾挪、出神入化的笔触。清何守奇评此篇有云："狐幻矣，狐梦更幻；狐梦幻矣，以为非梦，更幻。语云'梦中有梦原非梦'，其梦也耶？其非梦也耶？吾不得而知矣。"（第891页）幻梦难以成真，"狐梦"永远虚无缥缈，不可捉摸，但无论如何，这篇小说是一种男性性心理的自然流露，不能完全视为痴人说梦的虚妄。

卷四《绿衣女》中绿蜂所幻化之女郎似有所畏惧的楚楚可怜之态，符合旧时男子对于心目中女子稍显病态的审美期待，这也是激发出其无限温柔之遐想与"英雄救美"之幻想的媒介。南唐后主李煜生长于温柔富贵的帝王之家，何所忌惮？其《菩萨蛮》词云："花明月暗笼轻雾，今宵好向郎边去。刬袜步香阶，手提金缕鞋。画堂南畔见，一向偎人颤。奴为出来难，教郎恣意怜。"[①] 偏偏热衷于对"偷情"的细致刻画，似乎非如此不足以表达两情之缱绻。绿衣女"偷生鬼子常畏人"（第967页）的自我调侃语，应当也是这种性心理的传达。

卷四《萧七》在《聊斋》中并非名篇，但"晨占雀喜，夕卜灯花，而竟无消息矣"（第1145页）的怅惘结局，也就是俗谚所谓"得不到的就是最好的"，三言两语具有另一种耐人寻味的魅力。明江盈科《雪涛小

---

① 张璋、黄畲辑《全唐五代词》，上海古籍出版社1986年版，第471页。

说·知足》有云："盖闻里闬恶少有评风月之趣者曰：'妻不如妾，妾不如妓，妓不如偷，偷着不如偷不着。'夫偷不着，亦有何趣？彼希冀者意其中有无限之妙，而遂以为不如，乃知人情薄已然，艳未然，大率类此。故知止知足之言，真是定心丸子，不可不一日三服。"① 钱锺书《管锥编》二五九《全后周文》卷一〇有云："济慈咏古器上绘男女欲就而未即之状，谓'彼其子之爱将永不弛，彼姝者子色复终不衰'，盖涵两意。一犹俚语所谓'偷着不如偷不着'，'许看不许吃'（江盈科《雪涛小说·知足》《二刻拍案惊奇》卷九、李渔《比目鱼》第一〇出），或龚自珍《端正好》所谓：'月明花满天如愿，也终有酒阑灯散，倒不如冷被香更销，独自去思千遍'；一即指画中人阅千载而'朱颜不老''欢情依然'，所谓'凝'尔。"② 这种具有一定普遍性的男子性心理，被蒲松龄巧妙地捕捉并融化到小说中，因而隽永有味。

卷一《水莽草》中涉及"爱屋及乌"的审美心理，也值得读者玩味。小说中祝生嗅觉发生变异，完全因视觉所导致。他接倪媪之茶，"嗅之有异味"，但一接"姿容艳绝"的寇三娘所奉茶，则觉"芳烈无伦"（第258页），其实前后所奉茶皆为水莽草所制，并无本质的不同，但因心理缘故导致祝生的嗅觉变异并因此被害。唐谷神子《博异志·李黄》一则，记述贵公子李琯路遇蛇妖所化"姿艳若神仙"的少女，被迷，终于被美女蛇所害，仆人追述前状有"郎君颇闻异香，某辈所闻，但蛇臊不可近"③ 的一席话，因为爱慕其人，竟令嗅觉逆转，心理作用不可小觑。清李渔《闲情偶寄·颐养部》有一段达观之论："乐不在外而在心，心以为乐，则是境皆乐，心以为苦，则无境不苦。"④ 可谓洞悉审美中情感因素的关键作用，耐人寻味。俗语常说"情人眼里出西施"，审美中自难排除

① （明）江盈科撰《江盈科集》，岳麓书社 1997 年版，第 684 页。
② 钱锺书著《管锥编》，中华书局 1977 年版，第 1524 页。
③ （唐）谷神子撰《博异志》，中华书局 1980 年版，第 48 页。
④ （清）李渔撰《闲情偶寄》，作家出版社 1995 年版，第 327 页。

情感心理因素，但一定要避免混淆是非，否则，麻烦就会接踵而至！

在异性面前展示自以为是的个人"魅力"，本是一种求爱的生物学过程，正如雄性孔雀在异性面前开屏一般，目的在于极度炫耀自己，从而达到令雌性孔雀垂青的求偶目的。人作为高级动物，在异性面前通过各种方式显现自身的存在，虽目的或不在求偶，但那种潜意识中的原始冲动却存在于社会生活的各个角落。卷五《戏缢》虽为对乡村生活中某一横断面的展示，却具有性心理学上的普遍认识价值，尽管其悲剧的结局令人唏嘘。《五灯会元》卷一九："祖曰：'提刑少年，曾读小艳诗否？有两句颇相近：频呼小玉元无事，只要檀郎认得声。'提刑应喏喏。'祖曰：'且子细。'师适归侍立次，问曰：'闻和尚举小艳诗，提刑会否？'祖曰：'他只认得声。'师曰：'只要檀郎认得声。他既认得声，为甚么却不是？'祖曰：'如何是祖师西来意？庭前柏树子！'师忽有省，遽出，见鸡飞上栏干，鼓翅而鸣。复自谓曰：'此岂不是声？'遂袖香入室，通所得，呈偈曰：'金鸭香销锦绣帏，笙歌丛里醉扶归。少年一段风流事，只许佳人独自知。'祖曰：'佛祖大事，非小根劣器所能造诣，吾助汝喜。'祖遍谓山中耆旧曰：'我侍者参得禅也。'"[1] 将所谓"小艳"诗纳入禅宗机锋，自有其普遍的性心理基础，因而可以明心见性。《左传·昭公元年》："郑徐吾犯之妹美，公孙楚聘之矣，公孙黑又使强委禽焉。犯惧，告子产。子产曰：'是国无政，非子之患也。唯所欲与。'犯请于二子，请使女择焉。皆许之，子晳盛饰入，布币而出。子南戎服入。左右射，超乘而出。女自房观之，曰：'子晳信美矣，抑子南，夫也。夫夫妇妇，所谓顺也。'适子南氏。"[2] 又《左传·昭公二八年》："昔贾大夫恶，娶妻而美，三年不言不笑，御以如皋，射雉，获之。其妻始笑而言。贾大夫曰：'才之不可以已，我不能射，女遂不言不笑夫！'"[3] 前一故事中，徐吾犯漂亮的妹

---

① （宋）普济撰《五灯会元》，中华书局 1984 年版，第 1254 页。
② 杨伯峻编著《春秋左传注》，中华书局 1981 年版，第 1212 页。
③ 杨伯峻编著《春秋左传注》，中华书局 1981 年版，第 1496 页。

妹终于选择了有男子汉气概的公孙楚（子南）为夫，而不是衣服华丽并携带彩礼的公孙黑（子皙）；后一故事中，面貌丑陋的贾国大夫被结婚三年的妻子瞧不起，然而他在一次打猎中证明了自己的才能后，终于赢得了妻子的芳心。可见这种能力的自我展示在异性面前是何等的重要，的确非同小可，只不过展示时不要用歪了心思，更不要用歪了方法或用错了地方、用错了时间而已。

卷六《凤仙》一篇指归在于渲染男欢女爱与事业的关系，将原本具有冲突意向的两者归于统一。20 世纪奥地利医生弗洛伊德所建立的精神分析学说，将性欲本能的能量称为"力比多"，正是力比多所具有的升华作用，成为创造和繁荣人类社会文学、艺术乃至科学技术进步的动力与源泉。弗洛伊德的"泛性论"思维固然有其缺陷，但在解释有关具体问题时，不乏启发与引领作用。与升华作用力相反，人类性心理中的"足恋"倾向，则是力比多降解作用的显现。所谓"足恋"，在古今中外并不罕见，绝非变态行为。卷六《绩女》一篇的内容即集中反映了人类的这种性心理，如何诠解小说中名士费生之《南乡子》词当为关键："隐约画帘前，三寸凌波玉笋尖。点地分明莲瓣落，纤纤，再着重台更可怜。花衬凤头弯，入握应知软似绵。但愿化为蝴蝶去，裙边，一嗅馀香死亦甘。"（第 1712 页）

《周易·咸卦》有"咸其拇""咸其腓"[1] 等内容，据有关研究就是男女性前戏中抚摸足大趾、小腿的过程："试看少男对少女，开头捏她的脚拇趾，接着拧她肥嫩的脚肚，又摸她的大腿，逐步依次向上，摸她的喉间梅核（在口之下，心胸之上），一直到亲她的面颊，吻她的嘴。"[2] 旧题汉伶玄《赵飞燕外传》中描写汉成帝有云："帝尝早猎触雪得疾，阴缓弱

----

① 徐志锐注《周易大传新注》，齐鲁书社 1986 年版，第 203 页。
② 王明：《周易·咸卦新解》，载《中国哲学》第七辑，三联书店 1982 年版，第 252 页。

不能壮发。每持昭仪（皇后赵飞燕的妹妹赵合德）足，不胜至欲，辄暴起。"① 堪称小说家的写实之笔。三国魏曹植《洛神赋》中"陵波微步，罗袜生尘"②，早已脍炙人口；晋陶渊明《闲情赋》"愿在丝而为履，附素足以周旋"③；南朝宋谢灵运《东阳溪中赠答诗二首》其一"可怜谁家妇，缘流洒素足"④。类似涉及足恋的文学作品不胜枚举。元王实甫《西厢记》第一本第一折《后庭花》："若不是衬残红芳径软，怎显得步香尘底样儿浅。且休题眼角儿留情处，只这脚踪儿将心事传。"⑤ 有论者作序评论《西厢记》，就戏称张生为"拜脚狂"。

由女人足而"爱屋及乌"以至于鞋，元末杨维祯宴会中甚至热衷于"妓鞋行酒"，就多少有些变态了。英人霭理士《性心理学》将足恋并入于"物恋"的范畴："把足和性器官联系在一起，原是中外古今很普遍的一个趋势，所以足恋现象的产生可以说是有一个自然的根柢的。就在犹太人中间，说到性器官的时候，有时候婉转地用'足'字来替代，例如，我们在《旧约·以赛亚书》里就读到'脚上的毛'，意思就是阴毛。在许多不同的民族里，一个人的足也是一个怕羞的部分，一个羞涩心理的中心。"⑥ 中国古代妇女的缠足陋习，未始不与这种性心理相关，旧时文人每对女子的三寸金莲称道不置，甚至以男权中心的角度写出如方绚《香莲品藻》一类的书，就不足为怪了。明末清初对于艺术有深刻见解的李渔，在其《闲情偶寄·声容部·手足》中说："至大同名妓，则强半皆若是也。与之同榻者，抚及金莲，令人不忍释手，觉倚翠偎红之乐，未有过

① （明）陶宗仪撰《说郛》卷一一一上，影印文渊阁《四库全书》，台北商务印书馆 1986 年版，第 882 册第 417 页。
② 王巍校注《曹植集校注》，河北教育出版社 2013 年版，第 213 页。
③ 逯钦立校注《陶渊明集》，中华书局 1979 年版，第 155 页。
④ 逯钦立辑校《先秦汉魏晋南北朝诗》，中华书局 1983 年版，第 1185 页。
⑤ （元）王实甫撰《西厢记》，上海古籍出版社 1978 年版，第 8 页。
⑥ ［英］霭理士著《性心理学》，生活·读书·新知三联书店 1987 年版，第 206 页。

于此者。"① 从中可概见当时文人之性趣味。蒲松龄亦未能免俗，这篇《绩女》中《南乡子》一词所反映的正是他本人的性心理，不过以小说形式借题发挥而已。清但明伦认为"通篇主意，只'示色身、堕情障'六言尽之"（第1713页），显然评者尚无勇气彻底揭开小说所蒙上的一层道学面纱，洞见作者的真实性幻想。

卷八《织成》一篇中柳生"以齿啮袜"之举，无疑也反映了性心理学中的"足恋"现象，旧时女人缠足陋习的产生与发展就有取悦男子这种性心理的因素。值得一提的是，男子崇拜小脚者，近现代仍有遗存，其心理机制与蒲松龄的时代并无二致。周作人《谈虎集·拜脚商兑》转录20世纪30年代中北京《晨报》上所刊署名"慎思"的《小脚狂》一文，内云："我有个同乡，久居四通八达、风气大开的北京，并受高等教育，看来他当然是思想较新的人了。不想竟出我'意表之外'……又一次他同我谈话，他说：'你不知道我又遇见了一个美人，真是娇小玲珑，十分可爱！我看见她那一对金莲，再小也没有了。走的时候，扭扭捏捏，摆摆摇摇，真个令人销魂。'"② 《拜脚商兑》还转引清末学贯中西的文化怪杰辜鸿铭有关女性审美的一段话："中国女子的美，完全在乎缠足这一点。缠足之后，足和腿的血脉都向上蓄积，大腿和臀部自然会发达起来，显出袅娜和飘逸的丰致。"③ 如此审美，近乎病态，这里姑不深论；但作为"物恋"的一种形式，"足恋"却与变态尚有距离。蒲翁对此深有体会，写入小说之中，对于我们研究其融入自身遭际与审美意向的创作心理大有助益。

---

① （清）李渔撰《闲情偶寄》，作家出版社1995年版，第124页。
② 周作人著《谈虎集》，岳麓书社1989年版，第137页。
③ 周作人著《谈虎集》，岳麓书社1989年版，第137页。

（二）

卷七《神女》一篇属于人神相恋的大团圆结局类型，虽非《聊斋》名篇，但仍有一定认识价值。米生受神女眷恋的设想属于读书人高自位置的产物；而生性清鲠的米生仅因神女之求即放弃其处世原则，终施援手救下了有厄难的神女之父，也完全符合人类普遍的性心理。不肯用神女所赠之珠花换取"辨复"的成功，原因即在于珠花染有神女的芳泽，这就如同卷一《婴宁》中的王子服总是"凝思把玩"那枝已经枯萎的梅花一样，睹物思人具有在一定程度上释放心理压力的效用。霭理士在其《性心理学》第八章《结论》中比较人类的饮食与男女两大基本冲动时说："饮食或营养自是关系重大，但性的冲动之于生命，以常态论，既极其错综复杂，以变态论，更可以趋于支离灭裂，不可究诘，所以它所唤起的注意，往往要在饮食之上；饮食是比较不可须臾离开的，而性欲则比较有间歇的；饥饿的驱策虽也有程度之殊，但其暴烈的程度每不如性欲之甚。"①蒲松龄笔下神女形象的塑造就在于可以满足男性超越现实的瑰丽性幻想，因而更易于为男性读者所接受。"但有趋策，敢不惟命"（第 1827 页），这与其说是仰慕"神女"，不如说是在制造"女神"，因为在世上一切男子心目中，人人都有一个属于个人的"女神"在！

旧时享有所谓"齐人之福"的家庭，妻妾争宠，事属寻常，本不足为奇，但卷七《恒娘》一篇主旨似不在宣扬所谓"易妻为妾"之法的妙用，而是涉及人类心理学中的表象变异以及距离产生美、审美疲劳等一系列问题，有极高的认识价值。人类情感有其复杂的一面，喜新厌旧、重难轻易，追求新鲜的刺激，古往今来，并不罕见。清许缵曾《鹊桥仙》词

---

① ［英］霭理士著《性心理学》，生活·读书·新知三联书店 1987 年版，第 471 页。

吟咏牛郎织女事特意从反面作文章："算来若不隔银河，怎见得、相逢更好？"① 透露出人类情感的几许无奈，这也正可诠释《恒娘》中的陪衬人物洪大业对妻子朱氏态度的前后巨变。此外，旧时读书人还有俗语所谓"媳妇是别人的好，文章是自己的好"等类似心理，也颇普遍。启功先生曾撰《昭君辞二首》，对于史传王昭君出塞和亲一事作翻案文章，发人深省。其前有小序云："古籍载昭君之事颇可疑，宫女在宫中，呼之即来，何须先观画像？即使数逾三千，列队旅进，卧而阅之，一目足以了然。于既淫且懒之汉元帝，并非难事。而临行忽悔，迁怒画师，自当别有其故。按俚语云'自己文章，他人妻妾'，谓世人最矜慕者也。昭君临行所以生汉元帝之奇慕者，为其已为单于之妇耳。咏昭君者，群推欧阳永叔、王介甫之作。然欧云'耳目所及尚如此，万里安能制夷狄'，此老生常谈也。王云'汉恩自浅胡自深，人生乐在相知心'，此愤激之语也。余所云'初号单于妇，顿成倾国妍'，则探本之义也。论贵诛心，不计人讥我'自己文章'。"其诗有云："假令呼韩邪，自秉选色权。王嫱不中彀，退立丹墀边。汉帝复回顾，嫫母奚足怜。"② 诗意洞达人心之微，堪称千古妙论！蒲松龄于《恒娘》篇亦直探人心之隐，并不仅纠缠于妻妾争风吃醋的琐议，而在于对专制社会中的佞臣"容身固宠"从而以行其奸的人类心理因素的阐发，具有制度的批判意识，这就另当别论了。

　　卷二《连城》中女主人公与乔生的生死之恋是建筑于"但得真知我，不谐何害"（第516页）的基础之上的，爱的执着之中明显带有作者自身的情感体验，否则就写不出如此真切感人的文字。连城与宾娘，最终不妒且引为姐妹同侍乔生。《莲香》描述狐女莲香与女鬼李氏始则相妒，相互拆台，继之惺惺相惜，"我见犹怜"，又适以构成两女消除心中芥蒂并终于携手的感情基础。这类描写颇符合旧时男性中心主义者的理想，其实在

---

① （清）丁绍仪辑《清词综补》，中华书局1986年版，第10页。
② 启功著《启功丛稿·诗词卷》，中华书局1999年版，第38~39页。

现实中是难以寻觅的。而小说的想象功能适足以弥补现实的不足，并令作者深入其中，感觉到成功的快意，也令读者共享到这种乐趣。卷三《青梅》两女共侍一夫，且相援引而不妒，也都属于作者蒲松龄的理想家庭模式。

卷五《江城》是《聊斋》悍妇系列中的一篇，作者还创作了俚曲《禳妒咒》，运用白话扩充了《江城》的内容，可见蒲松龄对这一题材的重视。从这篇小说"余于浙邸得晤王子雅，言之竟夜，甚详"（第1220页）之郑重声明来看，江城之出奇悍妒并非是作者纯粹虚构的产物。今天的论者每喜从男权社会的生态环境或封建社会妇女因焦虑而产生逆反心理的角度加以探讨，皆有一定道理。明谢肇淛《五杂组》卷八一则云："江氏姊妹五人，凶妒恶，人称五虎。有宅素凶，人不敢处。五虎闻之，笑曰：'安有是？'入夜，持刀独处中堂，至旦帖然，不闻鬼魅。夫妒妇，鬼物犹畏之，而况于人乎？"① 或谓这就是蒲松龄撰写《江城》一篇的由来，观故事主人公姓氏相同可证。然而如果我们从所谓"虐恋"的角度来分析这篇小说，是否更有说服力呢？霭理士《性心理学》第四章《性的歧变与性爱的象征》就专门讨论过虐恋问题，他说："施虐恋的定义，普通是这样的：凡是向所爱的对象喜欢加以精神上或身体上的虐待或痛楚的性的情绪，都可以叫施虐恋。受虐恋则反是：凡是喜欢接受所爱的对象的虐待，而身体上自甘于被钳制，与精神上自甘于受屈辱的性的情绪，都可以叫受虐。虐恋的行为——无论是施的或受的，也无论是真实的、模拟的、象征的，以至于仅仅属于想象的——在发展成熟后，也可以成为满足性冲动的一种方法，而充其极，也可以不用性的交合，而获取解欲的效用。"② 为此书详尽并忠实作注释的潘光旦先生以清纪昀《阅微草堂笔记》卷一三中一则为注："奴子王成，性乖僻。方与妻嬉笑，忽叱使伏受鞭；

---

① （明）谢肇淛撰《五杂组》，上海书店出版社2001年版，第150页。
② ［英］霭理士著《性心理学》，生活·读书·新知三联书店1987年版，第238页。

鞭已，仍与嬉笑。或方鞭时，忽引起与嬉笑；既尔曰：'可补鞭矣。'仍叱使伏受鞭。大抵一日夜中喜怒反覆者数次。妻畏之如虎，喜时不敢不强欢，怒时不敢不顺受也。一日，泣诉先太夫人。呼成问故。成跪启曰：'奴不自知，亦不自由。但忽觉其可爱，忽觉其可憎耳。'先太夫人曰：'此无人理，殆佛氏所谓夙冤耶！'虑其妻或轻生，并遣之去。后闻成病死，其妻竟著红衫。"① 这无疑是单方面的施虐恋，因为王成之妻属于无反抗能力的受虐者。然而宋朱彧《萍洲可谈》卷三所记宋代著名学者沈括惧内事则是施虐与受虐两者的完美结合："沈括存中入翰苑，出谏垣，为闻人。晚娶张氏悍虐，存中不能制，时被棰骂，捽须堕地，儿女号泣而拾之，须上有血肉者，又相与号恸，张终不恕……张忽病死，人皆为存中贺，而存中恍惚不安。船过扬子江，遂欲投水，左右挽持之，得无患。未几不禄。""余以为此妇妒暴非碌碌者，虽死，魂魄犹有凭借。"② 南朝梁张缵《妒妇赋》有"常因情以起恨，每传声而妄受"③ 二语，可视为对这种相反相成心理的诠释。古今中外惧内者大有人在且不乏名人，曾令倭寇闻之丧胆的明朝名将戚继光就是一位货真价实的惧内者。从社会因素追寻悍妇产生的原因，不如从性心理学上问个究竟较为实在。江城之施虐于其夫堪称极致，其夫受虐当有自愿的因素，也有其不堪忍受的无奈，这是施、受双方终于产生矛盾的原因。蒲松龄最终以佛家之因果说教加以解释，正如同俗语所谓"不是冤家不聚头"一样，总觉有不了了之的遗憾。其实，世界之大，无奇不有，如果真是"周瑜打黄盖——一个愿打一个愿挨"，又何必祈求观世音菩萨"将盂中水洒大千世界"（第1221页）呢？

在性心理学中，男女偷情不计，然而一旦欲步入婚姻的殿堂，男性要

---

① ［英］霭理士著《性心理学》，生活·读书·新知三联书店1987年版，第274页。
② （宋）朱彧撰《萍洲可谈》卷三，影印文渊阁《四库全书》，台北商务印书馆1986年版，第1038册第311页。
③ （清）严可均辑《全上古三代秦汉三国六朝文》，中华书局1958年版，第3333页。

比女性更重视对方的过去，这不仅涉及门当户对的需求，更牵扯到精神层面男性对于女性情感的独占心理；而女性则更企盼男性的未来发展。古今中外，大率如此。如此而论，卷七《葛巾》一篇中男主人公常大用之"未达"也自有其心理上的难解之结，可以体谅。如果纯从作者角度探讨，理想与现实间难以填平的鸿沟或许才是其构思非大团圆结局的主要原因；何况"文似看山不喜平"，结尾因"述赠夫人诗"而突生变故，亦令笔下生风，堪称神来。清但明伦有评云："此篇纯用迷离闪烁、夭矫变幻之笔；不惟笔笔转，直句句转，且字字转矣。"（第1992页）蒲松龄写作技巧之炉火纯青，可见一斑。

卷五《孙生》一篇当系作者根据乡里发生的真人真事敷演而成，有一定的认识价值。辛氏初嫁孙生即有"性对抗"心理，当与其自身青春期发育延后（古代女子周岁十四五岁出嫁者并不罕见）以及有关性教育缺失的客观环境有关，这或许是作者在篇首即强调辛女"故家"出身的原因。用现代性科学分析，性对抗之类型约有支配型、要挟型、欺骗型、不满型、误解型、意识型、强求型七种，辛氏当属于误解型，即将夫妻间本属正常的性行为误解为下流举动，从而因厌恶而产生对抗；孙生误信同窗之戏言，"迷奸"妻子，似更增加了这种误解的程度。当然，这其中也不排除不满型与意识型两者的叠加，如女方固有的洁癖因素等。无疑，小说中妻子的态度反过来又刺激了丈夫的逆反心理，于是夫妻关系几乎到了不可收拾的地步。旧时女子出嫁，娘家在陪嫁物品中往往有所谓"压箱底"，即如春宫图或类似的陶瓷制品作为性启蒙的形象教材，也无非是为两人通过性和谐以白头偕老。如果夫妻一旦发生性对抗，在现代，一般需要心理医生的专业疏导；在古代，则不得不求助于走家串户的"六婆"一类人重新对夫妻进行性启蒙劝慰。小说中"厌之"之法，也许只是对外的一种托词，解决问题还要靠这些自学成才的"心理专家"的唇舌之功。夫妇和好后，女主人公辛氏云："前此顾影生怒，后此闻声而喜，自亦不解其何心也。"（第1229页）老尼的本事的确非同小可！正因为这类人的影响在古代不可小觑，所以旧时持家者对"六婆"又不得不防，清朱柏庐《朱子治家格言》就有"三姑六婆，实淫盗之媒；婢美妾娇，非闺房之福"① 一类的说法，本篇之后的"异史氏曰"中数语就反映了蒲松龄的这种担心。清何守奇评此篇云："心为天君，心灵万物，以厌禳之术遂能转易人心，殆不可解。"（第1230页）当也属于一种忧心。读《聊斋志异》，对于今人了解清代城乡习俗与社会生活，大有助益。马振方先生《〈聊斋志异〉本事旁证辨补》认为署名西周生的长篇小说《醒世姻缘传》第四十五回《薛素姐酒醉疏防，狄希陈乘机取鼎》中的有关描写或为蒲松龄所取资："这些描述与《孙生》所写情事绝似，连某些细节甚至用语都相同。联系上一篇《江城》的同类情况，恐怕不是偶然巧合。"② 的确大有见地。

卷五《鬼妻》属于志怪一类的作品，但反映的情事则是现实中较为普遍的"性嫉妒"问题。清何守奇评此篇有云："世有妒者，谓骨头落地，当不复尔，今观此鬼殊不然。"（第1471页）这只是站在男性中心立场上的批评，实则"缘情成妒，缘爱成仇"（第1471页）是性心理学中一个重要的问题，属于人情之常。《中国性科学百科全书》阐释"性嫉妒"云："对现实或想象的优于自己的性爱竞争者所持怨恨的情感。当同性别的人出现，而自己的性爱对象有被占有或被夺取的可能时，可产生各种复杂的情感体验和行为，先是注视、疑虑、担心或跟踪，继而转为憎恨、敌视，甚至采取暴力行为……在人类，性嫉妒是导致家庭暴力、虐待妻子、杀人、犯罪的重要原因之一……一般说来，双方相爱越深，一旦引发性嫉妒的后果也越严重。自信心缺乏和要求爱情专一是嫉妒产生的两个重要原因。"③ 让人情事理披上鬼狐花妖的外衣加以展现，令《聊斋志异》有了隽永有味的动人魅力。

① 拙选注《中国传统家训选》，人民文学出版社2018年版，第239页。
② 马振方：《〈聊斋志异〉本事旁证辨补》，载《蒲松龄研究》1989年第1期。
③ 《中国性科学百科全书》，中国大百科全书出版社1998年版，第360页。

卷六《姚安》一篇极有可能受到唐人传奇《霍小玉传》的影响,不过其主人公之移情别恋是以杀妻为代价的,其行径已构成犯罪,不属于一般的负心事件了。单就姚安对于新欢之猜忌而论,其幻视、幻听的精神状态在现代医学临床上属于严重的妄想型精神分裂症,国外或称之为"奥赛罗综合征",其名称取自英国莎士比亚的悲剧《奥赛罗》,黑人将军奥赛罗在别有用心的旗官伊阿古的挑拨下,内心不断为无名之妒火煎熬,终于在极端愤怒中杀害了爱妻苔丝狄蒙娜,真相大白后,自己也拔剑自刎。就此而言,姚安白日见鬼之诸多情状,读者千万不能单纯以志怪视之,这种因妒而生杀心的心理,自有现代精神病学的解释。至于嫉妒杀人的致病之由,也是多方面的,不能执一而论。具体到姚安之杀绿娥,当有其杀害前妻挥之不去的阴影在,篇末"异史氏曰"所谓"人止知新鬼为厉,而不知故鬼之夺其魄也"(第1577页)之论切中肯綮,还是俗语说得好:"为人不做亏心事,不怕半夜三更鬼叫门。"

《犬奸》一篇属于人类变态性行为的一次实录,因事关隐私,本不易发觉,只因犬啮亲夫致死,所以成为轰动一时的新闻,"示众"之馀又引来众人"围观"的癖好。作者似乎也未能免俗,感慨之馀,模仿衙门断案写下判词,炫才而外,颇有过一把官瘾的意味。所谓"兽交",古今中外并非罕事,甚至在神话传说中也能觅其踪影。晋干宝《搜神记》卷一四记有盘瓠的故事,即帝喾高辛氏为平外患,而将小女嫁与立有战功而名为"盘瓠"的犬,并养育了六男六女。这一具有文化人类学意义的传说,甚至在正史《后汉书》卷八六《南蛮西南夷列传》中也有类似记载。西汉诸王生于深宫之中,长于妇人之手,自幼养尊处优生活令这些"娇子"丧心病狂。清赵翼《廿二史劄记》卷三《汉诸王荒乱》有云:"江都王建,父易王薨,未葬,即召易王美人淖姬等与奸,又与女弟徵臣奸。建又欲令人与禽兽交而生子,令宫人裸而据地,与羝羊及狗交。"① 江都王刘

① 王树民校正《廿二史劄记校证》,中华书局1984年版,第62页。

建是汉景帝的孙子，其强迫宫人兽交的变态性行为伤天害理，令人发指。
在现实中，兽交并不具备反社会倾向，但历史上有严厉处罚的记录，霭理
士《性心理学》就记述有中古时代的法国杜罗斯城一个女子因和狗交而
被焚死的事件①。清褚人获《坚瓠续集》卷一《人与物交》："《文海披
沙》：盘瓠之妻与狗交，汉广川王裸宫人与羝羊交，灵帝于西园弄狗以配
人，真宁一妇与羊交，沛县磨妇与驴交，杜修妻薛氏与犬交，朱文帝时，
吴兴孟慧度婢与狗交，利州妇与虎交，宜黄袁氏女与蛇交，临海鳏寡与鱼
交，章安史悝女与鹅交，突厥先人与狼交，卫罗国女配瑛与凤交，陕右贩
妇与马交，宋王氏妇与猴交。《耳谈》：临安有妇与狗奸，京师有妇与驴
淫，荆楚妇人与狐交。乃知宇宙之大。何所不有。"② 这则笔记记录了中
国历史中许多人与羊、与驴、与犬、与猴、与虎、与狼甚至与"凤"交
的传闻。其中有杜修妻与狗交一则，据潘光旦先生考证，系根据唐李隐
《潇湘录》中杜修己之妻薛氏与家养白犬相交事而来，并云："后薛氏终
于被出，归母家，而犬仍往来不置；其他下文便是一派神话了。"③ 薛氏
之事未演化成悲剧，而蒲松龄写《犬奸》时，是否参考了《潇湘录》，不
得而知；但"白犬"之名，有否借鉴？耐人寻味。

卷八《青城妇》一篇记述所谓"蛇交"事："盖绕青城有数村落，其
中妇女多为蛇交，则生女尖喙。"（第 2224 页）当系以讹传讹的奇谈怪
论。西商与此妇一别年馀，相聚后暴卒，当属于性行为引起的意外死亡，
今人多称之为"性交猝死"或"房事猝死"，中医多以"脱症"称之，
民间则有"大泄身""马上风"之名。以现代病理学推究，因性交时过度
兴奋引起急性心肌梗塞而猝死是原因之一，因高血压以及脑动脉粥样硬化
引起脑溢血致死为原因之二，相拥过力迫使对方颈动脉窦受压从而导致心
搏骤停而死亡是原因之三，服用药物纵欲过度导致男子虚脱身亡是原因之

---

① ［英］霭理士著《性心理学》，生活·读书·新知三联书店 1987 年版，第 220 页。
② （清）褚人获撰《坚瓠集·续集》，浙江人民出版社 1986 年版，第 790 页。
③ ［英］霭理士著《性心理学》，生活·读书·新知三联书店 1987 年版，第 269 页。

四。《金瓶梅》第七十九回"西门庆贪欲丧命",当属于最后一种情况。西商猝死或为心梗,或为脑意外,皆属于极度兴奋下所最易发生的病症,这与其"年馀复返"的夫妇久别相关。小说以青城妇"阴中有物类蛇舌"致令西商死亡,其原因虽匪夷所思,但终于令青城妇摆脱了凶手的指控,对于无告的小民也算是莫大的德政了,这于科学不昌明的古代实属万幸。明洪楩《清平山堂话本·戒指儿记》中的阮三郎之死也属于"脱症":"那阮三是个病久的人,因为这女子,七情所伤,身子虚弱。这一时相逢,情兴酷浓,不顾了性命。"① 这一解释就比《青城妇》符合实际。

(三)

现代评书大家连阔如先生曾有"懂多大人情说多大书"一句名言,其实写小说又何尝不是如此,甚至有过之而无不及。卷二《巧娘》虽写鬼狐,但其间描写人情如画,能唱一台戏的三位女性也各具面貌,被刻画得淋漓尽致。华姑的狡黠与嫉妒自私,三娘温顺与息事宁人的处世原则,巧娘对爱的执着与忧郁感伤皆跃然纸上;至于傅廉的感恩心理与怜香惜玉之情,也都合情合理,不觉突兀。全篇由傅廉的先天生理缺陷作为串珠之线,也自有作者的匠心独运在。

卷五《宦娘》一篇通过琴筝之声将男女间的两种情谊交叉渲染出来,朦胧隐约传达出男性在婚姻以外的另一种理想的情感想象。宦娘的鬼身份令她与琴艺高超的青年公子温如春阴阳两隔,难结连理,然而这并不妨碍她极力成全同是温如春知音又同是窈窕淑女的葛良工的爱情,如此助人为乐完全建立在大爱无私的基础之上,在某种意义上,真爱就是一种无偿奉献而非索求回报的交往,正如一首现代通俗歌曲所唱的那样:"只要你过得比我好。"在小说中,宦娘忽隐忽现,来去缥缈,象征着这一人物形象

---

① 程毅中校注《清平山堂话本校注》,中华书局 2012 年版,第 393 页。

也许仅在人生理想中存在的事实，属于男性的自恋情结在虚拟异性身上的投影。

卷五《阿绣》一篇中狐姐三次与阿绣比美，也具有心理学的认识价值。嫉妒情感，人人皆有，与生俱来，孩童不愿看到自己的母亲怀抱他人之子，即为一例。狐姐自愧容颜弗如阿绣，源于其不自信的心理，不自信正是嫉妒产生之根源。然而嫉妒若向负面滑落，则对对方萌生恨意，甚而幸灾乐祸；若向正面发展，则产生一种良性的竞争意识，具有乐观其成的君子风度。狐姐以刘子固的判断为与阿绣"较优劣"的客观标准，第一次正值刘陷入情感危机，热恋中难免"走眼"；还是旁观者清，其仆不夹带情感因素的审美判断最具客观性："其面色过白，两颊少瘦，笑处无微涡，不如阿绣美。"（第1401页）第二次刘在"注目移时"的当面比较中识别出狐姐，属于头脑清醒下的判断，因而令狐姐"赧然趋出"。第三次刘于醉眼蒙眬中不辨真假，算不上真正的审美判断，狐姐虽有"君亦皮相者也"的调侃之语，但其内心仍然自愧弗如，故而以"我不愿见阿绣"聊以解嘲。自家容貌是女子最为关注的对象，古今中外概莫能外；女子因容貌有差异而生嫉妒之情，犹如"文人相轻"一般的普遍，诚属人情之常，无可非议。关键是女子如何将这种嫉妒的负面情绪积极地转化为对美的崇拜心理，产生"我见犹怜"的惺惺相惜之情，从而升华为助人为乐的心灵美。《阿绣》中狐姐形象之所以令人感动，其原因正在于这种升华的成功，归根结底还是作者人物形象塑造的成功。

卷二《汪士秀》可与卷七《田子成》对读，两篇皆有父亲溺于洞庭湖中的情节，不过汪士秀的父亲是讹传的假死，因而与其子邂逅时年纪已经五十馀岁，在古代完全可以以"叟"称之；田良耜的父亲田子成"覆舟而没"是真死，所以三四十年后其鬼魂与儿子相遇江边，仍然是其溺亡之际"年三十许"的秀才形象，这涉及民间所谓"鬼不会长大"的趣谈。钱锺书的小说《围城》中有方鸿渐与孙柔嘉于邵阳至平成之间一处村店外的对话，极耐人寻味："鸿渐道：'也许我们睡的地方本来是小孩子的坟，你看这些坟都很小，不像是大人的。'孙小姐天真地问道：'为什么鬼不长大的？小孩子死了几十年还是小孩子？'鸿渐道：'这就是生离死别比百年团聚好的地方，它能使人不老。不但鬼不会长大，不见了好久的朋友，在我们心目中，还是当年的风采，尽管我们自己已经老了……'"①"记忆"问题是心理学研究中的一个课题，其中表象记忆具有相对的稳定性。人死之后，因生命进程的终止，给活人留下的记忆表象也就不再发展成长了，于是相信世间有鬼存在的人就认为"鬼不会长大了"。卷二《林四娘》中的女主人公，二十岁遭难而死，十七年后，其鬼魂仍可与陈宝钥缱绻情深；如果其鬼魂也如人一般成长，则三十七岁已成半老徐娘，实难与陈某演出一段蕴藉风流的韵事了。唐传奇《周秦行纪》述牛僧孺夜遇薄太后、戚夫人、王昭君、潘妃、杨贵妃等，几位美女尽管时代相隔甚远，却各自依然保持了昔日的风采。"鬼"的确有比人自由的优越感，清徐曧所辑《宋人小说类编》引《暌车志·鬼来听法》："生公说法时，有鬼来听，生公识之，喝曰：'何不为人去？'鬼以诗对曰：'做鬼今经五百秋，也无烦恼也无愁。生公劝我为人去，只恐为人不到头。'"②《田子成》中秀才卢十兄作为田良耜父亲的鬼魂，与已经当官的儿子相遇，其外在"年纪"恐怕比其子还要年轻，因而若当时相认未免尴尬，这或许也是小说中"曧摇手乱之"的用心所在了。不过作者百密一疏的是，卢十兄谎称自己为田良耜父亲的友人，且与其父"少时相善"，然而其"年三十许"的外貌并未引起当时尚不明人鬼殊途的田良耜的质疑，这的确是蒲松龄小说创作中属于白璧微瑕的缺憾。

梦在人类心理研究中占有重要位置，"日有所思，夜有所梦"未必准确，但解析梦，却往往能浮现做梦者的隐秘心理。卷一《凤阳士人》写三人同做一梦，并非别出心裁，蒲松龄显然受到唐人有关传奇的影响，如

---

① 钱锺书著《围城》，人民文学出版社 2017 年版，第 112 页。
② 徐曧辑《宋人小说类编》卷三，中国书店 1985 年版，第 3 页。

白行简《三梦记》传奇，开宗明义即云："人之梦，异于常者有之：或彼梦有所往而此遇之者，或此有所为而彼梦之者，或两相通梦者。"①《凤阳士人》的撰写即据此生发，构思出一篇饶有趣味的小说，读者不必追诘这种三人同梦的真实性，所瞩目者当在于其妙笔生花描写的生动性。夫妇久别十馀月，因思念而造梦境，性意识在其中至关重要，所谓"丽人"也者，大约也是"疑心生暗鬼"的产物，作者篇末以"但不知丽人何许耳"（第 268 页）了结，透露出小说运思的高妙。

卷四《馎饦媪》一篇谓韩生居外，夫妇一别半载，团聚时日无多。于是妻子夜中见怪，恐怖固然有之，但腌臜亦令人作呕。显然这并非无中生有的志怪，而是妻子在夫妻聚少离多的情感极度压抑下所发生梦魇的实录，具有变态心理研究的价值。旧时农村睡土炕，远离炕头的炕席底下正是土鳖一类潮虫活跃的地方，因而"启簟照视，则土鳖虫数十，堆累其中"（第 907 页），并非作者凭空杜撰或为馎饦媪实有其怪的佐证。韩妻何以有此梦魇，是久别暌隔下的极度哀怨，抑或自造梦境以图挽留住丈夫的行踪？总之耐人寻味。土鳖寄生于人类住宅中，其守家的特性是否暗合妻子期望丈夫杜绝外出的潜意识？

卷七《乔女》就是一篇浮现作者某种潜意识的耐人寻味的小说，并且看来有一定的事实依据，并非完全凭空结撰而成。乔女奇丑并有生理缺陷，在相对封闭的古代社会，新丧偶的孟生不可能对乔女有道德层面上的任何了解，只是"忽见"之后的"大悦之"，显然属于性取向上的某种畸变心理，即对丑陋残疾的异性有一种特殊的偏嗜，这在性心理学上可称之变态反应。然而出生于读书人家庭的乔女在不清楚孟生这种择偶心理的条件下，反而认为他有"娶妻以德不以貌"的品德，因而在感动之馀也增强了其道德的自我认定。乔女对于自己容貌完全失去自信是与生俱来的，孟生的心仪则令其产生"知己"的遐想后，又重新确立了她道德高岸的

①　汪辟疆选注《唐人小说》，上海古籍出版社 1978 年版，第 128 页。

自信，并具有对自己其貌不扬的强烈代偿作用。乔女从拒绝再婚到"心许"孟生，正是其企盼道德自我更加完善的体现；乔女从为已故孟生孤子伸张正义到抚孤成立，其漫长过程则验证了"皮格马利翁效应"的存在。皮格马利翁效应又称"罗森塔尔效应"或"期待效应"，由美国著名心理学家罗森塔尔和雅格布森在小学教学上予以验证提出，意即你期望什么，你就会得到什么，只要充满自信地期待，只要真的相信事情会顺利进行，就一定会如愿以偿。当时社会对乔女行为的认同与赞许无疑会令其"义举"日臻完善，最终功德圆满。此外心理学中的霍桑效应也值得研究者瞩目。所谓"霍桑效应"，起源于美国哈佛大学心理专家于 1924~1933 年间的一系列实验研究，就是当人们在意识到自己正在被关注或者观察的时候，会刻意改变一些行为或者是言语表达的效应。亦即当人知道自己成为观察对象，而会刻意改变行为的倾向。乔女的德行可印证这一心理学效应在古今中外的普遍性。

卷七《仇大娘》小说紧针密线，层波叠浪，起伏照应，滴水不漏，对于主人公仇大娘的性格刻画尤其生动感人。仇大娘性格刚烈，其父当家时，常因归宁"馈赠不满其志"而冒犯冲撞父母；然而娘家遭遇大难后，却又能排除私利，主动担负起"中兴"仇家的重担。在家中"不在其位"则可以蛮不讲理，一旦因形势所逼被推到责无旁贷的重要位置，就脱胎换骨成为新人，这在心理学上也有其根据。责任心理学认为："责任心是一种自觉地把分内的事做好的重要人格特质，即个体对自我应负责任的自觉意识和积极履行的行为倾向。"[①] 正是这一家族性的责任心令巾帼不让须眉，仇大娘终于完成了复兴仇姓一家的任务。人类伟大责任心的辉煌展现，是读者阅读这篇小说应当体会到的潜在线索。清方舒岩有评云："大黄芒硝，每多败事。苟得其用，功亦较烈。如大娘之刚健，好在能知大

---

① 谭小宏、秦启文：《责任心的心理学研究与展望》，载《心理科学》2005 年第 4 期第 991 页。

义，故仇氏卒赖以兴，己亦并受其福。"（第1938页）所谓"知大义"云云，其实就是责任心的另一种表达。

《聊斋志异》有多篇小说涉及同性恋问题，如卷二《黄九郎》是专写男同性恋的小说，卷二《侠女》也涉及这方面的内容。根据现代科学研究，同性恋并不是一种精神疾病或心理障碍，只是一种不同于多数人的特殊性取向而已，其形成机制是否与人体基因相关，这里不作深论。然而在晚明，"南风"竞吹，成为社会风气江河日下的某种征象，就已经超出特殊性取向的范畴了。明末才子张岱《自为墓志铭》有所谓"十二好"的自我标榜，其中"好娈童"即为其中一好，这与晚明社会的人欲横流密切相关，其中不无好奇、攀比因素。清人入主中原，中原板荡，战乱频仍，社会风气亦当有所变迁，昔日歌舞繁华之地，或成满目疮痍之所，"南风"之好就缩小到真同性恋者，人口买卖市场的行情也会随之有所变化。卷八《男妾》一篇，某媪刻意将出售者以男扮女，无非是为适应当时人口市场的需求，期望卖出一个较高的身价。"异史氏曰"的"伪境"说似乎没有考虑当时的市场因素，只从投其所好、"南威不易"（第2110页）的角度看问题，未免有失偏颇。然而全面而论，这篇《男妾》对于解析明末清初的社会风气变迁仍有一定的认识价值。

卷四《封三娘》一篇涉及古代女同性恋现象，有论者将之与清初李渔的戏曲《怜香伴》传奇相提并论并加以比较，实在是因为在以男性为主的作家群的古代反映这方面题材过于稀少之故。范十一娘与封三娘的情谊已超出所谓"闺密"的范畴，而具有了同性恋的特征，这从作者对两人"订为姊妹，衣服履舄，辄互易着"以及"见人来则隐匿夹幕间"（第878页）的有关描写即可体味出。这一稍显暧昧的关系无疑是建立在两人邂逅中"屡望颜色"以及"转用盼注"的惺惺相惜基础之上的，犹如异性恋者的一见钟情，双方各自形象皆给对方留下难以消融的无限依恋。

《怜香伴》第六出《香咏》中曹语花与崔笺云"伊能怜我，我更怜伊"①
相互依恋情怀的产生，也是彼此皆在对方身上找到了自我的真实影像，这
与范、封二女的相悦相慕如出一辙，皆有相当多的自恋情愫蕴含其中。而
这种自恋情愫又与蒲松龄或李渔因怀才不遇而更加孤芳自赏的心理趋向
一致，诚如李渔友人虞巍为《怜香伴》作序中所言："笠翁才大数奇，所
如寡遇，以相应求、相汲引而寓言闺阁，此亦礼失求野之意，感慨系之
矣。"② 若将此评移于《封三娘》，也很中肯。蒲松龄并非心理学专家，他
之写女同性恋，情感体验终有隔膜，不过借此发端，书写自己寻求知己的
迫切情怀，同《聊斋志异》中许多篇章的主旨一样，都是读书人高自位
置、顾影自怜下无所归依心态的流露。值得一提的是，《怜香伴》结局为
二女共事一夫，男主人公石坚终享"齐人之福"；《封三娘》结局则在三
娘的飘然而去后，男主人公孟安仁仕途春风得意，并认了岳父母，从此过
上了"小两口"的幸福生活。两种结局在古人心目中堪称各得其妙，难
分伯仲，今天的读者自不必过度诠释，否则扣盘扪烛，反失其真。

晚明读书人一向标榜"痴"，但他们的"痴"往往是对社会腐败无可
奈何而产生的一种寻求寄托的表现，属于时代苦闷的反映，这很有些清中
叶郑板桥所标榜的"难得糊涂"的味道。张岱《湖心亭看雪》："舟子喃
喃曰：'莫说相公痴，更有痴似相公者。'"③ 叙述第三者对于自己"痴"
的评价甚为得意，可见其人生价值取向的明确。冯梦龙《情史》卷七
《情痴类·杨政》有云："人生烦恼思虑种种，因有情而起。浮沤石火，
能有几何，而以情自累乎？自达者观之，凡情皆痴也。"④ 将"痴"与
"情"两者联系起来，大有见识。蒲松龄对于"痴"的人生价值取向完全
肯定，卷二《阿宝》一篇"异史氏曰"有云："性痴则其志凝，故书痴者

① （清）李渔撰《怜香伴》，中国社会科学出版社 2011 年版，第 39 页。
② （清）李渔撰《怜香伴》，中国社会科学出版社 2011 年版，第 9 页。
③ 拙选注《明文选》，人民文学出版社 2020 年版，第 576 页。
④ （明）冯梦龙撰《情史》，岳麓书社 1986 年版，第 218 页。

文必工，艺痴者技必良。世之落拓而无成者，皆自谓不痴者也。且如粉花荡产，卢雉倾家，顾痴人事哉！以是知慧黠而过，乃是真痴。彼孙子何痴乎！"（第 338 页）孙子楚与阿宝的结合，全因"痴"而起。前者因"痴"而自断枝指，因"痴"而离魂周旋于阿宝身侧，又因"痴"而寄魂于鹦鹉，得以亲近可人"芳泽"，最终两人得结百年之好。《庄子·达生》记述孔子之语："用志不分，乃凝于神。"① "异史氏曰"中数语或源于此。卷三《碁鬼》中某书生因癖嗜围棋而死，被罚入饿鬼狱，仍然恶习难改，终于被阎王判罚"永无生期"（第 767 页）这就绝非"痴"与"癖"的结合了，而有将雅事变为赌博的嫌疑，否则何以"尚未获一高着"且结出"产荡尽"的恶果？

卷七《书痴》中的郎玉柱读书带有明确的功利性目的，其"痴"完全没有晚明人的那份潇洒自如，仙女颜如玉用围棋、弦索化解其痴的迂执与不近人情，是引导他回归正常。郎玉柱的"痴"属于钻牛角尖，幸亏有男女之情的羁绊，方令郎生不得不告别过去。郎生在邑宰史某的淫威下沉默以对，维护了其执着的痴情。史某因"存心之私"而受到郎玉柱的"怨毒之报"，爱妾也归于郎，如此处理，反映了蒲松龄对于侮辱斯文一类"祖龙之虐"的反感。郎玉柱公报私仇并娶史某爱妾以为报复，其后又先行自劾去官，以规避清代"娶部民妇女为妻妾"的律条，如此行事，绝非一个书呆子所能想出并办妥。那么本篇《书痴》真义何在？或谓作者讽刺了科举制度对于读书人的毒害，似属郢书燕说。清何守奇有评云："故知不汲汲于读，乃为真能善读书者。"（第 2011 页）或许可称是搔到作者痒处之的评。有论者认为："郎玉柱的一生好似一出寓言，在他一生的旅程中，我们可以发现许许多多的寓言因素。从一个木讷的书生成为一个精明的封建官吏，其本身就是一出精彩的寓言，《书痴》是作者蒲松龄

---

① （清）郭庆藩集注《庄子集释》，中华书局 1961 年版，第 641 页。

对知识分子出路进行的形象化的展现。"① 此"寓言说"虽有创见，但终觉牵强。据现代心理学成果分析，郎玉柱当属于阿斯伯格综合征患者，患者具有与孤独症同样的社会交往障碍，局限的兴趣和重复、刻板的活动方式。在分类上与孤独症同属于孤独症谱系障碍或广泛性发育障碍，但此症又不同于孤独症，其区别在于此症没有明显的语言和智能障碍。据研究，15%的阿斯伯格综合征患者具有超常智力，如贝多芬、莫扎特、牛顿、爱因斯坦、安徒生以及美国总统杰弗逊等都患有此症，但并不妨碍他们分别在音乐、科学、文学乃至政治等领域取得非凡的成就。台湾省一位著名漫画家就是阿斯伯格综合征患者，但他直到五十三岁才知道自己罹患此症。《书痴》中的郎玉柱的生平可能有一定的现实依据，并非蒲松龄凭空结撰，今天的读者如果不明阿斯伯格综合征患者心理与病理的发生机制，郎玉柱稍显分裂的人物形象就难以理解了。

卷六《刁姓》主人公全凭"诈慧"而行相术，也涉及心理学层面的问题，其无本生意是"巧取"，而非"豪夺"，也不完全是坑蒙拐骗的行径。人性恶在卷六《孙必振》中得到淋漓尽致的暴露，世人在危难面前惟求自保，不顾他人，这一心理绝非国人劣根性的专利，对照法国莫泊桑的小说《羊脂球》即可明了。至于作者何以嫁接此传闻于当时名宦孙必振身上，这与民间传说的所谓"箭垛"效应息息相关，正如同宋代以来有关包公（包拯）清正廉明的传说、明末以来有关徐文长（徐渭）诙谐滑稽的传闻一样，众"善"归于一身，方有利于广泛传播。

卷六《佟客》"异史氏曰"有云："忠孝，人之血性。古来臣子而不能死君父者，其初岂遂无提戈壮往时哉，要皆一转念误之耳。"（第1657页）蒲松龄此作亦不专意于讽刺董生的表里不一，而是意在探讨人类心理中有所谓"一念之差"的存在。卷四《河间生》，清何守奇有评云：

---

① 李少军：《〈书痴〉：封建文人之人生寓言》，载《蒲松龄研究》2009年第3期第55页。

远岫集：赵伯陶文史论丛 >>>

"只一转念间邪正自别。"（第1064页）可见两篇小说人类心理探讨的宗旨全同。

趋利避害是社会众多平民百姓的生存之道，当名分与利益有可能冲突时，名分让位于利益就势所必然，在社会是非颠倒、贤愚不分的混乱时代尤为如此。当一种名分在特定时期或特定环境下具有相当震慑力时，作为弱者一方就只能退避三舍，否则吃亏即在眼前。现代社会或遇人街头争执，一方口出"爷刚从大狱里出来"，一副"光脚的不怕穿鞋的"凶神恶煞面孔，往往会令对方不寒而栗，俯首认输。不光彩的经历居然也成为一种行之有效的炫耀资本，在法制社会中的确匪夷所思。至于"我的爸爸是某某"一类曾经流行于21世纪起初十年间的网络流行语，当属对于自家名分地位高度自信且有恃无恐的宣言。带有强烈"拼爹"色彩的言语与"我是流氓我怕谁"之类故意放低身份的思维逻辑异曲同工，皆为抢占先机的话语策略。卷六《盗户》一篇近似于寓言小说，将社会怪现象和盘托出，发人深省。篇中"异史氏曰"有云："今有明火劫人者，官不以为盗而以为奸；逾墙行淫者，每不自认奸而自认盗：世局又一变矣。"（第1529页）何以如此？原来在未遂的情况下，清代的强盗与强奸两罪的量刑标准同一。对于官府而言，"不以为盗而以为奸"，是取其头绪较少者结案更为方便；对于罪犯而言，是取不牵涉他人的罪名更为有利于应诉。其实这都凸显了世人"两害相权取其轻"的价值取向。

（四）

卷一《祝翁》一篇中之夫妇年纪不过五十上下，能够同日同时寿终正寝，的确非常罕见。其实，读者自不必纠缠于其事之有无，而是要通过故事本身透视其后隐藏的社会心理问题。祝翁"转思抛汝一副老皮骨在儿辈手，寒热仰人，亦无复生趣"（第292页）一语，道出其间无奈的辛酸。清但明伦就此有评云："余见有老死而遗其妻者，儿辈分爨，计日输

244

养，寒热仰人，互相推诿，且有多求一食一衣而莫之应者，真无复生趣矣。祝翁呼与同行，真是晓事，真是快事。"（第 292 页）清冯镇峦则有评云："此数语观之令人泣下。凡事暮年老亲，非孝子顺妇，鲜不蹈此病。"（第 292 页）聂绀弩《聊斋志异三论》认为《祝翁》是"殉夫的美化"："《祝翁》篇与主张妇女有何自由权利的诸篇又是大相矛盾的，殉夫的主张超过于封建道德而是奴隶道德。"① 这就未免郢书燕说之嫌了。

卷五《金姑夫》以"为鬼数百年"的"贞魂烈魄"（第 1333 页）终于找到如意郎君为题材，并嫁祸于"鬼狐"依附，看似荒诞不经，实则客观上反映了现实生活中女子守节绝欲的艰难与不人道。梅姑如同"老房子着火"一般的急切之恋，正是人类情欲的真实写照。潘光旦译注霭理士《性心理学》引清青城子《志异续编》卷三一则故事颇发人深省："一节母，年少矢志守节。每夜就寝，关户后，即闻撒钱于地，明晨启户，地上并无一钱。后享上寿，疾大渐，枕畔出百钱，光明如镜，以示子妇曰，此助我守节物也！我自失所天，孑身独宿，辗转不寐，因思鲁敬姜'劳则善，逸则淫'一语，每于人静后，即熄灯火，以百钱散抛地上，一一俯身捡拾，一钱不得，终不就枕，及捡齐后，神倦力乏，始就寝，则晏然矣。历今六十馀年，无愧于心，故为尔等言之。"② 此亦可为《金姑夫》一篇之诠释。

思维障碍是精神分裂症的核心症状。卷一《贾儿》的小说主人公之母为狐所祟，"歌哭叫詈，日万状"（第 182 页），显然属于精神分裂症。卷一《庙鬼》所言诸生王启后所患"病颠"，也属于精神性疾病，其所见肥黑妇人不过是幻视所致，至于其病之痊愈，或许是致其病的某种精神性因素的突然消失。卷一《咬鬼》《捉狐》两篇则是"鬼压床"的病理反应。鬼压床即睡眠瘫痪症，通常发生在刚入睡或是将醒未醒时，患者觉得

---

① 聂绀弩著《中国古典小说论集》，复旦大学出版社 2003 年版，第 289 页。
② ［英］霭理士著《性心理学》，生活·读书·新知三联书店 1987 年版，第 404 页。

自己已醒过来，可以听见周遭的声音及看到周围的影像，但是身体却动弹不得，也发不出声音来，有时还会合并有幻觉。多数人在这个时候会觉得恐慌，所幸这种情形多半在一段时间内会自己慢慢地或突然地恢复肢体的动作。因为在发作当时的恐慌感觉，很多人在醒来之后会觉得害怕，而只觉得是被什么不明物体压制所造成。

　　卷三《李司鉴》中的男主人公，历史上实有其人，显然这是一篇根据时事撰写的小说。在科举时代，文化不甚发达的县中出个举人，并非易事，读过吴敬梓《儒林外史》的人，对于范进中举那一段绘声绘色的描写就一定不会生疏。作为永年县一位有身份的人，李司鉴犯杀人罪后又自残而死，其间伴随幻听并自揭平生罪恶，显然是一种妄想型加狂躁型精神病的症状，本属于一种病态的应激反应，似乎不必做过深的社会学方面的解读与诠释。晚明时代，山阴（今浙江绍兴）有一位多才多艺的著名文人徐渭（1521~1593），因英雄失路又托足无门而染有"狂疾"。明袁宏道《徐文长传》谓徐渭先是"自持斧击破其头，血流被面，头骨皆折，揉之有声"，继而"以利锥锥其两耳，深入寸馀"①。如此自残，竟然未死；翌年又因怀疑继室张氏不贞，将其杀死，并为此入狱六年，七十馀岁抱愤而卒。李司鉴先杀妻，后至城隍庙自残致死，从精神病学角度考察，与徐渭并无二致；所不同者，徐渭之狂疾屡发或因怀才不遇的愤懑所诱发，而李司鉴的发狂或别有原因。但精神疾病在任何社会都是一个不容忽视的问题，则是确定无疑的。

　　卷五《鬼津》一篇中李某显然患有中医所谓"痰热互结，阻于气道"之症，呼吸不畅，极易心脑缺氧，因之产生幻视幻听或于白昼做一场噩梦。"肥黑绝丑"妇人的出现，与其说是鬼物逞狂，莫如说是缺氧状态下的人体应激反应。患者于恍惚中仿佛真有白日见鬼的遭遇，在科学尚未昌明的清代初年并非不可思议。李某主诉如此，听者神乎其神，遂令奇闻不

---

　　① 钱伯城笺注《袁宏道集笺注》，上海古籍出版社1981年版，第716页。

胫而走，愈传愈玄，其间不免腌臢污秽之形容，为文笔擅长的蒲松龄记下，于是就产生了这篇如同六朝志怪的小说。古人患咳喘之疾，镇咳祛痰多用催吐方法，小说结尾"吐出物如卵清，病乃瘥"（第1336页），即显示了这种治疗方法的有效性。如果将此篇小说视为古代一桩临床医案，也未尝不可。

卷一《蛇癖》《金世成》《龁石》三篇，是对异食癖的记述，古人笔记中不乏其例。如明陆容《菽园杂记》卷四有云："古人嗜味之偏，如刘邕之疮痂，僻谬极矣。予所闻亦有非人情者数人。国初名僧泐季潭喜粪中芝麻，杂米煮粥食之。驸马都尉赵辉，食女人阴津月水。南京内官秦力强喜食胎衣。南京国子祭酒刘俊喜食蚯蚓。"① 现代关于异食癖的记述更是五花八门，如嗜食土块、石头、头发、炉渣、煤块，甚至玻璃、灯泡、餐具、钱币等，无奇不有。据国外报道，有人甚至能在不长的时间内吞吃下一辆自行车。医家解释异食癖者，或许因人体缺锌或铁所致，属于生理疾病，但一些患者并不缺少这些微量元素，就属于心因性问题了。一些患者因异食而患有多种疾病，甚至早夭；但有一些异食癖者却能几十年如一日，丝毫不影响其消化系统，体格健壮，现代医学也难以做出合理解释。《龁石》中之王姓围人作为一位有异食癖的奇人，当属于后者。明袁宏道《醉叟传》记述了一位神龙见首不见尾的市井奇人："不谷食，唯啖蜈蚣、蜘蛛、癞虾蟆及一切虫蚁之类。"又云："童子觅毒虫十馀种进，皆生啖之。诸小虫浸渍杯中，如鸡在醢，与酒俱尽。蜈蚣长五六寸者，夹以柏叶，去其钳，生置口中，赤爪狞狞，曲伸唇髭间，见者肌栗。叟方得意大嚼，如食熊白豚乳也。"② 此当系实录，并非小说笔法，可印证蒲松龄所记亦非虚构。

卷二《某公》："背上有羊毛丛生"（第299页），是有关"胎记"的

---

① （明）陆容撰《菽园杂记》，中华书局1985年版，第45页。
② 钱伯城笺注《袁宏道集笺注》，上海古籍出版社1981年版，第719页。

描述，据民间传说，人体天生胎记的产生，正是个体前身遭际或阴间遭受惩罚的反映，由此可见蒲松龄小说文化内涵的丰富性。卷六《太医》所谓"切记勿食熊虎肉"（第1729页），所反映的是中国传统医学的"禁忌"问题，中医治病讲究忌口，谓因摄养而避免食用某种食品或药物。忌口，西医常不以为然，但此禁忌往往有效，如某些皮肤病患者，就不能多食海鲜乃至牛羊肉，否则就会发病，痛苦不堪。看来祖国医学也自有其独到之处，切不可漠然视之。

《聊斋》涉及酒的篇章有不少，内容各异。卷二《酒友》中的车生，以酒为媒介结识朋友，甚至忘为异类，并引为知己，其性格豁达豪放，小说所渲染的当是一种人生意境。清王士禛有评语云："车君酒脱可喜。"（第313页）可谓一针见血。古人多将酒视为化解忧愁的绝佳饮料，然而过量就会产生诸多副作用。至于酒后失德，醉不择言，甚而狂夫骂座，借酒撒泼，在平民百姓中亦每每见到，不足为奇。卷三《酒狂》就是一篇讽喻小说，主人公缪永定非但酒德欠佳，而且轻诺寡信又吝啬刻薄，为人所鄙薄。同卷《秦生》篇中秦生之疾属于精神依赖性慢性酒精中毒症，古今中外皆不乏其例，其置生死于度外的嗜酒行为并非作者的过度夸张。

卷五《八大王》除宣扬护生行善、谐和自然以及知恩图报而外，尊德节饮、警醒世人当是全篇主旨。明代袁宏道虽无酒肠，却有酒癖，为此特撰《觞政》一文，分十六项讨论饮酒问题，其中《四之宜》有云："醉月宜楼，醉暑宜舟，醉山宜幽，醉佳人宜微酡，醉文人宜妙令无苛酌，醉豪客宜挥觥发浩歌，醉知音宜吴儿清喉檀板。"[①] 此与《八大王》篇后之《酒人赋》对读，更见饮酒妙趣。

卷四《酒虫》可与宋洪迈《夷坚丁志》卷一六《酒虫》一则对读，两者嗜酒并吐虫情节略同，惟后者缺字颇多，结尾又少一行，故不知其结局若何。但从篇幅而言，两篇《酒虫》旗鼓相当。据《北京晚报》2013

[①]　钱伯城笺注《袁宏道集笺注》，上海古籍出版社1981年版，第1416页。

年 9 月 24 日第 3 版，载有《男子胃里自产酒，酒不醉人人自醉》一篇报
道："一名 61 岁的美国得州男子一日突感头晕眼花而求医，医生检查发现
他的血液酒精浓度达到 0.37%。但他坚称自己当天并未饮酒。细查发现，
该男子患有'自动酿酒综合征'。他的胃里有大量酵母，自己就能产生大
量酒精，真是'酒不醉人人自醉'。"古人所谓"酒虫"云云，看来也不
完全属于志怪。

　　从现代医学的角度考察，卷五《冷生》的"逢场作笑"属于阵发性
狂笑，是一种特殊的精神性疾病，为长期心理抑郁焦虑下的产物，与智力
高低并无过多的相关性。他从"未能通一经"到"文思精妙"（第 1203
页），自然属于勤苦攻读一旦开悟后的结果，与所谓狐来"燕处"并无实
质性关联可言，小说以"狂易病"称之，当是名至实归。八股文章于苦
思冥索后成篇，殊为不易，一旦压力得到释放，强烈的刺激令其于不自觉
中"哗然大笑"，并非不可思议，而且其病症随着发病次数的增加而步步
得到强化，这又令冷生与精神强迫症结缘，终致不可收拾。从旁观者角度
来看，大笑成文何等痛快淋漓！实则患者内心苦痛难以一言蔽之。至于本
篇第二则故事所述学师友人独处一室"默温笑谈"（第 1204 页）而嗤然
出声，则属于神经质人格，与冷生病症自难同日而语。有趣味的是本篇的
另一则附说，对于驴的锥刺训练，本属于哺乳动物"条件反射"实际应
用的问题，蒲松龄自然不会通晓两百年以后才有的巴甫洛夫学说，但将三
事联系在一起，透露了作者无意识中对这一问题的朴素直觉，值得关注。

　　狂生即无知妄为的人，卷六《狂生》中的某生对父母官知州报以
"声震堂壁"（第 1642 页）的大笑，具有对抗性质，属于自我认知的错
位，这几乎导致一场人生的悲剧，与上述冷生之阵发性狂笑又不可同日而
语了。

　　当今国内外广泛讨论的"濒死体验"问题，已经日益引起医学界甚
至哲学家的瞩目。濒死体验就是指由某些遭受严重创伤或疾病但意外地获
得恢复的人，以及处于潜在毁灭性境遇中预感即将死亡而又侥幸脱险的人

所叙述的死亡威胁时刻的主观体验。当事人在灵魂出窍之际，多经历有回顾一生的一个重要阶段，而与各种"神灵"的对话，会随当事人的宗教背景或信仰文化而有所差异，但一些无神论者也会有其灵魂与某种"神灵"交流的体验，则非目前科学水平的认知所能圆满加以解释了。卷二《汤公》一篇记述汤聘返魂后，追述弥留之际回顾自家平生善恶的情节，绘声绘色，似非虚构，当是蒲松龄从辗转得来的有关传闻加工而成，属于濒死体验，并具有该类事件的典型意义与极高的认识价值。卷六《张贡士》记述贡生张在辛于卧病中"忽见心头有小人出"（第1662页），唱昆曲饰演自己一生关节，当属于濒死体验的艺术化展现，不无当事人于大病初愈后的虚构加工痕迹。

卷三《产龙》一篇为有关"龙"的小小说，实则乃乡里传闻的笔录，作者不过略加渲染而已。李氏妇所产女婴属于现代医学所谓"脐膨出"患儿，是因先天性腹壁发育不全在脐带周围形成腹壁缺损，导致腹腔内脏脱出的新生儿畸形，程度有轻有重。据说六千至七千个新生儿中就有可能出现一例，在互联网发达的今天已经不难检索到这类新闻。"肉莹澈如晶"是刚出生婴儿的透亮羊膜的形象描述。原来胎儿在四至六周的时候，肠子发育快，腹腔发育慢，腹腔装不下大量的肠子，肠子等内脏有可能突出体外，六至八周以后，随着腹腔发育，肠子就会缩回腹腔，恢复正常。李氏女婴属于"巨型脐膨出"患儿，或由基因变异所致，这在现代，治疗也有一定难度；更何况古代的医疗条件简陋，肯定造成患儿腹腔感染，随之内脏脱出，最终死亡。文中所谓"大如瑑"（第679页）的龙鳞，可能是血块或胎衣部分脱落的迹象，这在现代医学视域中也不足为奇。作者为我们记述了古人对"巨型脐膨出"患儿的认识，尽管涉及龙的迷信，但仍具有一定的医学研究价值。

人因过度兴奋或悲伤而引起心血管疾病猝发而死，古今中外皆不罕见；或因偶然大笑而导致颈动脉旧伤复发乃至爆裂，终于气绝身亡，现代临床中也不是绝不可能发生的事情。卷三《诸城某甲》记述被流寇斩杀而侥幸不死的某甲，十多年后因大笑："一俯仰间，刀痕暴裂，头堕血流。共视之，气已绝矣。"（第 708 页）如此"头堕"描述，似乎过于夸张，属于小说笔法，读者自不必深究。

　　鬼魂附体之说在旧时民间特别是农村颇有市场，体弱多病者每每成为"还魂"的载体，据说是因为阳气不足，故而阴气十足的鬼魂最易上身。诸如此类的事件，国外也时有报道，具体原因似乎尚未有令人信服的结论，但有一些"附体"现象属于中医称之为"谵妄"症状，当是事实。清人所编《医宗金鉴·痘中杂证上》就有论述"谵妄"一节。按照西医的说法，则是因病毒或病菌的感染引起人体高热而导致精神错乱，胡言乱语即人体体温遽升后的外在症候。卷三《鬼作筵》中的杜夫人被去世公公的魂灵附体，后至冥间帮助死去的公婆料理请客事宜，公公的目的正是令儿媳延寿，完全是鬼话连篇。"附体"姑不论，小说中行贿与请客吃饭一如阳世社会，令人读后感慨良多，就是另外的话题了。

（原载《蒲松龄研究》2020 年第 3 期）

蒲松龄的骈文刍议

清初的蒲松龄以其文言小说《聊斋志异》千古不朽，并不以骈文写作名世，当下研究清代骈文史的著作，也很少提及蒲松龄的相关骈文作品。但在蒲松龄传世文集中，骈文所占比重却不低，举凡碑记、序跋、题词、代拟公文、书启、婚书、杂文乃至拟表、拟判等文类中，皆可以寻觅到骈文的踪影，有一些得意之作，还被收录于《聊斋志异》的篇章中。拟表、拟判等姑且不论，包括代人之作在内，蒲松龄骈文中的应酬文章居大多数。如何看待其骈文写作，因涉及《聊斋志异》的创作问题以及清代骈文的兴盛诸多问题，并非无关紧要。

骈文，又称骈俪文，若不讨论其与先秦两汉骚赋的渊源问题，汉魏以后的南北朝时期是骈文的兴盛期。骈文以偶句为主，唯骈俪是求，以藻绘相饰，讲究对仗和声律，音调铿锵，因而易于讽诵。清李兆洛《骈体文钞序》有云："六经之文，班班具存，自秦迄隋，其体递变，而文无异名；自唐以来，始有'古文'之目，而目六朝之文为'骈俪'，而为其学者，亦自以为与古文殊路。"① 在 20 世纪以后的文学史研究中，骈文的声誉与地位远没有实用性较强的古代散文利好，这一方面源于其形式大于内容的华丽装饰，另一方面则是与读者的心理沟通容易产生隔膜，若无一番细致耐心的查考功夫，实难体会作者煞费苦心的修辞之妙。骈文讲究使事

---

① 郭绍虞主编《中国历代文论选》第三册，上海古籍出版社 1980 年版，第 465 页。

用典，无独有偶的意象纷呈，如同天花乱坠，却又迂回婉转、含蓄模糊，一望之下，难明所以。然而也许正是这种类似于文字游戏的文学表达，令作者高自位置的虚荣心可以淋漓尽致地得到满足，至于其功效究竟如何，则非作者虑所能周了。

（一）

清代一般被视为骈文的兴盛期，有远承唐宋、超迈元明的气局。有论者将清代骈文的兴盛与八股制艺取士相联系，实则两者的关联性并不明显。清吴敬梓《儒林外史》第十三回《蘧駪夫求贤问业，马纯上仗义疏财》中专事选评八股文的马二先生曾说："文章总以理法为主。任他风气变，理法总是不变。所以本朝洪、永是一变，成、弘又是一变。细看来，理法总是一般。大约文章，既不可带注疏气，尤不可带词赋气。带注疏气，不过失之于少文采；带词赋气，便有碍于圣贤口气，所以词赋气尤在所忌。"马二先生又说："也全是不可带词赋气。小弟每常见前辈批语，有些风花雪月的字样，被那些后生们看见，便要想到诗词歌赋那条路上去，便要坏了心术。古人说得好，作文之心如人目，凡人目中，尘土屑固不可有，即金玉屑又是着得的么?"[①] 尽管八股文风在明清历朝皆有所变化，或尚简明，或尚繁缛，但马二先生的一番话基本与诸多考官八股试卷的评判标准相一致，则可以肯定。类似的体认在《儒林外史》第三回《周学道校士拔真才，胡屠户行凶闹捷报》中也有明确的表达。升任广东学道的周进与参考院试的童生魏好古的一番对话耐人寻味：

> 那童生道："童生诗词歌赋都会，求大老爷出题面试。"学道变了脸道："'当今天子重文章，足下何须讲汉唐!'像你做童生的人只

------

① （清）吴敬梓撰《儒林外史》，人民文学出版社 1977 年版，第 166 页。

该用心做文章，那些杂览学他做甚么？况且本道奉旨到此衡文，难道是来此同你谈杂学的么？看你这样务名而不务实，那正务自然荒废，都是些粗心浮气的说话，看不得了。左右的，赶了出去！"一声吩咐过了，两旁走过几个如狼似虎的公人，把那童生叉着膊子，一路跟头叉到大门外。

小说中的所谓"杂览"，也就是童生魏好古所说的"诗词歌赋"，骈文等文体自在其内，其写作与八股制艺的冲突不言而喻。骈文的写作通常以四六句为主，形同对联，又讲求粘对，追求声律的和谐，至于用典使事，事典与语典不必像八股文须"代圣贤立言"，局限于战国以前的时代。八股制艺中的"破题""承题""起讲""入手"之后，须有"起股""中股""后股"和"束股"四个大的段落，而每个段落中，都有两股排比对偶的文字，合成八股，故称八股文。以段落为基础两相对偶，显然与类似于对联写法的骈文不同，同时钻研两者，不但难以相辅相成，而且还可能有所妨害，周学道目之为"杂览"一类，就说明了骈文与八股文这两种文体本质的不同。

姜书阁先生《骈文史论》探讨了律赋与八股文的关系："我们还不能说律赋是八股文的直接来源，但八股文确是从律赋吸取了很多重要的工艺。而律赋是骈文，是骈文的律化，那么，也可以说八股文是从骈文辗转演化出来的一个怪胎。我称之为'骈馀'，毋宁还是给予它一个美名吧？"① 这一说法现在看来似较牵强。启功先生《说八股》有云："其实八股文对偶的一比一比中，散语较多，有也较随便，写完了一股，还须比照前股的尺寸，给它去配出下一股，岂不是自找麻烦。有时两边凑和长短，真要费许多力气。当然也有一些一股中的骈句，和下股的骈句字数不

① 姜书阁著《骈文史论》，人民文学出版社1986年版，第534页。

太相同的。"① 这一论述简明扼要，对偶修辞在骈文与八股文中所呈现的不同样貌一目了然。

有论者在讨论清代骈文的"复兴"态势时，往往与清代严苛的文字狱相联系，仿佛骈文在清代的兴盛与当时考据学的发展有着共同的因子。如莫道才先生认为："而作为少数民族统治全中国的统治者，清王朝采取了严厉的文化专制政策，大兴文字狱，动辄革职，甚或弃市，株连九族，这使得文人在写作时噤若寒蝉，谨慎异常，恰如龚自珍在《咏史》诗中所说的'避席畏闻文字狱'。这样，骈文这一重辞采、典故的文体成为文人逃避社会现实的工具。"② 杨旭辉先生《清代骈文史》则用形象的语言审视骈文兴盛与清代文字狱的关系问题：

> 文化检察官，或是阴暗角落里的小人，一手操握满纸典故、晦涩难读而不知所云的诗文集，特别是其中有不少骈文，一手直指被枷带锁者，厉声呵斥："呔！从实招来！问汝辞赋何所携?！"而骈文作者的回应之词却异乎镇定："却道从前尽陈迹！不过是一些陈谷子烂芝麻之类的断烂朝报而已，别无他意，请大人明察定夺！"③

以上所引观点，笔者认为有低估文字狱制造者的智商以及皇权专制政体的极端残酷性之嫌。骈文文体的典故串联运用，适以造成文章意象的模糊性，极有可能倒执干戈，授人以柄。而欲加之罪，何患无辞，康熙间戴名世《南山集》案、雍正朝查嗣庭科场试题案、乾隆时期胡中藻《坚磨生诗抄》案，无一不书写着封建专制皇权的荒谬绝伦。就此而论，清代骈文的兴盛可谓与文字狱毫无关联性，这与在文字狱阴影下，清代众多文人

---

① 启功等著《说八股》，中华书局 1994 年版，第 27 页。
② 莫道才：《论清代骈文研究的几个问题》，载《广西师范大学学报》2003 年第 39 卷第 3 期。
③ 杨旭辉著《清代骈文史》，人民出版社 2013 年版，第 183 页。

士大夫每喜逃避于考据学中的现象，似乎不可同日而语。

蒲松龄生于明末，主要活动则在清康熙时代，其骈文写作当具有历史传承性的重要因素，而非八股文研习的要求，更非文字狱阴影下的产物。

（二）

康熙九年（1670），三十一岁的蒲松龄曾应同邑进士、扬州府宝应县知县孙蕙之邀，出走江淮为幕不到一年，历练人生之馀，也大长了见识。宝应县在清代属于"冲、繁"之区，县衙事务杂乱，官场应酬文字与公文往来大多须为人作幕者经手处理，这一类为人作嫁的文字有时需要写得冠冕堂皇，又要避免陈词滥调，不落旧套窠臼，骈文写作就成为县衙幕僚或称师爷的必备本领。这一类文字在《聊斋文集》中不乏其例，如蒲松龄代孙蕙所拟《十一月二十三日贺济南太守》一文就属于官场应酬文字①。这篇骈文开头即云："伏以北阙捧双龙，日下焕红轮之晓；东州嘶五马，雨来随朱毂之春。"结尾："微忱恪具，短楮遥飞。敢祈台鉴之渊涵，何任下情之荣藉。临启不禁鹄恭雀跃之至！"这无疑类似于一般套话，置于新官上任的贺启中皆可适应。骈文中另有云："济水冰寒，已有阳和之早到；淮流月映，预知光采之无私。"切合时令与地域，连带点出孙蕙在淮河一带的宝应县为邑令的地位，当是蒲松龄行文构思中的巧妙处，属于创造性思维。又如《正月二十六日迎淮扬道张》一文②，也是蒲松龄为孙蕙代拟的迎候上司的骈体呈文，其中有"伏愿电霜交映，清万里之芳尘；荣毂遥临，散两城之化雨"一类的应酬话语，也有切合本地风光的颂扬之语："太微二十五星，映二十四桥之明月；长淮千百馀里，流千百万世之歌思。"虽对句重复"千"字，对仗不甚工稳，但属于蒲松

---

① 盛伟编校《蒲松龄全集》，学林出版社1998年版，第1171页。
② 盛伟编校《蒲松龄全集》，学林出版社1998年版，第1181页。

龄戛戛独造之语而非挦扯前人成句则可以肯定。

贺启一类无关具体事物的文字可用骈文写作，装饰门面而外，还可以令原本空洞无物的内容熠熠闪光，完全倚赖华丽的形式得以传扬四方。这可能是骈文这一文体突破时代鼎革因素，得以绵绵不断流行于官场文牍的优势所在。然而在一些需要具体请示或指示的官场文件中，骈文就不切于用了。在上述《贺济南太守》贺启的前两日，蒲松龄有为孙蕙代拟《上管粮厅》一文，就不用骈体而用散文了，如其中有云："总之，所估板工，卑职日夜督催，可以无劳清虑，惟石工三段，共需石一万七千馀丈，途远石少，采运维艰。前已将个中情状并占山便宜，两具详情，万恳钧力详转，俾得石有定局，则诸料悉易事耳。"① 有关河工繁杂事宜，若用骈文书写，显然不能敷用，也难以表达清楚；只有运用散体，方能一五一十地娓娓道来，具有付诸实践的可能。

有学者曾经用一巧妙的比喻形容骈文与散文两种文体的区别：骈体如同一只装饰华美的硬壳箱子，即使其中空洞无物，至少可以保持具有体面的外表；散体则如一只绣花软口袋，倘若其中无有货真价实的物品，就会塌瘪叠折不成模样。蒲松龄在一些世俗应酬文中，也喜用骈体为文。如《募建西关桥序》《募葬郝飞侯序》《鸳鸯谷募修桥序》《贺周素心生子序》《题时明府馀山旧意书屋》《〈我曰园倡和诗〉跋》《唐太史豹岩先生命作生志》等文章，就全用骈体行文，堪称心思费尽。蒲松龄《王如水〈问心集〉跋》一文，虽有散句，但大体以对句为主，如："恶之大者在淫，北雁晨钟，切宜猛省；善之尤者为孝，西风夜雨，更要深思。"② 这种非散体文字的表达，颇类似于明中叶以来社会上流行的清言小品诸如明洪应明《菜根谭》、吴从先《小窗自纪》一类的句式，与传统骈文的文字有一定区别。蒲松龄另有一篇《王如水〈问心集〉序》，与上揭者堪称姊

① 盛伟编校《蒲松龄全集》，学林出版社 1998 年版，第 1169 页。
② 盛伟编校《蒲松龄全集》，学林出版社 1998 年版，第 1115 页。

妹篇，虽也用偶句，但以散句为主。如云："舌剑笔锋，逞文人之才技；迎风待月，夸名士之风流。习而安焉，率以为常者，不几辱朝廷而羞当世士耶？《书》曰：'作善降之百祥，作不善降之百殃。'咿唔儿曹，盛触天怒，因假手于秦皇帝，举天下而坑之，遂使不道之名，归之一人，识者冤之矣！"① 可见在骈文写作中，蒲松龄并非执一而求，而是运用之妙，存乎一心，以内容优先为写作目的。

半散半骈的写作，或曰骈文中不避散行文字，是蒲松龄重视文章实用性的体现。《王村募修地藏王殿序》属于募捐一类的文告②，以劝捐钱财修庙为目的，需要简明扼要说明事情原委，方有效用。此序先用骈句先声夺人："盖以斋熏讽呗，是谓善根；建刹修桥，厥名福业。三生种福，沾逮儿孙；一佛升天，拔及父母。所谓无有际岸功德，具慧性者所不疑也。"此后又以若干骈句论述崇佛的必要性，接下即以散句切入主题："王村大寺，其来已旧，宫殿巍峨，规模宏敞，相传古丛林也。历年既久，几莽为墟。"后虽经修缮，却因资金不足，"地藏一殿，未遑修葺"，于是"某上人志大难酬，壮行不惧，意将洪宣诸号，独抱旗铃，广募四方，不惜发体，愿固太奢，意亦良苦。"最后又以骈句收尾："维愿恒河八宝，并献鸡园；金像十围，再辉雁塔。由此馨流花界，解八难于慈云；梵落梅梁，脱十缠于甘露。则挑脚之成功，即为善之快事也。"如此行文，重修地藏殿的意义与劝募的效果堪称皆大欢喜。

在蒲松龄的骈文写作中，并非全由独创，有一些属于因袭前人或将有关套语略加变化而成，这就需要平时注意积累，甚至自筹《兔园册》一类的笔记，以备不时之需。《聊斋文集》中有所谓"拟表"九十三篇、"拟判"六十六则，笔者认为这些骈体文字似非蒲松龄所自拟，当系抄录他处以备随时参阅揣摩者。即以"拟表"而论，每篇皆不同于"拟判"

---

① 盛伟编校《蒲松龄全集》，学林出版社1998年版，第1045页。
② 盛伟编校《蒲松龄全集》，学林出版社1998年版，第1056~1057页。

篇幅短小，而动辄五六百字的骈文写作，需要耗费作者的大量精力，绝非轻易可以藏事。即以内容而论，如《拟上因亢旱恭祷南郊仍命大臣清理刑狱群臣谢表》《拟上以天下荡平赐群臣宴赏赍缎匹有差群臣谢表》《拟上命将御制"孔子赞词"并"四子赞词"著翰林院书写交国子监勒石摹拓颁发各省群臣谢表》等，诸如此类的朝廷重大题目，一位乡村塾师何所得而闻？退一步讲，即有所闻，草拟如此政治性极强的骈体文字，意欲何为？蒲松龄乡试场屋屡败屡战，难以中式，则离考中进士且选入翰林院作词臣之距离相当遥远，可以说希望完全渺茫。预先做翰林词臣工作的准备，非但是不急之务，且自旁观者而言，岂不荒唐可笑？蒲松龄当不会如此不通世故，为此无益且有一定风险之举。蒲松龄常年坐馆毕际有家，毕家属于官宦之家，当有条件抄录到以上"谢表"一类的副本，蒲松龄另加抄录存底，无非是扩充自家眼界的好学之举，亦无可厚非。后人整理蒲松龄集，细大不捐，将"拟表"类的著作权完全划归蒲松龄，唯恐有所遗漏，也可以理解。然而若从文字风格论，这些所谓"拟表"与蒲松龄流传至今的骈文风格乃至文章气局截然不同，非蒲氏之作当为事实。我们今天研究蒲松龄，此事不可不辨。

在《聊斋文集》中，有一篇涉及婚启的骈文，其题目即大有意味："野人曹芳者，其侄女议婚于李氏，覆启已倩人写成矣，但其上只'允亲'二字，意甚其无文，托余再写数行，以壮观瞻。余因就两字凑成数句，笑而付之。"[1] 其文云："贰好协鸠鸣，冰媒合而百年托爱；允臧叶凤卜，鸳牒下而千里成欢。庆洽宗祊，喜溢门阑。恭维台下淄水高人，青莲旧裔。畎亩足乐，已闻歌者如金；弓冶相传，况复田中尽玉。弟材只堪食粟，宁举乌获之钧；兄子未谙作羹，敢作南容之配。乃弗嫌于荇菲，遂永结于丝萝。惟愿琴瑟鸣欢，兼祝熊罴吉兆。"这篇骈文允婚文启虽不无套语陈词，但以"青莲旧裔"切合对方姓氏为"李"，又以"弓冶相传，况

---

① 盛伟编校《蒲松龄全集》，学林出版社 1998 年版，第 1285 页。

复田中尽玉"两句美化对方的普通农家身份，也动了脑筋，并非信手拈来的文抄公之作。《聊斋文集》在此骈文婚启之下，又有所谓《通启》一篇，则是一篇普适性强的婚启骈文，大约属于仓促中无暇细思的应急底稿一类文本，反映了清初农村这一类文字需求量的巨大。

明末战乱频仍，人口剧减，但社会中读书人的比例不断增加也是事实。顾炎武《生员论上》有云："一得为此，则免于编氓之役，不受侵于里胥；齿于衣冠，得于礼见官长，而无笞、捶之辱。故今之愿为生员者，非必其慕功名也，保身家而已。以十分之七计，而保身家之生员，殆有三十五万人。"[1] 以此计算，则明末的进学诸生已达五十万人。另据顾炎武《日知录》卷一七《生员额数》："至宣德七年，奏天下生员三万有奇。"[2] 宣德七年为公元 1472 年，距离明末不过一百六七十年，诸生数量已经扩增十六倍之多，不能进学的童生数量更数倍于生员，则明末的读书人已达数百万之众，这在全国人口已达二亿左右的 17 世纪初[3]，也不是一个小数量。骈文写作有一定的门槛，并非从事八股举业者全擅长此道，但相互借鉴陈词滥调，敷衍成文并不困难。普通百姓为装潢门面，婚丧嫁娶皆需要用声调铿锵的骈文张皇其事，上揭蒲松龄为"野人曹芳"所撰婚启即可见一斑。清康熙以后，人口的增加速度加快，骈文的需求量也将大增，加之有关类书的问世与刻书业的发展，在如此社会基础上，一些文人士大夫专意于骈文的创作并力图创新，就顺理成章了。

清初尤侗、吴绮、毛奇龄、陈维崧、吴兆骞等，乾嘉间胡天游、袁枚、邵齐焘、汪中、吴锡麒、洪亮吉、孙星衍、孔广森、曾燠、阮元等，皆可以骈文称家。博览群书，熟记故典，是这些骈文家的基本功。即以陈

---

① （清）顾炎武撰《顾炎武诗文集》，中华书局 1983 年版，第 21 页。
② （清）黄汝成注《日知录集释》卷一七，岳麓书社 1994 年版，第 600 页。
③ 《中国历代人口统计一览表》（https：//max. book118. com/html/2019/0222/8135046111002007. shtml）据《明熹宗实录》卷四统计，明光宗泰昌元年（1620），全国有户 983.5426 万，总人口 5165.5 万。与二亿左右的估计相差过多，这里不作辨析。

维崧为例，其词创作豪放，效法南宋辛弃疾，用典较密，这与其同时专意于骈文创作有一定关联。蒲松龄的《聊斋志异》也擅长用典使事，这与他的骈文写作当亦有所关联。应酬之作而外，蒲松龄的《聊斋自志》《陈淑卿小像题辞》《张视旋〈悼亡草〉题词》《题时明府徐山旧意书屋》《赌博辞》《为花神讨封姨檄》《〈妙音经〉续言》等皆可视为其精心之作，后三者且融入于其小说创作中，可见作者对之爱不释手之情怀。

（三）

《陈淑卿小像题辞》是一篇情浓意切的骈文之作，几达八百字，融入了作者无限情怀，描写男欢女爱甚至稍嫌刻画："引臂替枕，屈指黄檗之程；纵体入怀，腮断明珠之串。红豆之根不死，为君宵奔；乌白之鸟无情，催侬夜去。幸老采苹之能解意，感女昆仑之不惮烦。"① 于是有论者认为这篇文章是蒲松龄为自家纪念刘氏以外的另一位在患难中结褵的夫人陈淑卿而作②。蒲松龄究竟有没有第二位夫人，曾一度引来学界的争议。马振方先生经过翔实的考证，认为这篇声情并茂的骈文系蒲松龄代友人王敏入而作③，终于结束了这场争论。蒲松龄对于男女情怀理解尤深，正如其《聊斋志异》中的相关刻画一样出神入化。《张视旋〈悼亡草〉题词》也是为友人一系列悼亡诗作所题写，如："因出钟情之论，续为悼亡之诗。锦绣铺成，泪随声至；心肝呕出，文趁情生。燕燕飞来，昔年之华屋非故；真真唤去，重泉之粉黛如生。读其文如鹦鹉枝头，呜咽而询妃子；吟其词似杜鹃月下，悲鸣而怨王孙。"④ 书写恩爱夫妇阴阳两隔的怀念之情哀怨万般，缠绵悱恻，堪称淋漓尽致，具有感人至深的魅力。

---

① 盛伟编校《蒲松龄全集》，学林出版社 1998 年版，第 1110 页。
② 田泽长：《蒲松龄与陈淑卿》，载山东大学蒲松龄研究室编《蒲松龄研究集刊》第一辑，齐鲁书社 1980 年版。
③ 马振方：《〈陈淑卿小像题辞〉考辨》，载《文学遗产》1985 年第 1 期。
④ 盛伟编校《蒲松龄全集》，学林出版社 1998 年版，第 1111 页。

蒲松龄将这种驾驭骈偶文字的能力运用于小说创作中，也往往有惊人之笔，如通过官府断案的骈文判词就极大丰富了小说的内容，也是蒲松龄小说积极修辞的有效手段之一。《聊斋志异》卷七《胭脂》篇后的判词，作者确实下了一番功夫，为使典用事与小说人物名字浑然天成，"胭脂"与"鄂秋隼"的取名的确大有讲究，可见其精雕细琢的用心。如云："胭脂身犹未字，岁已及笄。以月殿之仙人，自应有郎似玉；原霓裳之旧队，何愁贮屋无金？而乃感《关雎》而念好逑，竟绕春婆之梦；怨《摽梅》而思吉士，遂离倩女之魂。为因一线缠萦，致使群魔交至。争妇女之颜色，恐失'胭脂'；惹鸳鸟之纷飞，并托'秋隼'。莲钩摘去，难保一瓣之香；铁限敲来，几破连城之玉。嵌红豆于骰子，相思骨竟作厉阶；丧乔木于斧斤，可憎才真成祸水！葳蕤自守，幸白璧之无瑕；缧绁苦争，喜锦衾之可覆。嘉其入门之拒，犹洁白之情人；遂其掷果之心，亦风流之雅事。"[1] 连续用典，反复陈说，有意为儿女情长铺道开脱，以遮掩其背后凶杀案的残暴血腥，并凸显了断案者的怜才与仁慈之心，可谓一举数得。

卷四《马介甫》属于《聊斋志异》中有关悍妇、妒妇的题材，是文言小说中的名篇。"异史氏曰"后特意以平居所作骈文《〈妙音经〉续言》为殿，深化了小说讽世劝世的菩萨心肠。所谓"妙音经"，即谓佛经中《妙音菩萨品》。《妙法莲华经》简称《法华经》，七卷二十八品，姚秦弘始八年（406）鸠摩罗什译。是说明三乘方便，一乘真实的经典，为天台宗立说的主要依据。其中第二十四品为《妙音菩萨品》，佛告华德菩萨关于妙音菩萨过去供养云雷音王佛的因果和处处现身说此经典的本事。据《大日经疏》卷一载，妙吉祥菩萨又称妙德、妙音，以其大慈悲力之故，开演妙法音，令一切众生得闻。清何垠注云："此借梵语为房帏之戏谑耳。"[2] 所见中肯。《续言》中不乏隽语、冷语，作者幽默诙谐又以慈悲

---

① 任笃行辑校《全校会注集评聊斋志异》，齐鲁书社 2000 年版，第 1994 页。
② 任笃行辑校《全校会注集评聊斋志异》，齐鲁书社 2000 年版，第 1093 页。

为怀，行文不拘一格，令读者解颐。如云："秋砧之杵可掬，不捣月夜之衣；麻姑之爪能搔，轻拭莲花之面。小受大走，直将代孟母投梭；妇唱夫随，翻欲起周婆制礼。"又如："买笑缠头，而成自作之孽，太甲必曰难违；俯首帖耳，而受无妄之刑，李阳亦谓不可。酸风凛冽，吹残绮阁之春；醋海汪洋，淹断蓝桥之月。"① 串联语典、事典，清新自然，一气呵成，流畅的骈偶表达中竟然包孕有严肃的经典《尚书·商书·太甲中》叙事，自能令会心的读者忍俊不禁。

卷二《黄九郎》是一篇反映封建社会男性同性恋现象的小说，作品描写何子萧对黄九郎情感之执着，反映了封建社会士大夫阶层的部分现实，对于暴露当时社会风气有一定的认识价值。蒲松龄本人对于同性恋常常抱有一种调侃戏谑的超然态度，并且于篇末不惜费时费力运用骈文形式以炫才，所谓"笑判"也者，并非是一种决绝的表示，而是具有一定的宽容度，这从卷二《侠女》一篇"异史氏曰"中的三言两语亦可得到证明："人必室有侠女，而后可以畜娈童也。不然，尔爱其艾豭，则彼爱尔娄猪矣。"② "笑判"篇幅不长，却也是蒲松龄搜索枯肠之作，其中典故取材于《尚书》《孟子》《韩非子》《左传》《公羊传》《三国志》《北齐书》《五代史》等外，晋陶渊明《桃花源记》、南朝宋刘义庆《世说新语》、唐李白《蜀道难》，甚至唐元稹《莺莺传》，也皆在提取事典的范围，可见其用心之细。对于此类近乎游戏的文字，蒲松龄不无悚惕之情，卷八《周生》写周生用骈文代替时县令的夫人参礼碧霞元君，曾以狎谑之词嘲讽时县令的同性恋性取向，篇末"异史氏曰"有云："恣情纵笔，辄洒洒自快，此文客之常也。然婢嫚之词，何敢以告神明哉！狂生无知，冥谴其所应尔。"③ 以自己文章的穷形尽相而快意无限，却又畏惧神明的惩罚，非常准确地道出了自家心态。

---

① 任笃行辑校《全校会注集评聊斋志异》，齐鲁书社 2000 年版，第 1090~1091 页。
② 任笃行辑校《全校会注集评聊斋志异》，齐鲁书社 2000 年版，第 313 页。
③ 任笃行辑校《全校会注集评聊斋志异》，齐鲁书社 2000 年版，第 2371 页。

卷三《赌符》篇末"异史氏曰"，即其所作骈文《赌博辞》的照录，对于当时农村弥漫的赌博之风深恶痛绝，而悲天悯人的劝善之心也灼然可见。如云："既而鬻子质田，冀珠还于合浦；不意火灼毛尽，终捞月于沧江。及遭败后我方思，已作下流之物；试问赌中谁最善，群指无裤之公。"① 调侃赌徒之衰相，暴露其狂赌入迷之心态，可谓颊上三毫，传神写照尽在阿堵中。借骈文写作劝善戒赌，凸显了这一文体实用性的一面；作者通过骈文写作借题发挥，彰显自家才学，则反映了这一文体文学表现力极强的一面。

卷三《谕鬼》一篇中尚为诸生的"石尚书"之"谕鬼文"，就有作者自炫其才的目的。通过妙手著文章，宣谕于恶兽或厉鬼，令其遵命远遁或就此销声匿迹，唐代韩愈早开先河。唐宪宗元和十四年（819）的春天，刑部侍郎韩愈因谏迎佛骨，被"夕贬潮阳路八千"，远徙至岭南做潮州刺史。据《新唐书》卷一七六《韩愈传》有云："初，愈至潮州，问民疾苦，皆曰：'恶溪有鳄鱼，食民畜产且尽，民以是穷。'数日，愈自往视之，令其属秦济以一羊一豚投溪水而祝之……"这就是其《鳄鱼文》名篇的由来。据《韩愈传》记述，"祝之夕，暴风震电起溪中，数日水尽涸，西徙六十里。自是潮无鳄鱼患"②。正史即如是说，令人有真假莫辨的疑惑，但以文章驱物，如送穷神一类的佳作却不绝于史，可见这一作法在文人思维中的根深蒂固。《谕鬼》所录之"谕鬼文"文字无多，谨录于下，以见其全豹：

> 石某为禁约事：照得厥念无良，致婴雷霆之怒；所谋不轨，遂遭铁钺之诛。只宜返周两之心，争相忏悔；庶几洗髑髅之血，脱此沉沦。尔乃生已极刑，死犹聚恶。跳踉而至，披发成群；踯躅以前，搏

---

① 任笃行辑校《全校会注集评聊斋志异》，齐鲁书社 2000 年版，第 622 页。
② （宋）欧阳修、宋祁撰《新唐书》卷一七六，中华书局 1975 年版，第 5262～5263 页。

膺作厉。黄泥塞耳，辄逞鬼子之凶；白昼为妖，几断行人之路！彼丘陵三尺外，管辖由人；岂乾坤两大中，凶顽任尔？谕后各宜潜踪，勿犹怗恶。无定河边之骨，静待轮回；金闺梦里之魂，还践乡土。如蹈前愆，必贻后悔。

作者用四六骈文精心结撰，对仗工稳，文采焕然，用典工巧，虽篇幅无多，却声色俱厉，读来的确非同凡响！

在《聊斋志异》中，作者炫才意识最为浓厚者还要数卷四《绛妃》一篇。小说以第一人称书写，托以梦中与花神相会并为之写作讨伐风神的檄文，其实就是为其《为花神讨封姨檄》一文特意设置的小说情境。《聊斋志异》的最早刻本为青柯亭本，刊于乾隆三十一年（1766），距离蒲松龄去世已经五十馀年。青柯亭本将《绛妃》改名《花神》，作为全书之殿，排于第十六卷之末，而清人评注《聊斋》者多据青本，故但明伦有评云："一部大文将毕矣。先生训世之心，撼怀之笔，嬉笑怒骂，彰瘅激扬。"冯镇峦有评云："殿以此篇，抬文人之身份，成得意之文章。"何守奇有评云："此书之旨，在于赏善罚淫；而托之空言，无亦惟是幻里花神，空中风檄耳。'约尽百馀级，始至颠头'全书归宿，如是如是。"① 其实，《绛妃》在手稿本中在第三卷，绝非作者杀青之作。然而但、冯、何三氏之评虽皆属于郢书燕说，现在看来，仍有一定认识价值。康熙二十二年（1683），蒲松龄四十四岁，补廪膳生，长孙立德出生。这一年他在毕际有家设馆已经四年，《聊斋志异》的框架也在此前四年大体告成，有其《聊斋自志》以及高珩所作序可证。因当时作者生活尚较顺心，心境较为平和，故能从容不迫地徜徉于前人类书与有关诗文之中，寻章摘句，连缀成篇。讽世之心，容或有之，但炫才之意，当为主因。古人骈文之作，就是以诸多典故为资粮，巧办佳肴，串联古人的有关情事传达出自己内心中

---

① 任笃行辑校《全校会注集评聊斋志异》，齐鲁书社 2000 年版，第 1113~1114 页。

之所想。作者融通古今、借鉴化用的巧思固不可或缺，如何纵横捭阖、花样翻新也是必不可少的功课。作为一篇骈文力作，蒲松龄苦心孤诣、精心结撰，的确非一蹴而就之笔。

这篇讨伐"封姨"的檄文佳句纷呈，如："昔虞帝受其狐媚，英皇不足解忧，反借渠以解愠；楚王蒙其蛊惑，贤才未能称意，惟得彼以称雄。沛上英雄，云飞而思猛士；茂陵天子，秋高而念佳人。"① 运用虞舜、楚襄王、汉高祖、汉武帝的相关故事，巧喻风威，思绪曼妙。其中"楚王"三句，意谓楚襄王受到风的蛊惑，对于楚贤者的一次召问未得要领，于是仅满足于对"大王雄风"的自我陶醉。楚王，即楚顷襄王（前298~前263年在位），楚怀王子，名横，曾与秦和亲，后又欲与齐、韩联合伐秦，终为秦所败，质太子于秦，在位三十六年卒。贤才，当谓楚国的一位猎者。据《史记》卷四〇《楚世家》，顷襄王十八年，"楚人有好以弱弓微缴加归雁之上者，顷襄王闻，召而问之"，此人巧妙设喻，劝谏顷襄王果断确定外交策略，但此人最终未获重用，仅"遣使于诸侯，复为从，欲以伐秦"②，终于导致失败。所谓"贤才未能称意"即指楚顷襄王虽有贤者在旁却仍于外交与军事上遭受挫辱。所谓"称雄"，这里谓以"雄风"（强劲的风）之说自我陶醉，相对于当时楚国困顿的处境仅仅聊以自慰而已。所谓"雄风"，语本战国楚宋玉《风赋》："楚襄王游于兰台之宫，宋玉、景差侍。有风飒然而至，王乃披襟而当之曰：'快哉此风！寡人所与庶人共者邪？'"于是宋玉以"大王之雄风"与"庶人之雌风"的不同为答，并形容雄风："清清泠泠，愈病析酲，发明耳目，宁体便人，此所谓大王之雄风也。"③ 蒲松龄所谓"贤才"何指？只有查考《史记》等相关文献方能找到正确诠释的路径。目下《聊斋志异》诸多注本皆谓"贤

---

① 任笃行辑校《全校会注集评聊斋志异》，齐鲁书社2000年版，第1111页。
② （汉）司马迁撰《史记》卷四〇《楚世家》，中华书局1959年版，第1730~1731页。
③ （南朝梁）萧统编《文选》，中华书局1977年版，第191页。

才"就是指《风赋》的作者宋玉，未能找出《史记》有关猎者的书写内容，就可能错会了蒲松龄这三句的原意。

《聊斋》个别篇章与作者骈文创作有水乳交融的联系，不能忽视；小说文字的用典修辞技巧，也有借鉴骈文写作方式的地方，由此更可见探讨蒲松龄骈文写作对于《聊斋志异》研究的重要性。

（原载《明清文学与文献》第七辑）

蒲松龄七绝诗刍议

蒲松龄以文言小说《聊斋志异》享誉后世，并不以诗名。蒲松龄的郢中社友张笃庆，以一介书生却能于当时以诗名世，以致《清史列传》卷七〇、《清史稿》卷四八四皆以之入《文苑传》，蒲松龄则难与其并列。可见古人对于诗文类"正统"体裁的重视。清初的诗坛盟主王士禛，与蒲松龄有交往并喜汲引后进，然而在其笔记或诗话中，对于蒲松龄的诗歌创作也没有只言片语的评价。终有清一代，各种诗话作品论及蒲松龄诗歌之作者无多。然而从其传世的一千馀首诗歌创作中，诸体兼备且各有优长，洵非寻常作手。探讨蒲松龄的诗歌创作，对于深入研究其《聊斋志异》的写作，大有裨益，绝非爱屋及乌的徒劳之举。

一、使事用典与唐诗情韵

清刘熙载《艺概》卷二有云："绝句于六义多取风、兴，故视他体尤以委曲、含蓄、自然为尚。"[①] 在近体诗的绝句中，七绝又较五绝言长，最易窥见作者情性，因而当该体诗在作者诗集中有相当数量的基础时，以之为切入角度加以观照，自可收事半功倍之效。蒲松龄的七绝诗传世者近二百七十首，约占其各体诗歌总量的四分之一强，题材涉及纪行、应酬、

---

① （清）刘熙载撰《艺概》卷二《诗概》，上海古籍出版社 1978 年版，第 74 页。

遣怀、闲适、亲情、悯农、咏史，内容广泛，这无疑为我们的研究提供了宝贵的资源。

众所周知，蒲松龄于八股举业，几乎沉酣一世，亟欲假科场奋志青云，实现自己的人生理想。对于诗词一道，也恰如他"志异书成共笑之"①的超然态度，本不以为是读书人的正路。蒲松龄写于顺治十六年（1659）的《郢中社序》有云："顾当今以时艺试士，则诗之为物，亦魔道也，分以外者也。"② 这与时代后于蒲松龄的吴敬梓（1701~1754）的小说人物语如出一辙，《儒林外史》第三回，周进教训喜好诗词歌赋的童生魏好古说："'当今天子重文章，足下何须讲汉唐！'像你做童生的人只该用心做文章，那些杂览学他做甚么？"③ 然而世事往往难料，俗语所谓"着意种花花不活，闲插杨柳柳成荫"，蒲松龄未能以八股文章得志于场屋，自效于时，反而以友朋"共笑之"的短篇小说集《聊斋志异》扬名于后世，成为世界文豪级的著名作家。蒲松龄对于诗词创作并无刻意以求的执着心态，不过将之视为"约以燕集之馀暑，作寄兴之生涯"④的消遣之物而已。然而若以成就论，其诗其词固然远逊于《聊斋志异》的创作，但却比他孜孜以求、刻苦钻研的八股文章要有趣味得多，这是值得我们仔细研究的一个问题。

从蒲松龄的七绝诗来看，其诗风近于"以才学为诗"的"学人"之诗，而并不以有所谓"一唱三叹之音"的"诗人"之诗为尚。这一价值取向决定了他与讲求"神韵"说的王士禛在诗学观上"道不同不相为谋"的路径。蒲松龄与王士禛曾有诗歌唱和之雅，后者还曾为《聊斋志异》

---

① 赵蔚芝笺注《聊斋诗集笺注》卷二，山东大学出版社1996年版，第295页。以下引蒲松龄诗，随文括注是书卷数与页码。
② 盛伟编《蒲松龄全集·聊斋文集》卷二《郢中社序》，学林出版社1998年版，第1033页。
③ （清）吴敬梓著《儒林外史》，人民文学出版社1977年版，第36页。
④ 盛伟编《蒲松龄全集·聊斋文集》卷二《郢中社序》，学林出版社1998年版，第1033页。

点志其目，然而却没有在其笔记或诗话中郑重地提及这位乡村教师的诗名或佳句，显然诗歌艺术追求的相左，无形中隔膜了两人在这方面的交流。

蒲松龄以才学为诗，并非如后世肌理派以学问为诗、以考据入诗的食古不化，而是在使事用典中求得性情的展示，这一追求与其小说创作的艺术手法略同，在其七绝诗的创作中尤为明显。先看其《寿赵夫人》："笙歌簇簇寿筵张，一曲回波侑一觞。愿得诸郎第四五，青疏台上看乘羊。"（卷一43页）这属于一首应酬之作，是作者南下宝应县作幕僚时，为上司孙蕙的夫人赵氏祝寿所撰写。四句二十八字连用唐中宗惧内、晋丞相王导夫人曹氏性妒以及晋人卫玠童时羊车入市的典故，这首贺寿七绝调侃上司惧内与赵夫人不妒的美德，虽属游戏笔墨，若非腹笥深厚，是难以如此恰如其分而又能妙语解颐的。蒲松龄博极群书，正是因为"读书破万卷"，方能做到"下笔如有神"的从容。蒲松龄博闻强记，《聊斋志异》小说叙事用典如盐著水中，浑然无迹，堪称左右逢源。这种艺术手法在作者的诗歌创作中更是挥洒自如，得其所哉，已臻炉火纯青之妙。可见以才学为根基是蒲松龄文学创作的共有特色。

徐世昌编《晚晴簃诗汇》选录蒲松龄诗三首，其"诗话"有云："留仙屡应试，不得志于有司。肆力古文辞，绝去町畦，能自达其所志。"[1]这是对蒲松龄诗文创作艺术独特性的肯定。这一独特性的最为明显的地方就是借古人之酒杯，浇自己心中的块垒。如《送孙广文先生景夏》一组七绝共有六首，多用典故或前人诗词意境抒发对老师一辈的依恋与怀念之情。孙广文即孙瑚（生卒年不详），字景夏，诸城人，顺治十四年（1657）顺天乡试举人，授淄川教谕，曾醵金修葺学宫。广文，即"广文先生"旧时对儒学教官的别称。蒲松龄于顺治十五年（1658）进县学，康熙四年（1665）孙瑚授淄川教谕，故孙为蒲之学师。这一组七绝诗其三有云"明朝此际还相忆，知在云山第几重"（卷二174页），系化用唐

---

① 　徐世昌编《晚晴簃诗汇》卷三八，中华书局1990年版，第1444页。

李益《喜见外弟又言别》"明日巴陵道，秋山又几重"① 诗意。其四有云"他日屋梁看月落，相思应到碧山头"，则化用唐杜甫《梦李白二首》其一"落月满屋梁，犹疑照颜色"② 诗意。这种借鉴前人作品文字以充实自家创作意境的艺术手法，唐以后的诗人墨客每喜运用，而于宋词、元曲中更是司空见惯。然而接轨古人若能做到天衣无缝，又谈何容易！文化积淀而外，创作主体还需要有一些灵气。蒲松龄的七绝诗就多有这种灵气的流露。

七绝诗仅四句，需要在有限的文字空间内完成对生活的艺术表现，显然起承转合的章法是保证创作成功的关键。使事用典而外，蒲松龄在七绝诗的创作中模仿古人的叙述方式也堪称是一种成功的探索。《宫辞》五首明显有对唐王昌龄宫怨诗的仿效，尽管有"赝古"之作的嫌疑，但想象丰富、色彩艳丽，刻画细腻且出语清新，大有唐人气象，体现了清诗人"以才学为诗"者的另一种风采。《宫辞》其二末二句云："朱颜不及风中絮，犹逐流莺出建章。"（卷一 121 页）这两句诗显然受到王昌龄《长信秋词五首》其三末二句"玉颜不及寒鸦色，犹带昭阳日影来"③ 的影响；至于"流莺"与汉"建章宫"的联系，缺乏宫廷生活经验的蒲松龄也非凭空结撰，而是语本唐贾至《早朝大明宫呈两省僚友》"千条弱柳垂青琐，百啭流莺绕建章"④。《宫辞》其四末二句："月上雕阑犹伫望，宫车响过凤楼西。"（卷一 121 页）这两句也显然受到王昌龄《长信秋词五首》其四末二句"火照西宫知夜饮，分明复道奉恩时"⑤ 的影响，都是刻画嫔妃希冀帝王临幸而不得时的怅惘心情，艺术手法的借鉴痕迹宛然。

《与王心逸兄弟共酌即席戏赠》二首其二"秋霞声价重名流，中国妆

---

① 《全唐诗》卷二八三，中华书局 1965 年版，第 3217 页。
② 《全唐诗》卷二一八，中华书局 1965 年版，第 2289 页。
③ 《全唐诗》卷一四三，中华书局 1965 年版，第 1445 页。
④ 《全唐诗》卷二三五，中华书局 1965 年版，第 2596 页。
⑤ 《全唐诗》卷一四三，中华书局 1965 年版，第 1445 页。

成越女羞。檀板一声春燕语，满堂宾客尽回头。"（续录 692 页）这是在友人的酒宴席上戏赠歌伎秋霞之作，末句文字直接取用唐杜甫《徐卿二子歌》中两句"小儿五岁气食牛，满堂宾客皆回头"[①] 之第二句，其取境则又径用唐李益《从军北征》"碛里征人三十万，一时回首月明看"[②] 二句，所咏虽非同类事物，但意境差似。这是蒲松龄借鉴唐人而又食古能化之一例。

借鉴古人的艺术手法，在蒲松龄的七绝诗中往往不露苦心经营的斧凿痕迹，而是自然而然、水到渠成，具有雅人深致的逸趣。《怀人》七绝以深秋的夜色为背景，融情入景，运用多重意象的组合，渲染出一种凄清的意境，凸显出怀人的痛苦与无奈："露冷银河天欲低，中宵残月有乌啼。幽窗酒醒愁无那，魂入垂杨作雨飞。"（续录 772 页）"中宵"一句可令读者联想到唐张继《枫桥夜泊》中"月落乌啼霜满天，江枫渔火对愁眠"[③] 的孤独旅况。"魂入"句似从唐杜常《华清宫》"朝元阁上西风急，都入长杨作雨声"[④] 脱化而出，浮现出怀人的无奈感。如果读者联想不到作者暗用古人诗意的巧妙之处，对于全诗的理解也不会产生偏差，这正是学人之诗的趣味所在。

在通常情况下，蒲松龄的七绝诗极喜化用或借用乃至"偷"用古人诗意，用以扩充自家七绝的情感空间，以便在有限的字句中传达出更为丰富的情感。刘孔集曾与蒲松龄一同在孙蕙幕中供事，两人有同僚之谊。刘、蒲分别以后，后者写有《寄刘孔集》三绝句，抒发离别后的挂念之情。其一有云："为问刺桐花外月，此时照见广陵无？"（卷一 85 页）在物质条件相对简陋的时代，月亮与人类远较现代亲密。唐李白《闻王昌龄左迁龙标遥有此寄》："我寄愁心与明月，随风直到夜郎西。"[⑤] 唐沈佺

---

① 《全唐诗》卷二一九，中华书局 1965 年版，第 2306 页。

② 《全唐诗》卷二八三，中华书局 1965 年版，第 3226 页。

③ 《全唐诗》卷二四二，中华书局 1965 年版，第 2721 页。

④ 《全唐诗》卷七三一，中华书局 1965 年版，第 8370 页。

⑤ 《全唐诗》卷一七二，中华书局 1965 年版，第 1769 页。

期《杂诗三首》其三："可怜闺里月，长在汉家营。"① 这些吟咏都可以视为蒲松龄文学创作的参考。而"广陵"一词，是扬州的别称，唐徐凝《忆扬州》："天下三分明月夜，二分无赖是扬州。"② 其间的抱怨无奈意绪，是否激发了蒲松龄的念友情怀？总之，怀念友朋之情，蒲松龄通过有限的字句，巧借前人有关诗句的意象淋漓尽致地表现了出来，的确耐人寻味。《寄刘孔集》其三末二句"天外归鸿能解意，犹衔残梦到维扬"，作者在酝酿取义时，也明显吸收了古人有关诗歌的创作经验，转益多师，从而丰富了其诗的表现力。唐杜甫《梦李白二首》其一"故人入我梦，明我长相忆"③，用"梦"作为联系友人情感的纽带；唐岑参《春梦》"枕上片时春梦中，行尽江南数千里"④，熟悉唐诗的读者，完全可以以李、岑甚至更多诗人有关梦的作品，作为深入理解蒲氏诗作的管钥，获取鉴赏的愉悦。

唐人诗歌多以情韵取胜，蒲松龄的七绝在借鉴前人作品的基础上，尤其注意对唐诗韵味的把握与追求。《五月十九移斋石隐园》："石竹初残百合开，胧胧树色荫苍苔。松风已自清肌骨，又听蕉窗暮雨来。"（卷三 322页）"胧胧"句当语出唐王昌龄《西宫春怨》"斜抱云和深见月，胧胧树色隐昭阳"⑤ 二句。孙蕙姬妾顾青霞喜吟王昌龄的这首诗，蒲松龄《听青霞吟诗》七绝有云："宁料千秋有知己，爱歌树色隐昭阳。"自注云："青霞最爱'斜抱云'之句。"（卷一 15页）可见蒲松龄对王昌龄七绝诗的喜好，自己的创作借鉴其《西宫春怨》也痕迹宛然。蒲诗末句"蕉窗"也有所本，唐杜牧《雨》诗："一夜不眠孤客耳，主人窗外有芭蕉。"⑥ 书写客居异乡游子孤寂清冷之情栩栩如生。蒲诗运用"蕉窗"意象，寄人

---

① 《全唐诗》卷九六，中华书局 1965 年版，第 1035 页。
② 《全唐诗》卷四七四，中华书局 1965 年版，第 5377 页。
③ 《全唐诗》卷二一八，中华书局 1965 年版，第 2289 页。
④ 《全唐诗》卷二○一，中华书局 1965 年版，第 2107 页。
⑤ 《全唐诗》卷一四三，中华书局 1965 年版，第 1445 页。
⑥ 《全唐诗》卷五二四，中华书局 1965 年版，第 5996 页。

篱下的感慨而外，也传达出几许闲适之情，这与作者坐馆毕际有家较为心满意足的心态是相符的。全诗四句具有唐人观照自然的豁达情趣，唐人韵味即通过四句的递进抒情被完美地传达了出来，这就比单纯化用古人诗句以扩充自家创作意境的手法更上层楼。

《红锦边莲》是一首咏物的七绝，形象思维的解喻，拟人手法的运用，令这首小诗的唐人风味更加浓郁："无双越女白如玉，忽作赪颜照碧湍。绝似玉环朝带酒，低垂红袖倚阑干。"（卷四 420 页）诗中以古代著名美女西施、杨贵妃为喻，刻画出红锦边莲的娇羞、艳丽而又柔弱的身姿，极具唐诗风采。

清初诗坛，有所谓唐宋诗之争，入主出奴，喧嚣一时。蒲松龄常年以塾师为业，身居乡里，而其所专攻者又不在诗，因而他并没有也不可能搅入学唐或宗宋的旋涡中。广收博采、转益多师当是蒲松龄取法前贤的原则，他在《宋七律诗选跋》一文中曾说："宋人之什，率近于俚；而择其佳句，则秀丽中自饶天真，唐贤所不能道也。"① 基于这一较为通达的认识，他的七绝诗除学唐韵以外，也不乏对宋诗风调的追慕。如《元旦口号》云："喔喔邻鸡唱晓风，楮钱烧罢火飞空。稚孙自炫新衣美，也学成人拜老翁。"（卷四 519 页）这首七绝的末二句与宋范成大《四时田园杂兴》诗中"童孙未解供耕织，也傍桑阴学种瓜。"② 两句，章法全同，可见蒲松龄对待宋人诗的态度。

蒲松龄的一些咏史的七绝诗，如《淮阴》评论汉初韩信有云："九原若解酬恩怨，不恨高皇恨蒯通。"（卷一 88 页）又如《读汉高本纪》论述刘邦对待儒者的态度："长者呼来辄洗迎，谁言龙准恶儒生。果然帐下皆屠狗，孺子何尝任甲兵。"（续录 771 页）用七绝咏史作翻案文章，皆以

---

① 盛伟编《蒲松龄全集·聊斋文集》卷三《宋七律诗选跋》，学林出版社 1998 年版，第 1116 页。

② 北京大学古文献研究所编《全宋诗》，北京大学出版社 1998 年版，第 41 册第 26004 页。

理趣取胜，颇有宋诗的味道。

二、性真与人情之常

蒲松龄吟诗喜欢使事用典，并且能做到运用之妙，存乎一心，即使友人间的应酬之作，也不嫌饾饤獭祭，往往出语得体，恰如其分。如《莱芜范邑侯太公》绝句四首，是颂扬莱芜县令范溥的，历史知识丰富，用典自如，非厚积薄发者不能臻此境界。

《塔灯》七绝八首，是蒲松龄在元宵灯节时赏灯之作，通过对花灯上所绘神话传说、历史故事的描摹传写，道出作者的一己情怀，富于韵致且各有千秋。如果说使事用典并非蒲松龄七绝诗创作独特性的体现，那么，其七绝中始终"有我"的真情洋溢，则是二者相辅相成所展现出的个性了。张鹏展《聊斋诗集序》有云："无论庄言之，谐言之，质言之，奥言之，其性真固不可没也。"（附录815页）所谓"性真"之论极中肯綮，这与《聊斋志异》所具有的感人魅力的特点，堪称异曲同工。《杨妃》七绝也属咏史之作："马嵬临终压老媪，绝世红颜老便休。三十八龄殉社稷，还留风韵在千秋。"（卷五660页）洞悉世俗人情是这首七绝立论的基础，饶有馀味。古代妇女以色事人，色衰爱弛，在以男性为中心的封建社会，习以为常，固然如此；而于后世人的想象中，美女因未及老而谢世，其风韵也定格于其未老之际，因而美艳常新。蒲松龄的这首咏史七绝所揭示者正是这一"人情之常"。

唐李白《妾薄命》："昔日芙蓉花，今成断根草。以色事他人，能得几时好。"[①] 稍早于蒲松龄生活时代的方文（1612~1669），其《题载花船短歌·为张万青作》说得更为透彻："自古美人多不寿，寿则红颜渐衰

---

① 《全唐诗》卷一六三，中华书局1965年版，第1696页。

丑。不如年少化芳尘，蛾眉千载尚如新。"①《聊斋志异·恒娘》中的狐女恒娘所标榜的"易妻为妾"之法，从人情难以持久的角度立论，所谓"新旧易难之情，千古不能破其惑；而变憎为爱之术，遂得以行乎其间矣。"②"异史氏曰"所云也是对世俗人情的深层揭示。《杨妃》一诗所论与《恒娘》之"变憎为爱之术"，有近似的内涵，体现了作者对社会人心的洞察力，这正是所谓"性真"的反映。

性真，即性情真率，不以虚情假意造作文字，这又与诗歌创作的某些技巧因素息息相关，体现了形式与内容在某种程度上的统一。清李调元《雨村诗话》卷下有云：

> 诗有借叶衬花之法。如杜诗"今夜鄜州月，闺中只独看"，自应说闺中之忆长安，却接"遥怜小儿女，未解忆长安"，此借叶衬花也。总之古人善用反笔，善用傍笔，故有伏笔，有起笔，有淡笔，有浓笔，今人曾梦见否？

所谓"借叶衬花"，这里姑不论，倒是杜诗中以己度人，置自家肚肠于妻子、于儿女分际之手法，大有意味。唐韩愈《与孟东野书》有云："以吾心之思足下，知足下悬悬于吾也。"③可视为对这一文学艺术手法的绝妙诠解。唐白居易《江楼月》诗："谁料江边怀我夜，正当池畔望君时。"④宋范成大《育王望海亭》诗："想见蓬莱西望眼，也应知我立长风。"⑤这些例证都属于诗人代人设想的性真之作。蒲松龄《留别毕子帅》其二：

---

① （清）方文撰《嵞山集·嵞山续集·徐杭游草》，上海古籍出版社 1979 年影印康熙刻本，第 652 页。
② 拙注评《聊斋志异详注新评》卷七，人民文学出版社 2016 年版，第 2587 页。
③ 余冠英等主编《唐宋八大家全集》，国际文化出版公司 1997 年版，第 155 页。
④ 《全唐诗》卷四三七，中华书局 1965 年版，第 4580 页。
⑤ 北京大学古文献研究所编《全宋诗》，北京大学出版社 1998 年版，第 41 册第 25958 页。

"遥忆他年君念我,南来独到小桥时。"(卷二 202 页)借鉴古人的表现手法,深得其中三昧,然而若无真挚的情感,也难以写出如此率真质朴的诗句。《聊斋志异》中,作者常为小说中人物代言,不也是这一艺术手法的运用吗?蒲松龄友人张履庆,字视旋,不幸丧妻,写有《悼亡诗并传》,蒲松龄为此也写有《读张视旋悼亡诗并传》七绝六首,其四有云:"忆昔深闺夜雨时,为君强笑为君悲。九原知尔因渠瘦,伤尽芳心泪万垂。"(卷二 170 页)绝句首二句是为已经过世的张妻代言的设想之词,写出友人亡妻体贴丈夫的温柔之情。第三句中的"尔"谓张履庆,"渠"则指其亡妻。如此一番以代人设想之词入诗,细致入微,非性情中人不能道此。用这一手法渲染友人悼亡的悲剧气氛,的确是精心结撰之作。

蒲松龄的性真,在其抒发亲情的七绝诗中更富于感染力。《怀宗玉侄》是一首怀念比自己还年长的侄子辈中人蒲宗玉的七绝,四句于首尾各用一典,情深谊长:"亦有吾家佳子弟,于君何独倍缠绵。尔方弱冠我年少,风雨连床二十年。"(卷一 73 页)首句用《晋书·王羲之传》中王敦当面誉称其晚辈王羲之之语,切合叔父辈的身份。末句借用唐韦应物《示全真元常》诗"宁知风雪夜,复此对床眠"① 诗意,写出两辈人的亲密。读者即使不明诗中用典取意,也可以轻而易举地加以解读,这正是蒲松龄七绝艺术凝练的体现。

蒲松龄的七绝诗描写兄弟情也极感人。《二兄新甫病甚,弥留自言适至一处,门额一扁大书黄桑驿,或谓余当居此,入视之一望无际,止寥寥数屋耳。作此焚之》,是为两首七绝,属于与二兄蒲柏龄生离死别的咏叹。蒲柏龄,字新甫,康熙四十八年(1709)病重,弥留之际,说了一些莫名其妙的胡话。蒲松龄即据其谵语点染成篇,诗题已明其原委。其一云:"兄弟年来鬓发苍,不曾三夜语连床。黄桑驿里如相见,别日无多聚日长。"其二云:"百亩广庭院不分,索居应复念离群。驿中如许闲田地,

---

① 《全唐诗》卷一八八,中华书局 1965 年版,第 1922 页。

烦构三楹待卯君。"（卷四 569 页）所谓"黄桑驿"，语出《诗经·卫风·氓》："桑之落矣，其黄而陨。"① 这里用为死亡的象征；"卯君"，语出宋苏轼《子由生日以檀香观音像及新合印香银篆盘为寿》"缭绕无穷合复分，绵绵浮空散氤氲，东坡持是寿卯君"② 三句。苏轼弟苏辙，字子由，为己卯年生人，故诗中以"卯君"称之。蒲松龄以"卯君"自喻为弟，属于修辞中的借代，并无深意。两首七绝皆以兄长临终谵语为由头生发开去，开口见胆，语语沉痛，兄弟友于之情充溢字里行间。当时蒲松龄已经是七十老翁，所谓"别日无多聚日长""烦构三楹待卯君"，令人读后倍觉神伤！

蒲松龄以悼亡为题材的七绝诗，也感人至深。其夫人刘氏为人朴讷寡言，食贫衣俭，蒲松龄有《述刘氏行实》一文，内有云："先是，五十馀犹不忘进取，刘氏止之曰：'君勿须复尔，倘命应通显，今已台阁矣。山林自有乐地，何必以肉鼓吹为快哉？'松龄善其言。"③ 可见这位刘氏夫人颇识大体，是蒲松龄的一位贤内助。康熙五十二年（1713），刘氏先其夫二年谢世，蒲松龄作《悼内》七律六首、五古一首、七绝一首，伉俪情笃，显而易见。其绝句云："五十六年藜藿伴，枕衾宛在尔何之？酸心刺骨情难忍，不忆生时忆病时。"（卷五 634 页）全诗不用典而悲情满怀，如泣如诉，沉痛已极。此时蒲松龄年届七十四岁，丧偶之痛可想而知。刘氏为农历十一月二十六日生人，她死后的第一个生辰日，蒲松龄写有《二十六日，孙立德不忘祖妣初度，归拜灵帏，因与恸哭》一首七绝："逢君初度泪潸潸，何遽乘云去不还。犹忆去年今日里，共将杯酒祝南山。"（卷五 637 页）以去年今日为妻子祝寿的喜庆，映衬今年此日人去屋空的凄凉，在情感对比的强烈落差中写悲痛之情，具有极强的感染力。

---

① 高亨注《诗经今注》，上海古籍出版社 1980 年版，第 85 页。
② 北京大学古文献研究所编《全宋诗》，北京大学出版社 1998 年版，第 14 册第 9493 页。
③ 盛伟编《蒲松龄全集·聊斋文集》卷七《述刘氏行实》，学林出版社 1998 年版，第 1308～1309 页。

作者对妻子的无限怀念甚至进入午睡的梦境，七绝《午睡初就枕，忽荆人入，见余睡而笑，急张目，则梦也》云："一自常离归夜台，何曾一夜梦君来。忽然含笑搴帏入，赚我朦胧睡眼开。"（卷五 665 页）诗写得平实易解，不事雕饰而情义无限。写此诗后不久，蒲松龄也辞别了人世，走完了他坎坷辛苦的一生。

蒲松龄的七绝诗中还有一类送行的题材，情真景真，情景交融，也能体现出作者学人之诗的特色。《重阳送定甫北上》为四首一组七绝诗，注重自然景物的色彩渲染，以书写与友人王定甫的依依惜别之情，构成这组七绝的特色。其一末二句"红树不缘愁客醉，黄花专为远人开"（卷一125 页），红、黄两色构成农历九月间的秋日景象，颇具画意。其四云："金城杨柳已堪攀，道上黄花照客颜。人趁斜阳浮绿蚁，风吹离恨满青山。""金城"为东晋丹阳郡江乘县地名，据《晋书·桓温传》："温自江陵北伐，行经金城，见少为琅邪时所种柳皆已十围，慨然曰：'木犹如此，人何以堪！'攀枝执条，泫然流涕。"① 人事兴废，时不我待的感慨而外，"金城""黄花""绿蚁""青山"，看似无意中的四重色彩组合，可令读者有目不暇接之感，是作者在艺术手法上刻意求新的结果。

幽默，作为文人的一种雅趣，也时常在蒲松龄的七绝诗中显露。如前揭《寿赵夫人》一诗即是。《戏酬孙树百四首》是写给其宝应作幕时的上司孙蕙（字树百）的四首七绝，从题目即可见其诗的调侃意味。其一云："云髻峨峨簇凤翘，一声仙乐下云旓。汾阳公子真豪迈，便使柔魂真个销。"（卷一 47 页）孙蕙性耽声色，蒲松龄投其上司所好，诗中极尽刻画形容之能事，描摹其闺中旖旎风光，颊上三毫，宛然入妙。七绝末句，语出明王世贞《艳异编》卷三〇："詹天游，名玉可，字大。风流才思，不减昔人。故宋驸马杨震有十姬，皆绝色，名粉儿者尤胜。一日，召天游宴，尽出诸姬佐觞，天游属意于粉儿，口占一词云：'淡淡青山两黛春，

---

① （唐）房玄龄等撰《晋书》卷九八，中华书局 1974 年版，第 2572 页。

娇羞一点口儿樱。一梭儿玉一窝云，白藕香中见西子，玉梅花下遇昭君，不曾真个也销魂。'杨遂以粉儿赠之，曰：'请天游真个销魂也。'"①"便使柔魂真个销"当用詹天游事以自我调侃。《聊斋志异》卷二《白于玉》："人间尤物，仆求一而难之，君集群芳，能令我真个销魂否？"② 小说中的此番话也语出《艳异编·詹天游》。

蒲松龄在小说《聊斋志异》有关男女之情的描写中，也不乏幽默的因子。如《荷花三娘子》中宗湘若与狐女的调笑语，《狐谐》中那位狐仙的妙语连珠，都具有文人的机智成分。以文化品格而论，蒲松龄的诗歌创作（这里仅以其七绝诗为中心）与其文言小说的写作有一致之思的地方。

三、想象世界与现实世界

众所周知，丰富的想象是构成《聊斋志异》中奇幻瑰丽世界的基础，没有心游万仞、思接千载的思想驰骛，就不会有凤仙的镜影悲欢、贾奉雉的时空穿越、叶生的魂从知己、莲香的两世情缘。这些想象的世界并非向壁虚构的胡思乱想，而是具有现实世界基础的。《梦狼》的官虎吏狼、《罗刹海市》的黑白颠倒、《红玉》的扶危惩恶、《席方平》的不屈不挠，皆有现实世界的折光，不过披上了一件虚幻的外衣而已。蒲松龄的诗歌创作也存在着两个世界，即现实世界与想象世界，这在其七绝诗的创作中也甚为明显。作为一名乡村塾师，蒲松龄劬学好古，博览群书，社会地位虽不高，但其头脑并不冬烘迂腐。他有与广大农民同呼吸共命运的一面，反映于诗歌中，就有了其现实性的基础。七绝《田间口号》就是这样一首反映广大农民不堪重税而呻吟于底层的作品："日望饱雨足秋田，雨足谁知倍黯然。完得官粮新谷尽，来朝依旧是凶年。"（卷一101页）如果没

---

① （明）王世贞撰《艳异编》卷三〇，春风文艺出版社1988年版，第426页。
② 拙注评《聊斋志异详注新评》卷二，人民文学出版社2016年版，第552页。

有在封建专制淫威下的切身感受，作者是写不出如此沉痛的诗篇的。

靠天吃饭是农业生产力低下的古代社会难以逃避的规律。蒲松龄是文人，又是农民，这种一身而二任的身份，决定了他对农事的关心与对下层劳动人民悲惨境遇的感同身受。《旱甚》三首绝句描写了凶年之下的农村景象，是写实之作。其三云："大旱三百五十日，垅上安能有麦禾。报到公庭犹不信，为言庭树尚婆娑。"（卷四 467 页）天旱是一个客观存在的事实，却因官与民两者立场的不同而出现大相径庭的判断。封建官吏对大旱不作调查，只凭主观臆断，不相信告灾的实情，完全是一副草菅人命的嘴脸。诗末句用《新唐书·崔荛传》中掌故："是时王仙芝乱汉上，河南群盗兴，荛简傲不晓事，但以器韵自高，委政厮竖，不恤人疾苦。或诉旱者，指廷树示之曰：'柯叶尚尔，何旱为？'即搒笞之，上下离心。"① 诗人用唐代的荒诞故事入诗，传达出无比愤怒的心情。

在对待天灾人祸上，蒲松龄与广大农民心心相印，并非仅仅是同情而已。他还写有多首有关雨水的七绝诗，忧心农事收成语语真切。《六月初八夜雨》其一："梦醒初闻零雨声，恍疑殊死得更生，床头爽气清馀睡，坐听高檐滴到明。"（卷四 467 页）《四月初七喜雨》："冬初一雪雨全无，入夏萧条麦欲枯。枕上萧萧连夜听，窗前喜见草新苏。"（卷四 507 页）二诗分别写于康熙四十三年（1704）、四十五年（1706），平白如话的书写显示了作者难以掩盖的、畅快无比的喜悦心情，天旱能否遇雨，事关百姓生死，真情流露无须掩饰。

康熙四十三年六月初八日天降甘霖，蒲松龄正在西铺坐馆，却又听说自己家乡淄东无雨，不免心生焦虑，写下《闻淄东无雨》两首七绝，其二云："需泽虽然遗故村，犹将报赛斩牲豚。逃亡幸可依乡井，便是苍苍雨露恩。"（卷四 468 页）这首七绝末二句用让步手法道出自己的无奈心理，属于自我宽慰，也是聊以解嘲。然而当"淄东无雨"的传言有讹，

---

① （宋）欧阳修、宋祁撰《新唐书》卷一四四，中华书局 1975 年版，第 4708 页。

并非乡里实情被证实后，作者又以无限欣喜之情写下了《喜闻雨信》二首七绝，其二云："方听讹言欲问天，忽闻雨信倍懂然。此时晴雨关生死，不比寻常家报传。"（卷四 469 页）将下雨与否提到事关百姓生死的地步，不是农民，绝难有此心态！

久旱盼望云霓之至，大涝又盼望晴日，《得家报》一诗道出了靠天吃饭背景下诗人的惶恐心情："处处淫霖败秋稼，吾乡无麦更皇然。禾收七尺无灾变，应是天知馁可怜。"（卷四 576 页）对社会的忧患心态本属于传统儒家思想的范畴，也是旧时代正直读书人执着处世的态度，然而这一心态大多是大处落墨的产物，而并不拘泥于宜雨宜晴的悲喜。蒲松龄因自家生活好坏大多取决于老天，所以其忧患心态就自然染上具体而微、无所不在的色彩。淄川县令张嵋属于贤良循吏，康熙二十八年（1689）离任，蒲松龄写下《悲喜十三谣》一组七绝，围绕这位县令的升迁，组诗如实地记录了六种良民，即农人、儒童、乡人、翁姬、肆贾与名士的悲伤与留恋；同时刻画出七种莠民，即衙役、博徒、豪强、讼师、巫师、娼户、行贿者窃自庆幸的嘴脸。组诗多用典故，直面现实，传达出作者爱憎分明的情感。组诗有小序，内有云："里中三五偶而语，口无杂典，悼今离、道昔德政慈语也。共言侯去悲六、喜七。初不解，请屈其指，恍然始信。感为谣，听辎轩采择焉。"（卷二 287 页）敢于亮明意旨，呼出广大乡民的心声。

对于廉吏的离去伤怀懊恼，对于酷吏的去职则额手称庆。康熙四十七年（1708），贪酷并课税繁重的山东巡抚赵世显迁官，蒲松龄兴奋地写有《喜开府有迁报》两首绝句，其一揭露赵巡抚之劣迹云："亩无斗粟说年丰，谁绘《流民》达帝聪。方为啼号念儿女，又敲皮骨补亏空。"（卷四 559 页）这位方面大僚为官上欺下压，对待属民敲骨吸髓，令人发指！

蒲松龄诗歌创作与现实的过分贴近，是生活煎熬下的产物，并不利于文人超脱的精神家园的建构，他对此深有感悟，曾以自我调侃的口吻写有《遣怀》七绝一首："嗜酒陶潜惟种黍，捉衿原宪不忧贫。今年已作明年虑，笑杀梧桐月下人。"（卷三 479 页）作者不否认自己是一介文人，但生活的逼迫又令他对于全家未来可能的衣食匮乏忧心忡忡，而这一心态是为"以天下为己任""忧道不忧贫"的文人士大夫所不齿的。末句"笑杀梧桐月下人"就是这一心态的流露。

从上揭有关蒲松龄七绝诗的分析可以看出，作者尽管有许多贴近现实之作，但在骨子里仍以构筑自身的精神家园为目标，《聊斋志异》如是，其诗歌创作亦如是。七律《山村》有云："只有家家新酒醉，从来不解听黄鹂。"（卷一 76 页）这两句诗集中反映了作者对于一般农户人家缺少雅趣的态度。当晴天雨日与农事的关联不甚紧密的时候，蒲松龄对雨的感受就会回归文人的雅兴，如七绝《暮雨》云："纵横薜荔掩窗纱，搅树风来暮雨斜，一夜淋零听不断，檐声滴破玉簪花。"（卷四 511 页）这首诗与前揭久旱盼雨或喜雨的悯农之作已经不可同日而语，完全是文人情怀了。至于因旅途中遇雨导致意兴萧索，写入诗中也属文人情调。如七绝《途次阴雨》有云："马上行人无兴寄，斜风冷雨过花村。"（卷四 573 页）虽情绪不高，却诗意清新，体现了以诗人之眼观物的特点。

文人情怀最易伤感，细雨生愁，见花落泪，常常是诗人笔下的绝妙题材。但在蒲松龄的诗作特别是七绝中，无病呻吟的作品无多，常以乐观情绪出之者则有不少。如七绝《落花》云："东风一夜武陵津，吹尽桃源万树春。疑是华清车马散，遗钿零落满芳尘。"（续录 765 页）落叶、落花每易令诗人反观自身命运，出以悲观意绪，蒲松龄却常用清新之笔出之，给读者以无限美感。诸如此类的七绝如《望月》"月中道是山河影，细向天边认岱宗"（续录 779 页），《夏客稷门僦居湖楼》其一"雨过开窗风满座，独持杯酒看华山"（卷四 512 页），《石隐园中作》"蔓松桥上一徘徊，风过松阴爽气来"（卷四 509 页），全无局促之态，文人潇洒意度毕见。

康熙五十一年（1712）元旦期间，蒲松龄年已七十三岁，仍然童心未泯，有七绝《十八日与诸孙出游，欲补上元之缺，大风苦寒而返》，记述自己与家中晚辈结伴出行过桥"走百病"，可见其人生态度的积极：

"家家儿女过桥头，云过桥头百病瘳。方欲偷闲学年少，又教风伯妒清游。"（卷五 610 页）"走百病"或曰"走桥"，是旧时流行于陕西、福建、广东、吉林、河南、河北、江苏、山东、安徽等地的年节习俗，每年正月八日至十八日，妇女结伴出行，或过桥，或在城墙上行，据说如此就可以避灾却病，求得福寿。明小说《金瓶梅》第二十四回就有相关的描述，可见这一风俗在明代盛行的情况。蒲松龄当时年事已高，却愿意随同妇女与孙辈等一同"走百病"，可见兴致不浅。

对于人生，蒲松龄常抱有积极乐观的态度，其原因就在于改变自身命运的期望永存，这从他如"倔强老兵"一般不断奔赴乡试考场，屡败屡战，直至年逾"耳顺"之后方才罢手，即可为证。不知老之将至，正是对未来憧憬的希望之火不熄所致。他积极的人生价值取向反映于小说中，就有了关于男女恋情想象的无比丰富；反映于其诗歌创作中，也有了超越现实的瑰丽想象。一般而言，书本知识愈丰富，人的想象力也就愈强。从蒲松龄的七绝诗来看，富于想象的诗篇在艺术魅力上要超越反映现实的诗篇，从而奠定了其诗歌文化品格的士林化特征。如七绝《秋燕》是一首咏物诗："晓院秋风乳燕低，飞来飞去踏芸帷。呢喃莫遣逐香阁，恐被赵家姊妹知。"（续录 781 页）有注本认为此诗有所寄托，即："妇女不要羡慕富贵，上攀高门，否则会招妒惹忌，给自己造成不幸。"（续录 781 页）如此诠释，似有胶柱鼓瑟之嫌。实则此首七绝通过对秋燕的吟咏徜徉于历史的氛围中，既有观照自身的意向，也有知足不辱的寓意，传达出旧时文人较为复杂的心态，难以一言蔽之。即使有民歌风的《采莲曲》二首七绝，也是想象成分多于对现实的把握。其二云："两船相望隔菱荚，一笑低头眼暗抛。他日人知与郎遇，片言谁信不曾交。"（卷五 750 页）对于乡村男女恋情如此描写，染有浓厚的文人色彩，如果反观《聊斋志异》中有关男欢女爱题材的篇章，就有若合符契之感了。

《树百宴歌妓善琵琶戏赠》五首绝句、《戏酬孙树百》四首绝句，想象中景多于现实之境，华丽浓艳，令读者如入仙境。如前者其五"座下湘裙已罢舞，莲花犹散玉尘香"（卷一44页），后者其三"琅玕酒色郁金香，锦曲瑶笙绕画梁"（卷一46页），这些描写都是超越现实的。其《赠妓》绝句十一首，如其一"明日绿蝉重拂鬓，更无云雨梦襄王"，其七"灯前色授魂相与，醉眼横波娇欲流"（续录715页），皆带有文人自恋式的想象，并非写实之笔。这正是看人家富贵之境下的想入非非，清初李渔所谓"幻境之妙，十倍于真"① 云云，可为注脚。蒲松龄想象的丰富，在其题画诗中有更为淋漓尽致的呈现，如《同沈燕及题思妇图》七绝四首，描摹精雕细刻，大有唐人风味。其一云："慵鬟高髻绿婆娑，早向兰窗绣碧荷。刺到鸳鸯魂欲断，暗停针线蹙双蛾。"（卷二198页）作者似乎更愿意在非现实的世界中构想诗境，仿佛不如此就难以尽情挥洒，使一己才情得以完美展现。

《又寄孙树百兼贻鲁坛》七绝十一首，本属应酬之作，蒲松龄也似乎有意逞才，完全用想象中语构筑温柔富贵之诗情，作为调侃戏谑友人的文字游戏。其九云："未干翅粉已倾城，闻道诗才骨更清。只恐薄言逢彼怒，泥中恼乱郑康成。"（卷一118页）这些稍带艳情意味的作品，除反映了作者性格幽默的一面外，也准确地勾画出作者以才学为诗的轮廓。

蒲松龄三十一岁左右曾一度到宝应县令孙蕙幕下为僚，在繁忙的公务与诗酒繁华中度过了将近一年的游幕生涯。这期间他认识了一些风尘女子，也接触到孙蕙的姬妾顾青霞等堪称才女的女性。这一段不算长的生活经历，除可为其诗创作插上想象的双翼，同时也为《聊斋志异》的创作拓展了天地。无论诗歌还是小说，其瑰丽的想象力除书本的滋养外，这一段生活阅历也不可或缺。

综上所述，蒲松龄七绝诗的"学人"味道是以性真以及多涉想象的艺术构思为基础的，其诗主要以士林文化品格为主，这与其《聊斋志异》的士林文化辅以乡村文化的双重文化品格接近，可参见拙作《〈聊斋志

---

① （清）李渔撰《闲情偶寄·声容部》，作家出版社1995年版，第119页。

异〉文化品格论》①，此不赘言。研究蒲松龄的诗作，并非我们的主要目的，因为他的诗歌创作，无论在中国诗歌史还是仅在清诗史中，都难以跻入一流作品之列。然而研究其诗作，特别是七绝创作，却极有助于我们对世界第一流的文言短篇小说集《聊斋志异》的深入探讨。而这也正是本文的写作目的。

（原载《蒲松龄研究》2021 年第 2 期）

---

① 拙作《〈聊斋志异〉新证》第二编《〈聊斋志异〉文化艺术新论》，文化艺术出版社 2017 年版，第 113~124 页。

阅古小札

　　这一组小文是 1992~1998 年应《中国青年报》的副刊《绿地》编辑王长安先生之约撰写的，"阅古小札"也是由长安先生命名的。他是笔者在北京大学中文系的同窗，毕业以后在中国青年报社工作，为组稿四处奔波，兢兢业业，将《绿地》副刊办得生龙活虎，业绩不俗。七年间陆续刊发笔者所写纵横文史的"小札"四十馀篇，每篇平均两千字左右，据说读者反响不错。以后长安先生不幸早世，"阅古小札"也就此中辍。笔者在整理这束旧稿的过程中，长安先生的音容笑貌时常浮现于脑海中，无限怀念之情黯然而生，也许尘世中难以实现的企盼，往生净土即可如愿以偿罢。至于未及刊出者《史诗与诗史》等凡十篇，这次也一并收录，以见全貌。

　　这一组小文大都写作于二三十年以前，对于"而立"之年方入黉门的笔者应当算是"少作"。鲁迅在其《集外集·序言》有云："中国的好作家大抵是'悔其少作'的，他在自定集子的时候，就将少年时代的作品尽力删除，或者简直全部烧掉。"笔者算不上作家，更无论是好是歹，"不悔少作"方是本色，但为对读者负责，订正引文错讹，充实相关材料，或者因时过境迁，改写增饰也是必须的。《应制诗与试帖诗》（原题为《什么是应制诗、试帖诗》，刊于 1983 年 8 月 28 日《中国青年报·文学百题》）《历代笔记与文学》（原题为《历代笔记与文学有什么关系》，刊于 1983 年 10 月 16 日《中国青年报·文学百题》）《诗词与藏头》（原

题为《漫话藏头诗》)《诗人与驴子》《禽言与人情》三篇在1989年与
1992年为广西大学主办《阅读与欣赏》杂志所刊用，篇幅略长，今皆并
入此组小文，凡四十八篇，总共约十万馀字。

角色与人生

鲁迅在《二心集·新的女将》中说："中国本来喜欢玩把戏，乡下的
戏台上，往往挂着一副对子，一面是'戏场小天地'，一面是'天地大戏
场'。"文中的这副对联将人生视为演戏，仿佛每个人在社会中都饰演着
某一角色，近似于瑞士心理学家荣格（1875~1961）的人格面具学说，的
确不乏哲理性的概括，要比一千多年以前唐人杜甫"闻道长安似弈棋，
百年世事不胜悲"（《秋兴八首》其四）的感慨幽默多了。

某种人生角色可以凭借能力加机遇获取，也可以承袭上辈人的馀荫演
出"空手套白狼"的大戏。所谓"英雄造时势，时势造英雄"只适用于
强者，弱者能当上"看客"就已经很不错了。人生角色的选择有时很难
自主，晚唐罗隐"时来天地皆同力，运去英雄不自由"（《筹笔驿》），
对诸葛亮一生功业的概括言简意赅；李商隐的一首同题七律吟道"管乐
有才终不忝，关张无命欲何如"，也充满了对于命运无情的几许无奈。生
不逢时乃至徒呼奈何，往往是人生角色错位者的呼吁。历史上有些人扮演
人生角色极为认真，却也不免一时失手，惹来后人的讥评。春秋时代郑国
的贤相子产，曾用他所乘坐的专车帮助老百姓渡过溱水与洧水，孟子认为
这是小恩小惠，不是一位合格政治家的作为："惠而不知为政。岁十一
月，徒杠成；十二月，舆梁成，民未病涉也。君子平其政，行辟人可也，
焉得人人而济之？故为政者，每人而悦之，日亦不足矣。"（《孟子·离娄
下》）大意是说：子产作为一国的执政者欲施惠于民，就应当为民众建
造一座桥，而不是帮助百姓一个一个地去渡河。如果一个一个地去讨人欢
心，时间就很不够用了。

汉代的左丞相陈平就很懂得执政者的职责，他回答汉文帝有关刑事与钱粮的问话："陛下即问决狱，责廷尉；问钱谷，责治粟内史。"继而又说："宰相者，上佐天子理阴阳，顺四时，下育万物之宜，外镇抚四夷诸侯，内亲附百姓，使卿大夫各得任其职焉。"（《史记·陈丞相世家》）陈平的这一番回答比他的同事右丞相周勃的"愧不能对"高明多了。汉宣帝时的丞相丙吉也很懂得为相之道，他出行，道逢群殴者死伤横道，不问而过；又遇"牛喘吐舌"，反而驻车相询。其属吏认为丙吉"前后失问"，丙吉回答说："民斗相杀伤，长安令、京兆尹职所当禁备逐捕，岁竟丞相课其殿最，奏行赏罚而已。宰相不亲小事，非所当于道路问也。方春少阳用事，未可大热，恐牛近行，用暑故喘，此时气失节，恐有所伤害也。三公典调和阴阳，职当忧，是以问之。"（《汉书·丙吉传》）从此，丙吉即以"知大体"的丞相传名后世。

在封建时代，特别是乱世，政府上下职能倒错，往往比比而是，属于普遍的存在，所谓"天下有道，小德役大德，小贤役大贤；天下无道，小役大，弱役强。"（《孟子·离娄上》）社会到了比谁的胳膊粗、拳头大的阶段，就临近崩溃的边缘。战国楚屈原就曾发出如下的感慨："世混浊而不清：蝉翼为重，千钧为轻；黄钟毁弃，瓦釜雷鸣；谗人高张，贤士无名。"（《卜居》）如此状态下，又势必引来一些自认为是"骅骝骏马"呼唤"伯乐"的激情："世有伯乐，然后有千里马。千里马常有，而伯乐不常有。"（韩愈《杂说》）其实一个人首先要认清自身的真实价值所在，通过坚持不懈的努力，方能做出有益于社会的贡献。

晋代的陶渊明不愿为五斗米折腰，回归老家去对菊饮酒，给后世留下了诸多不朽的诗篇。清代的袁枚少年得志，三十多岁却辞官赋闲，躲到他的随园中去发抒"性灵"，兼事美食的研究；假设他混迹于官场并且平步青云，也许就留不下那么丰富的文化遗产了。袁枚曾以唐韩翃七律《送王少府归杭州》中"钱塘苏小是乡亲"句刻一私印，为某尚书看到后，诃责不休，袁枚忍无可忍之下正色回答："公以为此印不伦耶？在今日观，自然公官一品，苏小贱矣。诚恐百年以后，人但知有苏小，不复知有公也。"（《随园诗话》卷一）现实人生与历史名声的落差竟然有如此之大！

陶、袁两人的人生角色认同是主动寻求的，也有被动选择下的幸运儿，唐大诗人李白就是一例。"大道如青天，我独不得出"（《行路难》），李白用世心切，总想在政治上有一番作为，结果被现实碰得头破血流。他追求心灵的绝对自由，就很难见容于封建官场，以伟大诗人名标后世，倒是他个人不幸中之大幸。

封建社会"父传子，家天下"，大多数帝王的人生角色并非自由选择的结果，也因此制造出不少悲剧。隋炀帝的孙子杨侗曾被人尊立为帝，最终被王世充逼饮毒酒，临死时无限凄凉地发誓："从今以去，愿不生帝王尊贵之家。"（《隋书·越王侗传》）此前南朝宋顺帝刘准在被逼退位时也说过类似的话："愿后身世世勿复生天王家！"（《资治通鉴》卷一三五《齐纪一》）南唐后主李煜、宋徽宗赵佶，一位是文学家，一位是书画艺术家，如果没有坐上皇帝的宝座，也许就不会有那么凄惨的下场。人生角色的错位是导致悲剧发生的重要原因。历史上的封建帝王也有置天下于不顾，反而专喜欢干一些匪夷所思的杂事的。南朝宋少帝刘义符、南齐东昏侯萧宝卷、北齐幼主高恒等胡作非为而外，还有"经商癖"。

最为奇葩的帝王是明熹宗朱由校，他对处理天下大事毫无兴趣，但却是一位有天赋的能工巧匠，木匠活儿干得精巧玲珑。他所倚重的大太监魏忠贤与熹宗的乳母客（qiě 且）氏狼狈为奸，专等这位皇帝"引绳削墨"之际，前往奏事，惹得干在兴头上的君主颇不耐烦，就以"朕已悉矣，汝辈好为之"两语挥之使去（《明史·魏忠贤传》），于是魏忠贤得以作威作福，居然被群臣呼为"九千岁"，明廷上下之荒唐可见一斑。明熹宗有一把干木工活的小铁斧传世，引来清代文人的吟诗笑谈，孙尔准、吴震、程同文等诗人皆有诗吟咏之。周劼是道光间进士，也有一首七古《明熹宗小斧》，内云："魏鬼当头政令弛，太阿之柄倒持矣。何事君王执斧柯，竟传儿戏深宫里。"讽刺这位宝贝皇帝混淆了人生角色，入木三分。

认识人生，首先要认识自己！

希望与等待

神奇瑰丽的希腊神话有许多传说脍炙人口，不过"潘多拉的盒子"的故事，读后却不免令人黯然神伤。潘多拉是天神宙斯为惩罚人类而创造的一位美丽女郎，她配备有一只装有人类一切罪恶、不幸和疾病的盒子，但在其底部也藏有"希望"。这位女郎一来到人世间，就打开了这只盒子，放出了一切灾难，唯独将"希望"最终留在了盒子内，于是人类就永远失去了这最可宝贵的东西。无疑，这代表了古代西方哲人对于人类发展前途的悲观派论点，可以置而不论。

无论古今中外，其实每一个心理健康的人大都对自己的前途怀有或多或少、或大或小的某种希望，否则，人一旦陷入于绝望的境地又无以自拔，还有何生趣可言？抱有某种希望，就必须有等待的勇气。"欲传春消息，不怕雪埋藏"，宋人陈亮的《梅花》诗，就饱含"等待"的执着与信心。梅花作为春天的信使，即使摇曳于风雪漫天的凄寒中，仍向人们昭示着希望与未来。英国诗人雪莱《西风颂》："严冬如来时，哦，西风哟，阳春宁尚迢遥？"中文或译作："冬天来了，春天还会远吗？"简洁中似乎更加传神，但两种译法都能给予奋斗者以前行的勇气。

"野火烧不尽，春风吹又生"（唐白居易《赋得古原草送别》），正是春天，给天下万物带来了生机无限。明白了这个道理，再品味"寒随一夜去，春逐五更来"（唐王湾《应诏赋得除夜》），"小桃花与早梅花，尽是芳妍品格。未上东风先拆。分付春消息"（宋晏殊《胡捣练》词），可知无论诗与词，但凡咏春之作，都有对美的憧憬与期盼，蕴含着生机与希望。春天作为人世间希望的象征是永恒的！

有希望就必须耐得住等待的寂寞，然而希望中的等待绝非消极地守株待兔，也不是率由旧章的墨守成规，而是千方百计去创造条件，在积极的进取中迎接希望的实现。等待既是对忍耐与毅力的考验，也是培育冲破黎明前黑暗信心的过程。法国的传奇小说家大仲马在其名著《基督山伯爵》（或译《基督山恩仇记》）中以如下一段妙语收束全书："人类的一切智慧是包含在这四个字里面的：'等待'和'希望'。"如果联系小说主人公所遭受的屈辱与磨难及其顽强奋争的历史，那"等待"的内涵就极为丰富与深邃了。常言道"失败是成功之母"，尽管如此类型的"母亲"并不可爱，然而作为自励，也算是一种积极的等待，这"等待"不正蕴藏于热切的"希望"之中吗？

在常人心目中，"希望"也许不是每时每刻都有明确的目的性，而稍稍带有模糊朦胧的色彩。"绝望之为虚妄，正与希望相同"，鲁迅在《野草》中曾引用匈牙利的爱国诗人裴多菲的诗句为证，这位二十六岁即献身祖国的诗人于愤世嫉俗中掩盖不住他淡淡的哀愁，其《希望之歌》如此描绘"希望"："希望是什么？是娼妓：她对谁都蛊惑，将一切都献给；待你牺牲了极多的宝贝——你的青春——她就弃掉你。"这样的吟咏未免消极。对于"希望"，鲁迅在其散文《故乡》中有一段脍炙人口的精警名言："希望本是无所谓有，无所谓无的。这正如地上的路，其实地上本没有路，走的人多了，也便成了路。"希望绝非欲望，欲望一旦满足，一切即如烟消云散；希望更像一条望不到尽头的人生之路，惟其如此，才有不断期盼的乐趣，才有永远等待的勇气。即使偶有幸运光临，也是幸运者在有准备的等待中遇到了机会。

唐韩愈《早春呈水部张十八员外》："天街小雨润如酥，草色遥看近却无。最是一年春好处，绝胜烟柳满皇都。"事物一旦发展至极点，就是走向衰落的开始。早春景象之所以备受诗人的青睐，就在于她孕育着无限的生机。那远处已然泛绿的大地，不正可以望见未来与希望的踪影吗？唐杨巨源《城东早春》诗有云："诗家清景在新春，绿柳才黄半未匀。"新春之景并非大野芳菲之际，却比"开到荼蘼花事了"（宋王琪《春暮游小园》）的暮春更引人入胜，原因就在于早春象征着"希望"。《红楼梦》第六十三回，众人以花名行酒令，麝月抽到荼蘼花签，引来贾宝玉的愁绪，原因就在于"希望"的飘逝。

人生路上一往无前，就会与"希望"同在！

愿望与人生

"希望"与"愿望"似乎有一致的地方，然而细加分辨，前者内涵当大于后者。所谓"愿望"通常专指将来能达到某种目的的想法，而"希望"则较为抽象，往往不如"愿望"具体。

中国古典小说，若书写英雄，往往是少有大志，自幼即非同凡响，仿佛不如此落墨，就难成其为日后的豪杰人物了。就连不专意塑造英雄的《红楼梦》，作为刻画人物的一种手法，作者曹雪芹描写贾雨村的不遇时，也有"玉在椟中求善价，钗于奁内待时飞"自恋式的对联，以预示他不同寻常的人生。至于贾雨村那首"天上一轮才捧出，人间万姓仰头看"的咏月之作，显然模仿宋太祖赵匡胤咏日出的口气。据《庚溪诗话》记述，赵匡胤未登大位前曾写过一首有关太阳初升的诗："欲出未出光辣达，千山万山如火发。须臾走上天上来，赶却流星赶却月。"后经史官润色："未离海峤千山黑，才到天心万国明。"反而失去这位赳赳武夫的本来面目。贾雨村东施效颦，也许正是曹雪芹有意刻画这位读书人的轻狂之态。类似描写，史传文学早开先河。

《史记》记述项羽和刘邦观看秦始皇车队所说的叹赏之语，不同的口气中反映了这两人的不同性格，很有认识价值。项羽"彼可取而代也"一语，颇有江湖豪气；刘邦"大丈夫当如此也"一语，艳羡之态活灵活现。然而恰恰是后者最终实现了自己的愿望，前者则在乌江之畔做了自我了断。"秦失其鹿，天下共逐之"，其时有项羽、刘邦那样心态的人当不在少数，只不过其愿望落空，史官也无须记述而已。《后汉书·明皇后纪》记述汉光武帝刘秀微时的一段话却是很务实的。刘秀听人说新野女子阴丽华天生丽质，又发现执金吾（yú 虞。汉代负责皇帝大臣警卫、仪仗以及徼循京师、掌管治安的武职官员）车骑显赫，威风八面，就发誓说："仕宦当作执金吾，娶妻当得阴丽华。"此后，刘秀当上了不知比执金吾大多少倍的帝王，阴丽华也自然成了他的第二任皇后。

东汉末年的政治家曹操也是一个比较务实的人，他曾有《让县自明本志令》，自述其早年志向，不过想死后在墓道上立一块"汉故征西将军曹侯之墓"的墓碑而已，然而他挟天子以令诸侯，最终做到位极人臣的丞相，并为其子曹丕当皇帝做好了铺垫。曹操早年的志向或愿望出于自己之口，比较可信，史传文学就有虚头了。《史记·陈涉世家》记述陈胜那一句"燕雀安知鸿鹄之志哉"的大言，就颇具文学色彩，很难相信会出自一位贫苦的雇农之口。史家记述陈蕃、宗悫表达某种愿望之语，更富于文学性。陈蕃十五岁时回答父执辈的责难时说："大丈夫处世，当扫除天下，安事一室乎！"（《后汉书·陈蕃传》）此后陈蕃官至太尉，为政清廉，算是一位有作为的士大夫。南朝宋宗悫回答其叔父的问语，有"愿乘长风破万里浪"的豪言壮语（《宋书·宗悫传》），平生任气好武，也干出了一番事业。唐初的王勃很欣赏宗悫的那一番话，在《滕王阁序》中留下了"慕宗悫之长风"一语，豪情毕见。历史上说过陈蕃、宗悫类似话语者，也许并不罕见，但因愿望难以实现或半途而废，没有引起史家的瞩目。可见初衷的最后验证即愿望的达成，也是人生或荣耀或默默无闻的分水岭。

唐韩愈《送李愿归盘谷序》借友人之口道出堪称"大丈夫"者的愿望："人之称大丈夫者，我知之矣。利泽施于人，名声昭于时。坐于庙朝，进退百官，而佐天子出令。其在外，则树旗旄，罗弓矢，武夫前呵，从者塞途，供给之人，各执其物，夹道而疾驰。喜有赏、怒有刑，才畯满前，道古今而誉盛德，入耳而不烦。曲眉丰颊，清声而便体，秀外而惠中、飘轻裾，翳长袖，粉白黛绿者，列屋而闲居，妒宠而负恃，争妍而取怜。大丈夫之遇知于天子，用力于当世者之所为也。"但人生在世能有此际遇者毕竟不多，民间百姓的愿望无非是握有一定权柄，或发财致富，至于成仙了道，就属于不切实际的幻想了。南朝梁殷芸《殷芸小说》卷六《吴蜀人》："客相从，各言所志，或愿为扬州刺史，或愿多赀财，或愿骑鹤上升。其一人曰：'腰缠十万贯，骑鹤上扬州。'欲兼三者。"愿望一旦成为妄想，就是人生一张永远无法兑现的空头支票。

鲁迅对于人生大愿曾有一段妙趣横生的描述："大愿，原是每个人都有的，不过有些人却模模胡胡，自己抓不住，说不出。他们中最特别的有两位：一位是愿天下的人都死掉，只剩下他自己和一个好看的姑娘，还有一个卖大饼的；另一位是愿秋天薄暮，吐半口血，两个侍儿扶着，恹恹的到阶前去看秋海棠。这种志向，一看好像离奇，其实却照顾得很周到。第一位姑且不谈他罢，第二位的'吐半口血'，就有很大的道理。才子本来多病，但要'多'，就不能重，假使一吐就是一碗或几升，一个人的血，能有几回好吐呢？过不几天，就雅不下去了。"（《且介亭杂文·病后杂谈》）大愿如此荒谬，已属于人类变态心理的作祟了。

"诗言志"，赋诗最能见一个人的志向所在，唐李白"但用东山谢安石，为君谈笑静胡沙"（《永王东巡歌》），可惜他一生未获验证的机会，只好去"散发弄扁舟"（《宣州谢朓楼饯别校书叔云》）了。明末顾炎武"我愿平东海，身沉心不改"（《精卫》），其抗清大志虽未能实现，但也曾留下一段著名的话语，被后人归结为"天下兴亡，匹夫有责"八个大字，辉耀后世，也算是得偿夙愿了。

人生都有愿望，无论大小，只要躬行践履并持之以恒，若逢机遇，大多可以实现。优秀的文学作品就应当给人以希望。

失意与慰藉

《晋书·羊祜传》："天下不如意，恒十居七八。"人世间如意事无多，即使遇上也不久常；失意则往往是人生常态，所谓"十全十美"无非是一种虚幻的愿景而已。乾隆皇帝暮年自诩为"十全老人"，不过是得意忘形中的自我夸饰，其实其内心的忧愁烦恼并不比常人少。失意中的古人为求得自我价值的实现，寻求知己以谋取"理解之同情"，唐刘禹锡《学阮公体三首》其一说得好："人生不失意，焉能慕知己。"三国吴的虞翻有一段著名的牢骚话："自恨疏节，骨体不媚，犯上获罪，当长没海隅，生无可与语，死以青蝇为吊客，使天下一人知己者，足以不恨。"（《三国志·虞翻传》裴松之注引《虞翻别传》）迫切寻求他人的理解，显示出内心的极其不自信。

人生得一知己，谈何容易！实在难求，不妨于同病相怜中寻求某种慰藉，斯时社会地位的高低尊卑就会被生活的不幸完全平衡。贬官江西九江的白居易之所以能与"老大嫁作商人妇"的风尘女产生"同是天涯沦落人，相逢何必曾相识"的认同，也无非羁旅他乡时的无助感使然。北宋末年张孝纯遇某公主被金人俘虏北上，曾有"流落天涯俱是客，何必平生相熟"的词作（《宋人逸事汇编》引《买愁集》），这与三百多年前的白居易堪称异代同悲。唐代诗人罗隐久不得志，曾与钟陵（今江西进贤）地方的一位妓女云英交好。一别十年后重逢，罗仍然未得一第，云英也未嫁出，于是就吟出"我未成名君未嫁，可能俱是不如人"的诗句，将世事沧桑感融入同病相怜的感慨中，倍感凄凉。

战国楚屈原遭谗被放逐湖湘，作《离骚》以见志，其中"美人香草"虽是设喻之辞，但也反映出人生失意中亟欲在情感上寻求慰藉的心态。三国魏曹植在争夺太子的争斗中失利，于困顿苦闷中写下《洛神赋》，与年长于自己十岁的嫂夫人甄氏实无关联，而只是在幻想传说中宓妃的"柔情绰态"求得痛苦的解脱。清何焯认为"亦屈子之志"，总算看到了问题的症结。

高雅飘逸的陶渊明也作有《闲情赋》，内中包含"愿在衣而为领，承华首之馀芳；悲罗襟之宵离，怨秋夜之未央"多组软绵绵的文句，其至道出"愿在丝而为履，附素足以周旋"的话，这类幻想成为美女脚下鞋子的话语，颇为编纂《文选》的昭明太子萧统所诟病，他说："白璧微瑕，惟在《闲情》一赋。扬雄所谓劝百而讽一者，卒无讽谏，何足摇其笔端，惜哉亡是可也。"(《陶渊明集序》)其实仔细想来，这又何尝不是陶渊明"猛志固常在"难以付诸实践，只好托"闲情"以明心迹呢？元人关汉卿套曲《南吕一枝花·不伏老》曾自称"我是个普天下郎君领袖，盖世界浪子班头"，又发下大誓："则除是阎王亲自唤，神鬼自来勾，三魂归地府，七魄丧冥幽，天那，那其间才不向烟花路儿上走！"这正是其人生价值难以实现下佯狂之态的流露，绝非本性如此。清词人朱彝尊《解佩令》词有云："老去填词，一半是，空中传恨。几曾围、燕钗蝉鬓？"又说："落拓江湖，且分付、歌筵红粉。料封侯、白头无分！"这一类以"情"作为"志"的代偿取向，在古人中并非个别。

清初蒲松龄在其《聊斋自志》说："集腋为裘，妄续幽冥之录；浮白载笔，仅成孤愤之书。寄托如此，亦足悲矣！"所谓"孤愤"，就是作者用世心切下难以自我实现的悲哀。《聊斋志异》中书写科举失意的篇章大都有强烈知己之求的心理祈向，而其书写所谓爱情的篇章，也常反映出失意下寻求慰藉的心理。《连城》篇后"异史氏曰"有云："此知希之贵，贤豪所以感结而不能自已也。顾茫茫海内，遂使锦绣才人，仅倾心于蛾眉之一笑也。悲夫！"以"情"代"志"，用意良苦！清刘塸《聊斋志异用高南阜韵》有云："几人读书能眼明，解道聊斋用情处。"内心世界丰富的蒲松龄因知音难觅只好到幻想中的鬼狐世界去寻求慰藉，他的同时代人王士禛也许最能体味到这位失意者的辛酸，他在《戏题蒲生聊斋志异卷后》一诗中说："姑妄言之姑听之，豆棚瓜架雨如丝、料因厌作人间语，爱听秋坟鬼唱时。"洞见症结。

《红楼梦》第一回，不得志的贾雨村偶见甄家丫鬟娇杏回头看了他两眼，就想入非非，大有得"风尘中知己"之感，并随口吟道："自顾风前影，谁堪月下俦。"也算是失意中的一种自我慰藉吧。

近代思想家、文学家龚自珍更具典型性。他官场失意，其政治主张难以实现，就于道光十九年己亥（1839）出都南下，陆续写有七绝315首，成集后即有名的《己亥杂诗》。此集中有多首吟咏一位名叫灵箫的风尘女子，她成了作者理想的化身，甚至是心目中的仙女。"青史他年烦点染，定公四纪遇灵箫。"无所讳饰之外，还呼吁正史郑重其事地留下一笔："我龚自珍四十八岁遇到了灵箫！"其第二五二首诗最可见灵箫在他心目中的重要位置："风云材略已销磨，甘隶妆台伺眼波。为恐刘郎英气尽，卷帘梳洗望黄河。"显然，灵箫的形象已经成为龚自珍实现远大抱负的内驱力，这当然仍是他排遣内心苦闷的一种宣泄，是对失意的另一种慰藉。恰如其集中另一诗所云："设想英雄垂暮日，温柔不住住何乡？"王国维《人间词话》曾批评龚自珍"偶逢锦瑟佳人问，便道寻春为汝归"的诗句为"凉薄无行"，实在是没有整体观照《己亥杂诗》，否则就不会轻下这一结论了。

穷苦与忧愁

在古人的心目中，文学作品描写穷苦或忧愁最容易获取成功。唐代文学家韩愈曾说："夫和平之音淡薄，而愁思之声要妙；欢愉之辞难工，而穷苦之言易好也。是故文章之作，恒发于羁旅草野。"（《荆潭唱和诗序》）古人的这一文学观点当有其实践依据，并非故作深沉之语。宋欧阳修《梅圣俞诗集序》也有类似的说法："内有忧思感愤之郁积，其兴于怨刺，以道羁臣、寡妇之所叹，而写人情之难言，盖愈穷则愈工。然则非诗之能穷人，殆穷者而后工也。"清人赵翼曾自我调侃道："诗解穷人我

未空，想因诗尚不曾工。熊鱼自笑贪心甚，既要工诗又怕穷。"（《论诗五首》其五）

清人袁枚不同意韩愈的"愁思穷苦"说，他认为"富贵诗有绝妙者"，并以"四壁宫花春宴罢，满船牙笏早朝回""帘外浓云天似墨，九华灯下不知寒""愿得红罗千万匹，漫天匝地绣鸳鸯"等诗句为例（《随园诗话》卷三），证实其富贵诗也能绝妙的观点。其实上揭三组诗句并不感人，至少难入佳句之林，反不如袁枚在此则之下所列举的几联有关穷苦的诗传神："雨昏陋巷灯无焰，风过贫家壁有声。""家贫留客干妻恼，身病闲游惹母愁。""可怜最是牵衣女，哭说邻家午饭香。"书写富贵镂金错采，并非行家里手，古人或认为白居易《宴散》诗"笙歌归院落，灯火下楼台"为书写富贵的佳句，但也有人说这是"看人富贵者"（见《后山诗话》）。富贵无边，所以难写；穷苦难挨，所以易工。

古人多认为文学创作只有表现穷愁悲伤方能传世，甚至认为文学与人类的无限愁思就是一对难兄难弟，唐李贺《南园十三首》其六："不见年年辽海上，文章何处哭秋风。"宋辛弃疾《丑奴儿》（书博山道中壁）词："少年不识愁滋味，爱上层楼。爱上层楼。为赋新词强说愁。而今识尽愁滋味，欲说还休。欲说还休。却道天凉好个秋。"以书写忧愁为时髦，甚至无病呻吟，自然不会产生优秀的作品。"君不见、玉环飞燕皆尘土。闲愁最苦。休去倚危楼，斜阳正在，烟柳断肠处。"（《摸鱼儿·更能消几番风雨》）这首辛弃疾的作品写闲愁富于形象性，设置了一个容纳无尽愁思的情境，耐人寻味，感人至深。只有饱经沧桑者才能吟出如此佳作。

傍晚薄暮可引来诗人乡愁："日暮乡关何处是，烟波江上使人愁。"（崔颢《黄鹤楼》）漫漫黑夜可令人感觉客观的时间变长："愁多知夜长，仰观众星列。"（汉《古诗十九首》）白天酒后小憩也能惹人愁怀："水调数声持酒听。午醉醒来愁未醒。"（宋张先《天仙子》）愁思居然还有纵贯古今的力量："古人愁不尽，留与后人愁。"（宋范成大《江上》）

"丛菊两开他日泪，孤舟一系故园心"（唐杜甫《秋兴八首》其一），属于忧国的愁思；"身多疾病思田里，邑有流亡愧俸钱"（唐韦应物《寄李儋元锡》），属于忧民的愁思；"独自莫凭阑，无限江山。别时容易见时难"（南唐李煜《浪淘沙》词），是亡国君主的愁思；"城上高楼接大荒，海天愁思正茫茫"（唐柳宗元《登柳州城楼寄漳汀封连四州》），是谪臣失意的愁思；"人言头上发。总向愁中白"（宋辛弃疾《菩萨蛮》词），是叹老的愁思；"人意共怜花月满。花好月圆人又散"（宋张先《木兰花》词），是伤离的愁思。此外，还有闺愁、旅愁、春愁、秋愁、闲愁等，不一而足。阅读古人这些诗或词，仿佛走进了"愁"的世界。

在古人笔下，愁有质感："无边丝雨细如愁。"（宋秦观《浣溪沙》词）更有质量："问君能有几多愁，恰似一江春水向东流。"（南唐李煜《虞美人》词）还有长度："白发三千丈，缘愁似个长。"（唐李白《秋浦歌》）难以驱遣："此情无计可消除，才下眉头，却上心头。"（宋李清照《一剪梅》词）

古人言愁写愁，多有夸张，却是观照中国古典文学的一面凸透镜。

诗歌与灵感

在文学创作——特别是诗歌创作中，何谓灵感？这是一个既平常又有些神秘的问题，古今中外的许多作家都曾得益于灵感的光顾，感觉到它的存在。在古希腊哲学家柏拉图笔下，灵感的闪现被称为"诗人的迷狂"，诗人仿佛突然受到"神"的启示那样神秘莫测地得到助力，而且可遇而不可求。宋陆游《文章》诗有云："文章本天成，妙手偶得之。"当是作者文学创作的经验之谈。

晋陆机在《文赋》中这样描绘灵感的袭来与飘逝："若夫应感之会，通塞之纪。来不可遏，去不可止。藏若景灭，行犹响起。"其说与现代所谓"灵感"若合符契。唐皎然在《诗式·取境》中也有类似的说法："有时意静神王，佳句纵横，若不可遏，宛若神助。"宋严羽援"禅"入诗，其《沧浪诗话·诗辨》有云:"大抵禅道惟在妙悟,诗道亦在妙悟。且孟襄阳学力下韩退之远甚,而其诗独在退之之上者,一味妙悟而已。惟悟乃为当行,乃为本色。"所谓"妙悟",与禅宗南宗之"顿悟"略同,尽管有些玄虚,但与皎然"意静神王"说并无二致。清王应奎《柳南续笔》卷三引钱圆照语:"诗文之作,未有不以学始之,以悟终之者,而于诗尤验。"妙悟须有才气,亦即天赋,也可称天才。罗马的贺拉斯曾说:"有人问,写一首好诗,是靠天才呢,还是靠艺术?我的看法是:苦学而没有天才,有天才而没有训练,都归无用。"(《诗艺》)此说法与北齐颜之推《颜氏家训》卷四所云如出一辙:"但成学士,自足为人,必乏天才,勿强操笔。"

文艺理论家如是说,观照创作实践者的切实体验则更为直接。宋人戴复古《论诗十绝》其八有云:"诗本无形在窈冥,网罗天地运吟情。有时忽得惊人句,费尽心机做不成。"清张问陶《论诗十二绝句》有云:"凭空何处造情文,还仗灵光助几分。奇句忽来魂魄动,真如天上落将军。"如此描摹灵感的突然性,非个中人不能道其万一。灵感来去的难以捉摸,清人赵翼也深有体会:"少时学语苦难圆,只道工夫半未全。到老始知非力取,三分人事七分天。"(《论诗五首》其四)其中"七分天"说的就是云来雾去的灵感体验。

吟诗须有灵感,涉及"我寻诗"与"诗寻我"的问题。清吴雷发《说诗菅蒯》:"有意作诗,不若诗来寻我。"清江弢叔有一首专谈"诗寻我"的论诗诗:"我要寻诗定是痴,诗来寻我却推辞。今朝又被诗寻着,满眼溪山独去时。"所谓"我寻诗"就是在没有获取灵感状态下的苦吟,唐贾岛《题诗后》:"二句三年得,一吟双泪流。"就属于苦吟一派,如此作诗,搜索枯肠也难尽如人意。宋代女词人李清照的丈夫就有类似的体会:"赵明诚在建康日,其妻李易安每值天大雪,必戴笠披蓑,循城远览,以寻诗为事。得句必邀其夫赓和,明诚每苦之。"(《宋稗类钞》卷五)所谓"诗寻我"则带有偶发性,不期然而然,难以人为控制。宋杨万里《冬至前三日》诗："酒不逢人还易醉，诗如得句偶然来。"为了创造这种来之不易的机会以获取灵感，杨万里《下横山滩头望金华山四首》其二："山思江情不负伊，雨姿晴态总成奇。闭门觅句非诗法，只是征行自有诗。"本为无意中的妙手偶得，偏偏要有意为之，与"寻诗"就相差无几了。

清潘永因《宋稗类钞》卷五记述宋人杨朴有云："常骑驴往来郑圃。每欲作诗，即伏草中冥搜。或得之，则跃出，适遇之者无不惊。"灵感袭来也青睐于有准备者，清金圣叹《读第六才子书西厢记法》有云："文章最妙的是此一刻被灵眼觑见，便于此刻放灵手捉住。盖于略前一刻亦不见，略后一刻，便亦不见，恰恰不知何故，却于此一刻忽然觑见。若不捉住，便更寻不出。"这种创作状态的确异常微妙。比金圣叹时代略后的张实居对于创作灵感的突如其来也有类似的认识："当其触物兴怀，情来神会，机栝跃如，如兔起鹘落，稍纵则逝矣，有先一刻后一刻不能之妙。"（《清诗话·师友传习录》）这与宋人陈与义《题酒务壁》所云"佳句忽堕前，追摹已难真"的体验正同。

关于灵感的类似体验在西人笔下也屡见不鲜。尼采说："心所思索，忽如电光霍闪，登时照彻，无复遁形，不可游移。"席勒则说："作诗灵感，每非由于已得题材，新意勃生；乃是情怀怦然有动，无端莫状，而郁怒喷勃，遂觅取题材，以资陶写。"（以上转引自钱锺书《谈艺录》第607页）。

灵感之来既然难以人为掌控，诗人就须于有所期待中时刻准备捕捉那灵光一闪的机遇。南朝梁刘勰《文心雕龙·养气》有云："意得则舒怀以命笔，理伏则投笔以卷怀。"宋人杨万里曾沾沾自喜地说："好诗排闼来寻我，一字何曾拈白须。"（《船过灵州》）这无疑是针对唐人卢延让"吟安一个字，拈断数茎须"（《苦吟》）的创作经验而言。然而守株待兔式地等灵感的光顾，毕竟不是积极的创作态度，于是古人一方面要"作诗火急追亡逋"（宋苏轼《腊日游孤山》），一方面主动寻求激发灵感的时机或事物，明谢榛《诗家直说》卷二有云："诗有天机，待时而发，触物而成，虽幽寻苦索，不易得也。"所谓"待时而发，触物而成"，就是一种积极的等待。

灵感是机缘的宠儿，却从不叩响懒汉的大门！

文学与梅花

"前村深雪里，昨夜一枝开"（唐齐己《早梅》），傲霜斗雪的梅花，千百年来奔竞于文人笔底，已然拟人化，成为某种伟大品格的象征。梅花不像"唯有牡丹真国色，花开时节动京城"（唐刘禹锡《赏牡丹》）的花王那样富贵逼人，也不像"无情有恨何人见，月晓风清欲堕时"（唐陆龟蒙《白莲》）的白莲花那样娇羞迷人。梅花不慕荣利，孤高芳洁，"正是人间巢许辈，人间富贵不关渠"（宋陆游《梅花》）。

古人咏梅之作指不胜屈，属于习见的题材。有人将梅花与雪相比："梅雪争春未肯降，骚人阁笔费平章。梅须逊雪三分白，雪却输梅一段香。"（宋卢梅坡《梅花》）梅花与雪是一对难舍难分的好友，两者相映生辉："踏雪不辞来野外，爱梅须遍走林间。"（宋吴芾《远老惠雪中观梅诗次韵以谢》）宋王安石《梅花》诗则专意于梅花的嗅觉反应："遥知不是雪，为有暗香来。"梅花的香气弥漫，形体纵然消失，其香也难以消散："无意苦争春，一任群芳妒。零落成泥碾作尘，只有香如故。"（宋陆游《卜算子·咏梅》）江苏吴县境内的邓尉山梅花应节怒放，一片灿烂，满山盈谷，香气四溢，势若雪海，颇为壮观。清代江苏巡抚宋荦特意题"香雪海"三字摩崖，这里遂成中华大地上的一处著名景观。

古人或将梅花视为春天的象征，将梅花当作寄赠远方友人的珍贵礼物："折梅逢驿使，寄与陇头人。江南无所有，聊赠一枝春。"（晋陆凯《赠范蔚宗》）梅花作为报春花受到诗人的青睐。宋杨公远七律《次吴箬屿赠别》颈联："见梅须寄一枝信，对月还关两地愁。"出句即用陆凯诗意，含蓄隽永。

古人中甚至有人提倡以梅花为食品，大快朵颐。据元韦居安《梅磵诗话》卷上，宋人赵师秀有一次回答杜耒的问语说："但能饱吃梅花数斗，胸次玲珑，自能作诗。"如此饱餐梅花，就比"夕餐秋菊之落英"的前辈诗人屈原要洒脱得多了。杜耒是否听从了赵师秀的教诲，真的吃下去数斗梅花不得而知，但他也酷爱梅花却是事实，曾经兴致勃勃地吟道："寒夜客来茶当酒，竹炉汤沸火初红。寻常一样窗前月，才有梅花便不同。"（《寒夜》）宋刘翰《小宴》诗云："一曲歌云劝玉觞，归来斜月恰侵床。小窗细嚼梅花蕊，吐出新诗字字香。"细嚼梅花蕊就可令诗句生香，自然也是一种比喻，认不得真。《红楼梦》中性格有些怪癖的妙玉招待贾母一行人众，用"旧年蠲的雨水"烹茶，招待贾宝玉等三人，却用五年前收集的"梅花上的雪"烹茶，后者当强似前者许多，区别对待中也透露出妙玉的几许少女心事（见第四十一回）。

宋代右仆射兼门下侍郎、平章事、集贤殿大学士王曾，还是一介平民之际，就写有《早梅》七绝："雪压乔林冻欲摧，始知天意欲春回。雪中未问和羹事，且向百花头上开。"另据《尚书·说命下》："若作和羹，尔唯盐梅。"所谓"盐梅"，即盐和梅子。盐味咸，梅味酸，均为调味所需。古人用盐梅为主要调味品，方可制成美味的羹汤。《早梅》诗中"和羹事"就是怀有辅助君主综理国政的远大抱负。据说吕蒙正看到这首《早梅》诗后就曾预测王曾以后会考中状元并官居宰辅之位，以后果然一一应验（清厉鹗《宋诗纪事》引《历代吟谱》）。吕蒙正预测王曾人生一事，是否后人附会不得而知，但《早梅》诗写得的确很有气魄。

宋人林逋有《山园小梅》七律二首，其二颔联"疏影横斜水清浅，暗香浮动月黄昏"最为有名。林逋隐居杭州西湖孤山，无妻无子，以种梅养鹤自娱，有"梅妻鹤子"的称誉。他另有《梅花》七律二首，其二颔联"雪后园林才半树，水边篱落忽横枝"，吟咏梅花也很传神。欧阳修喜爱"疏影""暗香"一联，黄庭坚则赞誉"雪后""水边"一联（见

《诗话总龟》）可见欣赏古人诗词，人们也各有所好，不能执一而论。

清代诗人张问陶的妻子林佩环，对丈夫一往情深，表示爱情即以梅花为喻："修到人间才子妇，不辞清瘦似梅花。"这一诗境或许受到林逋行迹的启发，也可能兼用了宋遗民诗人谢枋得《武夷山中》诗意。谢诗云："十年无梦得还家，独立青峰野水涯。天地寂寥山雨歇，几生修得到梅花。"表现了诗人坚持民族气节的精神追求。

怀有匡时救世之心，以梅寓志的文学作品当推近代思想家龚自珍的《病梅馆记》了。这篇不足三百字的散文小品，以治疗被人为摧残之"病梅"为说，控诉了封建统治者压抑、扼杀人才的罪恶。人们一般认为"梅以曲为美，直则无姿；以欹为美，正则无景；以疏为美，密则无态。"作者则认为这是所谓"病梅"产生的原因，于是购得三百盆"病梅"："既泣之三日，乃誓疗之：纵之顺之，毁其盆，悉埋于地，解其棕缚；以五年为期，必复之全之。予本非文人画士，甘受诟厉，辟病梅之馆以贮之。"全篇立意清新，别有寄托，在有关梅花的文学作品中，无疑属于上乘之作。

梅花风姿独特，常与雪为伴，不畏严寒，这是她与文学结下不解之缘的原因。

古人与酒

酒在古人生活中占有极为重要的地位。杜康是传说中造酒的先驱者，东汉末曹操《短歌行》有云："何以解忧？唯有杜康。"《尚书·酒诰》"惟天降命，肇我民惟元祀"，唐孔颖达疏引汉应劭《世本》："杜康造酒。"据传杜康是夏朝时人。然而也有仪狄造酒之说，他是夏禹时代的人，似乎更早于杜康。《淮南子·泰族训》："仪狄为酒，禹饮而甘之，遂疏仪狄而绝旨酒，所以遏流湎之行也。"《战国策》卷二三《魏策二》记述更详："昔者，帝女令仪狄作酒而美，进之禹，禹饮而甘之，遂疏仪狄，绝旨酒，曰：'后世必有以酒亡其国者。'"古代希腊神话中的酒神狄俄倪索斯是最高天神宙斯之子，因其母塞墨勒受到天后赫拉的妒忌，从出生即饱受磨难。而希腊悲剧与喜剧的起源就与祭祀酒神狄俄倪索斯的仪式密切相关，可见这位被刻画为漂亮斯文美少年形象的神祇在西方文学中的重要性。

酒真的能够消愁解忧吗？唐李白曾说："抽刀断水水更流，举怀销愁愁更愁。"（《宣州谢朓楼饯别校书叔云》）否定了以酒浇愁的可能性。然而李白的酒量还是蛮大的，杜甫《饮中八仙歌》："李白一斗诗百篇，长安市上酒家眠。天子呼来不上船，自称臣是酒中仙。"这一"诗仙"的形象的确飘逸得可爱。饮酒能够触发作诗的灵感，宋代苏轼也深有同感，其《洞庭春色》诗有云："要当立名字，未可问升斗。应呼钓诗钩，亦号扫愁帚。"所谓"洞庭春色"，是以黄柑所酿的酒名，属于果酒一类；所谓"钓诗钩"，比喻奇特，当化用唐人唐彦谦《索虾》诗："既名钓诗钩，又作钩诗钩。"

晋代文人与酒的关系密切，留下许多饮酒的趣闻。张翰，字季鹰，放纵不拘，饮酒无度，有"江东步兵"的名号。有人劝他须顾及身后的名声，他却从容作答："使我有身后名，不如即时一杯酒！"（《世说新语·任诞》）三国魏后期与两晋朝纲混乱，文人为自保，大都喜清谈，言不及义；或为远祸而纵酒疏狂，魏晋之际阮籍与西晋张翰就是这样一类人。"籍本有济世志，属魏晋之际，天下多故，名士少有全者，籍由是不与世事，遂酣饮为常。文帝初欲为武帝求婚于籍，籍醉六十日，不得言而止。"（《晋书·阮籍传》）"张季鹰辟齐王东曹掾，在洛，见秋风起，因思吴中菰菜羹、鲈鱼脍，曰：'人生贵得适意尔，何能羁宦数千里以要名爵？'遂命驾便归。俄而齐王败，时人皆谓见机。"（《世说新语·识鉴》）这也是张翰很有名的一件事，古人诗文常引为典实。

两晋的名士标准，东晋大臣王恭认为："名士不必须奇才，但使常得无事，痛饮酒，熟读《离骚》，便可称名士。"（《世说新语·任诞》）能对人作"青白眼"的阮籍，听说步兵校尉官署"厨中有贮酒数百斛"，就求到那里当官。他的侄子阮咸饮酒有过之而无不及，同阮家众人一起用大瓮盛酒围坐相向大酌，甚至与群猪共饮。写过《酒德颂》的刘伶嗜酒如命，据《晋书·刘伶传》记述，这位饮酒达人："常乘鹿车，携一壶酒，使人荷锸而随之，谓曰：'死便埋我。'"然而更为滑稽的是南朝宋刘义庆《世说新语·任诞》所述如下一段刘伶的趣闻：

> 刘伶病酒，渴甚，从妇求酒。妇捐酒毁器，涕泣谏曰："君饮太过，非摄生之道，必宜断之！"伶曰："甚善。我不能自禁，唯当祝鬼神自誓断之耳！便可具酒肉。"妇曰："敬闻命。"供酒肉于神前，请伶祝誓。伶跪而祝曰："天生刘伶，以酒为名，一饮一斛，五斗解酲。妇人之言，慎不可听！"便引酒进肉，隗然已醉矣。

晋陶渊明也是一位有酒瘾的文人，对菊饮酒自有一番雅趣。他曾写有《饮酒二十首》，前有小序云："余闲居寡欢，兼比夜已长，偶有名酒，无夕不饮。顾影独尽，忽焉复醉。既醉之后，辄题数句自娱，纸墨遂多。辞无诠次，聊命故人书之，以为欢笑尔。"其中第十四首云："故人赏我趣，挈壶相与至。班荆坐松下，数斟已复醉。父老杂乱言，觞酌失行次。不觉知有我，安知物为贵。悠悠迷所留，酒中有深味。"与乡间父老饮酒，在微醺中陶然忘我，要比刘伶的酗酒高雅得多了。

古人所饮酒属于以粮食为原料的酿造酒，类似于今天的江米醪糟，酒精含量不高；蒸馏酒一类的烈性酒是元代以后发展起来的，但能够达到今天"二锅头"那样六十度以上的乙醇含量，也还需要一个历时的过程。战国时代的齐国政治家淳于髡曾对齐威王说："臣饮一斗亦醉，一石亦醉。"其原因是："赐酒大王之前，执法在傍，御史在后，髡恐惧俯伏而饮，不过一斗径醉矣。""若乃州闾之会，男女杂坐，行酒稽留，六博投壶，相引为曹，握手无罚，目眙不禁，前有堕珥，后有遗簪，髡窃乐此，饮可八斗而醉二参。日暮酒阑，合尊促坐，男女同席，履舄交错，杯盘狼藉，堂上烛灭，主人留髡而送客，罗襦襟解，微闻芗泽，当此之时，髡心最欢，能饮一石。"（《史记·滑稽列传》）淳于髡所饮酒即酿造而成者，若是烈性蒸馏酒，斗酒就有可能酒精中毒，哪里还能饮一石酒？淳于髡的一番话通过对饮酒与饮用环境关系的剖析，意在说明"酒极则乱，乐极则悲；万事尽然，言不可极，极之而衰"的道理，属于讽谏，是一种智慧。

历史上纯粹因嗜酒而亡国的君主，史不见载，但因酒误事者却有不少。商纣王的酒池肉林自不必言，三国时曹植因饮酒而耽误了驰援曹仁的受命，为其父曹操所怒，失去了继承人的可能性。事见陈寿《三国志·曹植传》，裴松之注引《魏晋春秋》云："植将行，太子饮焉，偪而醉之。王召植，植不能受王命，故王怒也。"凸显了其兄曹丕的阴险。造酒需要大量的粮食，曹操为此曾发布禁酒令。当时尚书郎徐邈一时没有遵守，差一点死于非命，其后竟然免于刑罚，却留下了"酒清者为圣人，浊者为贤人"的佳话（《三国志·徐邈传》）。酒分清浊，与古人用酿制法造酒有关。用糯米、黄米等粮食酿制的酒，皆较混浊。经过过滤的酿造酒为清酒，未经过滤的酿造酒即称浊酒。晋代桓温的主簿常以"青州从事""平原都邮"的官名区分酒的美与恶。《世说新语·术解》："桓公有主簿善别酒，有酒辄令先尝。好者谓'青州从事'，恶者谓'平原督邮'。青州有齐郡，平原有鬲县，从事，言到脐；督邮，言在鬲（膈）上住。"意谓好酒的酒气可直到脐部。这个弯子转得实在太大了，如同破谜。

文学作品中描写因酒误事者很多，《三国志通俗演义》第八十一回虚构张飞醉酒后被受辱的部将杀害，这显然增饰了《三国志》的记述。《醒世恒言·蔡瑞虹忍辱报仇》书写蔡武因好酒贪杯，终致家破人亡，大有警诫世人的用心。但喜饮酒有时也能起到正面的作用。刘邦年轻时"好酒及色"，本是游手好闲之徒。在抗秦斗争中，郦食其欲投奔刘邦，就打扮成读书人的模样求见，遭到刘邦拒绝。于是郦食其瞪眼按剑大呼"吾高阳酒徒也",终于得到刘邦的接见。

古人"今朝有酒今朝醉"的生活态度并不足取,将"酒、色、财、气"四事并称,也似乎将酒的位置摆得太高了。在古代文学作品中,常可寻觅到酒的踪影,这很值得研究。

魏晋文人与寒食散

魏晋文人喜清谈,这是一种崇尚老庄并空谈玄理的风气,故又称玄谈,其谈论重心集中在有无、本末之辨。这种清谈风气始于三国魏何晏、夏侯玄、王弼等,传至晋王衍等人更为兴盛,延及齐梁而不衰。清谈而外,喜服食寒食散又是魏晋文人的另一大癖好。何晏就是这两种癖好兼而有之的一位名士。

他的"清谈"水平,据《三国志·傅嘏传》裴松之注引《傅子》云:"何晏以材辩显于贵戚之间。"又说:"何平叔言远而情近,好辩而无诚,所谓利口覆邦国之人也。"大约算是德行底线很低的能言善辩之徒,他与大将军曹爽狼狈为奸,高平陵政变后,最终为司马氏集团诛杀。至于服散,何晏即使不是始作俑者,也应当算是身体力行的推广者。

寒食散又名五石散,据余嘉锡《寒食散考》,其成分以紫石英、白石英、赤石脂、钟乳石、硫黄等五种矿石为主。南朝宋刘义庆《世说新语·言语》记述何晏自谓云:"服五石散,非唯治病,亦觉神明开朗。"南朝梁刘孝标注引秦丞相《寒食散论》云:"寒食散之方虽出汉代,而用之者寡,靡有传焉。魏尚书何晏首获神效,由是大行于世,服者相寻也。"自从何晏以后,服用五石散浸以成俗,乃至朝野若狂,竞相效尤,绵延数百年不绝,这在中国历史上也是一个奇特的怪现象。

服散对于世人何以有如此大的吸引力?晋皇甫谧《寒食散论》说:"近世尚书何晏,耽好声色,始服此药,心加开朗,体力转强。京师翕然,传以相授,历岁之困,皆不终朝而愈。众人喜于近利者,不睹后患。

晏死之后，服者弥繁，于时不辍。"显然，服散似乎能够助力于房事，为众名士纵欲大开方便之门，属于"房中术"的一种。此外服散还能令男子容貌艳丽，以取悦于妇人。何晏（？~249），字平叔。据《世说新语·容止》记述："何平叔美姿仪，面至白。魏明帝疑其傅粉，正夏月，与热汤饼。既啖，大汗出，以朱衣自拭，色转皎然。"从此历史留下了"傅粉何郎"的美名。据说，服散还可以治疗男子的"五劳七伤"之症，这或许大有虚头，认不得真。余嘉锡《寒食散考》又云："夫因病服药，人之常情，士安谓之耽情声色，何也？盖晏非有他病，正坐酒色过度耳。故晏所服之五石更生散，医家以治五劳七伤。劳伤之病，虽不尽关于酒色，而酒色可以致劳伤。观张仲景所举七伤中有房室伤，可以见矣。晏虽自觉神明开朗，然药性酷热，服者辄发背解体，虽亦幸而仅免耳。"

将成分复杂的多种矿物质混合吃到胃中，那滋味之不爽是可想而知的。其实服散有一个相当痛苦的过程，稍有不慎还可能一命呜呼。寒食散药性热燥，服食者每天须不分昼夜地冷饮、冷食达六七次之多，才可令药力得到发散；另外还要多饮热酒，以抗衡冷饮。魏晋人豪饮成风，可能就与服散有关。《南史·徐嗣伯传》："直阁将军房伯玉服五石散十许剂，无益，更患冷，夏日常复衣。嗣伯为诊之，曰：'卿伏热，应须以水发之，非冬月不可。'至十一月，冰雪大盛，令二人夹捉伯玉，解衣坐石，取冷水从头浇之，尽二十斛。伯玉口噤气绝，家人啼哭请止。嗣伯遣人执杖防阁，敢有谏者挝之。又尽水百斛，伯玉始能动，而见背上彭彭有气。俄而起坐，曰：'热不可忍，乞冷饮。'嗣伯以水与之，一饮一升，病都差。自尔恒发热，冬月犹单裈衫，体更肥壮。"可见服散的痛苦难以名状，这又何苦来哉！

隋巢元方《诸病源候论》卷六引皇甫谧语云："服药之后，宜烦劳。若羸著床不能行者，扶起行之。常当寒衣、寒饮、寒食、寒卧，极寒益善。"这叫"行散"，或曰"行药"，服散者也丝毫不能掉以轻心，否则也会有性命之虞。南朝宋鲍照《行药至城东桥一首》："迅风首旦发，平路塞飞尘。"可见行散的行进速度很快，绝无寻常散步般悠闲自得。《世说新语·文学》记述东晋王恭（字孝伯）行散云：

> 王孝伯在京，行散至其弟王睹户前，问："古诗中何句为最？"睹思未答。孝伯咏"'所遇无故物，焉得不速老？'此句为佳。"

在与死亡抗争的过程中，王恭仍不忘文学事业，倒也脱俗。清代写过《儒林外史》的吴敬梓，在南京为避冬寒，常邀请三五友朋沿秦淮河畔边走边啸，美其名曰"暖足"，这当然不能与古人的"行散"同日而语。

在魏晋乃至南北朝时期，服散在上层社会较为普遍，如著名的大书法家王羲之父子也有此好。《晋书·王羲之传》："与道士许迈共修服食，采药石不远千里，遍游东中诸郡，穷诸名山，泛沧海，叹曰：'我卒当以乐死。'"颓风所及，方外也难免俗，著名的和尚慧远竟然也服散。寒食散的价格高，远非常人所能"享用"，尽管服散令许多人枉送了性命，但以之冒充富贵也颇有市场。《太平广记》卷二四七引《启颜录·魏市人》：

> 后魏孝文帝时，诸王及贵臣多服石药，皆称石发，乃有热者，非富贵者，亦云服石发热，时人多嫌其诈作富贵体。有一人，于市门前卧，婉转称热，因众人竞看。同伴怪之，报曰："我石发。"同伴人曰："君何时服石？今得石发。"曰："我昨在市得米，米中有石，食之乃今发。"众人大笑。自后少有人称患石发者。

事虽不大，却可见一时风气。

这一类不惜冒生命危险、花钱买罪受的服散行为，至隋唐时代已逐渐减少，然而白居易曾有《思旧》诗云："退之服硫黄，一病讫不痊。微之炼秋石，未老身溘然。"似乎韩愈也有服散的癖好。韩愈曾作《故太学博士李君墓志铭》云："余不知服食说自何世起，杀人不可计，而世慕尚之益至，此其惑也！"看来这位唐代大文学家还是清醒的。

　　据说，国外至今仍有人服用致幻剂以寻求文学创作的灵感，也是一种莫名其妙的自戕行为，不足为训！

景阳井与马嵬坡

　　景阳井，一般指胭脂井，其故址在今南京市玄武区玄武湖南侧、鸡鸣寺内。以曾为南朝陈景阳殿之井，故名景阳井，又名辱井。南朝陈祯明三年（589），隋将韩擒虎率军南下过江，攻占台城，陈后主叔宝闻兵至，与其宠妃张丽华、孔贵嫔三人共匿于此井之中。至夜，为隋兵所执，张丽华被斩杀，后人因称此井为辱井。

　　马嵬坡在马嵬驿，故址在今陕西兴平市以西，唐玄宗天宝十四载（755）十一月，安禄山以诛杀奸相杨国忠为名范阳起兵，反叛唐朝，第二年六月攻占潼关，长安危在旦夕。唐玄宗李隆基仓皇奔蜀，经过马嵬驿时，军队哗变杀死杨国忠，并请求处死其堂妹杨贵妃，以绝后患。唐玄宗于无奈中赐爱妃自缢，葬于马嵬坡，平息了这次已危及君主生命的兵变。

　　这两桩历史事件时距将近二百年，唐代诗人郑畋将两事加以比较后，得出后者忍情优于前者屈辱的结论："玄宗回马杨妃死，云雨虽亡日月新。终是圣明天子事，景阳宫井又何人。"（《马嵬坡》）《太平广记》卷一九九引《阙史》云："马嵬佛堂，杨妃缢所。迩后才士经过，赋咏以道其幽怨者，不可胜纪。皆以翠翘香钿，委于尘泥，红凄碧怨，令人伤悲。虽调苦词清，无逃此意也。丞相郑畋为凤翔从事日，题诗曰：'肃宗回马杨妃死，云雨虽亡日月新。终是圣朝天子事，景阳宫井又何人。'观者以为真辅国之句。"引诗首句"肃宗"与原诗"玄宗"不同，属于异文，这里不论。

　　对于景阳井与马嵬坡，历代文人每喜吟咏。陈后主陈叔宝曾自制《玉树后庭花》诗："丽宇芳林对高阁，新妆艳质本倾城。映户凝娇乍不进，出帷含态笑相迎。妖姬脸似花含露，玉树流光照后庭。"被识者认为是亡国之音。唐杜牧《泊秦淮》诗云："烟笼寒水月笼沙，夜泊秦淮近酒家。商女不知亡国恨，隔江犹唱《后庭花》。"具有地域性的讽刺意味。唐人张祜乐府《玉树后庭花》："轻车何草草，独唱《后庭花》。玉座谁为主，徒悲张丽华。"倾向于对亡国之后美人遭际的怜惜。

宋葛立方《韵语阳秋》卷五："陈后主起临春、结绮、望仙三阁，极其华丽。后主与张丽华、孔贵妃各居其一，与狎客赋诗，互相赠答，采其艳丽者被以新声，奢淫极矣。隋克台城，后主与张、孔坐视无计，遂俱入井，所谓胭脂井是也。杨炯诗云：'擒虎戈矛满六宫，春花无树不秋风。苍黄益见多情处，同穴甘心赴井中。'"调侃古人的意味甚浓。一千多年以后的清人袁枚《景阳井》一诗也饱含挖苦之意："华林秋老草莽莽，谁指遗宫认景阳？当日君王纵消渴，井中何处泛鸳鸯？"在历代众多有关景阳井的诗歌中，北宋人王元甫五律《景阳井》一诗的颔联最为精警："须知天下窄，不及井中宽。"其后南宋周密（1232～1298）五绝《胭脂井》："急奏留床下，君王醉未看。应嫌江表窄，不及井中宽。"当是袭用王元甫诗意。书写南朝陈的覆亡，则以唐杜牧《台城曲》二首其一"门外韩擒虎，楼头张丽华"十字最为简明扼要。

有关马嵬坡事件的诗歌，当然以唐白居易的《长恨歌》最为脍炙人口，然而其诗主旨何在？至今仍有学者在争论。如何看待这一事件，有时诗人自身也陷入深深的矛盾之中。中唐诗人李益《过马嵬二首》其一："世人莫重霓裳曲，曾致干戈是此中。"他的另一首《过马嵬》则云："汉将如云不直言，寇来翻罪绮罗恩。托君休洗莲花血，留记千年妾泪痕。"同一个诗人，前后看法竟然如此不同。"如何四纪为天子，不及卢家有莫愁"（《马嵬二首》其二），唐李商隐是从唐玄宗的角度思考问题；"到底君王负旧盟，江山情重美人轻"（《再题马嵬驿》），清袁枚则从杨贵妃的角度责怪唐玄宗的负情。但袁枚有时也会站在百姓的立场上说话，其七绝《马嵬》云："莫唱当年长恨歌，人间亦自有银河。石壕村里夫妻别，泪比长生殿上多。"金代诗人高有邻也有一首七绝《马嵬》云："事去君王不奈何，荒坟三尺马嵬坡。归来枉为香囊泣，不道生灵泪更多。"比较两首同题诗作，袁枚的吟唱或有意化用高有邻诗句而来。

无论吟咏景阳井，还是凭吊马嵬坡，古人常以"女人祸水"论解释天下兴亡的原因。唐元稹在其传奇名作《莺莺传》中曾发"宏论"说："昔殷之辛，周之幽，据百万之国，其势甚厚。然而一女子败之，溃其众，屠其身，至今为天下僇笑。"在以男性为中心的封建时代，将亡国的罪责推卸到弱女子的身上，更显示出统治者的无能与可笑。唐陆龟蒙《吴宫怀古》诗云："香径长洲尽棘丛，奢云艳雨只悲风。吴王事事须亡国，未必西施胜六宫。"这是对所谓"西施沼吴"说的否定；清袁枚《张丽华》一诗立论更加清醒："结绮楼边花怨春，清溪栅上月伤神。可怜褒姐逢君子，都是《周南》传里人。"

《诗经·周南·关雎》："关关雎鸠，在河之洲。窈窕淑女，君子好逑。"袁枚诗后二句即用《诗经》之典，指出亡国责任本不应由女子负责的道理。鲁迅《且介亭杂文·阿金》有一段发人深省的话："我一向不相信昭君出塞会安汉，木兰从军就可以保隋；也不信妲己亡殷，西施沼吴，杨妃乱唐的那些古老话。我以为在男权社会里，女人是绝不会有这种大力量的，兴亡的责任，都应该男的负。但向来的男性的作者，大抵将败亡的大罪，推在女性身上，这真是一钱不值的没有出息的男人。"

咏史诗不能解释历史，但若能翻出新意，也极其耐人寻味。

有意与无心

"着意种花花不活，无心插柳柳成荫"，元杂剧中早露端倪，比喻专心做某事不成功，无意中却能大获全胜。因其道理直观，故而常为人们所喜引用。生活中类似的现象并不罕见。

宋人蔡君谟的胡须很美、很长，有"美髯须"的绰号。有一天宋仁宗偶然问他："你的胡须这样好，夜间睡觉是放在被子里面呢，还是置之于外？"蔡君谟一时回答不出，回家就寝时，想起了皇帝的问话，将胡须放在被子的内或外，都觉得很不自在，结果一夜失眠（事见宋蔡绦《铁围山丛谈》卷三）。无心间发生的事情，一旦有意为之，反而手足无措，乱了方寸。

《庄子·天地》："黄帝游乎赤水之北，登乎崑仑之丘而南望，还归，遗其玄珠。使知索之而不得，使离朱索之而不得，使喫诟索之而不得也。乃使象罔，象罔得之。"所谓"玄珠"，道家用来比喻道的实体或教义的真谛；所谓"象罔"，本是《庄子》中的寓言人物名，乃"无心"或"无形迹"之谓。"道"于"无心"中方能得到，体现了庄子具有辩证思维的相对主义认识论。宋张咏《遣兴勉友人》："人生三万六千日，二万日中愁苦身。惟有无心消遣得，有心到了是痴人。"将"无心"作为一种人生境界，也是拜老庄哲学之所赐。

其实文学创作又何尝不是如此呢？南朝梁刘勰《文心雕龙·明诗》："人禀七情，应物斯感，感物吟志，莫非自然。"所谓"自然"，即天然的，非人为的，与"无心"的取义略同。在文学创作中，有意与无心常与灵感问题交融在一起。唐贯休《诗》："几处觅不得，有时还自来。"有意作诗，未必能得佳句，无心中或许偶获灵感，从而意绪纷呈，诗兴大发。宋杨万里《船过灵洲》诗："江山惨淡真如画，烟雨空濛自一奇。病酒春眠不知晓，开门拾得一篇诗。"作诗灵感突然袭来，恰如象罔猝遇玄珠，无心得之，天机忽现，非苦思冥想可以获取。

文贵自然，在文学创作中刻意求工与顺其自然、水到渠成，两种方法也体现着有意与无心的不同。唐李白主张："清水出芙蓉，天然去雕饰。"（《经乱离后天恩流夜郎忆旧游书怀赠江夏韦太守良宰》）宋苏轼论文有云："大略如行云流水，初无定质，但常行于所当行，常止于不可不止，文理自然，姿态横生。"（《与谢民师推官书》）正因为有这样的理论指导，才会有其风生水起的文学创作。苏轼将写文章视为人世间乐事，他曾对别人说："某平生无快意事，惟作文章，意之所到，则笔力曲折，无不尽意。自谓世间乐事无逾此者。"（宋何薳《春渚纪闻》卷六）所谓"无心"，并非无所事事或无心为文的意思，而是崇尚自然，丢弃拘泥于形式、矫揉造作的刻意为文的陋习，不拘格套地畅所欲言。苏轼在《论文》中夫子自道般地说："吾文如万斛泉源，不择地皆可出，在平地滔滔汩汩，虽一日千里无难。及其与山石曲折，随物赋形，而不可知也。所可知者，常行于所当行，常止于不可不止，如是而已矣。其他虽吾亦不能知也。"臻此境界，可谓得文章三昧。

明代性灵文学家袁宏道称誉其三弟袁中道诗创作云："大都独抒性灵，不拘格套，非从自己胸臆流出，不肯下笔。有时情与境会，顷刻千言，如水东注，令人夺魄。其间有佳处，亦有疵处，佳处自不必言，即疵处亦多本色独造语。"（《叙小修诗》）如此吟诗与苏轼《论文》中语如出一辙，反映出"无心"之美！

当然欲达到苏轼为文这样炉火纯青、出神入化的艺术境界绝非易事，这又体现了有意与无心的辩证关系。只有平时"有意"地刻苦学习，积极训练，才能在情与境两相适合时，心中妙思泉涌，于"无意"之中获得灵感。有论者以"气"论文，也可为一说。宋彭乘《墨客挥犀》卷八："李格非善论文章，尝曰：'诸葛孔明《出师表》；李令伯《陈情表》；陶渊明《归来引》，皆沛然如肝肺中流出，殊不见有斧凿痕。是数君子在后汉之末、两晋之间，初未尝以文章名世，而其词意超迈如此。吾是以知文章以气为主；气以诚为主。'"

古今一切优秀文学作品的根基在于生活，仅凭闭门造车是难以合辙的。宋陆游《题庐陵萧彦毓秀才诗卷后二首》其二："法不孤生自古同，痴人乃欲镂虚空。君诗妙处吾能识，正在山程水驿中。"有生活才能有真感受，自能避免无病呻吟。

"有意"容易，"无心"难！

久别与重逢

"聚散苦匆匆，此恨无穷"（《浪淘沙》），宋人欧阳修之所"恨"，到了《红楼梦》中的林黛玉那里又生发出新的解释："人有聚就有散，聚时欢喜，到散时岂不清冷？既清冷则伤感，所以不如倒是不聚的好。比如那花开时令人爱慕，谢时则增惆怅，所以倒是不开的好。"（《红楼梦》第三十一回）

人类情感复杂细腻，古人在文学作品中对此发微抉隐，有许多警句受到后世的传扬。宋秦观《鹊桥仙》一词向来脍炙人口，其中有"金风玉露一相逢，便胜却、人间无数"，"两情若是久长时，又岂在、朝朝暮暮"两句。这些词句分处于上下阕，读来隽永有味，馀韵无穷，原因就在于文学性书写暂时平衡了久别与重逢两者的心理落差，向读者展开了融入自身经验的广阔天地。清人许缵曾也有《鹊桥仙》一词，其中"算来若不隔银河，怎见得相逢更好"两句，有意对秦观的词境加以开拓，给久别与重逢这一对矛盾事象涂上一层辩证的色彩。清人张云璈《相见词》有云："但得长相思，便是长相忆。"大有今天"相见不如思念"的情感寄语那般达观，并非是"葡萄酸"的婉转表达。

钱锺书的小说《围城》中，方鸿渐与孙柔嘉在旅途中有一段对话，论及"生离死别比百年团聚好"的题目，虽不无调侃意味，但却涉及基于表象记忆的心理学问题，同上述所举例句的内蕴有所不同。人的表象记忆具有相对的稳定性，因而小说中的方鸿渐就说："不见了好久的朋友，在我们心目里，还是当年的丰采，尽管我们自己已经老了。"宋苏轼在密州（今山东诸城）思念已经去世十年的妻子王弗，写有《江城子》一词，词中"尘满面，鬓如霜"两句是作者现实中自我形象的写照，而"小轩窗，正梳妆"两句，却仍是妻子十年以前的倩影，于是就生发出"纵使相逢应不识"的喟叹与惆怅。这一渲染无疑更增加了全词感伤悲哀的气氛。

"乍见翻疑梦，相悲各问年"（唐司空曙《云阳馆与韩绅宿别》），也书写了岁月无情地变化了记忆中朋友的形象，这与唐李益《喜见外弟又言别》中"问姓惊初见，称名忆旧容"两句取义略同，都是久别后重逢的情景再现，写实性极强。

"今宵剩把银缸照，犹恐相逢是梦中。"（宋晏几道《鹧鸪天》）"银缸"，即银灯。两句诉说词人与其心仪的一位歌女久别，只能在梦中重逢，然而等到真正相逢时，却又觉得恍如梦境一般了。两句化用唐杜甫《羌村三首》其一"夜阑更秉烛，相对如梦寐"句意，心理刻画极其传神。宋陆游《老学庵笔记》卷六云："杜诗'夜阑更秉烛'，意谓夜已深矣，宜睡，而复秉烛，以见久客喜归之意。"这一评论似嫌简率，没有将久别后重逢的细腻情感解释透彻。时刻盼望好梦成真属于人类的普遍感情，然而愿景一旦实现，却又往往怀疑是人生梦境的浮现，不敢轻易相信为真。人们见鲜花异常艳美，常会说，这花同假的一样；遇到令人欣喜异常的事情，却又会发出"这真同做梦一样"的感慨。

有意运用表象记忆的效果，以达到某种明确的目的，古人中首推汉武帝的李夫人。这位美人坚决不让汉武帝窥见她病危时的憔悴面容，意在将往日姣好的容颜形象长留于武帝心目中。其理论根据是："所以不欲见帝者，乃欲以深托兄弟也。我以容貌之好，得从微贱爱幸于上。夫以色事人者，色衰而爱弛，爱弛则恩绝。上所以孪孪顾念我者，乃以平生容貌也。今见我毁坏，颜色非故，必畏恶吐弃我，意尚肯复追思闵录其兄弟哉！"（《汉书·外戚传》）李夫人临终坚持不见汉武帝，终于得到好报，汉武帝除了请方士少翁特意为他表演有关李夫人的"幻灯"类的"法术"外，还写下了"是邪，非邪？立而望之，偏何姗姗其来迟！"的乐府，另又作一赋以示怀念。至于李夫人的家属，不用说也都得到了预期的照顾。表象记忆的魅力竟如此之大！"记得绿罗裙，处处怜芳草"（五代牛希济《生查子》词），一位多情女子如此叮嘱情人，也是意在将自己穿绿色罗裙的形象定格于男方的心中，永志不忘。

清蒲松龄《聊斋志异·恒娘》一篇，其小说主旨似不在宣扬所谓"易妻为妾"之法的妙用，而是涉及人类心理学中表象记忆的流转变迁，并由此衍生出距离产生美、审美疲劳等一系列问题，有极高的认识价值。人类情感有其复杂的一面，喜新厌旧、重难轻易，追求新鲜的刺激，古往今来，并不罕见。清纳兰性德《木兰花》词有云："人生若只如初见，何事秋风悲画扇。等闲变却故人心，却道故心人易变。"以汉成帝妃班婕妤"秋扇见捐"的悲叹道出人类情感中较有普遍意义的一隅，与"久别与重逢"的话题也有牵连，耐人寻味。

作为文学中一大主题，人间的悲欢离合自有其说不尽的情趣。

诗词与月

由于月地距离与日地距离的比例关系，从地球上观察月亮，其大小与太阳相差无几，这使月全食与日全食的发生成为可能。月球自转与绕地公转同步，这致令月亮总以其一面面对地球。曾有一段时间，部分科学家认为月亮为中空的金属球体，且非自然形成，而是由远古天外智慧生命建造的地球卫士。月球之谜太多，现代天文学也难以廓清，古人将之神秘化也在情理之中。

从文学角度考察，月亮在古人心目中的地位远比现代高得多。物质文明的相对落后，增加了古人接触大自然的机会，月亮作为夜晚最为明显且月相每天皆发生变化的天体，引人注目；科学认知水平的限制，更能激发古人丰富瑰丽的想象力。想象正是文学的生命，月亮一直是文人雅士灵感的来源与歌咏的对象。

《红楼梦》第四十八与四十九回书写香菱向林黛玉学习作诗，就是以月为题吟起，一连写了三首。第一首首联："月挂中天夜色寒，清光皎皎影团团。"第二首首联："非银非水映窗寒，拭看晴空护玉盘。"第三首首联："精华欲掩料应难，影自娟娟魄自寒。"仅从首联而论，一首强似一首，刻画天真少女香菱学诗的执着性格外，也体现了作者曹雪芹的诗学观。

月面上的阴影，现代人已知那是月球表面大小环形山的投影，古人则想象成月中生长的一棵桂树，还有一位仙人吴刚在不断砍伐这棵树。唐段成式《酉阳杂俎·天咫》："旧言月中有桂，有蟾蜍，故异书言，月桂高五百丈，下有一人常斫之，树创随合。人姓吴名刚，西河人，学仙有过，谪令伐树。"唐杜甫《一百五日夜对月》："斫却月中桂，清光应更多。"设想奇特，而在人类足迹半个世纪前即已踏上月球的今天，这种奇思妙想就难以产生了。

在古人心目中，月球与太阳、星球等天体都是永恒的，可以佐证历史。"秦时明月汉时关，万里长征人未还"（唐王昌龄《出塞》），正是明月见证了边关内外战乱的绵延不断；"人生代代无穷已，江月年年只相似"（唐张若虚《春江花月夜》），又是江月见证了在历史长河中人生的短暂。"今人不见古时月，今月曾经照古人"（唐李白《把酒问月》），故作达观下隐藏着几许无奈。

在时间维度，月既是永存的；在空间维度，月又是无处不在的。唐李白之所以"举头望明月，低头思故乡"（《静夜思》），就是因为有"海上生明月，天涯共此时"（张九龄《望月怀远》）的心理依据。唐白居易七律《自河南经乱关内阻饥兄弟离散各在一处因望月有感聊书所怀寄上浮梁大兄于潜七兄乌江十五兄兼示符离及下邽弟妹》尾联："共看明月应垂泪，一夜乡心五处同。"诗人于乱中怀念分居五地的兄妹，就是以月为触媒而引来乡愁无限。"今夜鄜州月，闺中只独看。遥怜小儿女，未解忆长安。"（《月夜》）唐代大诗人杜甫在动乱中的愁怀也因月而起。宋苏轼所期盼于人世的无非是"但愿人长久，千里共婵娟"（《水调歌头》），只要人在，希望就在。

在古人的笔下，客观存在的月也常染有诗人的主观色彩，"天下三分明月夜，二分无赖是扬州"（唐徐凝《忆扬州》），所谓"无赖"，即似憎而实爱，饱含亲昵之意。因诗人感情有所寄托，于是令月也失去了对天下各地一视同仁的公平。"月有阴晴圆缺，此事古难全"（苏轼《水调歌头》），月相的变化往往令古人的情绪也随之起伏不定。"缺月挂疏桐，漏断人初静"（苏轼《卜算子》），一望可知，词中所渲染的正是一种凄清的情境；"暗尘随马去，明月逐人来"（唐苏味道《正月十五夜》），圆月一轮仿佛也在为节日中欢乐的人们助兴。

李白说："清风朗月不用一钱买，玉山自倒非人推。"（《襄阳歌》）苏轼也说："惟江上之清风，与山间之明月，耳得之而为声，目遇之而成色，取之无禁，用之不竭，是造物者之无尽藏也。"（《前赤壁赋》）在融身于自然中，聪明的古人可以寻觅到自己的寄托，明月不可或缺。"今夜月明人尽望，不知秋思在谁家"（唐王建《十五夜望月寄杜郎中》），明月也是勾起诗人无限诗思的媒介。

据宋阮阅《诗话总龟前集》卷一一《苦吟门》记述："李昇受禅之初，忽半夜寺僧撞钟，满城皆惊，召将斩之。对曰：'夜来偶得《月诗》。'乃曰：'徐徐东海出，渐渐上天衢。此夕一轮满，清光何处无！'喜而释之。"这位南唐无名僧人的杀身之祸因一首《月诗》而令悲剧化为喜剧，也算是古人咏月诗中的一件雅事。

据宋陈师道《后山诗话》记述：

> 王师围金陵，唐使徐铉来朝。铉伐其能，欲以口舌解围，谓太祖不文，盛称其主博学多艺，有圣人之能。使诵其诗。曰，《秋月》之篇，天下传诵之，其句云云。太祖大笑曰："寒士语尔，我不道也！"铉内不服，谓大言无实，可穷也。遂以请。殿上惊惧相目。太祖曰："吾微时自秦中归，道华山下，醉卧田间，觉而月出，有句曰：'未离海底千山黑，才到天中万国明。'"铉大惊，殿上称寿。

天下传诵的南唐后主李煜"《秋月》之篇"，当是其《相见欢》词："无言独上西楼，月如钩。寂寞梧桐深院，锁清秋。 剪不断，理还乱，是离愁。别是一般滋味，在心头。"这首词的确难与宋太祖的咏月诗相提并论。然而同是一轮明月，到了南宋理宗赵昀的笔下就成为"并作南楼一夜凉"，元诗人刘因引为口实，写下七绝《宋理宗南楼风月横披》："物理兴衰不可常，每从气韵见文章。谁知万古中天月，只办南楼一夜凉。"作者自注有"理宗自题绝句其上"语。宋理宗的"并作南楼一夜凉"诗，《全宋诗》未收录，只著录北宋诗人黄庭坚《鄂州南楼书事四首》，其一云："四顾山光接水光，凭栏十里芰荷香。清风明月无人管，并作南楼一味凉。"或许是宋理宗转录黄庭坚诗于南楼风月横披之上，亦未可知。这里不讨论有关著作权归属的问题，但诗歌气韵每随国运而有变化，大约是不错的。

咏月诗，一个古今说不尽的话题！

诗词与数字

古人诗词中常有数字出现。"一去二三里，烟村四五家。亭台六七座，八九十枝花。"这首今人耳熟能详的五绝据说是北宋哲学家邵雍所作，诗题为《山村咏怀》，今人所编《全宋诗》未收。全诗二十字，将"一"至"十"十个数目字全囊括其中，把在山村触景生情的行进过程和盘托出，透露出拥抱自然的无限欣喜之情，极见巧思。

清赵翼《陔馀丛考》卷二四有《数目字入诗》一则，认为南朝宋鲍照《数名诗》开此类诗之先河："一身仕关西，家族满山东。二年从车驾，斋祭甘泉宫。三朝国庆毕，休沐还旧邦。四牡曜长路，轻盖若飞鸿。五侯相饯送，高会集新丰。六乐陈广坐，组帐扬春风。七盘起长袖，庭下列歌钟。八珍盈凋俎，绮肴纷错重。九族共瞻迟，宾友仰徽容。十载学无就，善宦一朝通。"将"一"至"十"的数目字隔句嵌入诗中，备见巧思。在宋代僧人所书偈颂中嵌入"一"至"十"十个数目字，也有其例，如释梵琮《偈颂九十三首》其四："一两三四五，六七八九十。坐断顶颠头，千圣望不及。"佛家弟子故弄玄虚，此偈颂并无文学性可言，可以不论。

据传，清初诗人王士禛幼时有七绝《题秋江独钓图》，巧将九个"一"字嵌入诗中，反映了秋江之上渔夫一种逍遥自在、我行我素的山水情怀："一蓑一笠一扁舟，一丈丝纶一寸钩。一曲高歌一樽酒，一人独钓一江秋。"这是一首题画诗，《王士禛全集》未收录，首见于 1935 年第 58 期《论语》所载无可《酉鞥陈谭》一文，当是近代人的伪作，因为文中又说王士禛入仕清廷，明代遗老就仿照其少作为诗以讽云："满洲纱帽满洲头，满面风光满面羞。满眼胡儿满眼泪，满腔心事满腔愁。"只是"纱帽"仍是明人的官帽，与"满洲"毫不相干，不免露出马脚；然而杜撰的诗也可略见才情，民间的文学高手大有人在！

唐人杜甫《绝句四首》其三："两个黄鹂鸣翠柳，一行白鹭上青天。窗含西岭千秋雪，门泊东吴万里船。"这首七绝四句分别嵌入"两""一""千""万"四个数目字，饶有情趣。

对于诗词中出现的数字，或为夸张手法的运用，读者千万不可认真。宋陈与义《伤春》诗："孤臣霜发三千丈，每岁烟花一万重。""一万重"姑不论，"霜发三千丈"显然是对唐李白"白发三千丈，缘愁似个长"（《秋浦歌》）的袭用，暗寓忧愁无边，皆为夸张的修辞。宋陆游《秋夜将晓出篱门迎凉有感二首》其二："三万里河东入海，五千仞岳上摩天。"两句诗全用夸张手法。北魏郦道元《水经注·渭水》亦谓华山："其高五千仞，削成四方，远而望之，又若花状。"古人以八尺（或曰七尺，或曰五尺六寸，或曰四尺）为一仞，五千仞即四万尺或至少二万尺，即使古尺短于今尺，也早超出了华山的实际高度。华山最高峰落雁峰即南峰最高，海拔 2154.9 米，换算成市尺，不过六千四馀尺而已。至于三万里长的河流，地球上也根本不可能存在。

李白《赠汪伦》："桃花潭水深千尺，不及汪伦送我情。"唐沈佺期《奉和春日幸望春宫应制》："杨柳千条花欲绽，蒲萄百丈蔓初萦。""千尺""百丈"皆属于夸张的修辞法，读者自不会认真。诗词中有一些数目字虽不算太过夸张，但也绝非写实。宋王澜《念奴娇》词"最苦金沙，十万户尽"，"金沙"即金沙湖，位于蕲州东，这里代指蕲州，宋理宗时曾受到金兵的蹂躏。南宋时的蕲州绝不似北宋时繁华的杭州，有"参差十万人家"（宋柳永《望海潮》），"十万"当为虚指，难以坐实。

唐杜牧《江南春绝句》："千里莺啼绿映红，水村山郭酒旗风。南朝四百八十寺，多少楼台烟雨中。""四百八十寺"虽非夸张语，但也是大率言之，不能认真。明人杨慎在《升庵诗话》卷八认为："千里莺啼，谁人听得？千里绿映红，谁人见得？若作十里，则莺啼绿红之景，村郭楼台，僧寺酒旗，皆在其中矣。"如此解诗，未免胶柱鼓瑟。所谓"千里"，乃诗人意想中景象，有视通万里之妙，且切合诗题"江南"，若真作"十里"，反而感觉局促。可见作诗若仅拘泥于耳闻目睹之境，缺乏应有的想象力，也就丧失了诗的味道。

诗词中所出现的相关数字，有时难以用数学方法进行精确的计量。杜甫《古柏行》有云："霜皮溜雨四十围，黛色参天二千尺。"宋沈括《梦溪笔谈》卷二三云："四十围乃径七尺，无乃太细长乎？"宋范镇则批评说："武侯庙柏今十丈，而杜工部云黛色参天二千尺，古之诗人好大其事，大率如此。"（见《王直方诗话》）鉴赏杜工部这首诗，只能以模糊的意象去体味，精于算学的沈括与勇于实测的范镇都将诗中的数字具体化了，这反而丢弃了诗歌的形象性。《古今诗话》评杜甫这两句诗道："此激昂之语，不如此则不见古柏之大也。"堪称解人。

宋代王祈曾将"叶垂千口剑，干耸万条枪"自鸣得意的两句诗拿与苏轼品赏，苏轼运用除法，一语破的："好则极好，则是十条竹竿一个叶儿也。"（见《宋人逸事汇编》卷一二）这是诗中相关数字运用失当之一例。《红楼梦》第一回描写贾雨村吟《对月寓怀》诗，有句云"时逢三五便团圆"，读者就须用乘法才晓得所吟乃是农历月半十五之夜。如此写法，《古诗十九首·孟冬寒气至》早开先河："三五明月满，四五蟾兔缺。"此外诗词中运用加减法也不乏其例，苏轼《水龙吟》："春色三分，二分尘土，一分流水。"宋叶清臣《贺圣朝》（留别）："三分春色二分愁，更一分风雨。"将离愁通过数字分合形象化，很有创意。

诗中嵌入数字，《诗经》中早见，如《周颂·噫嘻》："骏发尔私，终三十里。亦服尔耕，十千维耦。"《魏风·伐檀》："不稼不穑，胡取禾三百廛兮？"这些数字都是约数，不能坐实。"人生七十古来稀"，今人多将此七字视为俗语，其实来自诗圣杜甫七律《曲江二首》其二的颔联："酒债寻常行处有，人生七十古来稀。""寻常"与"七十"须对偶，原来"寻"与"常"皆为古代长度单位，八尺为寻；一丈六尺为常。然而"寻常"又可作"平常"解，清仇兆鳌《杜诗详注》卷六引旧注云："孙权之叔济，嗜酒不治产业。尝曰：'寻常行坐处，欠人酒债，欲质此缊袍偿之。'"可见以"寻常"取偶"七十"，诗圣的确费了一番心机。

诗词中的数目字，有时不能草草一看就轻易放过。

艺术空白与完形想象

"空白"在古今中外的多种艺术形式中都被广泛普遍地运用着。德国美学家莱辛在论及希腊提曼特斯的《伊革涅亚的牺牲》这幅画时曾说："凡是他不应该画出来的，他就留给观众去想象。一句话，这种遮盖是艺术家供奉给美的牺牲。它是一种典范，所显示的不是怎样才能使表情越出艺术的范围，而是怎样才能使表情服从艺术的首要规律，即美的规律。"（莱辛著《拉奥孔》）所谓"遮盖"，也可以理解为就是艺术"空白"，中国传统的山水画也正因为留有"空白"，才有可能呈现出尺幅千里的气势，但它不是供奉给美的牺牲，而是以有限的画面容纳进无限的空间，当然这也要与观赏者的创造性想象结伴而行。在诗歌作品中，精练的语词之间的跳跃性过渡令各意象之间产生了或大或小的距离，这些大小距离也可视为艺术"空白"，诗歌的意境或从中生成。在小说作品中，"空白"作为联系文本不同部分的一种手段，也可视为一种叙述技法的运用，如故事线索突然中断后又从另一角度开始或向出人意表的方向发展，都可以看作是有待于读者补充完形的"空白"。修辞学中的"跳脱"一法略同。清代著名小说评点家金圣叹早已注意到这种类似于"空白"的妙用，称之为"忽然一闪法"。他曾论及《水浒》第八回林冲在柴进庄上与洪教头酝酿比武过程中的有意中断进程说："说使棒，反吃酒，极力摇曳，使读者心痒无挠处。"（金圣叹撰《第五才子书施耐庵〈水浒传〉》第八回）

文学创作须留有一定的空白，方能促使合格的读者在想象中加以"完形"，引来审美愉悦。所谓"空白"属于积极的省略，并非捉襟见肘下无奈的困窘。希腊荷马史诗《伊利亚特》从旁观者的惊异表情写出现于特洛伊城头上的海伦的美丽容颜，这要比直接描写其美貌事半功倍。

汉乐府《陌上桑》描写罗敷之美，也分别从"行者""少年"以及"耕锄者"的不同表现来反映，结果是"来归相怨怒，但作观罗敷"。以上所揭中外两例，皆有意将一定的"空白"留给读者去填补，从而平添了阅读中完形想象的乐趣。

《红楼梦》第二十五回，贾宝玉因留意丫鬟小红（红玉），有心寻觅。他先是隔着纱屉子"向外看的真切，只见好几个丫头在那里扫地，都擦胭抹粉，簪花插柳的，独不见昨儿那一个"。此后他又出了房门，"一抬头，只见西南角上游廊底下栏杆上似有一个人倚在那里，却恨面前有一株海棠花遮着，看不真切"。曹雪芹如此描写，就是有意追求某种韵味，巧用省略笔法写小红，凸显出宝玉在完形想象中的急迫心情，也令读者深受感染。元王实甫《西厢记》第二本第一折【混江龙】"系春心情短柳丝长，隔花阴人远天涯近"就是类似意境的妙用。宋人贺铸《青玉案》词："凌波不过横塘路。但目送、芳尘去。"闲暇中的作者偶然瞥见一位步态轻盈的女子从远处走来，亟欲一睹芳华，尚未看真切，却又飘然而去。失之交臂的美好事物更易引观者完形想象的憧憬，留下难忘的记忆。

现代诗人戴望舒在其著名的《雨巷》一诗中，盼望逢着一位"丁香一样的结着愁怨的姑娘"，作者对理想的完形想象也正是需要读者加以完成的，于是那有限容量的诗句就可以容纳进无限丰富的意象，从而具有了无限魅力。

《西厢记》第一本第一折，张生遇到崔莺莺，有"怎当他临去秋波那一转"的唱词，短暂的一瞬之所以化为辗转反侧的思念，就在于其间所蕴含的丰富情感难以在完形想象中被穷尽，比唐白居易《长恨歌》中"回头一笑百媚生"的吟咏要含蓄多了。清代尤侗曾以"怎当他临去秋波那一转"为题，写出一篇洋洋洒洒的八股文，就因为这十个字可供发挥的地方很多，并非专意去开科举制度的玩笑。清蒲松龄的《聊斋志异》以文言写作，常以"娇波流慧"或"弱柳生姿"形容女子之美，其所形成的艺术空白无限广阔，可以容纳不同时代读者的完形想象，特别是"娇波流慧"四字，所谓"四体妍蚩，本无关于妙处，传神写照，正在阿堵中"。（南朝宋刘义庆《世说新语·巧艺》）

与艺术"空白"相辅相成的"期待视野"的形成，在接受美学中也有重要的意义。所谓"期待视野"并非文本结构上的艺术"空白"，而是读者在思维定式作用下所产生的回味、反顾与设想的心理行为。期待视野既可指作者依其成见储藏于文本中期待读者发现的审美视野，也可指读者依据其成见在阅读中期待作者提供的审美视野。它甚至可以离开文本的限制畅想于自由的天地。《聊斋志异·陈云栖》讲述真生与两位女道士的传奇婚姻，清但明伦有评云："人手以娶女道士一语作提笔，随即扬开；徐徐引入，而以潘姓作一线索；中间纵横顿挫，而脉络杂系，有如蜻蜓点水，若即还离。于百忙中代写云眠，在有意无意间。文情既不寂寞，至后而亦不至另起炉灶，且不嫌鹘突也。末以娶两道士作大结束，纵横变化中，仍自有规矩准绳。"如此艺术分析堪称到位。真生最终放弃对功名的追求，在小康中一人兼拥双美且"优势互补"，又有四男两女、"孙皆入泮"、长孙中举的阖家福乐，仕途无望读书人的白日梦书写至此已为极致，这显然过多融入了作者自身的人生想象。此篇的作者构思预先框定了读者的期待视野，比前述"忽然一闪法"的"空白"构成更为深广，可容纳进读者更为丰富的联想。

王国维《人间词话》曾将宋辛弃疾《青玉案》词中"众里寻他千百度，蓦然回首，那人却在，灯火阑珊处"，比喻为做学问的第三种境界，与原词本义无关。辛弃疾何以在"众里寻他千百度"后匆匆一瞥就发现自己"理想"之所在呢？一是因为"灯火阑珊"，看不真切，有助于其完形想象；二是因情景适相合，与其人生境遇类似。对于大多数读者而言，前一原因是赏析成功的基础。

文学离开想象，就没有创作，也就无所谓赏析了。

诗词与往生

人有生就有死，死亡，佛家或称"往生"，是任何人都不能逃脱的宿命。"楚宫慵扫眉黛新，只自无言对暮春。千古艰难唯一死，伤心岂独息夫人。"清人邓汉仪的七绝《题息夫人庙》将人类对于死亡的普遍畏惧和盘托出。一生叱咤风云的曹操临终前的《遗令》，留下令其众侍妾"分香卖履"的话柄，颇受后世诟议，其实他的态度是认真的，即使缺少阿Q"过了二十年又是一个……"那半句话的浪漫色彩，却不乏发自内心的真诚，也算是英雄本色了。

宋陆游《示儿》诗："死去元知万事空，但悲不见九州同。王师北定中原日，家祭无忘告乃翁。"这篇以七绝传世的遗嘱，临终不忘收复中原，爱国之忧激励后人。宋文天祥《过零丁洋》"人生自古谁无死，留取丹心照汗青"的诗句，于万分的艰难困苦中仍从容不迫，丹心不改，更令后世敬仰。

面临死亡，方寸不乱，临终吟诗，视死如归，五代时的江为就有这样的本事。他身处乱世，本欲择木而栖，建立一番事业，不幸被人告发，被杀害前吟诗云："街鼓侵人急，西倾日欲斜。黄泉无旅店，今夜宿谁家？"江为本来已经是"他生未卜此生休"，却还要想象从此岸向彼岸的过渡中寻觅暂时歇脚的旅舍，乐观中透露出对生的渴望超越了对死的恐惧，从而令其诗馀韵悠然。此诗有名，却一度被当作明初被朱元璋以蓝玉案牵连处死的孙蒉的临刑诗，字句也小有改动："鼍鼓三声急，西山日又斜。黄泉无客舍，今夜宿谁家。"著作权被错认了一段时间后，最终由清人赵翼在其《陔馀丛考》卷二四中廓清了事实。

除著作权发生问题外，临刑诗还有赝品。金圣叹是清初文坛怪杰，性格倜傥，精于鉴赏，以评点《水浒传》与《西厢记》驰名后世。他五十四岁时因"哭庙案"被清廷斩于南京三山街，有人传说他临刑时口吟七绝咏雪诗一首云："天公丧母地丁忧，万里江山尽白头。明日太阳来作吊，家家檐下泪珠流。"诗写得形象性十足，仿佛全南京城的人都要为他的不幸而哭泣。其实金圣叹被害于顺治十八年（1661）的秋天，这一年也没有发生"八月雪"的奇迹，咏雪诗当是好事者的拟构。还有传说金圣叹临刑时手书一纸云："字付大儿看，腌菜与黄豆同吃，大有胡桃滋味。此法一传，我无遗憾矣。"金圣叹含冤被杀，未必视死如归，倒是造假者富于同情心，依据死者生前嬉笑怒骂皆成文章的才子风韵，造作逸闻，流露出对刽子手的几许轻蔑。

曾子曾说："鸟之将死，其鸣也哀；人之将死，其言也善。"（《论语·泰伯》）清初著名诗人吴伟业颇以自己变节仕清为耻，其《贺新郎·病中有感》有"脱屣妻孥非易事，竟一钱不值何须说"的自怨自艾。他如此忏悔人生，颇受后人谅解，虽与当时觍颜仕清的文坛巨擘钱谦益一同被后人收录于《清史列传》中的"贰臣传"中，但前者名声却远远好于后者。

绝命诗写得有意味，也多少可见当事人的才情。清代的大贪污犯和珅，其保护伞乾隆皇帝一死，就被嘉庆皇帝打入刑部大狱，据说嘉庆四年

（1799）正月十八日，他被赐死前也有诗云："五十年前幻梦真，今朝撒手撤红尘。他时睢口安澜日，记取香烟是后身。"此绝命诗拿去给嘉庆帝看，这位帝王读后只说了句："小有才，未闻君子之大道也。"

真正为理想献身且视死如归又才情横溢者，近代要数在京师菜市口慷慨就义的谭嗣同了。戊戌变法失败后，谭嗣同本可以逃脱清廷的追捕，却大义凛然，以"我不入地狱谁入地狱"的大无畏精神，发誓要为中国的变法流第一滴血。其《狱中题壁》诗云："望门投止思张俭，忍死须臾待杜根。我自横刀向天笑，去留肝胆两昆仑。"所谓"两昆仑"，即指康有为与大刀王五，一文一武，寄寓着作者对中国未来的希望。最动人心魄的是谭嗣同临刑大呼："有心杀贼，无力回天；死得其所，快哉快哉！"十六个大字，金光闪烁！谭嗣同与林旭、杨锐、刘光第、杨深秀、康广仁五位维新派志士同日赴死，史称"戊戌六君子"。谭嗣同就义时年仅三十四岁，至今想象当年菜市口情景，仍可令人热血沸腾！

用血写的诗比用墨写的诗，更能激荡人心！

诗词与雅号

古人吟诗填词，偶因一句意象超绝或寓意精警，而传颂一时乃至流播后世，并因此赚来一个雅号。晚唐诗人郑谷有一首《鹧鸪》诗："暖戏烟芜锦翼齐，品流应得近山鸡。雨昏青草湖边过，花落黄陵庙里啼。游子乍闻征袖湿，佳人才唱翠眉低。相呼相应湘江阔，苦竹丛深日向西。"这首咏鹧鸪的诗刻画细腻，形象生动，郑谷因而获得了"郑鹧鸪"的雅号。唐代以后，雅号盛行，更有许多文人享此殊荣。宋谢逸写过《蝴蝶》诗"粉翅双翻大有情，海棠庭院往来轻。当时只羡滕王巧，一段风流画不成"，因此被人称为"谢蝴蝶"，这恰可与"郑鹧鸪"为对偶。清李渔《笠翁对韵》有云："谢蝴蝶，郑鹧鸪。蹈海对归湖。花肥春雨润，竹瘦晚风疏。"

宋代词人张先字子野，他填词善于用"影"字。宋李颀《古今诗话·有客谓张三影》云："有客谓张子野曰：'人皆谓公为张三中，即"心中事""眼中泪""意中人"也。'公曰：'何不目我三影？'客不晓。公曰：'"云破月来花弄影""娇柔懒起帘压卷花影""柳径无人坠风絮无影"。此予平生所得意也。'"这是自鸣得意下产生的雅号。张先词中用"影"的句子颇多，所谓"三影"，究竟由张先的哪三句词得名，后人说法并不一致，另如有以其诗"浮萍断处见山影，小艇归时闻草声"与其词"云破月来花弄影""隔墙风弄秋千影"为"三影"者，这里不详论。

在北宋当过工部尚书的宋祁，其《玉楼春》词有"红杏枝头春意闹"一句，被人誉为"红杏尚书"。用偏重于声响的"闹"字形容枝头红杏点缀于绿叶间的视觉形象，通感的妙用极见词人巧思。不过后人对于此词"闹"字的使用也有不同意见，清初李渔《窥词管见》认为"闹字极粗极俗""更不当见之诗词"；清末王国维《人间词话》则谓"着一闹字，而境界全出"。今人谈艺多同意王国维的意见。

宋秦观《满庭芳》词："山抹微云，天连衰草，画角声断谯门。"其中"山抹微云"四字用中国画的笔触反观自然景象，动词的妙用令静态的风景活动了起来，由此秦观获得了一顶"山抹微云秦学士"的桂冠。宋柳永，原名三变，字景庄，后改名柳永，字耆卿，因排行第七，又称柳七。其《雨霖铃》词："今宵酒醒何处，杨柳岸、晓风残月。"其中"晓风残月"四字铺叙清秋离别情境，形象传神，由此"晓风残月柳三变"的雅号，为后世所习知。

宋人贺铸《青玉案》词："若问闲情都几许？一川烟草，满城风絮，梅子黄时雨。"词人撷拾眼前景物入词，写出江南梅雨时节的天气特征，贴切自然又带有词人的主观色彩，因而颇受读者的赞赏，贺铸也因此获得了"贺梅子"的雅号。若专就描写江南景色而论，元代虞集《风入松》词"为报先生归也，杏花春雨江南"二句，也极脍炙人口，当时的机坊曾将这首词织于罗帕之上，深受世人欢迎。虞集词中所写是早春景象，比贺词的色彩要明亮得多了，可惜他没有因此获得"虞杏花"或"虞春雨"一类的雅号，或许是时代风气转变了吧。

明初袁凯早年曾写过一首七律《白燕》："故国飘零事已非，旧时王谢见应稀。月明汉水初无影，雪满梁园尚未归。柳絮池塘香入梦，梨花庭院冷侵衣。赵家姊妹多相忌，莫向昭阳殿里飞。"其中颔联、颈联自然流畅，对仗工稳，暗衬白燕，天衣无缝，受到时人的称赏，终于博得了"袁白燕"的雅号。在明代诗坛，袁凯本无足轻重，却因这首《白燕》诗名重后世，在明代诗史中占有了一席之地。

清代王士禛论诗创"神韵说"，本不以词名，却因所填《蝶恋花·和漱玉词》一词有"郎似桐花，妾似桐花凤"的比喻新奇，得到"王桐花"的雅号。他的学生崔华，也以"丹枫江冷人初去，黄叶声多酒不辞"两句诗，得到了"崔黄叶"的美名。清诗人汪琬就此论道："有王桐花作师，正不可无崔黄叶作弟子。"（见徐釚撰《词苑丛谈》）至于有"红豆词人"美誉的清代词人吴绮，则以其《醉花间》词中有"把酒祝东风，种出双红豆"两句得名。据说一位顾姓女子"日夕讽咏，四壁皆书二语"，为此二句词大为倾倒，也算是一段佳话吧。

古人一向认为"诗庄词媚"，古人作诗受"言志"说的影响，往往板起面孔，正襟危坐；而独于填词时较少放浪形骸之外的顾忌，如果想表达内心的真实感情，每喜以词为载体，这或许是古人多以其填词获得雅号的缘故吧。

情感真实，文学的生命所在！

古人与梦

俗话讲"日有所思，夜有所梦"，实际上梦的成因异常复杂，现代科学仍无法完美解析梦的来龙去脉。"悠悠生死别经年，魂魄不曾来入梦"，唐白居易在其《长恨歌》中虽系代唐玄宗而言，但梦不受人主观意志控制的特点,想必世人皆有此经验。然而据说在马来西亚丛林中有一个土著部族,经过一种特殊训练,即可以意志支配梦境,道听途说,不足为据。德国化学家凯库勒在瞌睡中梦见自咬尾巴的蛇,从而得到灵感,揭示了苯的环状结构,成为一桩世界科学史上的趣闻。

在浩瀚的中国典籍中,常可以寻觅到梦的踪影。《左传》中就有许多关于梦的记述,较为著名的一例是"成公十年"所记晋景公梦中见大鬼散发拖地,连续毁坏宫门与寝门、内室门,终于吓醒了景公。于是他找来桑田地方的巫人前来解梦,巫人以"您吃不到新麦了"为答。六月间的一天,晋景公刚想一尝甸人进献的新麦,并准备杀死"妄言"的巫人,新麦尚未入口,突然肚子发胀,"如厕,陷而卒"。最为奇特的是,景公小臣早晨曾梦见自己背负景公升天,到中午果然背景公尸身从厕中出来,于是这位小臣就不幸被殉葬了。

在哲学与文学作品中写梦也司空见惯,庄周的梦带有哲学色彩。《庄子·齐物论》:"昔者庄周梦为胡蝶,栩栩然胡蝶也,自喻适志与!不知周也。俄然觉,则蘧蘧然周也。不知周之梦为胡蝶与,胡蝶之梦为周与?周与胡蝶,则必有分矣。此之谓物化。"孔子因为长时间没有梦到周公,沮丧地认为自己已经衰老不堪了(见《论语·述而》)。

人的梦境受潜意识的支配,19世纪末奥地利精神病学家弗洛伊德在《梦的解析》一书中明确此论,他认为梦者的愿望常以乔装打扮的形式来满足,并强调梦与"性"的关联,开创了精神分析学派。翻开中国史籍,"真命天子"的母亲在儿子尚未出生时往往要先做一个奇特的梦,然而这绝非梦者的潜意识作怪,而是儿子日后将非同凡响的预兆。刘邦的母亲刘老太太"尝息大泽之陂,梦与神遇。是时雷电晦冥,太公往视,则见蛟龙于其上。已而有身,遂产高祖。"(《史记·高祖本纪》)刘邦成年以后之所以能在群雄逐鹿中捷足先登,坐上汉天子的宝座,原来他是蛟龙的化身。这当然是史家的故弄玄虚之笔,认不得真。

正史中记述的梦,没有太多的研究价值,文学作品中的梦境书写却往往有耐人寻味的魅力。唐人传奇中《枕中记》《南柯太守传》等篇，专门写梦，那样复杂生动的梦，未必真有人能够做出，然而与上述两篇传奇相关的"黄粱一梦""南柯一梦"的成语，却为世人所熟知。清蒲松龄《聊斋志异·凤阳士人》写三人同做一梦，显然受到唐人有关传奇的影响，如薛渔思《河东记》中"独孤遐叔"一篇、李玫"张生"一篇。至于白行简《三梦记》传奇，开宗明义即云："人之梦，异于常者有之：或彼梦有所往而此遇之者，或此有所为而彼梦之者，或两相通梦者。"《凤阳士人》据此生发，构思出一篇饶有趣味的小说，读者不必追诘这种三人同梦的真实性，所瞩目者当在于其妙笔生花描写的生动性。夫妇久别十馀月，因思念而造梦境，性意识在其中至关重要，所谓"丽人"也者，也是"疑心生暗鬼"的产物，作者篇末以"不知何许"了结，透露出运思的高妙。曹雪芹的《红楼梦》以"梦"嵌入书名，绝不仅仅是因为贾宝玉在秦氏房中梦游了太虚幻境。

古人在诗词中写梦也很普遍，梦可以给予作者以跨越时空的无限自由。"打起黄莺儿，莫教枝上啼。啼时惊妾梦，不得到辽西。"（唐金昌绪《春怨》）梦境中可以令闺中思妇与戍边的丈夫暂时相聚。"故人入我梦，明我长相忆。恐非平生魂，路远不可测。"（唐杜甫《梦李白二首》其一）对于朋友的思念在梦境中达到了极点。"梦里不知身是客，一晌贪欢。"（南唐李煜《浪淘沙》）亡国之君也只有在梦境中追寻昔日的繁华了。如果梦醒之后仍觉无路可走，只得"故国梦重归，觉来双泪垂"了（李煜《菩萨蛮》）。

李煜的梦境可以突破时间的限制，李白的梦境则可以清除空间的障碍："我欲因之梦吴越，一夜飞度镜湖月。"（《梦游天姥吟留别》）。然而李白的这个梦游天姥山的梦境无比神奇瑰丽，不但"列缺霹雳，丘峦崩摧。洞天石扉，訇然中开"，而且"霓为衣兮风为马，云之君兮纷纷而来下。虎鼓瑟兮鸾回车，仙之人兮列如麻"，显然这已多半属于文学想象了。宋代爱国诗人陆游，即使在梦中也不忘保卫家国的职责："夜阑卧听风吹雨,铁马冰河入梦来。"(《十一月四日风雨大作》)然而最能令人潸然泪下的梦境,莫如"可怜无定河边骨,犹是春闺梦里人"(唐陈陶《陇西行》)两句了,突破生死界限的梦却是一个永远阴阳两隔的噩梦。程砚秋京剧的代表作《春闺梦》,创意大约即出于此诗。

宋代女词人李清照的词风格细腻,具有女性的柔媚,然而她的一首记梦词作《渔家傲》,却毫无钗粉之气:"九万里风鹏正举,风休住,蓬舟吹取三山去。"现实中难以出口的理想追求,只有在梦境中实现了。清代词人纳兰性德为已过世的妻子题照,偏偏要说:"卿自早醒侬自梦,更更,泣尽风檐夜雨铃。"(《南乡子》)将往生视为梦醒,将此生当作仍在大梦之中,的确是伤心人语。但在一般人心目中,有梦想总是美好的。

梦想未必能够成真,却要比幻想接近现实!

文学与松竹

古人将松、竹与梅花视为"岁寒三友",可见这三种植物在人们心目中的崇高地位。孔夫子赞扬松柏的节操说:"岁寒,然后知松柏之后凋也。"《庄子·让王》也转述过孔子的观点:"故内省而不穷于道,临难而不失其德,天寒既至,霜雪既降,吾是以知松柏之茂也。"(《论语·子罕》)晋陶渊明不但喜爱东篱旁盛开的菊花,也喜爱东园之内生长茂盛的青松:"青松在东园,众草没其姿。凝霜殄异类,卓然见高枝。"(《饮酒二十首》其八)这与孔夫子的观点毫无二致。

"亭亭山上松,瑟瑟谷中风。风声一何盛,松枝一何劲。冰霜正惨凄,终岁常端正。岂不罹凝寒,松柏有本性。"(东汉刘桢《赠从弟三首》其二)人们往往将自己的主观情怀投射于某一具体的客观事物,并加以升华,于是这一客观事物就具有了人所景仰的优秀品行,发生所谓"移情"效应。"松柏本孤直,难为桃李颜"(唐李白《古风》),大概不会有人怀疑这是诗人的夫子自道。"白首归来种万松,待看千尺舞霜风"

（宋苏轼《寄题刁景纯藏春坞》），诗人的壮语无非是在寻求某种寄托，他当然不会真去"种万松"，因为即使种了万松，恐怕也难以等到"舞霜风"的那一天了。晋代的诗人左思以"郁郁涧底松"自喻，其反为"离离山上苗"遮蔽的不合理现实，所揭露的正是"世胄蹑高位，英俊沉下僚"的不合理的魏晋门阀制度。

"瞻彼淇奥，绿竹猗猗"（《诗经·卫风·淇奥》），古人认为竹子虚心劲节，有谦谦君子之风，因而也是文学作品中常被歌颂的植物。晋朝的王徽之暂借他人空宅居住，也要令人种竹，并对人说："何可一日无此君？"（南朝宋刘义庆《世说新语·任诞》）但若须他自己动手种竹，恐怕就无此雅兴了。然而"此君"二字却成为后世对竹的代称，丰富了汉语词库，也可算是书圣王羲之第五子的一大贡献了。唐白居易《东楼竹》诗："楼上夜不归，此君留我宿。"宋苏轼《於潜僧绿筠轩》诗："可使食无肉，不可使居无竹。无肉令人瘦，无竹令人俗。瘦尚可肥，俗士不可医。旁人笑此言，似高还似痴。若对此君仍大嚼，世间那有扬州鹤？"宋姜夔《念奴娇·谢人惠竹榻》词："梅风吹溽，此君直恁清苦。"古人以"此君"指代竹的诗词，实在指不胜屈。

琅玕本是似珠玉的美石。《尚书·禹贡》："厥贡惟球、琳、琅玕。"孔传："琅玕，石而似玉。"也可以用来指代竹，以状其青翠之色泽。唐杜甫《郑驸马宅宴洞中》诗："主家阴洞细烟雾，留客夏簟青琅玕。"清仇兆鳌注："青琅玕，比竹簟之苍翠。"苏轼的第三子苏过《从范信中觅竹》诗："十亩琅玕寒照座，一溪罗带恰通船。"其环境之清幽，实在令读者心向往之。宋梅尧臣《和公仪龙图新居栽竹二首》其二："闻种琅玕向新第，翠光秋影上屏来。"友人新居种竹，令居住环境幽雅宜人，真值得庆贺一番！

清代的郑燮，号板桥，是一位艺术家，他不但是画竹的高手，也是咏竹的能人。其《竹》诗云："一节复一节，千枝攒万叶。我自不开花，免撩蜂与蝶。"这无疑是郑板桥的自我写照，很见精神。需要指出的是，竹子并非不开花，但终其一生只有一次机会；一般来说，竹子要在五十至一百年间时才会有开花结果的现象。竹子开花，也就意味着它生命的枯竭。最见郑板桥性格的是其《竹石》一诗，将竹与山岩合咏："咬定青山不放松，立根原在破岩中。千磨万击还坚劲，任尔东西南北风。"

将松与竹合咏，《诗经》早开先河。《小雅·斯干》："秩秩斯干，幽幽南山。如竹苞矣，如松茂矣。"这本是颂扬贵族宫室建筑的诗，比喻根基稳固，枝叶繁荣。据说清代的大贪污犯和珅生前筑室新成，纪昀（纪晓岚）就送其"竹苞"二字匾以示祝贺，和珅甚为得意。但不久却被乾隆皇帝看出了其中"奥妙"，所谓"竹苞"，乃"个个是草包"的詈语，巧妙地骂了和珅一家人。这当然只是《清朝野史大观》中的一段传说，不能认真。

杜甫《将赴成都草堂途中有作先寄严郑公五首》其四有云："新松恨不高千尺，恶竹应须斩万竿。"在这里，松与竹成为善与恶的对立物，诗圣似乎对"此君"大有微词，其实那只是一时的有感而发，对于竹子，杜甫还是一往情深的："天寒翠袖薄，日暮倚修竹。"（《佳人》）空谷佳人有了绿竹的衬托，更觉冷艳坚贞了。《苦竹》一诗更是杜甫颂扬此君之作，并带有相当的自喻成分："青冥亦自守，软弱强扶持。味苦夏虫避，丛卑春鸟疑。轩墀曾不重，翦伐欲无辞。幸近幽人屋，霜根结在兹。"此诗借物抒怀，以物寓情，既有家国情怀，又有身世凄凉之感，两者的交融是通过咏竹表现的，感人至深。

松与竹——志节之士性格的象征！

叙事与抒情

《毛诗序》有云："在心为志，发言为诗。"晋陆机《文赋》亦云："诗缘情而绮靡。"所谓"言志"与"缘情"，并无太大的分殊。然而古代的诗歌创作并不仅止于言志抒情的功能，叙事之诗也占有重要的位置，东汉五言长篇叙事诗《古诗为焦仲卿妻作》（或称《孔雀东南飞》）最为著名，其前有序云："汉末建安中，庐江府小吏焦仲卿妻刘氏，为仲卿母所遣，自誓不嫁。其家逼之，乃没水而死。仲卿闻之，亦自缢于庭树。时伤之，为诗云尔。"仲卿妻刘兰芝被婆母休归时对小姑子所说的一段话："新妇初来时，小姑始扶床。今日被驱遣，小姑如我长。勤心养公姥，好自相扶将。初七及下九，嬉戏莫相忘。"至今读之，仍令人动容。作为中国诗歌百花园中的一朵奇葩，《古诗为焦仲卿妻作》感动了后世无数读者。

唐代白居易的《长恨歌》《琵琶行》也辉耀千古，在叙事与抒情的完美结合中达到了一个新的高度。清人赵翼甚至说，白居易"即无全集，而二诗已自不朽"（《瓯北诗话》卷四），可见白居易这两首叙事诗的文学史地位。

清初诗人吴伟业受白居易影响，其七言歌行叙事抒情色泽浓丽，擅长用典使事，开创了"梅村体"写作。他笔下的《圆圆曲》《萧史青门曲》等，在中国诗史中也占有重要的地位。清末诗人樊增祥写歌行也典雅流丽，其前、后《彩云曲》曾经盛传一时，作者学习白居易、吴伟业很见功力。此外，清末王闿运的《圆明园词》，哀感顽艳，洋溢着爱国情怀。

《琵琶行》《圆圆曲》与《彩云曲》三首叙事长篇，皆以风尘女子的遭遇为素材，虽不同时，但个人命运的坎坷与历史的交融皆有难以言表的悲情，而且书写各有千秋。

《琵琶行》以"大弦嘈嘈如急雨，小弦切切如私语。嘈嘈切切错杂弹，大珠小珠落玉盘"等诗句描写琵琶的优美弹奏，令人神往；以"同是天涯沦落人，相逢何必曾相识"两句抒情，突破社会地位的悬殊，拉近了作者同琵琶女的人生距离，一向脍炙人口。根据敦煌壁画与此诗中"沉吟放拨插弦中"的描写，可知当时的琵琶演奏用拨子而非义甲，是横持而非竖抱，琵琶的形制与制弦的材质等皆与现代有一定的距离，至少品位不是半音的设置，转调受到限制。综合而论，唐人琵琶演奏的表现力当远逊于今天，然而通过诗人白居易的生花妙笔，今天的读者仍会为千年以前的音乐描写所陶醉，文学的魅力的确不可小觑。唐诗人李贺《李凭箜篌引》："昆山玉碎凤凰叫，芙蓉泣露香兰笑。十二门前融冷光，二十三丝动紫皇。女娲炼石补天处，石破天惊逗秋雨。"如此惊心动魄的箜篌演奏，不输今天的交响乐，诗人夸张手法的运用，的确值得称许。

《圆圆曲》的写作以用典富丽堂皇驰名后世，与白傅叙事多用白描大不相同，凸显了"梅村体"的特点。如诗中"遍索绿珠围内第，强呼绛树出雕栏""传来消息满江乡，乌桕红经十度霜"等句。读来馀味无穷。全诗将抒情乃至议论融于叙事中，相互交织，更觉隽永，如："尝闻倾国与倾城，翻使周郎受重名。妻子岂应关大计，英雄无奈是多情。全家白骨成灰土，一代红妆照汗青。"委婉中富于讽刺意味。据说吴三桂为挽回影响，亟欲购得此诗，未能如愿；而吴三桂的卖主求荣更因《圆圆曲》的广泛流传而为人所唾骂。

前、后《彩云曲》是为清末名妓赛金花而作。赛金花原名傅彩云，她曾嫁与清同治七年（1868）的状元洪钧，并随同夫君出使欧洲，见过世面，出尽了风头。庚子事变，洪钧已亡故多年，赛金花艳帜重张，又与八国联军相周旋有日。曾朴的小说《孽海花》描述她与联军统帅瓦德西交好，并劝导侵略者少杀人，就纯属虚构了。前、后《彩云曲》尽管也多传闻不实之词，然而运典用事却颇得体，深得梅村体之三昧。如《前彩云曲》"直为丽华轻故剑，况兼苏小是乡亲"两句，书写洪钧与赛金花相识并决意娶她为妾，并巧妙点出女方的身份，文学色彩甚浓。"春风肯坠绿珠楼，香径远思苎萝水"两句，描述赛金花在洪钧亡故后又欲重操旧业，婉转含蓄。《后彩云曲》"始信倾城哲妇言，强于辩士仪秦口"两句，好言劝说敌酋事，虽非事实，却也有对清廷腐败无能的讽刺。

《红楼梦》第七十八回描写贾宝玉作《姽婳词》专意于用歌行体："这个题目似不称近体，须得古体，或歌或行，长篇一首，方能恳切。"此后在写作过程中，穿插围观众人关于这首歌行体诗起承转合的议论，极其精彩，可视为曹雪芹对于叙事长诗创作的真知灼见。我们今天阅读歌行体叙事之作，小说中的相关议论也有不能忽视的借鉴作用。

叙事婉转的歌行，其目的仍是为了更好地抒情！

文学与桥

《庄子·盗跖》篇中有一个动人的美丽传说：一位名尾生的青年与一女子相约于桥下，女子没有赴约，尾生一直不忍离去，适值发大水，尾生于是抱桥柱而死。后世人一般将这位殉情者尾生视为坚守信约的人，唐李白《长干行二首》其一："常存抱柱信，岂上望夫台。"所用即尾生的典故。

唐人裴铏的《传奇》中有《裴航》一篇，讲述下第秀才裴航在蓝桥驿附近遇到仙女云英的故事。裴航欲与云英缔结良缘，就必须寻求到玉杵臼并捣药百日，他一一做到后，终于如愿以偿，留下了一段人神恋爱的美丽传说。蓝桥驿故址位于今陕西西安市蓝田县，此县东南五十里有蓝水，其上有桥，唐代设有蓝桥镇。作为地名，蓝桥在文学作品中已经有了超出其字面的情韵义。世界著名电影《滑铁卢桥》，中文译名《魂断蓝桥》，巧用中国的传说故事，道出男女主人公的悲剧结局，确属神来之笔。

在古代文人笔下，桥的确与男欢女爱有着密切的关联。历史上著名的天津桥，故址位于今河南洛阳西南的洛水之上，隋炀帝大业元年（605）迁都洛阳，以洛水贯都有天汉津梁的气象，故建桥即名"天津"。隋末曾被烧毁，以后唐宋屡经改建加固，遂驰名天下。唐苏颋《长相思》："君不见天津桥下东流水，南望龙门北朝市。杨柳青青宛地垂，桃红李白花参差。花参差，柳堪结，此时忆君心断绝。"唐骆宾王《咏美人在天津桥》云："美女出东邻，容与上天津。整衣香满路，移步袜生尘。水下看妆影，眉头画月新。寄言曹子建，个是洛川神。"

故址在今江苏扬州西门外的"二十四桥"也驰名古今，是有桥二十四座，还是专指一桥？众说纷纭。清李斗《扬州画舫录·冈西录》则认为："廿四桥即吴家砖桥，一名红药桥……《扬州鼓吹词序》云：是桥因古之二十四美人吹箫于此，故名。或曰即古之二十四桥，二说皆非。"唐杜牧《寄扬州韩绰判官》："二十四桥明月夜，玉人何处教吹箫？"以传说为想象的依据，色彩明丽温馨。二十四桥也逐渐成为歌舞繁华之地的代称，宋周邦彦《玉楼春·惆怅词》："天涯回首一消魂，二十四桥歌舞地。"即使不是名桥，但一入诗或词，也就有了丰富的情韵义。宋欧阳修《蝶恋花》下阕："桥上少年桥下水。小棹归时，不语牵红袂。浪溅荷心圆又碎，无端欲伴相思泪。"情思旖旎，想入非非。元马致远《天净沙》散曲书写天涯羁旅的断肠客，正因为有了"小桥流水人家"一句的反衬，令读者更觉其间感情落差的强烈，从而融入丰富的想象，全曲也获得了隽永的魅力。

有桥必有水，"柔情似水，佳期如梦，忍顾鹊桥归路"（宋秦观《鹊桥仙》），桥之下因为水的介入，就更适于表现男女情恋的缠绵了。"伤心桥下春波绿，曾是惊鸿照影来"（宋陆游《沈园》），诗人怀念已经离异的妻子唐婉，曾写下《钗头凤》一词："红酥手。黄縢酒。满城春色宫墙柳。东风恶。欢情薄。一怀愁绪，几年离索。错错错。春如旧。人空瘦。泪痕红浥鲛绡透。桃花落。闲池阁。山盟虽在，锦书难托。莫莫莫。"四十年以后，诗人仍然旧情难忘，就又写下了《沈园》两首诗，情意缠绵，感人至深。《沈园》诗其二："梦断香消四十年，沈园柳老不吹绵。此身行作稽山土，犹吊遗踪一泫然。"七十五岁的陆游仍念念不忘四十年前的恋情，堪称地久天长。

"板桥"二字，常出现于古人诗词之中。作为地名，板桥在古代有多处。唐代汴州（今河南开封市）附近的板桥就是当时有名的游冶之地。唐白居易《板桥路》："梁苑城西二十里，一渠春水柳千条。若为此路今重过，十五年前旧板桥。曾共玉颜桥上别，不知消息到今朝。"有趣味的是，与白居易大约同时的诗人刘禹锡有一首《杨柳枝》，除少两句外，竟与《板桥路》略同："春江一曲柳千条，二十年前旧板桥。曾与美人桥上别，恨无消息到今朝。"千载以后，两首诗的著作权归属问题已经很难确认了。唐李商隐《板桥晓别》一诗也很有名，属于与某女子留别之作："回望高城落晓河，长亭窗户压微波。水仙欲上鲤鱼去，一夜芙蓉红泪多。"宋吴曾《能改斋漫录》卷九认为："陈桥距旧城二十里，即古之板桥。太祖北征，次陈桥，军士推戴，即其地也。"他认为白居易《板桥路》与李商隐《板桥晓别》所云"板桥"所在地，即以后赵匡胤黄袍加身的陈桥驿（今河南新乡市封丘县东南二十六里陈桥乡），可备一说。

诗词中出现"桥"并不全与男女之恋相关联。如唐温庭筠《商山早行》"鸡声茅店月，人迹板桥霜"二句，将古人行旅流离辛苦之态刻画得淋漓尽致。清黄景仁《癸巳除夕偶成》："悄立市桥人不识，一星如月看多时。"浮现的是一种孤寂落寞的心态。南齐谢朓《之宣城出新林浦向板桥》一诗，所称板桥在今安徽至江苏一带；明代流放云南的状元杨慎《于役江乡归经板桥》："真如谢朓宣城路，南浦新林过板桥。"所称"板桥"则在今云南至四川的途中了。

在古人的诗词中，"桥"的出现有时可以表现微妙的情感，堪称是通向作者的心扉之路！

文学与游戏

文学创作须运用创造性思维，本是件严肃异常的事情，不能以玩笑心对待。然而出之以游戏笔墨者，或雅或俗，或雅俗兼而有之，偶然一读，也大有趣味。

清张南庄的《何典》运用方言写作，涉笔成趣，并非苟作；清刘璋的《斩鬼传》描画鬼物，时见诙谐，令人忍俊不禁。这两部小说虽皆是讽世或骂世的作品，却不乏游戏的趣味，值得一读。

在文学游戏中，最为典雅者要数晋代才女苏蕙所作的回文诗了。全诗

841字，排列成纵横各29字的方阵，可以回环往复地诵读，据说共可得诗3752首，的确非同寻常。当然，这样的诗既费解也不优美。苏蕙为何要费尽心力做这样的文学游戏？有一种说法是，她与其夫窦滔分别太久，因而关系紧张。为重归于好，苏蕙除写作回文诗外，还织锦成《璇玑图》，送给镇守襄阳的丈夫，终于感动了窦滔，一场家庭纠纷圆满解决。《晋书·列女传·窦滔妻苏氏》记述有云："窦滔妻苏氏，始平人也，名蕙，字若兰，善属文。滔，苻坚时为秦州刺史，被徙流沙，苏氏思之，织锦为回文旋图诗以赠滔。婉转循环以读之，词甚凄惋，凡八百四十字。"唐武则天《织锦回文记》的记述与正史有异，涉及第三者赵阳台插足苏、窦其间，引起夫妻矛盾，苏蕙织成《璇玑图》以感化丈夫。事情真相究竟如何，这里不再赘言。

诗歌创作与游戏沾边堪称五花八门，如离合诗、嵌字诗、六甲诗、六音诗、药名诗、数名诗、十二生肖诗等，不一而足。上述各类诗游戏性质十足，一般而言，并非言志抒情的载体。宋苏轼写过神智体《晚眺》一诗，所谓"神智体"就是一种近乎文字游戏的杂体诗，即按文字形体结构的多种变化来揣度其义，组成诗句。因设想新奇，启人神智，故名。《晚眺》诗云："长亭短景无人画，老大横拖瘦竹笻。回首断云斜日暮，曲江倒蘸侧山峰。"这一四句七言诗的内容，苏轼仅用了十二个长短不一、横倒竖卧或缺笔倒反的"字"来表达，虽属游戏之作，却也需要巧思。据宋桑世昌《回文类聚》卷三记述："神宗熙宁间北虏使至，每以能诗自矜，以诘翰林诸儒，上命东坡馆伴之，虏使乃以诗诘东坡，东坡曰：'赋诗亦易事也，观诗稍难耳。'遂作《晚眺》诗以示之，虏使惶愧，莫知所之，自后不复言诗矣。"苏轼的神智体诗居然轻而易举地赢得了一次"外交"的胜利！

还有一种杂言诗名为"一字至七字诗"，俗称宝塔诗，因各句上下相叠适可成一宝塔状，故名。这类诗的内容开始时并无游戏性质，唐代白居易、元稹等诗人皆写过。如白居易《一字至七字诗》（赋得诗）："诗。绮美，瑰奇。明月夜，落花时。能助欢笑，亦伤别离。调清金石怨，吟苦鬼神悲。天下只应我爱，世间唯有君知。自从都尉别苏句，便到司空送白辞。"除第一句为一字单句外，从第二句起皆为双句。又如元稹《一字至七字诗·茶》："茶。香叶，嫩芽。慕诗客，爱僧家。碾雕白玉，罗织红纱。铫煎黄蕊色，碗转麴尘花。夜后邀陪明月，晨前命对朝霞。洗尽古今人不倦，将知醉后岂堪夸。"

唐以后的宝塔诗常用以调侃他人，游戏性质逐渐凸显。《儒林外史》第二回，年轻的新进学秀才梅玖瞧不起年已六十多岁的老童生周进，就用一首宝塔诗加以嘲弄："呆，秀才，吃长斋，胡须满腮，经书不揭开，纸笔自己安排，明年不请我自来。"这一取笑令周进非常尴尬。值得一提的是，其形式一字至七字皆为单句，与唐人之作已有所不同。

据传，明代才子唐寅的对门住一富翁之母，其儿子为母亲庆贺七十寿诞，向唐寅求写祝寿诗。唐下笔即书七字："对门老妇不是人！"富翁大惊。唐继书："好似南山观世音。"气氛缓和。第三句："两个儿子都是贼。"富翁刚要发怒，只见唐寅迅速写下第四句："偷来仙桃献母亲。"于是皆大欢喜。大开大合的游戏笔墨令富翁晕头转向，无可奈何，却令读者绝倒。民间传说之语本不足为据，游戏笔墨的作者却还有明人徐渭（徐文长）或清人纪昀（纪晓岚）的不同说法，字句也有不同。总之无论是否张冠李戴，一笑置之可也。

文人如是游戏文学，帝王也未能免俗。翁仲是旧时帝王或高官墓道两旁所立石像，其名称创于秦始皇。易宗夔《新世说》卷七《乾隆皇帝"颠倒"诗》一则云：

> 乾隆时某词臣奉敕撰墓志铭，误将"翁仲"二字倒置，坐降通判。濒行，高宗为赋一绝云："翁仲如何说仲翁，十年窗下欠夫工。从今不许为林翰，贬尔江南作判通。"盖每句末二字均颠倒也。

读后真令人忍俊不禁。封建帝王对于臣子是否如此诙谐，大可怀疑，游戏笔墨自当以游戏视之为妙。

清代乾嘉间文人缪艮曾辑有《文章游戏》四编，专门载录各类文体中游戏笔墨。钱锺书小说《围城》中描述李梅亭笑谈"扶小娘儿过桥"的八股文，就是出自《文章游戏初编》一书。其"破题"云："爱而防颠，临深之致可摹也。""承题"云："夫过桥何足虑？且兹之过者，小娘也。我见犹怜，宁俟其颠而始扶耶？"文末"大结"一段："而惟是问姓无姓，问名无名，两下扶行，依依桥畔，非淫奔而何？为启汉翼德将军，求其一喝而断此桥而立毙焉，夫谁曰不可？"将不无轻薄之意的文字，用科举考试功令文的文体出之，本身就是一件滑稽无比的事情！大略读过这篇《扶小娘儿过桥》的游戏八股文，对于加深理解小说中李梅亭的阴损性格，不可或缺。

游戏不是文学，但文学中点缀一些游戏笔墨，却也无伤大雅！

文字修改与一字之师

南朝梁刘勰《文心雕龙·附会》："改章难于造篇，易字艰于代句。"宋戴复古《论诗十绝》其十："草就篇章只等闲，作诗容易改诗难。玉经雕琢方成器，句要丰腴字要安。"唐代杜甫写诗追求"为人性僻耽佳句，语不惊人死不休"（《江上值水如海势聊短述》），这位诗圣将修改自己的诗作当成一种积极的休息，《解闷十二首》其七云："陶冶性灵存底物，新诗改罢自长吟。孰知二谢将能事，颇学阴何苦用心。"宋魏庆之《诗人玉屑》卷八有云："唐人虽小诗，必极工而后已。所谓旬锻月炼，信非虚言。"又引宋范季随《陵阳先生室中语》云："赋诗十首，不若改诗一首，少陵有'新诗改罢自长吟'之句，虽少陵之才，亦须改定。"

唐代白居易作诗则追求通俗平易，据说他每作一诗毕，就读给某老妇人听，以老妇人能否听明白为自己修改作品的标准（见宋惠洪《冷斋夜话》卷一），留下"老妪能解"的美谈。古人论诗言事，常喜过甚其词，所谓"老妪能解"，不知其事之虚实，姑妄听之而已。

如琢如磨，古人对于创作的文字修改是极其认真的。宋代欧阳修曾为宰相韩琦在故乡相州修建的昼锦堂写过一篇《相州昼锦堂记》，其中有"仕宦至将相，富贵归故乡"两句。几天以后，欧阳修派人用修订本换回了旧本，韩琦细读修订本再三，发现文字并未经重大改动，只是在上揭二句的"仕宦"与"富贵"之下各加一"而"字而已，文章虚字之增删本无关宏旨，然而加了"而"字，在语气顿挫间，读来更觉通畅顺达（见《宋稗类钞》卷五）。这种对自己的文章精益求精的审慎态度，欧阳修一生奉行，至晚年改文更加刻苦。他的妻子劝解他说："何自苦如此，尚畏先生嗔耶？"欧阳修回答说："不畏先生嗔，却怕后生笑。"（见《宋人逸事汇编》卷八）

无论诗词歌赋，文字修改也是一种创造性思维，他人也可以从中学习到有关文字修改的技巧。据后蜀何光远《鉴戒录·贾忤旨》记述，唐代贾岛骑驴长安道上，吟得"鸟宿池中树，僧敲月下门"。唯于对句中动词用"敲"还是用"推"，难以确定，就在驴子上用手作推或敲的手势，不料冲撞了京兆尹韩愈，韩愈闻知后，立马思索良久，认为"作敲字佳矣"。"推敲"从此成为斟酌字句的掌故。

宋代王安石《泊船瓜洲》七绝后二句"春风又绿江南岸，明月何时照我还"，其中一个"绿"字，据宋洪迈《容斋随笔·续笔》卷八《诗词改字》："吴中士人家藏其草，初云'又到江南岸'，圈去'到'字，注曰'不好'，改为'过'，复圈去而改为'入'，旋改为'满'。凡如是十许字，始定为'绿'。"古人诗词讲究"炼字"，动词用法首当其冲，这里以形容词"绿"作为动词使用，倍见神采。钱锺书《宋诗选注》就此论道："但是'绿'字这种用法在唐诗中早见而亦屡见：丘为《题农父庐舍》：'东风何时至？已绿湖上山'，李白《侍从宜春苑赋柳色听新莺百啭歌》：'东风已绿瀛洲草'；常建《闲斋卧雨行药至山馆稍次湖亭》：

'行药至石壁，东风变阴芽。主人山门绿，小隐湖中花。'于是发生了一连串的问题：王安石的反复修改是忘记了唐人的诗句而白费心力呢？还是明知这些诗句而有心立异呢？他选定'绿'字是跟唐人暗合呢？是最后想起了唐人诗句而欣然沿用呢？还是自觉不能出奇制胜，终于向唐人认输呢？"看来诗词炼句，借鉴前人经验不可或缺。

宋黄庭坚曾在开封相国寺得到宋祁所撰《新唐书》列传部分的手稿一束，对上面的文字改易之处仔细揣摩，于是文章水平日渐提高（见《宋稗类钞》卷五），可称善于学习者。"鸳鸯绣了从教看，莫把金针度与人"（金元好问《论诗》），古人的心态保守，不肯将文章技巧轻易传人，也是有的。明"后七子"之一的谢榛有一次向众人大谈诗法，李攀龙在旁责怪他"太泄天机"（谢榛《诗家直说》卷三），显然就是这种保守心态的凸显。

自己的作品或读书被他人指出毛病，即使只是一字的讹误，也被称为"一字师"，可见古人虚心向学的真诚态度。五代王定保《唐摭言·切磋》载李相读《春秋》，叔孙婼之"婼"应读"敕略切"，李误为"敕晷切"，小吏言之，公大惭愧，"命小吏受北面之礼，号曰'一字师'"。五代时诗人齐己《早梅》诗有"前村深雪里，昨夜数枝开"两句，郑谷见到后，认为"数枝，非早也。未若一枝"，改为"一枝"就与诗题"早梅"切合了。齐己心悦诚服，不觉下拜，于是人们就称誉郑谷为"一字师"（见宋魏庆之《诗人玉屑·一字师》）。另据宋周紫芝《竹坡诗话》卷三，宋曾几《送汪内相赴临川》诗有"白玉堂中曾草诏，水晶宫里近题诗"两句，韩驹读后，将两个方位词"中""里"分别改成形容词"深""冷"，变动诗句的结构，令意象得到扩展，于是曾几就称韩驹为"一字师"。

古代典籍中有关"一字师"的记述有很多，但多从艺术的角度着眼；从政治角度着眼改动作品而成一字师者，宋人也有其例。《宋人逸事汇编》引《陈辅之诗话》，张咏曾写有"独恨太平无一事，江南闲煞老尚书"两句诗，被其下属萧楚材看到，就直言相告："功高位重，奸人侧目

之秋，天下一统，公独恨太平，何也？"张咏听后，当即改"恨"为
"幸"，免除了可能发生的一场不测事件。张咏于是就称萧楚材为"一字
之师"，并深深致谢。

《诗经·小雅·鹤鸣》："他山之石，可以攻玉。"自己作品的不足，
别人也许看得最清楚。

本色与造作

南朝梁刘勰《文心雕龙·通变》："今才颖之士，刻意学文，多略汉
篇，师范宋集，虽古今备阅，然近附而远疏矣。夫青生于蓝，绛生于蒨，
虽逾本色，不能复化。"文中所谓"本色"即本来颜色的意思，与作为有
明确意旨的文学批评用语尚有一间之隔。

"本色"成说，肇自宋人陈师道之口，他认为唐代韩愈"以文为诗"
以及宋代苏轼"以诗为词"，"如教坊雷大使之舞，虽极天下之工，要非
本色"（见《后山诗话》）。这是基于文体不同而确认"本色"与否的判
断。宋严羽《沧浪诗话·诗法》为维护诗体之正，就强调作诗"须是本
色，须是当行"，其立论不出陈师道的文体意识。明胡应麟《诗薮》内编
卷一云："文章自有体裁，凡为某体，务须寻其本色，庶几当行。"这无
非也是对严羽辨体尊体"本色"说的响应。

"本色"说发轫于诗词批评，其后却广泛应用于戏曲批评，也算是异
数了。论者普遍认为元杂剧的语言"本色"，关汉卿的杂剧创作又最能体
现元杂剧的这一特色，被称为"本色派"。与"本色派"对举者是"文采
派"，王实甫与马致远是其代表人物。两派之分立就是以他们的杂剧语言
是否质朴为依据的。然而如此划分又不尽准确，如明代传奇作家沈璟属于
吴江派作家，强调戏剧声律与本色为该派的特点；明代另一传奇作家汤显
祖属于临川派，强调戏剧语言的文采与传神。但有论者评价汤显祖，认为
他继承了元杂剧语言的本色传统，形成了其戏剧语言含蓄空灵的独特风

格。这种"你中有我"的现象有可能模糊了"本色"一词的含义。

明代文学艺术家徐渭论戏剧有"贱相色,贵本色"之论,其《西厢序》有云:"世事莫不有本色,有相色。本色犹俗言正身也,相色替身也。替身者,即书评中'婢作夫人,终觉羞涩'之谓也。婢作夫人者,欲涂抹成主母而多插带,反掩其素之谓也。故余于此本中贱相色,贵本色。"所谓"相色",本系佛学术语,即事物的外在形象。徐渭以之借指那些凭借徒有其表的雕琢而缺乏实质内容,甚而歪曲、遮蔽人生本相与生活真实的戏曲创作。在徐渭笔下,"本色"是从艺术真实与否的角度立论的。

明代唐宋派作家唐顺之《答茅鹿门知县二》也使用了"本色"一词,与上揭《文心雕龙》所用"本色"意义略同,即"本来颜色",属于中性词,故他所称"本色"有高、卑之分。陶渊明的诗"信手写出,便是宇宙间第一等好诗",即因其"本色高";沈约虽"较声律,雕句文",但"满卷累牍,竟不曾道出一两句好话",就因为其"本色卑"。然而现代论者一般使用"本色"一词,却多偏向于褒义,如陶明濬《诗说杂记》卷七认为:"本色者,所以保全天趣者也。故夷光之姿必不肯污以脂粉;蓝田之玉,又何须饰以丹漆,此本色之所以可贵也。"如此而论,"本色"的反面就是"造作"了。尽管如此界定未必符合古人初创"本色"说之原意,然而对于我们鉴赏古人作品却有方法论的意义。

刘邦的《大风歌》是他当了汉高帝以后还乡之际所作:"大风起兮云飞扬,威加海内兮归故乡,安得猛士兮守四方!"全歌质朴无华,直抒胸臆,感情真实,自然属于"本色"之作。宋苏辙有评云:"高帝岂以文字高世者,帝王之度固然,发于中而不自知也。"(见《诗人玉屑》卷一四)刘邦的曾孙汉武帝刘彻也有一首《秋风辞》,是他"幸河东,祠后土"时所作:"秋风起兮白云飞,草木黄落兮雁南归。兰有秀兮菊有芳,怀佳人兮不能忘。泛楼船兮济汾河,横中流兮扬素波。箫鼓鸣兮发棹歌,欢乐极兮哀情多,少壮几时兮奈老何。"虽然字句多于《大风歌》,然而气魄却远逊于其曾祖。其首句显然模仿《大风歌》首句，第二句与第三、第四句则分别受战国楚宋玉《九辩》（"萧瑟兮草木摇落而变衰"）与屈原《九歌·湘夫人》（"沅有茝兮醴有兰""闻佳人兮召予"）有关辞句的启发，刻意雕饰之下反而有造作之态，与刘彻一代雄主的本来面目不相符合。清王士禛对《秋风辞》有"汉武帝《秋风辞》，足迹骚人"之评（见《渔洋诗话》卷下），未尝不是一种婉言的批评。

无论古今，只有从心中流淌出来的歌吟，才最感人！

名字取义与古代文化

秦末项羽少年时代不好读书，还要找出理由。据《史记·项羽本纪》："项籍少时，学书不成，去学剑，又不成。项梁怒之。籍曰：'书足以记名姓而已。剑一人敌，不足学，学万人敌。'"姓氏一般继承家族而来，是血统的标记，不能轻易改变；一个人的名字取义，写成汉字，就有音、形、义三项内容，涉及古代文化的方方面面。

宋朝贾黄中与卢多逊同朝为官，适值京城附近蝗虫为灾，卢就与贾开玩笑说："某闻所有乃假蝗虫。"贾一听便知是拿自己的姓名谐音取笑，立即回答说："亦不闻伤稼，但芦多损耳。"以牙还牙，也以谐音字取笑了卢多逊，难得他如此急智（见《宋人逸事汇编》）。古人相互用名字开玩笑，还可以利用汉字字形的微小变化加以演绎，宋张师正《倦游杂录》所记述宋人蔡襄、陈亚两人事就很有趣味。蔡襄曾撰"陈亚有心终是恶"的上联求对，陈亚即用"蔡襄无口便成衰"的下联为对，无伤大雅的相互取笑，显示出古人机智。

古人很重视人名与表字的取义，战国楚屈原对于父亲给自己所取名与字就很自豪："皇览揆余初度兮，肇锡余以嘉名：名余曰正则兮，字余曰灵均。"（《离骚》）《三国志》中关羽，字云长；宋人岳飞，字鹏举。显示了古人取名与表字的相关性。古人认为龟是长寿的动物，用来取名就很寻常，如唐人有李龟年、陆龟蒙等。然而随着时代变迁，"龟"的含义有了另外的诠释，宋代以后的人就很少有人以"龟"命名了。

清初文学批评家金圣叹，原名金采，字若采。他后来之所以改名金人瑞，字曰圣叹，据其自言："《论语》有两'喟然叹曰'，在颜渊为叹圣，在曾点为圣叹，予其为点之流亚欤！"（见《清稗类钞·姓名类》）《论语·子罕》："颜渊喟然叹曰：'仰之弥高，钻之弥坚。瞻之在前，忽焉在后。夫子循循然善诱人，博我以文，约我以礼，欲罢不能。既竭吾才，如有所立卓尔，虽欲从之，末由也已。'"《论语·先进》："曰：'莫春者，春服既成，冠者五六人，童子六七人，浴乎沂，风乎舞雩，咏而归。'夫子喟然叹曰：'吾与点也！'"点，即曾参的父亲曾点，字皙，孔子长叹一声，同意曾点的人生价值取向，因而金圣叹也以曾点为表率，故以"圣叹"歇后"吾与点也"四字。

西汉文学家司马相如，据《史记·司马相如列传》，他"少时好读书，学击剑，故其亲名之曰犬子。相如既学，慕蔺相如之为人，更名相如"。蔺相如是战国赵人，曾出使秦国，不畏强暴，终于"完璧归赵"。南宋周密《齐东野语》卷一七记有奇对数则，其中一则云："司马相如、蔺相如，果相如否；长孙无忌、费无忌，能无忌乎。"长孙无忌是唐初政治家，曾辅佐李世民立有大功，在凌烟阁图画二十四功臣中居首位。唐高宗时因奸臣诬陷被贬黔州，随后又被迫自缢。费无忌又名费无极，是春秋末楚国的佞臣，曾劝楚平王迎娶儿媳，迫害太子，导致伍子胥亡命吴国，为楚国大乱埋下伏笔，最终为国人所怨恨，被诛杀灭族。对联以人名字取偶，而同名者又未必德行相同，评说历史人物极见巧思。

封建时代，贵为帝王就可以对自己的臣属赐名甚至赐姓，这常被视为一种恩典或殊荣。明末的民族英雄郑成功就曾被南明隆武帝赐姓为朱，于是就有了朱成功或"国姓爷"的尊称。但也有令当事者难堪的事例，清雍正帝即大位后清除异己，将自己的两个弟弟胤禩、胤禟分别赐名为"阿其那""塞思黑"，据说满语中，前者是狗的意思，后者即猪，以羞辱二人不齿于人类。用改名的方法作践自己的同父兄弟，可见专制者的荒唐可笑。

古人每以多子多孙为福，同辈子孙的排行用字，有的家庭就极为讲究。或以伯（孟）、仲、叔、季为序，或取同偏旁部首的汉字为别，或用同一字嵌入名中，以显示辈分。儒家祖师孔子字仲尼，因而有人就不怀好意地称之为"孔老二"。有意思的是，孔门行辈的排字是从元代开始的，据说孔子的五十四代孙孔思晦以下为"克"字辈，此辈以下就以"希言公彦承，宏闻贞尚衍，兴毓传继广，昭宪庆繁祥，令德维垂佑，钦绍念显扬"这三十字为序（见《清稗类钞·姓名类》）。1919年以后，第七十六代衍圣公孔令贻又追加二十字"建道敦安定，懋修肇彝常，裕文焕景瑞，永锡世绪昌"为序。一姓之中有如此严整划一的行辈派字，圣裔孔氏家族外，颜、曾、孟三家也依上述派字为行辈之序，但孔、颜、曾、孟这四姓行辈的对应关系是否准确，就不得而知了。

北魏孝文帝的儿子分别取名恂、愉、悦、怿，他的臣属崔光的儿子则分别取名励、勖、劼、勉。有一次孝文帝对崔光说："朕儿旁有心，卿儿旁有力。"崔光立即回答道："君子劳心，小人劳力。"孝文帝听后大为高兴（见《蓉塘诗话》卷三）。以取名用字的巧合博得帝王的欢心，也算处心积虑且应对敏捷了。

清初方孝标，原名玄成，他的三个弟弟分别名亨咸、膏茂、章钺，全按所谓"文头武脚"的规律取名。顺治皇帝知道后，曾开玩笑说："'於戏哀哉'亦文头武脚也。"论者认为这是方氏一家的不祥之兆。此后方孝标死后果然因为《滇黔纪闻》一书被开棺戮尸，方氏一族全受株连。或许这也算是巧合，却是悲剧性的。

晋代的陆云（字士龙）与荀隐（字鸣鹤）本不相识，两人在张华府中相见，前者以"云间陆士龙"自我介绍，后者则应以"日下荀鸣鹤"（见《世说新语·排调》）。两者对自己的名字皆充满自信，从而留下一段佳话。历史上也有以自己的姓氏为羞耻的，清代乾隆间状元秦大士

（字鉴泉）游西湖岳飞墓地，曾写有"人从宋后羞名桧，我到坟前愧姓秦"一联以自嘲，也是一种自信的表现。

中国人取名是一种文化的体现，但是否可以决定人的一生命运？古人不乏认同者，甚至今人也有作肯定回答的。然而只要抽时间翻阅一下《古今同姓名大辞典》，就会发现，同姓名者未必同命！

文章与际遇

唐诗人李贺写有《南园十三首》，杂感丛生，其中第六首云："寻章摘句老雕虫，晓月当帘挂玉弓。不见年年辽海上，文章何处哭秋风。"边塞用兵，只需要武将，善于悲秋以书写心灵的文人墨客则全无用处，这未免辜负了三更灯火五更鸡的辛勤苦读。诗人怀才不遇的伤感在旧时封建文人中有一定的普遍性，这可以概括为"文章与际遇"的主题。

在古代，文章是一个较为宽泛的概念，包括诗词韵文，也包括散文等等。三国魏曹丕《典论·论文》有云："盖文章经国之大业，不朽之盛事。年寿有时而尽，荣乐止乎其身，二者必至之常期，未若文章之无穷。"这位以魏代汉的封建帝王将文章事业提高到一个空前的高度。然而在商品经济不断发展的社会背景下，货须卖与识家，恰如打鱼的阮小五与阮小七拍着脖项对吴用所说："这腔热血，只要买与识货的！"（《水浒传》第十五回）后世的文人也身不由己地将自己的精神产品纳入商品的范畴："欧阳文忠公言文章如精金美玉，市有定价，非人所能以口舌定贵贱也。"（宋苏轼《与谢民师推官书》）将文学作品放入历史的长河中加以考察，的确皆有定评；但若仅以一时一地的人之好恶为准，则未免失之偏颇。

汉司马迁撰写《史记》，其《太史公自序》有云："凡百三十篇，五十二万六千五百字，为太史公书。序略，以拾遗补艺，成一家之言，厥协六经异传，整齐百家杂语，藏之名山，副在京师，俟后世圣人君子。"自信的司马迁之所以要"俟后世圣人君子"的评价，就是因为优秀的作品难以在短时间内得到世人的首肯，他的头脑异常清醒。虽然"文无定评"仅是短时间内事，但却足以影响文人的一生遭际，于是极易令人将一切委之于命，有了时运或曰际遇的感叹。

穷困不遇的文人或宏图不展的士子，于诅咒生不逢时之外，总要找一些"葡萄酸"的理由自我宽慰。唐韩愈《进学解》有云："今先生学虽勤而不由其统，言虽多而不要其中，文虽奇而不济于用，行虽修而不显于众。犹且月费俸钱、岁靡廪粟。子不知耕，妇不知织。乘马从徒，安坐而食，踵常途之役役，窥陈编以盗窃。然而圣主不加诛，宰臣不见斥，非其幸欤！动而得谤，名亦随之。投闲置散，乃分之宜。"这番聊以自慰的话语总令人感到作者一种无可奈何的心态。清蒲松龄七律《偶感》有云："一字褒疑华衮赐，千秋业付后人猜。此生所恨无知己，纵不成名未足哀。"大半生潦倒不遇的蒲松龄因其《聊斋志异》受到当时诗坛领袖王士禛的青睐而感激涕零，然而其最后的精神支柱却仍然是太史公的"名山事业"说，幸运的是，他的确实现了。清代不幸早夭的诗人黄景仁（1749~1783）有云："文章草草皆千古，仕宦匆匆至十年。"（《呈袁简斋太史》）总感觉其中有相当负气的成分。

唐代的才子骆宾王曾向武则天上疏言事，反而获罪遭到贬斥。以后他为反叛者写下那篇著名的《为徐敬业讨武曌檄》，终于令被骂者有所觉悟，却又透过于人说："宰相安得失此人！"（《新唐书·骆宾王传》）然而大势所趋，为时已晚，骆宾王与际遇终于失诸交臂，亡命天涯，不知所之。大诗人李白就不同了，他于天宝初以诗名应诏入京，官居供奉翰林，曾有"御手调羹、贵妃捧砚、力士脱靴"的礼遇，着实风光了一阵子（见《唐才子传》卷二）。宋代的文学艺术家苏轼，文才不逊于李白，却因与当权的王安石政见不同，遭到宋神宗的贬斥，并遭受乌台诗案的打击，险些丢了性命，与李白曾荣耀一时的际遇形成鲜明对比。

历史上命运遭际比苏轼差的文士不在少数。隋代的薛道衡以"暗牖悬蛛网，空梁落燕泥"（《昔昔盐》）描写闺怨，淋漓尽致，得到一致好评，却因此惹来杀身之祸。隋炀帝是一位暴君，却有一些文才，非常不情愿看到他人超过自己，他终于借故诛杀了薛道衡，又恨恨地说："更能作'空梁落燕泥'否?"将自己的阴暗心理暴露无遗。无独有偶，著作郎王胄唱和隋炀帝《燕歌行》，一不留神，水平远超原作，也终于为这位帝王所害。更令人惊悚的是，隋炀帝对已死之人也不放过，吟诵着王胄的得意之句"庭草无人随意绿"，挑衅式地问道："你还能写出这样的诗句吗?"（皆见于唐刘𫗧《隋唐嘉话》卷上）读书人遇到如此嫉妒才人又小肚鸡肠的封建帝王，有理讲不清，只能怪自己才能外露了。

清人郑燮有《文章》一诗讨论文人际遇有云："唐明皇帝宋神宗，翰苑青莲苏长公。千古文章凭际遇，燕泥庭草哭秋风。"言简意赅地道出处于不同时代的李白、苏轼、薛道衡、王胄四人遭际之异，将读书人在封建专制淫威下的险恶生态环境刻画而出，堪称不着一字，尽得风流。不过应当看到的是，李白即使在唐玄宗的朝廷中一度受宠，也不过两三年的光景，被"赐金放还"以后，安史之乱中，因参加永王李璘的幕府而一度下狱，险遭不测。杜甫《天末怀李白》诗云"文章憎命达，魑魅喜人过"，就很为李白抱不平。看来李白的际遇也是相对的。

立志于无愧于社会与历史的名山事业，只有"不以物喜，不以己悲"，也许才可以自得其乐!

张打油与胡钉铰

古人常称多用俚语且通俗滑稽以资游戏取笑的诗作为"打油诗"，今人使用这三个字，又含有作诗信口而出，不合格律的意思，常含有贬义或用作自谦语。严格而论，打油诗并不具备文体意义。宋代严羽《沧浪诗话》有"诗体"一章，分别以语言形式、时代、诗人、诗歌内容或艺术风格等划分诗体，皆没有提及打油诗。明代徐师曾《文体明辨序说·诙谐诗》列有"俳谐体"诗，若强为派分，打油、钉铰、覆窠等都可以归入于"俳谐体"的名下。

宋钱易《南部新书》已经言及会写诗的张打油与胡钉铰两人。明代杨慎《升庵诗话》卷一四载："唐人有张打油作《雪》诗云：'江山一笼统，井上黑窟笼。黄狗身上白，白狗身上肿。'"诗写得如此直白，的确滑稽可笑。

宋计有功《唐诗纪事》卷二八"胡令能"有云："令能，圃田隐者，少为负局锼钉之业。以所居列子之里，家贫，遇茶果必祭列子，以求聪明。或梦人剖其腹，以一卷书内之，遂能吟咏，禅学尤邃，世谓胡钉铰者也。贞元、元和间人。"胡令能的职业大约是旧时洗镜、补锅、镉碗的小炉匠，一次梦后居然能够写诗，事涉荒诞，可能是自炫的产物。清人编纂《全唐诗》卷七二七收录有他的四首诗，其中《王昭君》一诗云："胡风似剑锼人骨，汉月如钩钓胃肠。魂梦不知身在路，夜来犹自到昭阳。"首二句比喻奇特，有其职业的特点，恰与后二句较为雅化的诗句形成对比，从而营造出滑稽的效果。然而他的《小儿垂钓》一诗，刻画儿童神态细致入微："蓬头稚子学垂纶，侧坐莓苔草映身。路人借问遥招手，怕得鱼惊不应人。"胡钉铰的这些诗显然比张打油的《雪》诗高明多了。

何谓"覆窠"？江南人指轻薄浅俗的言语。《太平广记》卷五五"伊用昌"一则云："江南人呼轻薄之词为覆窠。"又记述说，唐代伊用昌又号伊风子，与其少妻游戏人间。"江南有芒草，贫民采之织屦。缘地土卑湿，此草耐水，而贫民多着之。伊风子至茶陵县门，大题云：'茶陵一道好长街，两畔栽柳不栽槐。夜后不闻更漏鼓，只听锤芒织草鞋。'"结果被县官驱逐出境。伊用昌的这一类诗就被后人称为"覆窠体"，成为旧时对不拘韵律的通俗诗的戏称。《全唐诗》卷八六一收录伊用昌的诗六首以及一些散句，他的诗平铺直叙，的确诗味无多。如其《题酒楼壁》："此生生在此生先，何事从玄不复玄。已在淮南鸡犬后，而今便到玉皇前。"

杨慎《升庵诗话》卷三"打油诗"一则云："小市水涨，妓居北岩寺，黠少年作诗曰：'水涨倡家住得高，北岩和尚得松腰。丢开《般若经》千卷，且说风流话几条。最喜枕连添耍笑，由他岸上涌波涛。师徒大小齐声祝，愿得明年又一遭。'亦可笑。"发水居然成就了和尚的一段因缘，黠少年以诗描述，更觉滑稽可笑。

无论打油、钉铰、覆窠，名目虽异，游戏笔墨居多，风格大体相同。历史上这一类风格的诗作传世不少，唐代的王梵志就是写这一类诗的能手。他有一诗云："城外土馒头，馅草在城里。一人吃一个，莫嫌没滋味。"又一诗云："世无百年人，强作千年调。打铁作门限，鬼见拍手笑。"皆看穿生死，饶有禅意。宋范成大《重九日行营寿藏之地》诗颔联："纵有千年铁门限，终须一个土馒头。"当是对王梵志两诗诗意的概括。清曹雪芹《红楼梦》中铁槛寺与馒头庵的取名由来，即是得到范成大诗的启发。小说中的怪尼妙玉最喜欢这两句诗："古人自汉晋五代唐宋以来皆无好诗，只有两句好，说道：'纵有千年铁门槛，终须一个土馒头。'所以他自称'槛外之人'。"（见第六十三回）范成大的诗虽通俗，却非玩世不恭之作，且富于哲理，因而受到曹雪芹的青睐。

历史上还有因为写这一类诗而得宠于帝王者。晚唐诗人卢延让本是一位苦吟派诗人，"吟安一个字，拈断数茎须"（《苦吟》），就是他的名句。五代孙光宪《北梦琐言》卷七有云："唐卢延让业诗，二十五举方登一第。卷中有句云：'狐冲官道过，狗触店门开。'租庸张浚亲见此诗，每称赏之。又有'饿猫临鼠穴，馋犬舐鱼砧'之句，为成中令汭见赏。又有'栗爆烧毡破，猫跳触鼎翻'句，为王先主建所赏。尝谓人曰：'平生投谒公卿，不意得力于猫儿狗子也。'人闻而笑之。"能写上揭极为可笑的诗，竟然能够凭借这些诗周旋于公卿帝王间，也算是异数了。

值得一提的是，唐代诗圣杜甫对于这一类诗也偶一为之。他有《戏作俳谐体遣闷二首》，其一云："异俗吁可怪，斯人难并居。家家养乌鬼，顿顿食黄鱼。"用来形容夔州一带风俗的奇异，通俗而已，并不滑稽可笑。何谓"乌鬼"？或谓川俗事奉的鬼神名，即乌蛮鬼；或谓乃渔人饲养捕鱼水鸟鸬鹚的别名。联系其下句"顿顿食黄鱼"，当以后者为是。

富贵与婚变

古今社会中一些人社会地位的变迁或经济状况有所改善，往往会导致家庭婚姻的变化。在以男性为中心的封建社会，婚变的受害者通常是妇女。这在古代儒家"五经"之一的《诗经》中早有反映，《邶风·谷风》就是一位帮助丈夫起家后即被遗弃的妇女心中的悲歌，因其夫另有新欢，这位弃妇不得不心灰意懒地离开了家门，"宴尔新婚，不我屑以"，犹云前夫与其新欢何其快活，却将我这个原配无情地抛弃，这是何等的不公，何等的凄凉！

《诗经·卫风·氓》也是弃妇的哀怨之诗，"女也不爽，士贰其行。士也罔极，二三其德。"其诗大意：女子与男子从相识到结婚乃至被无情抛弃，毫无差错，只因男子变了心，喜怒无常欺负人，朝三暮四无德行。全诗于愤激的叙述中，道出了当时社会"痴心女子负心汉"的无奈。随着封建社会的变迁，男权愈加威重，文学中负心汉的主题也愈加鲜明。宋元南戏《王魁负桂英》、明人话本《金玉奴棒打薄情郎》等，都是鞭挞社会中无耻负心汉的作品，呼喊出广大百姓的心声。至于近世京剧《秦香莲》的问世，包青天刀铡驸马陈世美，虽纯属虚构，却因顺应民心所向，终于成为家喻户晓的传奇故事。

古代谚语有"贵易交，富易妻"之说，凸显了这一现象在等级社会中存在的普遍性。宋钱易《南部新书》甲："高宗欲废王皇后，立武昭仪，犹豫未定。许南阳宣言于朝曰：'田舍翁购种，得十斛麦，尚须换却旧妇。况天子富有四海，立一皇后？有何不可。'上意乃定。"唐高宗的权臣许敬宗的田舍翁之喻，未免过甚其词，无非为迎合帝王立武则天为皇后的心愿，可不论。然而妻子对于丈夫社会地位或经济地位的变化往往敏感，却非空穴来风。

《韩非子·内储说下》记述一位卫国妇女向天祈祷："使我无故，得百束布。"她的丈夫疑惑不解地问道："何少也?"这位妻子回答说："如果超过百匹布,你就要买妾了。"这位妇女的智商的确不低,洞悉男子心理且巧妙应答,点出当时社会的一个普遍性问题。三国魏曹丕《典论·内戒》也记述过一则趣谈,却未免属于"事后诸葛亮"了:"上洛都尉王琰,获高干,以功封侯,其妻哭于室,以为琰富贵,将更娶妾媵,而夺己爱故也。"古代妇女的这种"忧患意识",表明了她们难以自主命运的低下地位。"新人虽言好,未若故人姝",乐府民歌《上山采蘼芜》就很为社会中悲惨的弃妇抱不平。

当然,历史上也有不少把握住自身命运的"女强人"。晋代高官谢安意欲置妾,遭到妻子刘夫人的极力反对。谢安的子侄们就用《诗经》中有关篇章劝说刘夫人不要嫉妒,刘夫人就问《诗经》乃何人所作,众人回答是周公,于是刘夫人反唇相讥:"周公是男人,若是周姥作《诗》,一定不这样写!"(见《艺文类聚》卷三五)这一反驳令众人哑口无言,事情只好作罢。这是古代妇女运用机智维护自家尊严之一例。此外,还有不惜以死相拼者,唐太宗时的名相房玄龄的夫人即为一例。房玄龄深受李世民宠信,李世民意欲为房玄龄置妾,就令皇后先去找房夫人协商,不料竟遭拒绝。无奈中,唐太宗巧妙设计,先用一杯假的毒酒赐予房夫人,并说,若再不应允,就必须喝下这杯毒酒自尽。不料这位房夫人毫不迟疑地满饮而尽,这终于令唐太宗折服,言道:"我尚畏见,何况于玄龄!"(唐刘��《隋唐嘉话》卷中)这终于打消了这位帝王为房玄龄置妾的念头。

在古代,上述两位女性多被称为"妒妇",实属偏见,用今天的眼光看,这两位犀利果断的夫人至少当属于坚定的女权维护者——尽管这于当时社会风气的救赎是杯水车薪,完全无济于事。

在"夫为妻纲"的古代社会,男子因自身地位的变迁喜新厌旧,或因寻求政治靠山以便钻营等原因,常造成结发妻子的人生不幸。然而古人中也有一些有情有义的男子难忘结发深情且不慕荣利,坚守原配婚姻,留下千古美谈。东汉光武帝刘秀的姐姐湖阳公主看上了宣平侯宋弘,就托贵为帝王的弟弟保媒，不料却遭到严词拒绝，并留下"贫贱之知不可忘，糟糠之妻不下堂"的名言（见《后汉书·宋弘传》）。能够放弃他人求之不得的婚姻，坚辞权钱的诱惑，宋弘属于顶天立地的一位真男子！

无独有偶，唐代也有类似宋弘的一桩事。唐太宗意欲将女儿下嫁能征惯战的尉迟敬德，这位武夫却婉辞相拒说："臣妇虽鄙陋，亦不失夫妻情。臣每闻说古人语：'富不易妻，仁也。'臣窃慕之，愿停圣恩。"（唐刘悚《隋唐嘉话》卷中）尉迟敬德放弃了当帝王爱婿的资格，坚守仁德自守的做人底线，与东汉宋弘一事辉映千古，相得益彰！

无论古今中外，在社会发生急剧变革的时代，富贵与婚变就说不尽的内容，男女两者都要有人生责任感，方能问心无愧！

诗词与色彩

读过老舍的小说《微神》的读者，都会发现作品中有一个色彩斑斓的梦境，然而伴随这瑰丽梦境的却是"绿得有些凄惨"的现实世界。男主人公初恋女子的惨死给他留下了一个色彩单调的梦——"只想起那双小绿拖鞋，像两片树叶在永生的树上作着春梦"。色彩作用于人的情绪感觉是强烈持久且有一定稳定性的，据现代科学研究，不同的颜色能够通过视觉影响到人类的内分泌系统，如黄色令人振奋，红色使人活跃，绿色则有舒缓平静的指向，天蓝色的幻想成分是很浓的……"记得绿罗裙，处处怜芳草"（五代牛希济《生查子》），词中女主人公对情人的叮嘱，表现了古人对色彩功能的自发认识。老舍的小说《微神》是否受到古人有关色彩的诗词的启发呢？这的确耐人寻味。

通过强调人物穿戴的色彩以表达眷恋怀念之情，《诗经》早开先河。《郑风·出其东门》："出其东门，有女如云。虽则如云。匪我思存。缟衣綦巾，聊乐我员。"大意是：东郭门外的美女多如云，但都不是我的意中人，我只喜欢那穿白衣衫戴绿佩巾的女孩子。男子心仪者衣装的颜色记忆与牛希济词渲染的心理趋向是一致的。《邶风·绿衣》："绿兮衣兮，绿衣黄裳。心之忧矣，曷维其亡！"这是一首丈夫悼念亡妻的作品。妻子生前喜穿绿色的上衣与黄色的下裳，妻子亡故后，丈夫见到她生前的衣裳，不禁悲从中来。妻子生前的衣裳色彩是唤起丈夫无限眷恋的触媒。南朝民歌《西洲曲》："单衫杏子黄，双鬓鸦雏色。"男子忆及心上人，也全以色彩为依据。

色彩有助于人物形象的记忆，描写景物更见优长。《诗经·小雅·裳裳者华》："裳裳者华，或黄或白。"对于花颜色的渲染，就是对所崇拜者的赞美。《楚辞·九歌·少司命》："秋兰兮青青，绿叶兮紫茎。"以秋天兰花的形与色勾画出对理想境界的向往。南朝梁刘勰《文心雕龙·物色》有云："至如《雅》咏棠华，或黄或白；《骚》述秋兰，绿叶紫茎。凡摛表五色，贵在时见，若青黄屡出，则繁而不珍。"这是有关色彩运用于韵文中的理论总结，提出适可而止且不当滥用的原则。

巧妙运用色彩写景抒情，唐代的白居易是高手。其《忆江南》词中"日出江花红胜火，春来江水绿如蓝"二句，早已脍炙人口。其《暮江吟》："一道残阳铺水中，半江瑟瑟半江红。可怜九月初三夜，露似真珠月似弓。"巧用阳光与色彩的交织写景状物，真实自然，江山如画。明代杨慎在其《升庵诗话》卷一一就此论道："白乐天《琵琶行》：'枫叶荻花秋瑟瑟。'此句绝妙。枫叶红，荻花白，映秋色碧也。瑟瑟，珍宝名，其色碧，故以瑟影指'碧'字。读者草草，不知其解也。今以问人，辄答曰：'瑟瑟者，萧瑟也。'此解非是。何以证之？乐天又有《暮江曲》云：'一道残阳照水中，半江瑟瑟半江红。'此瑟瑟岂萧瑟哉？正言残阳照江，半红半碧耳。乐天有灵，必惊予为千载知音矣。"以绿色珍宝诠释"瑟瑟"两字，独出心裁，可备一说。

明人唐寅《晓起图》："晓鸦无数盘旋处，绿树枝头一线红。"在平旷的原野中，朝阳将天际盘旋的乌鸦背上染上红光，在天空背景尚较暗淡的状况下，就极其醒目，从而令诗意盎然。清王士禛七绝《真州绝句》：

"江干多是钓人居，柳陌菱塘一带疏。好是日斜风定后，半江红树卖鲈鱼。"后两句也如上揭《暮江曲》是描写日暮中江景的，由于色彩把握得恰到好处，因而"江淮间多写为图画"（见《渔洋诗话》卷中）。

有关色彩的形容词若活用为动词，在文学作品中就有画龙点睛之妙。宋王安石《泊船瓜洲》七绝"春风又绿江南岸"一句中"绿"字运用，大有名声。唐杜甫在其诗中以有关色彩的用字置于句首也别出心裁，如"红入桃花嫩，青归柳叶新"（《奉酬李都督表丈早春作》），"绿垂风折笋，红绽雨肥梅"（《陪郑广文游何将军山林十首》其五）等，皆新颖别致，极见巧思。

"已同白驹去，复类红花热"（南朝梁庾肩吾《南城门老》），"泉声咽危石，日色冷青松"（唐王维《过香积寺》），古人早已能分辨色调的冷暖，因而写情绘景，巧言切状。宋代蒋捷以"红了樱桃，绿了芭蕉"（《一剪梅》）两句表现时光在不知不觉中的飘逝，韵味十足；特别是将色彩用字置于句首且用如动词，清新自然，耐人寻味。宋代女词人李清照《如梦令》："知否，知否，应是绿肥红瘦。"将形容词活用为名词，读来也意味深长。

一向有"鬼才"之称的唐诗人李贺，他的作品常能将读者引入一个色彩纷呈、迷离怪谲的奇异世界，如"黑云压城城欲摧，甲光向日金鳞开"（《雁门太守行》），"虫栖雁病芦笋红，回风送客吹阴火"（《长平箭头歌》），"蜡光高悬照纱空，花房夜捣红守宫"（《宫娃歌》）等，不一而足，诗中光色相映，夺人眼目，奇妙无比！

色彩巧妙运用于诗词中，可增加作品的瑰丽并非偶然，因为人生就是五光十色的！

祸福与苦乐

《老子》中有一句传世的名言："祸兮，福之所倚；福兮，祸之所伏。"大意是：灾祸之中孕育着福运，幸福之中藏伏着灾难。哲学中探讨对立统一规律，讲矛盾对立面的相互转化，大都要引用老子这一段言简意赅的概括。《战国策·楚策四》有云："祸与福相贯，生与亡为邻。"这与《老子》中这段名言同调。成语"塞翁失马，焉知非福"，出自《淮南子·人间训》，可以视为《老子》有关祸福之论的形象阐释。

据说，边塞之地居住着一位老者，家中的一匹马跑到胡地丢失了，邻居都来安慰这家人，这位老者却认为："这为什么不是福事呢?"数月以后，所丢失的马跑了回来，还带回一匹胡地的骏马。于是人们又前来祝贺这家人，老者却认为："这为什么不能转化祸事呢?"果然其后老者的儿子骑这匹胡马，被摔折了大腿骨，人们又来安慰这家人，老者仍然如前两次一样不以为祸。一年以后，胡人犯边，丁壮皆须应征入伍去抵御侵略，十个人中就有九个人牺牲，老者的儿子却因为是残疾人失去应征参战的资格，从而免于一死。祸与福如此相互转化，显然是极而言之，而老者的消极应变，也不免古人宿命论的无奈。

《淮南子》一书本是杂家的著述，成于众人之手，思想前后并不一致。如《人间训》论祸福又称："夫祸之来也，人自生之；福之来也，人自成之。祸与福同门，利与害为邻，非神圣人，莫之能分。"人的主观因素在这里又得到了重视。明初刘基《郁离子》卷下有《句章野人》一则寓言，读来也发人深省。有位句章野人将草覆盖在篱笆上，听到草中有声音叫，打开草后捉到了一只野鸡。于是他又将草盖上，期望再捉到野鸡。第二天果然又听到草中有响动，打开草后却是一条毒蛇并对"野人"发动袭击，这位贪得无厌者终于被毒蛇咬破手指而赴黄泉。作者就此总结道："是故失意之事，恒生于其所得意，惟其见利而不见害，知存而不知亡也。"将人世利害问题引入祸福转化，也是意在强调人的主观因素。

祸福以及苦乐的相互转化，古人多有论述。《庄子·则阳》："安危相易，祸福相生。"这也是从哲学角度立论的。唐吴兢《贞观政要·刑法》"乐不可极，极乐成哀；欲不可纵，纵欲成灾。"这已是对人事的总结与警戒了。其实大到天下政事，小到日常生活，这种"乐极则哀集，至盈必有亏"（《抱朴子·畅玄》）的现象是普遍的。

用文学作品探讨人间苦乐转化的问题，如清初李渔《少年游·艳语》："夜深忽听花枝语，一字情千缕。乐处生悲，合处防离，诉出愁如许。　惜花风酿催花雨，好事难常倚。无限凄凉，偌大忧愁，出自欢娱里。"用男女闺房中的情话探讨人生苦乐的转化问题，不免如唐人刘禹锡所说："贵人三阁上，日晏未梳头。不应有恨事，娇甚却成愁。"（《三阁辞四首》其一）如此做作，反不如《红楼梦》第一回中甄士隐的《好了歌注》更觉冷峻醒世：

> 陋室空堂，当年笏满床，衰草枯杨，曾为歌舞场。蛛丝儿结满雕梁，绿纱今又糊在蓬窗上。说什么脂正浓，粉正香，如何两鬓又成霜？昨日黄土陇头送白骨，今宵红灯帐底卧鸳鸯。金满箱，银满箱，展眼乞丐人皆谤。正叹他人命不长，那知自己归来丧！训有方，保不定日后作强梁。择膏粱，谁承望流落在烟花巷！因嫌纱帽小，致使锁枷杠。昨怜破袄寒，今嫌紫蟒长：乱烘烘你方唱罢我登场，反认他乡是故乡。甚荒唐，到头来都是为他人作嫁衣裳！

不联系小说内容，只读《好了歌注》，总给读者一种人世无常的悲观意绪。若追溯其源头，其主旨与明初刘基《司马季主论卜》中的一段话类似："有昔者必有今日。是故碎瓦颓垣，昔日之歌楼舞馆也；荒榛断梗，昔日之琼蕤玉树也；露蚕风蝉，昔日之凤笙龙笛也；鬼磷萤火，昔日之金缸华烛也。秋荼春荠，昔日之象白驼峰也；丹枫白荻，昔日之蜀锦齐纨也。昔日之所无，今日有之不为过；昔日之所有，今日无之不为不足。是故一昼一夜，华开者谢；一春一秋，物故者新。激湍之下，必有深潭；高丘之下，必有浚谷。"

明代洪应明的《菜根谭》善于从乐观的一面讨论祸福与苦乐的问题，

似乎更贴近生活："苦心中常得悦心之趣，得意时便生失意之悲。"何谓"苦心"？天文学家经过不懈的观察与努力新发现了一颗彗星，历史学家经过繁难的求索考证解决了一个久被忽视的问题，文学家焚膏继晷的笔耕换来了散发油墨清香的新著，运动员历经长时间的艰苦训练终于捧回了奥运金牌……这些人的苦后之乐，堪称无与伦比！

乐极生悲是自找的，否极泰来是力争的！

文学与动物

《孟子·离娄下》有云："人之所以异于禽兽者几希，庶民去之，君子存之。"意即：人与动物的不同之处只有那么一点点，一般老百姓丢弃它，君子则加以保存。那么这"一点点"是什么呢？孟子认为就是"仁义"。仁义就是人与动物区以别之的界限。

在古代，骂人狼子野心、衣冠禽兽，属于极重的詈语；若说"猪狗不食其馀"，就无异于刨对方的祖坟了。唐骆宾王《为徐敬业讨武曌檄》咒骂武则天"虺蜴为心，豺狼成性"，无非是以动物喻人。孔夫子说"苛政猛于虎"（《礼记·檀弓》），是以猛虎喻暴政；清代蒲松龄《聊斋志异·梦狼》则更进一层："窃叹天下之官虎而吏狼者，比比也。即官不为虎，而吏且将为狼，况有猛于虎者耶！"三言两语用虎与狼的贪婪动物形象，骂尽天下的贪官污吏！

古人对城狐社鼠最为痛恨，因为城墙上的狐狸与土地庙中的老鼠，可以凭借其势位有恃无恐地为非作歹，人们意欲清除它们又未免"投鼠忌器"，不能放手歼灭它们。古人厌恶狗仗人势者，但又不否定狗对主人的忠诚，晋干宝《搜神记》、清蒲松龄《聊斋志异》、纪昀《阅微草堂笔记》、袁枚《子不语》等笔记小说皆不乏关于"义犬"的记述，大多是有现实依据的。然而文学作品中的多数动物形象却是由人赋予，如大雁的贞洁，鹰隼的疾恶如仇，鸳鸯的情侣化身等，不无根据，却也融入了作者的想象。至于历代文人所喜好创作的禽言诗，借飞禽的鸣叫声以抒发作者的情感，就更是如此了。

"何当击凡鸟，毛血洒平芜"（杜甫《画鹰》），寄寓着作者向往清明政治的远大抱负。"等闲妨了绣功夫。笑问双鸳鸯字怎生书"（欧阳修《南歌子》），一语双关，将闺中男女缱绻情深栩栩如生地传达了出来。"狮子似的凶心，兔子的怯弱，狐狸的狡猾……"（鲁迅《狂人日记》），人们对于飞禽走兽往往形成固定的认识，一般不会改变。《战国策·楚策一》中"狐假虎威"的寓言，狡猾的狐狸竟然使凶猛的山中之王老虎变得憨态可掬了。此外，狡猾的狐狸还常与"淫"字挂钩，《诗经·齐风·南山》中以"雄狐绥绥"比喻与自己同父异母的妹妹文姜通奸的齐襄公，形象地将这种不伦之恋暴露于天下。汉语中另有"狐媚"一词，常用来比喻淫荡、谄媚的女子，自然也是贬义的。

当然，狐狸也有翻身的日子，《聊斋志异》中的狐仙大多美丽温柔，风度翩翩，且能助人为乐。中世纪欧洲有关"列那狐"的系列故事，也不全讲狐狸的坏话。

在文学作品中，最令人反感的动物非蛇莫属。西方基督教的圣典《旧约》中，正是蛇引诱人类始祖夏娃偷吃了禁果，并怂恿亚当也吃了，两人因此具备了智慧和分别善恶的能力，被上帝一怒之下赶出了伊甸园。古希腊《伊索寓言》中农夫和蛇的故事发人深省："对恶人即使仁至义尽，他们的本性也是不会改变的。"寓言最后的总结深刻隽永。这很像我国明代马中锡《中山狼传》的寓言，迂执的东郭先生最终醒悟，杀死了恩将仇报的恶狼，象征着善对恶的胜利。

西汉刘向《新序》卷一《杂事第一》记述春秋时楚国少年孙叔敖的故事也涉及蛇的丑恶："孙叔敖为婴儿之时，出游，见两头蛇，杀而埋之。归而泣，其母问其故，叔敖对曰：'吾闻见两头之蛇者死，向者吾见之，恐去母而死也。'其母曰：'蛇今安在？'曰：'恐他人又见，杀而埋之矣。'其母曰：'吾闻有阴德者，天报之以福，汝不死也。'及长，为楚令尹，未治而国人信其仁也。"

明代拟话本小说集《警世通言》中有《白娘子永镇雷峰塔》的故事，小说中的女主人公白娘子就是一条白蛇，虽然减少了其蓝本《西湖三塔记》中那条蛇妖的狰狞，然而那"房中蟠着一条吊桶来粗大白蛇，两眼一似灯盏，放出金光来"的原形，也着实令读者毛骨悚然，远不如清蒲松龄笔下的狐仙那般有令读者"忘为异类"的温柔。

将动物人格化的成功之作要属明代吴承恩的小说《西游记》了。小说中的猪八戒贪吃好色又自私耍滑，爱占小便宜却又憨厚笨拙，带有家猪的形象特征，染有浓厚的明代小市民色彩。孙悟空灵巧机智，好胜争强，蔑视权威又乐观积极，正是人类头脑中有关猴子形象的反映，寄托了人类的几多理想。

文学即人学，文学中写动物就是在写人！

夫妇情与悼亡诗

所谓"悼亡"，就是悼念亡者的意思，然而古人使用"悼亡"二字，是有限定性的，不能随便用于妻子以外的过世者，乱用就会贻笑大方。晋代的潘岳因妻子亡故，深深的怀念中写下《悼亡》诗三首，哀婉动人，于是"悼亡"二字就仅用于丧妻的哀痛了。现代的一些半吊子文人将"悼亡"两字不仅施于友朋，甚至用于父母师尊的去世，转文反而露出马脚，的确是欲益反损。

古人称君臣、父子、兄弟、夫妇、朋友五种人际关系为"五伦"，又称"五常"。这五种关系即尊卑长幼之间的等级关系，为儒家信徒所最为看重的。《孟子·滕文公上》："人之有道也，饱食煖衣，逸居而无教，则近于禽兽，圣人有忧之，使契为司徒，教以人伦：父子有亲，君臣有义，夫妇有别，长幼有叙，朋友有信。"夫妇在五伦中虽居于第四位，然而其重要性却不容低估。

《诗经·大雅·思齐》："刑于寡妻，至于兄弟，以御于家邦。"意即行事先要向嫡妻示范，再推及众兄弟，直至到封地、国家。显然夫妻关系比兄弟更为紧密。孟子有一次问齐宣王，如果有人外出，将妻儿托付于朋友照顾，回来时发现妻儿挨饿受冻，该如何处理？齐宣王果断答以绝交（见《孟子·梁惠王上》）。这是古人认为夫妇重于朋友的明证。然而《三国志通俗演义》中的刘备对此却有不同看法，他曾说"兄弟如手足，妻子如衣服"，其原因是："衣服破，尚可缝；手足断，安可续？"（见第十五回）这或许是专门说给他人听的，不足为据。这正如长坂坡赵云冒死救出阿斗以后，刘备将阿斗"掷之于地"，还说："为汝这孺子，几损我一员大将！"（见第四十二回）从此，民间就有"刘备摔孩子——邀买人心"的歇后语，并且使用频率极高。

唐代有一位叫阳城的高士，因为惧怕娶妻以后会疏远兄弟间的关系，居然与两位兄弟皆不成家，相聚饮酒，以奉行独身主义为乐。据《新唐书·卓行传》，阳城对其弟曾说："吾与若孤茕相育，既娶则间外姓，虽共处而益疏，我不忍。"弟兄三人如此处世，有些匪夷所思。清蒲松龄《聊斋志异·马介甫》篇后"异史氏曰"所谓"故饮酒阳城，一堂中惟有兄弟"，说的就是这回事。不过阳城的独身主义似未奉行到底，《卓行传》记述他因与上官不睦，"乃载妻子中道逃去"，看来他后来还是娶妻生子了。

据《左传·桓公十五年》记述，春秋时郑厉公担心祭仲专权，就指使祭仲的女婿雍纠谋杀他，雍纠之妻雍姬得知此事，就问其母"父与夫孰亲"，其母以"人尽夫也，父一而已"的名言作答，强调父亲的重要性远远超过丈夫，于是雍姬就向其父祭仲告密，雍纠最终被杀。郑厉公得出的教训是"谋及妇人，宜其死也"。此外，《左传·襄公二十八年》记述，齐国的卢蒲癸娶了庆舍的女儿卢蒲姜，却因为政治因素欲在祭祀中谋杀老丈人，并将计划告诉了妻子，其妻卢蒲姜认为其父刚愎自用，若没人劝阻，反而不会参与祭祀，就自告奋勇向父亲直陈动乱即将发生，其父庆舍果真不听劝阻，终于在祭祀中为卢蒲癸所杀。前一事体现了父亲优先的原则，后一事则凸显了丈夫第一的重要性，抛开其中的政治因素不谈，两者孰轻孰重，至今也实在难以作出道德的判断。明谢肇淛《五杂组》卷八《人部四》："'父一而已，人尽夫也'，此语虽得罪于名教，亦格言也。父子之恩，有生以来不可移易者也；委禽从人，原无定主，不但夫择妇，妇亦择夫矣，谓之'人尽夫'亦可也。"如此阐释，实属无奈。

夫妇情与父女情孰轻孰重，的确难以一言蔽之。京剧《红鬃烈马》中的王宝钏为了与意中人薛平贵的爱情，毅然决然地与身为当朝宰相的父亲决裂，事情虽属子虚乌有，却反映了民间的心声。至于君臣与夫妇两者的重轻问题，前有春秋时吴起杀妻求将的绝情，后有东汉初吴汉杀妻以辅佐刘秀的残忍，是非判断，言人人殊。总之，夫妇情从古至今都有说不尽的内容。

庄子丧妻，他不但不悲伤，反而"箕踞鼓盆而歌"并向前来吊丧的惠子大讲一通有关生死的哲学问题："是其始死也，我独何能无概然！察其始而本无生，非徒无生也而本无形，非徒无形也而本无气。杂乎芒芴之间，变而有气，气变而有形，形变而有生，今又变而之死。是相与为春秋冬夏四时行也。人且偃然寝于巨室，而我噭噭然随而哭之，自以为不通乎命，故止也。"（见《庄子·至乐》）这一番议论与庄子相对主义的认识论有关，并非无情无义的宣言。后世的拟话本《庄子休鼓盆成大道》，其内容对于妇女就显然不够尊重了，这里姑且不论。

三国时的荀粲字奉倩，娶曹洪之女为妻，夫妇两人伉俪情深，妻子不幸早世，荀粲哀悼神伤，不久也撒手人寰（见南朝宋刘义庆《世说新语·伤逝》），年仅二十九岁，留下了"奉倩伤神"的掌故。南宋毛直方《悼亡》其三："奉倩伤神不是痴，人生百感有真机。飘零遗墨残针线，与泪无期自一挥。"悼亡诗就是历代文人传达夫妇情笃的作品，有论者认为《诗经》中的《邶风·绿衣》与《唐风·葛生》两篇，都是悼亡之作。前者可参见前《诗词与色彩》，后者有云："夏之日，冬之夜。百岁之后，归于其居。"大意是：夏日绵绵，冬夜漫漫，我在百年以后，夫妻黄泉再相见。情感真挚，仿佛《王风·大车》中"死则同穴"的誓言。

晋潘岳《悼亡》三首其一有云："望庐思其人，入室想所历。帏屏无仿佛，翰墨有馀迹。流芳未及歇，遗挂犹在壁。"书写物在人亡之感凄楚动人，这与宋代女词人李清照悼念亡夫赵明诚之语"物是人非事事休，欲语泪先流"（《武陵春》），仿佛有异代同悲的默契。

写悼亡诗，如果从反面落墨，似乎更能令人断肠。清人陈祖范悼念亡妻有云："不如晨牝兼狮吼，少下今朝泪几行。"又说："恐负平生怜我意，从今不忍复相思。"都是伤心至极之语。清代满族词人纳兰性德用词悼念亡妻也很著名，如"但似月轮终皎洁，不辞冰雪为卿热"（《蝶恋花》），非夫妇情深似海者不能道出。

历史上的悼亡诗不必全有"悼亡"二字，唐代元稹有《离思》五首，其中第四首最有名："曾经沧海难为水，除却巫山不是云。取次花丛懒回顾，半缘修道半缘君。"特别是前两句，往往成为后世男女海誓山盟时的话语。然而元稹本人对于男女之情并不那么严肃，他撰写《莺莺传》传奇，称负情的张生为"善补过者"，即是一例。有论者甚至认为《莺莺传》就是元稹的现身说法，这就是另外的问题了。

读古人作品，必须顾及时代的不同与人情的古今差异。

审美趣味与艺术接受

托名清初金圣叹所写的《三国志演义序》有云："今览此书之奇，足以使学士读之而快，委巷不学之人读之而亦快，英雄豪杰读之而快，凡夫俗子读之而亦快也。"尽管这篇序的撰写者没有廓清读书与听书的不同接受方式，但就其揭示《三国演义》一书审美趣味的广泛适应性而言，还是颇有见地的。

鲁迅讨论《红楼梦》也有一段著名的论断："单是命意，就因读者的眼光而有种种：经学家看见《易》，道学家看见淫，才子看见缠绵，革命家看见排满，流言家看见宫闱秘事。"（《绛洞花主小引》）这显然是从读者艺术接受的角度立论的。

"《诗》无达诂"（汉董仲舒《春秋繁露》卷五），审美趣味与艺术接受皆与受体的个性相关，孟子创"以意逆志"说："故说诗者不以文害辞，不以辞害志。以意逆志，是为得之。"（《孟子·万章上》）意即用自己切身的体会去推想作者的本意。南朝梁刘勰《文心雕龙·知音》："夫缀文者情动而辞发，观文者披文以入情，沿波讨源，虽幽必显。世远莫见其面，觇文辄见其心。"这也是在强调受体主观能动性在阅读中不可忽视的作用。宋刘辰翁《题刘玉田题杜诗》有云："凡大人语不拘一义，亦其通脱透活自然。观诗各随所得，或与此语本无交涉。"（《须溪集》卷六）清代王夫之对此认识更为深刻透彻："作者用一致之思，读者各以其情而自得……人情之游也无涯，而各以其情遇，斯所贵于有诗。"（《姜斋诗话笺注》卷一《诗译》）清末谭献更进一步，曾一针见血地指出："作者之用心未必然，而读者之用心何必不然？"（《复堂词录序》）这一见解与西方所谓"有一千个观众，就有一千个哈姆雷特"之说若合符契。

专门探讨艺术接受的问题，国外早有尝试，如说："理解——意味着添上自己的意义。每一艺术作品的历史，就是这些新的意义新的理解之真正的交嬗。"（戈尔恩·弗尔德《创造道路，论艺术语言》）20 世纪 60 年代，联邦德国由姚斯所开创的接受美学流派，将读者参与艺术创造的问题提高到系统理论化的高度。他说："一部古典作品的传统构成潜力，只有在其同时代人首次具体化的视野中才能看到。这一视野随着每一次后继的历史的具体化而变化和扩展。"（《走向接受美学》）

审美趣味随接受方式的不同会有所变异。宋代有人将自己的诗作朗诵给苏轼听，并请打分，苏轼慷慨地给予十分，来人非常高兴，但苏轼接着又说："三分诗，七分读耳。"（宋周密《齐东野语》卷二〇）这表明随接受方式（如视觉或听觉）的不同，审美趣味也会有所变化。清代诗人袁枚《随园诗话》卷一二有云："鱼门太史曰：古文有可读者，有可观者。可观易，可读难。"这也是从接受者的角度立论的。古代的部分诗与词可以入乐，听唱、听读乃至目治，效果自然会有所差异。明代戏曲家汤显祖作曲辞，曾经说过"不妨拗折天下人嗓子"（《答孙俟居》）一番话，或许是一时戏谈，但从中也可见他对于戏剧创作案头欣赏效果的重视异乎寻常。

清初诗坛领袖王士禛论诗力主神韵，后人对其诗论众说纷纭，莫衷一是，但有一点是毋庸置疑的，即神韵是在读者回环往复的诵读玩味中产生的，意境的浮现非常重要，舍此，则神韵就无从谈起。以今天而论，聆听出生南方的老学者运用保留入声字的方言吟唱古诗，与听完全用普通话朗诵古诗，其韵味迥然不同，即使辨不清前者的发音，感受上却似乎与古人更加贴近了。

古人聆听歌者演唱诗词，也会有审美趣味的不同。"自喜新词韵最娇。小红低唱我吹箫。曲终过尽松陵路，回首烟波十四桥。"（宋姜夔《过垂虹》）这自是文人雅士审美趣味的体现。而去听享有"凡有井水饮处，皆能歌柳词"（宋叶梦得《避暑录话》卷下）美誉的柳永词演唱，其市井文化趣味显而易见，与士林文化的雅趣不会混淆。一种文学体裁或一种艺术形式也饱含着不同的文化意蕴，其艺术接受方式就会有一定差异，甚至迥然不同。中国人欣赏有"国剧"之誉的京剧艺术，就必须懂得喝彩的重要性，它既是显示自己是内行的方式，也是舞台上下互动交流的一种手段。该喊"好"的地方你无动于衷，或者时机错位，就有可能遭到碰巧是内行的邻座的白眼。剧场内异口同声的一声"好"，爆发短促，沉稳有力，无疑是对演员最大的奖励。然而这种接受方式如果换到欣赏贝多芬或柴可夫斯基的古典交响乐的场合，你的一声叫好就有可能遭到全场观众的反对，甚至不得不提前退场。现代青年男女去剧场听摇滚演唱，如若不随乐声摇头晃脑、前仰后合乃至手舞足蹈、出口有声，就是没有"投入"的激情。听相声，若全场鸦雀无声，无人大笑，将令演员万分尴尬，无异于砸场子了。

艺术接受，就是某种文化的具体体现。

文学与杨柳

杨树与柳树本是同科异属的植物，杨树上耸，柳树低垂。然而在古代诗词中，杨与柳，或混用，或联用，或单用，偏义指柳者为多，似与杨树无关。

"今宵酒醒何处，杨柳岸、晓风残月"（宋柳永《雨霖铃》词），是享誉古今有关分别的著名词句；"小立西风杨柳岸，觉衣单、略说些些话"（宋葛长庚《贺新郎》），诗词中多将杨柳联用，宋词中有，唐诗中也不罕见。"夕烟杨柳岸，春水木兰桡"，是崔融《吴中好风景》一诗的句子；"草生杨柳岸，鸟啭竹林家"，是李端《送戴征士还山》一诗的句子，可见将杨柳视为一种植物，是古人的习惯性思维，并不涉及现代植物分类学的科学性。连类而及，杨花与柳絮也常常通用，其实两者出现并不同时，柳絮飘飞一般在农历二三月间，而杨花的出现则在柳絮之后两个月左右，季节有异，形态也不相同。在文人笔下，杨花往往就是柳絮，唐白居易有一首题名《柳絮》的七绝："三月尽是头白日，与春老别更依依。凭莺为向杨花道，绊惹春风莫放归。"显然是将柳絮与杨花视同一物了，但从"三月"之季节而言，所咏就是柳絮，与杨花毫无关联。诗中以"杨花"替代"柳絮"，当出于近体诗严格的平仄限制。

唐代贺知章的《咏柳》一诗，形象鲜明，富于情韵："碧玉妆成一树高，万条垂下绿丝绦。不知细叶谁裁出，二月春风似剪刀。"宋代曾巩也有一首《咏柳》诗，则理趣盎然，耐人寻味："乱条犹未变初黄，倚得东风势便狂。解把飞花蒙日月，不知天地有清霜。"同一题材的诗作，好恶取向却大相径庭，前者是春天的颂歌，后者则是借题发挥，对于得志便猖狂的小人深恶痛绝。两位诗人处于不同的时代，个人因素而外，也可以从中体味到唐诗、宋诗艺术追求的不同价值取向：唐诗偏重形象，宋诗追求议论。

柳枝柔曼，迎风起舞，常给人以软弱的感觉。千年以前，一位遭受凌辱的风尘女子发出痛苦的呻吟："莫攀我，攀我太心偏。我是曲江临池柳，者人折了那人攀。恩爱一时间。"（《敦煌曲子词》）这位身世悲凉的女子之所以以"柳"自喻，当与古人折柳送别或折柳寄怀的风俗相关。据《三辅黄图》卷六："霸桥在长安东，跨水作桥。汉人送客至此桥，折柳赠别。"唐刘禹锡《杨柳枝词九首》其八："城外春风吹酒旗，行人挥袂日西时。长安陌上无穷树，唯有垂杨管别离。"何以如此？唐张九龄《折杨柳》乐府："纤纤折杨柳，持此寄情人。一枝何足贵，怜是故园春。"宋词人秦观《江城子》词："西城杨柳弄春柔。动离忧。泪难收。犹记多情，曾为系归舟。"中古音的"柳"与"留"音相近，据《广韵》，前者"力久切"，后者"力求切"，是否有借其谐音以"留"住远行人的意思？唐王维《送元二使安西》，也就是今人耳熟能详的《渭城曲》，在"西出阳关无故人"一句前之所以要铺垫一句"客舍青青柳色新"，恐怕不是纯粹的写景吧？

唐李贺《致酒行》："主父西游困不归，家人折断门前柳。"这是用西汉主父偃无所遇合，西游长安久困不归的故事比况自身的处境。所谓"折断门前柳"，显然已经与送别无关，而是家人盼其早归，长期攀柳望远，导致柳枝受到摧残。有论者认为这是因为主父偃"久客不归，家人日日思念，折柳以寄情愫，时间之长，以致把门前的杨柳枝都折断了"（见刘永翔《"折断"新解》，载《文史知识》1982年第1期），可备一说。李白乐府《折杨柳》："美人结长想，对此心凄然。攀条折春色，远寄龙庭前。"或与李贺诗中"折柳"取意相同。

在古人的诗词中，柳絮常见吟咏。晋代的才女谢道韫以"未若柳絮因风起"比喻白雪纷飞，就比她的哥哥"撒盐空中差可拟"的形容妙多了（南朝宋刘义庆《世说新语·言语》），在文学史上传为美谈。历史上专咏柳絮的文学作品当首推宋人苏轼的《水龙吟》（次韵章质夫杨花词）词：

> 似花还似非花，也无人惜从教坠。抛家傍路，思量却是，无情有思。萦损柔肠，困酣娇眼，欲开还闭。梦随风万里，寻郎去处，又还被、莺呼起。不恨此花飞尽，恨西园、落红难缀。晓来雨过，遗踪何在，一池萍碎。春色三分，二分尘土，一分流水。细看来，不是杨花点点，是离人泪。

元代王实甫《西厢记》四本三折《端正好》"晓来谁染霜林醉，总是离人泪"的唱词，就有效法苏词的痕迹。然而学苏词最为传神的要数清代常州派词人张惠言的《木兰花慢·杨花》：

> 尽飘零尽了，何人解，当花看？正风避重帘，雨回深幕，云护轻幡。寻他一春伴侣，只断红、相识夕阳间。未忍无声委地，将低重又飞还。疏狂情性，算凄凉耐得到春阑。便月地和梅，花天伴雪，合称清寒。收将十分春恨，做一天、愁影绕云山。看取青青池畔，泪痕点点凝斑。

其中"寻他"四句，显然脱化于苏轼词"梦随"三句，师其意不师其辞，很见精神。

古人还常以"柳眉""柳腰"形容女子的容颜身姿，如《长恨歌》"芙蓉如面柳如眉"，《不能忘情吟》"樱桃樊素口，杨柳小蛮腰"，皆出自白居易的笔下，比喻而已，并无深意。

清代王士禛写有《秋柳》四首七律，作于顺治十四年（1657）八月间，作者时年二十四岁。王士禛《蚕尾续文集》卷二《菜根堂诗集序》："顺治丁酉秋，予客济南。时正秋赋，诸名士云集明湖。一日，会饮水面亭，亭下杨柳十馀株，披拂水际，绰约近人。叶始微黄，乍染秋色，若有摇落之态。予怅然有感，赋诗四章，一时和者数十人。又三年，予至广陵，则四诗流传已久，大江南北和者益众，于是《秋柳》诗为艺苑口实矣。"有论者认为是作者的悼明之作。王士禛那种欲说还休的诗歌语言、含蓄模糊的意象组合，都造成一种半吞半吐的朦胧感，恰与那一时代士人阶层极力向内心世界逃避人生的趋向合拍，从而获得心有灵犀一点通的南北唱和效应。神韵说多少染有一丝感伤色彩，并带有强烈的内向性，应当说与作者早年《秋柳》诗实践活动的成功密切相关。

文学与杨柳，一个说不尽的话题。

怀乡与爱国

人是社会的动物，社群性的要求，自然会令人热爱生于斯并长于斯的故乡。在外游子的乡愁，就是对故乡人社群眷恋的内在表达。曾经一时叱咤风云的楚霸王项羽有一句名言："富贵不归故乡，如衣绣夜行，谁知之者！"（《史记·项羽本纪》）汉《古诗十九首·明月何皎皎》就是一首书写乡愁的佳作："明月何皎皎，照我罗床纬。忧愁不能寐，揽衣起徘徊。客行虽云乐，不如早旋归。出户独彷徨。愁思当告谁。引领还入房。泪下沾裳衣。"诗中主人公思乡之愁无可告诉，难以名状，只能在明月在天之际，于客舍中暗自垂泪。旧题晋葛洪所撰《西京杂记》卷二，记述汉高祖刘邦为取悦其愁居深宫中的太上皇老父，特于都城长安附近再造新丰，将故乡的一切整体拆迁到此，于是"太上皇乃悦"。可见人的生存与社会实难分离。

《乐府诗集》卷八〇《近代曲辞二》载录乐府《长命女》："云送关西雨，风传渭北秋。孤灯然客梦，寒杵捣乡愁。"前有小序云："《乐府杂录》曰：'大历中，尝有乐工自造一曲，即古曲《长命西河女》也。增损节奏，颇有新声。'"清人编《全唐诗》卷二〇〇将之归入岑参的名下，题目也变为《宿关西客舍寄东山严许二山人时天宝初七月初三日在内学见有高道举征》。

唐人及其以后，"乡愁"二字方频频出现于诗中。目送天际归雁，可引来乡愁，唐钱起《送征雁》："怅望遥天外，乡愁满目生。"逢年过节，羁旅之客的乡愁更深更浓，唐白居易《庾楼新岁》："岁时销旅貌，风景触乡愁。牢落江湖意，新年上庾楼。"战乱之后暂归平静之际，旅人对于乡愁就更为敏感，唐杜荀鹤《乱后出山逢高员外》有云："窗回旅梦城头角，柳结乡愁雨后蝉。"时光流逝，季节的转换也易令人乡愁顿生，明谢榛《东园秋怀二首》其二："天寒闻落木，叶叶是乡愁。"羁旅染病，乡愁更难排遣，明张宇初《客中病怀》："弥旬卧疾越江干，无限乡愁遣更难。"

乡愁就是一种执着的恋乡情结，一经升华，就会转化为爱国情怀。一位对自己故乡风土人物毫无感情的人，很难想象他会成为一名爱国者。《庄子·徐无鬼》："子不闻夫越之流人乎？去国数日，见其所知而喜；去国旬月，见所尝见于国中者喜；及期年也，见似人者而喜矣；不亦去人滋久，思人滋深乎？"正是这种他乡故人之情导致了对故乡或故国难以割舍的思念。

清初文人金圣叹批评《西厢记》，将客子还乡列为三十三则人生快事之一："久客得归，望见郭门，两岸童妇皆作故乡之声，不亦快哉！"古代交通不便，联络手段无多，离乡背井是件大事。弄清楚古今的不同，再读唐贺知章《回乡偶书二首》其一："少小离乡老大回，乡音难改鬓毛衰。儿童相见不相识，笑问客从何处来。"读者就一定会别有会心了。

战国时代楚国的屈原，一向被誉为爱国诗人，他的楚辞作品字里行间都流露出对于故土的深沉之爱。《离骚》："忽反顾以流涕兮，哀高丘之无女。"他为自己的祖国没有忠正之士而痛哭流涕。《哀郢》："鸟飞反故乡兮，狐死必首丘。"更是系心楚地，至死不渝。汉代贾谊作《吊屈原赋》以自喻，内有云："历九州而相其君兮，何必怀此都也。"仿佛是责备屈原为什么不离开楚国，择主而仕，这曾引来太史公的疑惑。实则贾谊乃正话反说，借屈原之遭际表达自己的激愤之情。

"胡马依北风，越鸟巢南枝"（《古诗十九首·行行重行行》），以动物的人格化凸显人类故土难离的情怀，尤觉深沉。汉乐府《悲歌行》："悲歌可以当泣，远望可以当归。思念故乡，郁郁累累。欲归家无人，欲渡河无船，心思不能言，肠中车轮转。"无家可归的征人怀念乡土，其情真挚，令读者动容。"举头望明月，低头思故乡"（李白《静夜思》），"共看明月应垂泪，一夜乡心五处同"（白居易《望月有感》），清夜举头望月，可引来古人怀乡忆旧的情愫。当这种情愫发展到极致，就会令明月失去普照大地的公允："露从今夜白，月是故乡明。"（杜甫《月夜忆舍弟》）这对于那些抱着"月亮都是外国的圆"的念头的现代人，不啻当头棒喝。

若专门讨论"爱国"二字的内涵，古今并不完全等同。安土重迁、忠君恋土，往往构成古人的爱国情操。商纣王的叔父箕子于商朝覆亡后经过纣王的宫殿废墟，曾作《麦秀》一诗以悼念故国："麦秀渐渐兮，禾黍油油；彼狡童兮，不与我好兮。"狡童就是指商纣王，据说听过此歌的殷商遗民都哭了（见《史记·宋微子世家》）。《诗经·王风·黍离》："彼黍离离，彼稷之苗。行迈靡靡，中心摇摇。知我者谓我心忧，不知我者谓我何求。悠悠苍天，此何人哉？"其中"知我者谓我心忧，不知我者谓我何求"两句，复沓三次于诗中，感伤意味甚浓。汉人解《诗》，认为是西周覆亡后，周大夫行经故国宗庙，看见昔日宫室已经尽为禾黍，彷徨不忍离去，于是吟出了这首哀歌。后世文人就常用"麦秀黍离"表达悼念故国的情怀。

明末清初，始终以遗民自居的屈大均填有《梦江南》二词，其中一词云："悲落叶，叶落绝归期。纵使归来花满树，新枝不是旧时枝，且逐水流迟。"以落叶传达眷恋故明的情怀，欲说还休，勾勒出从怀乡到爱国的心路历程，比古人的"麦秀黍离"之思又进了一步。

故乡情与爱国心往往是相通的！

时空与幻想

所谓"时空"，即时间与空间。这本是一个物理学讨论的问题，时空即事物之间的一种次序。空间用以描述物体的位形；时间用以描述事件之间的顺序。将时间与空间视为绝对存在，与任何物体与运动无关，属于经典力学的范畴。20世纪，爱因斯坦狭义相对论与广义相对论的相继提出，逐步突破了经典力学的惯性理论，时空的性质与物体运动的相关性得以明确。时空扭曲、时空转换理论的提出，更增加了现代人时空穿越的幻想，多重宇宙说包括"无限宇宙""气泡宇宙""平行宇宙""子女宇宙""数学宇宙"等假说纷至沓来，至于比中微子更小的物质"超弦"理论之假说，属于对探讨时空理论的又一尝试外，据说还包含科学界触及人类"灵魂"是否存在的相关探索。

这一类的幻想，在中国堪称古已有之。《庄子·逍遥游》中鲲鹏超越时空的穿越，属于春秋时代哲人摆脱世俗一切羁绊的瑰丽想象。东汉的费长房据说有"缩地术"，据《后汉书·方术传》："（费长房）又尝坐客，而使至宛市鲊，须臾还，乃饭。或一日之间，人见其在千里之外者数处焉。"这是属于"正史"的记述，至于野史笔记以及志怪小说，这一类的记述更仆难数。南朝梁任昉《述异记》卷上所述王质烂柯的故事就很有趣味："信安郡石室山，晋时王质伐木，至，见童子数人，棋而歌，质因听之。童子以一物与质，如枣核，质含之，不觉饥。俄顷，童子谓曰：'何不去？'质起，视斧柯烂尽，既归，无复时人。"这一类"山中方七日，世上已千年"的仙话，至清代蒲松龄的笔下，就有了《贾奉雉》有关时空倒错的想象。小说对于主人公贾奉雉跳跃至百馀年以后的未来畅想，并不涉及过于艰深的哲学理论问题，然而将人生一世视为短暂的旅途，也有助于作者站在一个更高的层面对尘世功名利禄追求的再思考，从而具有了哲学的意味。显然，这与当代国外的科幻影视作品有所差异。21世纪国外票房收益较高的科幻影视作品如《时间旅行者的妻子》《时钟》等，皆涉及"回到过去"的内容，影片情节令过去与未来纠缠在一起，使原因与结果可以相互发生作用，所谓"祖父悖论"（即孙子回到过去杀死自己的祖父，孙子从何而来呢？）更颠覆了哲学中的因果律。就此而论，中国古代的穿越想象还处于较为简单的层面。然而不讲"穿越"问题，古人对于时间与空间的文学表达仍有可圈可点的优长之处。

时间的流逝，常会引起古人的喟叹："惟草木之零落兮，恐美人之迟暮。"（战国楚屈原《离骚》）时不我待的焦虑令亟欲有所作为的爱国诗人思绪万千。空间的狭小也常令同处于一室的婆母与儿媳争吵不休："室无空虚，则妇姑勃豀。"（《庄子·外物》）"前不见古人，后不见来者。念天地之悠悠，独怆然而涕下。"（唐陈子昂《登幽州台歌》）诗人的感慨代表了人类在无限的时空面前的渺茫感。"彼一时，此一时也。"（《孟子·公孙丑下》）中国古代的哲人以时间的推移为自己过往的言行辩解。"时间能解决困难的问题"（《伊索寓言》），古希腊的哲学家认识到时间的这一重要功能。

对于时空问题，幻想"超越"终属虚妄，而人类对于时间或空间的主观感受的变异则有一定的认识价值。唐李益《同崔邠登鹳雀楼》颈联："事去千年犹恨速，愁来一日即为长。"类似的表达，如宋贺铸《行路难》词："事去千年犹恨促，揽流光，系扶桑。争奈愁来，一日却为长。"到了小说家的笔下，这一表达就是："欢娱嫌夜短，寂寞恨更长。"（《警世通言·白娘子永镇雷峰塔》）

时间有主观性，空间也不例外。宋欧阳修《千秋岁》词："夜长春梦短，人远天涯近。"宋朱淑真《生查子》词："遥想楚云深，人远天涯近。"元王实甫《西厢记》二本第一折《混江龙》："系春心情短柳丝长，隔花阴人远天涯近。"都是因无限相思引来空间感觉的变化。在人类情感中，空间与时间还可以互相转化，反映于诗词中也妙趣无垠。宋晏几道

《清商怨》词："要问相思，天涯犹自短。"以空间的辽远比况绵绵无尽相思的时间历程。清徐尔铉《踏莎行》词："人言路远是天涯，天涯更比残更短。"时空纠结在一起，更觉情思无限。

时间与空间——一个古今中外永恒的话题！

师其辞与师其意

"师其意，不师其辞"，这是唐代文学家韩愈在其《答刘正夫书》中关于如何效法借鉴前贤文字的著名论断，体现了这位古文大师"惟古于词必己出，降而不能乃剽贼"（《南阳樊绍述墓志铭》）与"惟陈言之务去"（《答李翊书》）的一贯主张。

《诗经·周南·芣苢》："采采芣苢，薄言采之。采采芣苢，薄言有之。采采芣苢，薄言掇之。采采芣苢，薄言捋之。采采芣苢，薄言袺之。采采芣苢，薄言襭之。"这是西周时期妇女采集车前草时所唱的短歌，句式大致相同，用"复沓"修辞法加以连缀，回环往复，烘托出劳动场景的广阔，渲染出劳动的热情。芣苢，即车前草，据说可治疗妇女不孕以及难产等症，这在医学不甚发达的古代受妇女欢迎就不言而喻了。清王夫之《姜斋诗话》卷上有云："'采采芣苢'，意在言先，亦在言后，从容涵泳，自然生其气象。"给予这首古代民歌极高的评价。清代有位姓章的文人，也戏仿《芣苢》作诗一首："点点蜡烛，薄言点之。点点蜡烛，薄言剪之。"其后自注云："剪，剪去其煤也。"闻者无不大笑。清袁枚《随园诗话》卷三记述此事，对于蹈袭古人仅师其辞的颓风做了嘲讽。

文学创作有必要借鉴前人的相关经验，然而这只是流而不是源，如果认流为源，就必然东施效颦，徒惹人厌。《随园诗话》卷五有云："诗须善学，暗偷其意而显易其词。如《毛诗》'嗟我怀人，置彼周行。'唐人学之云：'提笼忘采叶，昨夜梦渔阳。'"所举例句是唐张仲素《春闺思》五绝，全诗："袅袅城边柳，青青陌上桑。提笼忘采叶，昨夜梦渔阳。"

381

《诗经·周南·卷耳》："采采卷耳，不盈顷筐。嗟我怀人，置彼周行。"两相比较，可见张仲素师其意而不师其辞的巧妙。

所谓"师其意"也有刻意以求与无心而遇的两种境界，而以后者为最佳。宋代吴开《优古堂诗话》有云："前辈读诗与作诗既多，则遣词措意，皆相缘以起，有不自知其然者。荆公晚年闲居诗云：'细数落花因坐久，缓寻芳草得归迟。'盖本于王摩诘'兴阑啼鸟换，坐久落花多'，而其辞意益工也。徐师川自谓：荆公暮年，金陵绝句之妙传天下。其前两句与渠所作云'细落李花那可数，偶行芳草步因迟'，偶似之邪？窃取之邪？喜作诗者，不可不辨。予尝以为王因于唐人，而徐又因于荆公，无可疑者。但荆公之诗，熟味之，可以见其闲适优游之意。至于师川，则反是矣。"徐师川即徐俯（1075~1141），字师川，晚生于王安石（1021~1086）半个多世纪。王安石的七绝《北山》善于借鉴王维五律《从岐王过杨氏别业应教》一诗的妙处，又非字袭句模，因而并无生吞活剥的生涩，而有圆转灵活的自如之态。而徐俯效法王安石的那两句诗，就因仅"师其辞"而稍显笨拙了。

宋代江西诗派的中坚人物黄庭坚曾提出作诗"夺胎换骨"与"点铁成金"之法，意在巧取前人诗意而另开新境，其本意无可厚非，只因有时刻意而为，不免以因袭为创新，所以颇受后人讥评。金人王若虚就认为："鲁直论诗有'夺胎换骨''点铁成金'之喻，世以为名言。以予观之，特剽窃之黠者耳。"（《滹南诗话》卷下）这可以视为后人对江西诗派的代表性批评。明代前、后"七子"主张诗文拟古，也曾受到清初钱谦益等人的大力抨击。今人撰写文学史，对于前、后"七子"也多持否定态度。然而若联系他们的作品与相关主张具体分析，就会发现他们所谓的"拟古"之作也有"师其辞"与"师其意"的分殊，难以一概而论。如"后七子"中的谢榛的诗学观较为通达，他反对蹈袭前人，不主张摹拟太甚，而是鼓吹翻意求新。但若考察其创作实践，也不乏与其主张有相左的地方。

五代诗僧齐已曾有"山寺钟楼月，江城鼓角风"的诗句，两句中包含六个意象，不用动词而自然浑成，蕴含丰富。谢榛师其意得句云："渔樵秋草路，鸡犬夕阳村。"（《诗家直说》卷一）堪称善于向古人学习。谢榛《捣衣曲》："秦关昨寄一书归，百战郎从刘武威。见说平安收涕泪，梧桐树下捣征衣。"描绘思妇之情委婉真挚，追肖唐人风韵。他另有《春词》一诗："少娥妆罢下青楼，缓步春风不解愁。笑扑飞来双蛱蝶，花间忽堕玉搔头。"这首诗显然模仿唐王昌龄《闺怨》诗："闺中少妇不曾愁，春日凝妆上翠楼。忽见陌头杨柳色，悔教夫婿觅封侯。"然而谢诗远没有王诗那样丰富的情韵，可谓堕入了"师其辞"的魔道。

晋陆机《文赋》有云："谢朝华于已披，启夕秀于未振。"借鉴前人，更须有所创新，才是文学的生命！

情感与审美

《孟子·告子上》："口之于味也，有同嗜焉；耳之于声也，有同听焉；目之于色也，有同美焉。"美具有客观性的一面，人类的审美标准也大致是统一的，古今中外，或有些许不同，这里姑且不论。《淮南子·说林训》："佳人不同体，美人不同面，而皆说于目；梨橘枣栗不同味，而皆调于口。"美有所差异是美的丰富性的体现。然而美又有其主观性的一面，"有天下之是非，有仁人之是非。在此为美兮，在彼为蚩。"（唐刘禹锡《何卜赋》）除去文化背景、风俗习尚以及历史变迁等因素外，人之情感有时也起着至关重要的作用。

明代文学家杨慎《升庵诗话》卷一二记述有如下一段趣谈：

> 张文潜《莲花》诗："平池碧玉秋波莹，绿云拥扇青摇柄。水宫仙子斗红妆，轻步凌波踏明镜。"杜衍《雨中荷花》诗："翠盖佳人临水立，檀粉不匀香汗湿。一阵风来碧浪翻，真珠零落难收拾。"此

二诗绝妙。又刘美中《夜度娘歌》："菱花炯炯垂鸾结，烂学宫妆匀
腻雪。风吹凉鬓影萧萧，一抹疏云对斜月。"寇平仲《江南曲》："烟
波渺渺一千里，白苹香散东风起。惆怅汀州日暮时，柔情不断如春
水。"亡友何仲默尝言宋人书不必收，宋人诗不必观，余一日书此四
诗讯之曰："此何人诗？"答曰："唐诗也。"余笑曰："此乃吾子所不
观宋人之诗也。"仲默沉吟久之，曰："细看亦不佳。"可谓倔强矣。

张文潜即张耒（1054~1114），字文潜，号柯山，为苏门四学士之一。杜
衍（978~1057），字世昌，宋仁宗庆历四年（1044）曾任同平章事兼枢密
使。刘美中即刘才邵（1086~1157），字美中，宋高宗绍兴间权吏部尚书。
寇平仲即寇准（961~1023），字平仲，宋真宗景德初曾任同平章事。所录
《江南曲》，今人编《全宋诗》未收录。何仲默即何景明（1483~1521），
字仲默，官至陕西提学副使，明代"前七子"之一。何景明认宋人之作
为唐音，是从纯粹的艺术鉴赏角度出发的，但被告知为宋人诗后，先入为
主的情感因素又起了作用，转而否定四诗的艺术魅力。

最能体现审美中情感因素者，莫过于俗语所谓"情人眼里出西施"
一句。宋黄庭坚《戏答公益春思二首》其一云："草茅多奇士，蓬荜有秀
色。西施逐人眼，称心最为得。"所谓"称心"，即审美中的情感作用不
容忽视。唐谷神子《博异志》记述李琯遇见蛇妖所化艳女而被迷惑，并
为其所害，其仆追述前状有"郎君颇闻异香，某辈所闻，但蛇骚不可近"
等语，因爱慕而令嗅觉发生变异，可见在审美过程中情感作用的举足
轻重。

清蒲松龄《聊斋志异·水莽草》一篇中祝生接过老妇所奉茶，因
"嗅之有异味"而未饮用，一旦接过"姿容艳绝"的少女所奉茶（与老妇
所进者同为水莽草所制），顿觉"芳烈无比"，一饮而尽，终于因此遭难。
这种失去客观标准的嗅觉变异就是为情感所左右的，这正如《聊斋志
异·吕无病》篇后"异史氏曰"所云："心之所好，原不在妍媸也。毛

嫱、西施，焉知非自爱之者美之乎？"

清初李渔《闲情偶寄》卷六有一段达观之论："乐不在外而在心，心以为乐，则是境皆乐，心以为苦，则无境不苦。"心理因素在人类审美中的关键作用是一项值得深入研究的课题。擅长宫体诗写作的梁简文帝萧纲有《咏人弃妾诗》云："常见欢成怨，非关丑易妍。"这也是在讲情感因素与审美之间的关联。唐曹邺《弃妇》诗："见多自成丑，不待颜色衰。"或是袭用萧纲诗意。清代满族大词人纳兰性德《木兰花·拟古决绝词》："人生若只如初见，何事秋风悲画扇。等闲变却故人心，却道故心人易变。"正是"故人"的情感发生了转移，才感觉到仍存"故心"的女子模样居然变丑了，情感在其中的重要性不言而喻。

有鉴于这种心理作用，古人很懂得保持情感距离的必要性。宋秦观《鹊桥仙》一词久已脍炙人口，其中名句："两情若是久长时，又岂在朝朝暮暮。"清人许缵曾也有一首《鹊桥仙》词，他从男女恋人的复杂心理变化进一步挖掘道："算来若不隔银河，怎见得相逢更好？"清萧德宣《津门竹枝词》歌咏男女恋情也有"不如淡交滋味长"的警语。欧美人言情有所谓"距离增添美丽"（Distance lends to beauty），也是就情感与审美两者之间的微妙关系而言的。

《聊斋志异·恒娘》："子不闻乎：人情厌故而喜新，重难而轻易？丈夫之爱妾，非必其美也，甘其所乍获，而幸其所难遘也。纵而饱之，则珍错亦厌，况藜藿乎？"这位堪称感情大师的女狐仙之语反映的是旧时代一夫多妻妾的现实，但能于人类心理发微抉隐，其认识价值可圈可点。20世纪初瑞典心理学家爱德华·布洛的"心理距离"说，其"距离"的远近或亲疏，与人类的主观因素密不可分。

人类审美难以排除情感的作用，却一定要避免混淆是非！

诗词与叠字

所谓"叠字"，又称"重言"，即由两个相同的汉字所组成的词语，属于构词方式，也是一种修辞方式。在韵文中运用叠字修辞，《诗经》中早开先河。

《周南·桃夭》："桃之夭夭，灼灼其华。""桃之夭夭，其叶蓁蓁。"《小雅·采薇》："昔我往矣，杨柳依依。今我来思，雨雪霏霏。"《卫风·伯兮》："其雨其雨，杲杲出日。"《小雅·车攻》："萧萧马鸣，悠悠旆旌。"《小雅·角弓》："雨雪瀌瀌，见晛曰消。"《周南·葛覃》："黄鸟于飞，集于灌木，其鸣喈喈。"《召南·草虫》："喓喓草虫，趯趯阜螽。"这一类叠字的运用，在《诗经》中不乏其例，可增强诗歌的表现力。

南朝梁刘勰《文心雕龙·物色》曾盛赞《诗经》中的叠字用法："写气图貌，既随物以婉转；属采附声，亦与心而徘徊。故'灼灼'状桃花之鲜，'依依'尽杨柳之貌，'杲杲'为出日之容，'瀌瀌'拟雨雪之状，'喈喈'逐黄鸟之声，'喓喓'学草虫之韵。"北齐颜之推最喜爱《小雅·车攻》二句的叠字用法，晋代的谢玄则爱诵《小雅·采薇》四句（见清王士禛《古夫于亭杂录》卷二）。清王夫之《姜斋诗话》卷一专评上揭《小雅·采薇》四句云："以乐景写哀，以哀景写乐，倍增其哀乐。"这一美学原则具有普适性，因而驰名后世。

宋严羽《沧浪诗话·诗评》："《十九首》：'青青河畔草，郁郁园中柳。盈盈楼上女，皎皎当窗牖。娥娥红粉妆，纤纤出素手。'一连六句，皆用叠字，今人必以为句法重复之甚。古诗正不当以此论之也。"宋罗大经《鹤林玉露》乙编卷六《诗叠字》曾专就诗词运用叠字分类举例：

> 诗有一句叠三字者，如吴融《秋树》诗云"一声南雁已先红，槭槭凄凄叶叶同"是也。有一句连三字者，如刘驾云"树树树梢啼

晓莺，夜夜夜深闻子规"是也。有两句连三字者，如白乐天云"新
诗三十轴，轴轴金玉声"是也。有三联叠字者，如古诗云"青青河
畔草，郁郁园中柳，盈盈楼上女，皎皎当窗牖，娥娥红粉妆，纤纤出
素手"是也。有七联叠字者，昌黎《南山》诗云"延延离又属，夬
夬叛还遭，喁喁鱼闯萍，落落月经宿，闿闿树墙垣，嶙嶙架库厩，参
参削剑戟，焕焕衔莹琇，敷敷花披萼，阘阘屋摧霤，悠悠舒而安，兀
兀狂以狙，超超出犹奔，蠢蠢骇不懋"是也。近时李易安词云："寻
寻觅觅，冷冷清清，凄凄惨惨戚戚"，起头连叠七字，以一妇人，乃
能创意出奇如此。

宋代女词人李清照的《声声慢》起首三句，即连叠七字，将彷徨无助、
孤寂落寞、怅然若失与无可奈何的悲伤凄凉心境和盘托出，创意出新，历
来受到词家称誉。清人徐釚以"大珠小珠落玉盘"为喻（《词苑丛谈》卷
三），绝非溢美。

清乾隆二年（1737）进士史震林（1692~1778）《西青散记》卷三曾
记述一位名贺双卿的苦命才女，嫁于农家且遇人不淑，她有《凤凰台上
忆吹箫》一词，运用叠字二十多组，也很自然流畅："寸寸微云，丝丝残
照，有无明灭难消。正断魂魂断，闪闪摇摇。望望山山水水，人去去、隐
隐迢迢。从今后，酸酸楚楚，只似今宵。　青遥。问天不应，看小小双
卿，袅袅无聊。更见谁谁见，谁痛花娇？谁望欢欢喜喜，偷素粉，写写描
描。谁还管、生生世世，夜夜朝朝。"全词沉痛哀苦，读来令人动容。关
于贺双卿其人之有无，是否为史震林所杜撰，虽有争议，但《凤凰台上
忆吹箫》可与《声声慢》称为双璧，似毋庸置疑。

元人乔吉曾效法李清照《声声慢》词作《天净沙》一曲云："莺莺燕
燕春春，花花柳柳真真，事事风风韵韵，娇娇嫩嫩，停停当当人人。"五
句全用叠字构成，格调不高，技巧也乏善可陈，难免于后人效颦学步的讥
评。清代陈廷焯《白雨斋词话》卷九称乔吉的仿作"丑态百出"，是有道

理的。

将叠字运用于诗词创作之中，应当算作一种艺术技巧，然而却有自然与做作、有心与刻意的不同追求，工拙也有分殊，不能一视同仁。叠字在现代汉语的语境中也经常用到，如干干净净、轰轰烈烈、高高兴兴、风风火火、日日夜夜等，不一而足，在口语中能够增加语言的生动性。

一切文学技巧的应用，恰到好处方是高手，刻意追求，只会欲益反损！

诗词与音乐

中国最早的诗歌总集《诗经》中的诗，起初都是配乐的歌词，保留着古代诗歌、音乐、舞蹈三者结合的形式。《墨子·公孟》有云："诵《诗》三百、歌《诗》三百、弦《诗》三百、舞《诗》三百。"至少从西周初期，诗与音乐、舞蹈的关系就极为密切，只不过音乐与舞蹈这一类视听形式，限于条件难以传世，所以只留下文字记录的歌词流传。汉代朝廷已经设有主管音乐的官署，称乐府。这一官署所采制的诗歌也称乐府，此后将魏晋至唐可以入乐的诗歌，以及仿乐府古题的作品统称乐府。北宋郭茂倩辑集汉魏以迄唐、五代合乐或不合乐以及摹拟之作的乐府歌辞，总成一书，即题作《乐府诗集》。汉魏晋时代，有相当一部分诗皆能入乐，可供演唱。在唐代，至少绝句这样的短诗能够演唱。唐代薛用弱《集异记》卷二所记"旗亭画壁"的故事，即是以三位诗人入乐的七绝由歌伎演唱的多寡计数以角胜负的趣闻。旗亭就是酒楼，因悬旗为酒招，故称。

唐玄宗开元年间（713~741），诗人王昌龄、高适、王之涣齐名，世人多喜听他们的诗歌演唱。在一个天寒微雪之日同至旗亭小饮，巧遇梨园伶官十数人也来此酒楼会宴。三位诗人于是相约，歌伎如若演唱自己的作品，就画壁为记，最终以记号多者胜出。只听歌者演唱了王昌龄两首绝句，演唱了高适一首绝句。这令王之涣有些沉不住气了，就指着歌伎中最美丽的一位说："她所唱如非我诗，我就甘拜下风；若是我诗，你们就须奉我为师。"结果这位歌伎果然演唱了王之涣那首著名的《凉州词》："黄河远上白云间，一片孤城万仞山。羌笛何须怨杨柳，春风不度玉门关。"于是三位诗人尽欢而散。

在历代文学发展的过程中，从唐五代时期开始，诗入乐被歌的地盘，就逐渐为新兴的长短句即词所取代，至两宋发展到极盛，北宋词人柳永的作品最受世人欢迎。据宋叶梦得《避暑录话》卷下："柳永字耆卿，为举子时多游狭邪，善为歌辞，教坊乐工每得新腔，必求永为辞，始行于世，于是声传一时。"柳永填词以白描见长，描写男女之情与羁旅情怀，很能投合当时市民阶层的口味，于是"凡有井水饮处，即能歌柳词"（引同上）。如果说柳永词已经成为北宋时的流行歌曲，绝非过甚其词。清王弈清编《历代词话》卷五引南宋俞文豹《吹剑录》：

> 东坡在玉堂日，有幕士善歌，因问："我词何如柳七。"对曰："柳郎中词，只合十七八女郎，执红牙板，歌'杨柳外晓风残月'。学士词，须关西大汉，铜琵琶、铁绰板，唱'大江东去。'"东坡为之绝倒。

上揭一段对话，尽管系设喻之辞，但也表明了词与音乐密不可分的渊源。

清张宗橚所辑《词林纪事》卷五引《林下词谈》云："子瞻在惠州，与朝云闲坐。时青女初至，落木萧萧，凄然有悲秋之意。命朝云把大白，唱'花褪残红'，朝云歌喉将啭，泪满衣襟。子瞻诘其故，答曰：'奴所不能歌者，是"枝上柳绵吹又少，天涯何处无芳草"也！'子瞻翻然大笑曰：'是吾正悲秋，而汝又伤春矣。'"这则逸闻所举"花褪残红"乃苏轼《蝶恋花》（春景）词："花褪残红青杏小。燕子飞时，绿水人家绕。枝上柳绵吹又少。天涯何处无芳草。墙里秋千墙外道。墙外行人，墙里佳人笑。笑渐不闻声渐悄。多情却被无情恼。"时当秋令，苏轼《蝶恋花》

词所写却是暮春景象，这种反差或许是惹起其妾朝云无限伤感的缘由。词在宋代被演唱的普遍性，由此例可见一斑。

元明时代及其以后，词的入乐又被"曲"所取代，词则与诗一样，走上了案头文学的老路，此是后话。唐宋时代的音乐，有学者曾据文献与出土实物等进行模拟，远不如今天配器完善的乐曲演奏那样婉转动听，然而一经诗人的文学书写，却又有了令后人神往的魅力。唐白居易的《琵琶行》所描写的唐人琵琶演奏就很动人心魄："大弦嘈嘈如急雨，小弦切切如私语。嘈嘈切切错杂弹，大珠小珠落玉盘。间关莺语花底滑，幽咽泉流水下滩。水泉冷涩弦凝绝，凝绝不通声暂歇。别有幽愁暗恨生，此时无声胜有声。银瓶乍破水浆迸，铁骑突出刀枪鸣。"联系其下"曲终收拨当心画"一句，其演奏当用拨子而非义甲，故系横持而非竖抱（敦煌壁画也可为证），演奏技巧与今天自然不可"同日而语"，正是白诗的艺术魅力拔高了商人妇的琵琶演奏水平。

唐李白《听蜀僧濬弹琴》："客心洗流水，馀响入霜钟。不觉碧山暮，秋云暗几重。"这是从侧面描写琴声的悠扬。韩愈《听颖师弹琴》："昵昵儿女语，恩怨相尔汝。划然变轩昂，勇士赴敌场。浮云柳絮无根蒂，天地阔远随飞扬。喧啾百鸟群，忽见孤凤凰。跻攀分寸不可上，失势一落千丈强。"这是从正面描绘琴声的抑扬顿挫与节奏的缓急变化。李诗飘逸，韩诗细腻，春兰秋菊，各有千秋。

以诗歌描写乐声诡谲瑰丽，非唐李贺莫属。其《李凭箜篌引》一诗有云："昆山玉碎凤凰叫，芙蓉泣露香兰笑。十二门前融冷光，二十三丝动紫皇。女娲炼石补天处，石破天惊逗秋雨。梦入坤山教神妪，老鱼跳波瘦蛟舞。吴质不眠倚桂树，露脚斜飞湿寒兔。"唐代箜篌虽音域较宽广（古代箜篌明代已经失传，现代箜篌系参照西洋竖琴仿制），但演奏竟能如此不同凡响，动人心魄，诗家夸张手法的妙用不可低估。

用词的形式描写音乐，虽不如诗那样穷形尽相，细致入微，却也别有情趣，引人入胜。宋晏几道《浣溪沙》描写歌女演唱："唱得红梅字字香，柳枝桃叶尽深藏。遏云声里送雕觞。"清陈维崧《清平乐》描写三弦演奏："怪底烛花怒裂，小楼吼起霜风。"用词句启发读者想象，各有特色。

音乐在诗词发展史上的作用不能忽视。

时文与文学

所谓"时文"，在明清时代专指八股文，又称制艺、制义、八比文、四书文或五经文等，名曰"时文"，是明清文人为区别古文而言。关于这一文体的来源，历来众说纷纭，或谓其仿照唐代科举考试中的"帖经"，唐杜佑《通典·选举三》："帖经者，以所习经，掩其两端，中间开唯一行，裁纸为帖。凡帖三字，随时增损，可否不一，或得四、得五、得六者为通。"或谓其源自宋王安石所定的经义取士的制度；清人焦循甚至认为它与元曲有某种渊源。

《明史·选举二》："科目者，沿唐、宋之旧，而稍变其试士之法，专取四子书及《易》《书》《诗》《春秋》《礼记》五经命题试士。盖太祖与刘基所定。其文略仿宋经义，然代古人语气为之，体用排偶，谓之八股，通谓之制义。"清初戴名世《宋嵩南制义序》有云："制义者，与时为推移，故曰时文。"时文本是一种专为科举考试而设的功令文字，其规则随时代不同而小有变化，大体每篇由破题、承题、起讲、入手、起股、中股、后股、束股八部分组成；起股至束股凡四个部分属于正式议论，这四部分中各自须有两大段排比对偶的文字，共成八股，故称八股文。其题目主要来源于"四书"或"五经"，其中四书文内容须以南宋朱熹《四书集注》为准，不得越雷池一步。时文本不能入于文学的园囿；然而它又是读书人入仕的敲门砖，左右着明清两代文人的命运，于是不可避免地与文学（包括古文、诗词乃至戏曲）发生某些关联，就不足为奇了。

清吴敬梓《儒林外史》第十一回，热衷于功名利禄的鲁编修一次对女儿说："八股文章若做的好，随你做甚么东西，要诗就诗，要赋就赋，都是'一鞭一条痕，一掴一掌血'。若是八股文章欠讲究，任你做出甚么来，都是野狐禅，邪魔外道！"鲁编修的这一番话是小说作者有意化用南宋朱熹的论文之语："须是一棒一条痕，一掴一掌血；看人文字要当如此，岂可忽略！"（《朱子语类》卷一〇《读书法上》）读者切莫以为这是吴敬梓为刻画鲁编修的利令智昏而随意编造的，将八股文的写作与文学创作相联系，正是当时多数文人心态的真实写照。

清初文学家王士禛在其笔记《池北偶谈》卷一三《时文诗古文》一则云："予尝见一布衣有诗名者，其诗多有格格不达，以问汪钝翁编修，云：'此君坐未尝解为时文故耳。'时文虽无与诗古文，然不解八股，即理路终不分明。近见王恽《玉堂嘉话》一条：'鹿庵先生曰：作文字当从科举中来。不然，而汗漫披猖，是出入不由户也。'亦与此意同。"清中叶的性灵派诗人袁枚对于时文不无微词，然而他也认为："时文之学，有害于诗，而暗中消息，又有一贯之理。"（《随园诗话》卷六）

清代古文宗派桐城派倡导以古文为时文，创自戴名世，成于方苞。《清史稿·选举三》："桐城方苞以古文为时文，允称极则。"至于时文与戏曲的关系也非无稽之谈，明清人多有论述。明代徐渭《南词叙录》云："以时文为南曲，元末、国初未有也，其弊起于《香囊记》。《香囊记》乃宜兴老生员邵文明作，习《诗经》，专学杜诗，遂以二书语句勾入曲中，宾白亦是文语，又好用故事作对子，最为害事。"《香囊记》为明邵灿（字文明）所写南戏剧本，因其曲语、宾白多袭用《诗经》与杜甫诗中语，故被明人王世贞称为"《香囊》近雅而不动人"（《曲藻》）。

明末清初来集之讨论杂剧体制曾说："其法一事分为四出，每出则一人畅陈其词旨，若今制业之某人意谓云者。"（《周次修冯谖市义剧序》）清中叶焦循曾将时文与元曲作过系统的比较；张祥河也曾自称，他的时文写作得力于《西厢记》。考试所用文体竟然能与诗、古文、戏曲发生如此微妙的关系，值得今人深入研究。从内容而言，时文"代圣贤立言"的

"入口气"，就很接近于戏剧人物的代言形式。从形式上讲，时文写作限制烦琐，如"破题"两句要扼题之旨，肖题之神；"起讲"要懂得起承转合的道理。至于此后两相比偶的八股文字，欲求中式就更须巧思。

时文虽不讲究创造性思维，但逻辑思维的训练是严格的，因而一些心理学家认为，时文的写作类似于一种智力测验，而不只是对记忆与知识的考察。时文相对整齐的形式与划定的内容也便于考官的衡文，这是它适应于相对封闭的封建社会的一大特点。应试者对于儒家思想的耳濡目染也有利于封建统治。举例而言，若以《论语》中经常出现的"子曰"两字为题作八股文，有人"破题"这样写："匹夫而为百世师，一言而为天下法。"显然，若没有一定的概括能力是写不出来的。"破题"以后的文字，也要有一定的想象力（尽管要受到诸多限制）才能中式，头脑冬烘者就很难文通字顺地完成。鲁迅在《伪自由书·透底》一文中曾说："八股原是蠢笨的产物。一来是考官嫌麻烦——他们的头脑大半是阴沉木做的——甚么代圣贤立言，甚么起承转合，文章气韵，都没有一定的标准，难以捉摸，因此，一股一股地定出来，算是合于功令的格式，用这格式来'衡文'，一眼就看得出多少轻重。二来，连应试的人也觉得又省力，又不费事了。这样的八股，无论新旧，都应当扫荡。"如此论八股文，虽一针见血，却又不免过甚其词，有一定的片面性。启功先生有《说八股》一书，言简意赅，通俗易懂，有兴趣者可以参考。

明代赵南星曾谓时文："主于明白纯正，发明经书之旨，亦足以端士习，天下之太平由之。"（《叶相公时艺序》）清人姚鼐则说："夫国家所以设经义取士之法者，欲人人讲明于圣人之传不谬而已。"（《乡党文择雅序》）这与自古以来儒家传统的"诗言志""文以载道"的文学观有部分契合之处。看来时文与古代文学的关系问题实在难以一言蔽之。

清光绪二十八年（1902），光绪皇帝基于改革的要求，下诏于次年停试八股文，改以经义、时务策试士。从此，这一通行四百馀年的考试文体终于寿终正寝。在八股文早成僵尸的今天，将它视为陈腐旧套的代称并不过分。然而若研究明清文学，特别是研究清代最大的散文流派桐城派，八股文的价值不能轻易否定。

凡在历史中存在过的，自有其合理因素，都不无研究价值。

应制诗与试帖诗

何谓"应制诗"？应（yìng 映）制诗是指封建时代臣僚奉皇帝之命所作或所和（hè 贺）的诗。如唐玄宗写过一首《途经华岳》诗，其臣属苏颋、张说各写一首《奉和圣制途经华岳应制》诗，张九龄的诗题则为《奉和圣制途经华山》，题目有异，却都是应制诗。

这一类诗大多为五律、七律或五言八韵的排律，唐玄宗《途经华岳》："饬驾去京邑，鸣鸾指洛川。循途经太华，回跸暂周旋。翠崿留斜影，悬岩冒夕烟。四方皆石壁，五位配金天。仿佛看高掌，依稀听子先。终当铭岁月，从此记灵仙。"此诗押"先"韵。苏颋《奉和圣制途经华岳应制》："朝望莲华狱，神心就日来。晴观五千仞，仙掌拓山开。受命金村叶，过伴玉墙陪。雾披乘鹿见，云起驭龙回。偃树枝封雪，残碑石冒苔。圣皇惟道契，文字勒岩隈。"此诗押"灰"韵。张说诗则押"庚"韵，张九龄诗则押"东"韵。可见奉和应制诗不必与原诗同韵。

应制诗又称应诏诗，南北朝时宋、梁与北魏即已出现。南朝宋谢庄有《七夕夜咏牛女应制诗》《和元日雪花应诏诗》等；南朝梁沈约有《三日侍风光殿曲水宴应制诗》《侍宴乐游苑饯吕僧珍应诏诗》等；南朝梁刘孝绰有《春日从驾新亭应制诗》《侍宴饯张惠绍应诏诗》等；北魏彭城王元勰有《应制赋铜鞮山松诗》："问松林，松林经几冬。山川何如昔，风云与古同。"这首应制诗体制较为特殊，或与北朝风习同。

唐代的应制、应诏诗颇多，如宋之问有《麟趾殿侍宴应制》《幸少林寺应制》等，王维有《奉和圣制从蓬莱向兴庆阁道中留春雨中春望之作应制》诗："渭水自萦秦塞曲，黄山旧绕汉宫斜。銮舆迥出千门柳，阁道回看上苑花。云里帝城双凤阙，雨中春树万人家。为乘阳气行时令，不是宸游玩物华。"这首诗在应制诗中当属上乘之作。

有一些诗题并无"应制"或"应诏"字样，也属于应制诗的范畴。唐李濬《松窗杂录》：

> 开元中，禁中初重木芍药，即今牡丹也（开元、天宝花呼木芍药。本记云：禁中为牡丹花）。得四本红、紫、浅红、通白者，上因移植于兴庆池东沉香亭前。会花方繁开，上乘月夜召太真妃，以步辇从，诏特选梨园弟子中尤者，得乐十六色。李龟年以歌擅一时之名，手捧檀板，押众乐前，欲歌之。上曰："赏名花，对妃子，焉用旧乐词为！"遂命龟年持金花签，宣赐翰林学士李白，进《清平调》词三章。白欣承诏旨，犹苦宿醒未解，因援笔赋之："云想衣裳花想容，春风拂晓露华浓。若非群玉山头见，会向瑶台月下逢。""一枝红艳露凝香，云雨巫山枉断肠。借问汉宫谁得似？可怜飞燕倚新妆。""名花倾国两相欢，长得君王带笑看。解释春风无限恨，沉香亭北倚阑干。"龟年遽以词进，上命梨园弟子约略调抚丝竹，遂促龟年以歌。

就此而言，李白这三首名曰《清平调》的七绝诗也当算是应制诗，而且是驰名后世的应制诗。

有论者将唐代的省试诗也算作应制诗，省试即唐代由尚书省礼部主持举行的考试，这是较为宽泛的应制诗定义。钱起有《省试湘灵鼓瑟》一诗，末二句"曲终人不见，江上数峰青"，享誉后世，这应当算作应制诗的荣耀了。

应制诗由于与封建帝王联系紧密，因而倘能博得最高统治者的欣赏，作诗人就有可能升迁或受到赏赐。唐刘𫗧《隋唐嘉话》卷下就记述如下一事："武后游龙门，命群官赋诗，先成者赏锦袍。左史东方虬既拜赐，坐未安，宋之问诗复成，文理兼美，左右莫不称善，乃就夺袍衣之。"可见应制诗若获帝王垂青，即可名利双收。能文的侍臣为逢迎帝王，无不挖空心思，绞尽脑汁地向统治者献媚取宠，献呈的应制之作，内容多为歌功颂德或粉饰太平也就毫无足怪了。

大多数的应制诗文学价值不高，用鲁迅的话讲，属于"廊庙文学"一类（见《集外集拾遗·帮忙文学与帮闲文学》）。这一性质也决定了其历史地位不高，即使在封建社会，当了官的读书人也只是偶一为之，并不觉得应制诗如何高妙。清昭梿《啸亭杂录》卷一〇《应制诗》一则云："近日有满洲某制府，初非科目进身，韵语非其所长，自以为善。又好拟和应制诸题目，人争笑之，自不觉也。铁冶亭保尝与戏曰：'兄诗殊胜少陵。'某尚谦谢。冶亭徐曰：'少陵应制之诗无如此之多也。'"明清总督称制府，属于封疆大吏，是高官。铁保（1752~1824），字冶亭，官至两江总督，也是满族高官，所以敢于与另一位不太会作诗的满族高官开玩笑。从中可见，应制诗的社会名声并不太好。

试帖诗是封建社会科举考试中所用的一种诗体，其渊源可追溯到唐代，受当时科举考试"帖经""试帖"的考试方式的影响而产生，其诗大都为五言六韵或八韵的排律，以古人诗句或成语为题，冠以"赋得"二字，并限韵脚。这与前述应制诗有相似的地方。从宋神宗熙宁（1068~1077）间一直到清初，科举考试不用诗赋。清乾隆二十三年（1758），科举考试增加了试帖诗，《清史稿·选举一》："（乾隆）二十三年，增五言八韵诗。"从此它就与八股文在科举考试中占有同等重要的地位了。徐珂《清稗类钞·文学类·试帖诗之遗闻》："五言八韵唐律一首，初惟行于进士朝考、翰林散馆等试。洎乾隆朝，御史张霖奏请乡、会科场及岁科两试，一律通行（岁试六韵，科试八韵）。丁丑，遂颁为定例。初设之始，盖因科场表判，每多雷同剿窃陋习，是以改试排律，使士子各出心裁。自后研究日精，专心造极。"

就格律而言，试帖诗就是五言排律，它比八股文有更严格的规则。除平仄和谐、不能错韵以及首二句后直至尾联皆须对仗而外，试帖诗还要求结尾部分须有颂圣或颂扬的文字。其书写形式也有严格的规定，半点马虎不得。书写诗题与正文，均须空两字，遇有"颂圣"字眼，必须另行顶格书写，谓之"双抬"。如诗句"丰年协睿怀"，"睿怀"是"天子的思念"之意，属于"颂圣"，必须双抬。遇有"颂扬"字眼，必须另行空一字书写，谓之"单抬"。如诗句"铙歌报太平"，"太平"属于"颂扬"，必须单抬。

试帖诗的出题是以古人诗句或成语为准，再冠以"赋得"二字，所以，试帖诗又称"赋得体"。诗题之下还得注明"得某字"，即限定必须用这个字所在平水韵韵部的韵脚，并且在全诗的第二句或第四句中用此字为韵。"得某字"后一般还要注明"五言六韵"或"五言八韵"四字，作为全诗字数的限制。前者五字一句，凡十二句，得六十字；后者五字一句，凡十六句，得八十字。至于"六韵"与"八韵"的分殊，视考试的级别而定。

唐李白《子夜吴歌》中有"万户捣衣声"一句，据此为试帖诗的题目即"赋得万户捣衣声得声字五言八韵"，参加考试者就必须根据这一题目，作出一首五言十六句的排律。为明了起见，就以此题为例：

　　东西深不辨，空外但闻声。共捣三更月，谁知万户情。寒衣新浣出，密线旧缝成。远近惊秋早，光阴入夜争。力微拼用尽，辛苦说分明。凉意生双杵，繁音满一城。深闺今日寄，绝塞几人征。露布频闻捷，铙歌报太平。

这首试帖诗的韵脚为"声"所在的平水诗韵的"八庚"部，"情、成、争、明、城、征、平"七字全出于"八庚"部，并在第二句以"声"为韵脚。试帖诗要求全诗前四句要出现诗题中"万户捣衣声"五字，谓之"破题"。此诗前四句仅出现"声、捣、万户"四字，"衣"字出现于第五句，这也是允许的。纵观全诗，没有一字重复，"太平"属颂扬语，出现于末句，这两字就须另行单抬。全诗八十字，平仄调和，对仗工稳，章法也有一定的讲究，符合试帖诗的全部要求。

试帖诗用于科举考试，限制又极其严格，应试者的思想完全为规则所桎梏，不敢越雷池一步，与八股文的写作相比，有过之而无不及，其内容无非是些歌功颂德的陈腐旧套而已，诗味尽失。清袁枚《随园诗话》卷七有云："无题之诗，天籁也。有题之诗，人籁也。天籁易工，人籁难工。《三百篇》《古诗十九首》，皆无题之作，后人取其诗中首面之一二字为题，遂独绝千古。汉魏以下，有题方有诗，性情渐漓。至唐人有五言八韵之试帖，限以格律，而性情愈远。且有'赋得'等名目，以诗为诗，犹之以水洗水，更无意味。从此，诗之道每况愈下矣。"这是很有见地的论断。

石趣与世态

"傲骨如君世已奇，嶙峋更见此支离。醉馀奋扫如椽笔，写出胸中块垒时。"这首七绝是清人敦敏为友人曹雪芹所撰写，题为《题芹圃画石》。曹雪芹喜画石，更善于为石头立传，其名著《红楼梦》，又名《石头记》，一向脍炙人口，早有"开谈不说《红楼梦》，读尽诗书也枉然"（得舆《京都竹枝词》）的说法。小说从远古女娲补天的传说开篇，一块石头的遭遇贯串全书，逗出盎然的石趣，更反映出世态的万象，堪称一部旧时代的百科全书！

北京颐和园内乐寿堂前立有一块状如屏风的长8米、宽2米、高4米嶙峋瘦透的巨石，据传为明天启间山东右布政使米万钟在大房山一带发现，他本想运至位于京师海淀的自家园林勺园（今北京大学内），此石刚运至良乡，适遭阉臣魏忠贤诬告米万钟，因而被罢官，运石一事即半途而废。民间传说则因米万钟家资告罄使然，于是这块巨石就获得了"败家

398

石"的绰号。此后清乾隆皇帝以皇家财力才将此石运回至清漪园，题名曰"青芝岫"，并刻诗其上为记。

米万钟的祖上就是宋代书画艺术家米芾（字元章），得石趣之深，前无古人。颐和园长廊有一幅拜石图，讲的就是米芾的逸事。宋叶梦得《石林燕语》卷一〇记述米芾："知无为军，初入州廨，见立石颇奇，喜曰：此足以当吾拜。遂命左右取袍笏拜之，每呼曰石丈。"《宋史·文苑六》亦记述米芾此事云："具衣冠拜之，呼之为兄。"无论称石丈还是石兄，均可见其癖好异于寻常。

宋代文人多爱奇石，苏轼《壶中九华诗》尾联："念我仇池太孤绝，百金归买碧玲珑。"自注云："湖口人李正臣蓄异石九峰，玲珑婉转，若窗棂然。予欲以百金买之，与仇池石为偶，方南迁未暇也。名之曰壶中九华，且以诗纪之。"买奇石不惜重金，反映了宋代文人雅趣之一斑。清人郑燮有云："米元章论石，曰瘦、曰绉、曰漏、曰透，可谓尽石之妙矣。东坡又曰：'石文而丑'，一'丑'字则石之千态万状，皆从此出。彼元章但知好之为好，而不知陋劣中有至好也，东坡胸次，其造化之炉冶乎！"（《板桥题画·石》）宋人对于太湖石的鉴赏已臻炉火纯青，宋人杜绾撰有《云林石谱》就是一部有关奇石的专著，涉及名石116种。

爱石乃至成癖，本属雅事，但一到帝王那里就变了味道。宋徽宗在汴京（今河南开封）打造万岁山，令朱勔到南方搜寻奇花异石，名曰"花石纲"，耗资巨大，以致民不聊生。直到徽宗、钦宗二帝父子双双成了金人的阶下囚，"花石纲"才得罢手，已然毫无石趣可言。

奇石具有观赏价值，还是某种精神的寄托。古人称交友情深者为"石友""石交"。在画家的笔下，本无生命的石头大都具有人的品格。明末清初八大山人的荒岭怪石寄寓了自身的亡国意绪，清中叶郑燮的画石配以题诗，更充实了石趣。

明代散文家归有光撰有《秦国公石记》一文，描述一奇石有云："前十年，于阊门刘尚书宅得一奇石。形如大旆，迎风猎猎，仿佛汉大将军兵至阗颜，大风起，纵兵左右翼，围单于，骠骑封狼居胥，临瀚海时也。"
"大风起"后一段文字语出《史记·卫将军骠骑列传》："会日且入，大风起，沙砾击面，两军不相见，汉益纵左右翼绕单于。"这里显然是借石传情，写出自己欲为国家建功立业的风云之气，堪称寄托遥深。

审美观赏或因寄所托而外，石头的实用价值筑屋修路自不必谈，其压舱石的功能也多趣闻。东汉末年，年方六龄的陆绩到袁术府中作客，偷偷藏起三枚橘子，被发现后才以"欲归遗母"为词搪塞了过去。《三国志通俗演义》中诸葛亮舌战群儒即以陆绩怀橘一事先声夺人，令陆绩狼狈不堪。其实历史上的陆绩是极为廉洁的一位官员，他在吴国担任郁林（治所在今广西桂平西南）太守，罢归后两袖清风，身无长物，致令归舟过轻难以渡海。于是陆绩索性以岸边一块大石压舱，终于顺利回归故乡苏州，将此石弃于娄门外。此事《三国志》未载，而见于《新唐书·陆龟蒙传》，难免有传说性质。然而这块石头居然流传至今，陈列于原苏州府学泮池之侧（今苏州文庙碑刻博物馆），人称郁林石，明以后又称之为廉石，成为明清两代教育莘莘学子为人廉洁的实物，可见世人对于官吏清廉自守的渴望之情。

巧合的是，南朝梁都官尚书江革也有过一段类似陆绩的传说。江革为官期满即将返乡，许多人送他财物，他却一概不收，只乘一小舟渡长江，却因船轻有倾覆的危险，于是江革只好从西陵岸边捡回十几片石头压舱，安全渡江而去，后世从此流传"西陵石"的美誉。《南史·江革传》对此有记述，并称誉他："革历官八府长史，四王行事，三为二千石，傍无姬侍，家徒壁立，时以此高之。"清廉正直的官员是永远值得人们深切怀念的。

爱好须伴有高尚的人格，才会显现高雅的趣味！

名士与斗方

名士之称，盛行于古代，最早见于《礼记·月令》："勉诸侯，聘名士，礼贤者。"唐孔颖达疏云："名士者，谓其德行贞绝，道术通明，王者不得臣，而隐居不在位者也。"这里的所谓"名士"就是指名望高而不仕的人，本属褒义词，大有独往独来、我行我素，不受统治者羁縻的意味。然而随着时间的推移，时代变迁，名士的分量也就大打折扣，今非昔比了。

南朝宋刘义庆《世说新语·任诞》记述王恭（字孝伯）之语云："名士不必须奇才，但使常得无事，痛饮酒，熟读《离骚》，便可称名士。"这一标准不高，名士门槛的放低，意味着在当时司马氏高压统治下的士人地位的低下，已非昔日之比。魏晋时代的所谓"名士"，可以称之为"酗酒名士"，缺乏"德行贞绝"的品格自不待言，然而与后世相比，特立独行的魏晋风度仍是其后士人艳羡的对象，至少比明清时代出现的所谓"斗方名士"高雅多了。

"斗方"与"名士"联称，事实本身就是名士地位每况愈下的悲剧。何谓"斗方"？旧时即指一尺见方的册页书画，其幅度小于中堂与横披，也不必如扇面书画那样精致细腻。在斗方上写字作画，快捷便当，不必惨淡经营，计较"骨法用笔"或"计白当黑"，当众泼墨，迅速可成。如"一笔虎"或"福"字那样的一招鲜，的确可令外行人目眩神迷。旧时文人若青云无路，凭借斗方技艺也可沽名钓誉或招摇过市，戴上一顶"名士"的桂冠。世人即称以斗方"制作"为看家本领者为"斗方名士"，用以形容自命风雅的无聊文人，贴切形象。

清吴敬梓《儒林外史》第八回："自此，浙西各郡，都仰慕蘧太守公孙是个少年名士。蘧太守知道了，成事不说，也就此常教他做些诗词，写斗方，同诸名士赠答。"可见若想当斗方名士，仅凭一张利口去招摇撞骗绝非长久之计，能诌两句诗词，写几个斗方是必不可少的"功夫"。斗方名士大多没有真才实学，却又附庸风雅，自命不凡，不甘于寂寞。《儒林外史》中杨执中、权勿用一班人，无疑就是这一类文人的文学典型。清况周颐《眉庐丛话》有云："同、光以还，朴学凋谢，小慧之士，粗谙叶韵，辄高谈风雅，自诩名流。间或占一绝句，填一小令，书画一扇头，快然自足，不知井外有天，于是乎有'斗方名士'之目，出于轻薄者之品题，要亦如其分以相偿也。"

斗方名士的产生有其一定的社会基础，这与明清两代的科举取士制度以及城市经济的迅速发展密切相关，斗方名士即属于城市中的文化游民。以八股制义为考试主要内容的科举制度，极大地限制了士人的多方位发展，而其中式名额的限制又造成一大批"文化人"的积压过剩。这些被阻挡在科举大门之外的读书人，大多不愿脱去长衫另谋生路，只想在城市中找到自己的安身立命之所，"斗方名士"无疑是这一类文化人的选择之一。他们当名士就是为了混口饭吃，并非以名士当作自己的人生终极目标。以斗方名士的资格去达官显贵的府上充当清客相公，就是一个不错的选择。《红楼梦》中的詹光、单聘人、程日兴之流，就是贾府中的清客，也就是人们常说的帮闲文人或篾片门客。鲁迅《帮忙文学与帮闲文学》一文曾说："明末清初的时候，一份人家必有帮闲的东西存在的。那些会念书会下棋会画画的人，陪主人念念书，下下棋，画几笔画，这就叫帮闲，也就是篾片！"

然而并非所有斗方名士都可以寄身于大宅门中，或因一时不慎丢了清客的饭碗，这一类人就只好到社会中去摸爬滚打乃至蒙吃蒙喝。这些人坐议立谈，无所不通；随机应变，百无一能。他们在社会中虽然掀不起滔天的浊浪，却也常常搅浑一池清水，令正派人侧目而视。

清代乾隆以后是全国人口迅速膨胀的时期，斗方名士的队伍也有不断壮大的趋势。这些人寄身于官僚幕府，大多成为帮闲清客，与一些有专门才能的幕僚（如军事、经济、治水等方面的专门人才）难以同日而语。

徐珂编《清稗类钞·幕僚类》有"清客次于幕友"一则云:"俗所谓清客者,门下食客也,主人之待遇次于幕。都下清客,在承平时至多,然亦须才品稍兼者,方能自立。有编为十字令者,曰:'一笔好字,二等才情,三斤酒量,四季衣服,五子围棋,六出昆曲,七字歪诗,八张马吊,九品头衔,十分和气。'有续其后者,曰:'一笔好字,不错,二等才情,不露。三斤酒量,不吐。四季衣服,不当。五子围棋,不悔。六出昆曲,不推。七字歪诗,不迟。八张马吊,不查。九品头衔,不选。十分和气,不俗。'则更进一解矣。"虽属调侃之语,却能穷形尽相,将这一类清客篾片刻画得惟妙惟肖。

欲对社会有所贡献,就不要做斗方名士或类似的清客!

史诗与诗史

"史诗"与"诗史"互为倒文,含义却大不相同。史诗(Epic)是近代从西方传入中国的概念,作为名词术语,其内涵并不十分明确。诗史作为中国古代文学批评史中的专门术语,从唐代以后多见于诗话著述中评价杜甫诗的相关条目,具有鲜明的中国特色。

伏尔泰是18世纪法国启蒙主义思想家,他写有《论史诗》一文,认为史诗一词源于希腊文,原意是"说话"。一般认为,史诗是指描述英雄业绩的长篇叙事诗,我国的一些学者认为,创世的长篇叙事诗也当属于史诗的范畴。显而易见,在文化人类学研究或民间文学研究中,史诗的探讨都占有极其重要的地位。

《中国大百科全书·外国文学卷》认为史诗:"古代民间文学的一种体裁,通常指以传说或重大历史事件为题材的古代长篇民间叙事诗。史诗主要歌颂每个民族在其形成和发展过程中战胜所经历的各种艰难险阻、克服自然灾害、抵御外侮的斗争及其英雄业绩。"《简明不列颠百科全书》认为,已知最早的史诗为苏美尔人所作,巴比伦人把他们的传说写成优美的史诗。希腊的荷马史诗《伊利亚特》（伊利昂纪）与《奥德赛》（《奥德修纪》）为一般文学爱好者所熟知；印度的《罗摩衍那》《摩诃婆罗多》，罗马维吉尔的《埃涅阿斯纪》，法国的《罗兰之歌》，古代日耳曼人的一支盎格鲁-撒克逊人的《贝奥武甫》，冰岛的《埃达》，芬兰的《卡勒瓦拉》（又名《英雄国》）等英雄史诗，皆在世界文学史中占有一席之地。我国藏族的《格萨尔王》、蒙古族的《江格尔》、柯尔克孜族的《玛纳斯》等，也都是享有世界声誉的民族史诗，并日益引起国内外有关学者的瞩目。

此外，史诗也常指一些具有经典意义的文学作品或影视作品，显然是用其比喻义。有论者认为俄罗斯托尔斯泰的《战争与和平》一类的长篇小说、爱森斯坦的《伊凡雷帝》一类的电影，就是史诗式的作品，宏大叙事为其特征。中国的研究者大多认为清代曹雪芹的《红楼梦》是封建末世的一部史诗式小说。被司各特称为"英国小说之父"的菲尔丁（1707~1754），曾自誉其小说《约瑟夫·安德鲁斯》是"用散文体写一首喜剧史诗"。

诗史一词最早见于《宋书·谢灵运传论》："至于先士茂制，讽高历赏，子建函京之作，仲宣霸岸之篇，子荆零雨之章，正长朔风之句，并直举胸情，非傍诗史，正以音律调韵，取高前式。"这里是以"诗史"泛指前人的诗歌作品。唐人孟棨《本事诗·高逸》："杜（甫）逢禄山之难，流离陇蜀，毕陈于诗，推见至隐，殆无遗事，故当时号为'诗史'。"这里的"诗史"一词是指反映某一时期重大社会事件具有历史意义的诗歌创作，唐代杜甫最早获得这一桂冠，其"三吏""三别"以及《自京赴奉先县咏怀五百字》等诗，一向脍炙人口。此后清人吴伟业也曾有此殊荣，其《临江参军》《永和宫词》《萧史青门曲》《圆圆曲》等歌行，长歌当哭，以诗存史，被后人称为"诗史"。

诗史之说，曾一度遭到明人杨慎的诘难，其《升庵诗话》卷四有云："宋人以杜子美能以韵语纪时事，谓之'诗史'。鄙哉！宋人之见，不足以论诗也……杜诗之含蓄蕴藉者，盖亦多矣，宋人不能学之。至于直陈时事，类于讪诘，乃其下乘末脚，而宋人拾以为己宝，又撰出'诗史'二字，以误后人。如诗可兼史，则《尚书》《春秋》可以并省。"杜甫传世的诗歌有一千五百首之多，其中大部分属于抒情之作，所谓"以韵语纪时事"者并非其诗主流，杨慎之论虽不无道理，但将杜甫"直陈时事"之作如"三吏""三别"等诗视为"讪诘"下乘作品，则不免失察之嫌；至于否定"诗可兼史"，已经近似于抬杠了。

杨慎之说遭到明人王世贞的反驳，其《艺苑卮言》卷四有云："杨用修驳宋人'诗史'之说……其言甚辩而核。然不知向所称皆比兴耳。诗固有赋，以述事切情为快，不尽含蓄也。"王世贞从诗歌的艺术表现手法的不同入手，批评杨慎之论的偏颇，很有见地。清吴乔《围炉诗话》卷四又从另一角度批驳杨慎说："杜诗是非不谬于圣人，故曰'诗史'非直指纪事之谓也。纪事如'清渭东流剑阁深'与不纪事之'花娇迎杂佩'皆诗史也。诗可经，何不可史？同其'无邪'而已。用修不喜宋人之说，并'诗史'非之，误也。"清朱庭珍《筱园诗话》卷三也认为杨慎之论有以偏概全之嫌："宋人诗多为赋体，绝少比兴，古意浸失，升庵以此论议宋人则可。老杜无所不有，众体兼备，使仅摘此数语，轻议其后，则不可。"杜甫在中国诗歌史上的"诗史"地位，并不因杨慎有所异议而发生动摇。

无论"史诗"还是"诗史"，都表明了文学与历史的密切关联。

落花与落叶

"惟草木之零落兮，恐美人之迟暮"（战国楚屈原《离骚》），花落叶摧本是自然现象，一年又一年，周而复始，不足为奇。然而落花与落叶一旦进入古人诗词，就有了与人事相关的内容，而且多数意绪萧疏，愁怀无限。"去年春恨却来时，落花人独立，微雨燕双飞"（宋晏几道《临江仙》），落花往往与伤春意绪相联系。"袅袅兮秋风，洞庭波兮木叶下"（屈原《九歌·湘夫人》），落叶往往与悲秋意绪相联系。

"春女思，秋士悲，而知物化矣"（汉《淮南子·缪称训》），其前一句可能语出"有女怀春，吉士诱之"（《诗经·召南·野有死麕》），其实伤春与悲秋并无性别上的不同，男与女都可能伤春或悲秋。唐戴叔伦《赠殷亮》有云："日日河边见水流，伤春未已复悲秋。"如此长年累月处于伤春与悲秋的状态中，还有何生趣可言？

"一片花飞减却春，风飘万点正愁人"（杜甫《曲江二首》其一），由花的坠落联想到春天即将飘逝，从而引来诗人的愁思，这种留恋春天的情怀常见于古人的文学作品。宋秦观《千秋岁》词："春去也，飞红万点愁如海。"宋辛弃疾《摸鱼儿》词："惜春长怕花开早，何况落红无数。"迨至清末文廷式，其《水龙吟》一词曾言简意赅地总结说："落花飞絮茫茫，古来多少愁人意。"由春天的飘逝联想到人的青春一去不复返，从而又令落花有了叹老的意向。唐陆龟蒙的《惜花》一诗最具代表性："人寿期满百，花开唯一春。其间风雨至，旦夕旋为尘。若使花解愁，愁干看花人。"移情于物又反观自身，更觉青春的可贵。"多情只有春庭月，犹为离人照落花"（唐张泌《寄人》），落花似乎象征着永久的分别，对于离人的刺激自然非同寻常。明晓落花在古人文学作品中的诸多衰败意象，再读《红楼梦》中林妹妹的《葬花吟》，就更能体味到这位悲剧少女形象的凄凉遭遇了。

"落红不是无情物，化作春泥更护花"（清龚自珍《己亥杂诗》），诗人的自我牺牲精神比起宋人杨万里的"潇洒"人生，境界高多了，后者的《小溪关新田》有云："落红满路无人惜，踏作花泥透脚香。"低估了落花的价值。清末俞樾参加殿试，试帖诗题为"淡烟疏雨落花天"，俞樾以"花落春仍在"起句，一洗落花的千古衰飒之意，出语不凡，大为曾国藩所叹赏。

据宋人唐庚《文录》引唐人诗有云："山僧不解数甲子，一叶落知天下秋。"与落花相同,落叶的意象也如落花一样,也给人一种"无可奈何花落去"的惆怅感。唐贾岛《忆江上吴处士》云:"秋风吹渭水,落叶满长安。"以清冷的情境增加了忆人的思念之情。因叶落而产生怀乡的意绪,唐王勃《山中》:"长江悲已滞,万里念将归。况属高风晚,山山黄叶飞。"隋唐间诗人孔绍安《落叶》诗更伤羁旅者之心:"早秋惊落叶,飘零似客心。翻飞未肯下,犹言惜故林。"清初屈大均则以"岁岁叶飞还有叶,年年人去更无人"(《梦江南》)的落叶情结,抒发故国之思。晚清曾广钧写有《庚子落叶词十二首》,联系中国1900年这一特殊的年代,一望可知是痛悼国势衰微的锥心之作。

明人何景明《十四夜》诗:"万山秋叶下,独坐一灯深。"意境孤寂清冷,似从唐司空曙《喜外弟卢纶见宿》中"雨中黄叶树,灯下白头人"二句脱化而来。黄叶与秋天联系,恰可以增添诗的特殊情韵。"扁舟一棹归何处,家在江南黄叶村"(苏轼《书李世南所画秋景》),"乱泉声里才通屐,黄叶林间自著书","黄叶下时牛背晚,青山缺处酒人行",这两组诗句,是王士禛在其《渔洋诗话》卷下所录弟子王苹的作品,读来总觉有一种孤标傲世的情怀,王苹因此获得了一顶"王黄叶"的桂冠。

美国近代作家欧·亨利(1862~1910)的小说《最后的常春藤叶》,描写老贝尔曼为挽救身患肺炎的琼珊,在院墙上画了一片永不凋落的常青藤叶,给琼珊以希望,从而救下她的生命,而他自己却于风雨中罹患肺炎而谢世。一片不落的常青藤叶就是希望的象征,令琼珊首先从心理上战胜了病魔。欧美人似乎也有着落叶情结。

能从代表衰败的文学意象中翻出新意,才算得上高手!

诗歌与谶语

谶语又称谶言,即古代巫师或方士之流等所造作的谜语式的预言,往往会对政治产生一定的影响,因而常为统治者所封杀。据《史记·秦始

皇本纪》记述，秦王政统一中国以后，迷信方士，于是就有人乘机献上
"亡秦者胡也"的谶语迷惑这位不可一世的暴君。秦始皇以为"胡"当指
北方的匈奴，于是派大将蒙恬发兵三十万去北击胡人。然而秦始皇死后，
秦王朝却亡于其传人胡亥手中，于是后世即认为"胡"当谓胡亥，并非
指被称为胡人的匈奴部落。谶语蛊惑人心的效力，可见一斑。

古人吟诗，为求意境出新，往往喜欢用含蓄的语词表达诗意，而繁难
的声韵限制也常常令创作主体削足适履，甚至言不由衷。这样的作品，其
意义常显现出不确定性，又常常可以似是而非地解释以后发生的事情。有
关诗句这一莫须有的预示功能，古人即称之为"诗谶"，它同谶语一样，
对于人们的生活具有相当的影响，当然也是古人茶馀酒后的绝妙谈资。

南朝梁简文帝萧纲，是宫体诗的倡导者，他即帝位以后不足三年就被
侯景杀死了。据《南史·侯景传》记述："初，简文《寒夕诗》云：'雪
花无有蒂，冰镜不安台。'又《咏月》云：'飞轮了无辙，明镜不安台。'
后人以为诗谶，谓无蒂者，是无帝；不安台者，台城不安；轮无辙者，以
邵陵名纶，空有赴援名也。"封建王朝"乱纷纷你方唱罢我登场"，官场
之中尔虞我诈、难以捉摸的地方太多，局外人不得其要领，难免不胡猜乱
想，勾画出匪夷所思的事物发展轨迹。其实，萧纲即使没有作那两首倒霉
的诗作，恐怕也难以保住自己的首级。诗谶之说，无非是后人的穿凿附会
而已，大有"事后诸葛亮"的狡诈，不足为奇。

晋人潘岳写有《金谷集诗》，有云："投分寄石友，白首同所归。"他
曾得罪过权臣孙秀，富豪石崇也因美女绿珠令孙秀难堪，结果潘岳、石崇
同一天被孙秀捕获，押赴刑场执行了死刑。"白首同所归"居然应验了诗
谶，事见南朝宋刘义庆《世说新语·仇隙》。这则故事或许是有关诗谶的
较早记录。在专制社会，封建读书人难以自主命运，不免时常疑心生暗
鬼，举手投足仿佛都有冥冥从中作梗，这是古代诗谶说大行其道的社会原
因。历代笔记或诗话类著述对于诗谶事笔不绝书，就连清末思想较为开明
的诗人龚自珍也曾半开玩笑地说："诗谶吾生信有之，预怜夜雨闭门时。"

（见《己亥杂诗》第 232 首）原因是诗人在四月间出都，曾写诗云："他年金锁如搜采，来扣空山夜雨门。"（见《己亥杂诗》第 12 首）结果九月间至淮河边上果然遭遇夜雨连绵。

宋代当过宰相的寇准，晚年被贬官雷州（今广东南部）司户参军。据宋江少虞《宋朝事实类苑》卷四六记述："寇莱公少时，作诗曰：'去海止十里，过山应万重。'及贬至雷州，吏至，呈州图，问州去海几里，对云十里。则南迁之祸，前诗已预谶矣。"这一记述未免捕风捉影，但至少反映出古人对于诗谶的几许畏惧心态。唐刘肃《大唐新语》卷八记述诗人刘希夷作诗反复一事云："善掎琵琶，尝为《白头翁咏》，曰：'今年花落颜色改，明年花开复谁在？'既而自悔，曰：'我此诗似谶，与石崇"白首同所归"何异也？'乃更作一句云：'年年岁岁花相似，岁岁年年人不同。'既而叹曰：'此句复似向谶矣，然死生有命，岂复由此！'乃两存之。诗成未周岁，为奸所杀。或云宋之问害之。"刘希夷谢世不足三十岁，才子早世，的确令人唏嘘。

由于诗谶的威胁，古人写诗除了有韵律的严格限制外，未免又多了一层预测人生的顾虑。清洪亮吉《北江诗话》卷三有云："诗句限年，往往成谶。袁大令枚丁酉元日诗：'不贺宾朋先自贺，堂前九十四龄亲。'然太夫人即于是年弃养。朱学士筠辛丑岁自福建学使任满归，岁朝作诗，有'五十三年律渐工'句，果于是年下世。"清诗人黄景仁曾自我宽慰地说："莫因诗卷愁成谶，春鸟秋虫自作声。"（《杂感》）其实笔下说不怕，其内心仍有对诗谶说的恐惧，否则就不必自我壮胆了。

早生于黄景仁六百馀年的洪迈就比较达观，他在《容斋随笔》卷一《诗谶不然》云："今人富贵中作不如意语，少壮时作衰病语，诗家往往以为谶。白公（指唐诗人白居易）十八岁，病中作绝句云：'久为劳生事，不学摄生道。少年已多病，此身岂堪老？'然白公寿七十五。"以白居易为例证，明确诗谶说的荒诞不经，是有见地语。同为宋人的陆游相信诗谶说，其《老学庵笔记》卷四云："李后主《落花》诗云：'莺狂应有限，蝶舞已无多。'未几亡国。宋子京亦有《落花》诗云：'香随蜂蜜尽，红入燕泥干。'亦不久下世。诗谶盖有之矣。"

诗谶说也不仅仅全是不爽事的预兆，明朗瑛《七修类稿》卷三五记述明英宗天顺元年（1457）状元黎淳逸事很有趣："黎状元淳，初膺乡荐至京师，将礼部会试时，盘礴间，闻酒楼上有妇人唤其名，举头观之，则角妓也，乃知为同辈所啐。于是登楼吟曰：'千里邀游赴帝京，忽闻楼上唤黎淳；状元自是天生定，先遣嫦娥报我名。'已而果然。"

在文学作品中，作家却不妨利用诗谶说作为展开情节的手段。清曹雪芹《红楼梦》第六十三回，以花名签酒令八支预示薛宝钗、贾探春等女子的未来结局，也属于诗谶的范畴，很见作者的巧思。

把握人生全凭自我意志，有志者对未来有憧憬就有希望，诗谶说可以休矣！

才思与迟速

撰文写赋或吟诗作画，创作主体的才思本有敏捷与迟钝之别，反映于时间，就是"迟速"的差异。古人对此种现象每有论及。据《汉书·枚皋传》记述："（枚皋）为文疾，受诏辄成，故所赋者多。司马相如善为文而迟，故所作少而善于皋。皋赋辞中自言为赋不如相如。"枚皋与司马相如都是西汉的辞赋大家，据传，枚皋的辞赋作品数量众多，可读性强的就有120篇之多，然而却一篇都没有传世。司马相如作赋仅29篇，传世者虽不足10篇，仍以汉大赋的代表作家享誉后世。鲁迅《汉文学史纲要》赞誉司马相如说："制作虽甚迟缓，而不师故辙，自擟妙才，广博宏丽，卓绝汉代。"

南朝梁刘勰最早从理论的高度论及这一问题，其《文心雕龙·神思》有云："人之禀才，迟速异分；文之制体，大小殊功。"大意是：从各人的创作才能而论，完成作品因天分不同而有快慢之别；就文章的体裁而

410

言，因其规模有异，也会反映出各人功力的不同。东汉张衡作《二京赋》，晋人左思写《三都赋》，都花费了将近十年的时间，尽管都是长篇巨制，但也反映出两人才思迟缓。至于三国时的曹植出口成章，王粲举笔成文，阮瑀据鞍制书，祢衡当食草奏，虽都是短文小篇，但也可显示出四人才思敏捷非同寻常。

文学作品能否传世，是以质量为首事的，写作速度的快慢并非能否传世的决定性因素。以《滕王阁序》驰名后世的唐初文学家王勃，写作之前覆被而卧，醒后一跃而起，援笔疾书成篇。其实他在睡卧之际即打好腹稿，况且其拥被高卧的时间长短并无严格限制，因而是否属于才思敏捷，难以判断。晚唐诗人温庭筠算是一位有捷才者，据宋孙光宪《北梦琐言》卷四记述，他与李商隐齐名，"才思艳丽，工于小赋，每入试押官韵作赋，凡八叉手而八韵成"。何谓"八叉手"？前人语焉不详，总之是下笔神速，非常人所可比肩。比温庭筠早约六百年的曹植，据传他能于性命交关之际七步成诗，从而得以自救，并避免了一场兄弟相残的悲剧，有这样的急才者，的确并不多见。

唐诗人贾岛则是一位才思迟缓的典型，他自谈创作甘苦有"二句三年得，一吟双泪流"（《题诗后》）的慨叹，堪称艰苦卓绝了。然而这并不妨碍他以著名诗人名标后世，明胡震亨《唐音癸签》卷二八有云："贾岛三年十字，迟自可传。"

唐代大诗人李白与杜甫，是中国诗歌史上的双子星座，前者号"诗仙"，后者有"诗圣"之誉，然而创作的构思速度大不相同。宋罗大经《鹤林玉露》甲编卷六有云："李太白一斗百篇，援笔立成。杜子美改罢长吟，一字不苟。二公盖亦互相讥嘲，太白赠子美云：'借问因何太瘦生，只为从前作诗苦。'苦之一辞，讥其困雕镌也。子美寄太白云：'何时一樽酒，重与细论文。'细之一字，讥其欠缜密也。"

古人对于才思迟速问题，大都有清醒的认识。明李东阳《麓堂诗话》有云："巧迟不如拙速，此但为副急者道。若为后世计，则惟工拙好恶是

411

论，卷帙中其复有迟速之际可指摘哉！"清代小说家蒲松龄《聊斋志异·织成》借柳生之口有云："昔《三都赋》十稔而成，以是知文贵工，不贵速也。"其说透彻。

如若涉及功名利禄问题，才思的迟速就不能等闲视之了。据清潘永因《宋稗类钞》载："太宗时，亲试进士。每以先进卷者，赐第一人及第。孙何与李庶几同在场屋，皆有时名。庶几文思敏速，何苦思迟。会言事者上言举子轻薄，为文不求义理，惟以敏速相夸。因言庶几与举子于饼肆中作赋，以一饼熟成一韵者为胜。太宗闻之大怒。是岁殿试，庶几最先进卷，遽叱出之，由是何为第一。"因最高统治者的一时间好恶，扭曲了衡文标准，专制社会的不公平可见一斑。

才思无论迟速，只有经过历史老人的严格检验，其作品才能传世！

诗词与用典

为巧妙地传达某种情感或作为一种修辞手段，用典使事在中国古典诗词创作中司空见惯，不足为奇。今人研究或鉴赏古代诗词作品，捕捉不到其间用典使事的踪迹，就难以挖掘到蕴含于字句之中的深层义或情韵义，从而丢失掉某些信息，乃至郢书燕说，甚至南辕北辙，出现理解的偏差。

何谓用典使事？即在诗文等文学作品中引用前人有关故事或有来历出处的词语，用以丰富自己诗文作品的表达力与穿透力。唐李白《山中与幽人对酌》云："两人对酌山花开，一杯一杯复一杯。我醉欲眠卿且去，明朝有意抱琴来。"这首七绝写得真率散淡，书写诗人与隐居高士相对饮酒时的雅趣。其中第三句用晋人陶渊明的掌故，据南朝梁萧统《陶靖节传》记述："渊明不解音律，而蓄无弦琴一张，每酒适，辄抚弄以寄其意。贵贱造之者，有酒辄设，渊明若先醉，便语客：'我醉欲眠，卿可去。'其真率如此。"读者若不明其用典，诗的大意虽也不难理解，然而其间所蕴含的无限韵味就完全丧失了。唐白居易《夜凉》诗有云："舞腰歌袖抛何处，唯对无弦琴一张。"此诗第二句也用陶渊明事，取意明显，却不如李白诗能得含蓄之美。

借用或化用前人诗文成句以扩充自家创作之意境，也属于用典的常用手段。宋柳永《八声甘州》词有云："想佳人、妆楼颙望，误几回、天际识归舟。"末句显然借用南朝齐谢朓《之宣城郡出新林浦向板桥》诗："天际识归舟，云中辨江树。"柳词两句本是设想之辞，其意境又显然借鉴了唐温庭筠《梦江南》词"过尽千帆皆不是，斜晖脉脉水悠悠。肠断白苹洲"三句，将妆楼思妇盼望夫归之情淋漓尽致地表现了出来，用典恰到好处。

南朝宋、齐、梁、陈四代是文人在作品中竞相用典使事的繁盛期，朝野上下，都以博物洽闻自炫，君臣之间也常常以"掉书袋"相互比赛，诗文形式主义的风气弥漫于一时。《陈书·姚察传》有云："终日恬静，唯以书记为乐，于坟籍无所不睹。每有制述，多用新奇，人所未见，咸重富博。"可见当时风气。其始作俑者，宋人张戒认为是刘宋王朝的诗人颜延之，其《岁寒堂诗话》卷上有云："诗以用事为博，始于颜光禄而极于杜子美。"由于颜延之作诗以雕琢字句、堆砌典故为尚，这反而限制了其诗歌的艺术表现力，其诗名远不如当时与之齐名的谢灵运。《南史·颜延之传》有云"延之尝问鲍照己与灵运优劣，照曰：'谢五言如初发芙蓉，自然可爱；君诗若铺锦列绣，亦雕缋满眼。'"颜不如谢，灼然可见。

南朝梁钟嵘所著《诗品·序》曾对当时诗坛的这种风气提出批评："夫属辞比事，乃为通谈。若乃经国文符，应资博古，撰德驳奏。宜穷往烈。至乎吟咏情性，亦何贵于用事？"他的这一观点，深得后世性灵派诗人的广泛响应。清张问陶《论诗十二绝句》有云："写出此身真阅历，强于饤饾古人书。"所谓"饤饾"，即堆叠于盘中供陈设的蔬果，人们常用来比喻诗词堆砌典故，文辞重叠。此外，人们也称罗列典故、堆砌成文为"獭祭"。据说獭捕得鱼即陈列于水边，犹如祭祀，故称"獭祭鱼"。清代同属性灵派的诗人赵翼，对于诗歌创作用典使事有较为通达的看法，其

《瓯北诗话》卷一〇有云："诗写性情，原不专恃数典，然古事已成典故，则一典已自有一意，作诗者借彼之意，写我之情，自然倍觉深厚，此后代诗人不得不用书卷也。"今天看来，这一观点也不过时。

诗歌用典，古人讲究如水中着盐，事在语中而人不知，而且有"正用""反用"之别。所谓"正用"者不必赘言，"反用"者如宋林逋《自作寿堂因书一绝》云："湖上青山对结庐，坟头秋色亦萧疏。茂陵他日求遗稿，犹喜曾无封禅书。"诗后两句反用汉司马相如事以表明自己不阿附权贵的高洁志行。据《史记·司马相如传》记述，这位辞赋家患消渴症（即今所称糖尿病），家居茂陵，汉武帝派人到其家中访求所著书，其时相如已经亡故，只留下一卷劝帝王封禅的遗书，其人至死也不忘对天子的逢迎。宋严有翼《艺苑雌黄》有评云："直用其事，人皆能之；反其意而用之者，非识学素高，超越寻常拘挛之见，不规规然蹈袭前人陈迹者，何以臻此！"所论中肯。

此外，用典还有实事虚用、死事活用、常事翻用、旧事新用、两事合用、旁事借用等方法，不一而足。

如欲读懂中国古典诗词，就必须懂得破解用典的方法。

金钱与世风

20世纪90年代初，某部轰动一时的电视连续剧中的一句台词引人深思："钱不是万能的，但没有钱是万万不能的。"此语虽不无调侃之意，却极耐人寻味，道出了商品经济中人在金钱面前的几许无奈感。

自古以来，钱就有许多异称别名，或曰"泉"，宋代洪遵撰有《泉志》十五卷，是历代钱的图谱的汇编。又曰"青蚨"，据说青蚨是一种昆虫，若取其子，其母就能飞来。古人以此比喻金钱轮转无已的流转性质，极其形象。此外，"黄白""阿堵"也是金钱的别称，不一而足。然而对金钱最为亲切的称谓要算"孔方兄"一词了，它源于晋人鲁褒的《钱神论》一文中"亲爱如兄，字曰孔方"八字。古代钱币从秦统一中国以后，其形状为外圆内孔呈方形，故称。

鲁褒生当晋惠帝时，这位司马氏家族的第二个皇帝听说天下灾荒饿死许多百姓，竟然发出"何不食肉糜"的疑问。天下有这样一位"宝贝"充当最高统治者，自然是纲纪大坏，政治日趋腐败。鲁褒有感于国势的江河日下，就撰写出《钱神论》以寄感慨。文中虽然承认金钱"行藏有节，市井便宜"的优点，也同时指出它"无位而尊，无势而热"的特性，至于其"钱可使鬼"的社会属性，作者则怒形于色，不免愤愤然了。

将钱与鬼联系起来，并不是鲁褒的首创，三国魏杜恕《体论》早已揭示出"可以使鬼者，钱也"之论。晋代以后，类似的话更是不绝于耳，如宋陈与义《书怀示友十首》其六即云："有钱可使鬼，无钱鬼揶揄。"这与民间谚语"有钱可使鬼推磨"的嘲讽毫无二致，皆可以为是杜恕或鲁褒说的翻版。

明代的律学家朱载堉（1536～1611），是世界上最早计算并创建十二平均律的音乐家，作为一位科学家，他骂起金钱页咬牙切齿，曾发出将钱"刀剁、斧砍、油煎、笼蒸"（《黄莺儿·骂钱》）的詈语，仿佛不如此就不足以表现自己与金钱势不两立的坚定立场。与朱载堉几乎同时的英国大戏剧家莎士比亚（1564～1616），在《雅典的泰门》一剧中有一段咒骂金钱的大段独白，一向脍炙人口，如说："啊！你可爱的凶手，帝王逃不过你的掌握。亲生的父子会被你离间！你灿烂的奸夫，淫污了纯洁的婚床。"金钱在复杂的人际关系中的消极影响，被剧作家穷形尽相地刻画了出来。

然而在商品经济极度发展的社会中，谁也难以离开金钱，所谓"君子爱财，取之有道"，道出了世人的几许无奈。儒家的祖师孔子就说过："富而可求也，虽执鞭之士，吾亦为之。"（《论语·述而》）大意就是：如果财富可求而得，就是当一名市场管理员我也干。孔夫子能够周游列国，并且到处弘扬自己的儒家学说，如果没有弃学从商并以此致富的学生子贡的资助，是难以实现的。《史记·货殖列传》有云："夫使孔子名布扬于天下者，子贡先后之也。"讲的就是这回事。

金钱势不可当的巨大威力，在孔子以后的时代，发挥得更加淋漓尽致。儒家传人、南宋著名的理学家朱熹与其门人就有如下一段问答："问：吾辈之贫者，令不学子弟经营，莫不妨否？曰：止经营衣食亦无甚害。陆家亦作铺买卖。"（《朱子语类》卷一一三）

然而凡事皆有度，如若不择手段地追逐金钱，巧取豪夺乃至贪污受贿，至死不休，那就是金钱的奴隶了，且下场可悲。《晋书·江统传》描绘了权力与金钱相结合的历程，着实可畏："秦、汉以来，风俗转薄，公侯之尊，莫不殖园圃之田，而收市井之利，渐冉相放，莫以为耻，乘以古道，诚可愧也。"如此上下交征利，其社会风气就可想而知了。大约一千四百年以后，清初小说家蒲松龄就为我们描绘了这样一个令人不寒而栗的可怕世界："金光盖地，因使阎摩殿上尽是阴霾；铜臭熏天，遂教枉死城中全无日月。馀腥犹能役鬼，大力直可通神！"（《聊斋志异·席方平》）吏治、法制腐败到如此地步，社会就很难向前发展了。

金钱能够为人服务，多多益善；人如果成为金钱的奴隶，就一钱不值！

命运与抗争

德国伟大的作曲家贝多芬的第五交响曲，又称《命运交响曲》，喜爱外国古典音乐的人不会忘记乐章开始那震撼人心的旋律——命运的敲门声！无论古今中外，命运从来就是人类关注的话题。

在希腊神话传说中，已经出现被总称为"摩伊赖"的命运三女神，她们被想象为三位跛足的老太婆，表示命运变化的缓慢。其中克洛托职掌纺绩命运之线，其造型为手持纺锤或命运之书；拉刻西斯分配命运之线的长短，掌管命运的盛衰荣枯，其造型为用手杖指向地球；阿特罗波斯负责切断人的生命之线，其造型为手执天秤、针盘或刀具。希腊的众多悲剧都表现出对于命运的无可奈何，这反映了命运女神的无穷威力。

在中国，"命运"两字连用，最早出现于汉班固《白虎通·灾变》："尧遭洪水，汤遭大旱，命运时然。"这是天命运数的意思。单称"命"或"天命""数"等，在古代文献中出现较早，在儒家经典中出现的频率更高。《论语·颜渊》云："子夏曰：商闻之矣，死生有命，富贵在天。"孔子称自己五十岁为"知天命"之年，又说："君子有三畏：畏天命，畏大人，畏圣人之言。"（《论语·季氏》）然而孔子对于自身的命运还是相当自信的，他曾到宋国在一棵大树下教众弟子习礼，宋司马桓魋打算杀死孔子，先拔掉了那棵大树，孔子在逃避时说："天生德于予，桓魋其如予何？"（《论语·述而》）

后世的楚霸王项羽与刘邦争夺天下失利，临丧命时诅咒命运说："此天之亡我，非战之罪也。"（《史记·项羽本纪》）将自己的最终失败委之于命，是没有自信的表现。在民间谚语中，这一类的说法更多，如"万般皆由命，半点不由人""谋事在人，成事在天"等，也都是丧失自信力者聊以自慰的表白。

成书于魏晋时代的《列子》一书有《力命》篇，专谈天命问题，将事物发展过程中的偶然因素，无限制地放大到无以复加的程度。内有云："死生自命也，贫穷自时也。怨夭折者，不知命者也；怨贫穷者，不知时者也。当死不惧，在穷不戚，知命安时也。"所谓"认命"，在历代文人中存在着广泛的市场。三国魏李康写有《运命论》，专谈天命；南朝宋沈攸之晚年曾自叹说："早知穷达有命，恨不十年读书。"（《宋书》本传）唐代韩愈曾发出"人生由命非由他，有酒不饮奈明何"（《八月十五夜赠张功曹》）的浩叹。宋代理学家程颐则说："君子当穷困之时，既尽其防虑之道而不得免，则命也。"（《近思录》卷七）清末有"睁眼看世界"之誉的思想家魏源竟然也说过"有安天下之才，不若有安天下之命"（《默觚下·治篇十五》）一类的话，可见这一思想在读书人头脑中的根深蒂固。

何以如此？鲁迅有专谈《运命》一文云："运命不是中国人的事前的指导，乃是事后的一种不费心思的解释。"将一切都归结于命运的安排，可以换取一种廉价的安慰。命运既然难于预测，人们往往以因果报应说加以解释，也算是一种无解之解。南朝梁范缜发明"飘茵落溷"说："人之生譬如一树花，同发一枝，俱开一蒂，随风而堕，自有拂帘幌坠于茵席之上，自有关篱墙落于溷粪之侧。"（《梁书》本传）范缜的本意是反因果说的，却仍然摆脱不开命定论的影响。现代人常说的"性格即命运"，反而更接近于事实。

人们是否可以改变自身的命运呢？古人的许多回答是肯定的，这就是奋争或曰抗争。《周易》中固然有乐天知命之说，但也有"天行健，君子以自强不息"（《周易·乾卦·象传》）的积极思想。明代拟话本小说集《喻世明言》中有《裴晋公义还原配》一篇，内有对所谓"面相"的质疑之论："面相不如心相。假如上等贵相之人，也有做下亏心事，损了阴德，反不得好结果。又有犯着恶相的，却因心地端正，肯积阴功，反祸为福。此是人定胜天，非相法之不灵也。"此说虽然仍披着"迷信"的外衣，却强调了人的后天努力，自有其积极意义。明代袁了凡（1533～1606）著有善书《了凡四训》，他虽信"命"，但又不听天由命，并且用亲身经历，告诫世人要自强不息，广行善事就可以改造命运。在其《四训》中，袁了凡一再标榜的云谷禅师所谓"命由我作，福自己求"，对于今天的芸芸众生，也是有积极意义的格言，不可漠然视之。

科举时代，莘莘学子虽然坚信"科名有命文无功"，却仍皓首穷经，孜孜以求扬眉吐气于场屋，就是以奋争抗衡命运的明证。鲁迅曾有一段名言："一要生存，二要温饱，三要发展。苟有阻碍这前途者，无论是古是今，是人是鬼，是《三坟》《五典》，百宋千元，天球河图，金人玉佛，祖传丸散，秘制膏丹，全都踏倒他。"（《华盖集·忽然想到六》）可以作为与命运抗争者的座右铭。

无所畏惧的人，才能真正自主命运！

遗言与真情

人一旦丧失继续生存下去的希望，即使是一辈子虚伪不说真话的人，也不免动真情，道出几句难得的肺腑之言。"鸟之将亡，其鸣也哀；人之将死，其言也善"，纵观几位古人的遗言，很容易发现其间的真情。

李斯是秦国的丞相，他曾辅助秦始皇定郡县之制，又下禁书之令，为专制帝王立下不世之功，爬到了一人之下万人之上的高位。然而秦始皇一死，他就被宦官赵高所陷害，被腰斩于咸阳市。临刑前他对一同赴死的次子悲伤地说："吾欲与若复牵黄犬俱出上蔡东门逐狡兔，岂可得乎！"（《史记·李斯传》）无可奈何的绝境中透露出对生活的无限留恋，自是由衷之言。无独有偶，晋代文学家陆机在司马氏政权的内乱中被捕，临刑时发出浩叹："欲闻华亭鹤唳，可复得乎！"（《世说新语·尤悔》）华亭即今上海市西南部的松江区，本是陆机家乡。在性命交关之际，人的心理天平总是向生的一方倾斜的。

与刘邦争夺天下失利的项羽，兵败阴陵后，自料难逃一死，却对残部说："吾起兵至今八岁矣，身七十馀战，所当者破，所击者服，未尝败北，遂霸有天下。然今卒困于此，此天之亡我，非战之罪也。"（《史记·项羽本纪》）明明是"技不如人"，却偏要推卸责任，怨恨老天的不公，司马迁将这位西楚霸王好胜争强的性格刻画得惟妙惟肖。南朝梁武帝被叛乱的侯景围困于台城，即将被饿死时还自我宽慰地说："自我得之，自我失之，亦复何恨？"（《梁书·邵陵王纶传》）既骄横自大又不负责任，暴露了专制统治者的丑恶嘴脸。

春秋时代仕吴的伍子胥因劝谏吴王伐齐惹恼统治者，被迫自杀前曾说："抉吾眼悬吴东门之上，以观越寇之入灭吴也。"（《史记·伍子胥传》）其人忠君与刚烈之性格，一经司马迁的妙笔文饰，倍觉生动传神。

三国时的曹操临终之际有《遗令》传世，真诚恳切，显露出英雄本色。"吾在军中，持法是也。至小忿怒，大过失，不当效也。"这一番自我解剖很有自知之明。至于《遗令》中要求节俭、反对厚葬的谆谆告诫，也绝非为沽名钓誉写给别人看的。后世的一些"正人君子"对于曹操《遗令》中令众侍妾"分香卖履"之语大为诟病，其实那正是曹操真情实感的流露。在生死之际，他的几个儿子似乎都靠不住，非要让平生几位心爱者去自谋生路，做卖草鞋的小商小贩，那景况倒是十分悲凉的。

晋代文人嵇康因得罪了钟会，招来杀身之祸，临刑前索琴弹奏一曲《广陵散》，叹息说："《广陵散》于今绝矣！"从容中透露出对迫害者的轻蔑（见《晋书·嵇康传》）。阿基米德是古代希腊的伟大科学家，罗马人攻陷叙拉古城，他正在沙地上做几何图形，传说关键时刻他只说了一句话"别碰我的圆"，即时死于罗马士兵之手。对于科学的全神贯注似乎比将生死置之度外的从容更令人钦佩。

东汉末孔融因得罪曹操被捕，他的两个儿子一位九岁，一位八岁，正在地上做游戏。孔融向使者求情，希望能保全两子性命，只听一子徐徐进言说："大人岂见覆巢之下，复有完卵乎？"（《世说新语·言语》）最终孔氏一门被害。不足十岁的儿童面对死亡从容镇定，恐怕他们还不晓得死亡的真义，这就更令后人唏嘘了。被迫投降清廷的文学家吴伟业，临终前叮嘱家人说："敛以僧装，葬吾于邓尉、灵岩相近，墓前立一圆石，题曰诗人吴梅村之墓。"这位读书人不愿身着清朝官服下葬，暗示出他对自己"我本淮王旧鸡犬，不随仙去落人间"（《过淮阴有感》）的极度忏悔之情。他的真情得到后世许多读书人的谅解。

世间也有一些深负人生责任感的人，临终之际有未了心愿却又丧失表达力而留下无限遗憾者。爱国志士林则徐临终时大呼"星斗南"，至今仍难以破解其中确切的含义。古代的一些正直读书人大都有人生责任感，其遗言尤其感人。抗清志士夏完淳十七岁即慷慨殉国，他的《狱中上母书》写得悲壮淋漓，是血泪凝结的产物。孟子曾有"无恒产而有恒心者，唯士为能"(《孟子·梁惠王上》)之论,古代读书人高自位置的自诩语并非虚诞。清代散文桐城派的集大成者姚鼐无疑是一位儒家信徒,其尺牍中收有遗嘱一篇,可见其磊落胸怀。其遗言有云:"人生必死,况吾年八十五,死何憾哉!先君殡殓多薄,吾棺价不得过七十,绵不得过十七斤,诸事称此。丧事勿用鼓乐,相好来助事者,勿治酒食,便饭而已。上船只用应用职事,繁文无取。汝兄弟不可以财物之事而生芥蒂,无忘孝友。"行文朴实,情真语切,纤细无遗,面面俱到,百多年以后披读此文,尚觉摇人心旌。

坦露真情的遗言,也是一笔宝贵的传统文化遗产!

教子与家训

"良冶之子,必学为裘;良弓之子,必学为箕。"(《礼记·学记》)因整日耳濡目染而子承父业,这在社会相对封闭且生产力落后的古代不足为奇。今天,"克绍箕裘"的界限早已打破,然而父兄长辈对于子弟晚辈的教诲与表率作用仍然举足轻重,影响深刻。

作为中国优秀传统文化的重要组成部分之一,家训文化是儒家思想在一个家庭或一个族群绵延发展中的具体体现,历代读书人"修齐治平"理想的实践一般都是从其各自的家庭教育开始起程的。《易·坤》有云:"积善之家必有馀庆,积不善之家必有馀殃。"教"善"与行"善",始终是中国传统家训文化中的重要内容,农耕社会甚至流传有这样的古训:"道德传家,十代以上;耕读传家次之;诗书传家又次之;富贵传家,不过三代。"所谓"富不过三代",至今仍占有相当大的舆论市场,可见道德传家在中国人心目中牢不可破的地位。旧时官宦人家或书香门第的临街大门上常镌刻有"忠厚传家久,诗书继世长"或"荆树有花兄弟乐,书田无税子孙耕"一类的联语,就充分体现了中国人以道德传家、诗书传家的思维定式。

古人重家教，其目的或与今天有别，然而"譬如芝兰玉树，欲使其生于阶庭耳"（《晋书·谢玄传》），却是人之常情，今古一揆。宋苏轼《洗儿戏作》诗云："人皆养子望聪明，我被聪明误一生。惟愿孩儿愚且鲁，无灾无难到公卿。"因愤世而故作调侃之语，算不得数。再看其弟苏辙《古今家诫序》所言："父母之于子，人伦之极也。虽其不贤，及其为子言也必忠且尽，而况其贤者乎？"这当是宋代眉山苏氏一门的诗礼传家之道。两千多年以前，卫国大夫石碏曾进谏卫庄公说："臣闻爱子，教之以义方，弗纳于邪。骄、奢、淫、泆，所自邪也。四者之来，宠禄过也。"（《左传·隐公三年》）防"邪"也许不难，但何为"义方"，却有价值取向的不同。

《汉书》卷六六《陈万年传》："万年尝病，召咸教戒于床下，语至夜半，咸睡，头触屏风。万年大怒，欲杖之，曰：'乃公教戒汝，汝反睡，不听吾言，何也？'咸叩头谢曰：'具晓所言，大要教咸谄也。'万年乃不复言。"这就是有名的陈万年教子故事。这位御史大夫并非奸佞，只不过善于疏通上下级关系并得以取巧而已，他并因此获得美官，这在人治社会自有其迫不得已的苦衷。陈万年以谄事公卿为传家秘诀教了，人约也是望子成龙的心理因素使然；其子陈咸入仕后偏偏反其父之道而行之，以"抗直"立朝，当属于性格因素作怪。陈咸在官场吃尽苦头，最终"以忧死"，恰与其父之善终形成对比。可见道德传家在一定程度上会受到个人性格与社会诸多因素的制约，实践起来绝非畅通无阻。

南北朝时，北齐的一位士大夫教子更是别出心裁，并且沾沾自喜地对他人说："我有一儿，年已十七，颇晓书疏，教其鲜卑语及弹琵琶，稍欲通解，以此伏事公卿，无不宠爱，亦要事也。"（《颜氏家训·教子》）无论西汉的陈万年，还是北齐的那位士大夫，他们的教子初衷并非引后辈堕入恶道，而是"望子成龙"心切，从而不择手段，这自然与专制社会的用人制度密切相关。孟子曾说："由君子观之，则人之所以求富贵利达者，其妻妾不羞也而不相泣者，几希矣。"（《孟子·离娄下》）大意是：

由君子看来，有些人所用的乞求升官发财的方法，能不使他的妻妾引以为羞耻而共同哭泣的，是很少见的。孟子一番议论出语精辟，发人深省。

《新唐书》卷九六《房玄龄传》谓传主："治家有法度，常恐诸子骄侈，席势凌人，乃集古今家诫，书为屏风，令各取一具。曰：'留意于此，足以保躬矣。汉袁氏累叶忠节，吾心所尚，尔宜师之。'"传统家训的名称或体裁多样，庭训、庭诰、家诫、家范乃至家书、遗嘱、诗歌等，尽可包罗在内，文体有别，长短不一；传统家训的内容，则无非以修身、治家、立志、勉学、处世以及节义、忠孝为主，不出儒家的传统思想范畴。

三国蜀诸葛亮《诫子书》语重心长："夫君子之行，静以修身，俭以养德，非澹泊无以明志，非宁静无以致远。"被后世称为"古今家训，以此为祖"的《颜氏家训》二十篇，堪称"篇篇药石，言言龟鉴"。颜之推的教育思想固然有不合于今天之处，但其《家训》立意不无借鉴参考价值。如《勉学篇》云："人生小幼，精神专利，长成已后，思虑散逸，固须早教，勿失机也。"强调幼教的重要性，至今有认识价值。又如《教子篇》云："吾见世间，无教而有爱，每不能然；饮食运为，恣其所欲，宜诫翻奖，应诃反笑，至有识知，谓法当尔。骄慢已习，方复制之，捶挞至死而无威，忿怒日隆而增怨，逮于成长，终为败德。"这一番议论对于今天做父母者，仍很有教育意义。

古代有名的家训不胜枚举，如宋司马光谆谆诲子的《训俭示康》，提倡"俭素为美"；宋代有清官美誉的包拯，其家训被刻成石碑："后世子孙仕宦有犯赃滥者，不得放归本家，亡殁之后，不得葬于大茔之中。不从吾志，非吾子孙。"遗训斩钉截铁，可见其清廉本色。清初王士禛曾记述其高祖将所书家训刻石于忠勤祠中，从而成为王氏一族教育子弟的传家宝（见《池北偶谈》卷五）。具有族群性质的优秀家训，如《钱氏家训》《郑氏家训》等在所多有，不一而足。特别是前者，虽系由清末举人钱文选采辑整理而成，但其源头却发自吴越王钱镠。千百年来，钱氏家族人才辈出，近代以来更现辉煌，从而引来世人关注，这无疑与其家训的传承因素密切相关。

从孔子在庭中教育儿子孔鲤"不学诗，无以言"（《论语·季氏》），到后世《三字经》中"养不教，父之过"，充分体现了中华民族重视家教的优良传统，但有一点最为重要：

身教重于言教！

道德文章与交友

"君子以文会友，以友辅仁。"这两句话出自《论语·颜渊》，却并非孔夫子所说，而是他的得意门生曾参的感悟。十个字言简意赅地将读书人的道德修养、事业追求与人伦构想三者联系在一起和盘托出，影响深远。质言之，在怀有"修齐治平"理念的传统文人眼中，道德、文章与交友相辅相成，不可或缺，是实现人生理想境界的通途。明代永乐、宣德间的台阁重臣杨荣，一生老成持重，其《文敏集》卷一五《题雪夜唱和诗后》有云："士君子之重交友，尚矣。盖心乎谊合，自昔以为难，而况官守之同、居处之近、道德文章之相契，尤所难得者焉！"封建时代，有操守的文人士大夫一致对于这三者皆有不约而同心向往之的价值取向。

在历代儒家的心目中，"仁"作为道德的最高标准，《论语》中曾被孔子所再三强调，《礼记·中庸》对于"仁"更有所谓"仁者人也，亲亲为人"的概括，如何妥善地调整人际关系，正是孔子"仁者爱人"说的起点。"仁"之内涵丰富，而"道德"的外延更为广泛，它作为人们生活及行为之规范，虽有鲜明的时代或社会色彩，但万变不离其宗，毫无疑义，正直、诚信、孝弟、敢讲真话以及"己所不欲，勿施于人"等准则是具有超越时代、超越社会的普世意义的。明代敢于对权奸严嵩说"不"的杨继盛，为济南大明湖铁公祠所题楹联"铁肩担道义，辣手著文章"，之所以流芳后世、脍炙人口，不仅因为他如同早生于他一个半世纪的铁铉一样，有不惜一死以实践自己价值观的执着，而且将道德与文章巧妙地并列于十字联语之中，正符合千百年来读书人的理想追求。宋代曾巩《寄欧阳舍人书》有所谓"若先生之道德文章，固所谓数百年而有者也"两句话，这绝非是作者对欧阳修的奉承之语。道德文章并称属于古人对于蔼然学者的最高评价，元黄溍《日损斋笔记·附录》载傅亨《谥议》："乾坤清淑之气，在上者为日月星辰，在下者为山川草木，赋于人者为道德文章，则又赞天地之化育，历万古而不朽也。"

"朋友"属于儒家所尊崇的"五伦"之一，孟子以"父子有亲，君臣有义，夫妇有别，长幼有叙，朋友有信"加以表述。交友就是对人生知己的寻求，用美国心理学家马斯洛"基本需求层次说"诠释，就是第三层次"情感和归属的需求"，而这一层次达到满足，才有可能为第四层次"尊重的需求"、最高层次"自我实现的需求"大开方便之门。"奇文共欣赏，疑义相与析"，吟出这样诗句的陶渊明飘逸中不乏务实精神，因而"移居"时首先考虑的是"闻多素心人，乐与数晨夕"。"素心人"正是陶渊明"以友辅仁"的择友标准。现代学者钱锺书曾说过"大抵学问是荒江野老屋中二三素心人商量培养之事，朝市之显学必成俗学"的名言，所承载的也是千百年来读书人一种高自位置的自尊心理。文人惟有自尊自重，方能令文章不朽，有益于后世，陈寅恪所追求的"独立之精神，自由之思想"，从内蕴道出了学人道德文章的最高境界。否则，仰人鼻息、阿谀奉承乃至贩交卖名、认洋人为父，即使文章或有可观，道德、人伦皆无足道矣！

文章之事在《左传》的"三不朽"中属于"立言"范畴，位居于末，但贵为帝王的曹丕却认为："盖文章经国之大业，不朽之盛事。年寿有时而尽，荣乐止乎其身，二者必至之常期，未若文章之无穷。"（《典论·论文》）可见"文字魔方"对文化人不可抗拒的吸引力。"诗言志"与"文以载道"历来同道而行，难兄难弟，宋人陈普则将道德文章与人伦等量齐观："道德文章光万世，看来只是尽人伦。"

道德是文章不朽的内驱力，朋友一伦则是培养道德的温床。

历代笔记与文学

我国历代笔记浩如烟海，是一笔宝贵的文化遗产。从形式而言，凡是古人不拘格套，随手所记文字连缀成篇，皆可以"笔记"相称。宋人宋祁著有《笔记》三卷，论者认为是用"笔记"二字作为正式书名的开先河之作。从形式上讲，笔记这种体裁至少可以追溯到汉代班固等所辑《白虎通义》。此书系班固等人根据东汉章帝建初四年（79）经学辩论的结果纂集而成，因辩论地点在白虎观而得名。其书所列门目，囊括社会生活、国家制度与伦理原则等方面。从内容而言，笔记包罗万象，举凡天文地理、医卜星象、风俗人情、逸闻琐事、怪异灾变、典章制度、经史训诂、文学艺术等，几乎无所不有。学者刘叶秋先生在其《历代笔记概述》一书中将笔记划分为三大类，即小说故事类笔记，历史琐闻类笔记与考据辨正类笔记。

历代笔记与文学的关系十分密切，有的著名文学家，本身也是笔记的撰述人，如宋苏轼，其诗文词等文学作品一向脍炙人口，其所撰《仇池笔记》《东坡志林》等笔记作品也享誉后世。清初诗坛神韵说的创始人王士禛的笔记《香祖笔记》《池北偶谈》《古夫于亭杂录》等，皆有功于文史。清中叶的性灵派诗人袁枚的《子不语》（即《新齐谐》）本身就是一部文学性极强的短篇小说集，学者纪昀的《阅微草堂笔记》更是蒲松龄《聊斋志异》之后的一部著名的笔记小说集。

小说故事类笔记就是人们常说的笔记小说。晋人干宝的《搜神记》，被论者视为志怪小说；南朝宋刘义庆的《世说新语》，被论者视为志人小说。后者记述人物往往略貌取神，简单的一两笔就能勾画出人物的精神风貌。《世说新语·忿狷》描写王述（因袭爵蓝田侯，人称王蓝田）性急，通过他吃鸡蛋一事加以刻画，堪称出神入化："王蓝田性急。尝食鸡子，以箸刺之，不得，便大怒，举以掷地。鸡子于地圆转未止，仍下地以屦齿碾之，又不得，瞋甚，复于地取内口中，啮破即吐之。"至于清蒲松龄的《聊斋志异》，鲁迅《中国小说史略》曾以"用传奇法，而以志怪"八字评价这部空前绝后的文言短篇小说集，极其中肯。《聊斋志异·镜听》一篇着墨无多，巧用妇人口语刻画科举制度下常人失衡的心理，也有颊上三毫之妙。大郑、二郑是兄弟，大郑知名早，受父母钟爱并推及其妻；二郑落拓，父母不待见并讨厌二儿媳。兄弟一次同应乡试，试毕一同回家："时暑气犹盛，两妇在厨下炊饭饷耕，其热正苦。忽有报骑登门，报大郑捷，母入厨唤大妇曰：'大男中式矣！汝可凉凉去。'次妇惿恻，泣且炊。俄又有报二郑捷者，次妇力掷饼杖而起，曰：'侬也凉凉去！'"五个字道出次儿媳长久郁积于心中的不平之情，堪称神来之笔！文学史大多不将这部文言小说的巅峰之作视为笔记小说，尽管其中有些短篇小说继承六朝志怪、志人之风明显。

历史琐闻类笔记，如晚明张岱的《陶庵梦忆》《西湖梦寻》以及上揭《池北偶谈》等都属于这一类型的笔记。《陶庵梦忆》作为一部风俗小品集，模仿宋人孟元老《东京梦华录》的风格而有所超越，举凡苏州、杭州、扬州、南京、兖州各地的佳节风情，皆在其笔下留下生动传神的记述。其中《湖心亭看雪》《西湖七月半》等篇章，语言清新，气韵生动，代表了晚明小品的最高成就，在中国散文发展史上留下光彩夺目的一笔。

历代笔记中的一些记述，甚至可以直接为文学创作所吸收，成为作品的素材。唐段成式的笔记《酉阳杂俎》卷一《忠志》有云："上（指唐玄宗）夏日尝与亲王棋，令贺怀智独弹琵琶，贵妃立于局前观之。上数枰子将输，贵妃放康国猧子（一种犬名）于坐侧，猧子乃上局，局子乱，上大悦。"清吴敬梓《儒林外史》第五十三回吸收了这一情节："这一盘，邹泰来却杀死四五块。陈木南正在暗欢喜，又被他生出一个劫来，打个不清。陈木南又要输了。聘娘手里抱了乌云覆雪的猫，望上一扑，那棋就乱了。两人大笑，站起身来。"现代姚雪垠的小说《李自成》第二卷第十九章也取用了这一小动物乱局的故事，既凸显了崇祯帝唯我独尊的刚愎自用，又活脱出田妃的狡黠、袁妃的机警，读来趣味横生。

清人查慎行笔记《人海记》卷上"都下早蔬"一则云："汉太官园种冬生葱韭菜茹，昼夜蕴火，待温气乃生。事见《汉书·召信臣传》。今都下早蔬即其法。明朝内竖不惜厚值，以供御庖。尝闻除夕市中有卖王瓜二枚者，内官过，问其价，索百金，许以五十金，市者大笑，故啖其一，内官亟止之，所馀一枚竟售五十金而去。"其情节也为姚雪垠《李自成》第二卷第三十一章所借鉴，并与宫女刺血写经，仅得微薄"赏赐"一事形成强烈对比，反映了明末社会极端的不平等现象，是小说中画龙点睛的一笔。善于利用历代笔记的有关内容，可令文学作品既生动又有依据，而非向壁虚构。

历代笔记与笔记之间有关内容的联系有时也耐人寻味。唐韦绚《刘宾客嘉话录》："刑部侍郎从伯㐲尝言：某所居安邑里巷口，有鬻饼者。早过户，未尝不闻讴歌而当垆，兴甚早。一旦召之与语，贫窘可怜，因与万钱，令多其本，日取饼以偿之，欣然持镪而去。后过其户，则寂然不闻讴歌之声，谓其逝矣，及呼乃至，谓曰：'尔何辍歌之遽乎？'曰：'本流既大，心计转粗，不暇唱《渭城》矣。'从伯曰：'吾思官徒亦然。'因成大噱。"清王士禛《池北偶谈》卷二三《吹笛》一则云："宋人小说记张子韶言：闾巷有人以卖饼为生，吹笛为乐；仅得一饱赀，即归卧其家，取笛而吹，如此有年。邻有富人察其人甚熟，欲委以财千馀。初不可，坚谕之，乃许诺。钱既入手，遂不闻笛声，但闻筹算声耳。其人大悔，急还富人钱，于是再卖饼，明日笛声如旧。此与唐刘伯刍所言安邑里鬻饼人，匆匆不暇唱《渭城》事绝相类。今士大夫不及吹笛人者多矣。"蒲松龄《瓮口道夜行遇雨》诗："《渭城》已唱灯火张，唤起老妪炊青粱。"所谓"《渭城》已唱"，不仅仅语出唐王维《渭城曲》，乃谓客舍绝早即已为开门营业而劳作，典出《刘宾客嘉话录》。显然若不熟悉历代笔记，就会误读这首诗。

428

考据辨正类笔记，如明末清初顾炎武的《日知录》、清人赵翼的《陔馀丛考》等皆是，更仆难数。《日知录》考证经史地理，包罗万象；《陔馀丛考》论及文史、掌故等，细致入微。《日知录》卷二一："古人之诗，有诗而后有题；今人之诗，有题而后有诗。有诗而后有题者，其诗本乎情；有题而后有诗者，其诗徇乎物。"有此论断，我们再读唐人诗与明人诗，是否会别有启发呢？《陔馀丛考》卷二〇："《唐书》：杨贵妃好荔枝，南海岁贡荔枝，飞驰以进。然方暑而熟，经宿辄败。此贡荔枝故事也。按《后汉书·和帝纪》：旧南海献龙眼荔枝，十里一置，五里一候，死者继路。因临武长唐羌上书言状，乃诏罢之。则贡荔枝不自唐始矣。"有此考证，我们再读唐杜牧《过华清宫绝句三首》其一："长安回望绣成堆，山顶千门次第开。一骑红尘妃子笑，无人知是荔枝来。"是否另有所思呢？

历代笔记对于文学研究、文学欣赏、文学创作皆有认识价值。

诗词与藏头

读过《水浒传》的人，或许记得小说第六十一回"吴用智赚玉麒麟，张顺夜闹金沙渡"中的一个精彩片段：吴用为劝说卢俊义入伙梁山泊，特意化装为算命先生，带领装扮成哑巴道童的黑旋风李逵，专程到北京城内卢员外家门前卖卦，并在卢宅墙壁上写下四句七言的一首卦歌："芦花丛里一扁舟，俊杰俄从此地游。义士若能知此理，反躬逃难可无忧。"因版本差异，这四句诗的文字或小有出入，但各版本中每一句诗的第一个字是完全一致的暗藏"芦（卢）俊义反"一句话。此后卢俊义遭官府拿问，居心险恶的卢家大管家李固就以这首"藏头反诗"为证，陷害自己的主人，以满足自己邪恶的私欲。这部小说中所说的藏头诗，就是抽出各句诗的首字，即可组成一句有特定内容的话，传达出不欲明言的意思。智多星吴用巧用藏头诗借李固之手逼反卢俊义，达到了劝这位"玉麒麟"上梁山的目的。

这种藏头诗难登大雅之堂，却能在民间传说与白话小说中见其踪影。如冯梦龙《喻世明言》中有《宋四公大闹禁魂张》一篇，郑州大盗宋四公偷窃东京悭吝无比的财主张富的五万贯家财后，也于其宅壁之上留诗一首："宋国道遥汉，四海尽留名。曾上太平鼎，到处有名声。"若将四句首字连读，即暗藏"宋四曾到"一句话，这是宋四公故意将自己的形迹暴露给官府，以显示自己本领高强，无所畏惧。

京剧《望江亭》中，谭记儿对白士中吟诗一首："愿把春情寄落花，随风冉冉到天涯。君能识破凤兮句，去奴当归卖酒家。"白士中随即答诗一首："当炉卓女艳如花，不记琴心未有涯。负却今宵花底句，卿需怜我尚无家。"前诗藏头"愿随君去"一句，后诗藏头"当不负卿"一句。一对青年男女用藏头诗暗传情愫，趣味横生，耐人寻味。

这种藏头法，不但可出现于诗中，词中也有。宋代苏轼曾经填有一首《减字木兰花》词："郑庄好客，容我尊前先堕帻。落笔生风，籍籍声名不负公。高山白早，莹骨冰肤那解老。从此南徐，良夜清风月满湖。"词前有注云："自钱塘被召，林子中作郡守，有会。坐中营妓出牒，郑容求落籍，高莹求从良。子中呈东坡。东坡索笔，为《减字木兰花》书牒后，时用'郑容落籍，高莹从良'八字于句端也。兼赠润守许仲途。"苏轼用一首藏头词，巧妙解决了两位风尘女子的人生困局，留下一段文人佳话。

清赵翼《陔馀丛考》卷二四称苏轼这首《减字木兰花》词为"题字嵌句首"，因而也有人将藏头诗或藏头词划归于"嵌字体"一类的杂体（见胡才甫《诗体释例·杂体》）。明田汝成《西湖游览志馀》卷三《偏安佚豫》记述南宋临安灯市："又深闺巧娃，翦纸为灯，尤为精妙。有以绢灯翦为诗词，时寓讥诮，及画人物藏头隐语，及旧京诨语，戏弄行人。"所谓"藏头隐语"，很可能就包括藏头诗词一类的文字，可见这一类游戏之作在民间的盛行状况。

藏头诗最早的源头何在？今天已难于考订，不过从其形式及作法判断，它与"建除体""八音诗""十二生肖诗"等似有一定的渊源。所谓

"建除体"，系五言诗，凡二十四句，为南朝宋鲍照所创制，其诗云："建旗出敦煌，西讨属国羌。除去徒与骑，战车罗万箱。满山又填谷，投鞍合营墙。平原亘千里，旗鼓转相望。定舍后未休，候骑敕前装。执戈无暂顿，弯弧不解张。破灭西零国，生虏郅支王。危乱悉平荡，万里置关梁。成军入玉门，士女献壶浆。收功在一时，历世荷馀光。开壤袭朱绂，左右佩金章。闭帷草《太玄》，兹事殆愚狂。"清赵翼《瓯北诗话》卷一二《各体诗》有云："《诗苑类格》有'建除体'一种，以'建、除、满、平、定、执、破、危、成、收、开、闭'十二字冠于句首，此本鲍照所创。又有'药名诗'王融所创，专用药名嵌于句中，而不必句首。山谷每好仿之，其《赠晁无咎》，用'建除体'，《荆州即事》八首，用'药名体'。又有《八音歌》赠晁尧民、郑彦能、徐天隐各一首，金石等字，亦冠于句首。更有《二十八宿歌赠无咎》，以二十八字嵌于句内，则山谷创体也。"

何谓"建除"？古代术数家以为天文中的十二辰，分别象征人事上的建、除、满、平、定、执、破、危、成、收、开、闭十二种情况。后因以"建除"指根据天象占测人事吉凶祸福的方法。《淮南子·天文训》："寅为建，卯为除，辰为满，巳为平，主生；午为定，未为执，主陷；申为破，主衡；酉为危，主杓；戌为成，主少德；亥为收，主大德；子为开，主太岁；丑为闭，主太阴。"古代称以观天象占测人事吉凶祸福为职业的人为"建除家"，可见"建除体"诗多属无聊之作。

"八音诗"五言十六句，逢奇数句冠以"金、石、丝、竹、匏、土、革、木"八字，即古代对于八种不同质材制造的乐器的统称。南朝陈沈炯《八音诗》："金屋贮阿娇，楼阁起迢迢。石头足年少，大道跨河桥。丝桐无缓节，罗绮自飘飘。竹烟生薄晚。花色乱春朝。匏瓜讵无匹。神女嫁苏韶。土地多妍冶。乡里足尘嚣。革年未相识。声论动风飙。木桃堪底用。寄以答琼瑶。"

"十二生肖诗"或称"十二属诗"，五言十二句，各句之首分别冠以

"鼠、牛、虎、兔、龙、蛇、马、羊、猴、鸡、狗、猪"十二字，是为十二属相。南朝陈沈炯《十二属》诗："鼠迹生尘案，牛羊暮下来。虎啸坐空谷，兔月向窗开。龙隰远青翠，蛇柳近徘徊。马兰方远摘。羊负始春栽。猴栗羞芳果。鸡跖引清杯。狗其怀物外。猪蠡窅悠哉。"

无论藏头诗，还是"建除""八音""十二属"诗，皆是一种文字游戏类的韵语，谈不上有什么艺术价值。

古人对于诗的藏头一体，又有另外一种说法，见于明梁桥《冰川诗式》。是书卷七有云："藏头格，首联与中二联六句皆具言所寓之景与情，而不言题意，至结联方说题之意，是谓藏头。此与归题不同，归题者，结联明用题之字也；藏头者，结联暗用题之事也。"梁桥所谓"藏头格"，显然专就律诗的章法而言，而非形式上的文字安排。照此规则，唐杜甫七律《曲江对雨》当是一首典型的藏头之作："城上春云覆苑墙，江亭晚色静年芳。林花著雨燕脂落，水荇牵风翠带长。龙武新军深驻辇，芙蓉别殿谩焚香。何时诏此金钱会，暂醉佳人锦瑟旁。"这首诗首联与颔联、颈联皆铺写都城长安新经丧乱后雨景之中的凄凉景象与南内的寂寥。清仇兆鳌注云："桃花、水荇，乃雨中所见者；驻辇、焚香，乃雨中所思者。"仇氏又引朱翰曰："于掉尾拈一'诏'字，露出思君本意，含无限低徊伤感。"（见《杜诗详注》卷六）清浦起龙《读杜新解》则谓："是题不与诸篇一例，神远思深，忆上皇也。"由此言之，这首诗正所谓"至结联方说题之意"，而又不"明用题之字"，当是梁桥所言之藏头诗了。

唐白居易有一首七律《江楼夕望招客》："海天东望夕茫茫，山势川形阔复长。灯火万家城四畔，星河一道水中央。风吹古木晴天雨，月照平沙夏夜霜。能就江楼销暑否，比君茅舍较清凉。"此诗首联与颔联、颈联皆言景，至尾联方点明题意"招客"，但又明用"江楼"之题目中字，若按《冰川诗式》的定义推求，自不属于"藏头"，而当划归于"归题"诗一类了。

上揭杜、白二律，属于仅就章法而言的藏头诗，作者未必有意，读者也难发现，只是一种分析方法而已。

关于藏头诗，还有另一种说法，见于明人徐师曾《文体明辨》："藏头诗则每句头字皆藏于每句尾字也，虽非离合，意亦近之。"这一说法显然又将藏头诗与离合诗拉上了亲缘关系，徐氏将它附于离合诗之后，正是此意。据《文体明辨》，离合诗共有四体，其中一体是"离一字偏旁为两句，而以四句凑合为一字，因先离后合，故曰离合"。该体肇始于东汉，无非是一种字谜式的文字游戏而已。与离合诗近似的藏头诗，也用近似的拆字法。宋孔平仲藏头诗《寄贾宣州》："高会当年喜得曹，日陪宴衍自忘劳。力回天地君应急，心狭乾坤我尚豪。豕亥论书非素学，子孙干禄有东皋。十年求友相知寡，分付长松荫短蒿。"该诗第二句"日"字藏于首句的末字"曹"中，第三句首字"力"又藏于第二句末字"劳"中，馀类推。而第八句末字"蒿"，又包含有首句首字"高"。这种藏头诗与《文体明辨》所言者正合，就是一种文字游戏。

南朝梁刘勰《文心雕龙·明诗》并没有提及藏头诗，却议及离合诗："至于三六杂言，则出自篇什；离合之发，则明于图谶……巨细或殊，情理同致。"可见离合诗以及藏头诗，皆与隐语或预言类的图谶有一定联系。清末就流行有一种预言类的藏头诗，托名唐代李淳风所作。据说唐太宗李世民曾问李淳风天下兴亡之迹，李淳风全以隐语作答。如唐太宗问乱唐天下者何人，李淳风即答道："其为人也，止戈不离身，两目长在空：实如斯也。"按，止戈为"武"，两目在"空"上为"曌"，暗隐"武曌"，即武则天将来必乱唐之天下。李淳风的答语不过是一种离合体字谜，可见在伪托者的心目中，"藏头"与"离合"的概念一致，定唐太宗与李淳风的问答为藏头诗并不足怪。

其实这种藏头诗一类的预言与托名吕望的《万年歌》，托名袁天罡、李淳风的《推背图》，托名刘基的《烧饼歌》等，似乎都是后人伪造的一种图谶，具有"事后诸葛亮"的意味，与本文关系不大，这里不详论。

此外，"藏头"又是一种修辞格，常与"歇后"修辞格对举。因而除上述者外，也有人将运用藏头修辞格的诗称作藏头诗。藏头、歇后两者在修辞学中统称为"藏词"，即在文字修辞中，将习熟成语中要用的字藏却，仅用此成语的另一部分替代。《文体明辨》记述"歇后诗"举例："如《拙字诗》云：'当初只为将勤补，到底翻为弄巧成。'"这就是将成语"将勤补拙""弄巧成拙"中的最后一字"拙"故意藏却，而仅以其前部分替代，明眼人一望即知所云何意。

唐韩愈《符读书城南》有句云："岂不旦夕念，为尔惜居诸。""居诸"语本《诗经·邶风·柏舟》："日居月诸，胡迭而微？"韩愈诗特意将"日""月"隐去，仅以其后之"居""诸"二字替代，其实诗意仍在"日月"（光阴）。这就是所谓的"藏头"修辞格。宋严羽《沧浪诗话·诗体》有云："论杂体……又有六甲十属之类，及藏头、歇后等体。"既然"歇后体"诗是指用歇后修辞格所作的诗，那么，有论者将用藏头修辞格所作的诗称作"藏头体"诗也就很自然了。然而在修辞格中，藏头远不如歇后使用广泛，所以一般述及藏头诗，并不将这一类划入。

总之，藏头诗是一种隶属于杂体诗范畴的诗体，关于其体式，一向众说纷纭，莫衷一是。如果加以归纳总结，无非如下四种：

第一，即本文前述《水浒传》中吴用所作者，即每句诗暗藏一字于句首，将各句首字连缀而读就是一句有特定含义的话。

第二，即上揭《冰川诗式》所言者，是专就律诗章法而言的。

第三，即《文体明辨》所言者，是以诗中文字的离合做基础的拆字法为形式的。

第四，即将"藏头"的修辞手段运用于诗句中，从而得名。

其中第二种失之笼统，令人难以领会；第三种纯属文字游戏，意义不大；第四种则仅于全诗中的个别诗句出现，又不常用，实在难以定体。唯有第一种在民间创作中常见，因而颇受一些人青睐。现代有人将藏头诗的形式用作广告，推销其商品，颇具创意；但如果涉及他人利益并因此惹官司上身，就得不偿失了。

诗人与驴子

在人们心目中，长耳朵驴的形象远不如高头大马威武俊美，更不用说驰骋万里、纵横捭阖了。《楚辞·九怀》有云："骥垂两耳兮，中坂蹉跎。蹇驴服驾兮，无用日多。"专制社会中职能倒错现象比比皆是，蹇驴成了世人憎恶的喻体。成语有"黔驴技穷"，是对虚张声势者的讽刺。"驴鸣犬吠"也是一句成语，经常用来比喻文章低劣。语出唐张鷟《朝野佥载》卷六："唯有韩陵山一片石堪共语，薛道衡、卢思道少解把笔，自馀驴鸣犬吠，聒耳而已。"

驴鸣叫的声音令人生厌，宋初的武将范廷召"性恶飞禽，所至处弹射殆绝。尤不喜驴鸣，闻必击杀之"。《宋史》本传如此记述，当非传闻。然而历史上也有以驴鸣为美妙音乐而百听不厌的人，东汉逸民戴良的母亲就是这样一位女性，也见于正史，据《后汉书·逸民传》："母憙驴鸣，良常学之，以娱乐焉。"

令人不解的是，魏晋间有一些号为"名士"的读书人也有此偏好，南朝宋刘义庆《世说新语·伤逝》就有两则记述人学驴鸣以送葬的逸闻。建安七子之一的文学家王粲，平生喜欢听驴鸣，他死后，送葬诸人听从了魏文帝曹丕的建议，各做驴鸣一声以志哀，结果驴鸣声响成一片。司马昭的女婿王济，字武子，官居侍中，既善于相马，也喜闻驴鸣。他死后，许多名士前往吊丧，平生推服王济的孙楚，字子荆，这次却迟到了。他到后先恸哭一场，无限悲哀，令前来吊丧的人无不垂涕；哭罢又对灵床说："卿常好我作驴鸣，今我为卿作。"他学得惟妙惟肖，令吊丧者又破涕为笑，这终于惹恼了孙楚，他抬起头恨恨地说："使君辈存，令此人死！"

驴面长耳长，其形象毕竟不雅。三国时东吴的诸葛瑾脸长，孙权要开他的玩笑，就将他的名字写在一长木片上悬挂于驴头，幸亏诸葛瑾有一位聪明的儿子诸葛恪，在木片其父名下又添"之驴"两字，不但为受窘的父亲解了围，还因此将这头驴牵回了家。这件事也是正史有据者，见于《三国志·诸葛恪传》。

自古以来，将人比作马或千里驹都是好话，若将人比作驴就大不敬了。明代计算出十二平均律的朱载堉写有一首散曲《诵子令·驴儿样》云："君子失时不失象，小人得志把肚涨。街前骡子学马走，到底还是驴儿样！"

驴与"愚蠢"二字往往结为伴侣，中国有"蠢驴"一词就是骂人的詈语。中国如是，西方也有类似的习俗，法国18世纪的无神论者保尔·霍尔巴赫撰有《袖珍神学》一书，就以"长耳朵的畜生，其特点是耐心和蠢笨"释驴，并旁敲侧击地嘲笑了当时的教会。

在中国，驴也不乏风光的时刻，那就是诗人与驴子的难解之缘。这一因缘至少在唐代就已经习以为常了。唐人郑綮喜好写诗，本是一位文学青年，以后做了大官，有人问他："相国近为新诗否？"他没有正面作答，巧妙地反问道："诗思在灞桥风雪中驴子上，此处何以得之？"（见宋孙光宪《北梦琐言》卷七）以后不知何时，"诗思"的掌故落在了唐诗人孟浩然的头上，就有了"踏雪寻梅"故事，用以形容文人雅士赏爱风景苦心作诗的情致。这里姑且不辩。冲风冒雪，骑驴缓行于灞桥（位于今陕西西安市东郊灞河上）之上，被郑綮视为获取作诗灵感的充要条件。如果用今天的话说，就是创作需要触媒，不去接触大自然就只能无病呻吟，哪能写出好诗？这一认识在文艺理论上自有其深刻性。清初彭孙贻《瑶花·咏雪》词："苦吟句就，忆驴背，旧游如昨。"清蒲松龄《题玉斧立学诗思图》一诗有云："人疑京洛羊车里，思在灞桥驴背间。"清陆瑶林《风入松·寒雪》词："谁教驴背赋新词，沽酒更宜诗。"清张凤孙《往还境上杂书》："直把肩舆当驴背，灞桥诗思一时新。"所用皆为唐郑綮事，可见"驴背"的掌故深入读书人之心。

唐代诗人贾岛至长安应举，骑着一头驴，边行边吟"鸟宿池边树，僧敲月下门"二句，欲换"敲"字改"推"字，不知哪一字更好，正拿不定主意，就在驴子背上引手作推与敲的动作。由于精神过于集中，无意之间冲撞了路上相向而行的京兆尹韩愈的坐骑，幸亏韩愈也是风雅中人，不但没有怪罪贾岛的冒失，反而帮助他确定了"敲"字，从此留下了修改文章需要"推敲"的美谈（见宋胡仔《苕溪渔隐丛话前集》卷一九）。

唐诗人李贺为寻觅写诗的材料，也自有其独特的办法："恒从小奚奴，骑距驴，背一古破锦囊，遇有所得，即书投囊中。"（唐李商隐《李贺小传》）何谓"距驴"？或谓当作"驱驉"，古代传说中的兽名；或谓乃大驴；或谓系弱马。这里不作辨析，但谓之为传说中兽名，过于玄虚，这里权且以"大驴"为解。有意味的是，无论贾岛改诗，还是李贺寻诗，都有一头驴为伴，诗人与驴子的不解之缘可见一斑。大诗人杜甫骑驴的时间达三十年之久，其《奉赠韦左丞丈二十二韵》诗有句云："骑驴三十载，旅食京华春。朝扣富儿门，暮随肥马尘。残杯与冷炙，到处潜悲辛。"杜甫在安史之乱中，生存固然艰难，但至少还有一头驴为坐骑，也可聊以自慰了。至于杜甫的好友李白，因为骑驴游华阴还惹来一场闲气。清王琦《李太白集注》卷三六引《合璧事类》：

> 李白游华阴，县令开门方决事，白乘醉跨驴过门。宰怒，引至庭下："汝何人？辄敢无礼！"白乞供状，曰："无姓名。曾用龙巾拭吐，御手调羹，力士脱靴，贵妃捧砚。天子殿前尚容走马，华阴县里不得骑驴！"

这一故事，杜撰成分较大，但诗人喜好骑驴还是有根据的。

驴又称"卫"，唐范摅《云溪友议》卷中云："南中丞卓，吴楚游学十馀年，衣布缕，乘牝卫，薄游上蔡。"所谓"牝卫"，就是母驴。看来读书人骑驴，与自身的经济条件不充裕有关。宋岳珂《桯史》卷五曾引无名氏诗云："蹇卫冲风怯晓寒，也随举子到长安。"看来经济不宽裕的书生与驴为伴并非个别现象。然而简括而言，骑驴者即是诗人的象征意义似乎更大一些。南宋的大诗人陆游曾不无诙谐地自问自答地吟哦道："此身合是诗人未？细雨骑驴入剑门。"（《剑门道中遇微雨》）骑驴与入川居然成为古代诗人的两大标记。《三国演义》第三十七回，刘备两顾茅庐寻访诸葛亮，却遇到诸葛亮的老丈人黄承彦骑驴踏雪而至，且听其从容吟诗云："一夜北风寒，万里彤云厚。长空雪乱飘，改尽江山旧。仰面观太虚，疑是玉龙斗。纷纷鳞甲飞，顷刻遍宇宙。骑驴过小桥，独叹梅花瘦。"完全是一副骚人雅客的风调，作为诸葛亮的陪衬人物也很有风采。清代诗人张问陶《船山诗草补遗》卷五有《题画》诗云："青林红树淡无尘，诗思无多味已真。我亦长安车马客，几生修到跨驴人。"以所谓"跨驴人"，即企盼致仕后恢复诗人的本来面目，大有意味。

驴行缓慢，适宜诗人在流连风景中酝酿构思佳句，这或许是诗人与驴结缘的因素之一，就连通俗的歇后语"骑驴看唱本——走着瞧"，也能透露出几分优哉游哉的神态。当然，如果遇有急事或兴头事，诗人还是要改骑骏马的。唐孟郊《登科后》有云："昔日龌龊不足夸，今朝放荡思无涯。春风得意马蹄疾，一日看尽长安花。"这就比骑驴神气多了。

古代诗人喜骑驴，传说中的"仙人"也有喜骑驴的。八仙之一的张果老倒骑驴，众所周知；宋初的"活神仙"陈抟骑驴过华阴，听到市人传言赵匡胤当了皇帝，惊喜大笑不止（见宋魏泰《东轩笔录》卷一）。维吾尔族的传奇人物阿凡提也喜骑驴，留下了许多幽默诙谐的美丽传说，姑且不论。

诗人、"仙人"与民间传说人物皆将驴作"专骑"，驴子也沾了不少光。

禽言与人情

根据巴甫洛夫学说，语言作为第二信号系统的活动，是在第一信号系统或非条件反射的基础上建立起来的，为人类所独具有。人类通过第二信号系统的活动，方可产生对现实的概括，进行抽象思维，并形成概念、进行推理，不断扩大认识能力。然而在中国古代的传说中，禽有禽言，兽有兽语，世间一切动物似乎都有自己的第二信号系统，而且有个别人还能与动物通过信息交流分别"读懂"对方。

据说春秋时孔子的弟子公冶长就具备听懂鸟语的"特异功能"，他因此身陷囹圄。孔夫子认为"可妻也，虽在缧绁之中，非其罪也"，并特意将自己的女儿嫁与公冶长（见《论语·公冶长》）。公冶长究竟因为何种原因入狱，文献无征。宋代邢昺注疏"非其罪也"一语云："旧说公冶长解禽语，故系之缧绁。以其不经，今不取也。"

清代文学家蒲松龄《聊斋志异》有《鸟语》一篇，描写中州一位道士因能通晓鸟语，可以未卜先知。他根据黄鹂、皂花雀的鸣叫声，曾准确地预言某家火灾与某家生子俱殇，因此这位道士受到县令的优礼。有一次这位道士又根据杜鹃的鸣叫声预言县令即将"丢官而去"，终于惹恼了这位"父母官"，将道士驱逐出境。没有多久，这位作威作福的县令终于因贪污罪被罢官。舍弃其中怪异的内容不谈，小说真实反映了封建专制社会的普遍现实，今人倒不妨当作一篇寓言阅读。

禽言能传达复杂的意义并可以轻易转译为人类的语言，这至今仍是一些人的瑰丽想象。然而人为地赋予鸟鸣某种特定的意义，却是古人的发明。如杜鹃（又名子规）的鸣叫声似是在反复唠叨"不如归去"，这最易唤起游子的思乡之情。宋代词人晏几道《鹧鸪天》词："十里楼台倚翠微。百花深处杜鹃啼。殷勤自与行人语，不似流莺取次飞。惊梦觉，弄晴时。声声只道不如归。天涯岂是无归意，争奈归期未可期。"鹧鸪的鸣叫声如同说"行不得也哥哥"，似是在诉说着世路的艰辛。宋辛弃疾《菩萨蛮·书江西造口壁》："江晚正愁余，山深闻鹧鸪。"词人因为听到鹧鸪的鸣叫声而浮想联翩，更加剧了内心的愁思，忧国忧民之情如见。秦吉了的鸣叫声可谐音"情急了"，蒲松龄《聊斋志异·阿英》即以秦吉了为小说人物，描写男女恋情婉转动人。其他如姑恶、提壶、鹁鸪等飞禽，人们皆以其鸣叫声而为其命名，不乏幽默之趣。唐宋之问《谒禹庙》："猿啸有时答，禽言常自呼。"即此意。

禽言诗的源头何在？余冠英先生在其《诗经选》中认为《诗经·豳风·鸱鸮》是最早的禽言诗。《鸱鸮》诗有云："鸱鸮鸱鸮，既取我子，无毁我室。恩斯勤斯，鬻子之闵斯。"这是作者为一只母鸟代言，大意是：猫头鹰，你已经抓走我的幼鸟，就别毁坏我的鸟巢，我含辛茹苦，就是可怜我的幼鸟。显然这不是仅仅描写鸟的生活，而是别有寄托。旧说或认为此诗为周公所作，用来向周成王表明心迹。钱锺书《宋诗选注》入选周紫芝《禽言》四首，题注有云：

> 在中国古代文学作品里，"禽言"跟"鸟言"有点分别。"鸟言"这个名词见于《周礼》的《秋官司寇》上篇，想象鸟儿叫声就是在说它们鸟类的方言土话。像《诗经》里《豳风》的《鸱鸮》和皇侃《论语集解义疏》卷三所引《论释》里的"雀鸣喈喈嘈嘈"，不论是别有寄托，或者是全出附会，都是翻译"鸟言"而成的诗歌。"禽言"是宋之问《陆浑山庄》和《谒禹庙》两首诗里所谓："山鸟自呼名""禽言常自呼"，也是梅尧臣《和欧阳永叔〈啼鸟〉》诗所谓："满壑呼啸谁识名，但依音声得其字"，想象鸟儿叫声是在说我们人类的方言土语。同样的鸟叫，各地方的人因自然环境和生活情况的不同而听成各种不同的说话。

同是鸟的鸣叫声，将之想象为鸟类自说自话者属于"鸟言诗"，将之想象为鸟类有意为人类代言诉说人事者才是"禽言诗"。钱先生如此分析判断，逻辑清晰，故为一般论者更乐于接受。

总而言之，以禽鸟为题，将鸟名隐入诗句，象声取义，以抒情写态，就是禽言诗。一般认为宋代梅尧臣运用拟人手法作《禽言》四首以寓人事，是禽言诗的滥觞。他的四首《禽言》分别题咏子规、提壶、山鸟

（婆饼焦）、竹鸡四种飞禽，以其鸣叫的谐音，或述归思，或劝酒祝寿，或讲民间传说，或诉说雨中行路艰难，没有太多的社会意义。如《提壶》一诗云："提壶芦，沽美酒。风为宾，树为友。山花缭乱目前开，劝尔今朝千万寿。"又如《山鸟》一诗云："婆饼焦，儿不食。尔父向何之，尔母山头化为石。山头化石可奈何，遂作微禽啼不息。"提壶芦是一种如鹞而小、身上有麻斑的鸟。欧阳修《啼鸟》诗云："独有花上提壶芦，劝我沽酒花前醉。"可见这种鸟很受文人的青睐。

梅尧臣以后，宋代的苏轼、陆游、范成大都有禽言诗的仿作。苏轼被贬黄州时，曾作《五禽言》，序云："梅圣俞尝作《四禽言》。余谪黄州，寓居定惠院，绕舍皆茂林修竹，荒池蒲苇。春夏之交，鸣鸟百族，土人多以其声之似者名之，遂用圣俞体作《五禽言》。"将禽言诗的首创权明确归功于梅尧臣，同代人的说法大抵可信。元明清三代，禽言诗更为盛行，清代光绪间的杨浚辑有《小演雅》三卷，就是涉及禽言诗的专集。其书名源于宋黄庭坚所作七古《演雅》，这首诗四十句，描写了四十多种禽鸟或昆虫。如其中有云："提壶犹能劝沽酒，黄口只知贪饭颗。伯劳饶舌世不问，鹦鹉才言便关锁。"每句都出现一种鸟名或虫名，貌似游戏之作，实则别有寄托。

姑恶，鸟名，属鹤形目秧鸡科，以白胸苦恶鸟为典型代表，又名白胸秧鸡或白面鸡，善奔走，在芦苇或水草丛中潜行，亦稍能游泳，偶作短距离飞翔，以昆虫、小型水生动物以及植物种子为食。常见于我国长江流域以南的东部地区以及今广东、台湾、云南各省，偶见于河北省和山东省。在繁殖期间雄鸟晨昏激烈鸣叫，音似"kue, kue, kue"，故称"姑恶鸟"或"苦恶鸟"。

苏轼《五禽言》其五："姑恶姑恶，姑不恶，妾命薄。君不见东海孝妇死作三年干，不如广汉庞姑去却还。"自注云："姑恶，水鸟也。俗云妇以姑虐死，故其声云。"婆媳关系紧张，本是古已有之的社会普遍问题，《庄子·外物》早有"室无空虚，则妇姑勃谿"的记述。苏轼诗中融入三个典故描述这一关系，不觉生硬。其中"东海孝妇"一典，语出《汉书·于定国传》，元关汉卿的杂剧《窦娥冤》就汲取了这个故事的有关情节。关于姑恶鸟，清人史震林《西青散记》卷二记述了另一民间传说："姑恶者，野鸟也，色纯黑，似鸦而小，长颈短尾，足高，巢水边密篠间。三月末，始鸣，鸣自呼凄急。俗言此鸟，不孝妇所化，天使乏食，哀鸣见血，乃得曲蟮水虫食之。鸣常彻夜，烟雨中声尤惨也。"传说内容有异，可见人情的不同。宋范成大《姑恶》诗云："姑恶妇所云，恐是妇偏辞。姑言妇恶定有之，妇言姑恶未可知。姑不恶，妇不死。与人作妇亦大难，已死人言尚如此。"这完全是社会中婆婆与儿媳妇关系具体而微的写照，曲尽人心。

清代岭南三大家之一的梁佩兰《姑恶》诗云："姑恶姑恶，新妇不得姑乐。姑恶尤可，小姑诼我。"透露出旧时大家庭中关系的复杂性。蒲松龄也写有《禽言》四首，其中《姑恶》一首写得委婉含蓄，情感渲染细致入微，不愧是小说家的手笔："姑恶姑恶，笑容向，姑不乐。衣浣嘱小姑，姑来莫学。"诗虽不长，却将婆婆、儿媳、小姑子三者的微妙关系和盘托出，耐人寻味。

禽言诗中最具感人魅力的要数南宋初年金沙潘武子（文虎）的《四禽言》了，作者目睹中原人民惨遭金统治者劫掠的悲惨情状，奋笔写下四诗，饱含愤激之情，同情苦难的百姓，催人泪下。其四《鹁鸪》一诗云："鹁鸪鸪，鹁鸪鸪，帐房遍野常前呼。阿姊含羞对阿妹，大嫂挥泪看小姑。一家不幸俱被掳，犹幸同处为妻孥。愿言相怜莫相妬，这行不是亲丈夫。"明人谢榛《诗家直说》卷一评此诗云："此作可悲，读者尚不堪，况遭其时乎？"古希腊哲学家亚里士多德《诗学》一书曾将悲剧中人物从不知到知的转变称作"发现"，亲属关系的认定即为其中一种。"这行不是亲丈夫"所具有的情感震撼，正是由于几位有亲属关系的受难女子的伦理关系的重新认定与"发现"，强烈到令人撕心裂肺的程度。

托迹禽言，渲染出难以出口的人情，禽言诗的魅力正在于此！

442

中编　书　评

阐释与方法

——《中国民间目连文化》读后

中华民族的传统文化源远流长，内涵丰富，多民族文化的不断融合，不同地域文化的相互影响，造就了中华本土文化的坚实基础；这一文化对于外来文化的消融吸纳，更令自身焕发出璀璨夺目的光辉。有"戏祖"或"活化石"之誉的目连戏，作为中印文化交流的产物，于本世纪80、90年代又风靡一时于欧美大陆，就是中国传统文化具有无穷魅力的明证。

刘祯先生所著《中国民间目连文化》一书作为"中国传统文化研究丛书"之一，就是在当下傩戏与目连戏研究方兴未艾的热潮下应运而生的。本书从文化角度全面阐释目连戏，显示了作者全方位把握这一论题的能力。

目连故事原本于我国西晋时代竺法护所译《佛说盂兰盆经》，全经虽传世仅八百馀字，但已粗具目连救母故事的梗概。这一宣扬孝道的故事向民间流传，先是通过唐代寺院讲经（即俗讲）逐渐深入人心，敦煌出土的有关变文即是这一属于讲唱文学形式的文字记录。在变文中，目连已经有了"罗卜"的俗名，其母也有了"青提夫人"之号。随后在同属讲唱文学的宝卷与弹词中，目连的故事不绝如缕。

如若专论目连戏，其最早记录见于宋孟元老《东京梦华录》卷八《中元节》一则，内云："构肆乐人，自过七夕，便搬《目连救母》杂剧，直至十五日止，观者倍增。"这是讲宋元杂剧的演出盛况。至元明间又出现《行孝道目连救母》一剧，当属于元杂剧。可惜这两种戏剧形态的目连剧本，皆未传世，这给今天的研究工作带来不便。目前所见有关目连故事的最早剧本为明末祁门人郑之珍的《目连记》，已经属于宋元南戏的系统了。全剧分上、中、下三卷，凡 103 出。全剧内容庞杂，其间穿插许多诸如《王婆骂鸡》《哑子背疯》《尼姑下山》一类的民间传说故事，不乏世俗风趣；而戏中打叉射人等近似于现代杂技的表演，更增添了几分惊险的气氛。

在清代，尽管某些地方对目连戏演出有"饬禁"之举，然而同时它又可以堂而皇之地走入宫廷，在康熙、乾隆两朝皆有盛大的演出。康熙时代的宫廷目连戏演出甚至动用了活虎、活象与真马；乾隆朝目连戏的宫廷演出，使用进士张照的改编本《劝善金科》，属于十本 240 出的连台大戏。张本将目连故事附会于唐代，扯入颜真卿、段秀实等人的忠君事迹，凸显了"忠"的价值观。至今，目连戏的有关内容仍然可在京剧、川剧、汉剧、婺剧、桂剧、绍剧、湘剧以及昆曲、调腔等诸多剧种中觅其踪迹，其艺术魅力不言而喻。

《中国大百科全书·戏曲曲艺卷》将目连戏作为戏曲剧种加以介绍，不无混淆艺术形式与演出题材的缺憾，这无疑也从侧面反映出目连戏概念较为模糊的事实，连专家对之也有难以一言蔽之的困惑，或许这也是多数中国戏曲史一类的专著难为目连戏设立专章的原因吧。

刘祯《中国民间目连文化》分别用十二章阐释目连文化，除针对上述诸问题条分缕析加以解决外，还从戏曲人物形象的文化意蕴、表演技巧、民间风情习俗、声腔流变、曲文形式乃至它与小说《西游记》的互动关系、它与欧洲中世纪宗教剧的异同等，加以阐释，体现了作者为更加系统地论述目连文化而有意于研究方法上有所突破的努力。正是由于这一不懈的努力，方令作者能于纷纭的材料中理出头绪，以简驭繁，揭示出目连文化所具有的深刻内涵。

从目连文化的发生学角度考察，它是外来佛教文化与中华本土文化相结合的产物。以儒家思想为主体的士大夫文化一向讲求"百行孝为先"，而佛教文化为适应中华本土文化，就必须从"无父无君"的出世情结中重返人伦的世界。讲求"孝"也符合封建统治者的利益，而目连救母的孝行正可作为"忠君"的陪衬，因而目连文化可得到宫廷的青睐也是顺理成章的事情。所谓"谈忠说孝，西天此土。前古后今，本同一揆"（《劝善金科·凡例》），就是此意。

然而目连文化在将近千年的历史演进中，它终究是属于民间的，在乡村文化与市井文化中都占有一席之地，并起到沟通宫廷文化、士林文化的桥梁作用；同时，目连文化在唐以后儒释道所谓"三教合一"的潮流中也起到过推波助澜的作用。

目连文化既属于民间，就必然或多或少地带有反抗专制的色彩，特别是那些游离于救母故事属于移花接木而来的反映民间风情习俗的内容更为明显，于是遭到封建统治者在某种程度上的禁止也理所当然。这也是目连文化所具有的"双面刃"效应的体现。同时，目连戏又极不同于西方的宗教剧，诚如本书作者所论："取材于宗教、萦绕着浓郁宗教色彩的目连戏体现的是世俗的思想伦理、世俗的精神价值，这是目连戏的实质，也是目连戏与西方宗教剧的最大不同。"若联系所谓"西方立国在宗教，东方立国在伦理"（柳诒徵《中国文化西被之商榷》）之说，这一问题就更易于理解了。

《中国民间目连文化》论述方法堪称独到，以有关目连文化的形态遗存去反证目连文化的历史风貌，这为更详尽地阐释目连文化奠定了成功的基础。这无疑又是中国民间文化研究的又一重要收获。

（原载 1999 年 3 月 11 日。《文艺报》本文原署名"博弢"，系笔者曾用笔名）

归有光与唐宋派

——读《归有光评传·年谱》

在中国文学史上，明代散文家归有光一向被视为"唐宋派"的代表人物而彪炳后世。然而在明代，唐宋派并不是一个自觉的文学团体或有组织的文学流派，至少不像"前七子""后七子"那样，在当时就已经造成一定的声势。所谓"唐宋派"，其名是后人加以总结并归纳得出的，而将归有光划入唐宋派，也属后世论者的见解，归氏生前是不会知晓其身后能够获此冠冕的。应该说，唐宋派之得名主要取决于王慎中、唐顺之与茅坤诸人的努力；特别是茅坤《唐宋八大家文钞》一百六十四卷的辑集与评点，不但令唐宋派驰名于后世有了依据，也使"唐宋八大家"之称不胫而走，其影响逐渐扩大，至今犹存。《明史·茅坤传》有云："坤善古文，最心折唐顺之。顺之喜唐、宋诸大家文，所著文编，唐、宋人自韩、柳、欧、三苏、曾、王八家外，无所取，故坤选《八大家文钞》。其书盛行海内，乡里小生无不知茅鹿门者。鹿门，坤别号也。"此语绝非虚誉。

讲到归有光，他六赴乡试，九上春官，在科举之路上栉风沐雨，辛苦奔竞四十馀年，方才于年近"耳顺"之年，考中一名三甲进士。人生际遇的坎坷，终令他难以与王慎中、唐顺之、茅坤这些早年宦达者有声气相通的可能，更没有相互切磋艺文的机会。后世论者将归有光纳入唐宋派的营垒，就是因为他一向批评复古主义的文风，与"后七子"领袖之一的王世贞曾有过一场针锋相对的笔墨官司；然而更为重要的是，归有光的散文创作实践享有"明文第一"的美誉，正好可以弥补唐宋派在这方面的稍有欠缺，于是归有光就"理所当然"地被派为唐宋派的一员。

在文学批评方面，归有光并没有成系统的鸿篇大论，这可能与他大半生皆未能入仕的较为低下的社会地位相关。在散文创作方面，归有光"上承秦汉"，又"继韩欧阳"，取法先贤，文从字顺；特别是他的一些抒情之作"不事雕饰，而自有风味，超然当名家矣"（王世贞《归太仆赞》）。从继承唐宋文学优秀传统的角度而言，归有光的散文的确当之无愧。也许是理论的欠缺与创作的成熟，两者太不成比例，致令后世的许多研究者难以找出理论的切入角度：这也是学界多喜将归有光划入唐宋派的一个重要原因。所谓"合则双美，离则两伤"，此之谓也。鉴于上述原因，多年以来，海内不但没有研究归有光的专著问世，就连相关论文也屈指可数，倒是关于其《项脊轩志》《先妣事略》《寒花葬志》等几篇历来脍炙人口的名作的鉴赏文章，刊发了不少。显然这一状况与归有光在中国散文史上的地位极不相称，古典文学研究急需一部探讨归有光生平与创作的专著问世。

沈新林先生所著《归有光评传·年谱》（安徽文艺出版社 2000 年 8 月出版）一书，正是这样一部填补空白之作。如书题所示，全书为归氏的评传与其年谱的合编。

先说《年谱》，这一工作并非筚路蓝缕。清人孙岱曾编有《归震川先生年谱》一卷，一万馀字。卷首汪照有序云："是编事核文直，兼仿《山谷年谱》例，以诗文目系编年之下。"先是，清初汪琬也编有《震川先生年谱》，未见流传。1936 年，上海商务印书馆又出版张传元、余梅年合撰的《归震川年谱》，作为《中国史学丛书》之一问世。年谱连同附录等共约四万馀字，编年之下，胪列谱主行实、交往而外，并系谱主当年之诗文目录，间引用原作，作为旁证。可见，张、余之《谱》是于孙《谱》基础之上加以编订的，对此，张、余二人并不讳言。

另据杨殿珣《中国历代年谱总录》著录，近人张联骏、张近凡也分别编有归有光的年谱，铅印本，可惜传世不广。现仅以孙《谱》与张、余《谱》而论，开创之功，诚不可没，然而皆失于简略，多有讹误，对于今人深入研究归有光显然是不够的。为此，沈新林先生花费数年时间为归有光重订年谱，杀青后约计八万字。沈《谱》除于谱主行实及有关时代背景详于上述两谱外，其最大特点是将归氏十分之九的作品均加以系年，少量难以确定写作年代的作品，著者另有《震川先生不系年诗文目录》作为"附录"置于全书之末，并有简单考证，以大致确定其写作年代。这一工作看似简易，实则费时费力，非个中人实难知晓其间甘苦。为谱主的诗文作品系年，大有助于其他研究者研究工作的进一步开展，同时也为著者本人撰写《归有光评传》打下了牢固的基础。著者也正是在为归有光编订年谱（包括诗文系年）的基础上，"又发表了几篇研究归有光的论文"后，才"萌发了撰写《评传》的念头"的（见本书《后记》）。

再说《评传》，这无疑是对明代文学研究颇有意义的一项工作。《评传》的篇幅约占全书的三分之二，共分六章。前三章分别论述归有光所处时代、归有光的家世及其生平，古人所谓"知人论世"，于这三章可以概见。后三章则分别从归有光的思想性格、创作实践、地位影响出发，多角度评述了归有光的文学观、散文艺术风格，以及其创作如何发扬《史记》传统、其与唐宋派的关系等。著者立论是在仔细阅读归有光诗文作品的基础上进行的，从文本出发，发微抉隐，较为全面地评述了归有光的方方面面，对于读者，多有认识价值。

如前所述，归有光与唐宋派的关系如何以及如何正确认识唐宋派等，都存在着某些含混不清之处，著者对此是有所认识的。是书第六章有云：

> 正如"唐宋八大家"自明中叶之后方始流行一样，"唐宋派"也是后人对明代这一散文流派的称呼。归有光生活的时代尚无此一说，所谓唐宋派的几个主要人物也不一定已形成团体，据现有资料，尚未发现王慎中、唐顺之、茅坤和归有光四人集体活动的证据。

那么，究竟如何认识归有光与唐宋派呢？也许用古代散文的文化品格加以剖析是一个事半功倍的方法。宋明理学的盛行本是传统儒家学说哲学化的一个过程，包括程朱理学与陆王心学，皆属于唯心体系，本无人为轩轾的必要。然而前者鼓吹"天理"，后者强调"人心"，取径不同，实际效果也就有异了。鼓吹"天理"，恰可以与封建专制主义桎梏人心的统治术合拍，因而极易染上"官办"的色彩；强调"人心"，则可与个性解放的时代呼声相应共振，从而为反封建专制的"异端"思想提供理论基础，但如果纯从学术角度立论，见仁见智，实则两者殊途同归，皆无悖于孔孟之道。

明中叶以后，正是王阳明心学盛行于天下之际，崇王抑朱成为许多学者的价值取向。王慎中任职于南京礼部时，曾受阳明弟子王畿的影响，讲论阳明遗说，从而彻底改变了以前所认为的"汉以下著作无取"的复古主张，取宋代欧阳修、王安石、曾巩的文章加以效法。唐顺之对于王慎中的改弦更张，起初并不以为然，后来竟也随之易辙，且有过之而无不及（参见明李开先《遵岩王参政传》）。唐顺之的转向王学，也是他与王畿直接交往并加互动的结果，他有《书王龙溪致知议略》一文，评论王畿的《致知议略》，已显示出他对王氏心学"心有灵犀一点通"的领悟。此外，唐顺之《荆川集》中的文章，也可以发现他明显受禅宗影响的痕迹。唐顺之散文的文化品格已经近似于其后发展起来的晚明小品作家的一些作品风格了，至于他提倡文章要"有一段千古不可磨灭之见"的"本色"说（见其《答茅鹿门知县二》），主张创作主体个性的张扬，这与其后公安派所倡导的"独抒性灵"的性灵说已经颇为近似了。

近代学者钱基博评《荆川集》有云："集中书牍最多，大半肤言心性，多涉禅宗，而喜为语录鄙俚之言，殊为不取。"（《明代文学史》）这一结论是否确切，暂不讨论，但他一眼看出唐顺之的散文已近似于晚明小品的文化品格，是值得我们加以瞩目的。茅坤为文从复古走向唐宋，正是深受唐顺之的影响，这从他的《复唐荆川司谏书》等有关文章中可以发见，此不赘言。

归有光散文的文化品格是否与王、唐、茅三人同趋呢？日本学者佐藤一郎所著《中国文章论》（上海古籍出版社1996年6月出版）一书中这样评价归有光："他在文章流派上属于唐宋派，在思想上可归入朱子学系统。"然而随之他又举出归有光对王阳明文章五体投地佩服的事实："在他所编的《文章指南》全五卷中，作为明代文豪只选了方孝孺、宋濂、王袆、王守仁，而王守仁的比重最高。即与方孝孺一篇、宋濂三篇、王袆三篇相比，王守仁高达八篇。"现在的问题是，归有光如此选文是否就意味着他对其心学观点的认同呢？显然不能这样遽下结论。

归有光散文的文化品格远较王、唐、茅三人单纯，以儒家"修齐治平"为职志的正统思想，始终占据着归有光的整个身心。为了保持士林文化的这种纯洁性，归有光终生维护程朱理学，对于陆王心学虽不大力反对，却也畛域森严，毫不含糊。在《与潘子实书》中，归有光如此议论说："又窃谓经学至宋而大明，今宋儒之书具在，而何明经者之少也？夫经非一世之书，亦非一人之所能定。而学者固守沉溺而不化，甚者又好高而自大，听其言汪洋恣肆，而实无所折衷：此今世之通患也。"如果说归有光此论矛头所向尚不明确，那么《送王子敬之任建宁序》一文所论则针对性相当明显了：

> 朱、陆之辨，固已起后世之纷纷矣。至孟子所谓良知、良能者，特言孩提之童自然之知能。如此，即孟子之性善已尽之，又何必偏揭良知以为标的耶？……夫今欲以讲学求胜朱子，而朱子平生立心行事，与其在朝居官，无不可与天地对者。讲学之徒，考其行事，果能有及于朱子万分之一否也？奈何欲以区区空言胜之！

这一番话已将王阳明的"致良知"之说公开揭出批评了。《送狄承式青田教谕序》则有感而发云："而浙东学者，近岁浸被阳明之教，为致良知之

452

学。承式为人敦朴敛约，不喜论说，而中自有得者。"此外，在《示徐生书》与《戴楚望集序》等文中，归有光都表示出自己与阳明心学"道不同不相为谋"的态度。在后一文中甚至有"又怪孟子与荀卿同时，而终身不相遇"的壁垒森严之论，更显示出归有光未受心学浸染的事实。佐藤一郎举归有光《送王子敬之任建宁序》中"其为之倡者，固聪明绝世之姿，其中亦必独有所见；而至于为其徒者，则皆倡一而和十，剿其成言，而莫知所以然"数语，认为他已经把"阳明学的创始者与赞同者严格地区别开来"，这有一定道理，但也可作为归有光不屑于做王阳明信徒的证明。

国内有一些学者认为归有光与阳明心学（或称王学）关系密切，如陈书录先生《明代诗文的演变》（江苏教育出版社 1996 年 11 月出版）一书中就有这样的概括："正是王慎中、唐顺之、归有光和茅坤等人开创了王学与文学相互融合的新阶段，在正宗文学领域引出了理性化与生活化并行、法式之工与自然之美结合的新思潮。"通过对归有光有关散文作品的进一步分析，陈先生认为"归有光致力于日常人伦描写的古文""渗透着王守仁'致吾心良知之天理于事事物物'的精神，为明中叶雅文学的创作开辟一条理性化和生活化协调发展的道路"，如此而论，就将归有光散文的文化品格完全纳入于阳明心学的范畴了。

国内也有一些学者并不认为归有光与唐宋派有某种内在的联系，廖可斌先生《明代文学复古运动研究》（上海古籍出版社 1994 年 12 月出版）一书在讨论"唐宋派与嘉靖中叶文坛风尚"一节中，肯定"唐宋派追求主体精神的独立，倡导主体精神的自由表达"的同时，并没有特别提到归有光，似乎表明他并不认同后人将归有光划入唐宋派的观点。

沈新林先生在其《评传》中，肯定归有光"崇尚程朱理学，排斥陆王心学"的同时，又进一步论述说："有光对宋儒有特殊感情，他笃信程朱理学，认为朱熹对儒学的阐述是最为详尽，最为高明的。"这些议论基于著者对归氏作品的仔细研读，因而具有相当的说服力。然而沈先生在为归有光的散文成就最后定位时，却顺从了通行的说法，认为他是唐宋派中的一员，甚至"更上一层楼"式地说："我们可以理直气壮地说，归有光是唐宋派的领袖和贡献最大的代表作家。"这就是一个值得商榷的提法了。如前所述，就散文的文化品格而言，归有光与王、唐、茅三人截然不同；就社会地位而言，其大半生时间都难以与王、唐、茅三人比肩；就交往而言，归有光与王、唐、茅三人也未发现声气相通的踪影。所谓"领袖"云云，实在无从谈起。

清代桐城派散文的文化品格也是以程朱理学为依归的，因而他们对归有光的散文大为推崇，并把归氏作为"文以载道"的文统传承中的一环；而对唐顺之等人，方苞、刘大櫆、姚鼐等人并没有特别加以青睐，从中可见作品的文化品格在文学批评中的重要性。归有光抨击"前七子""后七子"的复古主义，是从散文发展的内部规律着眼的，完全不同于王慎中、唐顺之等人乃至公安三袁等晚明小品作家，从个性解放的层面去迎击文坛复古主义的潮流。然而因为两者有殊途同归的趋势，就令后人认为他们之间仿佛有了一定的内在联系。"五四"新文化运动中，现代文坛将"桐城谬种"与"选学妖孽"等量齐观，皆冠以封建文化的代表加以口诛笔伐，周作人、林语堂诸人提倡小品文写作，弘扬的正是公安性灵派的文学主张。从艺术接受的角度而论，文学作品的文化品格问题，也是文学鉴赏中的一把无形的标尺，不能视而不见。

综上所论，笔者认为，肯定一位历史人物的文学地位，不必将之硬拉入某一文学流派或文学团体，仿佛惟其如此方足以显示其一定的权威性；文坛中单打独斗的勇士，岂不更令人肃然起敬？

如何理解归有光与唐宋派的关系问题，在中国文学批评史中的确耐人寻味，惟有廓清事实，实事求是，才能得到正确的结论。

徐世昌与《晚晴簃诗汇》

　　卷帙浩繁的一代清诗的总集《晚晴簃诗汇》整理本早于1990年由中华书局出版，精装十册。2018年重印，精装十五册。这部总集二百卷，近代徐世昌编，闻石点校。

　　徐世昌（1855～1939），字菊人，一字卜五，号弢斋，又号东海、水竹村人，直隶天津（今天津市）人。光绪十二年（1886）二甲第五十五名进士，以朝考一等授翰林院庶吉士，任翰林院编修，充国史馆协修、武英殿协修，迁兵部左侍郎，历官军机大臣、东三省总督、邮传部尚书，直至体仁阁大学士。徐世昌早年即与袁世凯相识，结为盟兄弟，并得到袁的资助。入民国以后，积极为袁世凯窃取总统大位奔走效力，曾于1914年就任袁的国务卿。袁世凯帝制自为以后，徐世昌一度隐居河南辉县水竹村，静观时变，被袁封为"嵩山四友"之一。1918年冯国璋下台以后，徐世昌被段祺瑞等操纵的"安福国会"选为总统，至1922年又被直系军阀曹锟、吴佩孚所黜。此后，徐世昌息影津沽，直至病殁。

　　在清末民初风云变幻的政坛上，徐世昌依违于各派军政势力之间，进退有据，不无其算计精明处，是近代史上较为典型的官僚政客，其政治作为并无光彩可言。然而纵观其一生，徐氏于文化事业尚较留意，他于总统任内，以"偃武修文"为职志，曾主持编订《清儒学案》与《晚晴簃诗汇》两部巨帙，对于研究有清一代的学术文化不为无功。徐世昌自己也能诗，有《水竹村人集》十二卷、《退耕堂集》六卷。

在总统任内，徐世昌为矜风雅，曾结晚晴簃诗社，聚集了一批文士，长歌短吟，以遂相互唱和之乐。《诗汇》卷一七五选录成多禄（字竹山，号澹堪）诗四十馀首，其"诗话"有云："余设晚晴簃诗社，澹堪入社谭诗，同辈交重。"可见有部分"诗话"为徐世昌亲自操觚。结社之初，就有人建议编纂"清诗汇"，以成一代盛典。徐氏采纳了这一建议，就命其门人或幕僚曹秉章（字理斋，1864～1937）、王式通（字志盦，号书衡，1864～1931）、金兆蕃（字篯孙，1869～1951）、夏孙桐（字闰枝，1857～1954）等人从事诠选清诗的工作。经过多年努力，终于辑成了这部迄今为止规模最大的清诗总集，并于1929年由退耕堂刊行。

据汪辟疆先生《光宣以来诗坛旁记》（南京大学中文系古典文学教研室整理，20世纪80年代油印本）著录《清诗汇》有云："曩在金陵，见黄君坦孝平曾代撰《清诗汇序》一文。此文为王书衡属君坦所拟，即取《晚晴簃征诗启》点缀成文。捃撮掌故，于清代诗原，亦复详审，故录存之。"今以退耕堂刊本之叙文与汪氏所录者对校，除"清诗汇"三字改称"晚晴簃诗汇"，文末加注"民国十八年十二月天津徐世昌"数字外，未发现更有增删，这一篇叙文就是黄君坦捉刀，并非徐世昌亲撰。

参与编纂工作者，如前揭曹秉章、王式通、金兆蕃、夏孙桐四人，皆为饱学之士并学有专长。曹秉章为徐世昌门人，是民初史志专家，徐世昌应酬文字多出其手。王式通为光绪二十四年（1898）进士（榜名王仪通），金兆蕃为光绪十五年（1889）举人，夏孙桐为光绪十八年（1892）进士，可见参与编纂《诗汇》的领头人阵容强大，并非乌合之众。《历史文献》2019年第21辑刊出丁小明先生整理《金兆蕃致曹秉章手札》一束，前有云："手札四十八通，原为曹氏后人所有，现归浙江嘉兴收藏家苏伟纲。由于这批手札涉及《晚晴簃诗汇》的编撰事颇多，具有较高的史料价值，故予以整理，以为民国学术史研究之资粮。"其第四十四通云："玉砚先生：奉手示敬悉。编诗体例，弟均与闰翁酌定。弟处编'遗民'七卷，明人入清者四卷，顺治初科第二卷，已送闰翁覆定。闰翁处亦编出约十卷，彼此分合，交互参酌。弟属闰翁径送公处，仍请公裁核发钞。续交下康熙后三十年诗卷，容即续排比呈教。此请大安。"信札中"玉砚"系曹秉章的堂号，"闰翁"即指夏孙桐。从中可见主其事者编纂《诗汇》的态度认真，绝非敷衍了事。

《晚晴簃诗汇》选诗义例，据其"凡例"所言，系本诸朱彝尊《明诗综》，并参以王士禛《感旧集》、沈德潜诸朝诗《别裁集》。其开宗明义即自称："不分同异，荟萃众长，恉尚神思，务屏伪体。自名大家外，要皆因诗存人，因人存诗，二例并用，而搜逸阐幽，尤所加意。"《诗汇》选诗，从明末遗民诗人一直选到民国初年已卒诸家，共计入选诗人六千一百五十九家，诗作二万七千四百馀首。其编次，先列清代九朝帝王以及皇子、亲王之作，次列明末遗民诗人，并以从祀诸儒如孙奇逢、王夫之、顾炎武、黄宗羲等人别为一卷冠其前。其他作者以科甲次第为序，无科目者则依其时代先后为序入选。最后分列闺秀、释道以及所谓"属国"诸家作者。

卷帙如此浩繁，曹、王、金、夏四人而外，尚需具体人员操持选政，自非众手不办，而用心不齐，入选标准也难免持择不一，这无疑给这部清诗总集带来了一定的缺憾，并非尽如其"凡例"所言那般完善。曾供职于中国历史博物馆的文史大家史树青先生（1922~2007）收藏有《清儒学案》《晚晴簃诗汇》残稿若干，内有《清儒学案暂拟草目》（包括徐世昌字条一件）一册；《清儒学案姓氏韵编》一册；《潜邱学案》《燕峰学案》《半岩学案》底稿各一册；《清儒学案》发刻进度单四件；《晚晴簃诗汇目录》一册；《晚晴簃诗汇》编纂体例一册；曹秉章《晚晴簃诗汇》征引诗集目录编纂事宜说帖一册；《鹿侪诗賸序》一册；《江大锐呈两峰诗》一册；《思旧集序》及诗人小传一册；吴廷燮等致曹秉章函一件，索还原借江苏省之诗集；江苏省公署来函一件；晚晴簃诗社征送各县书目清单一册；前二项合订一册（附公府秘书厅复函）；闵尔昌代傅增湘借书单一件。中华书局友人刘宗汉先生知笔者为《晚晴簃诗汇》整理本的责任编辑，20世纪90年代初曾赐示上列的《晚晴簃诗汇》编纂体例一册的复印件等，受益匪浅。

复印件为用"晚晴簃选诗社"有界栏之九行专用笺小楷书写，叶右边栏外或钤有"史树青印"满白回文印一方，为收藏者章。所书文字凡遇"秉章"二字皆小字偏右，显系曹秉章自书，也可证曹为总其事者。内有云："各诗选本已将五十次所呈送阅定者，按时代开出总单。所有编排次序及小传、诗话之书法文法，事取其通，不厌反复求详，尤必有一定之义法，始可归于一律。谨将秉章与书衡、篯孙、闰枝诸人意见所及，分别开列，呈候训示。"专用笺天头有行书眉批："所开列各条，皆极精当，亦诸公数年来辛苦著书所得，为至周密也。"属于上对下的褒扬语，当系徐世昌的亲笔批复。从中可见晚晴簃选诗社的运作流程，徐世昌并非空头主编。联系前揭金兆蕃致曹秉章手札，选诗过程，至少在四位主要编纂人的层面还是认真的。

在诠选过程中，《诗汇》的编纂者间或参考有关诗话评论或有关论者的评议文字。如卷三六选录汪懋麟十一首诗，"诗话"有云："相传有《浯溪摩崖碑四十韵》，为渔洋所称，而赵秋谷非之。此诗不见集中。"可见编选者的方法之一是以前人有关的评论为准，并按图索骥，浏览其全集，以求公允详核。然而这一作法并非贯彻始终。同为卷三六，选录叶燮诗十二首，"诗话"已经提及其绝句如《咏梅花开至九分》《题扇画松》等作品"尤多弦外之音"，但这两首诗并未入选，这可能是诗话撰写者与选诗者未能互通声气所致。

有一些作者，其诗集不传，选诗者即从有关诗话中辑录其可能属于佚诗的作品，吉光片羽，弥足珍贵。如卷三八选录张勇七绝《过崆峒》，即从袁枚《随园诗话》中辑出。此外，选诗者广收博采，保存了一些不易见到的诗作。卷三八选录杨宾诗，其"诗话"有云："《别裁》录三诗，皆塞外所作。近有自书《游西山诗册》，凡古近体诗三十篇，见于厂肆，并为最录。"《诗汇》共入选杨宾诗九首，其中六首就是从《游西山诗册》

选录者，这些诗篇不见得是佳作，却为读者提供了一些罕见流传之作，功不可没。曾华盖在清代并非有名的诗人，《诗汇》卷三六选录其诗两首，其一为《河口望远》五律，诗云：

> 渡口堪晴望，闲行踏软莎。夕阳鸦背满，秋意雁声多。野树然红叶，村篱蔓碧萝。晚来清吹发，渔笛起沧波。

此诗清丽流畅，饶有画意，韵味十足，显示了选家的眼力，也体现了《诗汇》"因诗存人"宗旨之一端。

王士禛是清初著名诗人，论诗标举神韵，在其创作实践中，五、七言绝句最能体现他空灵淡雅的神韵风采。《诗汇》共选录其诗一百零五首，《秋柳》四首七律久享盛名，自当入选；然而"江淮间多写为图画"的《真州绝句》六首，却一首未入选，未免有遗珠之憾。诸如此类的情况，《诗汇》中并非罕见，特别在选大家之作中更为凸显。钱仲联先生曾说：

> 徐世昌《晚晴簃诗汇》，金兆蕃所代为编选也。煌煌巨帙，可备一代诗歌文献，与钱谦益《列朝诗集》、朱彝尊《明诗综》并存。然选诗标准并不高，所录多价值不大之小篇，名章杰构不多。应将清代名家一二百人另行精选，其他不必重选，清诗之全貌即可概见。（《三百年来诗坛人物评点小传汇录·近百年诗坛点将录》）

钱先生曾主编《清诗纪事》，于清诗研究功力甚深，这一看法是中肯的。

《晚晴簃诗汇》对于入选诗家皆写有小传，其后多附有"诗话"，间亦采择诸家评论，择要刊入。其"凡例"言："诗话纪事求实，持论从平。国故乡闻，不取野语。品评诗派，绝无门户之见。"这些诗话的写作多成于徐世昌的幕僚门人之手，自不免带有个人好恶或门户之见，自然难以与其"凡例"所言一致。其诗话的撰写并非空无依傍，如卷一五选录徐波诗，其"诗话"即综合卓尔堪《明遗民诗》与王士禛《池北偶谈》的有关内容斟酌写成；卷二三选录鄂貌图诗，其"诗话"系采择自王士禛《居易录》的有关内容。对于前人考述失实之处，"诗话"也或有订正。如卷三三选录恽格（南田）诗，其"诗话"有云："又闺秀恽冰，字清于，南田族曾孙锺隆之女。《画征录》《诗征》并误为南田女，附订于此。"从中可见，诗话的撰写参考了有关文献，并非囫囵吞枣或一挥而就。但也有部分诗话，如卷三九选录钮琇诗，其"诗话"内容多叙其为官政绩，虽存知人论世之意，但终有乖诗话本义；至于论其诗，则仅以"坚致沉秀，雅近《西昆》"八字道之，泛泛之语，令读者难得要领。

诗话的撰写，除徐氏门人幕僚捉刀代笔而外，徐世昌本人也亲自动笔，写过一些。某些诗话，特别是涉及近代诗人者，从行文口气判断，显系其本人的笔墨。如卷一六七选录黎承忠（喟园）诗，其"诗话"有云："曩时喟园曾手书十首贻余弟友梅，有出剩稿之外者，录而存之。"友梅即徐世昌之弟徐世光（？~1929），字友梅，号少卿，清末曾任济南知府。入民国，晚年致力慈善事业，曾任中国红十字会会长。又如卷一七三沈曾植，其"诗话"有"昔年题余《北江旧庐图》"云云，按王式通《东海徐公继配席夫人墓志铭》有云："公登科甲，供职词馆。夫人奉刘太夫人入都，所居为洪北江旧庐。"沈曾植亦有《题徐菊人编修北江旧庐图》诗。从上述可知，"诗话"中之"余"即徐世昌自己，"诗话"为所亲撰无疑。

此外，如卷六九王以中（时斋），"诗话"有云："时斋《悦云集》二册，余弟友梅得之大梁书肆，是当时钞本未付梓者。"卷一五八姚庆恩，"诗话"有云："余四十年前自汴赴试，宿逆旅见其题壁《次邢台》诗云……"卷一四九程鸿诏，"诗话"有云："昔年共事戎幄，又从余出镇辽沈，投分甚深。"卷一七五于齐庆（海帆），"诗话"有云："海帆为余丙戌（1886）同岁生……即入词馆，与余及鹿乔笙、韩子侨同习词赋于北学堂……既殁，余铭其墓。"卷一七六贺涛，"诗话"有云："余与同岁成进士，同官日下，过从最密。"按，贺涛亦是光绪丙戌（1886）进士，与徐世昌为同年。卷二〇〇范立斋，"诗话"有云："家晓山中丞《越南辑略》采彼都人士诗数十家。"按，晓山即徐延旭，山东临清人，并非徐世昌同支，所谓"家晓山"者，示其同姓而已。

从上揭几例"诗话"可见，旁人代作的可能性不大，可以确认为徐氏本人的手笔。上揭者除王以中非近代人士外，其馀都是徐世昌的同时人或略早者，并与这些人有过交往，这也可以证明其诗话为徐氏所亲撰。《诗汇》所附诗话众多，哪些是徐氏亲撰，哪些是门人幕僚所作，今天已经很难一一分辨。总之，这些诗话在今天看来，虽有品评不当之处，但于了解入选者之诗风流派大有裨益。诗人小传中所保留的有关作者生平的一些罕见材料，亦可为研考清代史实者所取资。华东师范大学出版社于2009年出版傅卜棠编校之《晚晴簃诗话》，精装上下册，也应当算是其价值的一种证明。

清代诗歌，流派纷呈，作品甚多，间亦不免流失。晚晴簃选诗社在诠选清诗的过程中，旁征博采，搜散辑佚，将一些流传不广以及不甚知名作者的诗作选入《诗汇》，无疑为有清一代诗史保存了不少有价值的资料。除上揭杨宾一例外，又如卷一七六史兰（双梧），其"诗话"有云："双梧尝继沈文悫编次乾隆以后诸家诗为《别裁续集》，虽途辙近隘，而持择甚严。其稿本流入厂市，余为收置社中。"编选者搜罗之勤，于此可见一斑。卷三三倪涛，其"诗话"云："今其手稿尚在，前数年出海王村市上，居为奇货，不知落谁手也。"仅因一手稿未获得而深致叹惋，也可见编选《诗汇》者用心之苦。

当然，限于编选者的立场，某些思想性与艺术性在今天或有争议的诗歌也煌然在列，随时代的进步，今人也不必厚责前人。此外如卷一五八孙文川，入选其《张烈士行》与《嗟哉华尔行》两诗，皆为有关清廷与太平军争战事的书写，时过境迁，史料价值而外，也不无认识价值。读者自能辨识，这里恕不赘言。

作为中国古典诗歌发展链条上的最后一个环节，清诗自有其存在的价值。在清代将近三百年的历史岁月中，古典文学的表现形式并没有随着封建王朝的日益腐朽没落而迅速走向土崩瓦解之路，清人在继承发扬前人文学批评与创作经验的基础上，努力开拓，在积极进取中仍有所创新。"神韵""格调""性灵""肌理"等诸多诗派的兴起，交错纷呈，堪称五音繁会，清代既是古典诗歌的终结期，又是它的集大成时代。清诗所独具的历史风貌及其在历代诗歌史研究中的地位问题，已经愈来愈引起有关研究者的广泛瞩目。

以今天的观点来看，《晚晴簃诗汇》虽不是一部完善的清诗总集，但由于它选录了清代几乎全部著名诗人的一些代表作品及其有关资料，因而值得引起古典文学研究者的重视。总而言之，这部清诗总集不失为一部研究清代诗歌的重要典籍，这也正是出版这部洋洋四百馀万言的《诗汇》整理本的目的所在。

《晚晴簃诗汇》整理本以 1929 年退耕堂刊本为底本加以点校，根据整理总集一般不校别集的通例，只在遇有疑难问题时方核查有关别集。凡遇异体字、避讳字以及明显的版刻错字，均予径改，不出校记。为便于读者寻检，整理本在各作者小传之前另添加作者本名，以清眉目。九朝清帝，原书以其庙号与谥号连称，现改从今天习惯，以庙号连其本名标示。原书另附作者姓氏韵编一卷，各卷之首又另列本卷作者目录。整理者考虑到用平水韵制作的姓氏韵编，对于今天的广大读者用处不大，各卷作者目录亦属叠床架屋，为减省篇幅，整理本尽行删去，仅保留原书卷首之总目；总目之作者名下，依原书各卷首分目体例，标示入选作品书目，以便于读者统计。此外，重编作者人名及字号四角号码（附笔画）索引，附于全书之末，以便读者查阅。

（原载《古籍整理出版情况简报》1988 年 10 月 1 日总 198 期。本次编入时多有增订）

日藏抄本《天游阁集》

太清西林春，生于清嘉庆四年正月初五日（1799年2月9日），卒于光绪三年十一月初三日（1877年12月7日），享年79岁。姓西林觉罗氏，满洲镶蓝旗人，系乾隆间因受胡中藻《坚磨生诗抄》文字狱牵连而被赐自尽的甘肃巡抚鄂昌之孙女。道光四年（1824）为入箎多罗贝勒奕绘（1799~1838），须避所谓"罪人后裔"之嫌，故冒贝勒府邸（荣王府）二等护卫顾文星之女呈报宗人府，世或称其"顾太清"者，本此。太清西林春，名春，字梅仙，号太清，自署西林春或太清春，晚号云槎外史，又尝自署太清老人椿。擅诗词，兼工绘事，尤以词称，与清初纳兰性德（1655~1685）齐名，"八旗论词有'男中成容若，女中太清春'之语"（徐世昌编《晚晴簃诗汇》卷一八八《诗话》）。况周颐《东海渔歌序》（西泠印社本）云："太清词得力于周清真，旁参白石之清隽，深稳沉著，不琢不率，极合倚声消息。求其诣此之由，大概明以后词未尝寓目，纯乎宋人法乳，故能不烦洗伐，绝无一毫纤艳涉其笔端。"

西林春著有《天游阁集》，乃其诗词合集。晚年又曾续小说《红楼梦》为《红楼梦影》二十四回，署"云槎外史新编"，有光绪丁丑（1877）聚珍堂书坊刊本。1988年北京大学出版社作为《红楼梦资料丛书·续书》之一种，据以出版点校本。

所谓日藏抄本《天游阁集》，凡十三卷，系目前传世的西林春诗词合集的较为齐全的抄本，内含诗（集无名称）七卷、词《东海渔歌》六卷。

光绪二十六年庚子（1900），义和团发展迅猛，京师大乱，这部抄本即在八国联军的入侵战火中流失域外。从此，国内只有不全的西林春诗词刻本流传，如宣统间上海神州国光社铅印本、徐乃昌校刻本、西泠印社木活字本、竹西馆铅印本等皆是，诗集卷数或标五卷，实则四卷；词集卷数或标四卷，实则三卷。20世纪初，当时的词学大家况周颐函致东瀛寻觅西林春诗词全帙，竟杳如黄鹤，没有下文，可见是抄本重归神州之难。《清史稿·艺文志》著录《天游阁集》五卷，注云"贝勒奕绘侧室顾太清撰"。王绍曾主编《清史稿艺文志拾遗》著录西林春词集两种："《天游阁词选》不分卷，顾太清撰，稿本。""《东海渔歌》四卷，顾太清撰，民国三年西泠印社排印本。"胡文楷《历代妇女著作考》卷二〇著录《天游阁集》五卷云：

（清）顾太清撰。《清史稿·艺文志》《正始集》著录（见）。太清，字子春，汉军人，本鄂文端曾孙女，西林觉罗氏。幼经变故，养于顾氏，被选为贝勒奕绘妾。是书宣统庚戌（1910）神州国光社据如皋冒氏抄本排印，刊入《风雨楼丛书》。凡诗五卷，原阙第四卷，此从第五卷析为二卷，以符原数。末附诗补，录自《正始集》，凡诗六首。又附兰雪《菱寝楼笔记》一则、《浪淘沙》词四首。此为钝宧（即冒广生，字鹤亭，号钝宧，又号疚斋，1873～1959——笔者）校印，集中有钝宧按语。

同书同卷又著录《东海渔歌》四卷：

同上。《正始集》著录（见）。是书民国二年癸丑（1913）桂林况周颐据抄本委托西泠印社排印。原阙第二卷。以沈善宝《名媛诗话》有太清词五阕，录为补遗。前有况周颐序。又民国三十年辛巳（1941）王佳寿森竹西馆排印本，前有王佳寿森序、况周颐序，太清逸事六叶，徐德培、庆珍、伊既明、张润普、梁启勋题词。卷一、卷

三、卷四，据况氏排印本；卷二，据朱彊村抄本《渔歌》一卷补入。

末附补遗五首，是据钱塘沈湘佩女史《名媛词话》录出。

从上所引录可知，西林春诗词作品于其身后散佚不少，幸有众多学者与出版家为之搜辑付梓，即吉光片羽，亦弥足珍贵，正可见西林春填词成就之大。2002 年北京古籍出版社出版柯愈春《清人诗文集总目提要》，是书卷四二著录《天游阁集》九卷，内云："所撰《天游阁集》，今存写本二种：一为《天游阁集》，稿本，内诗五卷、《东海渔歌》词四卷，中国科学院图书馆藏。前有宣统元年冒广生所题六绝句。同年甘燀（吴昌绶）跋诗集，称此集'皆当日手订原稿，凡诗五卷，中阙第四卷，多有割裂，盖未定之本也'。吴氏题词集谓：'《东海渔歌》者，旧凡四卷，中阙其一，而首卷篇叶特多，因析之，以足四卷之数。'中多涂抹，订正之处甚多，实为改定之本。一为《天游阁集》二卷，徐乃昌积学斋抄本，中国社会科学院文学所藏……"是书所著录之稿本或抄本，与上述之刊印本当有渊源关系，中国科学院图书馆所藏稿本《天游阁集》九卷，当即《历代妇女著作考》所著录之神州国光社《天游阁集》五卷排印本与西泠印社《东海渔歌》四卷排印本之祖本，但皆非全帙。

20 世纪 80 年代初，为编纂《全清词》的需要，我国学者始辗转从日本得到日藏抄本《天游阁集》的复印件，但限于双方约定，难以单独出版印行，是以词学界众多学人仍难见其庐山真面。1998 年上海古籍出版社出版张璋编校之《顾太清奕绘诗词合集》，据其《前言》可知，《天游阁集》诗集部分与词集部分或以日藏抄本为底本，并皆于日藏抄本外又补得西林春作品若干，堪称较为完备，但所据日藏抄本之影印复制件系辗转得来，略有缺失，正文亦间有误植处，可谓美中不足。2001 年辽宁民族出版社影印出版日藏抄本《天游阁集》，署金启孮、乌拉熙春编校，仅印 300 册，版权页有"本书经武田科学振兴财团特许，与日本杏雨书屋订有合同，禁止翻印"字样。这部影印本的正式出版，终于使我们有机会得窥全豹，惜乎合同所限，印数太少，流传不广，见者无多。而欲介绍此影印本，当先从此书之编校者之一金启孮先生的生平经历开始。

金启孮（1918~2004），姓爱新觉罗氏，名启孮，字麓漴，为清乾隆帝第五子荣纯亲王永琪七世孙、多罗贝勒奕绘与西林春的后人。早年曾留学日本东京帝国大学文学部东洋史学科，回国先后任内蒙古大学教授、辽宁省民族研究所所长，创办及主编《满族研究》杂志，生前为国内著名的女真文、满学与清史专家（以上材料据《金启孮先生逝世周年纪念文集》，东亚历史文化研究会 2005 年出版）。日藏抄本《东海渔歌》影印本卷首刊有金启孮《师友高谊满学佳话——忆〈天游阁集〉寻访记》与《原本〈天游阁集〉考证》二文，对于编校者半个多世纪寻觅《天游阁集》的艰难历程作了详细的回顾。编校者得知《天游阁集》抄本全帙流落日本的下落，是 20 世纪 30 年代偶然在日本《支那学》杂志第一卷第十二号中发现的，该杂志载有署名豹轩（即铃木虎雄）的《顾太清〈天游阁集〉抄本》一文，而此抄本即藏于内藤湖南处。编校者说："我实说，我的赴日留学，寻找《天游阁集》确是一个很大的动力。这件事我把它看得至关重要。"然而好事多磨，此《天游阁集》抄本于内藤湖南去世后即失去踪影，又因抗战与其他种种原因，编校者三十多年与东瀛师友不通音问。20 世纪 70 年代后，中日复交，编校者几经辗转才得知内藤藏书已转藏于武田科学振兴财团的杏雨书屋，并于 1986 年 4 月 2 日终于得到日藏抄本《天游阁集》的静电复印本。编校者就此写道：

> 当时兴奋已极，经查抄本字迹确系太清夫人所书。夫人晚年病目，故前后书体有所不同。又"诗七"中删诗较多，实与家中历史有关。故《天游阁集》十三卷之数（诗七卷、词六卷），尚非原书旧貌。容待另行考证。因"七"与"十三"之数，均非中国习惯所喜。又太清夫人以鄂昌之裔，冒称余家护卫顾文星之女以报宗人府，以致多数文学传记多称之为顾春。实应按本抄本自署之西林春为是。

关于日藏抄本系西林春手书问题,《原本〈天游阁集〉考证》一文又这样描述:

> "诗一"至"诗五"系太清夫人手写,"诗六""诗七"前半楷书系太清女儿载道(即富察敦崇之母)代书,后半仍为太清自书,时已病目,不类中年以前之字,此从暮年所书楹联对照可知。"东海渔歌六"之后半,亦有人代书,不类载道,或系儿媳秀塘(载钊之妇)之笔。"诗六""诗七"何以出现此种情况,故略述之。"诗一"至"诗五","东海渔歌一"至"东海渔歌四"系太清写定之本,与外间流传之抄本相校,当以此本为定本,无烦考据。因此九卷诗词皆在奕绘贝勒生前所写定,所谓陈士可得于厂肆之本,亦当由此本抄出,而此本为最后定本。

这些描述无疑为我们进一步研究西林春及其诗词提供了方便。此外,日藏抄本《天游阁集》影印本(以下简称"影印本")可以校补张璋编校之《顾太清奕绘诗词合集》(以下简称"合集本")若干缺字处("合集本"用空字符"□"表示)。

"合集本"于《天游阁集》诗六《湘佩拟琴棋书画四题同作》四首之四《蕉窗读画》七律缺27字,今依照"影印本"录全诗如下,黑体字为"合集本"所无者(下同):

蕉窗读画
芭蕉分影碧窗横,绕座图书细品诗。老眼静观峰壑远,**虚心深见水云平。寻源自有来源处,**下笔须知用笔情。**识得古人良苦意,卧游佳趣了馀生。**

《蕉窗读画》下一首五律,"合集本"标以"失题",题目与正文共缺

39字：

戊申二月初六，七女以文归富察氏，占此示之

四德妇之本，坤柔圣所传。侍姑须孝养，御下要宽怜。莫学诸兄懒，应如阿姊贤叔文平生无怨怒色。女红倘有暇，切勿废书篇。

"合集本"于《天游阁集·东海渔歌》卷三《伊州三台》（题云林扇头弹琴仕女）一词末缺7字：

伊州三台题云林扇头弹琴仕女

西风吹入梧桐，半卷珠帘露浓。独坐月明中。正闲阶、几声暗虫。人间 天上情踪，泛以冰丝细通。一曲时愁侬。**态憨憨、似终未终。**

此外，经与"影印本"对校，"合集本"尚有误植或形讹、音讹多处：

《天游阁集》诗七《初十日喜晓霞仙》"我已暮年君亦老，深山姑且度朝昏"，"君亦老"，"合集本"讹为"君未老"，致使诗意不明。

《天游阁集·东海渔歌》卷一《飞雪满群山》（梨花）"增妩媚、一枝凝泪眼"，"一枝"，"合集本"误植为"二枝"，意境全无。

《天游阁集·东海渔歌》卷二《金缕曲》（咏白海棠）"隔一片、轻阴黯澹"，"轻阴"，"合集本"音讹作"清阴"。按"轻阴"，《东海渔歌》中常用，如卷二《探春慢》（春阴）"烟霏深院，偏是轻阴惹困"，卷四《南乡子》（云林招游三官庙看海棠，不果行，用来韵答之）"正好看花天，漠漠轻阴飏柳烟"，《定风波》（雨中海棠）"满树轻阴垂绿绶"，卷五《金缕曲》（题吴淑芳夫人霜柏慈筠图）"对芳塘、一泓澄碧，轻阴满地"。可见"轻阴"是。

《天游阁集·东海渔歌》卷二《山亭宴》（立秋）"时诉出、凄凉调","时诉出","合集本"形讹作"特诉出"。卷三《伊州三台》（题云林扇头弹琴仕女）"一曲时愁侬","时愁侬","合集本"亦形讹作"特愁侬"。

《天游阁集·东海渔歌》卷三《探春慢》（题顾螺峰女史韶画寻梅仕女，用张炎韵）《浣溪沙》（谢云林妹见赠自画樱笋团扇）二词，"合集本"皆出校记谓："此词为日藏本所缺。"按"影印本"有此二词，恰占原抄本半页，可知"合集本"所据复制件正缺此半页。又前一词"竹压低梢","合集本"作"竹压枝梢"，未出校记，当以前者义胜。

《天游阁集·东海渔歌》卷三《菩萨蛮》（东观音洞）"树杪栖乌定","树杪","合集本"作"树梢"；《菩萨蛮》（西峰寺）"花开日月新","花开日月新","合集本"作"花开日日新"，皆未出校记，均当以前者义胜。

《天游阁集·东海渔歌》卷四《伊州三台》（猗兰曲）"兰兮生自空山，流出幽香世间","流出","合集本"误作"流水"，令词意不明。

《天游阁集·东海渔歌》卷五《金缕曲》（王子兰公子寿同寄词见誉，谱此致谢，用次来韵）"况是女身兼薄命","兼","合集本"形讹作"蕪"。盖原抄本"兼"字写法，其下为四点，故形讹成"蕪"，令词意莫名其妙。

《天游阁集·东海渔歌》卷六《西江月》（秋日游鲇鱼关，晚过栖云道院，四十年风景变迁，得不有感）："鹦鹉湾头秋水，鲇鱼关外西风。崇山峻岭几多重。归路斜阳相送。婉转长城如带，崎岖樵径斜通。栖云道院扣仙宫。四十年来一梦。""斜通","合集本"形讹作"斜道"。按《西江月》用韵平仄互叶，此词用韵字为"风""重""送""通""宫""梦"，分别见上平声"一东""二冬"（邻韵）与去声"一送"三部，若"道"则属上声"十九皓"部，属错韵。

另外，"合集本"之标点，也有可商榷处，如《东海渔歌》卷五《惜馀春慢》（闰三月三日，邀云林、湘佩红雨轩赏海棠，座中分咏，即用有正味斋韵）下阕："旧事休题且拚，共倒芳樽，花落时节。"按万树《词律》卷十九所引鲁逸仲词例，如此断句不误，但于义终觉未妥，似当点作"旧事休题，且拚共倒芳樽，花落时节"为好。

作为叶嘉莹主编《历代名家词新释辑评丛书》之一，中国书店 2005年 1 月出版卢兴基先生编著《顾太清词新释辑评》，是西林春《东海渔歌》六卷全注本，每词之下，皆有注释、讲解，间加附录，对于研究西林春其人及词甚有助益。此书以张璋《顾太清奕绘诗词合集》为底本加以注释，由于未能见到金启孮等编校之日藏抄本《天游阁集》影印本，所以上述"合集本"之多处讹夺，皆仍其旧，属于美中不足，实为遗憾。日后若有修订机会，即可据"影印本"改正。

此亦可证日藏抄本《天游阁集》影印本出版对于研究西林春及其诗词的重要性。

（原载《古籍整理出版情况简报》2005 年 11 期总 198 期）

一代 "游圣" 的寻踪

——与朱惠荣、李兴和译注《徐霞客游记》商榷

　　《徐霞客游记》于作者生前并未整理刊行，其首次付梓，已在作者逝世一百三十五年之后，是为清乾隆四十一年（1776）刊本，简称乾隆本。嘉庆十三年（1808）又有叶廷甲重校本《徐霞客游记》刊行，在乾隆本基础上补编了徐霞客及其与友人酬唱的若干诗文。丁文江（1887~1936）为我国近代地学奠基人之一，由他主持整理的《徐霞客游记》二十卷是近现代最具代表性的标点整理本，1928 年上海商务印书馆出版。随着原藏于邓之诚先生处的徐建极（1634~1692，徐霞客之孙）抄本、原藏于北京图书馆的季会明抄本的陆续发现（后者题为《徐霞客西游记》），上海古籍出版社于 1980 年出版褚绍唐、吴应寿整理的《徐霞客游记》十卷（各分上下），即分别以乾隆本（卷一上下、卷四下至卷十上）、季会明抄本（卷二至卷四上）为底本，而校以徐建极抄本等《游记》不同版本而成，人名、地名标有专名线。此本所收日记比旧刊本多出 156 天，字数涨出 14 万字，是目前最为完善的《徐霞客游记》（以下简称上古本）。上古本于 1987 年以后又经多次重版再印，并加改正增订。1985 年，云南人民出版社出版朱惠荣《徐霞客游记校注》，是为国内第一部全注本，校勘则与上古本大同小异；此后云南人民出版社于 20 世纪 90 年代又先后两次出版朱惠荣《徐霞客游记校注》增订本。贵州人民出版社 1997 年出版朱惠荣等《徐霞客游记全译》，是为国内第一部全译本；

贵州出版集团于 2008 年又出版该本的修订本。台北三民书局 2002 年出版
黄珅《新译徐霞客游记》，也有注释。中华书局 2015 年出版朱惠荣、李
兴和译注《徐霞客游记》，纳入该社《中华经典名著全本全注全译丛书》
（以下简称中华本，引文凡出自该著者均只随文标注页码），影响甚大。
目前研究《徐霞客游记》，自以上古本与中华本最为权威，两者对于"徐
学"研究的贡献皆有目共睹，特别是后者有注释，有翻译，更具普及性
的优势。据中华本由朱惠荣先生所撰"前言"，该本"释文内容包括疑
难字词、历史背景、历史地理、人物、民族、名物、制度、宗教等方面，
侧重古今对照"（前言第 15 页）。又说："为了保持译文的统一风格，今
译由李兴和先生独家承担。"（前言第 16 页）在拜阅本书过程中，笔者陆
续发现一些可商榷的问题，分为以下四方面发微，以就正于译注者与
读者。

一、文本校读问题

《徐霞客游记》在作者生前没有整理成书，随之明清易代，兵连祸
结，导致原稿残缺错简，加之辗转抄录，颇易致误。今天整理《徐霞客
游记》，文本校勘的任务异常繁重。

先说标点。在《游五台山日记》中，作者转述北台灵应寺老僧石堂
的话："北台之下，东台西，中台中，南台北，有坞曰台湾，此诸台环列
之概也。"（第 242 页）所谓"台湾"即"台怀"（今台怀镇），反映了作
者江阴人所操吴方言"影匣不分"的语音特点，论者早已指出，此处不
论。仅看断句，则与丁文江本同，读来颇为拗口。上古本标点："北台之
下，东台，西中台，中南台，北有坞曰台湾，此诸台环列之概也。"① 按，
从五台山五个台的相互位置而论，中台与南台基本处于南北连线上，中台

---

① （明）徐弘祖撰《徐霞客游记》卷一下，上海古籍出版社 2016 年版，第 43 页。

与东台则基本处于东西连线上，三个台恰成一近似的等边三角形，环峙台怀镇，而北台与西台则各在南北连线与东西连线之外，不直接与台怀镇发生关系。徐霞客地理方位感极强，故借僧人之口言简意赅地道出"环列之概"，显然上古本标点是。

《游太和山记》："又下入坞中，有石梁跨溪，是为九渡涧下流。上为平台十八盘，即走紫霄登太和大道；左入溪，即溯九渡涧，向琼台观及八仙罗公院诸路也。"（第147页）文中"平台十八盘"为武当山两处景观，当点开。平台，即平台庙遗址，故址位于太子坡下二里许。明人游记多称"平台"而不及"庙"，庙当早毁。十八盘，谓上、下十八盘。从剑河桥到仙关一段，须转十八道弯，即上十八盘；从太子坡到剑河桥一段，也须转十八道弯，即下十八盘。文中"八仙罗公院"亦为武当山两处景观，当点开。八仙，即八仙观，位于天柱峰东五十里许，海拔638.8米，面对灶门峰，灶门峰左即太上岩。据说此观系因"八仙"曾在此仙居而得名，罗公院，故址位于罗公岩（又名罗状元岩），明代罗洪先曾居此，故名。清王概《大岳太和山纪略》卷二《山川》与卷四《仙真》皆有著录。明袁中道《游太和记》："入溪即走九渡涧，中至玉虚岩、琼台观道也。其上为红门，即太上、八仙、罗公院诸处，可抵琼台者。"[1] 罗洪先（1504～1564），字达夫，号念庵、石莲居士，吉水（今属江西）人。明世宗嘉靖八年（1529）进士第一，授翰林院修撰，迁左春房赞善，忤旨罢归，绝意仕进，授徒讲学。他是江右王学的重要代表人物，博学多才，于天文、地理、礼乐、典章、经济等皆有所得。卒赠光禄少卿，谥文庄，私谥文恭。著有《广舆图》《念庵罗先生集》等，《明史》卷二八三有传。以笔者所见全本与选注本《徐霞客游记》于上举两例皆未点断，诚属疏漏。

《楚游日记》崇祯十年（1637）正月二十八日日记："前即宁水桥，

---

[1] （明）袁中道撰《珂雪斋集》卷一六《游太和记》，上海古籍出版社1989年版，第674页。

问水从何处，始知其南由唐夫沙河而下衡州草桥。"（第508页）唐夫与沙河当点断。唐夫，为蒸水支流；沙河，即沙江，亦为蒸水支流。《楚游日记》崇祯十年（1637）二月初一日日记："蒸水者，由湘之西岸入，其发源于邵阳县耶姜山，东北流经衡阳北界，会唐夫、衡西三洞诸水，又东流抵望日坳为黄沙湾，出青草桥而合于石鼓东。一名草江，以青草桥故。一名沙江，以黄沙湾故。谓之蒸者，以水气如蒸也。"（第508页）此正可作"本校"之资。宁水桥，中华本注："即今银溪桥。在衡阳县东。"（第509页）似亦有误。宁水桥，故址当在今迎水铺一带，位于今衡阳县樟木乡，在今107国道（京深线）西侧。"宁""迎"，当系音讹，反映了作者吴方言的语音特点。

《游黄山日记后》万历四十六年（1618）九月初五日日记："始觉匡庐、石门，或具一体，或缺一面，不若此之闳博富丽也。"中华本注："石门：称石门者甚多，或指此为浙江青门县的石门山。见朱东润主编《中国历代文学作品选》。"（第91页）实则"石门"就在庐山，谓庐山以北的石门景观胜概，匡庐、石门两词不当断开，系从属关系。此前半月，霞客游庐山，写有《游庐山日记》，内有云："余稔知石门之奇，路险莫能上，遂请其人为导，约二兄径至天池相待。遂南渡小溪二重，过报国寺，从碧条香蔼中攀陟五里，仰见浓雾中双石屼立，即石门也。一路由石隙而入，复有二石峰对峙。路婉转峰罅，下瞰绝涧诸峰，在铁船峰旁，俱从涧底矗耸直上，离立咫尺，争雄竞秀，而层烟叠翠，澄映四外。其下喷雪奔雷，腾空震荡，耳目为之狂喜。"（第71页）可见作者对于庐山石门景观印象深刻，故用以同黄山石笋矼一带景观相比较。

《徐霞客游记》中地名因吴方言与各地方言的差异问题，常因音讹致误。如《游太华山日记》中"蜀西楼"（第141页）当系"梳洗楼"之讹①；《游五台山日记》中地名"黄葵"（第233页），当作"王快"；《粤

---

① 参见本书前选《游圣的笔误》一文。

474

西游日记一》记述阳朔"水绿村"（第 842 页），当即今"水洛村"，中华本皆能注出，是其优长。但也有较多地名未能加以辨识，令读者一头雾水。如《游太华山日记》中"草树沟"（第 137 页）当系"栲树沟"之讹；"坞底岔"（第 139 页）当系"糊涂岔"之讹。又如《游天台山日记后》中"青山茁"（第 203 页），即今青山桌，又名青山峝（jié 杰），位于今天台县西南平镇下曹村以东，为一粗硕巨石兀然蹲坐于一小山上。当地又有西张峝，与青山峝隔天台盆地相望，被当地人称为天台县入口的两张"桌子"；又"江司陈氏"（第 205 页），当系"张思陈氏"的音讹。又如《游恒山日记》崇祯六年（1633）八月初十日日记："登峰两重，造其巅，是名箭筸岭。"（第 247 页）箭筸（gān 竿）岭，当即今箭杆梁，位于今浑源县官儿乡土岭村以北偏西。全注本皆未出注。《游黄山日记》中之"虎岭"（第 37 页），当系"阜岭"之音讹，阜岭，道光《休宁县志》卷一《山川》、民国《歙县志》卷一《舆地志·山川》皆有著录。

《徐霞客游记》中地名有误，有时不能纯粹以作者方言致讹为解。《游白岳山日记》中"傅岩"（第 31 页），当作"辅岩"，则系沿袭前人音讹之误。明黄汝亨《游白岳记》："棋盘石，石如菌芝，下窄上敞，可坐数十人。与诸生共坐石上，道士复以樽罍进，共浮白浸醉，纵观诸山，则傅岩前峙，而后踞者为观音岩。坐此则神超气静，尘嚣俱绝，又成一境界矣。"① 傅岩，有关方志未见著录，唯明鲁点《齐云山志》卷一著录"辅岩"。可见，徐霞客当沿袭黄汝亨文之讹称傅岩。徐霞客《游黄山日记》记述黄山汤泉有云："黄贞父谓其不及盘山，以汤口、焦村孔道，浴者太杂遝也。"（第 39 页）文中黄贞父，即黄汝亨（1558～1626），字贞父，号寓庸，钱塘（今浙江杭州）人，较徐霞客年长近三十岁。黄汝亨《游黄山记》："寺前为汤池，人浮一白，以次解衣浴汤池中。汤气涤痾疏

---

① （明）黄汝亨撰《寓林集》卷一〇《游白岳记》，顾廷龙主编《续修四库全书》，上海古籍出版社 2002 年版，集部第 1369 册第 122 页。

理，浴者都爽，谢武林、冯开之两公尤称。而余从盘山汤泉中浴来，澄泓香冽，尚胜之耳。"① 此可证徐霞客对黄汝亨的文章极其熟稔，故能运用之妙，存乎一心。傅岩，中华本当注未注。

《楚游日记》崇祯十年（1637）正月二十八日日记："盖自马迹南五里孟公坳分衡阳、衡山界处，其水北下者，即由白高下一殡江，南下者，即由沙河下草桥，是孟公坳不特两县分界，而实衡山西来过脉也。"（第508页）所谓"一殡江"，未详所指，当因音讹兼形讹致误。殡，《康熙字典》《中华大字典》与今《汉语大字典》皆未收录此字。一殡江，似因衡阳方言关系先音讹"易俗江"为"一锁江"，后又因日记转相抄录，行书偏旁"金"形讹为"歹"，遂生造出一个怪字。若然，则当指湘江支流涓水。涓水，位于今湖南湘潭县西，又名易俗水。清顾祖禹《读史方舆纪要》卷八〇《湖广六·湘潭县·湘江》："涓水，在县西南十里，一名易俗水。源自南岳山，北合数溪流入县界，经龙口东流入湘江。"② 可以为证。

值得称道的是，互联网有关"博客"也可以解决《徐霞客游记》中的一部分模糊不清的地名问题。《游太和山日记》天启三年（1623）三月十一日日记："登仙猿岭。十馀里，有枯溪小桥，为郧县境，乃河南、湖广界。东五里，有池一泓，曰青泉，上源不见所自来，而下流淙淙，地又属淅川。盖二县界址相错，依山溪曲折，路经其间故也。"（第143页）仙猿岭，方志未见著录。据互联网署名"武当官方旅游助手"的博客称，此岭位于今湖北十堰市郧阳区、河南淅川县交界处，当地人称猴山或猿岭，是一座人迹罕至的荒山，山不高，也不陡峭。从淅川县滔河乡喻家沟村通过一条小路翻越猴山行十馀里，即可达十堰市郧阳区谭山镇乌峪村。

---

① （明）黄汝亨撰《寓林集》卷一〇《游黄山记》，顾廷龙主编《续修四库全书》，上海古籍出版社 2002 年版，集部第 1369 册第 118 页。

② （清）顾祖禹撰《读史方舆纪要》卷八〇《湖广六·湘潭县·湘江》，中华书局 2005 年版，第 3755 页。

旧时这里为陕西香客朝拜武当山的必经之路①。所谓"枯溪",据上引博文,即乌峪河,宽约5米,长2.5千米,今仍为干河,属于喀斯特岩溶地貌中的"干谷"——即因地壳上升,从前的地表河降而为地下河,原地表的河床干涸而形成"干谷"。附近的乌峪村即因此干谷而得名。《滇游日记六》崇祯十二年(1639)正月二十四日日记记述云南鹤庆境内干谷地貌:"松桧之南,山盘大壑而无水,沟涧之形,似亦望东南去。"(第2193页)可为旁证。所谓"青泉",据上引博文,当作"清泉",当地人称为老龙泉,为直径12米、水深4米左右的泉池。泉池位于今河南淅川县滔河乡清泉村,泉侧今存有明正德间所立《清泉碑记》石碑,高约2.5米。一篇博客竟然可解决三个问题,应当受到重视。在《游记》中"清"常讹为"青",并不罕见:《游九鲤湖日记》"始过江山之青湖"(第96页),《闽游日记前》"抵江山之青湖,为入闽登陆道"(第159页),《闽游日记后》"觅得青湖舟,去衢尚二十里"(第176页),引文中之"青湖",皆当作"清湖",意指清湖渡,位于今浙江江山市南十五里清湖乡驻地之清湖,渡跨江山港上游之清溪,在古代为浙闽之要津。清顾祖禹《读史方舆纪要》卷九三《浙江五·江山县·清湖渡》:"县南十五里,官置浮梁,以济行旅。有清湖镇,为闽、浙要会。闽行者自此舍舟而陆,浙行者自此舍陆而舟矣。"② 中华本、上古本等皆未校改。

《黔游日记一》崇祯十一年(1638)四月十八日日记:"北上半里,是为土地关。下关半里,凿石坎停细流一盂,曰'一碗水',行者以口就而啜之。"(第1599页)"一碗水"何在?2009年曾获"当代徐霞客"美誉的贵阳日报社记者黄成德先生追寻徐霞客在贵州的足迹,写有一组《徐霞客入黔古道考察记》的"博客"。在其博客中,作者深有感触地写道:"徐霞客在其游记中记载他途经干沟村路过土地关,并在路边一处叫

---

① 博客网址 http://www.wtoutiao.com/p/2542kGh.html
② (清)顾祖禹撰《读史方舆纪要》卷九三《浙江五·江山县·清湖渡》,中华书局2005年版,第4316页。

'一碗水'的小山泉喝过水。果然，我们在距干沟村半里的山脊路边上发现了一个残缺的土地庙，徐公所说的'土地关'是这里应该准确无疑。再往前半里，按徐公所说的方位我们居然看到了'一碗水'这处山泉。没想到都快四百年了，这个小碗儿般大的山泉依旧流淌着。"① 所谓"一碗水"，就是一口超小型的岩溶泉。此外，《游记》下文还涉及"东基下寨""东基上寨"等地名，中华本皆无注。黄成德博客云："他所途经的'东基下寨'和'东基上寨'，明清时称董纪寨，今日则称为下云村和上云村，上寨居住着苗族，下寨居住着布依族。"这一段文字因系实地踏勘所得，尤觉珍贵，为《游记》作注当酌予吸收。

地方文化学者的有关图书或文章，借助互联网也可以轻而易举地搜索到，对于注释《徐霞客游记》至关重要。《游雁宕山日记后》崇祯五年（1632）五月初四日日记："又二里，渐闻水声，则大龙湫从卷崖中泻下。水出绝顶之南、常云之北，夹坞中即其源也。"（第 221 页）当地学者阮伯林先生指出："根据上下文内容，这里的'大龙湫'应是龙湫背上的'上龙湫'，这个错误可能是整理《徐霞客游记》的人因不知道有'上龙湫'之名而改写出来的，徐霞客自己则不可能有这个错误。"② 今知雁荡山主峰"百岗三尖"，乃清乾隆以后所命名者。引文中所谓"夹坞"，谓山顶上的较低平处。阮伯林认为，联系前后"绝顶"之称谓，这里当指"百岗三尖"中的白云尖与百岗尖的山坞，当时"三尖"尚未命名，故含混称之③。为《游记》作注，若能对地方学者的有益探索加以借鉴，无疑会提高译注质量。

《徐霞客游记》中也有因作者本人一时疏漏而造成错讹的问题。《游五台山日记》记述五台有马跑泉与马跑寺，按《游记》所记方位及里程，

---

① 博客网址 http://www.gz-travel.net/gzdc/wzlt/zl/201211/15171.html
② 阮伯林编注编《雁荡山古代游记选》，西藏人民出版社 2005 年版，第 126 页。
③ 阮伯林著《雁山片石·曾造雁山绝顶百岗尖——徐霞客在雁山一段被人忽视的游踪》，香港天马图书有限公司 2002 年版，第 71~72 页。

此处当即今所称之龙泉寺，位于五台山台怀镇西南 5 千米的九龙岗山腰，在万佛洞以北偏西，始建于宋代，原为杨家将的家庙，明代嘉靖间曾加整修。寺东侧有一眼清澈的龙泉，龙泉寺亦因此得名。然而根据明释镇澄《清凉山志》，明代五台山台怀镇内及其附近计有佛刹六十八处，并无有关马跑寺及马跑泉之著录，亦无龙泉寺之著录。该书卷二所著录之龙泉寺则另有其处，即在东台外与今河北阜平县交界的旧路岭一带。长城岭东侧的阜平县西境的确有龙泉关，马跑寺与马跑泉恰在其附近。徐霞客从今河北向西游览五台山的路线涵盖龙泉关与长城岭，而事后于无意中又张冠李戴，错将龙泉关附近的马跑寺与马跑泉一同位移至五台山九龙岗，造成讹误。值得一提的是，五台山龙泉寺是清代以后才逐渐知名的，特别是民国间精雕石牌楼的树立以及山门外一百零八级台阶的建置，更令这座龙泉寺驰名海内外。或许明末此处的杨氏家庙尚无正式寺名，故令徐霞客的记述发生混淆。或谓此处所记马跑泉与马跑寺乃清凉泉与古清凉寺之讹写，似非。

《徐霞客游记》所涉及的地名问题甚多（以上仅为例举），特别是粤西、黔、滇三地，因涉及少数民族语言，文本校读尤其不易，当今徐学研究者当予以特别关注。

二、历史载录问题

《徐霞客游记》中涉及景观描述、民俗风气乃至人物史实等，皆可概称历史载录，其中有一部分属于作者一时疏漏，译注者稍有不慎即易错上加错。

《游嵩山日记》天启三年（1623）二月二十三日日记："凡五里，一龙潭沉涵凝碧，深不可规以丈。又经二龙潭，遂出峡，宿少林寺。"（第127 页）"一龙潭"与"二龙潭"，中华本概未出注，译文则分别作"一个龙潭""两个龙潭"（第 127 页），此当属误解。清乾隆《登封县志》卷七《山川记下》："按，少阳河源于少室之宝丰泉，下为五龙潭，东过少林寺前，又东南纳太子沟水。"五龙潭即五个龙潭，而《游记》中的"一龙潭""二龙潭"当分别为五龙潭的序号，属于特指，而没有一个、两个的意思。

《游太和山日记》天启三年（1623）三月十三日日记："督以一千户、一提点，需索香金，不啻御夺。"（第149页）"御夺"，中华本未注，其译文云："朝廷派了一个千户、一个提点来监督，勒索香火钱，这无异于是架着皇帝的名誉掠夺。"（第150页）何谓"御夺"？即强行夺取；御，强御，强暴。"御夺"之"御"，《徐霞客游记》的繁体文本皆作"禦"，如丁文江本。在繁体字语境下，"御"与"禦"是两个不同的字，"御夺"实与帝王无涉！在"一言兴邦，一言丧邦"的皇权专制统治下，徐霞客也不会无端自寻绝路。

《游天台山日记后》崇祯五年（1632）三月十七日日记："左转得大悲寺，寺旁有石，为智者拜经台。寺僧恒如为炊饭，乃分行囊，从国清下，至县，余与仲昭兄以轻装东下高明寺。寺为无量讲师复建，右有幽溪。"（第200页）引文中"大悲寺"，当作"大慈寺"，陈太建七年（575）为智者大师所建，系其第二宴坐处。后因国清寺建成，遂改寺为道场。唐会昌年间（841～846）废，咸通八年（867）重建。宋大中祥符元年（1008）改称大慈寺。高明寺的重建者无量讲师，当作"无尽讲师"，即释传灯（1554～1628），衢州（今属浙江）人，俗姓叶，字无尽，号有门。初就进贤映庵出家，后随百松真觉听讲《法华》，又问楞严大定之旨。万历十五年（1587）入天台山，住幽溪高明寺，立天台祖庭，世称幽溪大师。后于新昌石山寺讲学之际，感天乐之瑞。年七十五，预知时至，手书"妙法莲华经"五字，复高唱经题，泊然而寂。释传灯为天台宗一代宗师，著有《楞严经圆通疏》《性善恶论》《天台传佛心印记注》《天台山方外志》《幽溪别志》等二十四种一百馀卷，影响巨大。中华本、上古本于寺名、名僧法号皆未出校注，当属疏漏。

《游恒山日记》崇祯六年（1633）八月十一日日记："三里，有杰坊曰'朔方第一山'，内则官廨、厨井俱备。"（第 253 页）官廨，即官署，一般谓官吏办公的房舍，这里当专指恒山白云堂，俗称接官厅，位于恒宗峰半山腰，与飞石窟南北相对，四方院落，为接待往来官员的食宿之所。厨井，也并非泛称，位于白云堂东侧的玄井亭中，亭内南北有并列双井，称玄武井，又称潜龙井，两井相距三尺，据说水味南苦北甜，当地俗称苦甜井，今苦井早被填枯无水。古有"龙泉甘苦"，即为"恒山十八景"之一。由于中华本未出注，其译文就欠准确："牌坊内就是官署，厨房水井都齐备。"对于恒山这一处景观的独特处全无顾及。

《江右游日记》崇祯十年（1637）正月初三日日记："白云鼎建禅庐，有白鹦之异，故名白法佛殿。"（第 438 页）所谓"鼎建"，犹营建，明沈德符《万历野获编》"嘉靖中，太庙被灾，寻即鼎建"① 可证。所谓"白鹦之异"，当系传说。白鹦，当作"白莺"，据说白法庵选址即因"白莺入池"之异而定。康熙《安福县志》卷五《人物·仙释》："白云和尚……乃历秦晋、吴越，遍参诸尊宿。复归武功，见白莺入池，即其处创刹，徒侣盈千。"中华本未出注，当因不明晓这一传说所致，译文也就稍嫌勉强了："白云法师鼎力创建禅寺，有白色鹦鹉出现的奇异景象，所以起名叫白法佛殿。""鼎建"既译错，"白色鹦鹉"也不如"白莺"义胜。

《江右游日记》崇祯十年（1637）正月初四日日记："寺中僧分东西两寮，昔年南昌王特进山至此，今其规模尚整。"（第 443 页）所谓"南昌王"，中华本未出注，似不明其身份，其译文就有些莫名其妙："寺中僧人分为东西两个僧房，前些年南昌王特意进山来到这里，如今寺院的规模还很整齐。"南昌王是谁？即朱兴隆（？~1344），原名朱重五，濠州钟离（今安徽凤阳东）人。明太祖朱元璋（朱重八）的长兄，明初名将朱

---

① （明）沈德符撰《万历野获编》卷二《庙议献谄不用》，中华书局 1959 年版，第 55 页。

文正之父。元至正四年（1344），淮北大旱，朱兴隆及其父母朱世珍、陈氏曾逃荒至此，先后卒于瘟疫。洪武元年（1368）即明立国之初，朱元璋追封自家兄长朱兴隆为南昌王，列祀家庙，后诏祀为靖江王始祖。中华本译文将元末死于非命的逃荒者"穿越"至明末，错译"昔年"为"前些年"，或因一时疏忽所致。

《黔游日记一》崇祯十一年（1638）四月十五日日记："洞左构阁，祀建文帝遗像，阁名潜龙，胜迹。像昔在佛阁，今移置此。乃巡方使胡平运所建。"（第1584页）中华本仅注"巡方使：即巡按"，而未明确胡平运为谁。按，胡平运（生卒年不详），字明卿，号南石。顺德（今属广东）人。崇祯三年（1630）解元，四年（1631）三甲第八十七名进士，历官江西道监察御史。清咸丰《顺德县志》卷二四有传。潜龙阁位于白云山顶于子峒，胡平运于崇祯九年（1636）修建，并移建文帝铜像祭祀。民国二十七年（1938）潜龙阁毁于火灾，重建后又毁于"文革"时期，今存者为1996年在原址所重建。明确胡平运其人，对于明代文人究竟如何看待两百多年前朱棣"靖难"之役就清楚了

《黔游日记一》崇祯十一年（1638）四月十六日日记："白云之后，共十静庐，因安氏乱，各出山去，惟此两庐有栖者十二。"（第1589页，原标点似误，已经调整）何谓"安氏乱"，中华本未注。安氏乱，或称"奢安之乱"，为明末西南土司发动的叛变。天启元年（1621）四川永宁宣抚使罗罗族人屠崇明（？～1629）借调兵援辽之机，起兵反明，攻陷重庆、遵义、泸州等地，进围成都，建国号大梁。第二年，贵州水西罗罗族人安邦彦亦举兵反明，自称罗甸大王，围攻贵阳，与屠崇明互为声援，后又合兵一处，黔蜀震动。崇祯二年（1629）总督朱燮元率明军攻破水西，擒杀安邦彦、屠崇明，终于平定了这次叛乱。奢安之乱前后绵延将近九年，其社会破坏力不能小觑。

《滇游日记一·游太华山记》："北上有傅园；园西上五里，为碧鸡关。"中华本译文："往北上去有座傅园；由傅园往西上走五里，是碧鸡

关。"（第 1701 页）译文与原文相差无几，反而不如原文简洁明了。"傅园"何谓？乃明末傅宗龙的别墅，故址位于今昆明市碧鸡关附近。《滇游日记四》崇祯十一年（1638）十月二十三日日记："忽一日遇张石夫谓余曰：'此间名士唐大来，不可不一晤。'余游高峣时，闻其在傅元献别墅，往觅之，不值。"（第 1936 页）傅元献即傅宗龙（？～1641），字仲纶，一字元宪（《游记》作"元献"，当系音讹），号括苍，昆明（今属云南）人。万历三十八年（1610）三甲第四十六名进士，由知县征授御史，历官贵州巡按、四川巡抚、保定总督、兵部尚书，总督陕西。崇祯十四年（1641）在河南围剿李自成农民军的过程中，傅宗龙为所俘，死之，谥忠壮。《明史》卷二六二有传。中华本未出注，仅注《游记》下文出现的杨太史（杨慎）祠，有失平衡。其实注译者对傅宗龙并不陌生，对于上引"傅元献别墅"就已然出注，尽管还不够完全。

《滇游日记八》崇祯十二年（1639）三月十三日日记："时余与何君乔梓骑而行。"（第 2436 页）"何君乔梓"，中华本未出注，其译文云："这时我与何乔梓先生骑马前行。"（第 2437 页）何乔梓是人名？不知从何说起。所谓"何君乔梓"，即敬指何巢阿与其幼子。本日记十一日日记"入大空山房，则何巢阿同其幼子相望于门"（第 2334 页），可以为证。以"乔梓"比喻父子，语出《尚书大传》，一般古汉语词典皆可以查到。何巢阿，即何鸣凤，字巢阿，云南浪穹（今云南洱源）人，白族。万历四十三年（1615）云南乡试经魁，历官四川郫县令、浙江盐运判官、六安州知州，后归乡以奖掖后进为务。著有《半留亭稿》《嵩寮集》，属于明中、后期至清初大理白族何氏五代六诗人之一，他对徐霞客倾慕已久，至崇祯十二年（1639）仲春，二人始在云南浪穹相见，曾陪同徐霞客泛舟游览云南浪穹的茈碧湖等名胜地。《滇游日记七》崇祯十二年二月十八日日记："入叩何公巢阿，一见即把臂入林，欣然恨晚，遂留酌及更，仍命其长君送至寺宿焉。"又有小字注云："何名鸣凤，以经魁初授四川郫县令，升浙江盐运判官。尝与眉公道余素履，欲候见不得。其与陈木叔诗，有'死愧王紫芝，生愧徐霞客'之句，余心愧之，亦不能忘。后公转六安州知州，余即西游出门。至滇省，得仕籍，而六安已易人而治；讯东来者，又知六安已为流寇所破，心益忡忡。至晋宁，会教谕赵君，为陆凉人，初自杭州转任至晋宁，问之，知其为杭州故交也，言来时从隔江问讯，知公已丁艰先归。后晤鸡足大觉寺一僧，乃君之戚，始知果归，以忧离任，即城破，抵家亦未久也。"（第 2290 页）可见徐、何两人交情。

明代晚期王纲解纽，官场腐败，人心涣散，社会动荡。徐霞客作为一位正直的读书人，在以其双足丈量祖国山山水水的同时，"位卑未敢忘忧国"，对于日蹙的国势深感不安，体现了传统儒家"先天下之忧而忧"深沉的忧患意识。《滇游日记一·随笔二则》忠实地记录了徐霞客在云南的社会见闻，具有一定的史料价值。

第一则记录沐氏勋贵家族的飞扬跋扈，入木三分。其文有云："遂诉于直指金公。公讳珹，将逮诸奴。""下黔督张鹤鸣勘，张奏以实。"（第 1719 页）中华本分别据有关文献校出"金公"当作"余公"，"张鸣鹤"当作"张鹤鸣"，甚是。然而对两人仕履未再阐释，有功亏一篑之憾。余公即余珹，清雍正《河南通志》卷五八《人物二·归德府》："皇清余珹，字洪厓，商丘人，明万历丙辰进士，授中书舍人。天启中，上章言'清狐鼠、严请托'，魏忠贤怒，思中之，乃命珹出按滇省。时水西东乌交叛，道梗，又沙普土司构难，日寻干戈，而黔国公尤跋扈不法。珹由剑关渡泸，间道西行，飞檄下水西东乌，谕以威德，酋皆束戈听命。召沙普，平其宿怨。惟黔国黠桀，辇金赂珹，珹不受。乃叠石为坊，伏机于下，将杀珹。珹过心动，疾驱获免，机发石下，舆人死之。还朝，勅巡九边，诸将皆股栗曰：'是不受黔国屈者也。'率俯首受约束。累迁南京兵部尚书，奏陈方略不听，遂解任，徙居闽省。国朝定鼎，召至京师，引疾乞归，以兵部尚书致仕卒。顺治九年祀乡贤。"① 康熙《云南府志》卷五《沿革·大事考》对余瓛事也有记述，此不赘。张鹤鸣（1551~1635），字元平，颍州（今安徽阜阳）人。万历二十年（1592）三甲第一百八十八名进士，历任历城知县、南京兵部主事，累官陕西右参政。天启初，升兵部尚书，谢病归。天启六年（1626）春，再起南京工部尚书，寻改兵部尚书，总督贵州、四川、云南、湖广、广西军务，赐尚方剑。崇祯帝嗣位，被弹劾，求归乡，以太子太师致仕。崇祯八年（1635）农民军攻陷颍州，被杀。《明史》卷二五七有传。

第二则记述明云南临安府阿迷州土司普名胜（或作普名声、普明升）叛乱一事。内有云："疏上，严旨逮伉及按臣赵世龙。"（第1722页）据《明史·云南土司传一》，此按臣（巡按御史）当作"赵洪范"。赵洪范（生卒年不详），字符锡，号芝亭，嘉定（今属上海市）人。天启二年（1622）进士，历官湖北麻城知县，有惠政。崇祯元年（1628），擢监察御史，先后巡按陕西道、云南道，因讨伐普名声遭劾，罢官归田。入清不仕，卒于清康熙年间。著有《周易要义》《西台疏稿》《澹叟诗集》等。中华本对"赵世龙"未出校与注。此外，如文中之龙土司（龙在田）、廖大亨、闵洪学、萧以裕、禄土司（禄厚）、杨庶常绳武、王伉、周士昌、万氏等人名以及众多地名等，中华本皆未出注，致令文义难明。文中又云："贼次攻石屏州，及沙土司等十三长官，悉服属之。"（第1722页）所谓"十三长官"，即十三长官司，"十三"疑当为"九"之讹。《明史·云南土司一》："临安领州四，县四。其长官司有九，曰纳楼茶甸，曰教化三部，曰溪处甸，曰左能寨，曰王弄山，曰亏容甸，曰思陀甸，曰落恐甸，曰安南，其地皆在郡东南。"② 长官司，西南地方政权机构名。元代始置于西南少数民族居住区，处理军民事务，有达鲁花赤、长官、副

---

① （清）田文镜等编《河南通志》卷五八，影印文渊阁本《四库全书》，台北商务印书馆1986年版，第537册第436页。
② （清）张廷玉等撰《明史》卷三一三，中华书局1974年版，第8071页。

长官等官，参用当地土司。明、清沿置，次于招讨司一级，有长官、副长官、皆土司世袭官职。对此，中华本未出校与注。此文之末又有议论云："予过安庄，见为水西残破者，各各有同仇志，不惜为致命；而此方人人没齿无怨言，不意一妇人威略乃尔。"（第 1723 页）这一段议论可于《游记》中找到本证，也应当出注，否则就难明其意。考《黔游日记一》崇祯十一年（1638）四月二十一日日记："安庄后倚北峰……西门外多客肆，余乃入憩焉。遂入西门，遇伍、徐二卫舍，为言：'此间为安邦彦所荼毒，残害独惨，人人恨不洗其穴。然以天兵临之，荡平甚易，而部院朱独主抚，以致天讨不行，而叛逆不戢。今正月终，犹以众窥三汊河，以有备而退。'"（第 1618～1619 页）所谓"没齿无怨言"，意谓终身没有埋怨的话。语本《论语·宪问》："夺伯氏骈邑三百，饭疏食，没齿无怨言。"① 没齿，谓终身。中华本未出注，其译文云："人人闭口没有怨言。"译"没齿"为"闭口"，未知何据。

三、文学书写问题

文学书写是《徐霞客游记》的重要特色，这也是过去很长一段时间人们视之为文学作品的重要依据。简单梳理一下其文学书写的特点，对理解作者的写作风格与真情表达至关重要，不可或缺。

《江右游日记》崇祯十年（1637）正月初四日日记："然雾犹时时笼罩，及身至其侧，雾复倏开，若先之笼，故为掩袖之避，而后之开，又巧为献笑之迎者。"（第 442 页）徐霞客运用拟人手法描写雾中武功山的神姿仙态，不加注释也能体味作者神来之笔的灵动与活泼之态。然而《徐霞客游记》中有一些文学性描写就需加必要的注释方能领会其妙处。《游五台山日记》崇祯六年（1633）八月初六日日记："风止日出，如火珠涌

---

① 杨伯峻译注《论语译注》，中华书局 1980 年版，第 148 页。

吐翠叶中。"(第238页)中华本未出注,其译文云:"风停后太阳出来,像火球一样从翠绿的树叶中喷涌而出。"(第239页)如此翻译,完全无视作者积极修辞的努力,且令原文的文学韵味丧失殆尽。其实这是作者形容太阳初升于东方山峦叠翠中的壮丽景象。火珠,即火齐珠,宝珠的一种,这里比喻旭日东升的壮观景象;翠叶,即绿叶,这里比喻苍翠的层层山峦远望如绿叶簇拥。类似文学语言在《游记》中时有表达。同上八月初八日日记:"两涧合而群峰凑,深壑中'一壶天'也。"(第242页)中华本译文云:"两条山涧合流后群峰凑聚,形成幽深壑谷中的'一壶天'了。"(第244页)何谓"一壶天"?译注者未出注;丁文江本于"一壶天"下画专名线,上古本标点亦将"一壶天"三字用引号括起。显然三种版本都将"一壶天"视为类似因两崖极为靠近,从下仰望所呈现出的"一线天"景致了。实则"一壶天"并不成词,所谓"一壶天"乃是一处"壶天"的意思。壶天,比喻景致迷人的仙境或胜境,语出《后汉书·方术传下·费长房》:"费长房者,汝南人也。曾为市掾。市中有老翁卖药,悬一壶于肆头,及市罢,辄跳入壶中。市人莫之见,唯长房于楼上睹之,异焉,因往再拜奉酒脯。翁知长房之意其神也,谓之曰:'子明日可更来。'长房旦日复诣翁,翁乃与俱入壶中。唯见玉堂严丽,旨酒甘肴,盈衍其中,共饮毕而出。"①徐霞客以"壶天"为喻,描绘相对狭小的深壑中的一处胜境,这一富于文学色彩的使典用事言简意赅,极为传神。

《游天台山日记》万历四十一年(1613)四月初六日日记:"信桃源误人也。"中华本未出注,译文云:"桃源确实误人呀!"(第12页)如此为译,不知所云为何。按桃源,位于天台县城西北三十里,作者乃结合本地风光又巧用书典。据南朝宋刘义庆《幽明录》,东汉明帝永平年间,刘晨、阮肇至天台山采药迷路,遇二仙女,蹉跎半年始归。时已入晋,子孙

---

① (南朝宋)范晔撰《后汉书》卷八二下,中华书局1965年版,第2743页。

已过七代。后复入天台山寻访，旧踪渺然。元杂剧中有王子一撰《误入桃源》，即用其事。徐霞客以"桃源误人"为自己寻觅天台山桃源洞不得并走许多冤枉路解嘲，文笔幽默，有自我调侃的意味。《黔游日记一》崇祯十一年（1638）四月十六日日记："惟雨中罂粟脉脉对人，空山娇艳，宛然桃花洞口逢也。"（第1589页）"桃花洞口"，中华本未出注，译文云："唯有雨中的罂粟含情脉脉地对着人，在空旷的山间分外娇艳，宛如是在桃花洞口相遇一样了。"（第1590页）桃花洞口何在？这其实也是妙用《幽明录》掌故的文学书写，令娇艳的雨中罂粟带有了东汉刘、阮所遇仙女的缥缈身影。

《游嵩山日记》天启三年（1623）二月二十日日记："水行其中，石峙于上，为态为色，为肤为骨，备极妍丽。不意黄茅白苇中，顿令人一洗尘目也。"（第113页）所谓"黄茅白苇"，无非记述连片生长的黄色茅草或白色芦苇，初看似无深意，但若明其所本，则意象全出。四字源于宋苏轼《答张文潜书》："王氏欲以其学同天下，地之美者，同于生物，不同于所生。惟荒瘠斥卤之地，弥望皆黄茅白苇，此则王氏之同也。"[1] 徐霞客在此处的文学书写属于文字"藏头"手法的运用，这显然是对北方中原一带土地较为瘠薄的含蓄表达。中华本未出注，意味全失。

《江右游日记》崇祯九年（1636）十月二十一日日记："中悬一峰，恍若卓笔，有咄咄书空之状，名之曰卓笔峰。"中华本注："咄咄：表示惊诧的叹词，用以形容使人惊讶的事物。"（第327页）其译文云："中间高悬着一座山峰，仿佛好像直立的笔，有咄咄逼人在天空中书写的样子。"（第328页）何谓"书空"？语本《晋书·殷浩传》："（殷）浩虽被黜放，口无怨言，夷神委命，谈咏不辍，虽家人不见其有流放之戚。但终日书空，作'咄咄怪事'四字而已。"[2] 后以"咄咄书空"形容失志、懊

① （宋）苏轼：《答张文潜书》，余冠英等主编《唐宋八大家文集》，国际文化出版公司1997年版，第3461页。
② （唐）房玄龄等撰《晋书》卷七七，中华书局1974年版，第2047页。

恨之态。书空，即用手指在空中虚画字形。徐霞客以之比况卓笔峰，显示了其幽默的文风，不注明则文学意趣尽失，译之为"咄咄逼人"有望文生义之嫌。

《粤西游日记二》崇祯十年（1637）八月十五日日记："时州守为吾郡诸楚馀名士翘，有寄书者，与郁林道顾东曙家书俱置箧中，过衡州时为盗劫去。故前在郁，今过横，俱得掉头而去。若造物者故借手此盗，以全余始终不见之义，非敢窃效殷洪乔也。"（第 1115 页）"殷洪乔"何许人也？中华本未注，其译文云："好像是造物主借助这些强盗的手，以保全我始终不见当官的人的节义，不敢偷偷仿效殷洪乔。"（第 1116 页）按殷洪乔，即殷羡，字洪乔，东晋陈郡长平人，官至豫章太守、光禄勋。南朝宋刘义庆《世说新语·任诞》："殷洪乔作豫章郡，临去，都下人因附百许函书。既至石头，悉掷水中，因祝曰：'沉者自沉，浮者自浮，殷洪乔不能作致书邮。'"[1] 因译注者疏忽了对殷洪乔其人的关注，译文对徐霞客文学书写的幽默性视而不见，反而衍生出"始终不见当官"的郢书燕说，这并不符合徐霞客的为人宗旨。

同上引："洵可称群玉山头，无负我一筇秋色矣。"（第 1117 页）又《黔游日记一》崇祯十一年（1638）四月十五日日记"至晚阴云四合，不能于群玉峰头逢瑶池夜月，为之怅然。"（第 1588 页）中华本对"群玉山头"或"群玉峰头""逢瑶池夜月"皆未出注，译文分别为："确实可以称得上群玉山头，没有辜负我的一根筇竹拐杖和这片秋色了。"（第 1118页）"不能在群玉峰头与夜间的瑶池明月相遇，为此闷闷不乐。"（第 1588页）其实上举两例皆化用唐李白《清平调》三首其一："若非群玉山头见，会向瑶台月下逢。"[2] 原诗乃比喻杨贵妃美貌如花，这里借以咏月，有调侃意味。不理会这一文学书写的巧妙，翻译文字就显生硬，令读者如

---

① 余嘉锡撰《世说新语笺疏》，中华书局 1983 年版，第 746 页。
② （唐）李白《清平乐》三首，《全唐诗》卷一六四，中华书局 1960 年版，第 1703 页。

坠五里雾中。

《黔游日记一》崇祯十一年（1638）四月十四日日记："盖东西两界，俱层峰排闼。"（第1578页）何谓"排闼"？意谓推门或撞开门，语本宋王安石《书湖阴先生壁》诗："一水护田将绿绕，两山排闼送青来。"①中华本未出注，其译文云："大体上，东西两面都是层层山峰像门扉一样排列。"（第1581页）似有望文生义之嫌。同上四月十六日日记："此室旷而不杂，幽而不闷，峻而不逼，呼吸通帝座，寤寐绝人寰，洵栖真之胜处也。"（第1589页）"呼吸通帝座"何谓？意谓寄身高远，呼吸之间皆可与天或自然相接近。语出旧题后唐冯贽所撰《云仙杂记》卷一引《搔首集》："李白登华山落雁峰，曰：'此山最高，呼吸之气想通天帝座矣，恨不携谢朓惊人诗来，搔首问青天耳。'"②帝座，亦作"帝坐"，古星名，属天市垣，战国甘德、石申《星经》著录，即今所称武仙座α星。这一文学性书写，中华本不明出处，未出注，其译文云："呼吸可以通天庭。"（第1591页）以不解为解，致令读者不知所云。

《滇游日记八》崇祯十二年（1639）三月十二日日记："而突崖之槽，为水所汩，高虽丈馀，腻滑不可着足。时余狎之不觉。"（第2337页）所谓"狎"，这里是轻忽、轻慢的意思，语本《左传·昭公二十年》："水懦弱，民狎而玩之，则多死焉。"晋杜预注："狎，轻也。"③中华本未注，其译最后一句："当时我只顾戏水没察觉。"（第2338页）不知出处，故释义有误。同上引："踞石坐潭上，不特影空人心，觉一毫一孔，无不莹彻。"（第2338页）所谓"影空人心"，意谓潭水令人心旷神怡。语本唐常建《题破山寺后禅院》诗："山光悦鸟性，潭影空人心。"④这一文学

---

① （宋）王安石《书湖阴先生壁二首》其一，余冠英等主编《唐宋八大家文集》，国际文化出版公司1997年版，第2256页。
② 周勋初主编《唐人逸事汇编》卷一四，上海古籍出版社1995年版，第700页。
③ 杨伯峻编著《春秋左传注》，中华书局1981年版，第1421页。
④ （唐）常建：《题破山寺后禅院》，《全唐诗》卷一四四，中华书局1960年版，第1461页。

性书写，中华本无注，其译文云："盘腿坐在水潭边的岩石上，不仅山影荡空人心的一切杂念，觉得每一根汗（寒）毛每一个毛孔，无不晶莹透彻。"（第 2339 页）"影空"被译为"山影"，与原文表达大异其趣。

有意思的是，《游记》中常用"芙蓉"二字喻山峰，却并非作为荷花或美女别称的隐喻，而是当作宝剑寓意运用的。如《游庐山日记》万历四十六年（1618）八月二十二日日记："惟双剑崭崭众峰间，有芙蓉插天之态。"（第 82 页）清同治《德化县志》卷七《地理·古迹》可证："双剑峰，在府治城南龙门西，形势插天，宛如双剑，与县治正对。"显然，在日记中"芙蓉"比喻庐山双剑峰形如两把利剑插天。以芙蓉喻剑，语本汉袁康《越绝书》所载越王句践有宝剑名"纯钧"，相剑者薛烛以"手振拂，扬其华，捽如芙蓉始出"[①]。唐杜甫《八哀诗·故秘书少监武功苏公源明》诗："青荧芙蓉剑，犀兕岂独剚。"[②] 另如《游雁宕山日记》万历四十一年（1613）四月十一日日记："登盘山岭。望雁山诸峰，芙蓉插天，片片扑人眉宇。"（第 16 页）《游雁宕山日记后》崇祯五年（1632）四月二十八日日记："西南云雾中，隐隐露芙蓉一簇，雁山也。"（第 212 页）上两例之"芙蓉"，也显然皆是用利剑的隐喻来形容雁荡山诸峰直指苍穹的气势。中华本对于上举三例概未出注，译文则分别为"有着芙蓉插在天上的姿态"（第 83 页）、"像芙蓉一样插进蓝天"（第 17 页）、"隐隐约约地露出一簇芙蓉似的山峰"（第 213 页），由于不明徐霞客文学书写的确切取义，译文就令读者莫名其妙，芙蓉如何插天？真不知所云。当然，《游记》中以芙蓉喻山，也不尽皆取义于剑，有时也用其荷花或称莲花的义项。《游太华山日记》天启三年（1623）二月三十日日记："行二十里，忽仰见芙蓉片片，已直造其下，不特三峰秀绝，而东西拥攒诸峰，俱片削层悬。"（第 132 页）这里的"芙蓉"则是以荷花或莲花的别名出

---

① 俞纪东译注《越绝书全译》卷一一《越绝外传记宝剑》，贵州人民出版社 1996 年版，第 220 页。

② （清）仇兆鳌注《杜诗详注》，中华书局 1979 年版，第 1406 页。

现的，当为形容华山西峰即莲花峰（或称芙蓉峰）的山峰形态，而与利剑之喻明显无关。此有明袁宏道《华山后记》可证："西峰最幽奥，石态生动，有石叶如莲瓣，覆崖巅，其下有龟却立，昂首如欲行，盖叶上物也，是即所谓莲花峰矣。"[①]

类似以上列举的文学书写在《游记》中数不胜数，限于篇幅，不能一一，尝鼎一脔，略知其味而已。

四、博物考述问题

"博物"是古人对动物、植物、矿物、生理等学科的统称，这里借用来概括《徐霞客游记》中对有关山水、植物、矿产、地貌等的描述。

《游黄山日记》万历四十四年（1616）二月初七日日记："攀玩移时，望狮子峰已出，遂杖而西。是峰在庵西南，为案山。"（第47页）此外，《游庐山日记》《闽游日记后》《江右游日记》等日记皆涉及"案山"一词。何谓"案山"？案山是中国古代风水堪舆学名词，又称迎砂，指的是穴山和朝山间的山，也就是位于穴场正前方的山峰或者山丘，案山对于判断地形吉凶有很大的作用。据说案山最重形美与气局，坟地有吉利的案山可令后代出官出贵。这里将狮子峰比喻为狮子林的案山，有赞美寺庵风水的意思。中华本于"案山"皆未出注，上举例之译文云："这座山峰在寺庵的西南方，是案山。"如此为译，属于不了了之。

《楚游日记》崇祯十年（1637）正月十四日日记："时庙下江旁停舟数只，俱以石尤横甚，不能顺流下"（第476页）中华本出注："石尤，石头太多。尤，甚。"其译文云："都是因为礁石太多，横堵得厉害，不能顺流下行。"注与译皆大误。所谓"石尤"，即石尤风，古人称逆风、顶头风。传说古代有商人尤某娶石氏女，情好甚笃。尤远行不归，石思念

---

① 钱伯城笺校《袁宏道集笺校》卷五一，上海古籍出版社1981年版，第1471页。

成疾，临死发誓欲为大风，为天下妇人阻断因商旅远行的丈夫水路。事见元伊世珍《琅嬛记》引《江湖纪闻》。其实"石尤风"在南北朝即已著称，南朝宋孝武帝《丁督护歌六首》其五："愿作石尤风，四面断行旅。"[1] 唐陈子昂《初入峡苦风寄故乡亲友》诗："宁知巴峡路，辛苦石尤风。"[2] 古代诗文中形容逆风，亦常省作"石尤""石邮"，此不赘言。

《游太华山日记》天启三年（1623）三月初三日日记："行从牙罅中，婉转如江行调舱然。"（第136页）调（diào 掉）舱，同"掉抢"，谓江行中帆船遇逆风，须调整帆的位置，以巧借风力曲折前行，俗语所谓"好船家使得八面风"即谓此。柴萼《梵天庐丛录·掉抢花》云："吴楚谓帆上风曰抢，谓借左右使向前也。《扬都赋》：'艇子抢风，榜人逸浪。'今舟人曰掉抢是也。又作'舱'，作'枪'，见杨慎《俗言》。"[3] 中华本未注"调舱"，其译文云"像在江中行船掉转船头一样。"有望文生义之嫌。

《徐霞客游记》中对于历史某些著名植物与岩石景观的记述，注家明了其前世今生非常必要。

《游黄山日记》万历四十四年（1616）二月初七日日记："坞半一峰突起，上有一松，裂石而出，巨干高不及二尺，而斜拖曲结，蟠翠三丈馀，其根穿石上下，几与峰等，所谓'扰龙松'是也。"（第47页）"扰龙松"，中华本未出注。扰龙松又称帝松，名列黄山历史七大名松之首。原松植根于黄山始信峰与狮子峰之间的山谷散花坞中一巨石上，石与松融合为一，堪称奇观。据黄山风景区管理委员会李金水先生等《黄山扰龙松考》，扰龙松于万历四十一年（1613）始由吴郡文人黄习远命名，载于明潘之恒《黄海》："由散花坞鸟道历二阜，见巨石屏立，上平如砥，一松高仅三尺，广覆盈亩，下视曲干撑石崖而出，殆长数仞，盖自上而下

---

① 逯钦立辑校《先秦汉魏晋南北朝诗·宋诗》卷五，中华书局1983年版，第1219页。

② （唐）陈子昂：《初入峡苦风寄故乡亲友》，《全唐诗》卷八四，中华书局1960年版，第916页。

③ （清）柴小梵著《梵天庐丛录》卷二七，故宫出版社2013年版，第842页。

生，石为中裂以容合抱，其蜿蜓樛结，蛟舞虬偃，不足拟之，故题以'扰龙'云。"① 该文认为这是第一代扰龙松，并谓此松于清乾隆十二年（1747）前已枯死。此后巨石上又生一松，耸于岩尖，是为第二代扰龙松，形态与前者不同，即近人所谓"笔峰"或"梦笔生花"景观。此松已于1982年枯死，2004年3月黄山园林部门又为笔峰成功移植一棵松树，堪称第三代扰龙松，但与其前世已迥然不同了。清钱谦益《游黄山记之八》："其（始信峰）西巨石屏立，一松高三尺许，广一亩，曲干撑石崖而出，自下穿上，石为中裂，纠结攫挐，所谓扰龙松也。"② 此记撰于明崇祯十五年壬午（1642），距离徐霞客所记者不过二十六年，当为第一代扰龙松的真实写照。清刘大櫆《游黄山记》："散花坞亦千峰排列壑底……而一峰拔壑而起，独立无倚，可十丈，有松焉，其根长二丈馀，蜿蜓出走，未知其干所在，循峰右转，则见峰有裂罅，而松于罅中直上达顶，露其半，可窥，更旁裂一石，乃屈曲蟠结于峰顶之四周，而横曳一枝复下垂者，其长犹三丈，名其松曰扰龙。"③ 此文撰于乾隆二十九年（1764），距徐霞客所记者已近一百五十年，扰龙松的形貌仍属第一代，可证这棵扰龙松于清乾隆中仍健在。

《楚游日记》崇祯十年（1637）正月二十二日日记："又二里，南天门。平行东向二里，分路。南一里，飞来船、讲经台。"（第501页）飞来船，古代属于衡山一处著名景观，中华本无注。其故址位于衡山金简峰与掷钵峰间，是山体岩石风化后所形成，其形如船，悬架于另外两块岩石之上，世人即附会为"飞来船"。明谭元春《游南岳记》："转寻飞来船石，众石支扶，一石翱翔甫定，衔尾卧其上。人从隙中过，见石上树如

---

① 李金水先生等：《黄山扰龙松考》，载《徽州社会科学》2013年第8期。
② （清）钱谦益撰《牧斋初学记》卷四六《游黄山记之八》，上海古籍出版社1985年版，第1157页。
③ （清）刘大櫆撰《刘大櫆集》卷九《游黄山记》，上海古籍出版社1990年版，第288页。

藤，皮半存，青青自有叶。"① 明王士性《五岳游草》卷一《衡游记》："度横岭方为衡之后山，过飞来船，一石自空而至如船形。"② 清刘献廷（1648~1695）《广阳杂记》卷二："南岳有飞来石船，在祝融峰下，长数十丈，篷桅篙橹，无不逼肖。嵌空架两石上，昂首耸尾，俨然百万斛之艘，凌空御风以行，而暂维于此者……辛卯三月十二日夜，大雷电，石船震碎。"③ 辛卯为清顺治八年（1651），若然，飞来船被雷击毁恰在徐霞客身后十年。

有论者认为徐霞客在《游庐山日记》中为最先提出庐山诸峰以汉阳峰为最高的古人，其实徐霞客科学考察的严谨性与敏锐性并不在此，而在于他对庐山地貌形态的科学阐述。如他对五老峰单面山地貌形态的考述即为一例："因遍历五老峰，始知是山之阴，一冈连属；阳则山从绝顶平剖，列为五枝，凭空下坠者万仞，外无重冈叠嶂之蔽，际目甚宽。然彼此相望，则五峰排列自掩，一览不能兼收；惟登一峰，则两旁无底。峰峰各奇不少让，真雄旷之极观也！"（第78页）中华本对此未加注，一般读者或许莫名其妙，但在地貌学研究中有极高的科学性。黄强《简论徐霞客庐山地理考察的成就》一文有如下论断："单面山是一种构造地貌形态类型，它是指由单斜岩层构成并沿着该岩层走向延伸的山体。其典型特征：在其横剖面上，前后两坡不对称，后坡（又叫构造坡，即由单斜岩层面所构成的山坡）缓而长，坡度角取决于单斜岩层的倾角；另一坡称前坡，地形陡峻，常发生重力剥蚀，故又称重力剥蚀坡。若此坡受冲断层制约则显得更为陡峻。"论文作者接下又论道："五个山峰的阴坡是倾斜岩层构成的山坡，且连成一片；而阳坡像刀切下去一样十分陡峻，这个陡崖就是断层崖。庐山便是被西北面和东南面两组正断层所夹持的褶皱断块山体。

① （明）谭元春撰《谭元春集》卷二〇《游南岳记》，上海古籍出版社1998年版，第554页。
② （明）王士性撰《五岳游草》卷一《衡游记》，中华书局2006年版，第40页。
③ （清）刘献廷著《广阳杂记》卷二，中华书局1957年版，第91页。

此处所述说明五老峰剥蚀坡是一个被正断层控制的断层崖，垂直断距在千米以上。又由于岩层裂隙节理影响，地表流水的溯源侵蚀切割，形成了一些沟谷将单面山山体分割，才'列为五枝'。"① 这一分析切中肯綮，对于我们认识《徐霞客游记》的科学精神大有裨益。《粤西游日记一》崇祯十年（1637）五月二十一日日记中作者对于桂林漓江岸边石峰形态也以庐山五老峰为喻："碧崖之南，隔江石峰排列而起，横障南天，上分危岫，几埒巫山，下突轰崖，数逾匡老。"（第839页）又《滇游日记八》崇祯十二年（1639）三月十一日日记："高眺西峰，多坠坑而下，盖后如列屏，前如连袂，所谓十九峰者，皆如五老比肩，而中坠为坑者也。"（第2326页）徐霞客所游名山如雁荡山、白岳山、庐山，皆有以"五老"为峰名的山峦，徐霞客唯对庐山五老峰的构成形态最为关注。此处对云南点苍山十九峰的描述，也显然借鉴了庐山的五老峰单面山地貌形态，尽管两者的成因也许并不尽相同。

《浙游日记》崇祯九年（1636）十月初十日日记："得冰壶洞，盖朝真下坠之次重矣。洞门仰如张吻，先投杖垂炬而下，滚滚不见其底。"（第295页）冰壶洞位于今浙江金华北山朝真洞下行1千米处，系著名的北山三洞之一。洞口小，腹大身长，形似冰壶，因名。冰壶洞属于岩溶落水洞地貌，为流水沿裂隙进行溶蚀、机械侵蚀并伴随塌陷而形成，是地表水流入地下河的主要通道。《楚游日记》崇祯十年（1637）正月十六日日记对湖南茶陵一带的岩溶地貌落水洞成因有如下解释："岭头多漩涡成潭，如釜之仰，釜底俱有穴道直下为井，或深或浅，或不见其底，是为九十九井。始知是山下皆石骨玲珑，上透一窍，辄水捣成井。窍之直者，故下坠无底，窍之曲者，故深浅随之。"（第483~484页）这一认识已相当接近现代地学理论，中华本若能联系两篇日记出注，当有益于读者对

---

① 黄强：《简论徐霞客庐山地理考察的成就》，载《江西师范大学学报》1998年第22卷第1期。

《徐霞客游记》科学性的体认。

《浙游日记》崇祯九年（1636）十月初十日日记记述金华朝真洞："从石隙攀跻下坠，复得巨夹，忽有光一缕自天而下。盖洞顶高盘千丈，石隙一规，下逗天光，宛如半月，幽暗中得之，不啻明珠宝炬矣。"（第295页）以上徐霞客所记述者为岩溶地貌中的岩溶天窗形态，所谓"岩溶天窗"，即指地下河顶板的刚刚开始塌陷的、范围不大的那一部分。通过岩溶天窗可以看到地下河或溶洞大厅。《江右游日记》崇祯九年（1636）十二月二十九日日记记述浙江永新之梅田洞："由洞门入，穿然而高十数丈。后洞顶忽盘空而起，四围俱削壁下垂，如悬帛万丈，牵绡回幄，从天而下者。其上复嘘窦嵌空，结蜃成阁，中有一窍，直透山顶，天光直落洞底，日影斜射上层，仰而望之，若有仙灵游戏其上者。"（第424页）《楚游日记》崇祯十年（1637）四月十三日日记记述湖南耒阳直钓岩一溶洞："其左隅由大洞深入，石窍忽盘空而起，东进一隙，斜透天光；其内又盘空而起，若万石之钟，透顶直上，天光一围，圆若明镜，下堕其中，仰而望之，直是井底观天也。"（第663页）上举例皆属岩溶天窗形态，译注者若能前后联系加以诠释，当能极大提高古籍整理的质量。

《浙游日记》崇祯九年（1636）十月初四日日记："南者为水洞，一转即仙田成畦，塍界层层，水满其中，不流不涸。"（第278页）同上十一日日记："若夫新城之墟，聿有洞山……其中仙田每每，塍叠波平，琼户重重，隘分窦转。"（第304页）何谓"仙田""仙田每每"？所谓"仙田"，又称仙人田、石田、石田坝，系属喀斯特地貌岩溶洞洞穴堆积的形态之一。所谓"洞穴堆积"，是指溶洞洞穴中堆积的各种不同成因的堆积物，包括碎屑堆积、化学沉积、河流冲积物、有机充填物以及混合充填物等。仙田地貌属于化学沉积物，它又分滴水形态、水下形态和流水形态三种。滴水形态是指各种形态的石钟乳以及石柱、石笋等，水下形态包括各种石果、石珠等，流水形态包括边石、石田、石盘、石荷叶等，徐霞客在《游记》中分别称之为石榻、仙人田、石棋盘、石田、珠盘、石盆、石床、荔枝盆等。仙田等的成因是溶洞底部凸凹不平，形成一块块浅小积水区，由于含有碳酸盐的水在积水区边缘蒸发较快，遂沿其曲折的边缘析出结晶，长年积累，形成稍高于积水小区的沉淀，一块一块犹如畦垄纵横的水田，故称仙田。《滇游日记八》崇祯十二年（1639）三月初三日日记记述云南洱源清源洞："透柱隙南入，渐有水贮柱底盘中。其盘皆石底回环，大如盆盎，颇似粤西洞中仙田之类，但不能如其多也。"（第2305页）仙田与溶洞石盆的成因类似，《粤西游日记三》崇祯十年（1637）十月二十日日记："其上有石盆一圆，径尺馀，深四寸，皆石髓所凝，雕镂不逮。"（第1187页）中华本对于上举数例皆未出注。《粤西游日记四》崇祯十一年（1638）二月二十六日日记记述在庆远府（今广西宜州市）九龙洞之仙田地貌："直进十馀丈，转而东，下虽平，而石纹涌起，屈曲分环，中有停潦，遂成仙田。东二丈，忽下陷为深坑。由坑上南崖伛偻而出坑之东，其下亦平，而仙田每每与西同。"中华本加注云："仙田：由于停潦水浅，边缘的水蒸发快，沿边缘逐渐结晶，形成有纹理的蛇曲状沉淀物，比水池的水面稍高，犹如纵横阡陌，即是'仙田'，今人多称'石田坝'。"（第1416~1417页）释义准确，但前此出现的数例未注，又没有相互联系加以释义，造成缺憾。所谓"每每"，原意为草盛貌，语本《左传·僖公二十八年》："听舆人之诵曰：'原田每每，舍其旧而新是谋。'"晋杜预注："喻晋军美盛，若原田之草每每然。"① 徐霞客用来形容仙田，染有浓厚的文学色彩。

《粤西游日记一》崇祯十年（1637）五月二十一日日记："碧崖之南，隔江石峰排列而起，横障南天。"（第839页）徐霞客在这里描绘了岩溶地貌的峰林景观。峰林是指石灰岩石峰高耸林立，分散或成群出现在平地上，远望如林的地形。在徐霞客笔下，岩溶峰林地貌常用所谓"石峰"刻画，如作者《楚游日记》崇祯十年（1637）三月二十四日日记记述湖

---

① 杨伯峻编著《春秋左传注》，中华书局1981年版，第458~459页。

南南部宁远县一带的石峰就有类似描写："由此西北入山，多乱峰环岫，盖掩口之东峰，如排衙列戟，而此处之诸岫，如攒队合围，俱石峰森罗。中环成洞，穿一隙入，如另辟城垣。山不甚高，而窈窕回合，真所谓别有天地也。"（第 596 页）文学色彩亦极浓。对于喀斯特峰林景观，中华本未出注。

《滇游日记一·游太华山记》："攀跻里馀，遂蹑巅，则石萼鳞鳞，若出水青莲，平散竟地。"（第 1709 页）所谓"石萼鳞鳞"，即以莲花遍地形容地表岩溶的石芽、溶沟地貌。石芽与溶沟是由于地表水沿石灰岩节理裂隙流动，不断进行溶蚀和冲蚀而形成的。溶痕由微小而逐步加深以至形成溶沟，沟槽间突起的地方就是石芽。溶沟宽一般为十几厘米至两米，深为几厘米至三米。溶沟间的间距一般为一至二米，很少超过十米。石芽与溶沟将平坦的地面分割得崎岖不平，难以行走。石萼，类似花萼的岩溶形态。鳞鳞，鳞状物，形容石芽、溶沟地貌。同上引："行峰顶四里，凌其上，为碧鸡绝顶。顶南石萼骈丛。"（第 1709 页）骈丛，谓成排成丛而立。这一岩溶地貌明显与上一例所谓"若出水青莲，平散竟地"的石芽、溶沟地貌不同，其发育阶段当介乎石芽、溶沟地貌与喀斯特峰林地貌之间。所谓"石萼骈丛"的描写，显然不具备峰林地貌"远望如林"的特征，当地人对这里有"小石林"的俗称，可谓恰如其分。《粤西游日记一》崇祯十年（1637）四月二十八日日记："诸危峰分峙叠出于前，愈离立献奇，联翩角胜矣。石峰之下，俱水汇不流，深者尺许，浅仅半尺。诸峰倒插于中，如出水青莲，亭亭直上。"（第 736 页）这是对岩溶峰林地貌的形象描述，若能注出，读者当受益匪浅。

《徐霞客游记》对有关矿产资源的经济地理描述，也不罕见。《游恒山日记》崇祯六年（1633）八月十一日日记："转北，山皆煤炭，不深凿即可得。"（第 252 页）山西自古以来就是煤炭大省，浑源煤矿矿层较浅，煤质为长焰弱黏性煤，较适于露天开采。徐霞客客观地记录了当时的煤炭开采状况，可为当今研究者取资。《粤西游日记四》崇祯十年（1637）三月二十二日日记对广西南丹州、那地州一带银、锡矿也有关注:"银锡二厂,在南丹州东南四十里,在金村西十五里,其南去那地州亦四十里。其地厂有三:曰新州,属南丹;曰高峰,属河池州;曰中坑,属那地。皆产银、锡。三地相间仅一二里,皆客省客贾所集。"而且作者观察细致入微:"银锡掘井取砂,如米粒,水淘火炼而后得之。银砂三十斤可得银二钱,锡砂所得则易。"(第1525页)《滇游日记八》崇祯十二年(1639)三月二十六日日记记述云南永平炉塘一带红铜矿:"所出皆红铜,客商来贩者四集。"(第2392页)《滇游日记九》崇祯十二年(1639)四月二十七日日记记述云南腾冲"光明六厂"中阿幸厂银矿与诸厂之铅矿:"然阿幸之矿,紫块如丹砂;此中诸厂之矿,皆黄散如沙泥,似不若阿幸者之重也。"(第2503页)所云"紫块如丹砂"者,当指浓红银矿,又名深红银矿或硫锑银矿,其矿石呈暗樱红色,金刚光泽,粉末呈绛红色。所云"黄散如沙泥"者,当指钼铅矿,其矿石稻草黄至蜡黄色,成分中含钨的呈橘红色或褐色,条痕白色至浅黄色。注家若能注出,即使可能发生争议,也不无趣味。

馀 论

百科全书性质的《徐霞客游记》的注释涉及知识领域极为广泛,绝非轻而易举。翻译须在详加注释的基础上才能准确流畅,至于"信达雅",则是对译文更高的要求,一般难以奏功。此外,注译古籍,责任编辑的把关作用也非同小可,补苴罅漏,总可以令书籍质量更上层楼。笔者职司编辑,有时技痒也铅刀一割,但两项工作都没有做好,回首前尘,遗憾颇多,因而深知其中甘苦。窃以为普及《徐霞客游记》,有译注选本即能满足要求,全译实无必要,特别是日记体的文言表达,不像《左传》一类的古籍文字简古,有时白话反不如原文精准易晓。对《游记》全面细致加以注释且减少随意性,增加学术性,将译文所占篇幅让位给诠释文字以提高学术品位，对广大读者也许更有吸引力。

"重走霞客路"，目前已为国内众多旅游爱好者所崇尚，《徐霞客游记》在走向世界的历程中，也极大促进了"徐学"的迅猛发展。即使在检索手段日益多样化的今天，欲详尽地阐释《徐霞客游记》，除须有众多学者共同努力外，也仍有很长的路要走，并非危言耸听。

（原载《文艺研究》2017 年第 6 期）

《聊斋》文本的细读

——周先慎先生治学一隅

周先慎先生是北京大学中文系教授，主讲中国古典文学宋元明清一段，学术研究则以古典小说为主。由于众所周知的原因，周先生专心致志地开始古典文学的教研工作已经是 20 世纪 70 年代末了，诚如其《我的古典小说研究》一文所云："我是在 1959 年到北大中文系任教的，但在 1977 年'文革'结束以前的近二十年时间里，我并没有真正从事古典文学的教学和研究工作。"[①] 作为一位充满人生远大理想的大学中年教师，也许亟欲投入教学与科研的激情积蓄得太久，更容易喷薄而出，从而焕发出一往无前的精神动力。无论教学还是科研，周先生都全力以赴，在其后半生做出了令人称羡的业绩。

北大中文系文学 77 级学长李矗先生曾这样为周先生画像："周先慎先生清癯斯文，待人亲近，每讲到得意之处，常以手推眼镜。"[②] 另一位 77 级学长王景琳先生更是满怀深情地回忆道："我至今记得周先慎老师在讲《水浒传》宋江临死拉李逵做陪葬时的情景，当时他一拍桌子，十分投入地说：'这是什么态度！'我不知道别的同学注意到了没有，当时我被周

---

① 周先慎：《我的古典小说研究》，载《北京大学学报》2008 年第 45 卷第 5 期。
② 李矗：《回眸北大师门——兼为文学 77 级授课先生画像》，岑献青主编《文学七七级的北大岁月》，新华出版社 2009 年版，第 103 页。

老师投入的神情震动了，这一幕到今天犹在目前。"① 在学术的春天来临之际，老师们倾力施教，众多学生则如嗷嗷待哺的婴儿，渴望知识有一种时不我待的紧迫感。周老师曾回忆那一段教学经历说："也许七七级的同学们至今没有人知道，给他们上课时，我刚调到古代文学教研室不久，是第一次讲明清文学史……在我教过的所有学生中，从整体上看，七七级的同学们是基础最好、水平最高的一届，同时也是学习最努力、最认真，最富于热情的一届。"②

笔者曾就读北大中文系文学专业 78 级，因系里课程安排的限制，无缘得周先生亲炙，在校时与周先生也不熟识，甚至没有机会打招呼。然而毕业后由于笔者对《聊斋志异》研究逐渐产生兴趣，终于有了在相关学术会议上与周先生接近的机会。于是著述互赠，如琢如磨，算是结下了校外的一段师生情谊。周先生的治学路径多从鉴赏开始，探讨包括《聊斋志异》《红楼梦》在内的古典小说尤其得心应手，最能彰显其研究特色。诚如他在《古典小说鉴赏·前言》中所言："鉴赏不是对艺术对象的浮光掠影的观赏，鉴赏是一种发现。要有发现才能获得真正的艺术享受。"③ 从某种意义上讲，文学的研究有别于历史的研究，它说到底应该偏向于审美的研究，只有真正辨析领会了文学作品的美，才能触及文学的灵魂；如果背离审美的规律，就不可能进入真正文学研究的殿堂。

在北大中文系，中国古典小说研究领域，吴组缃先生的典范作用显而易见，而且一直延续至今。吴先生擅长小说创作，既是小说家、散文家，又是古典文学研究家，他的《一千八百担》《天下太平》和《樊家铺》

---

① 王景琳：《一份抹不去的记忆》，岑献青主编《文学七七级的北大岁月》，新华出版社 2009 年版，第 213 页。
② 周先慎：《难忘最是师生情》，岑献青主编《文学七七级的北大岁月》，新华出版社 2009 年版，第 393 页。
③ 周先慎著《古典小说鉴赏·前言》，北京大学出版社 2004 年版，第 3 页。

等短篇小说，以鲜明的写实主义风格享誉海内，奠定了他在现代文坛的地位。吴先生的古典小说研究由于有小说创作的辉煌背景，因而熟稔创作甘苦，探讨明清小说艺术绝非隔靴搔痒，而是真正的个中人语，往往洞见症结，鞭辟入里。周先慎先生曾多次表明他古典小说的研究路数受吴组缃先生的影响最大，他说："吴先生以微观研究著称，但他并不反对宏观研究，他曾说宏观研究可以避免狭隘性，使我们站得更高一些；但他反对架空的宏观研究，认为宏观研究必须建立在扎实的微观研究的基础之上，离开对具体作家作品的认真研究，就不可能写出科学的小说史。他为我们作出了将微观研究与宏观研究相结合的范例。"① 的确，对于文学作品精细独到的思想艺术分析是建立在论者深邃的历史眼光的基础之上的，没有宏观把握的高瞻远瞩，就难以达到微观研究的引人入胜。周先生曾在一次访谈中总结自己的小说鉴赏研究特色："我的小说鉴赏要说有什么特点的话，可以概括为三个字：细、深、广。'细'，主要是指文本细读以及细致的分析。'深'，则指深思，以及在细读、深思基础上对文本深层意蕴的挖掘和发现。'广'，是指视野、眼光要开阔，具体包括两方面的内容：一则要有广阔丰富的历史知识、生活知识；二则要对作品做整体的把握，要着眼于全书（篇）的人物关系，不论是分析一个人物或是一个情节，都要瞻前顾后，左顾右盼，揭示人物与人物之间、情节与情节之间实际存在的内在联系。"② 古典小说研究，无论宏观把握还是微观探索，决不能离开文本，天马行空般地任意解读或诠释。周先生研究小说始终从文本出发，诚如其所言："尊重文本，阐发文本本身所包含的意蕴和价值，而不是在文本之外主观臆想，随心所欲地改变或甚至是歪曲文本。"③ 尊重小说文本，正是文本细读的基础，否则郢书燕说甚至离题万里，就难以达到

① 周先慎：《吴组缃先生的古典小说研究》，载《文学遗产》1995年第1期。
② 段江丽：《严谨求实，博观约取——周先慎教授访谈录》，载《文艺研究》2011年第12期。
③ 周先慎：《学术规范与学术品格》，载《红楼梦学刊》2006年第二辑。

鉴赏的最终目的，甚至欲益反损，有违初衷。

何谓"文本细读"？据说这一提法源于英美新批评派的诗歌批评理论，并被中国古代文学研究者所借鉴，属于文化的"舶来品"。其实开始于明清时代的中国小说评点早开文本细读之先河，金圣叹评点《水浒传》乃至杂剧《西厢记》，艺术眼光敏锐，颇多真知灼见，三百年来脍炙人口。但无论中外，文本细读都须从文本出发，细读方能得其真义，实现文学鉴赏的目的，否则皆无从谈起。

中国古典文学的文本细读常常是以文献版本的异文校勘工作作为基础的，它植根于文献版本，有一个从考据到义理的过程。具体到《聊斋志异》，由于其精准文言的巧妙运用，不同版本的一字之差往往谬以千里，可见比勘版本异文对于小说的艺术鉴赏往往有不容忽视的巨大作用。《聊斋志异》版本众多，民国以前包括各种注本、评本，就约有六十馀种。手稿本系经作者蒲松龄亲自修订过，其价值不言而喻，但仅遗留半部，存文237篇，弥足珍贵。这半部稿本重新问世于20世纪40年代末，1955年，北京古籍刊行社据原稿影印出版。青柯亭本则是《聊斋》的第一个刊刻本，其风行天下已经是作者身后半个世纪的事了。此前，《聊斋》多以抄本行世，如山东省博物馆藏康熙间抄本、北京中国书店藏雍正间抄本《异史》本、北京大学图书馆藏乾隆间铸雪斋抄本、四川大学图书馆藏乾隆间黄炎熙抄本、山东人民出版社藏乾隆间二十四卷抄本等。这些抄本收文多寡不一，分卷或分册情况有异，文字歧异也互有优劣。1962年，中华书局上海编辑所出版张友鹤辑校之《聊斋志异》会校、会注、会评本（学界简称"三会本"），有力地推动了《聊斋》研究。三会本曾于1978年经由上海古籍出版社出版新一版，但限于历史条件，辑校者误判铸雪斋本的分卷编次与手稿本相同，无形中拔高了其版本价值，从而令会校出现偏差。随着康熙抄本、二十四卷抄本以及《异史》本《聊斋志异》的陆续发现，三会本的缺陷日益显露，于是由任笃行辑校的《全校会注集评聊斋志异》应运而生，2000年由齐鲁书社出版。从编次分卷至校勘、会注、集评皆较三会本更上层楼。2016 年，人民文学出版社出版任笃行本的修订本，订正了齐鲁本校勘工作中的诸多错讹，堪称后出转精。此是后话。

鉴于三会本与齐鲁版任笃行本有关文字校勘的工作皆有所缺失或不足，欲做好《聊斋》的文本细读工作，就有必要对前人的相关工作再加审视，方能准确体味小说的精微奥妙之处。周先慎先生为此专门写有《〈聊斋〉的版本与〈聊斋〉的欣赏》一文，详细地讨论了两者的关系问题，他认为："版本的研究还有大量的工作需要我们继续去做，这就是在已有研究的基础上，进一步认真细致地比勘异文，将文献的研究和文学的研究结合起来，联系作品的思想和艺术进行分析，以确定不同异文的正误和优劣。"又说："对版本的研究，特别是对各本异文的比勘、校录和分析。看似琐细繁难，十分枯燥，但如果同作品的思想艺术结合起来，用文学欣赏的眼光去分析，也是一件饶有兴味的工作。"①

对于《聊斋》各本因字词歧异而引来文学欣赏的诸多问题，周先生对此有过很多细致深入的探讨。今仅举一例：

> 有的异文各本几乎完全不相同，稿本是否正确，也需要经过联系作品思想内容的分析后才能判断。如《神女》（三会本卷十，任校本卷七）："检得鲍庄体有重伤，生以谋杀论死，备历械梏；以诸未获，罪无申证，颂系之。""颂"字铸本作"禁"，青本作"讼"，二十四卷抄本作"项"，唯《异史》本与手稿本同，作"颂"。从字面上看各本似乎皆可通。但检手稿本，"罪无申证，颂系之"七字原作"姑存疑案"，涂后改。这一修改，意思就有了很大的区别："姑存疑案"指暂不能定案，从上文看可能与"诸未获"有关，但原因并不清楚；

---

① 周先慎著《古典小说的思想与艺术》，北京大学出版社 2011 年版，第 211 页，220 页。原载《聊斋学研究论集》，中国文联出版社 2001 年版。

而"罪无申证"则明确指出没有确凿的罪证。因此各本文字的正误就应该依据修改后的"罪无申证"来判断。按"颂（róng）"为古"容"字，宽容的意思；"颂系之"，是指对罪犯虽然拘禁而取宽容态度，不加刑具。《汉书·刑法志》："年八十以上，八岁以下，及孕者未乳，师、侏儒当鞠系者，颂系之。"显然与没有明确罪证的意思是更为契合的。这一条，三会本在"颂"字下校云"青本作讼，抄本（此即指铸本）作禁。"参校本不全。任校本校云："手稿本原作'姑存疑案'，涂改，'颂'：铸本作'禁'，青本作'讼'。"但没有提及二十四卷抄本和《异史》本与手稿本相同作"颂"，是很重要的，遗漏了就不能使读者看出各本的完整面貌。

周先生没有满足三会本与任校本校勘工作的既有成果，而是再加悉心比较诸本，通过字词的歧异探讨，从版本问题上升到作品的文学欣赏高度，充分体现了小说文本细读的价值所在。

对于《聊斋》中的名篇《红玉》，有论者认为这就是一篇爱情小说，周先生充分运用相关历史知识与生活经验，经过细读文本与深入分析，认为小说"通过一个乡村小知识分子的悲喜剧，来表现和歌颂现实生活中侠义精神的可贵"[1]。如此细读《红玉》，堪称穷究小说真义探骊得珠，不愧为作者蒲松龄的知音。细读《聊斋》名篇《婴宁》，周先生又上升到小说人物形象创造中形神关系问题处理的美学高度，宏观把握与微观分析相结合，更见真知。他说："把握中国古典小说人物描写处理形神关系的美学特征，对欣赏和正确评价作品的思想艺术都有着重要意义。"无论以形写神还是遗貌得神，都属于"中国古典小说人物描写对形神关系的处理，'以形写神'是常用的方式，'遗貌得神'是对'以形写神'的灵活运用。""（婴宁）这个超尘拔俗的女性形象，显然熔铸进了作者蒲松龄的生

---

[1]　周先慎：《我的古典小说研究》，载《北京大学学报》2008 年第 45 卷第 5 期。

活理想和美学理想。在表现这个形象内在的精神气韵方面，小说诗化的环境描写和对人物言行的着意渲染，达到了以形写神的极致。"① 从文本梳理到美学观照，虽然仅仅体现了周先慎先生小说细读治学特色的一隅，但举一反三，仍可以概见他不慕浮华、实事求是的严谨学风。

《周先慎细说聊斋》一书，上海三联书店作为"独角兽公开课"丛书四种之一于 2015 年 7 月出版。作者选录《聊斋志异》中三十七篇作品（包括《聊斋自志》）分别加以赏析并附录加注的原文，其中既包括《娇娜》《婴宁》《画皮》《叶生》《聂小倩》等名篇，也有《偷桃》《地震》《李伯言》等不甚显赫的作品。可以说，这部著述集中体现了作者对于《聊斋》文本细读的不懈努力。诚如其自序中所言："真正的文学经典是需要细读，也经得起细读的。细读才能细说。只有在细读的基础上，才有可能抉幽发微，说出新意……《聊斋志异》是脍炙人口的文学经典，是值得细读，也是经得起细读的。"至于方法问题，周先生又说："细说细到极细之处，也不避逐句，甚至逐字详解。有时还吸收了传统小说评点的方法，对有关段、句、词的精妙之处，用一两个字或一两句话加以简要的提示或品评。"②

《娇娜》是《聊斋》中最为脍炙人口的名篇，刻画男女之间精神爱恋的相互交融与默会，淋漓尽致，栩栩如生。小说篇后"异史氏曰"中的"腻友"论，若仅就男方角度而言，类似于现代社会流行的"红颜知己"说。作者的相关描写具有"白日梦"般的缠绵与旖旎，前半属于"美女救书生"，后半则是"书生救美女"，与现代美国好莱坞电影中"英雄救美"或"美救英雄"的套路何其相似乃尔，这无疑反映了人类某种普遍的性心理因素，而非痴人说梦。海内研究《聊斋》的著名学者袁世硕先生认为："作者蒲松龄本人就是这样：他与家长主婚的刘氏结成夫妻，双

---

① 周先慎：《中国古典小说人物描写对形神关系的处理》，载《文艺研究》2007 年第 7 期。
② 周先慎著《周先慎细说聊斋》，上海三联书店 2015 年版，第 1~2 页。

方各尽其夫妻的义务，白头偕老，但由于妻子没有文化，也存在着精神生活的巨大差异，他在外边结识了友人之小妾顾青霞，听她吟诗，为她选唐诗，同情她的不幸，精神上有了共鸣，感情的琴弦发生了共振。《娇娜》之作恐怕就是浸透着他个人的生活体验。"① 所论甚是。能够写出真感情的文学作品才是最动人的，读《娇娜》当知人论世，方能体会其间微妙之处。周先慎先生在其书中以《人间真善美的诗意呈现》为题细说《娇娜》："小说通过一系列的情节，对蕴藉美做了多层次、多方面的诗意营造，是为了表现作者一种超尘拔俗的重要思想，即青年男女之间，不仅可以有纯真的爱情，而且可以有纯真的友情；这种友情还可能比爱情更珍贵、更美。这种观念，在蒲松龄的时代，不仅是独异特出的，十分开放的，而且是超前的，非常进步的。这篇小说既写了爱情，也写了友情，却是以写友情为主，写爱情为辅。爱情只是作为友情的映衬和烘托而存在。"② 这一分析深刻到位，极中肯綮，将小说主旨和盘托出，非细读就难以如此娓娓道来。

从《世说新语》、唐宋传奇、明清话本、《聊斋志异》乃至长篇小说《三国》《水浒》《红楼梦》等，都留有周先生文本细读的印迹，然而最令周先生心仪的却只有一短一长两部小说。他曾不无动情地自我表白道："在中国古典小说中，我最喜欢的是《聊斋志异》和《红楼梦》。这是我平日读得最多，也是读得最有兴味和最有心得的两部书。"③ 转眼间，周先慎先生辞世已经半年有馀，笔者曾写有悼念周先生的一副挽联，谨以之作为这篇纪念文章的结束吧：

---

① 袁世硕：《憧憬"灵"与"肉"的统一——〈娇娜〉背后的意思》，载《蒲松龄研究》2004 年第 4 期。
② 周先慎著《周先慎细说聊斋》，上海三联书店 2015 年版，第 92 页。
③ 周先慎著《周先慎细说聊斋·后记》，上海三联书店 2015 年版，第 454 页。

谙聊斋，亦谙红学，刮垢磨光，由来坦坦贞心者；

是教授，更是书生，传道受业，固属谦谦君子人。

2018 年 11 月 17 日于京华天通楼

（原载周阅、段江丽主编《周先慎先生纪念文集》，国家图书馆
出版社 2019 年 9 月出版）

《三国志》 注译发微

　　《三国志》是一部著名的记传体断代史书，历代注家众多，近四十年对这部史书的白话翻译也屡有问世。就文本细读而论，目前的有关注本、译本，无论选本、全本，尚不能完全尽如人意。若从相关书证缺位以及制度、名物、地名乃至译文的准确性等四方面略作梳理，就可以发现诸多问题，至今可能尚未得到尽善尽美的解决。而发现这一问题的存在并提出商榷意见，将有利于学界对这部史书的进一步研讨。

　　在被传统视为"正史"的二十四史中，陈寿所撰《三国志》荣列"前四史"之列。历代研究《三国志》及其裴松之注的学者众多，至清代达到高峰，校注《三国志》较有名者如杭世骏、沈钦韩、赵一清、梁章钜、潘眉、卢文弨、康发祥、李慈铭等，皆有专书问世。民国间学者卢弼汇集历代学者对《三国志》正文和裴注所作的注释、版本校勘和考证，并时出己见，编纂成《三国志集解》，为后人提供了极大方便，对于《三国志》的研究与整理功莫大焉！20 世纪 50 年代末，中华书局出版陈乃乾校点本《三国志》，属于二十四史整理本之一，甫出版即受到学界肯定。本文引用括注"底××（页码）"。

　　80 年代以后，有关《三国志》的研究与整理工作都取得了长足的进展。文史大家缪钺从 60 年代初就致力于《三国志选》的编写，他将普及与研究相结合，成果斐然。1984 年，中华书局出版缪钺主编《三国志选注》三册，就是他与四川大学魏晋南北朝史研究室马德真、朱大有、杨耀坤三位学者共同努力的结果。其注释原则为"博采通人，间下己意"，对于有关裴注也酌加注释。筚路蓝缕，以启山林，缪先生所主编的《三国志》选注本的学术意义至今仍有较高的认识价值。本文引用括注"缪××（页码）"。

田余庆、吴树平主编《三国志今译》，1991 年由中州古籍出版社与〔新西兰〕霍兰德出版公司联合出版，583 千字。是书为《三国志》较早的全译本，尽管翻译工作由十数位学者分担完成，水平略有参差，但由著名魏晋南北朝研究专家主其事，学术质量大有保证，对于三国历史的普及功不可没。本文引用括注"田××（页码）"。

《三国志》的全注全译本，较早者为苏渊雷主编《三国志今注今译》，1992 年由湖南师范大学出版社出版，分为上、中、下三册，2530 千字。据其《后记》云："本书的注译从一开始就得到德高望重的老前辈缪钺先生、张舜徽先生、苏渊雷先生热情支持和指导，欣然应允担任本书的顾问和主编，并亲笔题词、题签、作序。"是书的注释与翻译也由十数位学者分担完成。本文引用括注"苏××（页码）"。

1995 年，陕西人民出版社曾出版方北辰《三国志注译》，2008 年，陕西出版集团、陕西人民出版社另出版方北辰《三国志全本今译注》，2011 年再版，共三分册，2500 千字。方北辰是缪钺高弟，专治三国史有年。是书成于一人之手，无论注释或译文，皆有后人可借鉴之处。本文引用括注"方××（页码）"。

除上揭两部全注全译本《三国志》以外，有关《三国志》选注译的图书，坊间还有不少，这里就不备举了。

本文拟以中华书局 1982 年所出陈乃乾校点本《三国志》第二版为底本，针对上述注译本中存在的一些疑问，提出商榷意见以就正于读者。

一、《三国志》注译中的书证问题

《三国志》中的记述文字与引用诏令、奏表等，有时融用典籍中语词挥洒自如且浑然一体，有踏雪无痕之妙。为《三国志》作注，不明其书证，就会茫然不解，释义郢书燕说既已无奈，如果南辕北辙就更匪夷所思了。

卷一《武帝纪》："初，公举种孝廉。兖州叛，公曰：'唯魏种且不弃孤也。'及闻种走，公怒曰：'种不南走越、北走胡，不置汝也！'既下射犬，生禽种，公曰：'唯其才也！'释其缚而用之。"（底17）魏种为曹操所举荐并被赏识，后一度背叛曹操，被擒拿后不仅没有被杀，反而当上河内太守，曹操将黄河以北的管理全权托付与他。注家对于"唯其才也"四字一概无注，实则四字确有出典，语本《左传·襄公二十三年》："何长之有？唯其才也。"①这是鲁国臣子关于家世继承问题的一段争论语，曹操套用此语，有对自己先前所发誓言自我解嘲的用意，同时也反映出他当时急需用人的无奈心理。历史上的曹操是否真说过类似的话，已无从知晓，但陈寿用此四字刻画曹操的复杂心态，确属神来之笔，凸显了撰写者的良史之才。

如果说"唯其才也"四字不注出处尚无关宏旨的话，那么《武帝纪》中所录《册魏公九锡文》中汉献帝所谓"率土之民，朕无获焉"（底37）的"无获"二字就必须找出书证方能确切释义。何谓"无获"？意谓不能获得民心。获，即"获民"，谓获得民心。语出《左传·昭公三年》："其爱之如父母，而归之如流水，欲无获民，将焉辟之？"②汉焦赣《易林》

---

① 杨伯峻编著《春秋左传注》，中华书局1981年版，第1081页。
② 杨伯峻编著《春秋左传注》，中华书局1981年版，第1236页。

卷四《萃之姤》："种一得十，日益有息，仁政获民，四国亲睦。"①"获民"与"仁政"的联系可证。但如果不明"无获"两字的出处，望文生义，就有可能产生误解。以笔者所见《三国志》各种注本，似都没有瞩目"无获"两字的确切诠释。或译为："整个国土上的人民，我都无权管理。"（田22）或译为："整个国土上的人民，朕无权管理。"（苏101）或译为："各个地方的民众，我也无权统治。"（方102）这些今译大同小异，递相因袭的成分似很大，都没有把握住"无获"的正确释义，有以讹传讹之嫌。上述八字，若译为"我不能获得境域之内百姓的民心"，是否更符合文本原意呢？

上揭《册魏公九锡文》是尚书左丞潘勖的手笔（见《文选》卷三五，文字略有不同），并非出于陈寿，文中有多处涉及《左传》的文字。如"乃诱天衷"（底37）四字，意即于是感动天的善意，语出《左传·僖公二十八年》："（君臣）不协之故，用昭乞盟于尔大神，以诱天衷。"②诱，是感动的意思。注家不注出处，于理解文义似无大碍。然而下文又有"大启南阳，世作盟主"（底38），意谓曹操应当享有如同春秋时晋文公类似的待遇。语出《左传·僖公二十五年》："戊午，晋侯朝王，王飨醴，命之宥。请隧，弗许，曰：'王章也。未有代德而有二王，亦叔父之所恶也。'与之阳樊、温、原、攒茅之田。晋于是始启南阳。"③大意是：晋文公朝见周襄王，周天子用甜酒招待，又加币帛以助欢。晋文公请求死后能用天子的隧道式葬礼，周襄王加以婉拒说："这属于天子的典章，无取代周王室的德行而出现两位天子，这也是您所厌恶的。"作为一种补偿，周襄王就赐予晋文公阳樊、温、原、攒茅的土地。晋国从此开始拓展南阳的疆土。南阳，其地位于太行山以南、黄河之北，故晋国谓之南阳。"大启

①（汉）焦赣撰《易林》卷四，影印文渊阁《四库全书·子部·术数类一》，台北商务印书馆1986年版，第808册第388页。
②杨伯峻编著《春秋左传注》，中华书局1981年版，第469页。
③杨伯峻编著《春秋左传注》，中华书局1981年版，第433页。

南阳"的《左传》书证，婉转地表明汉献帝与曹操仍为君臣的关系，两部全注全译本概付阙如；出版于两者之前的缪钺主编《三国志选注》反而注明其书证（缪88），却又未详其本事之前后情势，读者显然仍难以理解这四字的微妙之处。

卷七《臧洪传》传后总评有评吕布语云："轻狡反覆，唯利是视。"（底237）"唯利是视"，意同"唯利是求"或"唯利是图"，即行事皆以利为着眼点，谓一心只顾谋取利益，语出《左传·成公十三年》："余虽与晋出入，余唯利是视。"① 卷一九《曹植传》："以小子志，保家之主也，欲立之。"（底576）"保家之主"，谓可保住家族或家业者，语出《左传·襄公二十七年》："印段赋《蟋蟀》。赵孟曰：'善哉，保家之主也！吾有望矣。'"② 陈寿撰史，追求典雅，行文多用《左传》中语词，注家不指明书证，未免降低了《三国志》的文学性。

《三国志》运用前人典籍语词，有一些书证若不揭出，就极易产生误解。卷二八《钟会传》言钟会征伐蜀汉时发布文告晓示蜀地百姓有云："太祖拯而济之，与隆大好。中更背违，弃同即异。"（底788）何谓"弃同即异"？意即抛弃同姓同族而亲近异姓异族，语出《左传·襄公二十九年》："吉也闻之，弃同即异，是谓离德。"杨伯峻注："此言弃同姓之国，而亲近异姓之国。"③ 曹操挟天子以令诸侯，俨然是汉室的代表，所以钟会在这里以刘备背弃曹操即为背弃刘姓汉室。"弃同即异"，或译为："但刘备却在中间再次背离太祖，背弃同一志向的友人去另立异端。"（田543）或注为："此指刘备参与谋刺曹操之事被发觉后，逃离曹操投奔袁绍。"（苏1589）或不出注，译文云："后来他（指刘备）背叛太祖，抛弃共同的目标另走不同的道路。"（方1580）可见注或译若不联系有关书证，就极易望文生义，曲解原文。

---

① 杨伯峻编著《春秋左传注》，中华书局1981年版，第865页。
② 杨伯峻编著《春秋左传注》，中华书局1981年版，第1135页。
③ 杨伯峻编著《春秋左传注》，中华书局1981年版，第1158页。

卷四七《吴主传》："忠谠之言，不能极陈，求容小臣，数以利闻。"（底1133）这是陆逊上孙权书中语。何谓"求容"？这须有书证的支撑方能准确释义，两字谓取悦于人，语出《左传·定公九年》："夫阳虎有宠于季氏，而将杀季孙，以不利鲁国，而求容焉。"杨伯峻注："求容谓博取喜悦。"① "求容"或注为："只求容身苟免。"（缪826）至于"求容小臣，数以利闻"两句，或译为："只求容身苟免的小人，才屡次以功利的主张向您进谏。"（田782）或译为："谄媚求容的小人，多次听说他们得逞。"（苏2396）或译为："请让您身边的侍从小臣们，常常把有利的建议报告给您知道。"（方2278）三种译文都似是而非，不得要领。如果译为："卑微的小吏为博取主上喜悦，不断讲中听的话给主上听。"堪称虽不中，亦不远矣！

卷三六《关羽传》："先主于乡里合徒众，而羽与张飞为之御侮。"（底939）何谓"御侮"？即武臣，语出《诗经·大雅·绵》："予曰有御侮。"毛传："武臣折冲曰御侮。"唐孔颖达疏："御侮者，有武力之臣，能折止敌人之冲突者，是能扞御侵侮，故曰御侮也。"② 如果注"御侮"为"抵御侵侮"（苏1924）或"抵御外来的欺侮"（方1854），就不准确了。当然这也不能一概而论，卷三二《先主传》载录群臣劝刘备进位汉中王的奏表有云："操外吞天下，内残群寮，朝廷有萧墙之危，而御侮未建。"（底885）这里的"御侮未建"，意即汉室宗亲还没有同心协力地抗击曹操。御侮，即抵御外侮，语出《诗经·小雅·常棣》："兄弟阋于墙，外御其务。"③ "务"，通侮。两句谓兄弟相争于内，却能一致抵御外来的欺侮。

卷三六《张飞传》中刘备策封张飞为西乡侯的文书有云："故特显命，高墉进爵。"（底944）若不明书证，"高墉进爵"就极易郢书燕说。

---

① 杨伯峻编著《春秋左传注》，中华书局1981年版，第1573页。
② （清）阮元校刻《十三经注疏·毛诗正义》，中华书局1980年版，第512页。
③ （清）阮元校刻《十三经注疏·毛诗正义》，中华书局1980年版，第408页。

或注云："高筑城墙，代指设置府邸。"（苏1932）或注云："高墉：高墙。古代礼制，天子与诸侯国的都城，城墙高度有差别，天子九仞（八尺为一仞），公侯七仞，伯五仞，子男三仞。侯爵的城墙高度，属诸侯中最高一等，所以这里高墉指侯爵爵位。"（方1861）此两说皆属误解。实则"高墉进爵"，意谓在待机歼敌中加封爵位。高墉，即高墙，藏头"射隼"，语本《易·系辞下》："易曰：'公用射隼于高墉之上，获之，无不利。'子曰：隼者禽也；弓矢者器也；射之者人也。君子藏器于身，待时而动，何不利之有？"① 后即以"射隼"为待机歼敌之喻。晋陆机《与赵王伦笺荐戴渊》："盖闻繁弱登御，然后高墉之功显。"② 繁弱，即古良弓名。登御，谓举用。《张飞传》有关封侯的文书又有"柔服以德，伐叛以刑"（底944）二句，意谓用德政安抚顺服者，而讨伐叛逆者就是刑罚。语出《左传·宣公十二年》："伐叛，刑也。柔服，德也。"杨伯峻注："对已服者用柔德安抚之。"③ 如果不明这两句的出典，注释就会茫无头绪。注家明确书证之必要，可见一斑。

卷一《武帝纪》记述袁绍回应曹操起兵方略之语："吾南据河，北阻燕、代，兼戎狄之众，南向以争天下，庶可以济乎？"（底26）这一段话语本《史记·陈涉世家》："赵南据大河，北有燕、代，楚虽胜秦，不敢制赵。若楚不胜秦，必重赵。赵乘秦之弊，可以得志于天下。"④ 曹操则针锋相对地说："吾任天下之智力，以道御之，无所不可。"（底26）所谓"任天下之智力"，谓任用四方人才的才智与勇力，语出《管子》卷二〇《形势解》："能自去而因天下之智力起，则身逸而福多。"⑤ 所谓"以道御之"，谓用道义驾驭民众。语出汉戴德《大戴礼记》卷八《子张问入

---

① （清）阮元校刻《十三经注疏·周易正义》，中华书局1980年版，第88页。
② （清）严可均校辑《全上古三代秦汉三国六朝文》，中华书局1958年版，第2017页。
③ 杨伯峻编著《春秋左传注》，中华书局1981年版，第722页。
④ （汉）司马迁撰《史记》，中华书局1959年版，第1955页。
⑤ 国学整理社原辑《诸子集成·管子校正》，中华书局1954年版，第334页。

官》："欲政之速行也者，莫若以身先之也；欲民之速服也者，莫若以道御之也。"① 曹、袁两人私下的谈话，陈寿从何而知？为凸显两人志向的不同，袭用不同文献中语加以刻画，可洞见陈寿撰写史书的方法之一，并不亚于司马迁的文学描述。如此而论，注家确认相关书证，确实不可或缺。《武帝纪》："夫刘备，人杰也，今不击，必为后患。"裴松之就此注云："臣松之以为史之记言，既多润色，故前载所述有非实者矣，后之作者又生意改之，于失实也，不亦弥远乎！"（底18~19）这一番议论堪称洞见症结。

无论人物对话还是史事书写、议论评说，《三国志》都多方运用乃至化用文献典籍。卷七《臧洪传》："'知人则哲''唯帝难之'，信矣！"（底237）这是化用《尚书》中语，意谓能准确鉴察人的品行、才能，就是明智，这连尧帝都感到困难。语出《尚书·皋陶谟》："皋陶曰：'都！在知人，在安民。'禹曰：'吁！咸若时，惟帝其难之。知人则哲，能官人。'"② 大意是：皋陶说："啊！要理解臣下，安定民心。"禹说："哦！都像这样，连尧帝都认为困难。能理解臣下就是明智，可以任人唯贤。"底本标点于"知人则哲"二句未加引号，当是百密一疏；注家不加详注，不引书证，更是疏漏。

卷三二《先主传》："夫济大事必以人为本，今人归吾，吾何忍弃去。"（底877）刘备的这一番话体现了他的仁政思想，所谓"以人为本"，确有出处，语本《管子》卷九《霸言》："夫霸王之所始也，以人为本。本理则国固，本乱则国危。"③ 注家如能顾及这一书证，无疑会提高注释的质量。

卷一○《荀彧传》："公以十分居一之众，画地而守之，扼其喉而不

---

① （汉）戴德撰《大戴礼记》卷八，影印文渊阁《四库全书·经部·礼类三》，台北商务印书馆1986年版，第128册第482页。

② （清）阮元校刻《十三经注疏·尚书正义》，中华书局1980年版，第138页。

③ 国学整理社原辑《诸子集成·管子校正》，中华书局1954年版，第144页。

得进，已半年矣。"（底314）其中"画地而守之"，语出《孙子》卷六《虚实篇》："我不欲战，画地而守之。敌不得与我战者，乖其所之也。"①此五字虽不必加引号，但注家仍以注明其出处为好。

卷一一《田畴传》："诚行此事，则燕、赵之士将皆蹈东海而死耳，岂忍有从将军者乎！"（底341）其中"蹈东海而死"，语出《史记·鲁仲连邹阳列传》："彼秦者，弃礼义而上首功之国也，权使其士，虏使其民。彼即肆然而为帝，过而为政于天下，则连有蹈东海而死耳，吾不忍为之民也。"② 这一书证对于刻画田畴的忠义气节有颊上三毫之妙，注家也以注明为好。

卷二一《王粲传》："使海内回心，望风而愿治。"（底598）何谓"愿治"？即意谓希望得到大治，语出《汉书·礼乐志》："故汉得天下以来，常欲善治……今临政而愿治七十馀岁矣，不如退而更化。"③ 对于"愿治"二字，注家多不予理会，若加白话翻译，或作"愿意接受统治"（方1182），就属望文生义了。

卷二七《徐邈传》："然后率以仁义，立学明训，禁厚葬，断淫祀，进善黜恶，风化大行，百姓归心焉。"（底740）其中"进善黜恶"，亦作"进善退恶"，谓进用贤善，黜退奸恶。语出《汉书·何武传》："刺史古之方伯，上所委任，一州表率也，职在进善退恶。"④ 陈寿有意化用《汉书》中语词，以表彰身为凉州刺史的徐邈的善政，明其出处，就能读出其间深长的意味。

卷二八《邓艾传》："则畏威怀德，望风而从矣。"（底780）所谓"畏威怀德"，即畏惧声威，感念德惠，语出《国语》卷八《晋语八》："民畏其威，而怀其德，莫能勿从。"⑤ 诸如此类的相关书证，直接化用古

---

① 国学整理社原辑《诸子集成·孙子十家注》，中华书局1954年版，第92页。
② （汉）司马迁撰《史记》，中华书局1959年版，第2461页。
③ （汉）班固撰《汉书》，中华书局1962年版，第1032页。
④ （汉）班固撰《汉书》，中华书局1962年版，第3484页。
⑤ 《国语》，上海古籍出版社1978年版，第448页。

籍成语，注家亦当以注出为好。

卷三二《先主传》："伏惟大行皇帝迈仁树德，覆焘无疆，昊天不吊，寝疾弥留。"（底891）这是诸葛亮上言后主刘禅的一番话，其中"覆焘"，亦作"覆帱"，犹覆被。谓施恩，加惠。语本《礼记·中庸》："辟如天地之无不持载，无不覆帱。"① 所谓"昊天不吊"，谓苍天不怜悯保佑。语本《诗经·小雅·节南山》："不吊昊天，不宜空我师"。宋朱熹集传："吊，愍。"② 后因以"昊天不吊"为哀悼死者之辞。注家若不注明其出处，会令读者莫名其妙。

卷三五《诸葛亮传》："事临垂克，遘疾陨丧。"（底927）这是后主刘禅在诸葛亮去世后所下诏书中语，所谓"遘疾"，意谓遭遇恶疾。二字亦有所本，语出《尚书·金滕》："惟尔元孙某，遘厉虐疾。"汉孔安国传："遘，工豆反。遇也。"③ 如果注家仅出注"遘：遇上"，就忽视了古代帝王诏书讲求典雅风格的追求。

卷五七《虞翻传》："大王躬行德义。"（底1321）这是吴大臣刘基劝谏孙权不要杀害狂放的虞翻的话。何谓"德义"？注家多以为通常用词，不必注，译文或作"道德仁义"（苏2827），或作"仁德道义"（方2682）。其实"德义"在此处谓赏罚得当，语出《国语》卷二《周语中》："故圣人之施舍也议之，其喜怒取与也亦议之，是以不主宽惠，亦不主猛毅，主德义而已。"三国吴书昭注："赏得其人，罚当其罪，是为德义。"④

卷五八《陆逊传》："以为将军之勋足以长世。"（底1345）这是陆逊替代患病的吕蒙后写给关羽的信中语，具有用恭维话语以迷惑对方的用意。所谓"长（zhǎng）世"，并非"永垂于世"（苏2881）或"长留世

① （清）阮元校刻《十三经注疏·礼记正义》，中华书局1980年版，第1634页。
② （宋）朱熹集注《诗集传》，上海古籍出版社1980年版，第128页。
③ （清）阮元校刻《十三经注疏·尚书正义》，中华书局1980年版，第196页。
④ 《国语》，上海古籍出版社1978年版，第79~80页。

间"（方 2728）的意思，也不是"与世长存"（田 945）的意思，而是"称雄于世"的意思，语出三国魏刘劭《人物志·英雄》："英可以为相，雄可以为将。若一人之身，兼有英雄，则能长世，高祖、项羽是也。"① 书证对于确切注释的必要性，显而易见。

卷六四《诸葛恪传》："且民恶其上，动见瞻观，何时易哉？"（底 1434）这是诸葛恪在孙权去世后写给他弟弟诸葛融信中的一段话，所谓"动见瞻观，何时易哉"，两句意谓动不动就有人瞻望关注，自身难得自由，这种状况不知何时得以改变。语出魏曹丕《与吴质书》："以犬羊之质，服虎豹之文；无众星之明，假日月之光，动见瞻观，何时易乎？"② 这里诸葛恪有意或无意间袭用曹丕代汉称帝之前二年所撰《与吴质书》的成句，其心高气傲可见一斑。这一书证涉及诸葛恪的野心已萌的问题，不可忽视。"圣人急于趋时，诚谓今日。"（底 1436）这是诸葛恪欲出兵北伐向朝中群臣自我辩解的话语，所谓"圣人急于趋时"，意谓品德最高尚、智慧最高超的人必须努力去适应当时的具体形势、环境与条件。语出汉王符《潜夫论·救边》："《周书》曰：'凡彼圣人必趋时。'是故战守之策，不可不早定也。"③《三国志》注家当揭示这一书证，否则难以理清其间的逻辑关联，其重要性不言而喻。

二、《三国志》注译有关制度、名物的问题

《三国志》中有关制度、名物的注译也不能掉以轻心，否则就会出差错。因而注意广泛寻求古文献中相关线索的蛛丝马迹，也是精准注译《三国志》的一门功课。

---

① （三国魏）刘劭撰《人物志》卷中，影印文渊阁《四库全书·子部·杂家类》，台北商务印书馆 1986 年版，第 848 册第 775 页。

② （清）严可均校辑《全上古三代秦汉三国六朝文》，中华书局 1958 年版，第 1089 页。

③ （清）汪继培笺《潜夫论笺》卷五，中华书局 1979 年版，第 268 页。

卷六《袁绍传》有一段关于袁尚、曹操邺城攻守战的精彩描写："配将冯礼开突门，内太祖兵三百馀人，配觉之，从城上以大石击突中栅门，栅门闭，入者皆没。"（底202）何谓"突门"？有两种注本即以"邺城门之一"（缪184、苏369）为释，另一种全注本则注云："在城墙大门外再修一个突出的部分，称为城突；城突的大门称突门。突门可以加强内城门的保护，与内城门构成后世所称的瓮城。"（方379）这是以后世城防瓮城的修建想象东汉的城门建制。其实只要考证一下《后汉书·袁绍传》，问题即可迎刃而解。《后汉书·袁绍传下》"开突门内操兵三百馀人"，唐李贤等注："《墨子·备突篇》曰'城百步，一突门，突门用车两轮，以木束之涂其上，维置突门内。度门广狭之，令人入门四尺，中置窒突，门旁为橐，充灶状，又置艾。寇即入，下轮而塞之，鼓橐熏之'也。"[1] 至于"突中栅门"，就是突门中所设置的栅栏门。

卷一二《崔琰传》："年二十三，乡移为正，始感激，读《论语》《韩诗》。"（底367）所谓"乡移为正"虽仅四字，却内容丰富，今人作注，不宜简单从事，并应当略事考证。"乡移为正"，即谓乡中发移文，令崔琰至京师为国家服一年徭役。移，即移文，指行于不相统属的官署间的公文。正，即正卒，汉代徭役名目之一。男子二十三岁至五十六岁，都须服役。每人每年在本郡或本县服役一个月，称为更卒。每人按一定次序轮流到京师服役一年，称为正卒。《汉书·食货志上》"又加月为更卒，已复为正"。唐颜师古注："更卒，谓给郡县一月而更者也；正卒，谓给中都官者也。"[2] 或谓"乡移"，语出《礼记·王制》："命乡简不帅教者以告。耆老皆朝于庠，元日习射上功，习乡上齿，大司徒帅国之俊士与执事焉。不变，命国之右乡简不帅教者移之左，命国之左乡简不帅教者移之右，如初礼。不变，移之郊，如初礼。不变，移之遂，如初礼。不变，屏之远

---

① （南朝宋）范晔撰《后汉书》，中华书局1965年版，第2417页。
② （汉）班固撰《汉书》，中华书局1962年版，第1138页。

方，终身不齿。"① 若遵从此解，"乡移为正"可释为：乡中不遵循教诲者
经过转移乡学而习礼，屡次不合格就要为国家去服徭役。下文"感激"，
谓感奋激发。汉代能说一经者为儒生（见东汉王充《论衡·超奇篇》），
可以免除徭役。《后汉书》卷七六《循吏列传》："又造立校官，自掾史子
孙，皆令诣学受业，复其徭役。章句既通。悉显拔荣进之。郡遂有儒雅之
士。"② 复，谓免除徭役或赋税。这正是崔琰一心向学的动力所在。

　　卷三五《诸葛亮传》："推演兵法，作八陈图，咸得其要云。"（底
927）何谓"八陈图"？即一般所称之八阵图，何以只辉煌于三国之际，
后世失传？如果注释文能联系马具文化中金属马镫出现的时代因素，也许
问题就迎刃而解了。据出土文物显示，金属马镫出现于西晋以后，八阵图
当系晋代以前在平原作战，步兵专门对付成队建制的骑兵猛烈冲击的一种
阵法。三国时代，骑兵在平原作战的攻击力主要体现在群体快捷迅猛的冲
击力上，大队的骑兵一旦丧失速度，则易为步兵集团所困，转优势为劣
势。八阵图以迎战一方步兵排阵的迅速变化为要领，具有"导向"性地
有效分割对方骑兵的攻击队形为八段，分而击之，属于巧妙阻遏骑兵攻击
以速度致胜的有效战术。西晋以后，金属双马镫出现，骑兵双脚有了支
点，其单兵回旋自如的作战能力大幅提高，这也是晋以后八阵图战术逐渐
失传的原因。《晋书·桓温传》："初，诸葛亮造八阵图于鱼腹平沙之下，
垒石为八行，行相去二丈。温见之，谓'此常山蛇势也'。文武皆莫能识
之。"③《魏书·高闾传》："采诸葛亮八阵之法，为平地御寇之方，使其
解兵革之宜，识旌旗之节。"④ 此时八阵图或许已演变为步兵变换队形训
练的方法，而非专门对付骑兵集团的战术了。关于八阵图战术的演示遗
址，据《水经注》《太平寰宇记》《明一统志》等文献记述有三处：陕西

---

① （清）阮元校刻《十三经注疏·礼记正义》，中华书局 1980 年版，第 1342 页。
② （南朝宋）范晔撰《后汉书》，中华书局 1965 年版，第 2463 页。
③ （唐）房玄龄等撰《晋书》，中华书局 1974 年版，第 2569 页。
④ （北齐）魏收撰《魏书》，中华书局 1974 年版，第 1201 页。

勉县东南诸葛亮墓东、重庆原奉节县南江边、四川新都北三十里牟弥镇。

今人的相关论文与论著等也为《三国志》的注释提供了有价值的借鉴因子。卷三二《先主传》："乃顾遗诏，事惟大宗，动容损益……"（底891）所谓"事惟大宗"的"大宗"，20世纪的注释普遍认为指代太子刘禅，因为据周代的宗法，以始祖的嫡长子为大宗，其馀为小宗。实则刘备遗诏若将从简办理后事如此托付于太子刘禅，极不合情理，这等于令自己的继承人陷于不孝的境地。方北辰认为"大宗"即"太宗"，为西汉孝文帝刘恒的庙号（方1751）。如此解释符合逻辑，甚是。据《史记·孝文本纪》，汉文帝临终遗诏有云："其令天下吏民，令到出临三日，皆释服。毋禁取妇嫁女祠祀饮酒食肉者。"① 实际上，刘备的丧事也是照此原则办理的。

卷三五《诸葛亮传》："若嗣子可辅，辅之；如其不才，君可自取。"（底918）所谓"自取"，注家一般不出注，若有译文，则作"您可以自己取而代之"（田629）或"您可以自己取代他"（苏1914），而这恰与三国时期蜀汉所持"汉贼不两立"的正统意识相违背。方北辰《刘备遗嘱"君自可取"句辨释》（载《魏晋南北朝史研究》，湖北人民出版社1996年版）《刘备遗嘱再考察》（载《成都大学学报》2008年第6期）对"自取"二字重加认识，所以其全注译本译为："您可以自行选取处置办法。"（方1843）意即可以废黜刘禅另立皇子为君。显然，这一解释较刘备欲请诸葛亮自立为帝的说法更合乎情理与史实。

卷四七《吴主传》："故立坛杀牲，昭告神明，再歃加书，副之天府。"（底1135）何谓"再歃加书"？杨伯峻《春秋左传注》于《春秋·隐公元年》"三月，公及邾仪父盟于蔑"注"盟法"云："先凿地为坎（穴、洞），以牛、羊或马为牲，杀于其上，割牲左耳，以盘盛之，取其血，以敦（音对，容器）盛之。读盟约（古谓之载书，亦省称载或书）

---

① （汉）司马迁撰《史记》，中华书局1959年版，第434页。

以告神，然后参加盟会者一一微饮血，古人谓之歃血。歃血毕，加盟约正本于牲上埋之，副本则与盟者各持归藏之。《文物》一九七二年第四期有《侯马东周盟誓遗址》一文，可参阅。"① 歃，即"歃血"。古代盟会中的一种仪式。盟约宣读后，参加者用口微吸所杀牲之血，以示诚意。一说，以指蘸血，涂于口旁。借鉴杨伯峻《春秋左传注》的注文成果诠释"加书"，简明扼要。或译"再歃加书"为"再歃血盟誓，订立盟约"（苏2398），显然误会了"加书"；至于翻译为"双方歃血之后在盟誓文书上签字"（方2280），就未免现代化之嫌了，况且在竹简或木牍上签字，由谁来签？意义何在？反而是较早的全译本译为"再歃血把盟书放在牲口上"（田784），就极其准确。

注译《三国志》，注意刊物载体或图书载体资源，将有助于名物诠释的准确性。

卷五四《周瑜传》："权拜瑜偏将军，领南郡太守。以下隽、汉昌、刘阳、州陵为奉邑。"（底1264）何谓"奉邑"，与"食邑"是否同义？或注云："奉邑则是将某县的租税归某人享用。"（缪890）或注云："将某地的租税划归某人享用，即称该地为某人的奉邑。"（苏2656）或不出注。然而奉邑并非一般意义上的食邑，而是涉及东吴政权的奉邑制度，即以收取赋税作为俸禄以及所领兵众军需的封地。奉，通"俸"。三国吴所实行的奉邑制与其领兵制密切相关，奉邑即给予相关将领取得征赋以供应其领兵军需的资源。可参见刘汉东《东吴领兵、复客、奉邑三制关系之研究》（载《许昌师专学报》1994年第1期），此不赘言。

《周瑜传》："故将军周瑜、程普，其有人客，皆不得问。"（底1264）何谓"人客"？或注云："这里指重要领兵将领占有的依附人口。其地位接近奴隶。"（方2526）似未讲清楚。所谓"人客"，即指三国吴所实行复客制下的佃农。这些"人客"不再担负政府的赋税与徭役，其所缴田

---

① 杨伯峻编著《春秋左传注》，中华书局版1981年，第7页。

赋除供给领主家庭消费外，还是三国吴领兵制下的相关将领在世时，所需军饷的来源之一。据胡宝国《对复客制与世袭领兵制的再探讨》（载《中国史研究》1991 年第 4 期），复客制主要针对江北出身的东吴战功卓著的将领实行，以补偿其家族经济尚未充分发展的不足。

卷二九《华佗传》："佗与四物女宛丸，十日即除。"（底 800）何谓"四物女宛丸"？或注云："一种复制的丸药名。女宛丸：卢弼《三国志集解》注释说有人认为宛丸是紫菀，中医学上以根制成药，有化痰止咳之功效。女：小。"（苏 1635）或注云："华佗所制药丸名称。女宛是治疗虚弱腹泻的药物，又名白宛、女腹。以女宛为主，再配以其他四种药物制成这种药丸。故名。"（方 1591~1592）两注皆语焉不详。另据何凌霞《"四物女宛丸"当作"四物女菱丸"》（载《中医药文化》2012 年第 6 期）一文，"四物女宛丸"当作"四物女菱丸"，盖女宛功效为温肺化痰、镇咳平喘，女菱功效方为祛风除湿、止下消食，与小男所患对症。此丸为华佗创制，当由以女菱为主的四味中药煎制而成。五年以后何凌霞所著《三国志专名研究》对此再作辨析，很有说服力①。

近年考古挖掘的一些出土文物也可以为注释《三国志》提供相关佐证。如卷三二《先主传》言及提刘备先祖刘贞（前 139~前？）："胜子贞，元狩六年封涿县陆城亭侯。坐酎金失侯，因家焉。"（底 871）何谓"酎金"？即汉代诸侯献给朝廷供祭祀之用的贡金，但其是否具有一定形制，历史记载阙如。西汉元鼎五年（前 112），汉武帝以列侯酎金斤两或成色不足为由，蓄意削夺了一百零六位列侯的爵位，此即西汉历史上著名的"酎金夺爵"事件。2011 年 4 月江西南昌市新建区大塘坪乡观西村对西汉废帝海昏侯刘贺墓的保护性发掘，出土了成色极纯的金饼 285 枚，每枚重约 250 克，其背面或书"臣贺酎黄金一斤"字样，是为今天所见汉代酎金的实物展示。若将这一考古发现吸纳于注释中，当可提升古籍整理

---

① 何凌霞著《三国志专名研究》，复旦大学出版社 2017 年版，第 185~198 页。

质量。

卷五四《吕蒙传》："蒙对曰：'今操远在河北，新破诸袁，抚集幽、冀，未暇东顾。徐土守兵，闻不足言，往自可克。'"（底 1278）吕蒙的这一段话在时间上与史实有违，当属于陈寿一时失考。清人早已指出，卢弼《三国志集解》卷五四引何焯曰："尚、熙之死在建安十二年，鲁肃殁于十年之后，而此方云新破诸袁，抚集幽、冀，不乖错乎！即蒙陈此计在代肃之先，曹公亦不得远在河北。甚矣，作史之难也！"又引周寿昌曰："操之破袁距此已前十年，何云新破？此时操方驻军居巢，何云远在河北？纵敌国传闻不实，而幽、冀早定，天下皆知，何'抚集'之有？不知陈氏何忽有此误语。"① 注释当予以借鉴，并且注明文献依据，不掠美外，也为有兴趣探讨此事的读者提供线索。

卷六四《诸葛恪传》："命恪行酒，至张昭前，昭先有酒色，不肯饮，曰：'此非养老之礼也。'"（底 1429）何谓"养老之礼"？以笔者所见诸多《三国志》注本皆未出注，实则注出此四字对于理解老年张昭与青年诸葛恪这一段斗口的机趣并非无关紧要。养老礼，并非泛泛而言，而是古代对年高德劭的老者按时饷以酒食而敬礼之的礼节。《后汉书·显宗孝明帝纪》："冬十月壬子，幸辟雍，初行养老礼。"② 而"养老"，《礼记·王制》早有记述："凡养老，有虞氏以燕礼，夏后氏以飨礼，殷人以食礼，周人修而兼用之。五十养于乡，六十养于国，七十养于学，达于诸侯。"③有明于此，再阅读下文诸葛恪所言："今军旅之事，将军在后，酒食之事，将军在先，何谓不养老也？"（底 1429）读者就会体味到诸葛恪回应张昭话语绵里藏针的犀利了。

《三国志》出现的一些人物，有的仅为过场，昙花一现就再也不见踪影，然而有一些人物并非泛泛之辈，当以注出为宜。如卷一〇《荀彧传》

---

① 卢弼著《三国志集解》，中华书局 1982 年版，第 1021 页。
② （南朝宋）范晔撰《后汉书》，中华书局 1965 年版，第 102 页。
③ （清）阮元校刻《十三经注疏·礼记正义》，中华书局 1980 年版，第 1345 页。

有"布既至，邈乃使刘翊告彧曰"（底308）一句，刘翊，《后汉书》卷八一《独行列传》有传，他字子相（生卒年不详），颍川颍阴（今河南许昌）人。历官陈留太守。为人仗义疏财，乐于助人。一次在途中因救人困馁而杀牛，后竟一同饿死，的确是一位非同寻常的人士。

《荀彧传》："昔高祖保关中，光武据河内，皆深根固本以制天下，进足以胜敌，退足以坚守，故虽有困败而终济大业。"（底309）这是荀彧对曹操讲说军事战略的一番话，即先定兖州，暂不取徐州。荀彧以刘邦保守关中、刘秀占据河内为论据加以推演，显示了荀彧高瞻远瞩的战略思维。注家若不注出其本事，或只出注相关帝王名或地域名，荀彧的高明之处就被湮灭了。所谓"高祖保关中"，即汉高祖刘邦用萧何镇守关中，并终于统一天下，刘邦后又欲以雒阳为都，留侯张良劝刘邦入都关中，刘邦于是定都长安。事见《史记》卷八。所谓"光武据河内"，即汉光武帝刘秀南定河内后曾对寇恂说："河内完富，吾将因是而起。昔高祖留萧何镇关中，吾今委公以河内，坚守转运，给足军粮，率厉士马，防遏它兵，勿令北度而已。"① 事见《后汉书·寇恂传》。若如此作注，读者阅至此处就不会有雾里看花之感了。

卷二九《华佗传》"佗偶至主人计"（底800），"计"，当作"许"，底本显系形讹致误，当改正，卢弼《三国志集解》卷二九作"许"。所谓"主人许"在魏晋南北朝时期属于习惯用法，许，犹处所。南朝宋刘义庆《世说新语·文学》："孙安国往殷中军许共论，往反精苦，客主无间。"②

《华佗传》："君病肠臃，欬之所吐，非从肺来也。"（底803）何谓"肠臃"？注家或注云："肠内肿烂的毒疮。"（缪676）或注云："肠肿。"（苏1640）或不加注释，译云："肠子上有肿毒。"（方1628）皆难得要领。所谓"肠臃"，《后汉书·华佗传》作"肠痈"，中医当指阑尾炎。汉

---

① （南朝宋）范晔撰《后汉书》，中华书局1965年版，第621页。
② 余嘉锡撰《世说新语笺疏》，中华书局1983年版，第219页。

张仲景《金匮要略·疮痈肠痈浸淫病脉证并治》："肠痈之为病，其身甲错，腹皮急，按之濡如肿状，腹无积聚，身无热，脉数。此为腹内有痈。"① 如此为注，华佗医术的高明就显而易见了。

卷三七《庞统传》："拜统父议郎，迁谏议大夫，诸葛亮亲为之拜。"（底 956）所谓"拜"，就是授官的意思。最后一句或译为："诸葛亮亲自为他下拜致敬。"（田 651）或译为："诸葛亮见到他也行跪拜大礼。"（方 1893）显然错解了"拜"的含义。如果译为："诸葛亮亲自为他授官。"（苏 1970）就符合原义了。

卷五七《虞翻传》："乃知东南之美者，非徒会稽之竹箭也。"（底 1320）这是孔融复信虞翻中的赞誉之词。竹箭，即筱，谓细竹。孔融之言语本《尔雅·释地》："东南之美者，有会稽之竹箭焉。"② 或注为："竹箭：竹竿做成的箭。会稽郡盛产适于做箭的箭竹，古代很有名。"（方 2650）就似是而非了。

在注释中，选词还是选字为注，大有讲究，将成词的词组分开为注，也会造成错讹。

卷一〇《荀彧传》："乃心无不在王室，是将军匡天下之素志也。"（底 310）所谓"匡天下"，即"一匡天下"，谓使天下得到匡正。语出《论语·宪问》："管仲相桓公，霸诸侯，一匡天下。"三国魏何晏集解引马融曰："匡，正也。天子微弱，桓公帅诸侯以尊周室，一正天下。"③ 这与荀彧始终企盼曹操匡扶汉室的一贯思维是相符的。注家如果只注"匡：匡正"或"匡：拯救"，不再理会"匡天下"的丰富内涵，未免辜负了荀彧劝导曹操的微言大义。

卷三二《先主传》"今但可然赞其伐蜀"（底 880），其中"但可"与

---

① （汉）张仲景撰，徐彬注《金匮要略论注》卷一八，影印文渊阁《四库全书·子部·杂家类》，台北商务印书馆 1986 年版，第 734 册第 162 页。
② （清）阮元校刻《十三经注疏·尔雅注疏》，中华书局 1980 年版，第 2615 页。
③ （清）阮元校刻《十三经注疏·论语注疏》，中华书局 1980 年版，第 2512 页。

"然赞"皆成词，前者犹言"只须"；后者即谓"赞同"。如果单注"但"为"只"，单注"然"为"认为对"，反而令读者费解。

卷三五《诸葛亮传》："君受大任，干国之重。"（底924）所谓"干国"，成词，意谓治理国家。《后汉书·史弼传》："议郎何休又讼弼有干国之器，宜登台相。"① 注家或只注"干"为"承担"；或只注"干"为"支持，担任"，就不确切了。

卷五四《周瑜传》："窃惟陛下钦明稽古，隆于兴继。"（底1266）其中"钦明"成词，意谓敬肃明察，语出《尚书·尧典》："曰若稽古帝尧，曰放勋，钦明文思安安，允恭克让。"孔传引马融曰："威仪表备谓之钦，照临四方谓之明。"② 后遂以"钦明"为对君主的颂词。如果仅单注"钦"为"敬"，反而令读者不知所云。

卷五八《陆逊传》："乃召逊假黄钺，为大都督。"（底1348）所谓"假黄钺"，成词，魏晋南北朝当位高权重之大臣出征时，往往加以"假黄钺"的称号，即代表皇帝亲征的意思。宋司马光《资治通鉴》卷八〇："命贾充为使持节、假黄钺、大都督，以冠军将军杨济副之。"元胡三省注云："黄钺，天子之器，非人臣所得专用，故曰假。"③ 如果分注"假"为"授予"，再注"黄钺"，反而造成意义上的含混不清。

卷六四《诸葛恪传》："愿圣朝稽则《乾》《坤》，怒不极句。"（底1442）"乾坤"，底本未加书名号，以笔者所见诸多选注本、全注本，也皆未加书名号。或加注云："指天地。"（方2910）前句或译为："希望圣朝效法天地。"（田1031）或译为："请求圣朝效法天地。"其实此处"乾坤"乃指《周易》中的《乾》《坤》二卦，当加书名号，两者连用，取其慎始敬终之义。《周易·系辞下》："黄帝、尧、舜垂衣裳而天下治，盖

---

① （南朝宋）范晔撰《后汉书》，中华书局1965年版，第2112页。
② （清）阮元校刻《十三经注疏·尚书正义》，中华书局1980年版，第118~119页。
③ （宋）司马光撰《资治通鉴》卷八〇，中华书局1956年版，第2558页。

取诸《乾》《坤》。"①《大戴礼记·保傅》:"《春秋》之元,《诗》之《关雎》,《礼》之《冠》《昏》,《易》之《乾》《坤》,皆慎始敬终云尔。"②如此解释,临淮郡人臧均上表乞求收葬诸葛恪,对大臣须慎始敬终的请求就显豁了;如果释"乾坤"为天地,实在难以自圆其说。

三、《三国志》有关地名的注译问题

《三国志》中涉及的一些地名,因陵谷变迁以及时代的因革因素,古今的变化很大,欲注释精当就有一定难度。史为乐主编《中国历史地名大辞典》,中国社会科学出版社 2005 年出版,全书收录七万馀词条,内容包括古国、都邑、各级政区、山川、泽薮、津梁、关隘、城镇、堡寨、交通道路、水利工程及与重大历史事件和人物有关的地名。这部辞书的编写注意吸收最新研究成果,反映最新水平,纠正了以往同类工具书中的许多错讹,无论规模和质量,都达到当代之最。显然,这部工具书对于当今《三国志》的地名注释大有助益。

对于东汉三国时期历史地名的注释,应当注意"点"与"面"的区别,特别在郡名与县名同一的情况下,区以别之就尤为重要了。如"广陵",卷二九《华佗传》:"军吏梅平得病,除名还家,家居广陵,未至二百里,止亲人舍。"(底 800)注释此处之"广陵",即当明确为广陵县并详其沿革:"秦置,属东海郡,治所今江苏扬州市西北蜀冈上。西汉为广陵国治,东汉为广陵郡治。"否则,若指广陵郡,则是一大片地域,正文"未至二百里"就无意义了。卷四七《吴主传》:"九月,魏文帝出广陵,望大江。"(底 1131)此处"广陵",当亦指广陵县。同是《吴主传》:"自庐江、九江、蕲春、广陵户十馀万皆东渡江,江西遂虚。"(底 1118)

---

① (清)阮元校刻《十三经注疏·周易正义》,中华书局 1980 年版,第 87 页。
② (汉)戴德《大戴礼记》卷三,影印文渊阁《四库全书·经部·礼类三》,台北商务印书馆 1986 年版,第 128 册第 426 页。

此处"广陵"则当指广陵郡，以与庐江、九江、蕲春三郡形成并列关系。广陵郡，东汉建武十八年（42）改广陵国置，辖境相当今江苏扬州、邗江、江都、高邮、宝应、金湖等市县地，治所广陵县（今江苏扬州市西北蜀冈上），东汉末移治射阳县（今江苏宝应东北射阳镇），三国魏移治淮阴县（今江苏淮阴西南甘罗城）。

有时地名的变迁与时代密切相关，注出其沿革损益尤为必要。如卷三二《先主传》中刘备因镇压黄巾军有功授职安喜尉，安喜，东汉末当作安熹，东汉章帝改安险县置，属中山国，治所今河北定州市东南三十里。三国魏改为安喜县。显然陈寿在叙事中采用了该事件发生以后魏国的县名写法。

卷三五《诸葛亮传》："使赵云、邓芝为疑军，据箕谷。"（底922）"箕谷"何在？或注云："箕谷：地名。通常认为在今陕西汉中市西北褒城镇北，即褒斜道的南口附近，这是不对的……箕谷的正确位置，应在今陕西太白县附近的褒河谷中。参见郭荣章《石门摩崖刻石研究》中《三国时的褒斜栈道》一文。"（方1819~1820）所云甚是。

《三国志》叙事简要，是其优点，但有时过于疏略，易致混淆，反映于地名称谓，更是如此。如卷二八《邓艾传》"于是留艾屯白水北"（底776），此白水，即今甘肃南部之白龙江。白龙江，一名岷江，嘉陵江的支流，源出甘、川边境岷山北侧，东南流经甘肃舟曲、武都、文县，至今四川广元市入嘉陵江。北魏郦道元《水经注》卷二〇《漾水丹水》："白水西北出于临洮县西南西倾山，水色白浊，东南流与黑水合。"[①] 而卷二八《钟会传》言蜀将姜维"退趣白水"（底788），此处白水乃指白水县，西汉置，属广汉郡，治所今四川青川县东北沙州镇。三国蜀属梓潼郡。卷三二《先主传》中"璋增先主兵，使击张鲁，又令督白水军"（底881），这里的白水，所指即白水县的白水关，亦名关头，东汉置，属白水县，位

---

① 王国维校《水经注校》卷二〇，上海人民出版社1984年版，第652页。

于今四川青川县东北沙州镇北。晋常璩《华阳国志》卷二《汉中志》："白水县有关尉，故州牧（刘）璋将杨怀、高沛守也。"① 即可为佐证。

《三国志》中有一些地域名未见著录，或系魏晋时代的习惯称谓。卷三六《张飞传》："曹公破张鲁，留夏侯渊、张郃守汉川。"（底 943）"汉川"何在？注家或不出注，或注云："县名，属江夏郡，在今湖北省安陆县。"（苏 1932）这与汉中堪称风马牛不相及。其实"汉川"即指汉中平原，位于汉中郡沔阳（今陕西勉县）至城固（今属陕西）一带。川，就是平原的意思。

《张飞传》："郃别督诸军下巴西，欲徙其民于汉中，进军宕渠、蒙头、荡石。"（底 943）实则"宕渠蒙头荡石"六字不当点断，注家对此多未理会。考"宕渠"与"蒙头荡石"系从属关系，宕渠，即宕渠县，西汉置，属巴郡，治所今四川渠县东北七十四里土溪乡渠江南岸城坝古城。东汉建安末为宕渠郡治。《蜀中广记》卷五四《渠县》云："汉宕渠县也。石过水为宕，水所居为渠。蜀汉、晋、隋皆置郡于此。"② 蒙头荡石，则为一处，更不当点断，位于今四川渠县东北七里八濛山。今传拓本"汉将军飞率精卒万人大破贼首张郃于八濛立马勒铭"二十二字，汉隶字体，据说即张飞所书，即后世所称"八濛摩崖"，又称"桓侯碑"。

有一些地名不宜简注，明其来龙去脉大有必要。如卷四七《吴主传》："八年春二月，丞相陆逊卒。夏，雷霆犯宫门柱，又击南津大桥楹。"（底 1146）"南津大桥"何在？即建业（今江苏南京市）南城门朱雀门外的浮桥，横跨秦淮河上。三国吴时称南津桥，晋改名朱雀桁，亦称朱雀航。桥为连船而成，长九十步，广六丈。因在台城南，又称"南航"。秦淮河上二十四航，此为最大，又称"大航"。《江南通志》卷三

---

① （晋）常璩撰《华阳国志》卷二，影印文渊阁《四库全书·史部·载记类》，台北商务印书馆 1986 年版，第 463 册第 150 页。

② （明）曹学佺撰《蜀中广记》卷五四，影印文渊阁《四库全书·史部·地理类三》，台北商务印书馆 1986 年版，第 591 册第 735 页。

○:"朱雀航在江宁县,晋置,即吴之南津桥也。桥在宫城朱雀门南,亦谓之南航,又曰大航,以秦淮诸航此为之最也。"①

《三国志》中有一些地名即使精确到县的区划,仍觉粗糙,须据其他文献补注。如卷一《武帝纪》:"公与荀彧书曰:'贼来追吾,虽日行数里,吾策之,到安众,破绣必矣。'"(底15)地名安众,无论选注还是全注本,皆以安众县县名为释,实则此乃谓安众港,位于今河南邓州市东北赵河畔。北魏郦道元《水经注》卷二九《淯水》:"涅水又东南径安众县,竭而为陂,谓之安众港。魏太祖破张绣于是处,与荀彧书曰:绣遏吾归师,迫我死地。盖于二水之间,以为沿涉之艰阻也。"②用《水经注》为证,即可明确出安众港的确切位置。

《武帝纪》:"术退保封丘,遂围之,未合,术走襄邑,追到太寿,决渠水灌城。"(底10)"太寿"何在?文献未见著录,今人作注多袭用清人说法。卢弼《三国志集解》卷一引赵一清(1709~1764)云:"太寿不见于两《汉志》,大约在宁陵、襄邑之间。"③张舜徽主编《三国志辞典》也大致采用赵一清说法:"太寿:聚落名。大约在宁陵、襄邑之间,即今河南宁陵与睢县之间。"④ 按,太寿或系水渠名,东汉后干涸消失,故其名后世不彰。卷九《夏侯惇传》:"复领陈留、济阴太守,加建武将军,封高安乡侯。时大旱,蝗虫起,惇乃断太寿水作陂,身自负土,率将士劝种稻,民赖其利。"(底268)此与《武帝纪》中"决渠水灌城"一句适相对应。

卷九《夏侯渊传》:"使张郃督步骑五千在前,从陈仓狭道入,渊自督粮在后。"(底271)何谓"陈仓狭道"?为之作注如果只出注陈仓县:"陈仓:县名。在今陕西省宝鸡市东。"(苏497),显然没有触及问题的核

---

① (清)黄之隽等编纂《江南通志》卷三○,影印文渊阁《四库全书·史部·地理类一》,台北商务印书馆1986年版,第508册第31页。

② 王国维校《水经注校》卷二九,上海人民出版社1984年版,第944页。

③ 卢弼著《三国志集解》卷一,中华书局1982年版,第14页。

④ 张舜徽主编《三国志辞典》,山东教育出版社,1992年,54页。

心，令读者一头雾水。所谓"陈仓狭道"，即故道，自陈仓（今陕西宝鸡市东）西南行出散关，沿故道水（今嘉陵江上游）谷道至今凤县，折东南入褒谷，至汉中，长约五百馀里。

卷九《曹爽传》"发才人五十七人送邺台"（底285），"邺台"何在？建安十五年（210），曹操为魏王时，在邺起冰井、铜雀、金虎三台，其中以铜雀台最为有名。三台故址位于今河北临漳城西南三台村。注家于"邺台"或不出注，或注为"邺城过去的魏王宫"（方523），当属智者偶疏。

《三国志》中的有关地名，古人作注也会偶有疏失。卷一一《田畴传》："畴乃更上西关，出塞，傍北山，直趣朔方。"（底340）宋司马光《资治通鉴》卷六〇也有略同的记述："畴乃自选家客二十骑，俱上西关，出塞，傍北山，直趣朔方。"元胡三省注云："西关，即居庸关。北山，即阴山。"① 今人也多沿袭胡三省的说法，将"北山"或注为："北山：即阴山。"（缪265）或注为："北山：山名。在今内蒙古包头市北。即阴山。"（方635）或注为："北山：即阴山。在今内蒙古自治区中部。"（苏626）。实则"北山"当谓今北京市以北的东西走向的燕山山脉，蜿蜒数百里，"傍"作为动词即"沿着"的意思，西关（今居庸关）正位于燕山山脉，从西关出塞，只能沿着燕山山脉西行，与地处今内蒙古的阴山当无关涉。

四、《三国志》翻译中的主语、宾语确定及其他

运用白话翻译《三国志》，除与注释需要相互呼应外，还有一个主语的确定问题。文言中的主语往往省略，转为白话就须明确。

卷三二《先主传》："吴遣将军李异、刘阿等踵蹑先主军，屯驻南山。

---

① （宋）司马光撰《资治通鉴》卷六〇，中华书局1956年版，第1947页。

秋八月，收兵还巫。"（底 890）蜀、吴究竟是哪一方收兵？或译为："秋八月，先主收兵回到巫县。"（缪 610）或译为："秋季的八月，刘备收兵返回巫山。"（苏 1831）蜀昭烈帝章武二年（222），刘备兵败夷陵之战，退入白帝城（今重庆市奉节东），直到去世。巫县在白帝城以东，位于荆州与益州北部的交界地带，吴军追踪刘备的军队，曾驻扎在位于今重庆市奉节县东北的南山，因而收兵还巫县者只能是吴军，谓蜀汉"收兵还巫"就弄错了方位。

卷四四《蒋琬传》："琬以为昔诸葛亮数闚秦川，道险运艰，竟不能克，不若乘水东下。乃多作舟船，欲由汉、沔袭魏兴、上庸。会旧疾连动，未时得行。而众论咸谓如不克捷，还路甚难，非长策也。于是遣尚书令费祎、中监军姜维等喻指。"（底 1058~1059）这一段话最后一句的主语是何人？或译为："于是蒋琬派遣尚书令费祎、中监军姜维等人向刘禅说明自己的意图。"（缪 740）或译为："于是派尚书令费祎、中监军姜维等人向大家宣传解释这个意思。"（苏 2235）虽未明确主语，但仍暗指是蒋琬的派遣。实则派遣人是后主刘禅，正因为"众论"不同意蒋琬的主张，后主才向群臣"喻指"，蒋琬并没有"喻指"的资格。或译为："于是后主派尚书令费祎、中监军姜维等前去说明意思。"（方 2138）是为得之。

卷四四《姜维传》："二十年，魏征东大将军诸葛诞反于淮南，分关中兵东下。"（底 1065）后一句的主语是何人？或译为："魏国征东大将军诸葛诞在淮南反叛，分裂出关中的一部分军队东下。"（缪 745）或译为："曹魏征东大将军诸葛诞在淮南郡反叛，分领关中部分兵马向东进军。"（苏 2240）或译为："魏国征东大将军诸葛诞在淮南造反，魏朝调一部分关中驻军东下平叛。"（方 2134）显然最后一种译法最为准确。

原文宾语省略，译文也会发生逻辑上的问题并易生误解。卷五八《陆逊传》："先是，二宫并阙，中外职司，多遣子弟给侍。"（底 1353）由于句中"并阙"下缺少宾语，注译者极易将两字视为动宾结构，即宫阙对峙，于是就有了如下的三种译文。或译为："在此之前，太子和鲁王两宫并立，内朝和外朝的官职，多派遣子弟担任。"（缪954）或译为："当初，太子孙和的东宫与鲁王孙霸的鲁王宫各立门户，宫廷内外的职务多半派官宦子弟担任。"（苏2890）或译为："在此之前，太子孙和与鲁王孙霸两处宫府的侍从官员都有不少空缺；所以京城内外的在职官员，很多人都把自己的子弟派去作太子和鲁王的侍从。"（方2739）第三种译法看出首句宾语"侍从官员"的省略，因而译文顺畅，且与下文陆逊劝说全琮"不宜私出以要荣利"的话构成逻辑关系，较为准确。

翻译《三国志》绝非一件轻松的事情，稍有疏忽就会产生注释所不及的谬误。卷一一《田畴传》："今道路阻绝，寇虏纵横，称官奉使，为众所指名。愿以私行，期于得达而已。"（底340）或译为："现在道路阻塞断绝，贼寇任意劫掠；我受众人指名推荐，说是能够称职地完成使命；我请求带领私家的武装前往，时间上也希望不受限制，只要能到达就可以了。"（方674）如此翻译，似乎夹杂了译注者过多的想象成分，不够谨严。如果译为："如今道路阻塞断绝，盗贼遍地，我若以官方名义出使，将会被众人指点哄传，希望作为以私事出行的官员行事，不过期盼将使命送达而已。"两相比较，这后一种译法是否比较符合原意呢？

卷二一《刘劭传》："体周于数，凡所错综，源流弘远。"（底619）三句十二字，如何准确地用白话译出，并非易事。或译为："效法周朝的礼制，凡是他创立改革的制度，都有古制可循。"（田400）或译为："对于各种事理体察周全，他所综合融汇的学问、思想，源流既大且远。"（苏1213）或译为："生性擅长周密的计算。他所做的综合分析，都有清晰的条理。"（方1192）刘劭在人才选举制度建设方面的贡献以及在有关律法制订方面的努力，皆具有学以致用的实学性质，但他终究与魏晋玄学有些瓜葛，讲求数术，精通《周易》的所谓预测之学当不在话下。所谓"体周于数"，即谓其禀性擅长于事理、预测。所谓"交错综合"，语出《易·系辞上》："参伍以变，错综其数。"唐孔颖达疏："错谓交错，综谓总聚，交错总聚，其阴阳之数也。"① 通过此一番注释，译文即可作："禀性擅长于事理、预测，凡所占验交错综合，其源流广大深远。"如此译法，是否更符合原意呢？请读者不吝赐教。

卷二七《徐邈传》："昔子反毙于谷阳，御叔罚于饮酒。臣嗜同二子，不能自惩，时复中之。"（底739）这段话的前两句系用典，明其内容是译好白话文的保证。子反事见于《左传·成公十六年》，春秋鲁成公十六年（前575），楚国与晋国战于鄢陵（今河南鄢陵西北），楚国主帅子反在决战之前喝酒大醉，贻误战机，导致楚军大败，子反因而羞愧自杀。谷阳，即子反的仆从谷阳竖，决战前取酒令子反喝醉者就是他。御叔事见于《左传·襄公二十二年》，春秋鲁襄公二十二年（前551）的春天，鲁国大夫臧武仲出使晋国，天下雨，就去探望鲁国御邑大夫御叔。御叔在他自己的封邑里，打算饮酒，就说："哪里用得着圣人（指臧武仲）！我要喝酒了，而臧武仲却冒雨出行，还要他那聪明做什么？"鲁国大夫穆叔闻知这一番话后，就说："御叔他不配出使，反而对使者臧武仲傲慢，是国家的蛀虫。"于是下令惩罚御叔，将其封邑的赋税增加一倍。翻译这两句，对其本事不明就会失准，或译为："过去子反死在谷阳，御叔用饮酒罚人。"（田503）这两句译文真不知从何说起，可见译文不可简单从事。若译为："从前春秋时楚国主帅子反即因其仆从谷阳竖怂恿，在决战前饮酒大醉，失败自杀；春秋时鲁国御邑大夫御叔因饮酒对使者傲慢，受到增加赋税一倍的惩罚。"如此翻译方能将徐邈为嗜酒而自我辩解的幽默态度呈现于读者面前。

卷二八《邓艾传》："羌胡与民同处者，宜以渐出之，使居民表，崇廉耻之教，塞奸宄之路。"（底776）所谓"民表"，谓编民之外（编民，编入户籍的平民）；所谓"奸宄"，谓违法作乱的事情。《尚书·舜典》："蛮夷猾夏，寇贼奸宄。"孔传："在外曰奸，在内曰宄。"唐孔颖达疏：

① （清）阮元校刻《十三经注疏·周易正义》，中华书局1980年版，第81页。

538

"往者蛮夷戎狄猾华夏，又有强寇劫贼外奸内宄者为害甚大。"① 这是讲中国民众受蛮夷的影响而强取财物、杀害百姓并作乱于内外。如果注释明确，再加翻译，就运用自如了。或译为："凡是羌族人在内地与汉民杂居的，应当逐渐把他们迁回边境地区，使之居住在内地民众的外围；这样才容易对内地民众进行重视礼义廉耻的教化，从而堵塞犯法作乱的途径。"译文中"迁回边境地区"，原文并无此义。若译为："羌胡在内地与汉民杂居的，应当令羌胡逐渐从汉民中剥离，使居于编民之外，向编民推崇礼义廉耻的教化，以堵塞违法作乱者的途径。"如此是否更准确一些？

卷四七《吴主传》："乃欲哀亲戚，顾礼制，是犹开门而揖盗，未可以为仁也。"（底 1115）这正是成语"开门揖盗"的原始出处，谓在危难之时还讲求礼节，比喻不合时宜；绝非引狼入室或欢迎盗贼进门的取义。或译为："顾念传统的丧礼，这如同打开大门招引强盗，不能把这种行为称为仁。"（缪 773）或译为："事事奉行丧礼，这就好像大开家门欢迎坏人，这不能算是仁德啊。"（苏 2387）或译为："这时您却想哀哭亲人，顾及礼制；岂不等于是开门请盗贼进家吗？这可算不上是有仁爱之心啊！"（方 2266）三种译文的前后逻辑关联似皆含混不清，令读者不知所云。若译为："这种时候您为失去兄长而哀哭，顾及丧礼的传统，就如同开门揖盗一样不合时宜，在危难之际还讲求礼节，实在算不上仁爱之心的体现。"如此翻译是否更明晰？

《吴主传》："是以《春秋》晋侯伐卫，先分其田以畀宋人。斯其义也。"（底 1135）这是吴大帝黄龙元年（229）吴蜀修好盟约中的文字。据《左传·僖公二十八年》，在晋、楚之战中，晋国为孤立楚国并促使齐、秦两国对楚作战，就先将楚国盟国曹、卫的一部分土地分与宋国，再让宋国交好齐、秦两国，终于达到目的。或译为："所以《春秋》记载晋文公讨伐卫国，首先把它的土地分给宋国人，就是这个道理。"（缪 784）

---

① （清）阮元校刻《十三经注疏·尚书正义》，中华书局 1980 年版，第 130 页。

或译为："因此《春秋》记载晋侯将要攻打卫国，首先便将卫国的田土分给宋国的民众，我们正是遵从《春秋》所确定的原则。"（苏2398）或译为："《春秋》上记载晋文公讨伐卫国，先就把卫国的田地分给了宋国：正是这个道理。"（方2280）吴蜀盟约之所以使用春秋的典故，其目的在于说明土地分占对于吴蜀两国修好的意义，无涉于某种道理的说明或某种原则的确立。是否可以这样翻译："因而《春秋》记述晋国为孤立楚国并促使齐、秦两国对楚作战，就先将楚国盟国曹、卫的一部分土地分与宋国，再让宋国交好齐、秦两国，终于达到目的。这就是土地分占的实际意义所在。"

（原载《中国传统文化研究》第3辑）

文本细读与清诗注释

——《张鹏翮诗集校注》诠解商榷

胡传淮先生多年以来致力于乡邦文献的整理，撰著或主编（包括合作）有关巴蜀历史、文学与文化的书籍达七十馀部之多，撰写文章或随笔三百多篇，治学路向偏重于文史，堪称成果斐然。对于清中叶著名性灵诗人张问陶及其兄长张问安的诗歌尤为垂青，揄扬有加。总之，传淮先生是一位勤于著述的谦谦君子。我与传淮先生虽至今缘悭一面，但屡屡获赠其大作，受教良多。这次又收到他主编的《张鹏翮诗集校注》，我作为已经退休多年的老编辑，自然是喜出望外。

张鹏翮（1649～1725），是张问陶的高祖，在康熙朝算是一代重臣，官至文华殿大学士兼吏部尚书。其折冲樽俎的外交才干自不必说，治理黄淮以及运河，更是成绩卓著，曾屡受康熙帝的褒奖。他工诗善文，诗风大雅春容，台阁气象中也不乏性灵之趣，其诗歌是否对其玄孙张问陶的性灵取向有所影响，至今为论者所瞩目。从文学创作角度而言，张鹏翮诸体诗虽非一流作品，但在今天也不无研究价值。2006 年香港银河出版社曾出版胡传淮编选的《张鹏翮诗选》，2011 年中国文联出版社出版胡传淮主编《张鹏翮研究》，这两部书的出版为团结出版社 2020 年出版《张鹏翮诗集校注》打下了基础。笔者曾应邀为《张鹏翮研究》作序，末云："胡君传淮，谦谦君子，常年纂述乡邦文献，兢兢业业，经寒暑而匪懈；孜孜矻矻，历春秋以弥坚。"十年以后再看此评，亦非溢美之词。如《清风岭贞烈祠三首》（实仅一首）"题解"（P93），据明陶宗仪《辍耕录》卷三《贞烈》，将元末临海王氏以死抗争元千夫长并啮指血题诗崖石的本事和盘托出，对于读者读懂此诗大有助益。至于对遂宁周边山水以及人文景观的注释，若非诗人乡邦人士，确实难以从容措手。本诗集校注以光绪八年（1882）刻本《遂宁张文端公全集》为底本，原刻本分体编次，即以七律、五律、七绝、五绝、古体五种诗体依次为序，以律诗最多，但原编者对各体诗的编次并没有严格按照写作时间为序，这为其诗集的注释，特别是对某些诗作的本事考证带来一定的困难。

然而今人阅读古人诗文，文本细读方能知人论世，获取真知；囫囵吞枣，以致不求甚解，就难以读懂古人。如果说"郢书燕说"在所难免，那么"南辕北辙"就欲益反损了。为古人诗文作注，更不可草率从事，否则稍有不慎，贻误读者，非同小可。在拜读这部 50 万字的诗集校注的过程中，除佩服是书主编者一以贯之的刻苦精神而外，也陆续发现一些当下注释明清诗文所带有的普遍性问题，当属千虑一失。今谨分三题列举如下（所揭文字后括注校注本的页码），提出商榷意见，以就正于是书注者及广大读者，或许对于我们今天准确继承传统文化有共勉之益。

一、名物掌故与书证

清人诗作中有关清代的名物以及历史掌故，因时代的隔膜，不加注释或注释不到位，极易引来今人的误会。七律《御试太和殿恭记》是本书所录的第一首诗，为张鹏翮二十二岁在京师参加殿试后所写。首联"圣主垂衣坐建章，侍臣献赋谒明光"，注"建章"云："汉代长安宫殿名。后泛指宫阙。此指太和殿。"（第 1 页）对句未作注。实则"明光"也是汉代宫殿名，这里复指太和殿，当出注。唐武元衡《出塞作》："要须洒扫龙沙净，归谒明光一报恩。"① 是诗颈联"庆值一堂追喜起，吟成七字叶宫商"，出句"喜起"当出注。语出《尚书·益稷》："（帝）乃歌曰：'股肱喜哉，元首起哉，百工熙哉。'"② 孔传："股肱之臣喜乐尽忠，君之治功乃起。"② 后世即以"喜起"谓君臣协和，政治美盛。

《过瀛台御河桥》颈联对句"前席常怀借箸筹"（第3页），"前席"当出注，语出《史记·商君列传》："卫鞅复见孝公。公与语，不自知膝之前于席也。"③ 后世以"前席"谓欲更接近而移坐向前，常用为帝王虚心求教的典故。

《扈从应制》颈联出句"四野久知歌帝力"（第5页），"帝力"当出注。唐尧时古谣谚《击壤歌》："史曰：尧时有老父者，击壤而嬉于路，言曰：'我凿井而饮，耕田而食，帝力何有于我哉？'"④ 这里即以"帝力"颂扬康熙帝如尧帝。《恭和圣制喜雨》其一颔联"昔沐恩膏思帝力，今沾化雨听衢歌"（第8页），《河成》尾联出句"比户安居歌帝力"（第102页），所用者皆出典《击壤歌》。《陪祀大享殿祈谷》末句"尽是衢歌击壤人"（第196页），已然注出《击壤歌》的出典，可证注者并非不知此书证。

《平蜀宣捷》颈联出句"洗兵巫峡云开阵"注"洗兵"："洗刷兵器。表示胜利结束战争。"（第6页）实则"洗兵"系化用唐杜甫《洗兵行》诗意："安得壮士挽天河，净洗甲兵长不用。"⑤ 常用为止战的典故。《凯歌》其二"欲挽银河天上水，从教西去作恩波"（第353页），化用杜甫诗意更加明显，亦未出注。

《癸巳元日》首联出句"椒花柏叶媚年光"（第15页），"椒花柏叶"

① 《全唐诗》卷三一六，中华书局1960年版，第3547页。以下论述若仅以易见的古代文学作品为书证，为减省注释篇幅，恕不一一注明出处。
② （清）阮元校刻《十三经注疏》，中华书局1980年版，第144页。
③ （汉）司马迁撰《史记》卷六八《商君列传》，中华书局1959年版，第2228页。
④ （唐）徐坚等辑《初学记》卷九，中华书局1962年版，第203页。
⑤ （清）仇兆鳌注《杜诗详注》卷六，中华书局1979年版，第519页。

当出注。"椒花"，据《晋书·列女传·刘臻妻陈氏》，刘臻之妻元旦曾赋《椒花颂》，后世遂用为新年祝词的典实。"柏叶"，指柏叶酒，唐杜甫《人日》诗其二："樽前柏叶休随酒，胜里金花巧耐寒。"清仇兆鳌注："崔寔《四民月令》：元旦进椒、柏酒。椒是玉树星精，服之令人却老。柏是仙药，能驻年却病。"[①]颔联出句"日绕龙鳞开霁色"，"日绕龙鳞"当出注，语出唐杜甫《秋兴》诗其五："云移雉尾开宫扇，日绕龙鳞识圣颜。"清仇兆鳌注："龙鳞，谓衮衣之龙章。"[②]

张鹏翮诗宗唐人，特别喜效杜甫，其诗句化用杜诗处颇多，一一注明很有必要。如《康熙六十年颁历》颈联"许身耻落夔龙后，致主欲居尧舜前"（第27页），此联出句，语出杜甫《奉赠萧十二使君》诗："巢许山林志，夔龙廊庙珍。"对句，语出杜甫《奉赠韦左丞丈二十二韵》："致君尧舜上，再使风俗淳。"《忆涪水端阳》其二"双雁云边无信息，谁言浣水胜当时"（第233页），当隐括杜甫《戏作寄上汉中王二首》其一："云里不闻双雁过，掌中贪见一珠新。秋风袅袅吹江汉，只在他乡何处人。"意谓自己在江浙一带为官，因未收到故乡来信，慨叹不如当时杜甫在梓州的异乡之感。不明其诗句所本，就难以体味诗人当时内心复杂的情感。《奉使南行新城逢元旦望阙行庆贺礼》"仗节老臣心恋阙，每依北斗望长安"（第313页），对句语本唐杜甫《秋兴八首》其二："夔府孤城落日斜，每依北斗望京华。"《行台后园梅花雨后春寒尚未放香》"雨肥红绽尚含香，欲待东风透晚妆"（第320页），"雨肥红绽"语本杜甫《陪郑广文游何将军山林十首》其五："绿垂风折笋，红绽雨肥梅。"若能一一注出，当加惠读者不少。

注释中若能指出张诗间接借鉴杜诗处，也很有必要。《龙山晓钟》颔联"每因紫气窥龙剑，却向金门识岁星"，出句注云："紫气：宝剑之气

---

① （清）仇兆鳌注《杜诗详注》卷二一，中华书局1979年版，第1857页。
② （清）仇兆鳌注《杜诗详注》卷一七，中华书局1979年版，第1492页。

上彻于天，即为紫气。龙剑：即龙泉剑。《寰宇记》中说：'昔人就水淬之，剑化龙去，故剑名龙泉。'"（第145页）此注未明"窥"之取义何在。考《晋书·张华传》："初，吴之未灭也，斗牛之间常有紫气……（张）华曰：'是何祥也？'（雷）焕曰：'宝剑之精，上彻于天耳。'"①有此书证，则"窥"之妙用一目了然。对句注云："金门：又称金马门。汉武帝使学士待诏金马门，以备顾问；汉未央宫前有铜马，故曰金马门。岁星：即木星，又称太岁星。""金门"与"岁星"有何联系，关键处恰未注出。唐杜甫《题郑十八著作丈故居》"方朔虚传是岁星"，仇兆鳌注引《汉武帝内传》："西王母使者至，朔死。使者曰：'朔是木帝精，为岁星，下游人中以观天下，非陛下臣也。'"②又《汉书·东方朔传》："上（汉武帝）大笑，因使（东方朔）待诏金马门，稍得亲近。"③有明于此，此联对句取义就融会贯通了。《桃》第三四句"岁星归去空惆怅，可要移根到上林"（第327页），也是用东方朔（岁星）偷桃的掌故，惜未注出，仅以地球的八大行星之一木星详注之，诚属误解。据《初学记》卷二八《果木部·桃第三》引《汉武故事》："东郡献短人。帝呼东方朔。朔至，短人指朔谓上曰：'王母种桃，三千岁一子。此子不良，已三过偷之矣。'后西王母下，出桃七枚，母自啖二，以五枚与帝。帝留核着前，母曰：'用此何？'上曰：'欲种之。'母笑曰：'此桃三千年一着子，非下土所植。'"④

化用唐人诗意，在张诗中屡见，如《己亥诞辰》颔联"数茎白发知心苦，一片青山入梦愁"（第35页），当指出此联语本唐张继《归山》诗（一作顾况诗）："心事数茎白发，生涯一片青山。"如此方可寻得张诗真义所在。再如《紫薇花》尾联"记得唐人传逸事，紫薇堂下紫薇开"（第

① （唐）房玄龄等撰《晋书》卷三六，中华书局1974年版，第1075页。
② （清）仇兆鳌注《杜诗详注》卷六，中华书局1979年版，第471页。
③ （汉）班固撰《汉书》卷六五，中华书局1982年版，第2843页。
④ （唐）徐坚等辑《初学记》，中华书局1962年版，第674页。

116 页），何谓"逸事"？可惜无注。紫薇，又作"紫微"，唐玄宗开元元年改中书省为紫微省，中书舍人即称紫微舍人。白居易《紫薇花》诗："丝纶阁下文书静，钟鼓楼中刻漏长。独坐黄昏谁是伴，紫薇花对紫微郎。"所谓"传逸事"本此。注者不揭白诗书证，就会令一般读者莫名其妙。

可见准确注出诗句的出处，是读懂张诗某些诗句的关键。《秋后百日红花盛开》其二"雨打残花碧树空，纳凉犹忆北窗风"，出注云："北窗风：指清闲自适的生活。典出唐代李白《戏赠郑溧阳》：'清风北窗下，自谓羲皇人。'又如，唐代李商隐《自贶》：'谁将五斗米，拟换北窗风。'"（第 209 页）然而上揭唐代二李之诗并非"北窗风"的原始出典，实则当以晋陶渊明《与子俨等疏》为书证："常言五六月中，北窗下卧，遇凉风暂至，自谓是羲皇上人。"张诗写于秋后，故言"纳凉犹忆"，与陶文所述最为贴切。《柳》"灵和殿下护春烟，想象风流二月天"，出注"二月天"云："指盛唐诗人贺知章七绝《咏柳》中春柳之情态。"（第 263 页）实则两句语出唐韦庄《丙辰年鄜州遇寒食城外醉吟五首》其一："满街杨柳绿丝烟，画出清明二月天。"《杏》其二"终笑朱陈千万树，题诗惟有姓苏人"，注云："朱陈：陈朱。指杏花怒放于树冠之态。陈：陈列；排列。姓苏人：苏轼《蝶恋花·春景》：'花褪残红青杏小……'"（第 328 页）按，"朱陈"成词，谓朱陈村，白居易《朱陈村》："徐州古丰县，有村曰朱陈……一村唯两姓，世世为婚姻。"苏轼《陈季常所蓄朱陈村嫁娶图》其二："我是朱陈旧使君（朱陈村，在徐州萧县），劝耕曾入杏花村。而今风物那堪画，县吏催钱夜打门。"两句诗即以白、苏上揭二诗为依据吟哦而出。误解"朱陈"，又错引书证，细读文本就无从谈起。

《晴日梅花》其二"寻芳无处醉流霞，独夜空庭一树花。"注云："流霞：浮动的彩云。"（第 321 页）实则"寻芳"句语本李商隐《花下醉》："寻芳不觉醉流霞，倚树沉眠日已斜。"有此书证，可知"流霞"在这里是美酒的意思，与所谓"浮动的彩云"并无关联。

详明诗句出处是正确鉴赏全诗的前提。《使节经曹县祷雨大沛》尾联"莫讶使臣多顾虑，先忧后乐古人情"（第107页），对句未出注，"古人情"即无着落，三字乃语本宋范仲淹《岳阳楼记》："先天下之忧而忧，后天下之乐而乐。"《忆涪水端阳》其三"鱼跃鸢飞入眼多"，注云："鸢：鸟名。鸷鸟。属猛禽类。俗称鹞鹰、老鹰。"（第233页）实则"鱼跃鸢飞"语本《诗经·大雅·旱麓》："鸢飞戾天，鱼跃于渊。"唐孔颖达疏："其上则鸢鸟得飞至于天以游翔，其下则鱼皆跳跃于渊中而喜乐，是道被飞潜，万物得所，化之明察故也。"[1] 后以"鸢飞鱼跃"谓万物各得其所。上揭两例书证若不注出，张诗所蕴含的言外之义则泯然无存。

《己亥八月二十八日夜梦见大人》"依稀犹似趋庭日，烂漫春光昼锦堂"（第238页），"昼锦堂"未出注。宋欧阳修《相州昼锦堂记》："仕宦而至将相，富贵而归故乡，此人情之所荣，而今昔之所同也。"张诗巧用其意，委婉表达出对已故父亲的怀念。

《送张篑山学士还里》"南宫拔第一，灿灿垂元灯"，张篑山即张贞生（1623~1675），注者已然注出。他于顺治十五年（1658）礼部会试考中第一名会元，殿试考中二甲第六十五名进士，所谓"南宫拔第一"即称誉他曾考中会元的功名，应当注明。又"此心何所似，譬乃玉壶冰"，注"玉壶冰"："壶水成冰，喻高洁清廉。"（第374页）未揭书证，这一解释就不确切，两句诗语本唐王昌龄《芙蓉楼送辛渐二首》其一："洛阳亲友如相问，一片冰心在玉壶。"意在以王昌龄因事被贬官比喻张贞生的去官还里，联系末两句"元首今称圣，终当念股肱"，可见"玉壶冰"隐然含有为其鸣不平的意思。

《己亥冬至陪祀天坛》颈联出句"上通帝座精诚格"（第24页），"上通帝座"未出注。帝座，亦作"帝坐"，古星名，属天市垣。即武仙

---

① （清）阮元校刻《十三经注疏》，中华书局1980年版，第516页。

座 α 星。战国甘德、石申《星经》对"帝座"早有记述。旧题后唐冯贽所撰《云仙杂记》卷一引《搔首集》："李白登华山落雁峰，曰：'此山最高，呼吸之气想通天帝座矣，恨不携谢朓惊人诗来，搔首问青天耳。'"①《祈谷坛陪祀》其一第三四句"共竭精诚通帝座，祈年原自为苍生"（第198页），注"帝座"云："帝王的座位。"显然是误解。

明清科举考试，八股文以"四书"命题，另有"五经"题，应试者"各占一经"，可不顾及其馀四经。张鹏翮所习者《诗经》，其诗喜化用《诗经》不足为怪。《楝树》"更闻彩凤来求实，人羡朝阳第一家"，注"朝阳"云："向着太阳"（第244页），诚属误解。"朝阳"语出《诗经·大雅·卷阿》："凤凰鸣矣，于彼高冈。梧桐生矣，于彼朝阳。""朝阳"即谓山的东面。作者写楝树而忽及梧桐，当别有取义。《送人》"还期鸣凤在朝阳"（第263页），注者已然注引《诗经》此书证，惜又未揭篇名。

诗人化用《诗经》句意，若失注，就不能正确理解诗人的用心良苦，长篇古诗《集蓼篇》即多处以《诗经》为典，须一一注出，方能悟其深意。"出入惟衔恤"一句，注云："出入：谓朝廷内外。指出将入相。惟：愿，希望。衔恤：父母死后守丧。指为母守丧。康熙十九年四月二十五日，诗人之母景太夫人卒葬遂宁玉堂山。"（第380页）实则全句语本《诗经·小雅·蓼莪》："无父何怙？无母何恃？出则衔恤，入则靡至。"汉郑玄笺："恤，忧。"② 又"启处不敢康，中心如有失"二句，注云："启处：谓安居。康：安乐。中心：心中。"（第380页）所谓"启处"，语出《诗经·小雅·四牡》："王事靡盬，不遑启处。"所谓"不敢康"，语出《诗经·周颂·昊天有成命》："成王不敢康，夙夜基命宥密。"从诗题可知，《集蓼篇》即多采用《诗经》成句以表达孝思，因篇幅关系，这里不备举。可见注出其《诗经》依据，对于准确理解这首长达一百零六

---

① 周勋初主编《唐人逸事汇编》卷一四，上海古籍出版社1995年版，第700页。
② （清）阮元校刻《十三经注疏》，中华书局1980年版，第459页。

句的五古极为必要。歌行体诗《白云篇》"写忧惟应金罍酌"（第 386
页），若不明其《诗经·周南·卷耳》"我姑酌彼金罍，维以不永怀"的
出典，则"写忧"何以与"金罍"相关联，就难以索解了。

注释古人诗歌重视书证的作用，集部而外，经部、史部与子部的经典
皆不可忽视。《劝农》尾联"小憩甘棠勤劝相"，注者注云："小憩句：意
思是在种有棠梨的庭院中稍微休息的时候，尽情地劝导勉励农桑。劝相，
劝导勉励。"（第 92 页）如此诠释，不得诗中真义所在。实则一句之中两
用经典，意在凸显官员到乡间的劝农之举。"小憩甘棠"，语出《史记·
燕召公世家》："周武王之灭纣，封召公于北燕……召公巡行乡邑，有棠
树，决狱政事其下，自侯伯至庶人各得其所，无失职者。召公卒，而民人
思召公之政，怀棠树不敢伐，哥咏之，作《甘棠》之诗。"① 又《诗经·
召南·甘棠》："蔽芾甘棠，勿剪勿败，召伯所憩。""劝相"，语出《易
经·井卦》："君子以劳民劝相。"唐孔颖达疏："君子以劳来之恩，勤恤
民隐，劝助百姓，使有成功，则此养而不穷也。"②《易经》的书证不可忽
视。《恭和圣制韩庄喜雨》尾联出句"丰年书大有"（第 154 页），未出
注。实则"大有"两字，语本《易经》卦名，即乾下离上。象征大，多。
后世多喻丰收。注释古人诗歌，书证的揭示对于理解诗歌真义不可或缺的
作用，可见一斑。

《樗》："散材虎目免雕镌，不幸之中得保全。独怪香椿名更大，春秋
两度八千年。"注者"题解"云："此诗用对比的手法托物抒怀。诗人以
无用之材得以保全的臭椿自喻，表现了自己如香椿一般徒有虚名，以致于
至老劳顿的无奈与酸楚。"（第 243 页）如此解诗似不确切，且自相矛盾。
这首七绝实为诗人读《庄子》有关篇章后的哲理思考，并没有自我融入
的意识。全诗语本《庄子·逍遥游》："惠子谓庄子曰：'吾有大树，人谓

---

① （汉）司马迁撰《史记》卷三四《燕召公世家》，中华书局 1959 年版，第 1549~
1559 页。
② （清）阮元校刻《十三经注疏》，中华书局 1980 年版，第 60 页。

之樗。其大本拥肿而不中绳墨，其小枝卷曲而不中规矩。立之涂，匠者不顾……'"散材，即散木，谓无用之木，见《庄子·人间世》。至于注者注"虎目"云："疑应为腐木。"就属臆断了。实则"虎目"乃樗的别称。明李时珍《本草纲目》卷三五《椿樗》："椿、樗易长而多寿考，故有椿栲之称。《庄子》言大椿以八千岁为春秋，是矣。椿香而樗臭……椿，北人呼樗为山椿，江东呼为虎目树，亦名虎眼，谓叶脱处有痕如虎之眼目，又如樗蒲子，故得此名。"①

《纪梦》颔联对句"白云归去为思亲"（第 133 页），注者未出注。"白云"典出《新唐书·狄仁杰传》："亲在河阳，仁杰登太行山，反顾，见白云孤飞，谓左右曰：'吾亲舍其下。'瞻怅久之，云移乃得去。"②《彩衣亭下见藤花开忆去岁侍大人饮燕于此今燕蜀两地不胜瞻望白云之感》（第 174 页），诗题"瞻望白云"；《自叹》"日日瞻云念老亲"（第 220 页）；《新开岭白云》"今日凭高无限意，白云看罢倚栏干"（第 342 页）；《集蓼篇》"瞻云怀屺岵"（第 377 页）；皆用唐人狄仁杰思亲之典，可惜注者均未注。《白云》注云："比喻思亲、思乡。"（第 226 页）并举《旧唐书·狄仁杰传》为书证，可见注者并非不知"白云"出典，何以此前数诗忽略？

《扬州旅夜梦见先帝召问》颔联"尊贤三异进，养老五更同"（第 157 页），出句"三异"出注，对句"五更"则未注。所谓"五更"，古代设三老五更之位，天子以父兄之礼养之。见《礼记·文王世子》。

《汉川歌》"负米与绝裾，贤豪同惋惜"，注云："负米：谓外出求取俸禄钱财等以孝养父母。绝裾：断去衣襟。《晋书·温峤传》载，温峤受刘琨命，至江南，奉表劝司马睿即位。峤欲将命，其母崔氏固止之，峤绝裾而去。后即以'绝裾'表示去意坚决。"（第 376 页）未明"负米"出

---

① （明）李时珍编《本草纲目》卷三五，中国书店 1988 年版，第 11 页。
② （宋）欧阳修、宋祁撰《新唐书》卷一一五，中华书局 1975 年版，第 4207 页。

典，就令"贤豪同惋惜"一句失去了依据。"负米"典出《孔子家语·观思》："子路见于孔子曰：'负重涉远，不择地而休；家贫亲老，不择禄而仕。昔者由也事二亲之时，常食藜藿之实，为亲负米百里之外。亲殁之后，南游于楚，从车百乘，积粟万钟，累茵而坐，列鼎而食，愿欲食藜藿，为亲负米，不可复得也。枯鱼衔索，几何不蠹？二亲之寿，忽若过隙。'孔子曰：'由也事亲，可谓生事尽力，死事尽思者也。'"① 显然"子欲养而亲不待"与"绝裾"即不听母亲劝告的不孝之举，正是"贤豪同惋惜"的缘由。前者不注出典，就令读者如堕五里雾中。

注释古人文学作品，有关典章制度与文化风俗也须有所了解。《二弟七十》尾联"人间七十应休暇，莫怪当关报客迟"，注"当关报客"云："守门人报告客人到了。"（第 37 页）如此望文生义，所谓"客人"与"七十应休暇"有何逻辑关联？全联意谓如果人到七十还不致仕，就不要责怪门吏催促自己早起的呼唤。三国魏嵇康《与山巨源绝交书》："卧喜晚起，而当关呼之不置。"原来汉代设置当关之职，天快亮时即至门呼人使起。

《天坛斋宿》"题解"云："此诗简明地概括了诗人在农历五月随伺皇帝到天坛斋宿的经历……"时间错误。按，天坛为清廷祭天之所，于每年冬至举行盛大典礼，帝王与陪祭群臣先一日斋戒独宿，以示虔诚。首联"斋宿南郊夜，一阳来复时"（第 161 页），对句已明确点明冬至（公历每年的 12 月 22 日左右），古人认为冬至后白天渐长，属于阳气初动，故冬至又称"一阳生"，即所谓"一阳来复"。注者注称"农历五月也称为一阳月"，未知何据。若仅以"阳月"论，古人则别称农历十月。《题鹤鸣山二首》其一尾联"神仙不在彝伦外，打破泥凡第一关"（第 141 页），"泥凡"当作"泥丸"，原稿形讹。所谓"泥丸"即道教中脑神的别名。道教以人体为小天地，各部分皆赋以神名，称脑神为精根，字泥丸。

---

① 廖名春、邹新明校点《孔子家语》，辽宁教育出版社 1997 年版，第 20 页。

注释古人诗歌，稍有不慎，往往会出现硬伤。《恭和圣制挽大学士张玉书》，颔联"一代文章诗礼旧，千秋事业鼎彝新"，注出句云："盛赞张玉书的文章在当世称雄，就连古代经典《诗》《礼》在它面前都显得陈旧了。"（第26页）汉代以后"独尊儒术"，儒家经典神圣不可侵犯，张鹏翮作诗绝不敢如此立意，况且是"恭和圣制"呢！康熙帝写有七律《大学士张玉书挽诗》："文章末齿秉丝纶，旧德凝承近紫宸。瀚海天山同正略，江干河道与尝新。表贤未及身先没，颐养空谈梦后湮。挥泪长歔叹佐斗，从来伤痛肃雍臣。"① 张诗所谓"诗礼旧"，乃"诗礼旧家"的意思，与康熙诗首联对句相应，即夸耀张玉书文才秉承家族之学；对句则谓张玉书为清廷的千秋大业再建新功。又如《重经山店有感》"曾忆黄花过水滨"，注云："黄花：黄花闺女，处女的俗称。"（第344页）此"黄花"也是点出时令，乃季秋之月（农历九月间），与"处女"并无牵涉，更与唐崔护《题都城南庄》诗意毫无关联。

二、诗歌与地名考核

注释清人诗歌，涉及古今地名问题尤须谨慎，否则张冠李戴，极易误导读者。张鹏翮七律《万寿坛雨中送驾》（第26页），七绝《万寿坛雨中送驾》（第191页），注者注"万寿坛"云："位于现在北京故宫博物院内。"按，清代紫禁城内从未闻有万寿坛的建置，且紫禁城内也不劳大臣雨中陪侍。万寿坛当指京师万寿寺内举行祈祷法事的场所。清吴长元辑《宸垣识略》卷一四《郊垌三》："万寿寺在广源闸西数十武，明万历五年建，殿宇极其宏丽。"② 这一所寺院属于集寺庙、行宫、园林于一体的佛教胜地，曾为清代皇家用为祝寿庆典的重要场所。其寺今存，位于今北京

---

① 王志民、王则远校注《康熙诗词集注》，内蒙古人民出版社1995年版，第559页。

② （清）吴长元辑《宸垣识略》卷一四，北京古籍出版社1981年版，第282页。

市海淀区西直门外苏州街南、紫竹桥北，另悬挂有北京艺术博物馆牌。颈联对句"一片青山忆旧年"，即望中所见的写实之笔，而紫禁城内是看不见青山的。《万寿坛》五律（第160页），所咏与此诗同一。上揭七律尾联对句"衡门好咏白云篇"，出注云："白云篇：隐士之诗。"如此为解显然与"送驾"题旨有违，诗人绝不会如此不晓事。这里的"白云篇"系借代康熙帝的诗作，典出汉武帝《秋风辞》"秋风起兮白云飞"。

《黄州怀古》颈联"童山野寺三更磬，隔浦人家半夜灯"，注者注"童山"云："童山寺：位于现在浙江省宁波市慈溪县境内。"（第68页）这真是风马牛不相及了，位于今湖北东部的黄冈，怎么能听到位于今浙江慈溪童山寺的击磬之声？所谓"童山"即无草木的山，与对句"隔浦"的组词结构略同，适成对偶。

《九日》，注者"题解"云："此诗写于康熙五十九年（1720）九月九日。"（第69页）不知何所据而云然。康熙五十九年，诗人正在吏部尚书任上，而是诗首联出句即云"停桡信宿楚江边"，显然不可能出于在京师任上百事倥偬的官员之口。是诗当写于康熙二十年（1681），去年四月，张鹏翮母亲景太夫人卒。是诗尾联"回首去年今日事，西陵峡里亦潸然"，可证诗乃诗人母去世后的第二年所写，诗人时丁内艰，正居家守丧，并无官务缠身。

《鸡鸣山怀古》："闻说当年帝子过，清秋匹马渡浑河。天连大漠黄云合，地接平沙白草多。谏猎空留丞相草，从龙漫羡侍臣珂。于今大化风行远，万里鸣驼奏凯歌。"注者完全没有顾及这首七律的怀古内容，因而注释地名就会错位。出注"鸡鸣山"云："山名。位于今河北省张家口市下花园东侧。"正确。然而出注"浑河"云："古称沈水，又称小辽河。发源于辽宁省抚顺市清原满族自治县湾甸子镇滚马岭。"（第85页）小辽河与鸡鸣山堪称风马牛不相及，毫无关联性可言。此诗首联当书写明初燕王朱棣为国戍边的历史，"帝子"即帝王之子，称尚未通过"靖难"登上皇帝宝座的朱元璋第四子朱棣恰如其分。洪武二十三年（1390）燕王朱棣曾率军打败北元馀部，从而声名远播。浑河，即永定河，位于今河北省西北部，上游桑干河源出山西北部的管涔山，东北流至河北怀来境称永定河，东南流经北京西部，至天津市入海河。在明朝，浑河与鸡鸣山一线正是明军与北元军事势力错综交锋的地带。鸡鸣山，位于今河北张家口市东南。清顾祖禹《读史方舆纪要》卷一七保安府：磨笄山"亦名鸡鸣山……正统十四年，瓦剌也先犯大同，奄王振主亲征，驾次鸡鸣山，敌渐退，伏塞外以诱我，即此山也。"①诗颔联书写塞外景象，颈联过渡到明英宗率军亲征已取代北元的蒙古瓦剌部的历史。当时吏部尚书王直曾率群臣进谏明英宗轻率之举，英宗完全听信宦官王振，没有纳谏，令王直留守京师。据《明史·英宗本纪》记述，土木之败，明英宗被瓦剌俘虏，死者数十万。英国公张辅、奉宁侯陈瀛、驸马都尉井源、平乡伯陈怀等皆战死。朱元璋为加强君主专制，撤裁丞相，而以大学士入阁协助帝王处理政事，后人即俗称入阁大学士为丞相。吏部尚书王直始终未就阁臣，诗中"丞相草"云云，或用三国蜀丞相诸葛亮上表劝谏后主刘禅的掌故。至于"漫羡"，注者亦未出注，系散漫无纪律的意思；"珂"，注者注云："色似玉的美石。"不通，这里当指马勒的饰物，借代战马。颈联对句即谓随从英宗亲征的武官散漫而无统一指挥，因而大败亏输。尾联转而歌颂清朝文治武功远胜前朝，是这首怀古诗的目的所在。可见梳理清楚此诗的怀古内容是正确诠释其内容的基础。

《登归化城楼口占》颔联出句"龙门客醉燕山月"，注者出注"龙门"云："韩城地域的代称。"（第 86 页）所谓"韩城地域"与归化相距遥远，毫无关联性。显然"龙门客"不可分开为注，系诗人用典，据《后汉书·李膺传》载，李膺不妄交接，有被其容接者为登龙门。后人即称高门上客为"龙门客"。诗人作为清廷外交使节出使俄罗斯，以"龙门客"自称，符合其身份。是诗颈联"秣马不堪宵露下，司军应念挈壶

---

① （清）顾祖禹撰《读史方舆纪要》卷一七，中华书局 2005 年版，第 786 页。

愁"，注"挈壶"云："悬壶。"这令读者莫名其妙，难道是"悬壶济世"，意谓行医卖药？显然不是。按，挈壶语出《周礼·夏官·挈壶氏》："掌挈壶以令军井。"汉郑玄注引郑司农曰："挈壶以令军井，谓为军穿井，井成，挈壶悬其上，令军中士众皆望见，知其下有井。"[①] 颈联出句谓塞外天寒，对句谓塞外取水不易。若如此为注，诗意豁然。

《紫云洞观稼》，注者注"紫云洞"云："此指位于山西平顺县石城镇黄花村黄花山的紫云洞，也名苍龙洞。"（第 92 页）不知所据。诗首联出句"凭高极目尽田桑"，颔联出现"橘柚"与"香稻"词组，似非晋东南的太行山麓乡村景象，而是一片江浙水乡风光。康熙二十八年至康熙三十五年（1689~1696），张鹏翮任浙江巡抚、江南学政，浙江杭州栖霞山有紫云洞，可参考。是诗颈联出句"日斜山径牛羊下"亦未出注，当语本《诗经·王风·君子于役》："日之夕矣，羊牛下来。"

《泾川道中》，注者注"泾川"云："今泾川县，隶属于甘肃省平凉市，位于甘肃省黄土高原中部秦陇交界处。"（第 96 页）据胡传淮《张鹏翮年谱》，诗人似未到过甘肃泾川，此泾川当指安徽泾县西南的泾溪。唐李白《泾川送族弟錞》："泾川三百里，若耶羞见之。"清李琦注云："泾川，即泾溪也，在泾县西南一里，唐时隶宣城郡。源出石埭，流经南陵宣城，逾芜湖入大江。《通典》：宣州泾县有泾水，越州会稽县有若耶溪。"[②] 从张诗中"爽气浮""带溪流""云霞满"等描写来看，显然江南景色，与甘肃泾川县毫不相干。

《潼关》尾联"多少英雄眼底事，麒麟台上角声愁"，注"麒麟台"云："亦名获麟台、获麟冢，因鲁哀公'西狩获麟'处而名。位于今山东菏泽麒麟镇陈胡庄以东、后冯桥以北大洼内。"（第 106 页）全诗所咏者乃地处今陕西的潼关，与地处山东之麒麟台何干？此麒麟台谓汉未央宫中

---

① （清）阮元校刻《十三经注疏》，中华书局 1980 年版，第 844 页。
② （清）王琦注《李太白全集》卷一八，中华书局 1977 年版，第 865 页。

之麒麟阁旧址，汉宣帝时曾图霍光等十一功臣像于阁上，以表扬其功绩，正与出句"英雄"云云关联。称"阁"为"台"，以其地面建筑早毁，仅存仿佛之阁基而已。

《纪梦》颈联"怀想桥陵入梦频"注云："桥陵：即黄帝陵。在陕西省黄陵县桥山。"（P133）按，"桥陵"当指帝王陵墓，此处即指代康熙帝。是诗写于雍正二年（1724），当时康熙帝已经故去，其生前对张鹏翮有知遇之恩，故"入梦频"，与远古黄帝实无关涉。

《拟西苑阅武》注"西苑"云："苑名。在北京市旧皇城西华门西，本金离宫。"（第157页）这是源于《汉语大词典》的注释，所指为皇城内西苑。皇城之内地方狭小，如何"阅武"？诗题中"西苑"乃指位于今北京颐和园东宫门外东南侧、圆明园遗址西南侧的西苑校场，当时为京师开阔地带，今虽不存，但"西苑"其名至今仍沿袭旧称。西苑校场又俗称"西厂""西厂子""西园"，雍正初建引见楼，乾隆时赐名"山高水长"，成为圆明园四十景之一，也是专供皇家子弟和八旗兵习练武艺的大操场。《西厂校武》七绝，注云："西厂：本是明朝官署名，即西缉事厂。此代指校武的场地。"（第194页）大误。所谓"西厂"就是西苑校场。注释所称之"西缉事厂"乃明朝特务机关，官署设于明京师皇城以西灵济宫前旧灰厂（今北京西城区灵境胡同一带），且续存时间不长即罢撤，诗人于诗中称谓皇帝阅武之所，岂能沿袭前朝臭名昭著之特务机关名？果真如此，就是"大不敬"了！

《重经石槽有感》注云："石槽：地名。在今北京市顺义区西北。"（第172页）按，此石槽当指今北京市石景山区的石槽村（今已消失，仅存公交站名），为清人西向出京的要道。颔联出句"迎銮停晓骑"可证。尾联出句"纱厨无白鸟"，"白鸟"当出注："蚊的别名，语出《大戴礼记·夏小正》。"

《天署藤花七夕犹开》（第181页），"天署"何在？未出注。天署即明清翰林院的别称，清吴长元辑《宸垣识略》卷五《内城一》："翰林院署在东长安街北玉河桥之西，北向，即元之鸿胪署也。"① 其故址在今北京市东长安街中华人民共和国公安部东侧。诗首联出句"烂漫凤城东"已经明确指出其方位。《署中藤花六月重开》《天署新槐》《署中藤花》三首七绝（第234~236页），《署前藤花盛开口占》（第309页），皆为诗人写于翰林院者。

《祈大士息风》其二"甲马营前晚日红，曾传大士有遗踪"，注云："甲马营：古军营名。故址在今河南洛阳城外。"（第210页）不知何所据。诗中甲马营，当即今山东德州市武城县（旧城）西甲马营乡，位于运河东岸。明清皆置巡司于此，清代其地有观音庙，"遗踪"云云本此。

《憩三家店大士庵》，注"三家店"云："指村镇小店。"（第248页）按，三家店至今沿袭仍为北京村名，辖于门头沟区龙泉镇。若为村镇小店，何以作修饰大士庵的定语？

《铜奶奶庙河徙六里化险为平喜而赋之》，注云："铜奶奶庙：无考。"（第290页）此四字实乃谓铜山县的奶奶庙村，即今江苏徐州铜山区，其西北、东南系黄泛冲击平原，区内旧有奶奶庙（祭祀碧霞元君）。

《晴日梅花》其二"正忆游春光福路，画船箫鼓绕村斜"（第321页），出句"光福"，未出注。光福即邓尉山，以其地处苏州郊外的光福里，故又称光福山。明清时，邓尉山梅花最盛，花时游人众多，对句即回忆前时目睹游人至邓尉山观赏梅花的盛况。康熙三十五年（1696）春，江苏巡抚的宋荦吟诗赞美邓尉山梅花，有"香雪海"之喻。若不明"光福路"所指何处，显然不能说读懂了这首七绝。

《新开岭白云》（第342页），诗题"新开岭"未出注，此系山名，位于今湖北通山县北。

《牛栏山》其一"岚光倒影落清浔，流出双峰直至今"（第362页），所谓"清浔"，当指今潮白河水；"双峰"未注，当指牛栏山与灵迹山。

---

① （清）吴长元辑《宸垣识略》卷五，北京古籍出版社1981年版，第84页。

清顾祖禹《读史方舆纪要》卷一一一《顺义县》："牛栏山……山北里许有小山，名灵迹山。"① 其二"六月火云挥汗日，不堪来此听龙吟"，注"龙吟"云："龙鸣。借指大声吟啸。"联系出句，"龙吟"当指松涛深沉的声响，宋陆游《题庵壁》诗："风来松度龙吟曲，雨过庭馀鸟迹书。"

《严子陵》"闻道严陵水，溶溶七里清"（第368页），"七里清"未出注。这里谓七里滩，即严陵濑，指今浙江钱塘江自建德市东乌石滩至桐庐县南泷口的七里泷峡谷。

三、诠释与史实考迹

清诗注释中有关史实的考迹，也是读懂文本的关键，不能自出胸臆，随意为解。《凯旋志喜》"题解"谓："此诗应与上一首《平蜀宣捷》写于同时（谓康熙十九年，即公元1680年）。"（第6页）实则此诗当写于康熙二十一年（1682）三藩之乱被彻底平定以后的清军凯旋京师之日，且为彰泰而写。彰泰（1635~1690），满洲正蓝旗人，清太祖努尔哈赤之曾孙，温良固山贝子托第四子，固山贝子。《清史稿·彰泰传》谓清军攻破吴三桂之子吴世璠盘踞的昆明城后："彰泰戒将士毋杀掠，入城安抚，收仓库，戮世璠尸，函首献阙下。云南平。授左宗正。二十一年十月，师还，上迎劳卢沟桥南二十里。"② 其诗首联"威震遐荒号令明，凯旋旌斾自龙城"，"龙城"出注云："帝都，京城。"逻辑不通。龙城，当系用典，谓彰泰如同汉武帝第二任皇后卫子夫的弟弟卫青一样骁勇善战。卫青首次出征即奇袭匈奴的龙城，以后攻击匈奴曾七战七捷，为汉代北部疆域的开拓做出重大贡献。唐王昌龄《出塞二首》其一有云："但使龙城飞将在，不教胡马度阴山。"清军攻破昆明，系赵良栋、彰泰、赉塔等众将领之

---

① （清）顾祖禹撰《读史方舆纪要》卷一一，中华书局2005年版，第481页。
② 赵尔巽等撰《清史稿》卷二一七，中华书局1977年版，第9009~9010页。

功，颔联对句"纬武经文独擅名"，仅归功一人，或系作者事后定稿时修改所致。据《清史稿》中《赉塔传》与《赵良栋传》，两位功臣凯旋后不久，赉塔即被降级罚俸，赵良栋也因事夺官，自不宜入诗。这里不赘。

《甲子冬至圣驾东巡临视阙里躬祀先师应制》颈联："辟雍已见桥门盛，阙里今看雨露新。"出句"辟雍"出注云："行乡饮、大射或祭祀之礼的地方。"（第 7 页）此注并不确切。实则出句为对清代帝王至太学"临雍视学"的书写，与对句成流水对，无非颂扬天子重视教化，与"乡饮""大射"无关。《清史稿·选举一》："清代临雍视学典礼綦重。顺治九年，世祖首视学。先期行取衍圣公、五经博士率孔氏暨先贤各氏族裔赴京观礼。帝释奠毕，诣彝伦堂御讲幄。祭酒讲《四书》，司业讲经。宣制勉太学诸生。越日，赐衍圣公冠服，国子监官赏赉有差。各氏后裔送监读书。嗣是历代举行以为常。"① 辟雍，或称太学，即国子监中所筑大殿，围以圆形水池，前门外有便桥，桥前即为官员与国子监众生恭听"圣谕"之所在。

《天语恩礼旧臣保全终始不禁感激涕零敬赋一律》："金阙门前听御诗，中怀感激泪双垂。因思身世光荣日，总是君恩高厚时。白发未能酬帝简，素心惟恐愧天知。兢兢夙夜全名节，葵藿还霑雨露施。""题解"云："雍正元年（1723）二月，雍正命礼部尚书诗人为文华殿大学士兼礼部尚书，赐御书'佳谟伟量'额；父子祖孙一门受封，朝野称羡。四月二十日，雍正亲自向张家四代发布诰命，分别赐以爵位……年底诗人请假回乡省墓，雍正又赐还乡诗。此诗或写于此时。"（第 12 页）然而从诗题以及全诗的基调看，作者并没有对帝王殊宠张氏一门感恩戴德的情怀，反而是心怀愧疚，对于皇上"恩礼旧臣保全终始"而"感激涕零"。据《清史编年》第三卷《康熙朝下》"康熙四十年（1701）七月初四日"记述：

---

① 赵尔巽等撰《清史稿》卷一〇六，中华书局 1977 年版，第 3103~3104 页。

帝谕大学士等：曾敕张鹏翮设法修治泗州盱眙水患，保守坚固高家堰堤，可张鹏翮乃托病未往勘察水灾，疏称泗州盱眙水灾自古已然。又今上半年黄河上游滴水未降，河水下降二丈有余，因而清口之水得出。而张鹏翮于疏中却称赖河伯效灵及伊等效力所致。"览张鹏翮奏章，昏聩以极，着将朕谕旨及张鹏翮所奏一并刻示于淮安、扬州、泗州、盱眙等处，令众人观看。"

康熙帝关注黄淮治理，对于张鹏翮一时怠职的斥责堪称声色俱厉，然而却没有对张鹏翮降职罚俸乃至罢官，算是对其亲自简拔的河道总督还是充分信任的。康熙四十一年（1702）除夕，康熙帝写有《四十一年除夕书怀》五律宣示诸大臣："平生宵旰志，七七又将过。忘寝愁旸雨，精心勉泰和。送寒辞故岁，待曙问民疴。莫论新春媚，预怜《五噫》歌。"① 年近五十岁的康熙帝关注天下旱涝的年景，与其躬亲治水的心态同一。前揭张鹏翮"金阙门前听御诗"句，当系就康熙帝此诗而言，则张诗写于康熙四十一年十二月三十日可定。诗中对于一年半以前皇帝的训斥仍然心有余悸，因而尾联出句方有"兢兢夙夜全名节"之吟，伴君如伴虎的心态灼然可见。胡传淮《张鹏翮年谱》于"康熙四十一年壬午（1702）五十四岁"下记："十二月，康熙帝御制《除夕书怀》诗赐张鹏翮。"② 记述有偏颇，实则康熙诗是遍示群臣的，张鹏翮因皇帝诗中念及民生，因而心生愧恧并"中怀感激"就不难理解了。

《寄裘大文侍御汪昭采编修》："河梁别绪逐征篷，南北相望夜雨通。熊轼未能酬帝简，素车先已报哀鸿。皋鱼饮血千秋恨，庚子伤心五夜同。萧飒蒲帆沙市月，啼鹃缄泪寄东风。""题解"云："此诗是诗人在康熙五十九年（1720）写给侍御裘大文、编修汪昭采的书信。诗人表达了自己

---

① 王志民、王则远校注《康熙诗词集注》，内蒙古人民出版社 1995 年版，第454 页。

② 胡传淮主编《张鹏翮研究》，中国文联出版社 2011 年版，第 52 页。

的三愧：一愧深受皇恩而无从报答，二愧知己先逝而无法释怀，三愧父母亡故，不能奉养的遗憾不能弥补。"又注云："裘大文（1635~1694）：名克美，字大文，号敬亭，浙江钱塘人……"（第51页）汪昭采，未注出。

经校勘光绪刻本《遂宁张文端公全集》卷五，是诗颈联对句中"庚子"当作"庾子"，即指南北朝文学家庾信，与出句人名"皋鱼"为偶。出句伤亲，对句怀乡，这里不深论。注者以为"庚子"为干支纪年的康熙五十九年（1720），从而确定这首诗写于是年，然而以下又注裘大文卒年在1694年，即康熙三十三年，则此诗写于裘大文卒后二十六年，如何"寄"之？况且裘大文也不名"克美"，而是名"充美"。"克"与"充"当为形讹。按，裘充美（1647~?），字大文，号故亭，一作敬亭，原籍钱塘，直隶顺天府昌平州（今北京市昌平区）人，康熙十五年（1676）三甲第一二四名进士，授内阁中书。康熙十七年（1678）任山西乡试副考官。康熙二十年（1681）出任广西道监察御史，迁两淮巡盐御史。诗题"侍御"即就其所任广西道监察御史而言。"汪昭采"，当即汪霦（生卒年不详），字朝采（昭采或是其字的另一写法），号东川，一号亦斋。钱塘（今浙江杭州）人，原籍平湖（今属浙江嘉兴市）。康熙十五年（1676）二甲第十三名进士，官行人。十八年（1679），召试博学鸿词，以一等第四名授编修。官至户部侍郎。有《西泠唱和集》。裘充美与汪霦系进士同年，而康熙十五年会试同考官为张鹏翮，于两人为座主，科举取士中有"师生"之分，因而方有可能一同致函问候老师。张鹏翮母亲卒于康熙十九年（1680）四月二十五日，张鹏翮时刚出任苏州知府不久，即丁内艰，必须返乡奔丧，诗颔联即恰如其分地道出诗人当时的心情，故当写于康熙十九年的五月，在由水路奔丧的湖广沙市途中，雨天中以诗回复两位"学生"的吊唁信函。当时裘充美广西道监察御史的任命当已发表，而汪霦适任编修一年左右，时间正合。

《荆州清明》："人传此日是清明，细雨连天倍怆情。乱后江山无霁色，愁来风树尽悲声。伤心跋涉长为客，极目萧条何处行。独在高楼频洒泪，瞿唐水退已称平。"（第 61 页）诗尾联对句后作者自注云："时谭寇初平。"这五个字，注者照录却没有出注，实则对于确定此诗以及围绕湖广一带景观的组诗的写作年代至关重要。所谓"谭寇"即指谭弘，《清史列传》卷八〇《逆臣传》有传，他系四川万县人，原为明末总兵官，曾投靠桂王朱由榔，顺治十六年（1659）降清，授川北总兵官，加慕义侯。康熙十三年（1674），谭弘归附已经叛清的吴三桂，受职总管、将军。康熙十九年二月被清廷招抚，不久又叛归吴三桂。康熙二十年（1681）正月，谭弘死，其子谭天秘随即被平定。了解这段史实，可判定《荆州清明》即写于这一年的二月十六日清明。当时盘踞四川与云南的吴三桂残余势力尚未完全平定，因而此诗颔联出句忧虑国事，对句则悲伤母亲的去世。

清代官员丁忧守制在家，并不限制出游以释解忧怀。张鹏翮于母亲谢世的翌年沿江东下到湖广荆州一带旅行，写有《题太晖观》《黄陵大士阁》《旅次书怀》《香溪》《晴川阁》等一系列诗歌，凸显了诗人"无官一身轻"的闲暇。其中《旅次书怀》一诗，注者"题解"云："此诗是一首思乡咏怀之作，写于康熙四十八年（1709）户部尚书任上，表达了诗人怀念家乡、思念亲人的真切感情。"（第 64 页）既然诗人身在京师的户部尚书任上，何以在首联对句有"双垂别泪楚江边"的吟哦？颔联"家园归去三千里，京国曾游十二年"，注者出注云："京国句：诗人从康熙三十六年（1697）五月回京师拜左都御史到康熙四十八年（1709）转户部尚书。"这无疑误解了诗意。这首诗当与前揭《荆州清明》一诗作于同时，诗人于康熙八年（1669）八月乡试中举，即赴京师会试，考中进士后选庶吉士留京师，历任刑部主事、员外郎、郎中，至康熙十九年（1680）出任苏州知府，首尾相加约计十二年。出句"家园归去"是已然之词，正好在"曾游"之后，显然是诗写于诗人丁内艰之际。

《旅次答东鲁父老口占》颔联出句"微名久觖中朝望"，注者注云："久觖：长时间希望。"（第 80 页）此解似与原诗取义相左，"觖"，在这里是"不满"的意思，意谓自己在朝中为官的业绩，长久为同人所不满，当属于自谦语。颈联"岂谓岘山堪堕泪，翻缘卧辙易伤神"，仅出注对句云："翻缘卧辙：拉住车辕，躺在车道上，不让车走。旧时用作挽留好官的谀词。"两句皆用典，当以全部注出为宜。出句用晋羊祜堕泪碑的典故。据《晋书·羊祜传》，羊祜都督荆州诸军事，驻守襄阳。他死后，其部属在岘山祜生前游息之地建碑立庙，每年祭祀。见碑者莫不流泪。对句用东汉侯霸卸任淮阳太守的典故。据《后汉书·侯霸传》，侯霸于淮阳太守任上被征入都，百姓号哭遮使车，卧于辙中，乞留霸一年。诗人用此二典，也意在表明自己即使出任地方，也无法获得良好的官声。这自然也是诗人的谦逊之词。细读文本，方能明其诗义，否则岂不是自吹自擂？是为封建官场之大忌。

《黄侍中祠》颔联"皖上征兵同信国，罗矶投水似长沙"（第98页），"信国""长沙"皆未出注，令读者难得要领。前者谓南宋末视死如归的文天祥，他曾被封信国公，故称。后者谓西汉贾谊，曾为长沙王太傅，他渡湘水时投书以吊投汨罗江自尽的屈原。诗中即以贾谊投书湘水一事转喻祭奠明代为抗击朱棣而不屈自尽的黄侍中黄观。

《开山井》："百尺凿山得石泉，世衡清涧美无前。于今又见忠臣迹，玉虎牵丝汲井还。"注者注"衡"云："横，横陈。"（第322页）不识"世衡"为宋人名，故大误。诗前两句用宋人种世衡掌故。种世衡（985~1045），字仲平，洛阳（今属河南）人，以荫补将作监主簿。宋仁宗康定初（1040~1041），为鄜州签书判官，当时对西夏用兵，种世衡筑清涧城以为延安之缓冲，并屡败西夏。《宋史》有传，谓其筑城云："凿地百五十尺，始至于石，石工辞不可穿，世衡命屑石一畚酬百钱，卒得泉。城成，赐名青涧城。"[①]是诗前两句即用宋人事表彰当时开凿山井的"忠臣"。末句借用李商隐《无题》四首其二"玉虎牵丝汲井回"句，注者已

---

① （元）脱脱等撰《宋史》卷三三五，中华书局1979年版，第10742页。

经指出，巧妙而已，并无深意。以唐诗成句落实于"井"的书写，正可见诗人学唐的追求。

《怀归》"指日西征飞报捷，主恩应许早还乡"（第343页），所谓"西征"，当谓雍正元年（1723）青海和硕特蒙古首领罗卜藏丹津的武装叛乱，第二年即为抚远大将军年羹尧与岳钟琪平定。此段史实未注出，放弃了为此诗编年的机会。诗人时年七十五岁，任文华殿大学士兼吏部尚书，急切盼望雍正帝准其休致还乡。

《鲍营夜雨追思张梦臣》注云："张梦臣：即元代著名政治家、史学家、文学家张起岩（1285～1354），字梦臣，祖籍章丘，移家禹城，元代状元。一说指诗人长子张懋诚。"（第170页）是诗首联"故人去几年，风物尚凄然"，显然不是怀念三百多年前的古人，更非自己的儿子。又如《南旺寄富主事》注谓："富主事：福宁安。"（第213页）按，福宁安，满洲镶蓝旗人，乃大学士阿兰泰之子，为康、雍间重臣，累官至吏部尚书、武英殿大学士，卒谥文恭。富主事，绝非此人。诸如此类的人名，若一时难以考出，以付诸阙如为好，猜测则极易致误，反而成为蛇足。

为古人诗作注，首先要细读文本，其次要勤于查考并善于查考，实事求是，才有可能杜绝孔子所罗列的四种毛病："毋意，毋必，毋固，毋我。"[1] 文末引用《论语》中语，与胡传淮等先生共勉。

（原载《明清文学与文献》第十辑）

---

[1] 杨伯峻译注《论语译注·子罕》，中华书局1980年版，第87页。

下编 序 跋

马振方《〈聊斋志异〉面面观》序言

　　马振方先生是我的老师。上世纪 70 年代末，马先生在北京大学中文系开设"小说创作论"选修课，笔者曾亲聆教诲，受益匪浅。马先生年轻时曾经写过短篇小说，积累有相当的创作经验，因而研究古代小说，无论艺术分析还是指归探讨，皆能析薪破理，烛微察远，探赜索隐，绝非左支右绌或隔靴搔痒的泛泛之谈。

　　上海文艺出版社 1986 年出版其《聊斋艺术论》，首印 2000 馀册，其中颇多真知灼见。著名学者陈贻焮教授为是书撰《序》，认为马振方先生在《聊斋》研究中有许多新的突破："主要得力于作者（一）对小说的创作有真切的实践经验，对小说的艺术特点有深刻的理解；（二）对中国短篇小说的发生、发展了解很深，掌握了古今中外的大量作品，注意通过比较，并结合作品的思想内容探讨艺术表现，避免孤立地就艺术谈艺术；（三）治学态度严谨，能辩证地看待问题。而这三者，又往往同时体现在具体的论述之中，使得一些论述显得很圆满、很周到、很深刻、很精辟。"[1] 这三个评价概括全面，极其中肯。

　　马先生 1992 年应邀赴日本九州大学任教期间两访庆应大学聊斋文库，发现一批珍稀的蒲松龄遗作，经过一番细致的爬梳抉剔、考证辨伪，辑录成《聊斋遗文七种》，1998 年由北京大学出版社出版，可补 20 世纪 60 年

---

[1]　马振方著《聊斋艺术论》，上海文艺出版社 1986 年版，序 2 页。

代路大荒先生所编《蒲松龄集》之不足，影响颇大①。

　　围绕蒲松龄及其《聊斋志异》，马先生写有一系列论文，考据补证类如《〈陈淑卿小像题词〉考辨》《〈聊斋志异〉本事旁证辨补》等，揭橥发覆，或得天下风气之先，有功学界。辨析论证类如《〈胭脂〉〈折狱〉虚实辨析——兼谈〈聊斋志异〉中的真人假事小说》《〈聊斋志异〉的表意艺术》等，多发前人之所未发，令研究者耳目一新。特别是"表意"一说，为马先生 1992 年所郑重提出，作者认为"小说分为拟实与表意两大形态"，而表意之作占有《聊斋》的大部分篇幅："蒲松龄的小说艺术首先就是表意的艺术，是以超验的形象结构表现精神、意念、情感、特征的艺术。"又说："表意小说的超验形态有两种类型：超越事物自然性的幻异型和超越人事社会性的变态型。前者又分为三种形态：神话式、变异式和科幻式，后者分为四种形态：夸诞式、奇想式、佯谬式和假实式。"②

　　小说的"表意"理论为马先生所独创，用来解析《聊斋》众多篇章最为适用。如果用现代艺术再现《聊斋》，除《胭脂》一类的破案题材外，近几十年来影视艺术重加编导的《聊斋》故事，或郢书燕说，莫名其妙，或任意发挥，离题万里，几乎难觅成功之例。其原因就在于《聊斋》相关内容的表意性质，难以简单地诉之于视觉形象，如果尝试用设计完美的舞蹈形式对诸如《婴宁》《娇娜》《晚霞》等恋情篇章加以重现，或许能够淋漓尽致地传达出原作的精神或意境。马先生曾写有《〈聊斋先生〉观后感言》一文，对于《聊斋志异》改编影视剧问题不无感触地说："近二十年来，热心于《聊斋》改编影视剧者不乏其人，而至今未能在荧屏或银幕上立起一个深入人心、广被认同的鬼狐形象。这在很大程度上是由于《聊斋》那些名篇佳什既非《西游记》类的故事小说，也非

---

① 参见拙著《义理与考据》中编《书评·读〈聊斋遗文七种〉》，北京时代华文书局 2016 年版，第 224~230 页。

② 马振方著《中国古代小说散论》第二编《〈聊斋志异〉的表意艺术》，人民日报出版社 2016 年版，第 204~205 页。

《红楼梦》类的生活小说，而是故事其表、诗意其里的情韵小说。那富于诗意的空灵情韵迄今还是影视手段的一大难题。"①"情韵小说"的观点与上述"表意"说如出一辙，准确揭示出《聊斋》作为古体小说有其独特性的特征。

学者对于经典的学术研究需要沉潜其中，耐得住寂寞，自能乐在其中；重视经典的普及工作，对于有名望的学术大家也责无旁贷。马振方主编《聊斋志异评赏大成》的出版（漓江出版社 1992 年版）、马振方选注《聊斋志异》精选本（高等教育出版社 2008 年版）的问世，即体现了作者在《聊斋志异》的普及化进程中的不懈努力。前者曾于 1996 年获第二届国家图书奖提名奖，后者属于国内第一套为大学生量身定做的《大学生传世经典随身读》系列丛书之一，这套丛书作者皆为十几所国内著名高校长期从事某一经典研究的权威专家，从而有效保证了丛书的学术质量。

从接受美学角度而言，如何诠释解析《聊斋志异》，三百多年以来并无定于一尊的结论，而是热闹纷纭，各有千秋，诚如清冯镇峦《读聊斋杂说》所云："是书遍天下无人不爱好之，然领会各有深浅……作者难，评者亦不易。"② 从读者阅读接受的角度来看《聊斋志异》，清人王夫之有所谓"作者用一致之思，读者各以其情而自得"③ 之论。《聊斋》的读者无数，自难一一统计其所"得"，但仍大致可用社会接受与个体接受区以别之。社会接受多体现于研究性质的成果，它并非个体接受简单的综合或概括，而是社会有选择性地对形成文本的诸多个体接受的认同，它受制于社会语境，并与社会发展阶段与时代风尚密切相关。

《〈聊斋志异〉面面观》作为北京出版社"大家小书"系列丛书中的

---

① 马振方著《在历史与虚构之间》，北京大学出版社 2006 年版，第 294 页。原载《文艺报》2000 年 7 月 27 日。
② 朱一玄编《聊斋志异资料汇编》，南开大学出版社 2002 年版，第 480 页。
③ 戴鸿森笺注《姜斋诗话笺注》，人民文学出版社 1981 年版，第 4 页。

一种，就是著名学者普及古代文学经典努力下的成果。既然是普及性读物，因为读者面广，就必须顾及《聊斋志异》一书社会接受的普遍性问题，作者运思谋篇就要牺牲一部分只有深入研究者方感兴趣的议题，而将目光集中于现代社会的读者所关注并能充分理解的纯粹故事层面。如本书第六章《讴歌爱情美不胜收》，仅从标题而论，全面概括中有意融合了历史与现代的两重视野，以避免顾此失彼的缺欠，然而无意中这又与作者有关"表意说""情韵小说"的探讨稍有龃龉了。

青年男女的自由恋爱，用恩格斯的话说即是："当事人双方的相互爱慕应当高于其他一切而成为婚姻基础的事情，在统治阶级的实践中是自古以来都没有的。至多只是在浪漫事迹中，或者在不受重视的被压迫阶级中，才有这样的事情。"① 历史发展至今天，通过自由恋爱走进婚姻的神圣殿堂就普遍了吗？对于大多数青年而言，大概仍是一种美好的愿景。《聊斋》写男女恋情大多隔膜于社会，花妖狐仙来去倏忽，完全摆脱了社会人际关系的羁绊，小说性心理的展示无疑是以男子为中心的，其间瑰丽想象虽不符合生活逻辑，却又时时受到作者头脑中儒家仁善思想的制约，才不致令情节演义成心猿意马式的荒诞。此外，作者笔下的书生形象常换位于女性视角加以设置，于是就有了令男女地位暂时获得平等的利他性倾向，这无疑又使《聊斋》中的许多恋情篇章获得了超越时代的隽永魅力。《聊斋》大部分篇章的文化品格属于士林文化，有别于"三言""二拍"等主要以市井文化品格为主的白话近体小说。市井类的小说在男女之情的表现上多暴露出情与理的冲突，与时代脉搏相应共振；《聊斋》则以读书人的士林文化品格为主，其对男女之情的表现偏重于精神层面的畅想，并与其强烈的自恋心理相融合。利用小说为自我写心，也自有其超越社会和历史的特殊美感。

---

① 恩格斯：《家庭、私有制和国家的起源》，《马克思恩格斯选集》第四卷，人民出版社 1972 年版，第 75 页。

山东大学马瑞芳教授，研究《聊斋志异》成果累累，也从事"新儒林"系列长篇小说的创作，计有《蓝眼睛黑眼睛》《天眼》《感受四季》等三部之多。她曾夫子自道式地说："写小说与写基本纪实的散文不同，最大的快乐，是天马行空、独往独来，世间万物唯我做主，想象力不断喷发，自己创造的人物、情节，不断在纸面上活起来、动起来，先感动自己，后感动读者。那是不可言传的快乐。相信蒲松龄在没有任何报酬的情况下，矢志不移写小说，写小说的快乐是最大动力。"[1] 这一番由衷之言对于我们解析蒲松龄的创作心态大有助益。

本书第四章《抨击科举痛快淋漓》，也是作者高度概括下的命题，行文论述因篇幅所限，实在难以充分展开。隋唐以来兴起的科举考试制度为平民子弟开启了一条进入仕途垂直上升的通道，据有关统计，从清康熙至清末，社会平民子弟通过科举（贡生、举人、进士）上升的机会占进入这一通道总数的 13.33%[2]，尽管这一比例不算太大，却是清代出路无多的读书人改换门庭的重要机会。平民身份的蒲松龄没有任何理由否定或反对这一人才选举制度，《聊斋》中的有关科举题材的小说所抨击者乃"黜佳士而进凡庸"（《三生》）的不公平而已。然而普及类读物却不能过多纠缠于对这些问题的讨论，有些内容只能笼统而言，点到为止。

全书共分十章，揭橥蒲松龄生平遭际与创作心态而外，对于《聊斋志异》中长篇短制的思想艺术、人物形象、世情百态、旖旎情怀乃至对于官府贪腐残暴的社会批判、议论性文字"异史氏曰"的设置等问题皆有涉及，称之为"面面观"，名至实归。文学史中一般将《聊斋志异》划入文言小说的范畴，本书则称之为"古体小说"，这并非标新立异，而是接受了著名学者程毅中先生的提法。程毅中《古体小说论要》开宗明义即说："简单说来，古代小说可分为文言小说和白话小说两大体系，古代

---

① 马瑞芳著《幻由人生——蒲松龄传》，作家出版社 2014 年版，第 74 页。
② 参见拙著《义理与考据》上编《论文·明清八股取士与文学及士人心态》，北京时代华文书局 2016 年版，第 169 页。

的白话小说常被称为'通俗小说'，大概是为了与'五四'以后的白话小说相区别。但通俗小说与文言小说不能构成对应的两分法，在逻辑上不是统一的分类概念。我在许多场合曾试用古体小说和近体小说的名称来对举古代的文言小说和白话小说，也得到了不少同道的认可。①"马振方先生虚怀若谷，从善如流，接受了程先生的小说分类法，书中概以"古体小说"称谓《聊斋志异》。

对于广大古代文学爱好者而言，《〈聊斋志异〉面面观》提纲挈领，要言不烦，虽属入门之书，却也为读者提高夯实了基础。笔者作为马先生的学生，为老师的著述撰写"导读"，诚惶诚恐之馀，也有作为引玉之砖的一种荣誉感。但愿笔者与读者一起在品读经典、学习经典的过程中携手共进，努力继承好《聊斋志异》这一份文学遗产并能够发扬光大之！

2018 年 6 月 30 日

（原载马振方著《聊斋志异面面观》，北京出版社 2019 年 3 月出版）

---

① 程毅中著《古体小说论要》，华龄出版社 2009 年版，第 1 页。

《三言》校点后记

　　"三言"是明末清初通俗文学家冯梦龙所纂辑的三部话本小说集的合称。这三部小说集按刊刻先后依次为《喻世明言》《警世通言》《醒世恒言》，每部各收录宋元话本或明拟话本四十篇，共计一百二十篇，堪称一套大型的白话短篇小说集。其中《喻世明言》初刻时仅称《全像古今小说》，扉页有"天许斋藏板"题记云："小说如《三国志》《水浒传》，称巨观矣，其有一人一事可资谈笑者，犹杂剧之于传奇，不可偏废也。本斋购得古今名人演义一百二十种，先以三之一为初刻云。"此外，金阊叶敬池梓本《醒世恒言》扉页之右上角也刻有"绣像古今小说"六字。可以推见，"古今小说"本应是"三言"的总名，纂辑者之初意无非是将三部小说集分别以《古今小说》初刻、二刻、三刻名之。后来为广招徕，二刻有了《警世通言》的书名，三刻有了《醒世恒言》的书名，于是初刻也追加了《喻世明言》的书名。

　　《醒世恒言叙》有云："此《醒世恒言》四十种，所以继《明言》《通言》而刻也。明者，取其可以导愚也；通者，取其可以适俗也。恒则习之而不厌，传之而可久。三刻殊名，其义一耳。"从中可见纂辑者之用心。然而今传标名"喻世明言"者，仅存衍庆堂二十四卷本，"乃残缺不完书贾勉强凑合之本，非第一刻之《明言》也。"（孙楷第《中国通俗小说书目》卷三），而今传四十卷足本仅有标名《古今小说》者一种，于是《古今小说》也就理所当然地成为《喻世明言》的别名了。

《古今小说》四十卷，海内久已失传，现仅日本藏有二部。孙楷第《中国通俗小说书目》卷三著录云：

> 《古今小说》四十卷四十篇，存。明昌、启间天许斋刊本。精图四十叶，记刊工曰"素明刊"（即刘素明）。正文半叶十行，行二十字。日本内阁文库。又白纸明本，行款形式系同上书，卷首序亦同。日本前田侯家尊经阁。大连图书馆藏日本人据映雪斋本抄本，题"七才子书"，仅十四篇。

此外，日本内阁文库尚藏有衍庆堂本《喻世明言》二十四卷，已见前述。1947年，商务印书馆出版《古今小说》排印本，底本乃据王古鲁自日本所摄四十卷本的照片，从此，《古今小说》始在国内重新流传。1958年，台北世界书局出版《古今小说》影印本，底本系据李田意摄自日本内阁文库的天许斋刊本；1987年，上海古籍出版社又据以重印。这次整理《喻世明言》即据天许斋刊本的影印本加以校点。

《警世通言》四十卷，最早刊本为金陵兼善堂本，有图四十页，正文半页十行，行二十字，亦有"素明刊"字样。此本海内久佚，仅日本藏有二部。一部藏名古屋蓬左文库，即盐谷温所称尾州本；一部藏于仓石武四郎处。此本有天启甲子无碍居士序，可知刊刻于1624年。此外，《警世通言》还有衍庆堂本与三桂堂王振华刊本。前者大连图书馆与日本天理大学各藏一部，惜皆有残缺；后者北京图书馆（今国家图书馆）、北京大学图书馆等多处以及日本尾上八郎处皆有藏，可惜均缺卷三十七以下四卷，仅存三十六卷。《警世通言》的最早排印本为1936年生活书店所出《世界文库》本，系由几个本子拼凑而成，独缺第三十七卷，并非全帙。1958年，台北世界书局出版《警世通言》影印本，底本系据李田意摄自日本蓬左文库的兼善堂刊本，1987年，上海古籍出版社又据以重印。这次整理《警世通言》即据兼善堂本的影印本加以校点。

《醒世恒言》四十卷，最早刊本为明叶敬池刊本，正文半页十行，行二十字，有天启丁卯可一居士序，可知刊刻于 1627 年。此本仅日本内阁文库有藏。此外还有明叶敬溪刊本，据有关著录，其行款及图，悉同叶敬池本。此本原藏大连满铁图书馆，但今大连图书馆已经不见此书（见谭正璧、谭寻《古本稀见小说汇考》）。《醒世恒言》又有较为通行的衍庆堂本，正文半页十二行，行二十二字。此本又有二种，一种为四十篇小说的足本，一种缺卷二十三《金海陵纵欲亡身》一篇，而将卷二○《张廷秀逃生救父》分为上下二篇，用以凑足四十卷之数。《醒世恒言》的最早排印本亦为 1936 年的《世界文库》本，底本虽用叶敬池本，但与原本有较多出入，或系当时条件不足所致。1958 年，台北世界书局出版《醒世恒言》影印本，底本系据李田意摄自日本内阁文库的叶敬池刊本，1987年，上海古籍出版社又据以重印。这次整理《醒世恒言》即据叶敬池本的影印本加以校点。

这次整理"三言"，皆不出校记，原文中明显的衍夺讹误，皆径改。如《张道陵七试赵升》一篇中"懺纬"径改"谶纬"，《佛印师四调琴娘》一篇中"姓刘名庄"径改"姓刘名克庄"。《杜子春三入长安》一篇中"淮西王刘安"径改"淮南王刘安"等。古人有一些经常混用的字与词，如"挨"与"捱"，"艄"与"梢"等，不作硬性统一，皆仍其旧。至于"担阁"，不改作"耽搁"，"利害"不改作"厉害"，也为遵从古人的用字或用词的习惯起见。但今天已不通行的异体字则径改。

标点采用新式标点，为遵从古人的行文习惯，一般不用破折号与省略号。

校点者

1996 年 10 月

附记：《三言》一书内封署"明冯梦龙编著 程毅中导读 孟元亮校点"，"孟元亮""元亮""博弢"皆系笔者曾用笔名。

陈子逸诗词序

言志缘情，诗词之用广矣，而务以道性情者，文如其人，诗与词亦如其人也。吾友陈兄林涌，字子逸，号愚否，生于京城，适长余两龄，皆性情中人。发言而为诗为词，洞见胸臆，尤不失赤子之初衷，故真情每见于篇什。无论庄言之，谐言之，质言之，奥言之，直言之，曲言之，畅言之，隐言之，莫不中节。蕴乎内，溢乎外，虽未如左太冲十载一赋之用功，亦不减贾阆仙二句三年之苦吟矣。

夫笃学好古，以今观之，本非识时务者之所为。说部周进有云："当今天子重文章，足下何须讲汉唐！"此之谓乎？而子逸我行我素，不顾也。"志学"之年即涵泳唐宋，高考铩羽，勉入建筑工地，适与余同事，皆非"画宫于堵"之梓人，而日亲泥水，唐人所谓"贱且劳者也"。工馀不废吟诵，日盈于耳；继之师从耆宿，究心八法，隶书而外，亦习丹青，热心公益，活跃于书画艺苑。其貌或思接千载，仰天长啸；其神或心游万仞，顾盼自雄。观者侧目，或谓文长再世，而子逸坦坦焉。盖内有所郁积，常无意间形诸外，如日之喷薄，月之生晕也。以是观之，则其笔墨耕耘，岂昌黎所谓不平之鸣乎？

回首畴昔，倏忽已三十五载矣，人生之泰半已去，能无慨乎！曩时子逸与余皆未弱冠，尝妄以天下为己任，管窥蠡测，徒然贻笑大方；而今皆已过"知命"，华发早生，垂垂老矣。世事沧桑，人际纷纭，又皆未能奋发于时，欲再温梦少年，岂可得乎？悲夫！所幸者子逸有此名山事业，虽传与不传，悉听之于命，而暇时展读，或可差慰平生矣。《诗》云："知

576

子之好之，杂佩以报之。"

是为序。

庚辰秋月赵伯陶识于京华一统楼

附注：

陈林涌（1946 年 7 月～2015 年 8 月），字子逸，北京市人。尝任中国
楹联学会秘书、北京楹联研究会副秘书长。年届从心所欲而遽归道山，迄
未闻其诗词集付梓，惟《十六种天空》诗刊可见吉光片羽。岁月不居，
倏忽往生已六年矣！临文叹惋，悲从中来。

崔建利《柯劭忞诗集校注》序

清末民初，世事阢陧，革命军兴，王纲解纽。改良变法渐成明日黄花，是以梁任公创少年中国说，以为"少年强则国强""少年进步则国进步"者，无非寄憧憬于"前途似海，来日方长"（《少年中国说》）之未来。严又陵则谓国家富强之道在"求其能与民共治而已"（《辟韩》），又比较中西文化异同云："中国恕与絜矩，专以待人及物而言，而西人自由，则于及物之中，而实寓所以存我者也。自由既异，于是群异丛然而生。"（《论世变之亟》）谅哉此言！苍黄翻覆之际，欧风美雨来袭华夏，文人士夫栉沐其间，有识见者更喜以传统嫁接泰西，历算科技既瞠乎其后，人文教化亦有待夸蛾氏焉。王观堂于辛亥鼎移之后，犹系心清室，然于哲学、美学、文学、戏曲皆能会通域外，犹为新史学之开山。其从容自沉或谓殉清，或谓负债，或谓殉文化，不一而足，陈寅恪则誉以"以一死见其独立自由之意志"（《海宁王静安先生纪念碑文》），提纲挈领，颇有见地。至于辜汤生之学贯中西，倡春秋大义，敬天法祖，驰名海内外，犹以胜朝遗老用世。后人目之为"怪"为"痴"皆可，诋之为"陋"为"顽"，则否。

柯蓼园年长于汤生，更逾观堂几三十龄，而所处时世则同在革故鼎新之际，文行出处略似，皆不与季世之顺民同路，然亦非欲挽狂澜于既倒者比，惟埋首学术，系心名山，成就堪称斐然。若以后世名声论，蓼园逊于汤生，更弗逮观堂远甚，要其三者信念之坚守、独立自由之祈向则一，未可轩轾。盖乱世不乏发扬蹈厉之先觉者，亦多有簠簋不饰之庸官俗吏，所鲜者向心赓续、务实求真之学人耳。蓼园博极群典，于经史、舆地、历算、词章之学无所不窥，而于史学尤所究心，《新元史》之撰述，《清史稿》之编纂，皆沾溉后学，前者更价重扶桑，竟膺东京帝国大学文学博士之选，百年前之异数也。后生蓼园廿馀年之张尔田遁庵氏，亦以史学名世，《史微》之作既蜚声士林，于《清史稿》之杀青与有功焉，差堪肩随蓼园。然遁庵倚声之学若《遁庵乐府》与其史学建树几于并耀齐辉，蓼园虽为徐菊人晚晴簃之座上客，诗名则逊于其史名。其《蓼园诗钞》，或谓拟昌黎、遗山，或谓可踵武工部诗史，观堂至以"今世之诗，当推柯凤老为第一"誉之。实则学人之诗，以其馀力而为之，典重质实，非关别材、别趣，能明其形迹、交游，即当有裨于考证，如此，则以诗史目之亦可。

崔君建利《柯劭忞诗集校注》之作，精心校勘，注释则仅瞩目于人名、舆地，而于名物、故典盖付阙如，此或拘于篇幅不得不尔，可不论。卷末附录蓼园生平资料亦称详备，甚便读者。先是，崔君业师李庆立先生允诺为其发硎之作写序，不意今年五月遽赴玉楼之召，是以崔君再问序于余。余与庆立先生交近三十年，亦师亦友，攻错间则诚余畏友。今应崔君之请得以附骥，不免黄垆感旧，潸然于人琴俱逝矣！

是为序。

乙未仲冬于京北天通楼

（原载《柯劭忞诗集校注》，中国社会科学出版社 2017 年出版）

欧阳代发、李军均著《珠吟玉韵：
诗词曲审美》序

诗教流长，兴观群怨。源自邪许，记在陶唐。为言艰辛，则我马瘏矣；行歌逸豫，乃伊人逍遥。四五七言，赓载有绪。词体要眇，意破藩篱。权舆有唐，茂功两宋。意内言外，极渺穷幽。里手当家，柳七黄九。六义敷广，转益多师。文彩彪发，才子豪杰。芳菲世界，璀璨丰腴。见赏案头，称觞失乐。蒙元入主，曲递词馀。缓急之间，新声适耳。小令套数，盖地铺天。各具声情，南北有异。宫调既别，韵制中原。并驾齐驱，诗词暨曲。貌似三体，是皆韵文。"风急天高猿啸哀"，少陵诗也；"罗衾不耐五更寒"，后主词也。"杏花春雨江南"，道园词也；"小桥流水人家"，东篱曲也。一句独拈，则诗词不辨；双文并展，乃词曲难分。几见春花秋月，何来剩水残山。磊落使才，无非缘情之作；慷慨任气，竟成言志之篇。亦曰健哉，吁嗟壮矣。留沉雄于千古，李杜无双；抒豪放乎两朝，苏辛独步。将军射虎，看吴国孙权；才士雕龙，有齐人驺奭。顾曲之暇，喜公瑾之留连；饮酒之馀，见伯仁之放旷。乐府词苑，发刻骨铭心之吟；曲海诗山，成慎终追远之作。若夫身在江海，心游魏阙。兴寄遥深，意象纷涌。无论温柔敦厚，抑或谐谑滑稽，要皆发为心声，端在吟咏情性。

欧阳先生，精研说部。诗词与曲，造诣尤深。审美尚真，珠吟玉韵。哲人其萎，薪传军均。鉴赏发微，师生合著。今得再版，同筑名山。

是为序。

丁酉仲夏赵伯陶序于京北天通楼

（原载《珠吟玉韵：诗词曲审美》修订版，科学出版社 2017 年出版）

《〈聊斋志异〉新证》后记

周诗有之曰："俟河之清，人寿几何？"故逝者如斯，夫子兴叹；上善若水，伯阳无争。洛浦微波，昔年陈思安在；巫山旧梦，曩日楚怀竞夸。盖德必有邻，非伪君子；情能胜欲，是真丈夫。国可清凉，陋室原本静室；窝称安乐，聊斋即是心斋。赠芍采兰，志当存远；振葩扬藻，思若有神。四始徜徉，探阃奥于典籍；五方酝酿，征秘幻于乡邻。优游方外之奇瑰，窘束人间之惨淡。仿佛来仙躅，寄意在真俗之间；依稀见灵心，托兴于形骸之外。屈宋继武，楮上尽显常情；游夏同门，笔下犹存馀妍。黄粱续梦，何来渭水之宾；青蛙惩贪，原非缑山之客。蒲翁数奇，青云无路，寄托如此，亦奚云悲？盖尘寰少一庸官，青史多一才士，彪炳千秋，足传不朽！

陶踽踽少朋，徘徊羊肠之路；绥绥有意，踯躅虎首之途。乌狗践脊生悲，不贪为宝；栎社贻梦藏拙，无用即佳。评注"鬼狐"，非同附骥；新证"聊斋"，亦羞乘轩。前者早付剞劂，后者即灾梨枣。然退休人专著难出，亦徒呼奈何而已。文化艺术出版社社长杨斌先生，久仰令名，平素未尝识荆，日前偶遇，知拙作杀青，即慨允出版。志忐既久，仍感激莫名！副总编辑董瑞丽编审擘画统筹，尽心竭力；又协同刘宇灿女史郢斧共执，补苴罅漏。鲁鱼豕亥，攸有重修；别雨淮风，亦所必正。减拙作之瑕玷，忝书林之附庸，谢忧曷胜。

噫！同参玉版，且"吃茶去"！是为记。

丁酉仲夏赵伯陶记于京北天通楼

（原载《〈聊斋志异〉新证》。文化艺术出版社 2017 年出版）

《徐霞客游记》后记

　　《诗》云："岂敢惮行，畏不能趋。"古之士大夫常以卧游胜状，不减践履，是以聚米成谷，画地成图。一发青山，荆关束手；半勺绿水，董巨椎心。古往今来，春荣秋落。洎乎江山胜览，赖有伯修公馀；河岳周游，可待向平愿了。至于卓尔逸群，炯然超众，彦哲千古，霞客一人而已。娴于趋走，晨征月在烟空；乐在奔波，暮归猿啼霜树。旧国旧都，曾庄周之畅然；新吾新好，宁陶潜之闲止？古今寺观，确乎情浓；表里山河，介然志立。会心不远，怡神非常。流水移情，停云增慨。陶陶也，苏门啸胜于雍门悲；落落然，少卿安何如子卿苦。塞门荆棘，大丈夫盍存三径心；悬户桑弧，好男儿固有四方志。水云交映，气溁溁而增辉；泉石相激，声泠泠而成韵。身融寥廓，心入清澄。具区之薮徘徊，云梦之泽蹀躞。北海南海，相及四方；胡门越门，存乎两戒。芙蓉成簇，直插云霄；旌旗展屏，横列霄汉。人有行迹，岩谷邃而昂藏；物无遁形，山河壮而瑰丽。烟中九点，以人称雄；海上三山，因仙溢美。凭霄跃嶂，来仙人驾鹤之峰；跨险排崖，去天河牵牛之渚。展旗猎猎，考叔取郑伯之螯弧；腾波遥遥，太冲夸蜀都之珠贝。巫山启楚王之梦，汉水系郑甫之怀。同榻白云，连襟绿树。山辉群玉，想杨妃映月之丰姿；峰漫烟霞，存懒残煨芋之旧迹。庐岳远公托志，台山智者安禅。

　　钧台之享邈然，葛天之歌何在？三杨五柳，或由性情；七命八貂，原凭运命。汲汲者束手，又安惭乎枌榆；悠悠者骋怀，亦何愧于桑梓。登陵游昉，本无志于请缨；涉水流波，岂有意乎揽辔？钟灵毓秀，枕流于青山；蕴馥送芳，漱石于碧湍。含溪怀谷，历寒暑而弥坚；送雾迎云，经春秋而匪懈。山水融情意，辨天地之亿劫；宇宙荡胸怀，亘古今于一瞬。冥观万象，何惧眩目之波涛；洞悉千霜，自有怡情之丘壑。展杜将军之武库，临顾虎头之真山。俯仰在人间，华胥翻成蝶梦；呼吸通帝座，昆明又见劫灰。衣冠都雅之乡，风土清嘉之域。天地玄黄之色，山水奇秀之区。东走八闽建溪，西极两迤腾越。北驰三晋河朔，南趋九疑桂林。非知安以忘危，诚出生而入死。寒来暑往，地久天长。如是我闻，赖有思齐之义；岂遑他顾，更成洪同之真。披云看山，少陵春山无伴；仰风观月，襄阳秋月有怀。碣碣征人，餐风而激浊；休休良士，酌水以厉清。万象毕呈，抚白云以寄意；千古同在，瞻绿竹而澄心。竹既称君，觅寄身之空宅；石还呼丈，趋醒酒之平泉。旧国同朋，侈谈木魅山鬼；殊方异类，腾笑社鼠城狐。世传游记，人称霞章。要作金石声，应是我辈语。诚山经之别乘，乃舆记之外篇。此中大有佳处，石家锦步障无是过也。

中州古籍副总编卢欣欣女史策划《家藏文库》，以《徐霞客游记》（选注）为标的。承蒙不弃，邀拙铅刀一割，敢不夙夜？惜无解牛之梁刃，尤鲜承蜩之楚竿。是以郢书燕说，诠词或谬；甚而张冠李戴，释义有乖。幸得责编吾家建新兄综理繁复，运斤成风，帝虎鲁鱼，颇多匡正。虽然，注释游圣，终觉绠短，《庄子》所谓"以有涯随无涯，殆已"，吾之谓欤！尚祈方家通人，赐教是幸。

是为记。

丁酉季春赵伯陶记于京北天通楼
（原载《徐霞客游记》，中州古籍出版社2018年出版）

陈文新《明清小说名著导读》序

　　小说之造端莫可究诘，邪许之呼，牛尾之执，或见诸典籍，而稗官之说，则茫然无考。《诗》曰："岂不尔思，远莫致之。"或以神话为其权舆：闳诞迂夸，补天已同再造；奇怪傲倪，逐日不啻重生。初民之奇思漫衍，妙想联翩。巷语街谈，曷叨十家末座；道听途说，已在九流外围。小语丛残，大达实其未远；短书脞冗，长册竟也有方。目被来今，《汉志》已著录；学希往古，《隋书》更载言。往世名篇，缥帙标孝悌之义；当朝说议，缃帖赞惇笃之行。肺腑之言传薪，原无二致；胸臆之论嗣响，难有分途。华屋为山丘，龙脱世网；桑田变沧海，鸿冥高云。奇偶相生，渊源当有自；质文互代，潆洄亦何来？志怪志人，汉魏发轫；讲经讲史，唐宋赓扬。英雄传奇，无非补青天旧梦；历史演义，大抵属市井虚言。洎乎物欲人情，非仅淫荡；至于心魔意树，何必荒唐？写心于细人，"三言"绝非荒诞；侧目在君子，"二拍"即属奇观。《聊斋》本书生谵谆，多凭想象；《儒林》乃士人践履，常加讪疵。悲天悯人，《红楼》岂真成梦；谈因说果，《阅微》或可析疑。纷纷扬扬，可提纲而挈领；林林总总，且举一而反三。懿行嘉言，播传黄口；谤书蜚语，贻误青衿。演绎研寻，各臻玄胜；表式标领，皆以名驰。释闷销愁，寓教于乐；怡情适性，耽恋在心。此则明清说部之大观也。

　　陈兄文新：籍出公安，承性灵之乡化；学在荆楚，展弘毅之校箴。披百家之群书，望孤鹤而寄傲；挥五弦之妙手，送归鸿以驰音。翰墨情浓，奋藻执春秋之概；楮幅意切，操觚得人天之机。骚赋诗文俱娴，鹗视丁部；文俚雅俗不避，鹰扬说林。效法前贤，思来不穷于广莫；启迪后学，兴往无际乎希夷。常逢青眼中人，颇多素心之侣。枕藉《世说》，屡窥作者心田；涵泳《笑林》，尤识文人脉络。古今有异，心理玄同；南北分呈，性情不悖。蜀笺早满，郇厨已丰。踵事增华，连三直须接二；变本加厉，愍后不必惩前。肃肃寻寻，前修或有未密；孜孜矻矻，后出当能转精。才藻缤纷，三探骊珠于颔下；思致绵密，再耀明月乎天中。叙述分章，纳轶闻于绣腑；持择有节，传稗史在文心。寻故甄微，已见因枝振叶；探赜索隐，尤在沿波讨源。文不饰非，意薄题凤；言必有中，心慕雕龙。已探玄珠，频吹藜火。濡毫洒墨，当成华国之词；谈燕分茶，故有成人之美。学问承君子之雅，著述证儒者之怀。殷殷考据，本非小聪明；谆谆导读，当是大智慧。

愚年届稀龄，与陈兄莫逆有年。道术相通，学业共勉。名山之托附骥，敢申衷言；邺架之藏泥金，更传风化。子曰："骥不称其力。称其德也。"兹《明清小说名著导读》之谓乎！

是为序。

丁酉孟秋赵伯陶序于京北天通楼

（原载《明清小说名著导读》第 3 版，商务印书馆 2018 年出版）

《中国传统家训选》后记

《诗》云："匪面命之，言提其耳。"家训谦德敷化，肇始周公；懿范嘉则垂芳，爰传孟母。随云飘霈，见润泽之易流；顺风吹篪，聆徽音而自远。是以螽斯衍庆，家膺五福；葵藿逞心，堂享三寿。漱芳六艺，信忠厚之传家；滋熙八音，钦诗书其继世。利他克己，李密愿为人兄；追远慎终，陈思每称家父。彰善瘅恶，修齐自在心中；借箸运筹，治平始于足下。整齐门内，提撕子孙。李下瓜田，尤当谨慎；暗室屋漏，更须防闲。治家端守素风，洁身克承廉誉。书田无税，自得郇公美厨；荆树有花，再开石家锦障。横逆困穷，当念剥极将复；荣达富贵，亦思贞下起元。事有始终，志不可满；物有本末，乐不可极。东坡有谓"悟此世之泡幻，藏千里于一斑"，而"橘中之乐，不减商山"，是欤，非欤？

元亨利贞四德，化育万物；甲乙丙丁诸部，澄怀千年。其不可偷，惟是青毡旧物；未有所忏，何来绨袍故人？淳风渺茫，德心直须克广；世道沦致，好音更待弘通。葛君云波，主政人文古典，责令《中国传统家训》之选，敢不夙夜？惟"宅心知训"，尚需"侧身修行"。《诗》云："战战兢兢，如临深渊，如履薄冰。"践履恭勤，斯为得之。

是为记。

丁酉暮秋赵伯陶记于京北天通楼

（原载《中国传统家训选》，人民文学出版社 2018 年出版）

刘瑞升《记着》序

《诗》曰："淑人君子，怀允不忘。"又曰："无已大康，职思其忧。"刘君瑞升，届春秋之六秩；职司记者，俯天地于一间。计白当黑，本属绘事之功；骇绿纷红，尤见光影之妙。望舒彷徨云汉，羲和踯躅天衢。岁月潜影乎方正，情景留迹于圆融。行不欲休，历春秋而不辍；兴不可遏，充覆载而弥纶。成竹早存于胸，心旌驻影；万物皆备于我，快门应声。曝光瞬间，定格即成不朽；系风霎时，挥洒尤识初衷。抗手昔贤，俚音更能顺耳；蹑足大雅，世象自可娱心。揽秀山川，勿忘因云浸润；讨幽市井，竟能以人传奇。绿连山长，百代之过客增寿；清漾水远，万物之逆旅生辉。虽非青山白云人，亦属鸿才远志者。

大化纵浪，忧喜曷存；南冥扶摇，苦甘安在？有奚仲之巧，终难闭门；无伶伦之察，何谈充耳。是以论淑媛者必取西子，议断割者不辞龙泉。意探幽微，方见千汇万状；志存遥永，不屑两意三心。太初之情，讶郦元之宦迹；霞客之路，胜宗炳之卧游。放眼杏花春雨江南，虚己应物；涉足铁马秋风塞北，实志用心。遥峰泛青，自可澄怀万里；近林掩黛，犹能洗目百年。微距柔光，孰识野芳沉雾；变焦拉爆，方知空翠湿衣。

景虽常新，人不常暇。杨邻之歧路可辨，存乎一心而已。出涯涘以观海，赖有惠子知我也。记者，记着；留心，留新。汤之《盘铭》曰："苟日新，日日新，又日新。"其是集之谓乎！

　　是为序。

己亥季夏赵伯陶识于京北天通楼

（原载刘瑞升《记着：1974~2019》摄影集）

悉檀寺徐霞客古道祭

并序

　　庚子孟冬，徐霞客研究会副会长刘先生瑞升告予曰，大理宾川偶然掘现一段石铺古道，位于悉檀寺旧址附近，最深处距今地表达两米，出土有瓦当、素瓷碗等，当系徐霞客驻足鸡山往来悉檀、大觉诸寺之旧道。日居月诸，曾几何时，兰若未毁于旧时兵燹，反葬身红羊成劫，能不慨然！忆昔霞客万里遐征，两入鸡山，窆静闻遗骸于文笔之麓，供奉其刺血所书《法华》于梵呗，完生死交之夙愿。又修《鸡足山志》于斯，惜乎身膺瘴气，两足俱废，《游记》之终篇亦于斯。追思曩时，不禁"眷言顾之，潸焉出涕"。刘先生致力重走霞客之路有年，于悉檀寺古道情有独钟，属予作文以祭之：

　　佛因有路，鸡山传灯。微妙玄门，灵山示众。正法眼藏，破颜印心。实相古摩揭陀，无著南诏大理。后拖一岭，有山神钟灵；前伸三峰，现西足呈相。万历建寺，记丽江寿母之木增；崇祯贮经，来江阴借榻之霞客。四法普度，辟玉宇之辉煌；三乘行修，连琼楼之轮奂。缘觉法界，遍施众生。往古荒唐，无奈厄称三武；近世琐碎，绝非劫在一宗。游圣曾经，曷迷茫于烟岭；悉檀尝在，竟湮没于远山。天命如斯，亦云悲矣！

　　桥称胜水，早开万里鹏程；志在鸿鹄，遥接千年梦寐。南皮之游休矣，升峻岭以徜徉；金谷之乐渺然，趣遐途于俯仰。启明戒旦，瞻涟漪而增欢；长庚告昏，睹巍峨而生喜。动往来于无限，屡入溶岩；纷上下其靡常，曾蹑云海。养心乐志，尤喜沐雨栉风；砥节砺行，更在披荆斩棘。陵阜相属，固非路通山阴；冈峦纠纷，安能泥塞函谷。与白云同榻，一任缓步之盘桓；同绿树连襟，更骋游目之舒朗。徒慨叹于畴昔，历春秋而不更；空咨嗟于寻常，践寒暑其无辍。古月曾照古道，经盛衰而常存；清潭常沐清风，去因革之骤易。

铿尔放声，人各有志：或名山寓世，或马革裹尸；或逍遥濯泉，或款段御马。或附党结俦，或舍生取义。或空门入道，或穷闾安贫。至于"粉白黛绿者，列屋而闲居，妒宠而负恃，争妍而取怜"之奉侍，则"居庙堂之高"者所享，非"处江湖之远"者所思也。孟子曰："仁，人心也；义，人路也。舍其路而弗由，放其心而不知求，哀哉！"其悉檀寺霞客古道之谓乎？

是为祭。

庚子仲冬赵伯陶撰于京北天通楼

（原载《文思》2021年第2期，《徐霞客研究》第40辑转）

《三国志选注译》后记

　　《孟子》曰："春秋无义战。"竹帛三国，直相斫书耳。伐谋伐交，无非扬汤止沸；立功立德，何如曲突徙薪。是故"保邦于未危，制治于未乱"，《书》已先言矣。汉末之世，太阿倒持。先是奄竖弄权，上下颠覆；继而庸伍执柄，良莠不分。废立擅行，皇权摧朽于奸佞；荣枯自用，王纲幅裂乎倒君。野血早溢于玄黄，攙枪即行于碧落。藏舟竟难固，隙驹盍不留。善恶纷挐，是非瞀乱。鼠凭社贵，无非具臣；狐藉虎威，尽是冗将。郑则奡国，赵属孱王。阀阅猲张，咨嗟于道路；庶民鹿骇，颠沛乎山原。问流民咸食肉羹，狼突豕窜；知百姓早成刍狗，虎视鹰扬。末大必折，或暂息军旅之旌鼓；尾壮难掉，更难免齐民于干戈。想悲殷之《麦秀》，思悯周之《黍离》。方称先几，贾谊言船覆而发长叹；可观后效，徐乐论土崩而冀深察。闰位扬扬，乃因利以乘便；骈拇惴惴，被逐北而追亡。孙伯符真有可观，刘季玉都无足采。沧桑万古，增无限之情怀；陵谷千年，鲜不迁之运会。

　　是时也孤臣坠心，壮士扼腕。纵有翘关之勇，倚天之剑难挥；即令扛鼎之威，驻日之戈安在？瓮牖绳枢之子，可启行而执殳；钟鸣鼎食之家，惟先驱以负弩。皆成肱股，同为腹心。虎啸风驰，愿借筹而覆楚；龙兴云属，甘蹈海以拒秦。田畴不卖卢龙，侠义自见；臧洪力拒袁绍，气节有加。盖君贵审才，臣尚量主。腾骧有时，父老何自为郎乎？惟利是图，竖子不足与谋也。或露锷而遭忌，或韬锋而幸全。李广不遇高皇，相如生同汉武。因时立志，冀铭功景锺；投隙建侯，求书名竹帛。何来知己，竟意在青蝇；长驱壮怀，更名标白马。或因战守异势，而致成败分殊。于是吴制荆扬，蜀有岷益，魏据中夏，鼎峙势成。力造乾元，萧曹绛灌之徒再世；心追妙有，孔陈应刘之辈更生。殊途同归，异代接武。万骑辟易，终有逝骓别虞之歌；一代雄豪，何出分香卖履之语。情之难已，千古一揆。先主卧百尺楼头，陈王驰千里任上。炼石再辉于天际，焦桐重识于灶中。去危就安，季文再思即可；转祸为福，南容三复无暇。志如虎貔，既平陇后光武帝；心同木石，不思蜀时安乐公。盖盛衰无常，荣枯有象。昭彰天理，能无惧乎！物换星移，曾几何时。吴会之风流已去，中原之豪士稍衰。枉尺直寻，当涂终成典午之美。至于郿坞之计，易京之筹，枭首燃脐，徒为天下后人笑矣。

晋灵不畏天命，赵盾犹惧史官。班固受金，陈寿借米，虽曰诞妄，亦见古人衷情，诚有所畏惧焉。《书》曰："民惟邦本，本固邦宁。"是以弥窥竟于未萌，启宣和之耐久。《易》云："其亡其亡，系于苞桑。"乃知息未然之患于无形，建必取之功于有道，有由然矣。裴松之有言："畜德之厚，在于多识往行。"今人披览《三国》，三隅自反，当亦有所会意耳！

继选注《徐霞客游记》之后，中州古籍以为拙作差强人意，副总编辑卢欣欣女史命予冯妇再作，选注译《三国志》。予平生本疏于史学，且年逾"从心"，汉人所谓炳烛之明聊胜于昧行而已；而清人转以"台上玩月"喻老年读书，稍胜于少年之隙中窥月、壮年之庭中望月，以其阅历有加也。行百里者半九十，本书杀青之际，适逢寰宇大疫，众心惶惶，坐困书城，虽心悸亦自有乐。其间又欣闻吾家建新兄即再挥郢斧，幸何如之！

是为记。

庚子仲春赵伯陶记于京北天通楼

（原载《三国志选注译》，中州古籍出版社 2021 年出版，《文思》2021 年第 4 期转）

《袁宏道小品》后记

《诗》曰："常棣之华，鄂不韡韡。"其公安三袁之谓乎！而马氏友于，自当以中郎为白眉。一放一收之间，何须棒喝；三玄三要之际，更见禅观。万里崖州，一口吸尽西江水；十方世界，五家参详要路门。非风非幡，何曾用心作力；认名认句，不免执药为常。动弦别曲成机锋，居然法喜；扪籥思日在空相，毕竟圆通。字逐情生，日日是好日；情随境变，年年即佳年。综理剧繁，不乏濠濮之想；端居幽寂，亦多南皮之游。登山蕴性灵之机，临水抒智慧之雅。有青山惠我苍翠，峻嶒万年；是绿水遗予涟猗，浩渺千里。澄怀观道，寥廓以畅幽情；金篦发蒙，葱笼更极远目。睹锦帆之旧迹，蒙周已喻藏山；寻兰亭之流觞，尼父犹叹逝水。春秋代序，既然方死方生；日月常辉，竭来亦终亦始。登临胜概，固有超乎大千之外者耳！孟子所谓"独乐乐"，何必同而后快，有由然矣！

嗟予薄祜，遭家不造。幼孤失学，跻身梓人。日亲泥水，十有馀稔。幸值黉门再辟，壮岁薄采其芹。器固窳陋，曷若晚成。倏忽耄耋，夫复何求？庚子仲春，百馀万言《三国志选注译》杀青，本欲就此偃旗息鼓，又蒙中州卢欣欣副总垂青，绍介梁瑞霞女史邀作中郎小品注析，虽非折枝，亦赖有旧径前辙。而明道之见猎，更具典型，故秣马利兵，已在本初弦上。尝慕夫子忘忧，不知老之将至；无奈桑榆云晚，亦已焉哉！

　　是为记。

庚子仲夏赵伯陶记于京北天通楼

（原载《文思》2021 年第 4 期）

《蒲松龄小品》后记

夫著述之基有常，而发抒之路不一，其聊斋先生说部、文章之辨乎！北辙南辕，居然并诣；春花秋月，曷若同天。闳诞怪言，逞才子之健笔；倜傥正论，效学人之圣徒。或质或文，江山蕴千古襟抱；亦忧亦喜，人物称六朝胸怀。积蠹恣睢，固当问庐陵米；擘骨灭迹，毋须吃赵州茶。缟纻争投，真得厚斋眷顾；簪裾竞爽，幸有渔洋垂青。不屑伏鸾，何功就而身死；有怀隐豹，必毛丰而章成。寻机石于河源，探骊珠于颔下。江上解珮，原是交甫相夸；望中登墙，岂非子渊自炫？志异既享誉万古，表里相持；杂著亦彪炳千秋，详略交互。云谲波诡，手中烟霞生；地老天荒，腕底风霜凛。齐谐志怪，寓意在相吹；邹衍谈天，寄慧于先验。"文之佳恶，吾自得之"，陈思以为达言美谈。聊斋亦当深韪此论。

继《袁宏道小品》之后，责编梁瑞霞女史令愚再贾馀勇，成此小书，黾勉同心，敢不尽力！《志异》之书早年即享誉海内外，聊斋诗集、俚曲亦有注本行于坊间，唯其文集整理者鲜，迄无注本。出版策划者举重若轻，以为拈其篇幅修洁者，注析兼施，或可如颍考叔取郑伯之旗蝥弧，与夫"异史"短章相辅相成。总名为"小品"，亦晚明文坛之流亚也。半勺之盛，虽无补于鲸饮；一莛之叩，或可拟于蛙鸣。《易·乾》曰："君子终日乾乾，夕惕若厉，无咎。"孜孜矻矻，幸不辱命，于大疫再袭长安之际，前期月馀蒇事。坐拥书城，南窗寄傲，"无怀氏之民欤，葛天氏之民欤"？

是为记。

庚子孟秋赵伯陶记于京北天通楼

（原载《文思》2021 年第 4 期）

编学相济：三十一载编辑路

——写在《文艺研究》年届"不惑"之际

正如一首歌低回婉转"时间都到哪儿去了"一样，笔者年逾"从心所欲"仿佛就是转瞬间发生的。不必玩世不恭地侈谈人生如戏，"副末开场"就免了，但首先要"自报家门"还是必须的。

（一）

1964 年，笔者十六岁初中毕业，由于家庭原因，无力继续深造，只得到一家建筑公司做学徒工。开混凝土搅拌机，整天与水泥打交道，绝非如车、钳、刨、铣、磨五大工种那般有"锱铢必较"的精细，也不像铆、锻、焊、铸工种那样有"花样翻新"的技巧，熟练工种何以也非要经历三年零一节出徒的磨炼，笔者就不得而知了。那时的最大理想就是当卡车司机，但粥少僧多，谈何容易！退而求其次，当推土机手也是不错的选择，虽然慢，但毕竟能动，暗合"生命在于运动"的哲理。有一位当过坦克兵的师傅曾郑重其事地对笔者说："推土机的左右离合器操纵杆与驾驶坦克如出一辙，非一般人所可染指！"这终于将笔者的第二理想也扼杀于摇篮之中了。

随着城市土建的需求，建筑业工程机械逐渐增多，施工现场的机械修理也应运而生。笔者在建筑业前后干了十四年之久，有一半时间是在工地机修车间度过的，这无疑令笔者的人生理想又增加了一种选择，所谓"技不压身"，多掌握一门技术终非坏事。电工学、机械制图、金属热处理、液压技术、汽车修理乃至70年代中昙花一现的射流技术，都曾仔细钻研过。除此之外，当时还不算难以寻觅的王力主编四卷本《古代汉语》、言文对照《古文观止》、陈望道的《修辞学发凡》等，算是工馀读物；至于当时列为禁书的中外小说，在秘密传阅中还有严格的时间限制，像《被侮辱与被损害的》那样部头的小说，往往一昼夜间就须及时传给下一位排队等候者，囫囵吞枣之下，就连人名也记不完全，遑论文学审美？记得撰写《堂吉诃德》的塞万提斯曾说，他青年时期嗜读如命，地上捡到一张纸，也要看个究竟。在书荒的时代，我没有捡纸的经历，却养成了通读能够到手的所有书的习惯，什么《砖木结构》《演员的自我修养》《自然辩证法》《和声对位》《摄影原理与实用》《电工学》《中国古代天文学简史》等，杂七杂八，都要从头到尾认真阅读，甚至魏格纳有关大陆漂移学说的书，也看得津津有味，至于读懂与否，则完全没有功利性的计较，打发时间而已。同工棚的师傅有一本家传的《辞海》，大约是上世纪30年代的产物，厚厚的像一块城砖。平时放在通铺上，大家都可以随时翻阅，而笔者是主要的"看客"，学到各类知识的同时，也算解闷儿一法。有一次工地支书到群众中来嘘寒问暖，发现了这部硬壳封面已经泛黄的辞书，他似乎很内行地让我查阅"李自成"的条目，随即手指"米脂贼"三字大发议论，仿佛发现了日常生活中阶级斗争的新动向。笔者唯唯受教，连声不迭答应他马上处理掉这部"黄书"，总算了结了这场公案。事后琢磨，没有立即就地执行，可能得益于机械工在建筑业工地属于双重领导的缘故。

1977年恢复全国高考，似乎与笔者无关。半年以后，周围人起哄，怂恿笔者以同等学力报考，居然考了400多分（五门课满分500）。此后又经一番周折，总算踏进了北京大学中文系的大门，属于78级文学专业。俗话说"捡到篮子里的都是菜"，笔者之所以不厌其烦地回忆当建筑工人的一段经历，无非想证明自己能够"咸鱼翻身"并非天上凭空掉下了大馅饼，而是与十四年迫不得已地泛滥杂书大有关联，这一关联也影响了笔者后半生三十一载的编辑生涯，同时可印证"编辑须是杂家"的正确性。

（二）

现在言归正传。大学同窗中与笔者年纪相仿佛者总有十来位，不论有无证书，大都有高中的经历。相形而下，笔者四年的学习就较为吃力，年逾"而立"，专业方向尚未确定。后半生致力于明清文学是大学毕业分配至中华书局文学室当编辑，由当时的工作需要决定的。上世纪80年代初，全国上下百废待兴，书局内部各编辑室也纷纷拟订出版规划，大多数编辑也都有各自的科研追求，学术气氛异常浓厚。在当时的计划经济下，这种现象极为正常，学者型编辑在各大出版社中并不罕见。中华书局的周振甫、傅璇琮等先生，无疑成为我们这些新编辑人员的学习榜样。然而如何将编辑出版与学术研究有机地结合起来，绝非轻而易举或一蹴而就。《礼记·学记》："是故学然后知不足，教然后知困。知不足，然后能自反也；知困，然后能自强也。故曰教学相长也。"既然"教"与"学"能够相互促进，那么"编"与"学"能够相互补益也就顺理成章。其实"编学相济"，从编辑的老祖宗孔夫子那里就已经被发挥得淋漓尽致，《春秋》的编纂即是一例。

智者千虑，必有一失，作者的文稿百密一疏，在所难免。作为一名合格的编辑，对于作者的文稿没有越俎代庖的权利或义务，但补苴罅漏，精益求精还是必要的。笔者曾经拜读过一本有关明人小品文的选注本，作序者还是古典文学研究界的名教授，但其质量却颇多可议之处。如冯梦龙《古今谭概》中有一篇讽刺北齐文宣帝高洋草菅人命的小品，中有云："北齐文宣淫暴。杨愔虽宰辅，每使进厕筹。"何谓"进厕筹"？先看选注者的释义："进高（洋）的厕所筹划公事。"这显然是望文生义且风马牛不相及！其实只要花费几分钟的工夫查阅一下诸如《辞源》一类的辞书，即可检得："厕筹：大便后用以拭秽之木竹小片。"皇帝高洋让宰相级别的大臣陪侍其如厕，且手持"卫生纸"恭候，这一荒唐事见于《北史·齐纪中》，并非明朝人的杜撰。选注者水平如何，这里不论，但编辑把关不严（包括遴选作者过程）或其学识尚不足以胜任此书编辑则是事实。

要当好一名合格的编辑，就不能迷信作者，尽管作者头上可能罩有诸多耀人眼目的光环。曾经参阅一本由当代著名的古代散文研究大家选注的明文，智者偶疏处亦复不少。明弘治十二年（1499），一代才子唐寅无意间卷入科场案中，耽误了一生功名，其《与文徵明书》有意效法汉司马迁《报任安书》，行文悲愤难抑。其中有句云："荆轲议于朝，而壮士为之徵剑。"选注者诠释这两句说："荆轲议于朝：指荆轲决定赴秦行刺事。徵剑：指燕太子丹求天下之利匕首。见《史记·刺客列传》。"唐寅构思这两句话的意图何在，只平白无故地复述一段一千七百多年前的史实吗？这首先要搞清楚句中"徵"的释义，这个字在此不宜简化处理，因为它非"征求"之意，而是用其"取信"之义项。检《刺客列传》可知，战国时燕国的太子丹欲行刺秦王政，就与处士田光先生秘密商议办法，田光以自己年老为辞，推荐了荆轲。太子丹送田光出门说："丹所报，先生所言者，国之大事也，愿先生勿泄也！"田光找到荆轲，在对方应允拜见太子丹后，就当其面用剑自刎而死，以自家生命为代价用以消除太子丹的不信任心理。唐寅所云"壮士"即指田光无疑，并为下文"而事之所激，生有不顾也"两句张本。

王阳明《何陋轩记》属于明代散文名篇，其中"守仁以罪谪龙场，龙场古夷蔡之外，于今为要绥"三句，上举选注本未注"龙场"何在，对第二句注云："未详。"注"要绥"则云："此指抚绥之地区。"皆语焉不详，令读者难以索解。对于王阳明而言，龙场是其一生的重要关节点，所谓"龙场悟道"就发生在龙场驿附近的一处山洞中。其故址位于今贵州中部的修文县，是汉族与苗族、仡佬族等少数民族杂居地区。所谓

"夷蔡（sà 卅）之外"，语出《尚书·禹贡》："五百里要服：三百里夷，二百里蔡。"古代王畿外围，以五百里为一区划，由近及远划分为侯服、甸服、绥服、要服、荒服五个区域，合称"五服"。服，即服事天子之意。距离京师一千五百里至二千里即为"要服"。"夷"即夷人（古人称少数民族）所居之地，"蔡"则为流放罪人所居之地。夷与蔡同处于"要服"之内，"夷蔡之外"则属于"荒服"之地了，即距离京师二千到二千五百里的边远地带，属于替天子守卫的国土边疆。"于今为要绥"则体现了明中央政权开发边疆的努力，将"荒服"提升到"要服"乃至"绥服"的地位，"绥服"即替天子做安抚的事。总之，这三句文字，即使选注者是无意漏注，作为是书编辑也应当联系选注者加以补充。只要下一番辗转查考的功夫，就不难通晓文章之意旨，否则这篇《何陋轩记》的写作用心就隐晦不清了，我们今天选注之何用？

注释散文如此，注释诗歌更有一个文本细读并加以品味的过程。明"后七子"的领袖人物李攀龙曾写有《登邢台》七律一首，其颔联："春树万家漳水上，白云千载太行来。"有一家著名出版社选注李攀龙此诗，注者注释这两句云："漳水：即漳河，发源于今山西西南部，上游有清漳、浊漳之分，在河北南部汇合后称漳河，在今河北、山东交界处流入卫河。太行：太行山。详前注。"其实作者此联并非纯粹写景，而是触景生情，别有感怀。今人注释明其语词之地理位置十分必要，但若不能发微抉隐，就等于没有看懂这联诗句。出句"春树"檃括唐杜甫《春日忆李白》诗"渭北春天树，江东日暮云"两句，流露出怀友之意；对句"白云""太行"云云，则借用唐人狄仁杰的故事，暗寓思亲之情。《新唐书》卷一一五《狄仁杰传》："亲在河阳，（狄）仁杰登太行山，反顾，见白云孤飞，谓左右曰：'吾亲舍其下。'瞻怅久之，云移乃得去。"《文心雕龙》有所谓"操千曲而后晓声，观千剑而后识器"之论，编辑绝非万能，但见多识广，总能发现文稿中的一些疏漏，尽其所能帮助作者解决文稿中的一些问题，为人作嫁就责无旁贷。这并非要求编辑的学术水平须高于作者——在大多数情况下，实际也不可能，但取长补短、编学相济还是有可能实现的。

20世纪20、30年代出生的一些老编辑，在编学相济方面为我们做出了表率。他们职司编辑却学有专长，甚至可与大多数著名学者一争高下。中华书局已故编审周振甫先生与钱钟书先生在编辑出版《谈艺录》《管锥编》的过程中，结下深厚的友谊，早已誉满学林，成为一时佳话。周先生自己也著述等身，以名山事业，享誉后世。上海古籍出版社已故编审金性尧先生，是著名资深出版人，更是一代文史大家。他选注的唐、宋、明诗三百首系列，精耕细作，往往能发前人之所未发，并时出新意，嘉惠学林。如选注明"前七子"领袖人物李梦阳的《经行塞上》七绝，此诗于气势雄壮中暗含讽喻，含蓄之中耐人寻味。诗题"经行"二字，一般注家多不会留意，行进经过而已，自不必出注。但金性尧慧眼独具，注"经行"云："原指佛教徒因养身散除郁闷，旋回往返于特定地区，这里借喻明武宗常往宣府一带巡游作乐。"经行，作为佛教术语，意即在一定的地方兜圈子，目的在于避免坐禅时发生昏沉或睡眠的现象，为佛教徒一种调剂身心之安静散步。唐玄奘《大唐西域记》中约有二三十处用到"经行"一词，如卷五："其侧窣堵波过去四佛坐及经行遗迹之所。"明代文人每喜用宗门或教门之语点缀于诗文中，即如"好事不如无"，看似寻常俗语，实则出于内典，整理古籍，若能一一注出，当会极大提升出版物质量。金性尧先生的实践对于从事古籍整理的编辑具有示范效应。

文学典籍的注释如此，史学典籍的注释也存在一个寻根溯源的问题。《三国志·武帝纪》记述这样一段故事。魏种是曹操提拔的官员，对他非常信任，认为他不会背离自己。然而恰恰是他的这位"铁杆"在一次军事失利下投降了袁绍，于是曹操就发誓说："只要你魏种不南逃至越，北逃到胡，我就不会放过你！"在建安四年（199）的一次战役中，曹操生擒了魏种，"公曰：'唯其才也！'释其缚而用之。"魏种没有被杀，反而当上河内太守，曹操将黄河以北的管理全权托付与他。注家对于"唯其才也"一概无注，实则四字确有出典，语本《左传·襄公二十三年》："何长之有？唯其才也。"这是鲁国臣子关于家世继承问题的一段争论语，曹操套用此语，有对自己先前所发誓言自我解嘲的用意，同时也反映出他当时急需用人的无奈心理。历史上的曹操是否真说过类似的话，已无从知晓，但陈寿用此四字刻画曹操的复杂心态，确属神来之笔，凸显了撰写者的良史之才。看来是否注出这四字的来历，于读者并非无关紧要。

建安十八年（213）五月初十日，汉献帝被迫晋封曹操为魏公，《三国志》所录《册魏公九锡文》是尚书左丞潘勖的手笔（见《文选》卷三五，文字略有不同），并非出于陈寿。其中有"率土之民，朕无获焉"两句，何谓"无获"？意谓不能获得民心。获，即"获民"，谓获得民心。语出《左传·昭公三年》："其爱之如父母，而归之如流水，欲无获民，将焉辟之？"汉焦赣《易林·萃之姤》："种一得十，日益有息，仁政获民，四国亲睦。"但如果不明"无获"两字的出处，望文生义，就有可能产生误解。以笔者所见《三国志》两种全注全译本以及《三国志》两三种选注或全译本，似都没有瞩目"无获"两字的确切诠释。如一种全注全译本译为："整个国土上的人民，朕无权管理。"另一种全注全译本译为："各个地方的民众，我也无权统治。"一种出版较早的全译本译为："整个国土上的人民，我都无权管理。"一种新近出版的选译本译为："国内百姓，朕无法管理。"几个本子的今译大同小异，递相因袭的成分很大，都没有把握住"无获"的正确释义，有以讹传讹之嫌。上述八字，若译为"我不能获得境域之内百姓的民心"，是否更符合文本原意呢？

（三）

宋王谠《唐语林》卷二有云："稷下有谚曰：学识何如观点书。"在古籍整理中，注译似乎难于校点，但若从编辑的角度比较两者的难易，校点古籍反而更容易出现显而易见的"硬伤"，且被读者诟病的概率大增，编辑稍有疏忽，出版物的错误率就会超标。

《娇娜》属于《聊斋志异》中的名篇，其中"几榻裙衣不知何名光彩射目"十二字，自这部小说新式标点本问世以后，几乎千篇一律皆如下标点："几、榻、裙、衣，不知何名，光彩射目。"然而若仔细校读，就可发现"几榻裙衣"作为四种并列的事物，完全不合逻辑，几与榻属于古代木制器具，皆有一定规制，如何"不知何名"？"光彩射目"就更谈不上了。如果这样标点就清楚了："几、榻裙衣，不知何名，光彩射目。""几""榻"是作为"裙衣"的定语设置的，中心词则是"裙衣"，且不当点断。何谓"裙衣"？即围在靠几与卧榻等器具下方，像裙子一样的绣幕。绣幕当系用某种织物制成者，小说主人公不知其为何种材质所织就，当属正常。至于"光彩射目"的描写，就更凸显了这种织物的瑰丽奇特，不同寻常，且与上文"处处悉悬锦幕"相照应。类似这种积非成是、习焉不察的标点问题，在古籍整理中并不罕见，作为编辑就应当善于发现其间的错讹，并努力加以改正。

《鸽异》在《聊斋志异》中算不上名篇，但小说开首就存在后人标点的普遍错误。"又有靴头、点子、大白、黑石夫妇、雀花、狗眼之类，名不可屈以指，惟好事者能辨之也"三句，第一句列举鸽子的诸多名目，三年之前坊间售卖的《聊斋》全注本或选注本，大都标点为"又有靴头、点子、大白、黑石、夫妇雀、花狗眼之类"，几乎无一例外。就如同《聊斋志异·促织》一篇的写作有意借鉴明刘侗等《帝京景物略》卷三《胡家村》有关蟋蟀的内容一样，蒲松龄写作《鸽异》也着意参考了明末山东张万钟《鸽经》的相关内容。张万钟即清初著名诗坛领袖王士禛的岳父。《鸽经》是我国目前为止已知的最早的一部研讨家鸽的专著，恐怕在世界上也独一无二。传世有康熙三十六年（1697）张氏霞举堂刻《檀几丛书》二集本。上海古籍出版社 2002 年影印出版《续修四库全书》，其第 1119 册收录明张万钟撰《鸽经》一卷，为研究者提供了访书之便。全书共分为六大部分，即论鸽、花色、飞放、翻跳、典故、赋诗，共计约七千馀字。靴头、点子、大白三类，属于以"花色"划分鸽之名目，《鸽经·花色》皆有品评，此不赘言。至于黑石夫妇、雀花、狗眼三类，亦皆见于《鸽经·花色》，不过因蒲松龄写作时一时疏忽，将"黑"误置于"石夫妇"之前，竟生歧义，也难怪此处断句不易。所谓"黑石夫妇"，《鸽经》作"石夫石妇"。《鸽经·花色》："石夫石妇，种出维扬。土人云，石夫无雌，石妇无雄。石夫，黑花白地，色如洒墨玉；石妇纯白，质若雪里梅。短嘴、圆头、豆眼，鸽之小者，此其一种。"可见石夫石妇之羽色系因雌雄而不同，雄者"黑花白地"，雌者"纯白"，"黑石夫妇"当属于蒲松龄百密一疏中的错误转写。雀花，当即"鹊花"，亦属蒲松龄引述时之笔误。《鸽经·花色》："鹊花，银嘴金眼，长身短脚，文理与喜鹊无别，故名。"狗眼，《鸽经·花色》："狗眼，雀喙鹰拳，宽肩狭尾，头圆眼大。眼外突肉如丹、高于头者方佳，止宜豆眼、碧眼。外肉白者，用手频拭，则红；有黑，纯黑如墨。又一种烂柑眼，如蜜罗柑皮，皂黑如百草霜。紫有深紫、淡紫二种。白忌小头，蓝忌尾有灰色。五花毛，五色羽相间如锦。莲花白，自头至项，紫白相间。黑花白地，此种最佳。眼大者，品同射宫。鹰背，色最润，背有鳞文者佳。银灰翅，末无皂稜者佳。十色。按狗眼，乃象物命名之义，以狗之眼多红，故名。实为西臲睛，俗多不知，故仍旧呼可耳。"

校点古籍，无论诗文还是小说，有关工具书须臾不离左右是必须的。记得当机修钳工时，剔槽卧键，打孔画线，师傅常嘱咐徒工"问问"，即用游标卡尺或千分尺对加工的工件勤加测量，以免误差叠加，产生废品。如此工匠精神，在古籍出版的编辑工作中也完全适用，工具书一时解决不了的问题，就要千方百计寻觅线索，找到可供参考的典籍，否则就难免忙中出错。往往你自认为读懂了的文字，不假思索，却最易出现断句硬伤；你感觉费解的文句，经过一番"寻寻觅觅"，也许最终能够得到妥善的解决。

晚清鲁一同有《安东岁灾记叙》一文，某出版社的整理本对文章开首几句如下标点："计然曰：岁在金，穰水，毁木，饥火，旱六岁，穰六岁。旱十二岁一大饥，天之行也。"笔者才疏学浅，反复阅读，绞尽脑汁，竟不知其所云为何。查考工具书，也无从下手，只得借助有关古代典籍的逐字检索电子软件，因"计然"在古籍中出现频率较低，即以此两字为关键词搜索，检得东汉王充《论衡》卷一五《明雩篇》："《范蠡计然》曰：'太岁在于水，毁；金，穰；木，饥；火，旱。'夫如是，水旱饥穰，有岁运也。"再经一番辗转查考，"范蠡计然"，并非人名并列，而是《范子计然》一书的异称，故加书名号。《新唐书》卷五九《艺文三》著录"《范子计然》十五卷（范蠡问，计然答）"此书今已不传。元马端临《文献通考》卷二一三《经籍考四十》著录《范子计然》十五卷云："列于农家，其是矣，而今不存。"用太岁（中国古代天文学中假设的岁星）之运行结合阴阳五行之说解释每年的"水旱饥穰"，合理与否，这里不作辨析，但有了《论衡》的书证，再标点上揭一段文字，即是："《计然》曰：'岁在金，穰；水，毁；木，饥；火，旱。'六岁穰，六岁旱，十二岁一大饥，天之行也。"如此标点，文义就非常清晰了。

标点古籍须异常谨慎，校勘其文字也不能掉以轻心。"为之地"三字，在古汉语中成词，即给人提供事理的根据。语出《韩非子·说难》："有欲矜以智能，则为之举异事之同类者，多为之地。"一部由某地方古籍出版社近年出版的别集，却对文本中出现的"为之地"这三字出校曰"疑衍"。如此校勘古籍，真令人大跌眼镜，无话可说！记得刚入中华书局，领导让笔者点校清人张问陶的《船山诗草》，作为编辑初涉古籍整理工作的一次实践。《船山诗草》的校本无多，底本所用即嘉庆二十年（1815）乙亥刊本。卷二《琉球刀歌为周补之作》七古有句云："枉将切玉炫西湖，不用揽环夸大食。"诗中"西湖"何谓？笔者三十七年以前草草点过，竟未细思。实则"西湖"乃"西戎"之音讹，典出《列子·汤问》："周穆王大征西戎，西戎献锟铻之剑、火浣之布。其剑长尺有咫，练钢赤刃，用之切玉如切泥焉。"至于"夸大食"三字亦有所本，典出唐杜甫《荆南兵马使太常卿赵公大食刀歌》："揽环结佩相终始，万岁持之护天子……吁嗟光禄英雄弭，大食宝刀聊可比。"同书卷一〇《题愚亭智莹受之问彤两弟洛阳倡和诗后》七律尾联："凭君为吊长沙傅，绛灌无交计本疏。""长沙傅"即贾谊，《汉书·贾谊传》："贾谊，雒阳人也，年十八，以能诵诗书属文称于郡中。"又云："于是天子议以谊任公卿之位。绛、灌、东阳侯、冯敬之属尽害之，乃毁谊曰：'雒阳之人年少初学，专欲擅权，纷乱诸事。'于是天子后亦疏之，不用其议，以谊为长沙王太傅。"所谓"绛灌"，即汉绛侯周勃与颍阴侯灌婴的并称，两人均佐汉高祖定天下，建功封侯。可惜因起自布衣，鄙朴无文，又曾谗嫉陈平、贾谊等，在历史上留下骂名。那么"绛灌无交"何义？似是说贾谊不与二人交往，因而受到他们的诋毁。其实四字乃"绛灌无文"的形近而讹，语本《晋书·刘元海载记》："吾每观书传，常鄙随（随何）陆（陆贾）无武，绛灌无文，道由人弘，一物之不知者，固君子人所耻也。"张问陶借用刘元海之语道出对周勃与灌婴等武人嫉贤妒能的鄙夷，并非责难贾谊不与两人结交而招祸。一字之讹，谬以千里！校勘一事，真当慎之又慎。巴蜀书社 2010 年出版《船山诗草全注》，即以中华书局 1986 年版《船山诗草》为底本，一些错讹即因袭了底本的失误，令笔者抱憾终身。张问陶论诗标举性灵，但其诗创作绝非全凭兴致，任意挥洒，往往巧用典故，得雅驯之趣，意在言外，读之令人回味无穷。点校《船山诗草》一类的古籍，丝毫不能大意。陈垣先生首次提出校勘学的"四校"之法，即对校法、本校法、他校法和理校法，以理校最为危险，不宜滥用。上揭二例，即运用他校之法，因有确凿书证，并非妄下雌黄。此外，从事编辑工作，也有一个"九层之台，起于累土"的循序渐进过程，一切贵在坚持，终究会有"蓦然回首"的惊喜；如若半途而废，一切就无从谈起了。

（四）

笔者在中华书局任编辑六年，解决了专业方向问题，对于文献整理总算有了一定认识，并为以后的编辑工作打下基础。1988 年杪，调入文化艺术出版社，原本想在商品经济大潮中一显身手，却因胆识、能力皆有欠缺，没有收到预期的成效。仅以出版界而言，中国不缺少学者型的编辑，所缺者，真正的出版家！现在看来，能够当得起这三个字的编辑无多，湖南的钟叔河先生属于老一辈的出版家，他在上世纪 80 年代中策划出版的《走向世界丛书》，至今脍炙人口。笔者的编辑同辈之中，上海已故学者赵昌平先生，曾领导上海古籍出版社干得风生水起，受到多方赞誉，出版家的称号当之无愧。人民文学出版社已故副总编辑高贤均先生，系笔者同窗，他策划出版的《白鹿原》《尘埃落定》等小说皆为获奖出版物，堪称高瞻远瞩，目光如炬；他为引进《哈利·波特》费尽心血，在为人民文学出版社赢得声誉的同时，也使该社获得了可观的经济效益。在共和国出版家名录中，他自然也是不可或缺的人物。笔者没有他们那样的选题意识与出版魄力，能勉强做好案头编辑工作，已经算是"将就材料"了。1998 年，笔者毅然转型为学术杂志编辑，调入《文艺研究》杂志编辑部。

当时的《文艺研究》主编柏柳先生作风严谨，脚踏实地，策划选题，不务虚名，讲求"五湖四海"，团结了众多学者。他从该杂志 1979 年创刊即兢兢业业，一步一个脚印，十年如一日，与诸同人一起为《文艺研究》的建设立下汗马功劳，也为以后权威核心期刊的确立打下了坚实的基础。十多年后的继任者方宁先生更上层楼，在选题开拓、作者培养方面继往开来，令刊物面貌有了新的气象。特别是他坚持亲自通读文稿与三校样，并通过奖惩制度力争减少文字错讹方面的努力，令《文艺研究》的差错率减至历史最低，获得学界的一致好评。

以小环境而论，《文艺研究》人员构成简单，但不乏能人。如金宁先生对于摄影、电脑硬件等，道行颇深，这些业余爱好对于杂志建设不可或缺。《文艺研究》主办的学术会议，金宁每每架起他的变焦单反，游走于会场的各个角落，为与会学者留下珍贵的历史镜头。随着电脑写作的逐渐普及，编辑部与作者的书信往来以及作者投送文稿，也逐步由纸质文本转变为电子邮箱的往还，处理文稿的效率得到大幅度的提高，在全编辑室电脑联网以及提调统筹方面，金宁皆功不可没。笔者本人的"换笔"过程，也得到金宁先生的许多具体指导，尽管艰辛，却不乏有问有答的即时乐趣。在如此氛围下工作，心情自然舒畅。2008 年，笔者到点退休，返聘五年，直到 2013 年初彻底告别编辑工作。六年之后，《文艺研究》年届"不惑"，金宁先生继掌主编，编辑部人员也陆续更新，逐步年轻化，呈现出一片欣欣向荣景象。值此欢欣鼓舞之际，金宁先生命笔者撰稿抒发感想。盛情难却，于是拉杂写了上述文字，仍觉意犹未尽，再就学术刊物编辑经常遇到或值得注意的若干问题，写如下感言。

北大中文系教授陈平原先生曾有名言："一辈子的道路取决于语文。"编辑属于文字工作者，修改作者文稿自属分内之事，然而编辑自己为文能否做到文通字顺也是个不容忽视的问题。记得初入中华书局任职编辑，笔者一封致作者公函，被领导修改得几乎面目全非，难为情中也认识到文字要做到逻辑清晰、要言不烦并非易事，于是有意在锤炼文字上苦下功夫，历时三四年才勉强过关。《文艺研究》作者的文字功力参差不齐，有的作者文章立意不错，文字表达却磕磕绊绊，要达到发表水平，就需要编辑一句一句加以推敲修订，方能杀青。有的作者行文半文不白，语法纠缠不清，甚至不知所云，编辑修改也要花大气力。因有互联网的便利，笔者修订后的文稿都要寄还作者过目，有些作者很不以为然，认为编辑是枉抛心力，点金成铁。遇到如此情况，笔者常现身说法，以自己的经历讲述文章修改的必要，一时难得作者谅解，时间或可成为解决问题的灵丹妙药，久而久之，许多人最终都能够体谅编辑的良苦用心，清醒认识到自己文章的不足之处，还与笔者结为好友。文字的通畅问题本在初中、高中阶段就当解决，然而许多读完博士乃至"博士后"的古典文学研究者，文字竟难以过关，岂非咄咄怪事！

　　由于研究机构与大专院校评估体系与奖惩制度等问题，往往擅长文献整理与辨章考据者，不喜作义理阐发的文章；而义理优长又善于发挥者，文献功底又常常不尽如人意。《文艺研究》的作者主要以后者为主力，引文不规范，郢书燕说甚至张冠李戴，在相当一段时间内并不罕见。如明清科举制度中的"进学"或"入学"，一般称为"生员"，笼统称之为"诸生"亦可，典雅一些可称"博士弟子员"，大众化一些则可称"秀才"。但无论如何，"进学"不能称之为"考中秀才"。"中"即"中式"，谓科举考试合格，只用于乡试举人、殿试进士。"考中秀才"若出自《儒林外史》中的胡屠夫之口不足为奇，若出现于大学教授的论文中，就算是"硬伤"了，改为"考取秀才"，勉强可以。又如唐玄宗天宝三载至十五载（744~756），唐肃宗至德元载至三载（756~758），只能称"载"，不可称"年"。杜甫《北征》诗："皇帝二载秋，闰八月初吉。"首句所云即唐肃宗至德二载（757）。今人论文若出现"天宝六年""至德二年"一类的称谓，就有违史实了。

　　编辑审稿、编稿要有吹毛求疵的精神，这是对作者负责，也是对学术发展负责。北京大学已故著名学者吴小如先生在这方面是我们的表率，他往往能在大多学人的熟视无睹中发现问题。东汉女史学家班昭，又称"曹大家"，这里，"家"当读如"姑"，系古人对女子的尊称。搞文史的人一般不会读错，然而却只对了一半，吴先生认为三字当读为"曹太姑"。唐代宗在历史上名声不彰，却因以俗谚"不痴不聋，不作家翁"八字劝慰郭子仪，巧妙化解其女儿升平公主与女婿郭暧小两口的矛盾而著称于世（见《资治通鉴》卷二二四），晋剧《打金枝》即演此事。"家翁"在这里亦当读"姑翁"，是婆婆与公公的合称，并非单指一家之主的男性家长。这些常用字的异读问题或许不直接出现在论文中，但如何释义却往往能间接反映作者论证某些论题的严密与否。这些细微末节，编辑不可不知。诸如此类的异读字，如地理名词"大宛""宛城"的"宛"，古人皆读"冤"，然而京剧《战宛城》却无人异读，反映了古今音的不同。此外如人名"冒顿""金日磾""吐谷浑""万俟卨"等皆有异读字，地名"斜谷""褒斜"之"斜"，皆读"爷"音，匈奴单于"伊稚斜"中的"斜"，只能读"察"音。编辑者遇此类地名、人名，也不可不察。

一些古代文化常识，如马镫大约出现于西晋时代，有出土文物为证，东汉传世的有关画像石就没有表现马镫的画面。这涉及如何评价赵武灵王的胡服骑射、西汉飞将军李广的骑术以及三国时期骑兵作战的方式等。《三国志通俗演义》中动辄大战五十合、百合甚至三百合，属于文学作品的极度夸张；在"无立足处"的马鞍上，关云长挥动重达八十二斤的青龙偃月刀更匪夷所思。著名画家徐悲鸿的著名油画《田横五百士》，其右侧白马的鞍下赫然点缀着汉初尚未出现的金属马镫，大约也属于一时失考罢。

《文艺研究》所刊论文，内容涵盖古今中外文学与艺术的多种门类，相关编辑对于古代乐律"三分损益法"的实践过程、对于明代朱载堉通过计算而来的十二平均律，都要有一个大致的认识。半音阶六相二十四品的琵琶，是近现代出现的。昭君出塞时马上所弹者，绝非如现代的半梨形琵琶，且横持而非竖抱；用拨子，不用义甲。对于天文历法如阴历、阳历、公历与我国传统阴阳合历的农历（或称夏历），它们之间或有一定联系，但概念皆有不同，不得混称。墓志铭是埋于地下棺椁之前的，绝非如神道碑或墓碑竖于地表。俄国大诗人普希金有一首名诗，其诗题，国内多翻译为"我的墓志铭"，不知误导过多少人。至于"丰碑"，原指古代殡葬天子或诸侯，如井上辘轳般用以下棺的工具，称之为纪功颂德的高大石碑，当系后起义。要当好编辑，诸如此类的文化常识，不必精通，却一定要概念清楚，明其荦荦大者，如此方能及时并游刃有余地加工处理好来稿。《红楼梦》第五回描写秦可卿闺房中悬挂的一副对联："世事洞明皆学问，人情练达即文章。"立即遭到"宝哥哥"的白眼，然而对于今天的编辑而言，对句不论，至少出句是当奉以为圭臬的。

随着文献典籍数字化的进程，电脑逐字检索软件的广泛应用，PDF版、DJVU 版乃至 UVZ 版电子书的迅速普及，对于作者与编辑都是莫大的福音。前者在准确性方面或有疵议，但以之为线索及时核对可靠文本，即可万无一失。获取准确资讯的快捷性，在提高工作效率的同时，也可满足编辑的成就感，从而形成良性循环。所谓"编辑无学"之说，可以休矣！

在《文艺研究》工作十五年，约占笔者编辑生涯的二分之一，笔者重要的学术成果也泰半问世于这一时期，如《明文选》《中国文学编年史（明末清初卷）》《七史选举志校注》《新译明诗三百首》《义理与考据》《聊斋志异详注新评》《聊斋志异新证》《徐霞客游记》等。回顾自己后半生的编辑生涯，只有四个字最令笔者刻骨铭心：编学相济！

2019 年 7 月 30 日

（原载金宁主编《文艺研究与我的学术写作》，文化艺术出版社 2019年 11 月出版）

附　录

论文书评杂纂目录

1. 五十年甘为他人作嫁衣　周振甫是编辑工作者中模范（实为第二署名"自横"者所改写）　《出版工作》1983 年第 3 期

2. 什么是八股文　《中国青年报》1983 年 7 月 31 日　《中国青年报》文化生活部编《文学百题》收录 上海文艺出版社 1986 年 2 月出版

3. 什么是应制诗、试帖诗　《中国青年报》1983 年 8 月 28 日　《中国青年报》文化生活部编《文学百题》收录 上海文艺出版社 1986 年 2 月出版

4. 历代笔记与文学有什么关系　《中国青年报》1983 年 10 月 16 日　《中国青年报》文化生活部编《文学百题》收录 上海文艺出版社 1986 年 2 月出版

5.《增订湖山类稿》《古籍整理出版情况简报》1984 年 5 月 1 日（总 122）

6. 清代初期至中期诗论刍议　《文学遗产》1984 年第 2 期

7.《四库全书》浅谈　《书品》1986 年第 3 期

8.《中国古代文学家词典》已着手编纂（署名博发）　《古籍整理出版情况简报》1985 年（总 136）

9. 一气如云自卷舒：张问陶及其《船山诗草》　《古籍整理出版情况简报》1986 年（总 159）

10.《戴名世集》　《古籍整理出版情况简报》1986 年（总 167）

11. 聊斋诗词——谈蒲松龄的内心苦闷　《蒲松龄研究》1986 年第 1 辑（创刊号）

12. 好诗不过近人情——介绍《船山诗草》（署名博弢）《联合书讯》
1986 年 9 月

13. 正如夜尽方迎曙 回首中原发浩歌——《百梅书屋诗存》出版
（署名博弢）《联合书讯》1986 年 9 月

14. 探微抉奥 撮要搜奇——《戴名世集》出版（署名博弢）　《联
合书讯》1986 年 10 月 15 日第 75 期

15. 留得四时春 岂在花多少——太清及其词略论　《宁夏社会科学》
1986 年第 4 期

16. 张问陶与"性灵"说　《宁夏社会科学》1987 年第 3 期

17.《戴名世集》简介　《河北师院学报》1987 年第 3 期

18.《贩书偶记》与《贩书偶记续编》　《书品》1987 年第 1 期

19. 传与笺　《书品》1987 年第 2 期

20. 氍毹佳话 老生"长"谈——介绍《京剧老生流派综说》（署名博
弢）　《联合书讯》1987 年 2 月 15 日第 79 期

21. 论今证古 寻根溯源——介绍《南戏新证》（署名博弢）　《联合
书讯》1987 年 3 月 15 日第 80 期

22. 钩沉抉剔 细大不捐——《金瓶梅资料汇编》出版（署名博弢）
《联合书讯》1987 年 9 月 15 日第 86 期

23.《古本小说丛刊》第一辑评介　《书品》1987 年第 4 期

24. 明代诗文研究的两次盛会：竟陵派公安派文学讨论会在湖北相继
召开　《古籍整理出版情况简报》1987 年（总 177）　《文学遗产》
1987 年第 5 期转载（署名博弢）

25. 珍本古典小说的荟萃：《古本小说丛刊》及其第一辑琐谈　《古
籍整理出版情况简报》1987 年（总 185）

26.《四溟诗话》考补　《古籍整理研究学刊》1987 年第 2 期

27.《柴翁诗卷》考　《贵州文史丛刊》1987 年第 3 期

28. 李益及其边塞诗略论　《文学遗产》1987 年第 4 期

29. 搜奇揽胜 说苑大观——《古本小说丛刊》第一辑出版　《联合
书讯》1987 年 11 月第 88 期

30. 什么是连珠　《古典文学知识》1988 年第 1 期

31. 什么是宝卷　《古典文学知识》1988 年第 4 期

32. 伶人嘲高宗事原本《贵耳集》　《北京晚报》1988 年 4 月 7 日

33. 赵雍《黄钟人月圆》二首鉴赏　贺新辉主编《元曲鉴赏辞典》中国妇女出版社 1988 年 5 月出版

34. 李子中《仙侣赏花时》鉴赏　贺新辉主编《元曲鉴赏辞典》中国妇女出版社 1988 年 5 月出版

35. 石子章《仙侣八声甘州》鉴赏　贺新辉主编《元曲鉴赏辞典》中国妇女出版社 1988 年 5 月出版

36. 狄君厚《双调夜行船·扬州忆旧》鉴赏　贺新辉主编《元曲鉴赏辞典》　中国妇女出版社 1988 年 5 月出版

37. 刘唐卿《双调蟾宫曲》鉴赏　贺新辉主编《元曲鉴赏辞典》中国妇女出版社 1988 年 5 月出版

38. 徐世昌与《晚晴簃诗汇》　《古籍整理出版情况简报》1988 年 10 月 1 日（总 198）

39. 《隐秀轩文》和《鹄湾文草》　《古籍整理出版情况简报》1988 年 10 月 1 日（总 198）

40. 《坚磨生诗抄》案与弘历的用心——析乾隆时的一起文字狱 《文史知识》1988 年第 7 期

41. 《古本小说丛刊》出版　《瞭望》（海外版）1988 年第 18 期

42. 谢榛《榆河晓发》赏析　袁行霈主编《历代名篇赏析集成》中国文联出版公司 1988 年 12 月出版

43. 朱载堉《山坡羊·富不可交》赏析　袁行霈主编《历代名篇赏析集成》　中国文联出版公司 1988 年 12 月出版

44. 文廷式及其《云起轩词》刍议　《江淮论坛》1989 年第 1 期 人大报刊复印资料《中国古代近代文学研究》1989 年第 6 期转载

45. 借事相发 馀韵悠长——王安石《明妃曲》二首赏析　《文史知识》1989 年第 2 期

46. 布衣未必叹飘零——读谢榛《诗家直说》　《文史知识》1989 年第 11 期

47. 张鹜《鹧鸪天·过龙江关》鉴赏　唐圭璋主编《金元明清词鉴赏

辞典》 江苏古籍出版社 1989 年 5 月出版

48. 吴兆骞《念奴娇·家信至有感》鉴赏 唐圭璋主编《金元明清词鉴赏辞典》 江苏古籍出版社 1989 年 5 月出版

49. 全德《点绛唇·题浔阳爱山楼》鉴赏 唐圭璋主编《金元明清词鉴赏辞典》 江苏古籍出版社 1989 年 5 月出版

50. 许肇封《贺新凉·题项王庙》鉴赏 唐圭璋主编《金元明清词鉴赏辞典》 江苏古籍出版社 1989 年 5 月出版

51. 张惠言《木兰花慢·杨花》鉴赏 唐圭璋主编《金元明清词鉴赏辞典》 江苏古籍出版社 1989 年 5 月出版

52. 苏轼《十一月二十六日松风亭下梅花盛开》鉴赏 孙映逵主编《中国历代咏花诗词鉴赏辞典》 江苏科技出版社 1989 年 5 月出版

53. 苏轼《再用前韵》鉴赏 孙映逵主编《中国历代咏花诗词鉴赏辞典》 江苏科技出版社 1989 年 5 月出版

54. 朱熹《与诸人用东坡韵共赋梅花》鉴赏 孙映逵主编《中国历代咏花诗词鉴赏辞典》 江苏科技出版社 1989 年 5 月出版

55. 苏轼《寓居定惠院之东杂花满树》鉴赏 孙映逵主编《中国历代咏花诗词鉴赏辞典》 江苏科技出版社 1989 年 5 月出版

56. 陆游《驿舍见故屏风画海棠有感》鉴赏（文末署名误作"孙晨"） 孙映逵主编《中国历代咏花诗词鉴赏辞典》 江苏科技出版社 1989 年 5 月出版

57.《红楼梦影》的作者及其他 《红楼梦学刊》1989 年第 3 期

58. 漫话藏头诗 《阅读与写作》1989 年第 3 期

59. 什么是志怪 《古典文学知识》1989 年第 3 期

60. 目送手挥 千岩竞秀——《话说电视节目主持人》介绍（署名博发） 《文化艺术书讯》1989 年 7 月 20 日

61. 五色斑斓 气象万千——我国第一部《电视文化学》即将与读者见面（署名博发） 《文化艺术书讯》1989 年 7 月 20 日

62. 爬梳抉剔 深入浅出——《红学》即将出版（署名博发） 《文化艺术书讯》1989 年 7 月 20 日

63. 辨章学术 触类旁通——介绍《唐代小说史话》（署名博发）

《文化艺术书讯》1989 年

64. 考据精核 议论纵横——《蒲松龄论集》即将出版（署名博发）《文化艺术书讯》1989 年

65. 沈用济《登八达岭》五律鉴赏 余冠英等主编《中国山水诗鉴赏辞典》 江苏古籍出版社 1989 年 7 月出版

66. 曹寅《古北口中秋》七绝鉴赏 余冠英等主编《中国山水诗鉴赏辞典》 江苏古籍出版社 1989 年 7 月出版

67. 王鸣盛《乌石滩》五古鉴赏 余冠英等主编《中国山水诗鉴赏辞典》 江苏古籍出版社 1989 年 7 月出版

68. 王鸣盛《卢沟桥》七律鉴赏 余冠英等主编《中国山水诗鉴赏辞典》 江苏古籍出版社 1989 年 7 月出版

69. 欧阳修《唐六臣传论》鉴赏 关永礼主编《唐宋八大家鉴赏辞典》 北岳文艺出版社 1989 年 10 月出版

70. 阐幽发微 著手成春——读王英志的《清人诗论研究》 《博览群书》1989 年第 12 期

71. 太清 林增平、郭汉民主编《清代人物传稿》下编第六卷 辽宁人民出版社 1990 年 1 月出版

72. 从张问陶的两首佚诗谈起 《苏州大学学报》1990 年第 1 期

73.《古夫于亭杂录》的成书时间及其版本 《文史》第 32 辑 中华书局 1990 年出版

74. 筚路蓝缕 提纲挈领——读严迪昌《清词史》 《苏州大学学报》1990 年第 4 期 《古籍整理出版情况简报》1990 年第 228 期转载

75. 亦论亦考 厚积薄发——刘荫柏《马致远及其剧作论考》先读志感 《河北师院学报》（哲学社会科学版）1990 年第 3 期

76. 长恨歌 褚斌杰主编《白居易诗歌赏析集》巴蜀书社 1990 年 4 月出版

77. 文艺卷·韵律格式：声韵 声病 声律 格律 对偶 节奏 诗律 词律 曲律 门岿主编《中国历代文献精粹大典》 学苑出版社 1990 年 6 月出版

78. 一部洋溢着童心的书——读《儿童杂事诗图笺释》 《人民政协报》1990 年 11 月 6 日

79. 童心烂漫　笔墨传神——《儿童杂事诗图笺释》先读　《人民日报》1990 年 12 月 4 日

80.《王渔洋先生年谱》　《古籍整理出版情况简报》1990 年 12 月 1 日（总 235）

81. 蜀汉故地话三国：记第六届《三国演义》学术讨论会　《古籍整理出版情况简报》1990 年 12 月 20 日（总 236）　《哲学社会科学动态》1990 年第 8 期转载

82. 因枝振叶　古镜照神——读万陆《中国散文美学》　《创作评谭》1990 年第 3 期

83. 析薪破理　辞约旨达——读司马光《训俭示康》　《文史知识》1990 年第 6 期

84. 困惑中的憧憬——《三国演义》的人才理想与作者心态　《明清小说研究》1990 年第 2 期

85. 一曲悲壮的颂歌——陈维崧《满江红·汴京怀古》译注　《阅读与写作》1990 年第 1 期

86. 一曲诙谐的谑歌——朱彝尊《百字令·彭城经汉高祖庙作》译注　《阅读与写作》1990 年第 2 期

87. 一曲孤苦的哀歌——贺双卿《惜黄花慢·孤雁》译注　《阅读与写作》1990 年第 3 期

88. 一曲伤感的行歌——张惠言《风流子·出关见桃花》译注　《阅读与写作》1990 年第 4 期

89. 一曲瑰丽的壮歌——纳兰性德《浪淘沙·望海》译注　《阅读与写作》1990 年第 5 期

90. 一曲凄凉的悲歌——曹贞吉《贺新凉·再赠柳敬亭》译注　《阅读与写作》1990 年第 6 期

91. 涛似连山喷雪来——读潘阆《酒泉子》　《阅读与写作》1991 年第 10 期

92. 元是今朝斗草赢——读晏殊《破阵子》　《阅读与写作》1991 年第 11 期

93. 解道江南断肠句——读贺铸《青玉案》　《阅读与写作》1991

年第 12 期

94. 欧阳修《唐六臣传论》鉴赏　吕晴飞主编《唐宋八大家散文鉴赏辞典》　中国妇女出版社 1991 年 1 月出版

95. 编毕袁行云先生《清人诗集叙录》感赋并序（七律）　《团结报》1991 年 1 月 23 日

96. 《曲品校注》评介　《书品》1991 年第 1 期

97. 《三国演义》艺术接受三谈　　《江淮论坛》1991 年第 1 期

98. 也谈女词人贺双卿　《北京晚报》1991 年 3 月 23 日

99. 考据议论 细大不捐——《蒲松龄论集》评介　《海南大学学报》1991 年第 2 期

100. 蔡琬《关锁岭》七律鉴赏　郑光仪主编《中国历代才女诗歌鉴赏辞典》　中国工人出版社 1991 年 6 月出版

101. 陆瞻云《蚕耕谣》杂言诗二首鉴赏　郑光仪主编《中国历代才女诗歌鉴赏辞典》　中国工人出版社 1991 年 6 月出版

102. 朱柔则《钱塘观潮歌》七古鉴赏　郑光仪主编《中国历代才女诗歌鉴赏辞典》　中国工人出版社 1991 年 6 月出版

103. 杨琇《长相思》词鉴赏　郑光仪主编《中国历代才女诗歌鉴赏辞典》　中国工人出版社 1991 年 6 月出版

104. 沈宛《朝玉阶·秋月有感》词鉴赏　郑光仪主编《中国历代才女诗歌鉴赏辞典》　中国工人出版社 1991 年 6 月出版

105. 吴永和《虞姬》五绝鉴赏　郑光仪主编《中国历代才女诗歌鉴赏辞典》　中国工人出版社 1991 年 6 月出版

106. 方芳佩《早春湖上遇雨》七律鉴赏　郑光仪主编《中国历代才女诗歌鉴赏辞典》　中国工人出版社 1991 年 6 月出版

107. 读《王渔洋先生年谱》　《淄博日报》1991 年 7 月 6 日

108. 周峰：邮票之外的印象　《青年人报》（武汉）1991 年 9 月 21 日

109. 袁行云和他的《清人诗集叙录》　《博览群书》1991 年第 8 期《文摘报》1991 年 8 月 22 日摘编 题目《孜孜于"给后人留点东西"》

110. 清代部分孙承泽、侯方域、吴敬梓等近百家词条　马良春、李

福田总主编《中国文学大辞典》　天津人民出版社 1991 年 10 月出版

111.《聊斋志异》阅读接受初探　《聊城师范学院学报》1991 年第 3 期

112. 凌云彩笔健谁知——读《谢榛诗集校注》　《古籍整理出版情况简报》1991 年 10 月 1 日（总 249）

113. 读王士禛《古夫于亭杂录》　孔繁信、邱少华主编《王渔洋研究论文集》　山东文艺出版社 1991 年 10 月出版

114. 清代科举与士人心态　《阴山学刊》1991 年第 4 期

115. 文廷式《夜坐向晓》五绝鉴赏　张正吾、陈铭主编《近代诗文鉴赏辞典》　光明日报出版社 1991 年 12 月出版

116. 文廷式《自七月至十月有感而作四首》七律鉴赏　张正吾、陈铭主编《近代诗文鉴赏辞典》　光明日报出版社 1991 年 12 月出版

117. 文廷式《浪淘沙·赤壁怀古》鉴赏　张正吾、陈铭主编《近代诗文鉴赏辞典》　光明日报出版社 1991 年 12 月出版

118. 文廷式《蝶恋花》（九十韶光如梦里）鉴赏　张正吾、陈铭主编《近代诗文鉴赏辞典》　光明日报出版社 1991 年 12 月出版

119. 文廷式《翠楼吟》鉴赏　张正吾、陈铭主编《近代诗文鉴赏辞典》　光明日报出版社 1991 年 12 月出版

120. 文廷式《贺新郎·赠黄公度观察》鉴赏　张正吾、陈铭主编《近代诗文鉴赏辞典》　光明日报出版社 1991 年 12 月出版

121. 文廷式《高阳台·和半塘乙庵却寄》鉴赏　张正吾、陈铭主编《近代诗文鉴赏辞典》　光明日报出版社 1991 年 12 月出版

122. 张养浩《登泰山》七律鉴赏　阳光、关永礼主编《中国山川名胜诗文鉴赏辞典》　中国经济出版社 1992 年 6 月出版

123. 宋濂《桃花涧修禊诗序》鉴赏　阳光、关永礼主编《中国山川名胜诗文鉴赏辞典》　中国经济出版社 1992 年 6 月出版

124. 李元阳《滇南游记——清溪三潭记》鉴赏　阳光、关永礼主编《中国山川名胜诗文鉴赏辞典》　中国经济出版社 1992 年 6 月出版

125. 陆铨《武当游记》（节选）鉴赏　阳光、关永礼主编《中国山川名胜诗文鉴赏辞典》　中国经济出版社 1992 年 6 月出版

126. 袁宏道《灵隐》鉴赏　阳光、关永礼主编《中国山川名胜诗文鉴赏辞典》　中国经济出版社 1992 年 6 月出版

127. 钟惺《登泰山玉皇顶》鉴赏　阳光、关永礼主编《中国山川名胜诗文鉴赏辞典》　中国经济出版社 1992 年 6 月出版

128. 谭元春《三游乌龙潭记》鉴赏　阳光、关永礼主编《中国山川名胜诗文鉴赏辞典》　中国经济出版社 1992 年 6 月出版

129. 张惠言《水调歌头·春日赋示杨生子掞》　萧涤非、刘乃昌主编《中国文学名篇鉴赏辞典》　山东大学出版社 1992 年 9 月出版

130. 朱孝臧《鹧鸪天·庚子岁除》　萧涤非、刘乃昌主编《中国文学名篇鉴赏辞典》　山东大学出版社 1992 年 9 月出版

131. 谭嗣同《望海潮·自题小影》　萧涤非、刘乃昌主编《中国文学名篇鉴赏辞典》　山东大学出版社 1992 年 9 月出版

132. 李玉《贺新郎·春情》鉴赏　钱仲联主编《爱情词与散曲鉴赏辞典》　湖南教育出版社 1992 年 9 月出版

133. 吴淑姬《小重山·春愁》鉴赏　钱仲联主编《爱情词与散曲鉴赏辞典》　湖南教育出版社 1992 年 9 月出版

134. 乐婉《卜算子·答施》鉴赏　钱仲联主编《爱情词与散曲鉴赏辞典》　湖南教育出版社 1992 年 9 月出版

135. 聂胜琼《鹧鸪天·寄李之问》鉴赏　钱仲联主编《爱情词与散曲鉴赏辞典》　湖南教育出版社 1992 年 9 月出版

136. 鲁逸仲《南浦》鉴赏　钱仲联主编《爱情词与散曲鉴赏辞典》　湖南教育出版社 1992 年 9 月出版

137. 吴伟业《圆圆曲》鉴赏　王钟陵主编《中国诗词曲艺术美学大百科》　四川辞书出版社 1992 年 9 月出版

138. 吴伟业《听女道士卞玉京弹琴歌》鉴赏　王钟陵主编《中国诗词曲艺术美学大百科》　四川辞书出版社 1992 年 9 月出版

139. 吴伟业《悲歌赠吴季子》鉴赏　王钟陵主编《中国诗词曲艺术美学大百科》　四川辞书出版社 1992 年 9 月出版

140. 吴伟业《临终诗四首》其三鉴赏　王钟陵主编《中国诗词曲艺术美学大百科》　四川辞书出版社 1992 年 9 月出版

141. 吴伟业《临江仙·逢旧》鉴赏 王钟陵主编《中国诗词曲艺术美学大百科》 四川辞书出版社 1992 年 9 月出版

142. 吴伟业《金人捧露盘·观演秣陵春》鉴赏 王钟陵主编《中国诗词曲艺术美学大百科》 四川辞书出版社 1992 年 9 月出版

143. 吴伟业《满江红·蒜山怀古》鉴赏 王钟陵主编《中国诗词曲艺术美学大百科》 四川辞书出版社 1992 年 9 月出版

144. 吴伟业《贺新郎·病中有感》鉴赏 王钟陵主编《中国诗词曲艺术美学大百科》 四川辞书出版社 1992 年 9 月出版

145. 徐灿《踏莎行》鉴赏 王钟陵主编《中国诗词曲艺术美学大百科》 四川辞书出版社 1992 年 9 月出版

146. 徐灿《永遇乐·舟中感旧》鉴赏 王钟陵主编《中国诗词曲艺术美学大百科》 四川辞书出版社 1992 年 9 月出版

147. 陈维崧《点绛唇·夜宿临洺驿》鉴赏 王钟陵主编《中国诗词曲艺术美学大百科》 四川辞书出版社 1992 年 9 月出版

148. 陈维崧《好事近》鉴赏 王钟陵主编《中国诗词曲艺术美学大百科》 四川辞书出版社 1992 年 9 月出版

149. 陈维崧《醉落魄·咏鹰》鉴赏 王钟陵主编《中国诗词曲艺术美学大百科》 四川辞书出版社 1992 年 9 月出版

150. 陈维崧《贺新郎·纤夫词》鉴赏 王钟陵主编《中国诗词曲艺术美学大百科》 四川辞书出版社 1992 年 9 月出版

151. 《三国演义》研究的又一成果——读校理本《三国演义》《古籍整理出版情况简报》1992 年 10 月 20 日

152. 开封五咏（七绝） 《团结报》1992 年 11 月 28 日

153. 信仰风俗词目（25000 字）王景琳 徐匋主编《中国民间信仰风俗辞典》 中国文联出版公司 1992 年 12 月出版

154. 诗人与驴子 《阅读与写作》1992 年第 10 期

155. 禽言与人情 《阅读与写作》1992 年第 11 期

156. 蒲松龄故乡行 《人民政协报》1992 年 1 月 3 日

157. 泉下伤心也泪流——明代状元杨慎外传 《中国十大状元外传》湖北人民出版社 1992 年 1 月出版

158. 莫须有的"丁香花案"　《满族研究》1992 年第 1 期

159.《聊斋志异》艺术"空白"论　《蒲松龄研究》1992 年第 1 期

160. 寻诗与灵感——读钱锺书《寻诗》诗　《钱锺书研究》1992 年第 3 辑　文化艺术出版社 1992 年 5 月出版

161. 周峰　《群众文化》1992 年第 2 期

162. 周峰—"买买提"—周峰　《集邮》1992 年第 3 期

163. 事业名山以命通——袁行云及其《清人诗集叙录》　《社会科学战线》1992 年第 3 期

164. 从《围城》中的"'鬼'不会长大"谈起　《海南大学学报》1992 年第 2 期

165.《念奴娇·致苏雪林女史》（学者之风，山高水长）　《团结报》1992 年 9 月 26 日

166. 古典诗论的形象化阐释　《宁波师院学报》1992 年 6 月第 14 卷第 3 期

167.《大风歌》与《秋风辞》　《文史知识》1992 年第 11 期

168.《出版词典》主要撰稿人之一　边春光主编《出版词典》　上海辞书出版社 1992 年 12 月出版

169. 关于满族女词人顾太清的几个问题　《社会科学辑刊》1993 年第 1 期

170.《人中画》版本演化及其他　《徐州师范学院学报》1993 年第 1 期

171. 一部富有个性的断代文学史——读许总著《宋诗史》《苏州大学学报》1993 年第 1 期

172. 王鏊《亲政篇》翻译　中华书局编辑部编《名家精译古文观止》　中华书局 1993 年 2 月出版

173. 王守仁《尊经阁记》翻译　中华书局编辑部编《名家精译古文观止》　中华书局 1993 年 2 月出版

174. 王守仁《象祠记》翻译　中华书局编辑部编《名家精译古文观止》　中华书局 1993 年 2 月出版

175. 一部富有个性的断代文学史——读许总著《宋诗史》　《苏州

大学学报》1993 年第 1 期

176. 从全面总结到走向终结——读《清诗史》 《博览群书》1993 年第 5 期

177. 直抒胸臆 市井风情——读无名氏《御街行》 《古典文学知识》1993 年第 6 期

178.《贺新郎》（祝贺平顶山市诗词楹联学会成立） 《平顶山政协报》1993 年 7 月 20 日

179. 古人遗言拾贝 《团结报》1993 年 2 月 10 日

180. 盎然石趣（上） 《团结报》1993 年 3 月 10 日

181. 盎然石趣（下） 《团结报》1993 年 4 月 7 日

182. 金钱的误区 《团结报》1993 年 8 月 25 日

183. 给子弟留下什么 《团结报》1993 年 9 月 8 日

184. 有学与无学 《团结报》1993 年 9 月 29 日

185. 市井文化刍议 《学习与探索》1993 年第 5 期

186. 柳枝五首（有序） 周振甫主编《李商隐诗歌赏析集》 巴蜀书社 1993 年 11 月出版

187.《初学集》《梅村家藏稿》《顾亭林诗文集》《南雷文案》《王船山诗文集》《渔洋山人精华录》《曝书亭集》《望溪先生文集》《小仓山房诗文集》《惜抱轩全集》《两当轩集》《古微堂集》《人境庐诗草》《近三百年名家词选》《迦陵词全集》《纳兰词》《茗柯词》《蕙斋诗话》《原诗》《渔洋诗话》《随园诗话》《艺概》《人间词话》《清诗话》《清诗话续编》

陈远、于首奎、张品兴主编《中华名著要籍精诠》 中国广播电视出版社 1994 年 2 月出版

188. 妙语谈片（1~6） 《阅读与写作》1994 年第 1~6 期

189. 寒食散的悲喜剧 《中国保健》1994 年第 1 期

190. 养生就是积极的人生 《大众健康》1994 年第 2 期

191. 读《谢榛研究》 《聊城师范学院学报》1994 年第 2 期

192. 真的情 美的歌——读王茂福《汉魏六朝名赋诗译》 《宁夏大学学报》1994 年第 2 期 《陕西日报》1995 年 3 月 3 日转载

193. 孔凡礼：没有头衔的学者 《阴山学刊》1994 年第 3 期

194. 《聊斋志异》注释小议　《蒲松龄研究》1994 年第 4 期

195. 《金缕曲》二首并序　《炎黄世界》1994 年第 4 期

196. 富贵与婚变　《健康世界》1994 年第 4 期

197. 自得其乐即养生（署名博韬）　《健康世界》1994 年第 5 期

198. 将计就计 星移斗转——说"蒋干盗书"　《古典文学知识》1994 年第 6 期

199. 银川五咏（七绝）　《团结报》1994 年 7 月 6 日

200. 希望与等待　《健康世界》1994 年第 8 期

201. 美术馆观关明画展（七绝三首）　《北京晚报》1994 年 8 月 23 日

202. 淄博五咏（七绝）　《团结报》1994 年 9 月 21 日

203. 古人与酒趣谈　《健康世界》1994 年第 10 期

204. 以诗自赎吴梅村——读《吴梅村诗歌创作探析》　《深圳特区报》1994 年 12 月 17 日

205. 张养浩《泉州》七律鉴赏　编委会主编《佛典道藏圣经文学精华》　团结出版社 1994 年 12 月出版

206. 张养浩《登泰山》七律鉴赏　编委会主编《佛典道藏圣经文学精华》　团结出版社 1994 年 12 月出版

207. 张养浩《黄州道中》七律鉴赏　编委会主编《佛典道藏圣经文学精华》　团结出版社 1994 年 12 月出版

208. 张养浩《过长春宫》七古鉴赏　编委会主编《佛典道藏圣经文学精华》　团结出版社 1994 年 12 月出版

209. 读《聊斋》札记——《聊斋》清人旧评刍议　《蒲松龄研究》1995 年第 1 期

210. 《婴宁》的命名及其蕴涵　《明清小说研究》1995 年第 1 期

211. 《三国演义》文化品格论　《海南大学学报》1995 年第 1 期

212. 读《聊斋》札记——概说与《考城隍》等三篇　《蒲松龄研究》1995 年第 2 期

213. 皖中皖北五咏（七绝）　《团结报》1995 年 6 月 7 日

214. 读《施愚山集》　《江淮论坛》1995 年第 3 期

215. 学术通俗化的可贵尝试——读张亚新之《曹操大传》 《天府新论》1995 年第 4 期

216. 神韵说三论 桓台国际王渔洋讨论会论文集 山东大学出版社 1995 年 9 月出版 《阴山学刊》1996 年第 3 期转载

217. 《聊斋志异》文化品格论 《蒲松龄研究》1995 年第 Z1 期

218. 读《新编清诗三百首》 《书与人》1996 年第 2 期

219. 读《清诗流派史》——戏为六绝句并序 《团结报》1996 年 4 月 17 日 广州诗社主办《诗词》半月刊 1996 年 11 月第 21 期（总 305 期）

220. 门前一树马缨花 《中国典籍与文化》1996 年第 2 期

221. 题友人画竹（七绝四首） 《北京晚报》1996 年 6 月 17 日

222. 宋词的文化品格 《文史知识》1996 年第 9 期

223. 《阳湖文派研究》读后 《书品》1997 年第 2 期

224. 《贺新郎》并序（工笔重彩"大聚义"——《水浒》小型张原稿） 《中国文化画报》1997 年第 5～6 期合刊

225. 邵长蘅《阉典史传》鉴赏 陈振鹏、章培恒主编《古文鉴赏辞典》 上海辞书出版社 1997 年 7 月出版

226. 戴名世《鸟说》鉴赏 陈振鹏、章培恒主编《古文鉴赏辞典》 上海辞书出版社 1997 年 7 月出版

227. 戴名世《醉乡记》鉴赏 陈振鹏、章培恒主编《古文鉴赏辞典》 上海辞书出版社 1997 年 7 月出版

228. 市井文化与市民心态论略 《江淮论坛》1997 年第 4 期

229. 略评《陈宏谋家书》 《中国图书评论》1998 年第 3 期

230. 听古琴"纪侯钟"演奏（七绝四首） 《北京晚报》1998 年 3 月 26 日

231. 古代戏曲天地描述——介绍《古本戏曲剧目提要》 《团结报》1998 年 5 月 5 日

232. 《洞微志》《南部新书》《闻见近录》《江邻几杂志》《梦溪笔谈》《画墁录》《墨庄漫录》《汴都平康记》《藏一话腴》《涧泉日记》《挥麈录》《玉照新志》《摭青杂说》《脚气集》《贵耳集》《妇人集》《书

影》《居易录》《古夫于亭杂录》《分甘余话》《陇蜀余闻》等词目　刘叶秋、朱一玄、张守谦、姜东赋主编《中国古典小说大辞典》　河北人民出版社 1998 年 7 月出版

233. 读《聊斋志异》六绝句　《团结报》1998 年 8 月 11 日

234. 重观舞剧《白毛女》感赋（七绝二首）　《北京晚报》1998 年 8 月 24 日

235. 市井文化与大众文化　《文艺报》1999 年 3 月 4 日　《新华文摘》1999 年第 6 期转载

236. 阐释与方法——《中国民间目连文化》读后　《文艺报》1999 年 3 月 11 日

237. 意在笔先 趣在法外——《水浒传》邮票的设计与《东京梦华录》　《集邮》1999 年第 5 期

238. 读《全校会注集评聊斋志异》　《蒲松龄研究》2000 年第 3 期

239. 读《聊斋遗文七种》　《古籍研究》2000 年第 3 期

240. 文学作品中的蛇　《中华读书报》2001 年 1 月 23 日

241. 读《全校会注集评聊斋志异》　《书品》2001 年第 2 期

242. 辛巳说蛇　《文史知识》2001 年第 5 期

243. 生肖说鼠　《文史知识》2001 年第 8 期

244. 生肖说猪　《文史知识》2001 年第 9 期

245. 生肖说牛　《文史知识》2001 年第 11 期

246. 生肖说虎　《文史知识》2001 年第 12 期

247. 生肖说马　《文史知识》2002 年第 2 期

248. 生肖说兔　《文史知识》2002 年第 4 期

249. 生肖说龙　《文史知识》2002 年第 7 期

250. 生肖说羊　《文史知识》2002 年第 9 期

251. 生肖说猴　《文史知识》2002 年第 10 期

252. 生肖说鸡　《文史知识》2002 年第 11 期

253. 生肖说狗　《文史知识》2002 年第 12 期

254. 从台湾出版的两部大陆学者的清诗专著谈起　《中国典籍与文化》2001 年第 3 期

255. 归有光散文简论　《苏州大学学报》2001 年第 3 期

256. 清代第一女词人的信史——读金启孮《顾太清与海淀》　《社会科学辑刊》2001 年第 4 期

257. 张问陶七绝诗刍议　刘扬忠等主编《张船山全国学术讨论会论文集》　中国三峡出版社 2002 年 6 月出版

258. 读《明清八大家文选丛书》　《古籍整理出版情况简报》2002 年第 1 期（总 371）

259. 解识无声弦指妙——读王小舒著《神韵诗学论稿》　《中华文化论坛》2002 年第 2 期

260. 中国画的发展："太阳模型说"（署名元亮）　《文艺研究》2002 年第 5 期

261. 李庆立《谢榛全集校笺》读后　《古籍整理出版情况简报》2003 年第 7 期　山东社会科学 2003 年第 6 期转载

262. 17 世纪：小品精神的末路　《武汉大学学报》（人文科学版）2003 年第 5 期　人大报刊复印资料《中国古代近代文学研究》2004 年第 1 期转载

263. 沿波讨源 融会贯通——读《文言小说审美发展史》　《武汉大学学报》2003 年第 4 期

264.《谢榛全集校笺》序二　《聊城大学学报》（社会科学版）2003 年第 6 期

265. 曾巩《寄欧阳舍人书》译注　《周振甫推荐古代散文》　广陵书社 2004 年 11 月出版

266. 司马光《李愬雪夜入蔡州》译注　《周振甫推荐古代散文》广陵书社 2004 年 11 月出版

267. 苏轼《答谢民师书》译注　《周振甫推荐古代散文》　广陵书社 2004 年 11 月出版

268. 黄庭坚《与王观复书》译注　《周振甫推荐古代散文》　广陵书社 2004 年 11 月出版

269. 陆游《跋傅给事帖》译注　《周振甫推荐古代散文》　广陵书社 2004 年 11 月出版

270. 文天祥《正气歌序》译注 《周振甫推荐古代散文》 广陵书社 2004 年 11 月出版

271. 元好问《送秦中诸人引》译注 《周振甫推荐古代散文》 广陵书社 2004 年 11 月出版

272. 谢翱《登西台恸哭记》译注 《周振甫推荐古代散文》 广陵书社 2004 年 11 月出版

273. 唐顺之《答茅鹿门知县二》译注 《周振甫推荐古代散文》广陵书社 2004 年 11 月出版

274. 夏完淳《狱中上母书》译注 《周振甫推荐古代散文》 广陵书社 2004 年 11 月出版

275. 黄宗羲《原君》译注 《周振甫推荐古代散文》 广陵书社 2004 年 11 月出版

276. 顾炎武《广宋遗民录序》译注 《周振甫推荐古代散文》 广陵书社 2004 年 11 月出版

277. 侯方域《马伶传》译注 《周振甫推荐古代散文》 广陵书社 2004 年 11 月出版

278. 袁枚《书鲁亮侪》译注 《周振甫推荐古代散文》 广陵书社 2004 年 11 月出版

279. 汪中《经旧苑吊马守真文序》译注 《周振甫推荐古代散文》广陵书社 2004 年 11 月出版

280. 鸡年说鸡 鸡祥如意 《国际金融》2005 年第 3 期

281. 日藏抄本《天游阁集》 《古籍整理出版情况简报》2005 年第 11 期（总 417）

282. 陈廷敬及其文学地位略论 《中华文化论坛》2006 年第 1 期 人大报刊复印资料《中国古代近代文学研究》2006 年第 5 期转载

283. 从《明文选》一处疏漏谈起 《古籍整理出版情况简报》2006 年第 6 期

284. 明末奇女子刘淑及其《个山集》 《文史知识》2006 年第 7 期

285. 王士禛的神韵说与创作实践 《厦门教育学院学报》2006 年第 4 期

286. 文学编年史编纂的三个原则 《洛阳师范学院学报》2007 第 3 期

287. 文学编年史中的纪年问题 《南京师大学报》2007 年第 3 期

288. 《七史选举志校注》后记 《苏州大学学报》（哲学社会科学版）2008 年第 1 期

289. 选注《袁宏道集》后记 《苏州大学学报》（哲学社会科学版）2008 年第 5 期

290. 《明清八大家文钞》导读 （清）王文濡编《明清八大家文钞》上海古籍出版社 2008 年 12 月出版

291. 王文濡与《明清八大家文钞》 《甘肃社会科学》2009 年第 1 期

292. 中华本诸史《选举志》商榷 《古籍整理研究学刊》2009 年第 1 期

293. 明清八股取士与文学及士人心态 《深圳大学学报》2009 年第 1 期 《中国社会科学文摘》2009 年第 7 期论点摘要

294. 袁宏道及其性灵文学 《厦门教育学院学报》2009 年第 4 期

295. 博观约取 考镜源流——读《古体小说论要》 《书品》2010 年第 3 辑

296. 旁征博引 纵横观照——读李庆立先生《怀麓堂诗话校释》 《古籍整理出版情况简报》2010 年第 6 期 《凌云健笔话书情——人民文学出版社图书评论集》转载，人民文学出版社 2015 年 8 月出版

297. 《古文观止》及其编者 《厦门教育学院学报》2010 年第 1 期

298. 《古文观止》前言 （清）吴楚材、吴调侯编选，徐薇、张兰评注，汤克勤审订《古文观止》 崇文书局 2010 年 4 月出版

299. 制度文化·用人机制·《选举志》 《武汉大学学报》2010 年第 4 期

300. 难以忘怀的记忆 陈泳超等编《我们的学友》（北大中文百年纪念） 北京大学出版社 2010 年 10 月出版

301. 《新译明诗三百首》导言 《厦门教育学院学报》2010 年第 4 期

302.《新译明诗三百首》题记　　《深圳大学学报》2011 年第 1 期

303. 读《船山诗草全注》　　《古籍整理出版情况简报》2011 年第 2 期

304. 读《船山诗草全注》　　《四川职业技术学院学报》2011 年第 2 期

305. 李圣华《明初诗歌研究》序　　《长江学术》2011 年第 3 期

306. 走近大师——写在《季羡林全集》出版之后　　《聊城大学学报》2011 年第 3 期

307. 李东阳《怀麓堂诗话》的融通意识　　《社会科学辑刊》2011 年第 4 期　人大报刊复印资料《中国古代近代文学研究》2012 年第 1 期转载

308. 胡传淮主编《张鹏翮研究》序　　《聊城大学学报》2011 年第 6 期

309. 一本书·一句话·一袋香菇——怀念周振甫先生　张世林主编《想念周振甫》　新世界出版社 2011 年 10 月出版

310. 蛇年说蛇　《中华文化画报》2013 年第 2 期

311.《聊斋志异》注释中的地名辨析　　《长江学术》2014 年第 1 期

312.《古文观止详注》导言　人民文学出版社编辑部编《古文观止详注》　人民文学出版社 2014 年 4 月出版

313.《聊斋》丛脞录——说《鸽异》　　《蒲松龄研究》2014 年第 1 期

314.《聊斋志异详注新评》后记　　《蒲松龄研究》2014 年第 1 期

315.《聊斋》丛脞录——说《促织》　　《蒲松龄研究》2014 年第 2 期

316.《聊斋志异》注释问题举隅　　《厦门广播电视大学学报》2014 年第 2 期

317. 借鉴——《聊斋志异》用语研究　　《古籍整理研究学刊》2014 年第 3 期

318.《聊斋诗集笺注》商斠举隅　　《蒲松龄研究》2014 年第 3 期　《蒲松龄诗词论集》收录，齐鲁书社 2017 年 6 月出版

319.《聊斋志异》科举文化三题　　《社会科学辑刊》2014 年第 4 期

320.《聊斋志异》与清代刑法相关的几个问题　《东南大学学报》2014 年第 5 期

321.《聊斋志异》借鉴《太平广记》三题　《聊城大学学报》2014 年第 6 期

322. 说《潞令》　《文史知识》2014 年第 11 期

323. 说《司文郎》　《文史知识》2014 年第 12 期

324.《续修四库全书总目提要·集部》撰写人之一，傅璇琮等主编，谢思炜集部主编　上海古籍出版社 2014 年 12 月出版

325. 破解与传统文化的时代隔膜　《中国教育报》2015 年 3 月 30 日

326.《聊斋志异》与前四史　《长江学术》2015 年第 1 期　人大报刊复印资料《中国古代近代文学研究》2015 年第 7 期转载

327. 蒲翁逝世三百周年暨《蒲松龄研究》创刊三十载感赋　《蒲松龄研究》2015 年第 1 期

328.《聊斋》丛脞录——说《小二》　《蒲松龄研究》2015 年第 1 期

329.《聊斋》丛脞录——说《夜叉国》《狐妾》《公孙九娘》　《蒲松龄研究》2015 年第 2 期

330.《聊斋》丛脞录——说名物　《蒲松龄研究》2015 年第 3 期

331.《聊斋志异》与"四书"　《蒲松龄研究》2015 年第 4 期

332. 性灵与学识——《船山诗草全注》问题举隅　《文艺研究》2015 年第 5 期

333.《聊斋志异》与"三礼"　《求是学刊》2015 年第 5 期

334. 偷句、偷意与借境：王士禛诗创作神韵举隅　《文学遗产》2016 年第 1 期　《王渔洋文化》2017 年第 1 期转载

335.《聊斋志异》与《诗经》　《铜仁学院学报》2016 年第 1 期

336. 古典文献数字化与《聊斋志异》的诠释（上）　《蒲松龄研究》2016 年第 1 期

337. 古典文献数字化与《聊斋志异》的诠释（下）　《蒲松龄研究》2016 年第 2 期

338.《聊斋》丛脞录——说《澄俗》与《沅俗》　《蒲松龄研究》

2016 年第 3 期

339. 百字行贺《蒲松龄研究》办刊百期并序　《蒲松龄研究》2016 年第 3 期

340.《聊斋志异》借鉴《左传》三题　《古典文献学学术论丛》第 5 辑 黄山书社 2016 年 7 月出版　《蒲松龄研究》2016 年第 4 期

341.《聊斋志异详注新评》　《文艺研究》2016 年第 7 期

342.《聊斋志异》与《尚书》《周易》（繁体版）　《国学学刊》2016 年第 3 期

343.《聊斋志异》对《尚书》《周易》的借鉴及书证勘误　《河北学刊》2016 年第 4 期

344. 中国传统文化的海外传播与中华文学经典的整理问题　李怀亮、王永主编《中华经典海外传播首届国际学术讨论会论文集》　光明日报出版社 2016 年 8 月出版

345. 涵泳会通，偷意借境——王士禛诗创作神韵举隅　山东省古典文学学会王渔洋文化研究会编《纪念王渔洋诞辰 380 周年全国学术研讨会论文集》　齐鲁书社 2016 年 12 月出版

346. 七绝"鸡鸣不已忆相逢"等和诗三首、五古《读锦城八友酿会庆寿小记》一首　黄大宏编集《诚恒斋酬唱集》，沈伯俊著《诚恒斋诗草》附录　中国文化出版社 2016 年 12 月出版

347.《聊斋》细读——说《婴宁》《颜氏》《凤仙》　《人文论丛》2017 年第 1 期

348.《聊斋》丛脞录——说《河间生》与《桓侯》　《蒲松龄研究》2017 年第 2 期

349.《聊斋》丛脞录——说《罗祖》与《金和尚》　《蒲松龄研究》2017 年第 3 期

350.《聊斋》丛脞录——说"亚魁"　《华中学术》2017 年第 3 期

351. 一代"游圣"的寻踪——与朱惠荣、李兴和译注《徐霞客游记》商榷　《文艺研究》2017 年第 6 期

352. 色彩斑斓的聊斋图像世界　《中华文化画报》2017 年第 11 期

353. 徐霞客及其《游记》的诠释——《徐霞客游记选注》前言

《明清文学与文献》第六辑 社会科学文献出版社 2017 年 12 月第 1 版

354. 蒲松龄的骈文刍议 《明清文学与文献》第七辑，社会科学文献出版社 2018 年 12 月第 1 版 吕双伟主编《守正与创新——第五届骈文国际学术研讨会论文集》收录 凤凰出版社 2020 年 4 月第 1 版

355.《〈聊斋志异〉新证》 《蒲松龄研究》2018 年第 1 期

356.《〈聊斋志异〉新证》前言与后记 《蒲松龄研究》2018 年第 2 期

357.《徐霞客游记》 《文艺研究》2018 年第 4 期

358.《〈聊斋志异〉新证》 《文艺研究》2018 年第 4 期

359. 陈文新著《明清小说名著导读》序 《写作》2018 年第 4 期

360. 沈兄伯俊与我 田旭中等编撰《诚恒斋主沈伯俊悼念诗文集》2018 年 9 月出版

361. 我看人间佛教 2017 年人间佛教高峰论坛提交论文 收入《人间佛教的社会向度》 高雄佛光山人间佛教研究院 2019 年 2 月 15 日出版

362.《〈聊斋志异〉面面观·序言》 马振方著《〈聊斋志异〉面面观》（大家小书） 北京出版社 2019 年 3 月出版

363. 一部百科全书式的日记——《徐霞客游记选注》前言 《徐霞客研究》第 36 辑 中国大地出版社 地质出版社 2019 年 4 月出版

364.《聊斋》文本的细读——周先慎先生治学一隅 周阅、段江丽主编《周先慎先生纪念文集》 国家图书馆出版社 2019 年 9 月出版

365.《徐霞客游记》的文学书写 《清华大学学报》2019 年第 4 期 中国人民大学书报资料中心《文学研究文摘》2020 年第 1 期"作品研读"摘选

366.《聊斋志异》与《晋书》 《蒲松龄研究》2019 年第 2 期

367. 编学相济：三十一载编辑路——写在《文艺研究》年届"不惑"之际 金宁主编《文艺研究与我的学术写作》 文化艺术出版社 2019 年 11 月出版

368. 鼠咬天开：十二生肖与鼠文化 《中华瑰宝》2020 年 1 月号

369. 刘瑞升摄影集《记着》（1974~2019）序 2020 年 4 月出版

370.《聊斋志异》借鉴《世说新语》四题　　《中国石油大学学报》2020 年第 4 期　李桂奎、樊庆彦主编《聊斋学研究初集》，齐鲁书社 2019 年 12 月第 1 版先录

371. 心理与病理：《聊斋志异》别解　　《蒲松龄研究》2020 年第 3 期

372.《陈淑卿小像题辞》再探　　《蒲松龄研究》2020 年第 4 期

373. 游圣的笔误　　《文史知识》2021 年第 3 期

374. 人世间难得的缘分　　《文学名著诞生地：人民文学出版社 1951~2021》　人民文学出版社 2021 年 3 月出版

375. 蒲松龄七绝诗刍议　　《蒲松龄研究》2021 年第 2 期

376. 中国文学与古人爱情观　　《中华瑰宝》2021 年 8 月号

377.《三国志》注译发微　　《中国传统文化研究》第 3 辑

378. 何当凌云霄　直上数千尺——王兄英志与我　　《尔雅国学》2021 年 3 月 19 日

379. 清诗结下的缘分——缅怀刘世南先生　　《名作欣赏》2021 年 10 月号

380. 一个多甲子的念想——从连阔如先生说《东汉》的草桥关谈起　《尔雅国学》2021 年 9 月 30 日

381. 悉檀寺徐霞客古道祭并序　　《徐霞客研究》第 40 辑　中国大地出版社　地质出版社 2021 年 10 月出版

382. 文本细读与清诗注释——《张鹏翮诗集校注》诠解商榷　《明清文学与文献》第十辑

383.《聊斋志异》与《隋书》及两《唐书》　　《蒲松龄研究》2021 年第 4 期

384. 北大中文系的老师们　　《中华读书报》2021 年 12 月 8 日

古籍整理与专著目录

1. 古夫于亭杂录（点校）　89 千字　中华书局 1988 年 10 月出版

2. 清词选译（中国古典文学今译丛书）　99 千字　山东大学出版社 1989 年 7 月出版

3. 一歌一画（与刘德联合作）　140 千字　未来出版社 1990 年 4 月出版

4. 智谋与艰辛——中国历代商人透视　130 千字　农村读物出版社 1992 年 5 月出版

5. 冷月清风（中国历史宝库清代卷）　190 千字　中华书局（香港）有限公司 1992 年 10 月出版

6. 人中画（中国话本大系《珍珠舶》等四种）　120 千字　江苏古籍出版社 1993 年 3 月出版

7. 妙语精品（炎黄文化精品丛书）　213 千字　学苑出版社 1994 年 10 月出版

8. 权谋精品（炎黄文化精品丛书 与孙通海合作）　168 千字　学苑出版社 1994 年 10 月出版

9. 宋词（中国古典韵文精选文库）　50 千字　中国国际广播出版社 1995 年 5 月出版

10. 袁伯修小品（明人小品十家）　150 千字　文化艺术出版社 1996 年 8 月出版

11. 市井文化与市民心态（中国传统文化专题研究丛书）　241 千字　湖北教育出版社 1996 年 9 月出版

12. 三言（名家导读小说经典，内封署程毅中导读，孟元亮校点）　1450 千字　文化艺术出版社 1997 年 3 月出版

13. 妙语别裁（中国传统文化别裁）　214 千字　学苑出版社 1998 年 1 月出版（第 2 版）

14. 归有光（中国古代十大散文家精品全集）　270 千字　大连出版社 1998 年 3 月出版

15. 张惠言暨常州派词传（中国历代名家流派词传）　500 千字　吉林人民出版社 1998 年 5 月出版

16. 明清小品：个性天趣的显现　248 千字　广西师范大学出版社 1999 年 6 月出版

17. 池北偶谈（历代笔记小说小品丛刊）　218 千字　学苑出版社 1999 年 6 月出版

18. 唐宋名篇吟诵系列——词情篇　185 千字　朝华出版社 1999 年 10 月出版

19. 才情奇肆 小品风流——张岱散文选读（《中华活页文选》1999 年第 11 期）

20. 继武韩欧 下启桐城——归有光散文选读（《中华活页文选》1999 年第 28 期）

21. 厚积薄发 领异标新——王士禛《池北偶谈》选读（《中华活页文选》2000 年第 22 期）

22. 十二生肖面面观（中国民俗文化面面观）　259 千字　齐鲁书社 2000 年 11 月出版

23. 冷月清风（中国历史通览清代卷）　184 千字　中华书局 2001 年 1 月出版

24. 香祖笔记（历代笔记小说小品选刊）　210 千字　学苑出版社 2001 年 1 月出版

25. 落日辉煌：雍正王朝与康乾盛世　219 千字　济南出版社 2001 年 9 月出版　2007 年 5 月修订版

26. 归有光文选（明清八大家文选丛书）　297 千字　苏州大学出版社 2001 年 9 月出版

27. 秦淮旧梦：南明盛衰录　212 千字　济南出版社 2002 年 10 月出版　2007 年 5 月修订版

28. 大话十二生肖　21 千字　齐鲁书社 2004 年 9 月出版

29. 正说：雍正王朝与康乾盛世　知本家文化事业有限公司（台北）2005 年 3 月出版

30. 明文选（中国古典文学读本丛书·历代文选）　489 千字　人民文学出版社 2006 年 1 月出版　2020 年 1 月出版修订版（大字注释），纳入《中国古典文学读本丛书典藏》第二辑

31. 中国文学编年史·明末清初卷　669 千字　湖南人民出版社 2006 年 9 月出版

32. 王士禛诗选（明清十大家诗选）　294 千字　人民文学出版社 2009 年 1 月出版　2021 年 1 月出版修订版（大字注释），纳入《中国古典文学读本丛书典藏》第三辑

33. 袁宏道集（历代名家精选集）　194 千字　凤凰出版传媒集团、凤凰出版社 2009 年 1 月出版

34. 七史选举志校注（历代科举文献整理与研究丛刊）　1350 千字　武汉大学出版社 2009 年 9 月出版　2015 年 12 月再版（中国科举文化通志）

35. 明代科举与文学编年（历代科举文献整理与研究丛刊 与陈文新、何坤翁合作）　武汉大学出版社 2009 年 9 月出版

36. 中华民俗十二生肖（漫话中华民俗丛书）　237 千字　气象出版社 2013 年 1 月出版

37. 王贞仪《德风亭初集》　50 千字　李雷主编《清代闺阁诗集萃编》第五册（国家清史编纂委员会·文献丛刊）中华书局 2015 年 1 月出版

38. 太清西林春《天游阁集》　120 千字　李雷主编《清代闺阁诗集萃编》第七册（国家清史编纂委员会·文献丛刊）　中华书局 2015 年 1 月出版

39. 新译明诗三百首　700 千字　台北三民书局 2015 年 2 月出版

40. 义理与考据　426 千字　北京时代华文书局 2016 年 3 月出版

41. 聊斋志异详注新评　2500 千字　人民文学出版社 2016 年 4 月出版

42. 《聊斋志异》新证　460 千字　文化艺术出版社 2017 年 2 月出版

43. 徐霞客游记　527 千字　中州古籍出版社 2018 年 1 月出版

44. 中国传统家训选（语文阅读推荐丛书）　202 千字　人民文学出版社 2018 年 6 月出版

45. 修己以敬（中华传统价值观丛书）　235 千字　人民文学出版社 2018 年 10 月出版

46. 三国志选注译　1350 千字　中州古籍出版社 2021 年 8 月出版

47. 袁宏道小品　200 千字　中州古籍出版社即出

48. 蒲松龄小品　210 千字　中州古籍出版社即出

后 记

　　子曰："行有馀力，则以学文。"典籍者，岂人生之末事乎？又曰"文学子游、子夏"，而与德行、言语、政事相侔，似亦不可忽，此或魏文"经国大业""不朽盛事"之所从出也。陶质本孤生，悲康衢之失路；性须介立，难跬步之当途。尝混迹于梓人，而无能鄙事；敢寄怀于道术，而有愧德风。幸设事乎西畴，而立之岁；诚得采于齐土，耳顺之年。十驾或无成，叹青春之易逝；百龄真有托，喜白首而微功。此《远岫》之所由作也。

　　至乃春草秋风，江笔寄恨于天道；燕市赵土，韩文述怀于悲歌。岂一为文人，便无足观？宋人之言有矣夫！太行白云杳然，怅涉有无之际；京台青鸟逝已，喜探虚实之间。贯一之旨豁然，得意在形骸之外；体二之道信也，忘情于哀乐之先。居无求安，栖巢一枝即可；行不追远，容身千壶何宜？歧路无非杨朱，穷途何必阮籍。望岫息心，安识揶揄鬼物；开口见胆，实难游戏人间。祈季札之知音，慕姬侨之博物。小时了了，赞孔融之辩才；大腹便便，期边韶之经笥。效颦既非巧，学步亦难工。考镜辨章，方察眉于真伪；探赜索隐，略究心乎盈虚。遥望天水相融，正有怀于濠上；近沐云山共色，自无悗乎城隅。

　　人民日报出版社谢广灼先生郢斧轻挥，齐一卷帙，黾勉同心，襄事梨枣，成全炳烛之明，能不慨然！《老子》曰："持而盈之，不如其已。揣而锐之，不可长保。"其"远岫"之谓乎！

　　是为记。

辛丑季春赵伯陶记于京北天通楼

641